S.F.

V.

Gerhard Roth

Das Alphabet der Zeit

S. Fischer

Druck und Bindung: Clausen & Bosse, Leck
Satz: H & G Herstellung, Hamburg
Printed in Germany
ISBN 978–3-10–066060-2

Die Erinnerung ist eine Fata Morgana
in der Wüste des Vergessens.

Prolog

Die Reise
1945

I.

Die Fahrt nach Würzburg im Alter von zweieinhalb Jahren war seine erste Erinnerung und damit auch seine wahre Geburt.

Er hatte die Geschichte so oft gehört, dass er nicht mehr wusste, was er sich selbst gemerkt und was er zu den Erzählungen dazufantasiert hatte.

Sein Vater, hatte ihm seine Mutter kurz vor ihrem Tod noch in einem Brief geschrieben, sei in einem Lazarett im unterfränkischen Mainbernheim als Stabsarzt stationiert gewesen und habe sie, da die Russen nach Österreich vorstießen, gedrängt, von Graz zu ihm nach Deutschland zu kommen, wo die Amerikaner erwartet wurden. Seine Besorgnis habe er mit dem schlechten Ruf der russischen Soldaten als Vergewaltiger begründet, und mit seiner und ihrer Mitgliedschaft bei der NSDAP, für die er bei den Amerikanern mehr Gnade erhoffte.

Am 19. Januar 1945 sei seine Mutter mit ihm und seinen beiden Brüdern Paul, damals vier Jahre alt, und Helmut, den sie im November des Vorjahres zur Welt gebracht hatte, aufgebrochen. Sie seien jedoch nicht bis zum Bahnhof gekommen, da die Stadt kurz nachdem sie das Haus verlassen hatten bombardiert worden sei und sie im Schlossbergstollen hatten Zuflucht nehmen müssen, wo sie mehrere Stunden auf das Ende des Angriffes warteten. Durch die Annenstraße, in der die meisten Häuser getroffen waren und brannten, habe seine Mutter mit ihren Kindern und zwei Reisekoffern sodann den Bahnhof erreicht, es hätte jedoch die ganze Nacht gedauert, bis die

Eisenbahnschienen wieder repariert waren, weshalb sie in der zugigen Halle und in Befürchtung eines weiteren Bombenangriffs den Morgen abgewartet habe. Erst dann sei der Zug, der sie nach München bringen sollte, eingefahren. Man habe sie jedoch mit ihren Kindern nicht einsteigen lassen wollen, da es sich um keine reguläre Verbindung, sondern um einen Verwundetentransport gehandelt habe, dessen Waggons mit einer weißen Kreisfläche und dem roten Kreuz gekennzeichnet waren. Trotzdem sei es ihr gelungen, in einem Abteil Platz zu nehmen. Als sie ein wütender Feldwebel, der ihr vom Bahnsteig gefolgt war, wieder hinausgewiesen habe, hätte sie sich an einen Offizier gewandt, der die Angelegenheit mit einem knappen Befehl regelte.

II.

Meine Erinnerung setzt ein, als mich ein verwundeter Soldat mit einem Kopfverband und einer Augenbinde auf seine Knie hebt. Ich will mich losreißen, aber meine Mutter ermahnt mich, stillzuhalten. Mein Bruder Paul sitzt auf dem Schoß eines Gefreiten, dessen Mütze mir in Erinnerung geblieben ist, während ich sein Gesicht vergessen habe. Helmut liegt in den Armen meiner Mutter. Sie ist eine groß gewachsene, hübsche und selbstbewusste Frau und wird von den verwundeten Soldaten mit Höflichkeit behandelt.

Das Abteil ist eiskalt, denn die Fenster haben keine Scheiben mehr. Ich erinnere mich an die draußen vorbeiziehenden Wälder, Wiesen und Häuser ohne Menschen. Es ist eine echolose Leere, durch die wir fahren, und im Zug ist es still, als sei der Ton des Films, in dem wir selbst zu sehen sind, ausgefallen. Der Krieg hat allem die Farbe entzogen, der Himmel ist hell, die Landschaft ein sich stetig veränderndes Schattenbild, die Soldaten tragen graue Uniformen. Wenn ich mich in die Erinnerung vertiefe, sehe ich ein sich allmählich in Schwärze verwandelndes Farbbild, auf dem es noch ein Dunkelbraun von Mutters Pelzjacke und Strümpfen gibt und einen roten Schal, der einem Soldaten im Hintergrund gehört. Der Waggon zittert und rüttelt in einem fort, wir werden durch die Fliehkraft zuerst auf die eine, dann auf die andere Seite gedrückt. Plötzlich die Schwärze eines Tunnels. Anstelle der unterbelichteten Bilder das Schwarzbild des Schlafes, der Ohnmacht und des Todes.

Ich höre nur die Geräusche der Dampflokomotive, das Zischen, das Pfeifen, das Rattern, das schwere, harte Keuchen, unterbrochen vom regelmäßigen Klopfen der Schwellen.

Unser Atem ist als weißer Dampf sichtbar, wie Plasma auf Fotografien von okkultistischen Sitzungen. Der Dampf löst sich auf und wird von neuen Atemgebilden abgelöst. Mir fällt das Phänomen des Atems als Merkwürdigkeit auf, eine schrecklich zur Schau gestellte Verwundbarkeit der Menschen.

Der Zug hält. Von meiner Mutter werde ich erfahren, dass es der Bahnhof Mautern war, und auch mein Freund Günter Brus, der als Kind den Vorfall zufällig vom Balkon seines Großvaters aus mit dem Fernglas beobachtet hatte, wird mir die Ereignisse bestätigen, als wir vierzig Jahre später auf der Reise nach Amsterdam den Bahnhof passierten und ich anfing, darüber zu sprechen.

Schon kurz nach der Weiterfahrt des Zuges werden die Geräusche der Dampflokomotive von Explosionslärm übertönt, der die Gesichter der Soldaten und das meiner

Mutter augenblicklich verändert. Der Wandel ist so unmittelbar, dass ich die Bedrohung spüre, die aus dem Nirgendwo auf uns zukommt. Nicht der Explosionslärm ist es, der mich plötzlich mit Angst erfüllt – ich finde ihn im Gegenteil »interessant« (er weckt meine Neugier) –, sondern das Mienenspiel der Soldaten mit ihren verbundenen Köpfen und Gliedmaßen, das Anspannung, Schrecken und Verstörung ausdrückt. Bevor ich zu weinen beginne, bremst der Zug, und die Fahrgäste und Gepäckstücke beginnen ein Eigenleben, fliegen durch die Luft, und auch wir fallen auf den Fußboden, werden hochgerissen, verlieren das Gleichgewicht und tauschen es gegen eine Hundertstel Sekunde der Schwerelosigkeit ein, um schließlich irgendwohin geschleudert zu werden. Das alles sehe ich in Form von Schwarz-Weiß-Aufnahmen vor mir: Koffer, Säcke, menschliche Körper, die für ewig fliegen, ein in allen Phasen wie in den Fotografien von Muybridge festgehaltenes Chaos, ein Durcheinanderwirbeln, Fallen und Aufschlagen, ohne jedoch selbst einen Schmerz zu verspüren, so als sei ich ebenfalls nur ein Gegenstand. Und ohne Übergang wird daraus ein farbiger, flimmernder Film, der ein Hinausgehoben- und -geschobenwerden von Körpern durch die Fenster zeigt, ein Gedränge, einen Menschenstrom, der sich aus dem Eisenbahnwaggon ergießt in eine grelle Außenwelt. Der Himmel ist weiß, milchig, zu Füßen die Stoppeln abgeernteter Maispflanzen auf weicher Ackererde. Inseln von Schnee in einer offenen Welt. (Ich habe keine Erinnerung an Wörter, nur an Bilder.)

Meine Mutter hält den Säugling im Arm, ich spüre ihre Hand auf meiner. Jetzt zeigt mir Paul sein Gesicht. Im Gegensatz zu dem meiner Mutter sehe ich seines nur in

Schwarz-Weiß. Paul zeigt mit dem Finger zum Himmel, und ich höre seinen Schreckenslaut, der in meiner Erinnerung nachhallt. Als ich in die Richtung schaue, in die mein Bruder weist, sehe auch ich hinter einem Telegrafenmast und -drähten das Flugzeug. Es ist nahe genug, dass ich das Emblem auf den Flügeln erkennen kann (von dem ich später erfahren werde, dass es das »Pfauenauge« der englischen Luftwaffe gewesen ist) und Einzelheiten der Maschine, eine »Spitfire«. Wie ein mechanischer Raubvogel nähert es sich uns im Tiefflug und feuert einen Hagel von Geschossen auf uns ab. Zuvor sehe ich aber (in meiner Erinnerung zu einem Standbild gefroren) die Kanzel des Flugzeugs, darin jemand, der einen Lederhelm trägt, eine starre Pilotenfigur in einem Riesenspielzeug, als betrachtete ich in einem dunklen Raum ein auf die Leinwand projiziertes Dia, und wie das strahlend helle Lichtbild ist auch meine Erinnerung etwas Immaterielles, nicht Greifbares, nur ein Phantom.

Einige Jahre später ging ich mit meinem Großvater ins Panoptikum, wir saßen vor einem optischen Gerät und blickten durch das Okular in ein scheinbar riesiges Gehirn, in dem die gespeicherten Erinnerungen zu sehen waren: Tiere, die Ansicht eines Dampfers im italienischen Badeort Grado, der Start eines Doppeldeckers der Gebrüder Wright, die Erstbesteigung des Matterhorns durch Edward Whymper und sein Todessturz oder einfach der schneebedeckte Chimborazzo. Genauso blicke ich heute in mein eigenes Gehirn und sehe, wenn ich daran denke, das Standbild des Piloten im Glaskörper seiner Kanzel. Er trägt eine Fliegerbrille und hat das Aussehen eines Insektenwesens, etwas Kaltes und Tödliches geht von dieser Kopffotografie aus, die ich nun weiterbewege, als würde ich die Namen auf einem Abspann verschwinden lassen und durch andere ersetzen …

Wir laufen in völliger Stille über den Stoppelacker, und meine Mutter stürzt mit Helmut am Arm und reißt mich mit. (»Dreimal mussten wir uns auf das abgeerntete Maisfeld werfen«, schrieb sie in ihrem Brief an mich.) Auch die Soldaten liegen verstreut am Boden, als wir uns schon wieder erheben und weiterlaufen. Überraschenderweise wirkt alles harmlos, nur das Gesicht meiner Mutter ist verzerrt, sie bleibt stehen und betrachtet das Blut und die zerrissenen Strümpfe an ihren Knien. Ich höre ihren keuchenden Atem. In Zeitlupe schwenkt mein Blick jetzt zu einer Gestalt, die auf dem Boden liegt, ein Blutfaden rinnt aus dem Mundwinkel, die Lider sind halb geschlossen und die Augäpfel verdreht, dass man das Weiß sieht. Es ist der erste Tote, den ich zu Gesicht bekomme, ohne zu wissen, dass es ein Toter ist und was der Tod bedeutet. Paul läuft in das Bild und zeigt aufgebracht auf Patronenhülsen aus Messing – seltsame Gegenstände, die wie zufällig zwischen den Maisstoppeln liegen. Meine Mutter zieht uns hastig weiter, wir haben kein Ziel, es gibt kein Ziel, nur den endlosen Acker und den Himmel und hinter uns einen metallenen Schatten – die dampfende Eisenbahn und darüber in der Luft *jener*, der uns vor sich hertreibt und vor dem wir uns auf die Maisstoppeln werfen. Wir stürzen in einen Graben, laufen durch das eisige Wasser eines Baches, dann den gegenüberliegenden Hang hinauf, zwischen nackten Büschen, deren Zweige uns ins Gesicht schlagen (beobachtet, wie gesagt, von einem Siebenjährigen mit Fernglas, den ich fast vierzig Jahre später kennenlernen werde).

Ich weiß nicht, wie wir in das Bauernhaus gekommen

sind. Durch ein Fenster sehe ich meinen jüngeren Bruder, den Säugling, auf dem Arm eines Soldaten. Dieser springt mit ihm hinter einen Misthaufen, und das Flugzeug feuert auf sie. Der Soldat erhebt sich mit Helmut auf dem Arm und stolpert nach Luft ringend in das Haus.

III.

»Wir blieben allein in dem Bauernhaus«, schrieb seine Mutter in ihrem Brief weiter, »weil der Besitzer aus Angst vor Bomben den nahe gelegenen Stollen aufgesucht hatte.« Sie habe den Kindern die Strümpfe ausgezogen, die Kleider zum Trocknen aufgehängt, habe sich die blutigen Knie gewaschen und heißen Tee gemacht. Sie sei, schrieb sie ihm weiter, zu »ausgelaugt« gewesen, um in den Stollen zu flüchten, und die überstandene Gefahr hätte ihr die Angst vor den Bomben genommen.

Kurz vor Mitternacht habe sie ihre Kinder geweckt und sei mit ihnen zum Zug zurückgekehrt. Die Lokomotive, deren Kessel durch den Beschuss zerstört worden war, war durch eine andere ersetzt worden und die verwundeten Soldaten, die inzwischen in der Umgebung Unterschlupf gefunden hatten, saßen schon im Abteil. Wie viele bei dem Angriff ums Leben gekommen oder verletzt worden waren, wusste seine Mutter nicht mehr. Der Zug hielt nach kurzer Fahrt in Selzthal, einem düsteren, von einem Bach durchschnittenen Ort. Dort übernachtete sie mit ihren Kindern zusammen in einem Bett, ohne die Mäntel auszuziehen, weil das Zimmer ungeheizt war. Er hatte keine Erinnerung daran, auch nicht, dass eine Frau mit einem Kleinkind auf einem Sofa lag. Deren Kleidung, schrieb seine Mutter, sei ärmlich gewesen und der Kinderwagen, in dem sie auch ihre Habseligkeiten transportierte, alt und schäbig. Ohne auf die Proteste der Frauen zu hören, sperrte jemand die Tür von außen ab … In der Nacht wurde seine Mutter dann durch eine Sirene aus dem Schlaf gerissen. Sie sprang auf, um hinauszusehen, aber die Tür war noch immer verschlossen. Sie rüttelte, sie trommelte, sie rief – niemand kam. Aus dem Fenster konnte sie beobachten, wie Menschen zum Luftschutzkeller liefen – endlich erschien ein Bub und öffnete. Er war in Eile und machte sich sofort davon. Zusammen mit seiner Mutter brach auch die andere Frau auf. Der Luftschutzkeller war überfüllt mit Passagieren, unter die sich nur wenige Einheimische mischten. Niemand sprach. Eine Frau und ein Verwundeter fielen in Ohnmacht und wurden auf eine Bahre gelegt. Nach der Entwarnung am frühen Morgen, schrieb seine Mutter, sei der Zug, der sie über Linz und Nürnberg nach Würzburg bringen sollte, in den Bahnhof eingefahren. Seine Mutter holte das Gepäck aus dem Zimmer und musste dabei feststellen, dass die Frau, die inzwischen verschwunden war, ihren stark abgenutzten Kinderwagen stehen gelassen und gegen den ihren eingetauscht hatte. Kurz darauf hängte ein Beamter ihr und den Kindern eine Schnur mit einem Stück Pappkarton und einer Nummer darauf um den Hals, zur Identifizierung im Falle, dass ihnen etwas zustoßen sollte. Dabei befiel seine Mutter eine so heftige Abneigung einzusteigen, dass sie umkehrte und den Fahrdienstleiter im Stationsgebäude aufsuchte, mit der Bitte, die Billetts zu ändern. Angesichts des Unverständnisses und der energischen Ermahnungen, dass der Zug ohne sie abfahren würde, weigerte sie sich erst recht, die vorgesehene Strecke zu fahren, ohne dass sie aber einen Grund für ihr Verhalten angeben konnte. Mit Hartnäckigkeit und Zigaretten erreichte sie schließlich, dass die Billetts geändert und auf einen anderen Zug umgeschrieben wurden, der über Salzburg nach München fuhr. (Das war besonders wegen der bereits vergebenen Identifizierungsnummern schwierig gewesen.) Am Salzburger Bahnhof musste sie wegen eines Voralarms neuerlich in den Luftschutzkeller. »Längst stimmten die Fahrpläne nicht mehr«, schrieb sie in ihrem Brief, »längst war der gesamte Schienenverkehr nur noch auf Improvisation aufgebaut. Er brach zusammen, Teile nahmen den Betrieb wieder auf, dafür fielen andere Teile aus.« Aus diesem Grund sei die Fahrt mit einer nie nachlassenden Anspannung verbunden gewesen, es habe von einem Augenblick auf den nächsten höchste Aufmerksamkeit geherrscht, um jederzeit auf das Schlimmste vorbereitet zu sein, mehrmals sei sie in einen Erschöpfungsschlaf gesunken, aus dem sie immer wieder durch ihre Angst gerissen worden sei.

In Salzburg gelang es ihr neuerlich, in einen Fronturlauberzug mit Verwundeten zu steigen, der aber von München weiter nach Köln fuhr, sodass sie sehen musste, wo sie mit ihren Kindern blieb. Am Bahnhof in München herrschte ein so großes Chaos, dass sie befürchtete, eines ihrer Gepäckstücke oder sogar ihre Kinder, die sie drängte, sich an den Griffen der Koffer festzuklammern, aus den Augen zu verlieren. Inzwischen verbreitete sich die Nachricht, dass der Bahnhof in Nürnberg bei einem Bombenangriff getroffen worden sei und hunderte Menschen dabei ihr Leben verloren hätten, darunter, wie sie später erfuhr, auch Passagiere jenes Zuges, mit dem zu fahren sie sich geweigert hatte. Ihr Mann, der im Lazarett davon in Kenntnis gesetzt wurde, ließ sich sofort nach Nürnberg bringen, da ihm seine Frau die Ankunftszeit und Reiseroute vor ihrer Abfahrt mitgeteilt hatte. Mehrere Stunden suchte er in Haufen von Erschlagenen und Verbrannten nach seiner Frau und den Kindern. Inzwischen hatten diese einen weiteren Zug nach Augsburg genommen, wo es bereits den nächsten Fliegeralarm gab und sie wieder einen Luftschutzkeller aufsuchten. Durch einen Zufall – eine Lokomotive hatte einen technischen Defekt und der Zug Verspätung – gab es am Abend noch eine Verbindung nach Würzburg.

Seine Mutter habe jedes Zeitgefühl verloren gehabt, schrieb sie, auch Hunger und Durst habe sie keinen verspürt, alles habe sie wie ferngesteuert gemacht, nicht wie in Trance, sondern mit klarem Kopf, in einer Mischung aus größter Konzentration und Lethargie. Ihre Kinder schliefen auf den Bänken des Eisenbahnwaggons, es wurde Nacht, und in der sie umgebenden schwarzen Leere setzt seine Erinnerung wieder ein.

IV.

Ich erwache im lichtlosen Nichts. Es ist still, aber bevor ich zu weinen anfange, weil ich mich allein glaube, spüre ich die Wärme und den Atem meiner Mutter, die mir ins Ohr flüstert, leise zu sein. Nie werde ich die Finsternis und die Lautlosigkeit vergessen, in die ich geraten war. Ich höre kein Eisenbahngeräusch, denn der Zug war, wie meine Mutter schrieb, an einem Waldrand stehen geblieben, und der Schaffner hatte den Passagieren die Anweisung erteilt, nicht zu sprechen, kein Zündholz zu entflammen, nicht zu rauchen und auf dem Platz zu bleiben, denn über unseren Köpfen flögen feindliche Flugzeuge, die Würzburg bombardierten. An die Geräusche der Bomber erinnere ich mich nicht, ich höre nicht das »unheimliche Dröhnen«, von dem meine Mutter schrieb, ich höre nur Atemgeräusche, Husten, Räuspern, Seufzen und Stöhnen, ab und zu unverständliches Geflüster oder das unterdrückte Aufweinen eines Kindes.

Irgendwann in der Endlosigkeit des Wartens darf ich an das Fenster treten und hinausschauen, und ich sehe in der Dunkelheit Flammen vom Himmel fallen, es sind nicht die Feuerzungen des Heiligen Geistes, sondern Bomben, die auf eine brennende Stadt – Würzburg – fallen. Wie auf Röntgenbildern sehe ich durch die Glasscheibe im Zugabteil Schwärze und Helligkeit. Die Helligkeit ist in eifriger Bewegung, die Schwärze lastet. Ich kann die Bilder nicht deuten, ich verstumme vor ihrer überwältigenden Schönheit. Riesenfunken fallen vom Himmel auf die zuckenden, sich stetig verändernden Flammen. Ich begreife nicht, weshalb alle schweigen, aber die fehlende Tonspur im Erinnerungsfilm macht aus der Szene etwas Introvertiertes, wie Regentropfen, die über eine Glasscheibe laufen. Ich kann den Film solange ich will in meinem Kopf abspulen, immerfort und immerfort, ohne an einen Anfang oder ein Ende zu gelangen. Und doch verwandeln sich die Bilder. Je länger ich sie betrachte, desto deutlicher nehme ich die Unheimlichkeit wahr, die in ihnen verborgen ist. »Die Lokomotive«, schrieb meine Mutter, »hatte die Kessel gelöscht, wie gelähmt starrten wir auf das Schauspiel der Vernichtung.«

V.

Kitzingen, wo seine Mutter sich mit seinem Vater verabredet hatte, war nur 25 Kilometer entfernt, und doch schien es aussichtslos, es in dieser Nacht noch zu erreichen. Trotzdem kam sie dort an, weckte die Kinder und trug die Weinenden in das dem Bahnhof gegenüberliegende Gasthaus. Fremde Menschen halfen ihr. Der Wirt, selbst verängstigt, führte sie in einen stockdunklen Raum mit zwei Betten und geschlossenen Vorhängen. Er verbot ihr, Licht zu machen. Seine Mutter hatte eine Taschenlampe bei sich, mit der sie kurz auf den Boden leuchtete, um sich zu orientieren. Dieser kurze Lichtstrahl, der das Zimmer erhellte, blieb unerklärlicherweise in seiner Erinnerung haften. Er sieht die Stahlrohrbetten, den geblümten Überzug, die runde Nachttischlampe, bevor die Dunkelheit wieder alles verschwinden lässt. Seine Mutter legte ihre Kinder auf die Betten, wo sie in tiefen Schlaf versanken, aus dem sie ein Donnern, wie sie es noch nie gehört hatten, aufschreckte. Sie weinten vor Entsetzen und wurden von ihrer Mutter aufgehoben und unter die Betten gelegt, ehe sie selbst schluchzend zu ihnen gekrochen kam. Eines ihrer Kinder fragte sie nach dem furchtbaren Getöse, sie antwortete, es sei ein Gewitter. Und weshalb sie unter den Betten lägen? Und weshalb sie weinte? »Du hast versucht, mich zu trösten, als ich dir gestand, dass ich mich fürchtete«, schrieb sie in ihrem Brief. »Du hast mir erschrocken über die Wangen gestreichelt«, fuhr sie fort, »und mich angefleht, nicht traurig zu sein.« Als er das las, sah er das verzerrte Gesicht seiner Mutter wieder vor sich und spürte ihre Tränen und ihre Umarmungen. Er schwor sich, nie mit jemandem darüber zu sprechen, denn er wusste, dass es ein Geheimnis war, das nur sie beide betraf.

Als das Donnern und Dröhnen endlich aufhörte, krochen sie unter dem Bett hervor.

VI.

Im Gestöber des stickigen, feinen Staubes – Verputz rieselt von der Decke – umarmt und küsst mich meine Mutter, ich sehe uns beide, sie und mich, hustend in einem gelben Licht. Auf dem Gang und vor dem Haus sind eilige Schritte zu hören. Ich habe meine Brüder vergessen. (Ginge es nach meinem Gedächtnis, wären sie nicht anwesend.)

Aber dann, auf dem nächsten Filmstreifen meines Erinnerungsarchivs, kann ich sie als stumme Schatten wieder erkennen.

VII.

Seine Mutter wählte ein einziges Mal in ihrem Brief eine lyrische Beschreibung für den Augenblick, als sie ins Freie traten. Sie schrieb: »Der Himmel war intensiv hellblau und rosa gefärbt, und schmutziger Schnee lag auf dem Platz vor dem Bahnhof.« Sie trugen die Pappschilder mit den Identifikationsnummern um den Hals, die man ihnen in Selzthal umgehängt hatte, und ihre Kleider waren weiß von Staub.

VIII.

Ich finde den Anblick lustig. Der Staub hat auch unser Haar grau gefärbt, sodass wir wie alte Zwerge aussehen, und wir fangen müde an zu spielen.

IX.

Irgendwie war es seiner Mutter gelungen, seinen Vater zu benachrichtigen, dass sie im Gasthaus gegenüber dem Bahnhof auf ihn warte. Sofort ließ er sich von Nürnberg nach Kitzingen bringen, »wo er euch in die Arme schloss. Tränen liefen über seine Wangen«, beendete seine Mutter den Brief.

x.

Ich stehe jedoch vor einem fremden Mann, von dem ich erst allmählich erfahre, dass es mein Vater ist. Er trägt eine Uniform. Er ist riesengroß. Ist es nicht seltsam, dass ich alles in Schwarz-Weiß sehe? Der Mann steigt aus einem VW-Kübelwagen. Am Steuer sitzt ein Fahrer mit Schiffermütze und schaut durch die Windschutzscheibe auf die Straße. Mein Vater lacht – es ist das Foto, das bei einer anderen Gelegenheit von ihm aufgenommen wurde und das sich in meinem Kopf mit der Erinnerung an diese Begegnung verbunden hat.

Eins

Kindheit

Im Gartenhaus

I.

Bis die russischen Soldaten aus der Steiermark abzogen und von den Engländern abgelöst wurden, blieben seine Eltern in der Nähe von Würzburg. An jene neun Monate hat er kaum Erinnerungen. Seine Mutter berichtete ihm von einem Grafen, der den gleichen Familiennamen trug wie sie. Im Gartenhaus von dessen Park fanden seine Eltern mit ihren Kindern eine notdürftige Unterkunft.

II.

Ein einstöckiger gelber Pavillon. Zahlreiche Fenster, weiße Wände, ein Tisch mit einem gewebten Tuch, auf dem Früchte ein Ornament bilden, besonders die langen Fransen sind geheimnisvoll. In Kartons auf dem Parkettboden Kleidungsstücke. Ich schlafe auf einem Sofa unter einem gold-schwarz gemusterten Bettüberwurf. Ich friere. Wir sind in einem lautlosen Jenseits angelangt. Wo ist der Krieg? Schnee liegt auf einer Wiese, auf den Ästen der Bäume, auf den Wegen. Da es keinen Ofen im Gartenhaus gibt, ist jeder Wechsel von Unterwäsche schmerzhaft. Mein Bruder Paul und ich stapfen hinter zwei Kindern zum Schloss hinauf. Es ist ein kurzer, stark flimmernder Schwarz-Weiß-Film, der vor meinem inneren Auge abläuft, ich habe ihn schon öfter gesehen, wenn ich in der Nacht wach lag. Die anderen Knaben tragen Wintermäntel, einer von ihnen hat eine Schirmmütze auf dem Kopf. Sie ziehen einen eisernen Schlitten hinter sich her, der vorne eine Rundung hat wie ein Bischofsstab. Paul ist schneller als ich, und die beiden Buben und er fangen zu laufen an. Ich kann mich an kein

Geräusch erinnern, an kein Wort. Plötzlich sitzen wir zu viert auf dem Schlitten, ich muss, weil ich als Letzter gekommen bin, vorne Platz nehmen. Ich sehe jetzt den Schnee unter mir, über den wir abwärts gleiten, im nächsten Augenblick stürze ich. Der Schlitten kippt nach der Seite um und eine der Kufen schneidet sich in meinen Hals. Ich ersticke. Das Filmfragment ist zu Ende, es folgt Schwärze, die mir den Eindruck vermittelt, ich befände mich allein in einem dunklen Kino. Nach langer Pause höre ich meine Mutter sprechen. Ich fühle ihre Arme, ihr Haar, ihre Körperwärme. Jetzt beugt sich mein Vater über mich. Er hat eine Militärkappe auf dem Kopf. »Damals hast du eine Quetschung des Kehlkopfes erlitten und ich brachte dich ins Gartenhaus«, erzählt meine Mutter. »Als Vater vom Lazarett kam, hat er dich verarztet. Du konntest zwei Tage nicht sprechen. Du standest unter Schock. Lange konntest du dich nicht beruhigen.«

III.

Die ganze Zeit, die ich in der Nähe von Würzburg verbrachte, verbinde ich mit Kälte. Im Gartenhaus gibt es wie gesagt keinen Ofen, und gäbe es einen, wir hätten nichts zu heizen. »Auch im Schloss«, erzählte meine Mutter weiter, »wurde nicht geheizt, bis auf das Kaminzimmer.« Ich habe es einmal gesehen, ich erinnere mich an den großen, geschliffenen Spiegel im goldenen Rahmen und an einen orientalischen Teppich, dessen Schönheit mich fasziniert. Er ist braun, rot und schwarz und für mich ein Mirakel. (Ich bin davon überzeugt, dass das Muster einen Sinn ergibt und will in seine Wirklichkeit eintreten, um ihn zu begreifen.) Nach und nach tauchen eine Biedermeierkommode mit vielen Schubladen auf,

Polstermöbel, ein Luster. Und auch das Feuer im Kamin sehe ich flackern, spüre jedoch nichts von seiner Wärme, und es verlöscht langsam in Schwärze. »Ich habe eine Decke für uns verlangt«, fuhr meine Mutter fort, »aber es gab keine. Ich habe mich mit den Mänteln beholfen, dem Bett- und dem Tischtuch – ihr habt trotzdem gefroren, bis Vater euch eine Decke vom Militär brachte.«

IV.

Der Himmel ist blau, und die Tochter unseres Namensdoppelgängers, ein Mädchen mit brünetten Locken, sitzt auf einer Schaukel und schwingt sich hoch hinauf in die Luft, sie schwebt zurück, ihr Kleid wirft die wunderbarsten Falten, und ihr Schatten folgt ihr ruhelos über den Boden, hin und her.

V.

»Zu Ostern«, sagte meine Mutter, »wurdest du mit Paul eingeladen, Eier zu suchen.« Ich sehe ein großes gelbes aus Pappe hinter einem Busch. Paul findet hüpfend zwei bunte, und das Mädchen schwirrt herum und zeigt uns, was es gefunden hat. Das Pappei wird geöffnet, darin liegt Schokolade. Gleich darauf ist das Spiel zu Ende, und wir müssen alles in der Vorhalle des Schlosses auf einen Tisch legen, neben dem der Graf steht.

VI.

Seine Mutter erzählte ihm auch, wie sein Vater in Gefangenschaft geraten war und sie ihn im 15 Kilometer entfernten Lager besuchte. Unterwegs hätten ihr auf Lastautos vorbeifahrende Soldaten nachgepfiffen, sagte sie. Sie habe seinen Vater nur kurz sehen und ein paar Worte mit ihm wechseln dürfen, dann habe sie sich beeilt, wieder nach Hause zu kommen.

VII.

In dieser Zeit taucht auch »der Neger« auf. Er gibt mir eine Orange, in die ich in Unkenntnis, dass sich unter der schönen Farbe eine bittere Schale verbirgt, hineinbeiße. »Der Neger« nimmt mich auf seinen Arm. Er lacht. Ich sehe seinen Panzer. Der Panzer mit der Kanone und den Ketten entführt ihn, und ich weine über das Schicksal, das ihn mir nimmt.

VIII.

Am häufigsten erzählte ihm seine Mutter, wie sie seinen Vater zum zweiten Mal im Gefangenenlager besuchen wollte und erfahren habe, dass er nicht mehr dort sei, und niemand ihr Auskunft geben konnte, ob er verlegt oder entlassen worden sei. Sie sprach kaum Englisch. Irritiert und mit wachsender Verzweiflung habe sie sich auf den Rückweg gemacht und sich von der Hitze und dem Fußmarsch erschöpft unter einen Baum gesetzt. Während sie sich den schlimmsten Gedanken hingegeben und geradezu gewusst habe, dass sie ihn womöglich nie mehr wiedersehen würde, weil man ihn als ehemaliges Mitglied der NSDAP und Kriegsgefangenen vermutlich nach Amerika überstellt habe, habe sie plötzlich ihren Namen rufen hören und als sie aufblickte, ihn von weitem eilig auf sie zukommen sehen. (In meiner Vorstellung sehe ich die beiden sich in die Arme schließen und das Wort ENDE auf die glücklich Vereinten projiziert, während die Kamera langsam von ihnen wegzoomt.)

Die Rückkehr

I.

Vielleicht sind wir in unserer Kindheit auf andere Weise intelligent, schöpferisch und klarsichtig als im Erwachsenenalter. Wenn ich über diese Zeit schreibe, tauchen viele Einzelheiten auf, mag sein, dass es falsche Erinnerungen sind, aber selbst dann drücken sie etwas aus, das möglicherweise wichtiger ist als die vorgebliche Wahrheit …

II.

Oktober 1945. Die Eisenbahnfahrt nach Graz ist mir als Eingeschlossensein in einem zitternden, ruckenden Schattentunnel in Erinnerung.

Nichts von der Landschaft, durch die wir fuhren, ist in meinem Kopf mehr vorhanden, nur dieser Innenraum, eine riesige alte Ziehharmonika, in die ich irgendwie hineingelangt bin. Sie gibt die grässlichsten Töne von sich. Sie knirscht, sie pfeift, sie rattert, sie röchelt, und ein unsichtbarer Spieler stampft dazu mit den Füßen. Das Gedränge, der Gestank im Abteil sind bedrohlich. Menschen streiten, schreien, heulen, schieben, übergeben sich. Ich sitze auf einem Koffer und habe die Eingebung, dass mir nichts geschehen kann. Ich darf mich nur nicht bewegen, ich muss alles so hinnehmen, wie es sich ereignet. Der Balg der Ziehharmonika könnte zusammengedrückt werden und die Menschen durcheinanderfallen, sich gegenseitig erdrücken und langsam ersticken, aber mein Koffer ist ein Fels, eine Insel, solange ich auf ihm sitze, bin ich in Sicherheit. Ich weiß auch plötzlich, dass es eine nächste Situation geben wird: Darin werde ich auf dem Bahnsteig stehen und das, was ich jetzt gerade erlebe, wird bereits Vergangenheit sein. Ich beginne mir vorzustellen, dass ich bereits jetzt, während ich noch in Bedrängnis bin, am Bahnsteig stehe und in *Wirklichkeit* an meine Situation *zurückdenke*. Auch dieser Gedanke entsteht ohne Anstrengung von selbst, und von da an wird diese Zukunftsschau, wie auch die Überzeugung, es könne mir nichts geschehen, zu meinem Verhalten gehören, wenn ich mich in einer misslichen Lage befinde.

III.

Merkwürdigerweise sind meine Eltern und Geschwister fast zur Gänze aus meiner Erinnerung ausgeblendet. Ich sehe nur amerikanische Soldaten mit Stahlhelmen und Schirmkappen, die nach den »Papieren« verlangen, was jedes Mal eine seltsame Aufregung und Geschäftigkeit unter den Fahrgästen hervorruft. Die Soldaten werden offensichtlich als Bedrohung empfunden, mich aber streicheln sie, schenken mir ein freundliches Lächeln oder stellen mir eine Frage. Ich fühle mich dadurch erhöht, denn die anderen werden kontrolliert, gefilzt, ausgefragt. Erst jetzt taucht mein Vater auf, und ich sehe ihn (wie in einer jener Theaterinszenierungen, die auf ein Minimum an Ausstattung reduziert sind) sich erheben und mit ungekannter Höflichkeit die »Papiere« vorweisen. Er lächelt bei jeder Frage, die an ihn gerichtet wird, und ich weiß nicht, weshalb ich mich für ihn schäme. Erst viele Jahre später erkenne ich, dass es wegen seiner Unterwürfigkeit ist, die er fremden Autoritäten gegenüber an den Tag legt; meine Mutter hingegen trägt eine kokette Aufmüpfigkeit zur Schau, die mir ebenfalls erst Jahre später bewusst wird.

Vielleicht interpretiere ich alles erst nachträglich in die

Erinnerungspartikel hinein, die in meinem Kopf in Bewegung geraten sind – aber weshalb sollten diese Überlegungen und Empfindungen mir damals unmöglich gewesen sein?

IV.

In der Stadt angekommen, erwache ich. Irgendwann bin ich in tiefen Schlaf gefallen, aus dem ich gerissen wurde. Mein Blick fällt auf die grelle Lampe an der Decke des Eisenbahnwaggons. Ich sehe die Glühdrähte und schließe die Augen, doch werde ich sofort wieder wachgerüttelt, auf die Beine gestellt und vorwärtsgeschoben. Die Eltern schleppen sich an Gepäckstücken ab, wir steigen Treppen hinunter in fahl beleuchtete Gänge voller Menschen, andere Treppen wieder hinauf in die Bahnhofshalle. Ich bin zu benommen, um unterscheiden zu können, was ich träume und was sich wirklich ereignet. Niemand erwartet uns, da alle Züge Verspätung haben und nur unregelmäßig verkehren. Wir sind im Freien, die Straßen sind kaum beleuchtet, anstelle von Häusern Schutthaufen und Ruinen, außerdem Bombentrichter, denen wir ausweichen müssen. Ich fürchte mich vor den Löchern, in denen man für ewig verschwinden kann. (Ich weiß noch, wie ich am nächsten Tag ein zerbombtes Wohnhaus anstarrte, an dem eine Wand fehlte, sodass man dort, wo die Zimmer nicht durch Planken abgedeckt waren, hineinsehen konnte: Ich erkannte selbst das Muster der Wandbemalung und weiße Flecken an den Stellen, an denen die Bilder gehangen hatten. Auch in die Bombentrichter spähte ich hinein. Ich blieb vor jedem einzelnen stehen und schaute in die Tiefe des Erdlochs. Später dachte ich dann gar nicht mehr daran, dass sie aus dem Krieg stammten.)

Ich klammere mich am Ärmel meiner Mutter fest. Irgendwann überqueren wir die Brücke über den aufgestauten Mühlgang. Vom E-Werk hängen Lampen herunter, die ein schwaches gelbes Licht auf das Wasser fallen lassen. Ich empfinde Angst. In der Schwärze, die uns umgibt, ist das Wasser schwärzer als sonst. Dahinter das dunkle Wohnhaus am Kirchweg 9, in dem die Großeltern wohnen. Meine Mutter ruft, mein Vater wirft einen Kieselstein gegen das Fenster, und als endlich das Licht angeht, sehe ich, dass mein jüngerer Bruder Helmut auf dem Arm meines Vaters schläft und der ältere gegen die Eingangstür taumelt. In mehreren Wohnungen gehen Lichter an, die Großeltern öffnen und umarmen uns. Es ist mir unangenehm, dass Omi mich küsst, ich rieche den Küchengeruch, der von ihr ausgeht, und verstehe nicht, was ich mit ihr zu tun habe. Erst von jetzt an habe ich ihr Gesicht in meinem Kopf. Sie lacht in einem fort, drückt uns an sich und hat feuchte Augen.

V.

Immer wieder erzählte ihm seine Mutter, dass er seiner Großmutter die Frage gestellt habe: »Wie geht es Ihnen?« Dabei seien ihm vor Müdigkeit die Augen zugefallen.

»Du wirst doch nicht Sie zu mir sagen … Hört ihr, er hat mich gefragt, wie geht es Ihnen?«, habe seine Großmutter ausgerufen und es jedem erzählt.

Einige der Hausparteien zeigen sich auf dem Gang und begrüßen seine Eltern, die mühsam in den zweiten Stock hinaufsteigen.

VI.

Nach einer warmen Mahlzeit erhole ich mich.

Erstaunt stelle ich fest, dass meine Großeltern Nachtkleidung tragen. Großvater Richard hat widerborstiges graues Haar, das an den Schläfen kurz geschnitten und nach hinten gebürstet ist, doch widerstrebt es jeder Richtung und steht büschelweise in die Höhe. Er hat ein volles Kindergesicht und eine kleine Nase, milde braune Augen und einen Oberlippenbart. Er ist klein und stämmig und hat von seiner Arbeit als Glasbläser – wie ich als Kind erfuhr – einen auffallend großen Brustkorb und muskulöse Oberarme. Der Brustkorb geht in einen stattlichen Bauch über. Daneben fallen mir seine kurzen Beine auf, von denen, wie sich herausstellt, das rechte an der Hüfte steif ist, weswegen er sich beim Stiegensteigen abmüht und sein Humpeln in der Wohnung nicht zu übersehen ist. (Beim Ausgehen stützt er sich dann immer auf einen Stock, der ansonsten in der Ecke neben der Eingangstür lehnt.) Omi, die mein Großvater Mizzi nennt, hat dünnes blondes Haar, einen weißen, fülligen Körper und als hervorstechendstes Merkmal fröhlichblitzende blaue Augen. Ihre Zähne sind mangelhaft, und sie hat, wie mir erst später auffällt, etwas Ländliches an sich, etwas von einer Magd. Bald schon bemerke ich, dass sie warmherzig und liebevoll ist. Wenn ich Schutz suche, wende ich mich deshalb zuerst an sie. Ihr größter Schatz ist eine Bernsteinkette mit großen ovalen Steinen. In einem von ihnen ist eine Pflanze eingeschlossen, die ich immer wieder zu sehen wünsche. Großvater hustet stark, da er, wie mein Vater betont, an chronischer Bronchitis leidet, was immer das auch ist. Und er versucht mir verständlich zu machen, dass es eine Berufskrankheit ist, viele Glasbläser litten daran. Großvater habe Gläser, Medizinfläschchen und sogar Briefbeschwerer hergestellt, so wie man mit dem Mund Seifenblasen fabriziert (die ich damals schon kenne).

Die Wohnung ist notdürftig eingerichtet und besteht nur aus einer Küche und einem Zimmer. Ein »Sparherd«, der mit Holz oder Kohle befeuert wird, auf einem weißen Hocker (»Stockerl«) ein Waschlavoir aus emailliertem Aluminium, daneben eine Schale mit Seife, und an der Wand hängen Handtücher. Über den Sparherd ist eine Schnur zum Wäschetrocknen gespannt, an der, solange ich mich erinnern kann, immer Kleidungsstücke, Socken, Hemden und anderes hängen. (Ich stellte mir oft vor, ich lebte auf einem Schiff mit der Wäsche als Segel und dem Herd als Kommandobrücke.) Links vom Fenster, das grüne Läden hat, steht die weiße Kredenz mit einem Rasierspiegel, der an einem Nagel hängt, rechts ein Tisch mit Eckbank. Vom Schlafzimmer hat man Ausblick auf den Mühlgang, das E-Werk und das Wehr, die die ganze Nacht über beleuchtet sind. Die Möbel sind aus hellbraunem, lackiertem Holz, die wuchtigen Betten haben hohe Fuß- und Kopfteile und sind mit großen Pölstern, den Kopfkissen, ausgestattet. Über dem Ehebett hängt ein riesiger gerahmter Schutzengel, der zwei Kinder über einen Bach geleitet – das einzige Bild in der Wohnung. Wegen dieses Bildes will ich bleiben. Es allein verwandelt die Armseligkeit des Raumes in etwas Geheimnisvolles. Ein hellbrauner »Kasten«, der Kleiderschrank, die Kuckucksuhr an der Wand, die mich mit dem ersten Ruf in ihren Bann zieht, und in den Fenstern Blumentöpfe mit roten Pelargonien. Da es für alle Bewohner des Stockwerks nur ein Plumpsklo auf dem Gang gibt, steht unter den Betten ein Nachttopf. Wie ist es möglich, dass wir so selbstverständlich in diese grauenvolle und doch anziehende Welt, vor der mir ekelt und die mich zugleich fesselt, eindringen? Ich kann die Großeltern in ihren Nachtkleidern nicht begreifen. Omi kocht Tee und wartet sogar Zwieback auf, der dicke, an einen Käfer erinnernde Mann, mein Großvater, blickt mich mit müden Augen an. Sein Atem rasselt, er hustet, er spuckt in ein zerknittertes Taschentuch, das er in einer Hand hält – und ich entdecke, dass ihm an zwei Fingern Glieder fehlen, an einem davon hat er anstelle des Nagels nur eine dunkle kleine Kralle.

VII.

Am nächsten Tag sitzen wir in der Küche.

»Ich habe deine Bücher aus der Wohnung am Geidorfgürtel geholt, bevor die Russen gekommen sind«, sagt Omi zu meinem Vater. Sie nimmt aus dem Kleiderschrank im Schlafzimmer einen Stapel medizinischer Werke und legt sie auf den Tisch.

Gedankenverloren schlägt mein Vater eines, einen anatomischen Atlas, auf. Großvater und er rauchen Zigaretten, die mit ihrer Glut und dem bläulichen Dunst die Küche in einen wichtigen Ort verwandeln. Im Atlas sehe ich ein Gesicht ohne Haut, die roten Muskeln, die blauen Venen, die gelben Nervenbahnen, wie mir später immer wieder erklärt wird, aber für mich ist es eine unheimliche, fantastische Darstellung eines Menschen. Ich ahne, dass sie etwas mit dem Tod zu tun hat und starre sie an. Das Auge auf dem Bild ist freigelegt, eine weiße Kugel mit einer blassgrauen Regenbogenhaut und der schwarzen Pupille. Dieses Bild bleibt mir im Gedächtnis, denn durch seinen Anblick fühle ich, ohne es wirklich zu verstehen, dass mein Vater etwas anderes ist als die übrigen Menschen. Er kennt alle Geheimnisse, auch die furchtbarsten. (Zugleich trat ich selbst durch dieses anatomische Bild in die Welt des Körpers ein. Was für andere Kinder Landkarten waren, die sie zum Träumen abenteuerlicher Reisen animierten, waren für mich die Abbildungen im anatomischen Atlas.) Ich erinnere mich an den sengenden Schrecken, der mich beim ersten Anblick der Darstellung des Kopfes durchfuhr, es war die Ahnung, unter der Haut selbst so auszusehen. Mein Großvater beugt sich staunend über die Abbildung und stammelt, dass der menschliche Körper ein Wunder sei. Dabei blickt er meinen Vater respektvoll an, dass ich glaube, er sei der Hüter dieser Geheimnisse und Wunder.

VIII.

Ich schlafe übrigens im Zimmer der Großeltern, mein älterer Bruder zwischen ihnen, ich auf einer Matratze vor dem Kleiderschrank, Vater und Mutter mit Helmut in der Küche. Die Nachtkleidung von Großvater besteht entweder aus einem langen Flanellhemd oder knielangen, gestreiften Unterhosen, die über dem Nabel mit einer Schnur zusammengebunden werden, und einem weißen Unterhemd mit Knöpfen. Er sieht erbarmungswürdig aus, Großmutter in ihrem rosa Nachthemd hingegen fröhlich. Ich schaue, wann immer ich Gelegenheit dazu habe, zum riesigen Schutzengel über dem Bett hinauf, und ich begreife, dass es offenbar Wesen gibt, die ich nicht erkennen kann. Mit Sicherheit können die Erwachsenen Engel sehen, wie mein Vater das Innere des menschlichen Körpers. Großvater ist ein Zauberer. Er wird von einem Engel beschützt und ist Herr über ihn. Der Engel lebt hinter dem Holzrahmen und dem Glas, wo er die beiden Kinder beschützt. Das Glas macht Großvater selbst, die durchsichtige Substanz der Fensterscheiben. Aus Glas sind auch Vasen und Bierkrüge und bunte Murmeln gemacht, und ich bewundere Großvater ebenso wie meinen Vater.

Dieser Glaube wird nie erschüttert werden, er löst sich nur unmerklich auf. Heute weiß ich, dass er erst für mich an Bedeutung verlor, als ich mich selbst entdeckte.

Die Dinge

Am meisten hasste ich den vollgestopften Kleiderschrank im Schlafzimmer, dessen Türen von selbst aufgingen. Er war wie ein Stück aus meinen Träumen, das in die Wirklichkeit geschwemmt worden war, wie umgekehrt Elemente der Wirklichkeit in Träumen auftauchen. Von Anfang an stand für mich fest, dass der Kleiderschrank ein Eigenleben führte. Die Türen gingen nicht einfach auf, ihre Bewegung glich dem Sprung einer Katze. Manchmal erwachte ich in der Dunkelheit, noch bevor sie sich öffneten, mit der Angst, jemand Fremder habe sich Zutritt zur Wohnung verschafft und sei dabei, die Familie zu ermorden. Ich hörte das Krachen eines Bodenbrettes, ein Geräusch aus der Küche, jemanden leise im Schlaf sprechen, etwas flog gegen eine Fensterscheibe … Und in meiner Fantasie ordnete ich jeden Laut dem Schleichen des Mörders und seinem Tun zu … Das Schnarchen und Husten von Großvater und damit die Zeichen seiner Ahnungslosigkeit dem gegenüber, was vor sich ging, versetzten mich in Panik. (Zu diesen Ängsten gab auch die Furchtsamkeit meiner Mutter Anlass, die wegen jeder Maus, jedem Blitz, jedem Donner auffuhr und der vor vielem ekelte. Sie war ein aufmerksames Publikum bei Schrecknissen jeder Art und betonte bei allem, was ihr widerfahren war, das Unangenehme und Furchtbare daran. Sie wich vor Hunden und Katzen zurück, es grauste ihr vor Regenwürmern und Maulwürfen ebenso wie vor der vermuteten Unreinlichkeit der Nachbarn. Sie aß nur dann außer Haus, wenn sie dort zuvor die Küche gesehen hatte, und sie vermutete hinter jedem Fremden einen Kriminellen oder Verbrecher. Einbrecher und Mörder gehörten zu ihrem Gesprächsrepertoire. Diese Eigenschaften verstärkten sich noch durch die Erzählungen meines Vaters, der als Arzt damals häufig mit den Folgen von Unglücksfällen oder Gewalttaten zu tun hatte.) Ich lag in der Dunkelheit, dem Weinen nahe, und wartete darauf, dass sich die Schranktüren mit einem Knarren öffneten: Das Geräusch, das dabei entstand, war das eines letzten Seufzers, etwas von Resignation begleitete es, als trete der Tod in den Raum. Dazu kamen die Schlafgeräusche meines Großvaters, sein röchelnder Atem, seine Bronchitis. Mein älterer Bruder und Omi gaben keinen Laut von sich. In der Küche war es still, also war der Mörder von dort eingedrungen? Erst wenn ich so verzweifelt war, dass ich alle Hemmungen überwand, fing ich laut zu weinen an und rief nach meiner Mutter. Omi machte dann die Nachttischlampe an, meine Mutter öffnete die Tür, kniete sich zu mir auf die Matratze und streichelte mich. Hörte ich trotzdem nicht auf, legte sie sich zu mir, bis ich wieder einschlief. Zumeist war ich zu weit in den Schlaf entrückt, um zu protestieren, wenn sie mich wieder verließ.

Es kam auch vor, dass ich wach wurde, weil Großvater oder Omi den Nachttopf benutzten. Zuerst knipsten sie die Nachttischlampe an. Omi verschwand seitlich hinter dem Bett, ich sah nur ihren gebeugten Rücken, ihr Haar und hörte alsbald das vertraute Geräusch. Großvater wand sich mit Ächzen und Stöhnen, sich räuspernd und schnaufend aus dem Bett, gab resignative Seufzer von sich oder führte Selbstgespräche darüber, wie schlecht es ihm gehe, angelte jammernd nach dem Nachttopf, knöpfte sich umständlich die Unterhose auf, erhob sich, wandte mir stehend und sich am Fußteil des Bettes festhaltend den Rücken zu und schlug dann lange und andächtig das Wasser ab, um hierauf wieder umständlich und geräuschvoll im Bett zu versinken, wo er in das schon gewohnte Schnarchen zurückfiel. Manchmal vergaß er sogar vor lauter Erschöpfung, das Licht auszumachen. Mein Blick fiel dann wieder auf den Engel über dem Bett. Ich empfand seine Bewegungslosigkeit nachts als bedrückend. Nie veränderte er seine Haltung. Weshalb? Bewegte sich nicht alles? Im Herd wurde Feuer entfacht, die Vorhänge schaukelten im Wind, die Betten krachten, die Fenster wurden geöffnet und geschlossen und ließen dabei ein Klirren vernehmen, am Küchentisch sah ich nach dem Frühstück Milchflecken, draußen schneite es – nur der Engel schwebte unverändert über den Häuptern der Kinder. Warum ließen sie nicht endlich die gefährliche Brücke hinter sich? Ich versenkte mich in das Bild, aber nie veränderten die beiden Kinder oder der Engel ihre Körperhaltung. Dann plötzlich »wusste« ich, dass sie leblose Materie waren, wie die toten Fliegen, die zwischen den Fenstern lagen, oder die Zeichnungen in Vaters anatomischem Atlas. Nicht der Engel selbst war hinter dem Glas gefangen, sondern eine Erinnerung an ihn. Aber kaum hatte ich tagsüber das Zimmer für ein paar Stunden verlassen und kehrte zurück, war es gerade seine Bewegungslosigkeit, seine unveränderte Anwesenheit, von der ich mich beschützt wähnte und die mir Geborgenheit vermittelte. Paradoxerweise war sein Leben die permanente Erstarrung. Ich verglich ihn mit der winzigen Pflanze in der Bernsteinkette meiner Großmutter, nur war er wunderlicher und mächtiger. Hinter dem von Großvater hergestellten Glas würde er immer weiter existieren. Nie würde der Bann seiner Bewegungslosigkeit gebrochen werden. Nie würde ihn jemand zerstören können. Unerreichbar hing er über dem Bett, durch die Glasscheibe in eine andere Dimension entrückt. Dadurch fing er für mich an, sich mit »Bedeutung aufzuladen«, obwohl ich »wusste«, dass er nur ein Abbild war. Das Bild war die erste Geschichte, die ich las. Ich stellte mir vor, wie die Kinder von zu Hause weggelaufen waren. Es war mir unbegreiflich, dass die Eltern sie allein auf den gefährlichen Weg geschickt hatten. Vielleicht hatten sie keine mehr? Oder sie waren auf der Suche nach ihnen? Hatten sie sich vielleicht verirrt, und der Engel führte sie zurück? Das war die einfache und doch komplizierte Geschichte, die in meinem Kopf ablief, so regelmäßig, wie der hölzerne Kuckuck der Uhr sich zeigte, wodurch das Bild immer wieder aufs neue zum Leben erwachte.

Beobachtete mich der blaue Holzkuckuck? Mein Großvater hob mich in die Höhe, damit ich ihn aus der Nähe sehen konnte. Es war ein enttäuschender, kleiner Holzpfropfen – aber da ich nicht wahrhaben wollte, dass er nur ein unbedeutender Span, ein winziger, einem Tannenzapfen ähnlicher Keil war, ein Holzfischlein, dem man die Messerklinge ansah, die es bearbeitet hatte, und das eine nachlässige Hand mit blauer Farbe bekleckert und ihm mit schwarzem Lack Flügel, Augenpunkte und einen Schnabel gemalt hatte –, da ich also nicht wahrhaben wollte, dass er Täuschung, Witz, mit einem Wort etwas Banales war, erhob ich ihn quasi zu meinem ersten Gott. Gott Kuckuck herrschte hoch oben in seinem für meine Augen nie zugänglichen rasselnden Thronsaal, in dem die Dienerschaft in Blechrüstungen die stillen Messen und Rituale der Mechanik zelebrierte. Mein Gott, der Dämon und Spaßmacher, König und Narr in einem war, unterbrach die Gespräche in der Wohnung, die Geschäftigkeit in der Küche und die Stille im Schlafzimmer unverhofft mit seinem Kuckucksalarm wie ein eifriger Muezzin, als kommentierte und verhöhnte er dadurch das alltägliche Leben. Stritt jemand, schimpften die Eltern mit den Kindern, war man in einen ernsten Disput verwickelt, meldete er sich genauso, wie wenn jemand lachte, weinte oder selbstversunken schweren Gedanken nachhing.

Als ich einmal Großvater und Vater an einem Sonntag eine Flasche Bier trinken sah, stumm vor Begeisterung über die seltene Kostbarkeit, als ich den Schaum und die Bläschen, die in der honigfarbenen Flüssigkeit aufstiegen, bewunderte und mir das Getränk nur als Inbegriff des Süßen vorstellen konnte, meldete sich der Kuckuck entzückt über den Genuss der beiden Männer. Am nächsten Morgen erwachte ich im Zimmer auf meiner Matratze und sah den Nachttopf gefüllt mit der honigfarbenen Flüssigkeit des Urins. War dies etwa das Bier, von dem Vater und Großvater geschwärmt hatten? In diesem Augenblick meldete sich der Kuckuck, als würde er meine

Gedanken bestätigen. Ich konnte der Versuchung nicht widerstehen und beugte mich über das Gefäß, setzte meine Lippen an den dicken Porzellanrand des Nachttopfes und kostete – sogleich weinte ich laut vor Ekel. Ich musste den Vorfall meiner Mutter und dem Großvater, die zu mir hereinstürzten, gestehen, und ich weiß noch, dass es bis zu den nächsten Kuckucksrufen dauerte, bis sie sich wieder beruhigt hatten.

Von Anfang an habe ich den unbarmherzigen Gott in der luftigen Höhe bewundert. Ich war mir nie ganz sicher, ob mein Großvater sein Herr oder sein Diener war: Bevor er schlafen ging, drehte Großvater nämlich einen dünnen Drahtverschluss vor das Türchen, worauf anstelle des Kuckucks nur gedämpfte Geräusche des Räderwerks zu hören waren. Und »Gott«, der alles sah und hörte und sich unverfroren zu Wort meldete, blieb in seinem Wolkenkuckucksheim eingesperrt. Was tat er dort? Ich zerbrach mir den Kopf. Saß er unbeweglich im Dunklen und wartete? Diese Vorstellung leuchtete mir ein. Wachte er? Vermutlich, denn er wusste alles, er hörte alles, niemand konnte ihm etwas vormachen. Dachte man nur einen Augenblick nicht an ihn, schoss er auch schon aus seinem Türchen hervor und hielt die Kuckuckspredigt, die mir so lange als ein Kommentar zu den Ereignissen erschien, wie ich auf dem Ziffernblatt die Zeit nicht lesen konnte. Der Kuckuck war im Unterschied zum Schutzengel auf dem Bild nicht bewegungslos, aber mir fiel auf, dass seine Energie mit der Kette zusammenhing, deren Enden zwei eiserne Tannenzapfen beschwerten. Nur Großvater durfte die Kuckucksuhr aufziehen. Er kam in Hemd und Hosenträgern herangehumpelt, die großen Zehen mit den unförmigen Zehennägeln in löchrigen Wollsocken, und blickte vor dem Altar der Zeit hinauf zum Olymp des kleinen Gottes. Dann zog er bedächtig mehrmals an der Kette, vorsichtig und gewissenhaft, ein einfühlsamer Glöckner der heiligen Mechanik.

An den langen, stillen Winternachmittagen, die ich mit Großvater allein im Kirchweg verbrachte, lag immer ein Schachbrett aus Linoleum auf dem Tisch, darauf die schwarzen und gelben Figuren. Großvater spielte dann versunken gegen sich selbst. Das Gegensichselbstspielen war ihm so zur Gewohnheit geworden, dass ich glaubte, im Schach spielte man immer für sich allein. Wie konnte Großvater aber so lange bewegungslos sitzen und die »Männchen« nur langweilig auf dem Feld hin und her schieben? Ich versuchte manchmal mitzuspielen, er ermahnte mich jedoch, keine seiner Figuren zu berühren, da ich sonst alles, was er gemacht hatte, zerstören würde. Wurde ich aufdringlich, räumte er sie in den braunen Karton und rollte das Linoleum zusammen. Ich verstand zunächst nicht, wozu er es überhaupt benötigte – die »Männchen« konnte er ja auch so hin und her schieben. Aber es faszinierte mich doch zu sehen, wie der Zauberteppich ein- oder aufgerollt wurde. Dabei übte das Schachbrettmuster eine eigene Magie auf mich aus. Ich musste es unweigerlich anstarren und empfand dabei immer etwas Ähnliches wie Leere. Eines Tages erklärte mir Großvater die Regeln und Figuren, obwohl ich erst dreieinhalb Jahre alt war. Er erzählte mir immer wieder die Geschichte vom indischen König Balhit, der dem Erfinder des Schachspiels einen Wunsch erfüllen wollte. Dieser bat ihn für das erste der vierundsechzig Felder um ein Weizenkorn, für das zweite um zwei Körner, für das dritte um vier, für das vierte um acht und so weiter, aber schließlich sei dabei eine so große Menge herausgekommen, sagte Großvater, wie sie auf der gesamten Fläche des Landes nicht geerntet werden konnte. Er hatte die Zahl der Körner auf einen Zettel geschrieben, den er immer bei sich trug und den er mir noch als Maturant zeigte: 18446744073709551615. Ich hatte damals keine Ahnung, wovon er redete.

Oft hörte ich meinen Großvater und meinen Vater über Schach sprechen, dabei wurden mir die Namen der großen Spieler Aljechin, Morphy, Capablanca, Lasker, Euwe, Steinitz, Tarrasch, Tartakower geläufig. Über alle wusste Großvater Anekdoten, und er spielte ihre Partien aus der Zeitung und den entliehenen Büchern mit Begeisterung nach. Vater zog gegen Großvater immer den Kürzeren. Meine Mutter, die mit Omi den Haushalt machte, lächelte bei jeder Niederlage ihres Mannes unergründlich, was ich ihr nicht verzieh, auch wenn mir immer wieder gesagt wurde, dass sie die Tochter Großvaters sei. Das war für mich unvorstellbar. Ich konnte auch nicht glauben, dass Omi ihre Mutter war. Sie sah ihren Eltern überhaupt nicht ähnlich, war groß, schlank und dunkelhaarig.

Die Eltern meines Vaters hingegen existierten nur in der Sprache. Es gab sie im fernen Siebenbürgen, irgendwo am dunklen Rand der Welt. Sie waren wohlhabend, erfuhren wir, man erwartete sie bald. Aber ich sah nie ein Bild von ihnen, noch ließen sie sich blicken.

An manchen Abenden saßen Großeltern und Eltern beim Kartenspiel beisammen. Ich liebte die Bilder, die Könige, Damen und Buben und die vier Farben: Kreuz, Pik, Karo und Herz, und da sie das »Schnapsen« und Tarockieren mit Leidenschaft betrieben, bildete sich in mir die Überzeugung, dass Schach- und Kartenspiel etwas mit der Entzifferung des Lebens zu tun hatten. Jede Spielkarte, jede Schachfigur bedeutete etwas, und jeder Zug und jeder Stich ergaben schließlich einen Sinn wie die Buchstaben in der Zeitung, über denen die Erwachsenen stumm brüteten oder die sie laut vorlasen. Ab und zu machte mir Omi eine Buchstabensuppe, und da ich oft das Essen verweigerte, verwickelte sie mich in unverständliche Geschichten über die Is und Es, Hs und Os, As und Ds und ermunterte mich zugleich, sie auf dem Papier nachzuzeichnen, was ich jedoch nicht zustande brachte. Dafür zeigte ich begeistert auf jeden Buchstaben in der Zeitung oder anderswo, den ich wiedererkannte. (Seltsamerweise war ich auch jeder Buchstabe *selbst*.)

Mein Bruder Paul, eineinhalb Jahre älter als ich, besaß den »Struwwelpeter« und »Max und Moritz«. Die beiden Bücher hatten uns überallhin begleitet, und ich hörte schon früh meine Mutter daraus vorlesen, weshalb die Geschichten und Verse mir bis heute im Gedächtnis geblieben sind. Ich kannte die Texte schließlich so genau, dass ich meine Mutter protestierend korrigierte, wenn sie sich verlas. Manchmal sagten Paul und ich uns die Verse abwechselnd oder gemeinsam vor. Selbstverständlich war für mich alles, was in den Büchern stand, Realität. Die Geschichte vom »Suppen-Kaspar«, der mehr und mehr abmagerte und schließlich am fünften Tag starb, weil er seine Suppe nicht essen wollte; die Geschichte vom »Daumenlutscher« Konrad, zu dem der »Schneider in die Stub« springt: »Weh! jetzt geht es klipp und klapp/ mit der Scher die Daumen ab …«; die Geschichte vom »Hans Guck-in-die-Luft«, dessen Blick stets »am Himmel hing«: »Noch ein Schritt! und plumps! Der Hans/ stürzt hinab kopfüber ganz!« – in den Fluss; die Geschichte vom »Zappel-Philipp« – »Seht! er schaukelt gar zu wild/ bis der Stuhl nach hinten fällt« – »Und die Mutter blicket stumm/ auf dem ganzen Tisch herum«; und natürlich »Die gar traurige Geschichte mit dem Feuerzeug«: Paulinchen, die »allein zu Haus« ist, spielt mit dem Feuerzeug, obwohl Minz und Maunz, die Katzen, sie eindringlich davor warnen, doch ohne Erfolg: »Es brennt die Hand, es brennt das Haar,/ es brennt das ganze Kind sogar.« Immer und immer wieder schaute ich die Bilder an. Der gelbe Umschlag des Buchs war von Paul und mir mit Bleistift zerkritzelt, vor allem die Hände mit den langen Fingernägeln und die Haarpracht. Der Struwwelpeter war angezogen wie ein Kasper mit einem roten Oberkleid, grünen Strümpfen und blauen Stiefeln – ich betrachtete ihn wie einen Horrorhelden und hielt auf der Straße vergeblich nach ihm Ausschau. Da war »der böse Friederich« mit grell bunter Kleidung – blauer Kappe und Halstuch, roter Jacke, gelber Hose – wie er gerade einer Fliege die Flügel ausreißt, und der Peitsche, mit der er ach »seine Gretchen gar« züchtigt, Friederich, der quält und schlägt, bis »der Hund ihn in das Bein« beißt, der dann zum Schluss am gedeckten Tisch sitzt, Kuchen, Wein und Leberwurst speist – die Peitsche über der Sessellehne –, während Friederich im Bett liegt, davor der »Herr Doktor« auf einem Sessel mit der bitteren Arznei »für Friederich«, der »Herr Doktor« mit Brille, schütterem Haar, einem blauen Frack mit schwarzem Kragen, einer grünen Hose und weißen Gamaschen an den Füßen, seinen gelben Hut und den Stock auf dem Nachtkästchen, neben dem ein Nachttopf steht. Es handelte sich um den Verfasser des Buches, Dr. Heinrich Hoffmann selbst, Arzt und Augenzeuge aller geschilderten Vorgänge, wie mir immer wieder gesagt wurde, bis ich die dargestellten Ereignisse als Einblick in meines Vaters Leben und Welt verstand. Zur Paulinchen-Geschichte, die schildert, wie das Kind beim Zündeln verbrennt, gab es die beiden drastischen Illustrationen des in Flammen stehenden Mädchens und der beiden Katzen mit Schleifen an den Schwänzen, den blauen Tränenströmen, die eine Insel umschließen, auf der die Schuhe des Mädchens liegen bleiben, während dahinter sich ein rauchender kleiner Vulkan erhebt: das Häuflein Asche, das von Paulinchen geblieben ist. Die Geschichte vom »kohlpechrabenschwarzen Mohren« und Ludwig, Kaspar und Wilhelm, die ihn verspotten, prägte sich mir besonders ein. Immer, wenn ich einen »Neger« sah, bemitleidete ich ihn von da an. Dass der »große Nikolas« die drei schlimmen Buben zuletzt in ein Tintenfass steckte, bis sie »viel schwärzer als das Mohrenkind« waren, machte mich andererseits auf Tinte und Tintenfässer neugierig. Ich roch an dem Fläschchen, in das mein Vater die Füllfeder tauchte und bestaunte die schwarze Farbe, die meine Finger bekleckerte. Erst viel später begriff ich, dass man mit Tinte wirklich jemanden anschwärzen kann, bis er nur noch ein Schatten seiner selbst ist – oft genug aber ist der Anschwärzer selbst der Unmensch. Dazu passte auch »die Geschichte vom wilden Jäger« mit der »Brille auf der Nas«, der »wollte schießen tot den Has«. Bald aber hat der Hase Brille und Gewehr, und der Jäger springt auf der Flucht vor ihm in den Brunnen.

Der Daumenlutscher Konrad, dem ein fliegender Schneider mit gelbem Zylinder (der ihm gerade vom Kopf fällt) mit einer Riesenschere gerade die Daumen abschneidet, dass das Blut tropft und auf dem Boden eine kleine

Lache bildet, war ich selbst, wie mir meine Mutter lächelnd vorhielt, da ich oft den Daumen im Mund hatte. (Ich misstraute jedoch von da an lange Zeit Schneidern und Friseuren.) Der »Suppen-Kaspar«, der immer dünner und dünner wird, bis er in einem Grab verschwunden ist, und der »Zappel-Philipp«, der bei Tisch mit dem Stuhle wippt und Tischtuch und Essen zu Boden reißt, erfüllten mich hingegen mit Staunen und Schadenfreude, da es uns an Nahrungsmitteln mangelte. Aber: »Hans Guck-in-die-Luft«, der Schüler, der nach den Dächern, Wolken, Schwalben schaut, »aufwärts allenthalben«, und sich bei Stürzen verletzt und deshalb sogar in den Fluss fällt, aus dem er »zum Glück« von zwei Männern mit Stangen gezogen wird, bin ich bis heute geblieben. Unzählige Male bin ich aus Unaufmerksamkeit gestürzt und habe mich dabei leichter oder schwerer verletzt, und der »fliegende Robert«, der mit dem Regenschirm bei einem Unwetter nicht »hübsch daheim« bleibt, in der Stube, bis er von einer Sturmböe erfasst und zum Himmel hinaufgeweht wird, wäre ich gerne gewesen. Die drei Bilder, die die Geschichte illustrierten, waren in einen üppigen Goldrahmen gefasst, die der Tragödie etwas Bizarres, Ewiges gaben. Ich stellte mir häufig beim Einschlafen vor, wie ich hoch oben vom Wind getragen dahinflog, weiter und weiter.

Bald kamen wirklich Menschen mit Verbrennungen in unsere Wohnung, um von meinem Vater behandelt zu werden, Ausgemergelte mit Magengeschwüren, bei einem Sturz Verletzte, von Hunden Gebissene, Geschlagene und auch ein Mann, dem vom Krieg her ein Daumen fehlte. Es war also alles, was im Buch stand, die »reine Wahrheit«.

Der »Struwwelpeter« hat meine Kindheit stärker beeinflusst als andere Bücher, und heute noch übt er auf mich eine nostalgisch gefärbte Magie aus.

Wilhelm Buschs »Max und Moritz«, das zweite Buch, das Paul besaß, kam mir ungleich grausamer vor. Es war für mich das Abbild der Erwachsenenwelt. Ich *erahnte* sie aber nur. Jeden der sieben Streiche hasste ich. Die Erwachsenen, die mit Max und Moritz zu tun hatten, waren hässlich, dumm und brutal. Sie schlugen und quälten ebenso wie die beiden berühmten Buben. Hühner wurden aufgehängt, die Witwe Bolte, die das Geflügel als »ihres Lebens schönsten Traum« bezeichnete, bereitete es auf der nächsten Seite genüsslich als Braten zu. (Ich hatte keine Ahnung, wie es schmeckte, da ich mein erstes Huhn erst mit zehn Jahren verspeiste.) Sie schlug auch ihren unschuldigen Spitzhund, den sie verdächtigte, das »Federvieh« gefressen zu haben, nachdem Max und Moritz es durch den Kamin aus der Pfanne geangelt hatten. Das Buch beleidigte mich, aber gleichzeitig musste ich es immer wieder hören und anschauen – das Böse als Idylle. Als der Schneider Böck wegen der angesägten Brücke in das kalte Wasser gefallen war und an Magendrücken litt, ließ ihn seine Frau sich auf den Tisch legen und fuhr ihm mit dem heißen Bügeleisen über den Leib. Auf der Zeichnung sah es aus, als habe sie ihn ermordet. Ich hasste besonders den Streich, in dem der Bäcker aus Max und Moritz Brot backen will und sie in den Ofen schiebt, vor allem aber die feiste Kumpanei, mit der der Bauer Meck und der Müller sie am Schluss zu Schrot mahlen: »Rickeracke! rickeracke/Geht die Mühle mit Geknacke«. Ich schnurrte die Verse trotzdem herunter wie ein Kinderlied. Wenn ich sie aufsagte, hatte ich das Gefühl, die Erwachsenen, die mir zuhörten, zu durchschauen. Zwar konnte ich die Wörter in Pauls Buch nicht entziffern – es war mir, wie meine Mutter es nannte, »noch nicht der Knopf aufgegangen«, während mein älterer Bruder schon zaghaft buchstabierend zu lesen anfing, aber die Schrift, die Buchstaben gewannen für mich immer mehr an Bedeutung, gerade weil sie sich mir verweigerten. Da die Buchstaben »alles« enthielten, da sie meinen und aller Namen bildeten, wie mich Omi beim Suppenessen immer erinnerte, da die Sprache sich, wie sie nicht müde wurde zu wiederholen, aus den Buchstaben zusammensetzte, alles, was ich sagte und hörte und sogar alles, was mir durch den Kopf ging, aus Buchstaben bestand, die wiederum Wörter bildeten, und die Wörter wiederum Sätze und die Sätze Geschichten, Aufschriften, Zeitungsseiten, und da vor allem Paul begann, das Rätsel des Lesens wenn auch nur stockend zu lösen – ich aber nichts davon begriff –, wurden die Schrift, das Wort, die Buchstaben für mich zu einem Hokuspokus, für den es einen Zauberspruch gab, den ich nicht kannte. Einmal kam Paul mit einer »Papierpfeife« nach Hause, aus der, wenn er hineinblies, eine rote Zellophanzunge sich blitzschnell herausstreckte und sich ebenso schnell wieder einrollte. Gleichzeitig gab sie ein schrilles, dissonantes Geräusch von sich. Es war, als hätte mir die Sprache in Form eines clownesken Witzes ihr Skelett gezeigt – und richtig, es lachten auch alle. Die Gedanken in meinem Kopf jedoch konnte niemand lesen. Sie waren etwas Lebendiges, sagte Omi, in dem sich die Buchstaben bewegten wie Ameisen. Einen Ameisenhaufen hatte ich schon gesehen, und ich stellte mir – wenn Omi darüber sprach – vor, dass in meinem Kopf die Buchstaben und Wörter ebenso wimmelten. Erst in der Zeitung, in den Büchern und auf Plakaten kamen sie zum Stillstand. Dort waren sie in ihrer jeweiligen Form erstarrt und als Totpräparate zu lesen. Ich sah in den Zeitungsseiten eine Art Mikroben-, Viren- oder Insektensammlung von Buchstaben und Satzzeichen, die von meinen Eltern und Großeltern erkannt und als Botschaft verstanden wurde, ohne dass ich natürlich diesen Vergleich ziehen konnte. Er bildete sich auf eine andere, aus der Unwissenheit und Sprachlosigkeit gespeiste Weise, die man allgemein mit dem Begriff »Dummheit« bezeichnet. Ich bin mir sicher, dass ich ein dummes Kind war, und meine Bemühungen, meine Dummheit zu beschreiben, sind die Versuche, ihr gerecht zu werden. Der Dummheit verdanke ich zumindest meine frühen Kenntnisse über die Dingwelt und die Spiele der Erwachsenen.

Oft versuchte ich den Inhalt der Zeitung aus dem Gesicht des lesenden Großvaters zu erraten. Was sog er aus ihr heraus und in sich hinein? Was fesselte ihn so sehr, dass er alles um sich vergaß? Es musste eine Ähnlichkeit mit dem Schachspiel haben, dachte ich mir. Die einzelnen Buchstaben waren einerseits durcheinandergewürfelt und andererseits geradezu pedantisch zu militärischen Formationen geordnet, um im Stechschritt in das Gehirn zu marschieren. Für mich marschierten sie jedoch nicht, sondern verharrten in Hab-Acht-Stellung im Kasernenhof ihrer Kolumnen. Aber mein mitunter dringendes Bedürfnis, lesen zu können, fand keine Entsprechung im Eifer, lesen zu lernen. Anderes beschäftigte mich mehr. Woher kam die Zeitung? Ganz früh am Morgen fiel sie durch den Briefschlitz in die Küche. Irgendjemand brachte sie Großvater, damit er Bescheid wusste. Aber wer? Es verursachte mir einigen Schrecken, als ich sah, wie Großvater plötzlich die Zeitung zusammenknüllte und in den Ofen warf, wo sie das Feuer entfachte und, wie ich wusste, zu Asche verbrannte. Weshalb war die Zeitung zuerst so wichtig, um dann plötzlich wertlos zu sein? Andererseits verschwand ja alles in der Küche: Was essbar, wurde geschluckt, Holzscheite wurden verbrannt, Zigaretten angezündet, Flaschen und Gläser leer getrunken, Nahrungsmittel »verbraucht«. Das meiste, was in die Wohnung gebracht wurde, löste sich alsbald irgendwie auf. Würden auch wir eines Tages so verschwinden? Ich überlegte das ohne Trauer oder Angst. (Mir kamen diese Gedanken, aber wie gesagt, in anderer Form, als ich sie beschreibe. Sie waren folgenlose Entdeckungen, die ich gleich darauf vergaß, denn allem wohnte ja Bedrohung inne, das bekamen auch die Buchstaben zu spüren.) Ich sah Buchstaben in Aufschriften an Geschäften, die vom Krieg beschädigt waren, halbierte und von Kugeln durchsiebte, die zeigten, wie zerstörbar auch die Schrift war. Einmal sah ich eine Zeitung, die nass und wieder getrocknet worden war, in der die Buchstaben auf Wellen und in Mulden hinauf- und hineingewölbt waren. Manche Seiten zerschnitt Großvater zu Zetteln und nahm sie auf das Plumpsklo am Gang mit. Unbedankt wurden sie in die zugige Öffnung des dunklen Lochs geworfen und bedeckten dort das Nirwana aus Fäkalien, den Nichtort des Gestanks und des Ekels.

In der Wohnung meiner Großeltern und später am Weidweg 9 in Gösting gab es außer Schutzengeln nirgendwo ein religiöses Zeichen, keinen religiösen Hinweis, auch keine religiösen Bücher, nicht einmal eine Bibel. Die Dinge selbst waren okkult, und die Zeitung war für eine Stunde die »Heilige Schrift« – ein stummer Diener, der immer wieder aufs neue erschien, als räche er sich für die tägliche Vernichtung – unverständlich wie mein eigener Schatten oder die Schatten der Dinge. Einmal warf mein Vater mit den Fingern vor einer zuckenden Kerze wirklich Schattenbilder an die Wand: einen Wolf, einen Vogel, ein Krokodil, einen Menschenkopf, einen Schmetterling. Er zauberte die stumme Welt aus dem Nichts hervor, die schwarzen, beweglichen Figuren schienen in seinen Händen versteckt zu sein, und er ließ sie spielerisch und lautlos vor meinen Augen erscheinen und wieder verschwinden, wie es ihm beliebte. Ein Adler kam mit düsteren Schwingen angeflogen, ein Auge erspähte ihn, es gehörte einem Jäger, der ihn mit dem Gewehr (geräuschlos) erledigte. Diese Figuren an der Wand waren ebenso Schrift. Sie waren schwarz wie Buchstaben, sie kamen aus der Welt der Wörter und der Sätze; es war unheimlich, dass es diese Wesen gab, und ich versuchte meinen Vater zu imitieren, was mir beim »Hundekopf« – fünf ausgestreckten Fingern, von denen sich die beiden unteren, um ein Maul zu bilden, wegspreizten – auch gelang. Neben der Schrift in den beiden Büchern Pauls interessierten mich am meisten die farbigen Abbildungen im anatomischen Atlas. Vater ließ mich auf mein Verlangen die Darstellungen des geöffneten Körpers sehen, des Augapfels, des Ohres, des Gehirns und des Herzens. Ich verstand ihn nicht, wenn er meinte, dass ich innen genauso aussähe. Als er Großvater erklärte, was die Bronchien seien und weshalb er schwer atme, wollte ich die Zeichnung mit einem Buntstift verschönern, mir gelang jedoch nur ein Strich, denn augenblicklich entriss mir Vater den Stift und warf ihn zu Boden. Ich hatte ihn noch nie so außer sich gesehen und schrie vor Schreck auf, worauf mich meine Mutter tröstete. Von da an war der anatomische Atlas für mich noch geheimnisvoller, und ich betrachtete ihn wie ein Wesen, von dem etwas Unheimliches ausgeht.

Oft lag Großvaters Krankenkassenbrille auf der Zeitung. Sie war mit schwarzem Draht gerahmt, und die unter den Gläsern liegenden Buchstaben sahen merkwürdig verzerrt aus. Ich bewegte die Brille hin und her, und die Gläser bildeten eine Art Flüssigkeit, die auseinanderströmte und sich wieder zusammenzog. Außerdem warfen sie Ringe und Schatten und erzeugten einen hellen Lichtfleck, einen grellen Punkt. Ich hielt die Gläser für festes Wasser und war davon überzeugt, dass Großvater sie in der Fabrik selbst gemacht hatte. Mir war jedoch nicht klar, weshalb er sie aufsetzte. Wenn ich es rasch entschlossen tat und mich hastig umschaute, bevor man sie mir wieder von der Nase nahm, sah ich fast nichts: Grau verschleiert war die Küche, und mir wurde schwindlig. Vielleicht konnte man mit der Brille die Buchstaben entziffern? Möglicherweise würde ich also begreifen, was in der Zeitung stand, wenn ich mich verhielt wie Großvater? Natürlich war ich vom Ergebnis enttäuscht: Die Buchstaben auf dem Papier versanken in farblosem Licht oder tauchten von den Seiten auf und schossen in der Mitte zu einer grauen Masse zusammen. Ich wandte mich daher von der Schrift ab und dem Opernglas meiner Mutter zu. Es war rot und mit einem goldfarbenen floralen Muster verziert. Mutter versteckte es im Kleiderschrank in einem Fach, und eines Tages durfte ich, auf ihrem Schoß sitzend, durch das geöffnete Fenster zum Wehr hinunterschauen. Es war eine seltsame Irritation: das Wasser, die Vögel, das Glitzern des schwimmenden Sonnenlichts, ein Polizist – so nah, als wären sie im Zimmer. Zuerst fiel mir das Opernglas vor Schreck auf den Fußboden, aber durch mein Drängen entnervt, erlaubte mir meine Mutter, es wieder zur Hand zu nehmen. Ich sah Zweige, sah das Muster der Wandmalerei, eine Baskenmütze auf dem Kopf eines Mannes. Ich erinnere mich auch, dass mir meine Mutter mit dem Opernglas den Sternenhimmel zeigte und den Mond, auf dem ich eine Schattenlandschaft erkennen konnte. Einmal drehte meine Mutter das Opernglas um, sodass ich durch die vordere Linse blickte. Nun war alles schwindelerregend weit weg und winzig. Das Instrument war ein weiteres Indiz, dass die Welt der Erwachsenen eine andere war als meine. Nur manchmal durfte ich einen kurzen Einblick nehmen. So war das Zeiss-Mikroskop, von dem immer wieder die Rede war, in einer gelben Holzkiste im Kleiderschrank versteckt, und es war uns verboten, es herauszunehmen. Eines Nachts, als ich erwachte und in der Küche Licht sah, bekam ich es dann zu Gesicht. Mein Vater saß über den Tubus gebeugt und hob fragend den Kopf. Ich glaubte ihn bei etwas Verbotenem überrascht zu haben, und als er mich fragte, ob ich durchschauen wolle, lief ich rasch in das Schlafzimmer zurück. Ich hielt das Mikroskop vermutlich für eine Waffe. Ebenso verboten war das Küchenmesser. Omi zeigte mir eine blutende Schnittwunde am Finger, die ihr die scharfe Klinge zugefügt hatte. Vater verband den Finger, aber der dicke dunkelrote Blutfaden blieb in meiner Erinnerung haften, und auch jetzt dauert es, wenn ich an Omi denke, nicht lange, bis mir ihre tiefe Wunde wieder einfällt.

Der Löffel hingegen war, wie mir später meine Großmutter aus Siebenbürgen immer sagte, ein Ohr, in dem die Alphabete der Buchstabensuppe lagen. Die Buchstaben erzählten diesem, wie sie behauptete, stille Märchen vom Winter und vom Schnee.

Die Schere in der Kommodenlade wiederum lauerte wie ein hinterhältiges Ungeheuer, ein Klipp-Klapp-Gespenst, und lebte wie Gegenstände in Zeichentrickfilmen … Die Taschenlampe von Großvater, nicht zu vergessen, war etwas Kostbares. Ich wollte sie unbedingt in meinen Besitz bringen. Sie war von schwarz glänzender Farbe und hatte zwei Metallknöpfe, über die man ein grünes oder rotes Glas vor die Glühbirne schieben konnte. Zwar war es mir wegen der Batterien, die nur auf dem Schwarzmarkt erhältlich waren, immer nur kurz erlaubt, sie einzuschalten, aber ich verlangte dennoch jeden Abend danach. In ihrem Licht sah ich neben den Vorhängen und dem Küchentisch auch die Gesichter meiner Brüder rot und grün – und so haben sie sich mir eingeprägt, als Masken. Wenn ich beim Einschlafen auf der Matratze am Boden lag und mich fürchtete, wurde sie mir unter das Kopfkissen geschoben, damit ich sie im Dunkeln herausziehen und anknipsen konnte, und später als Bub habe ich noch lange eine andere benutzt. (Ich legte dann heimlich »Gullivers Reisen« oder »Robinson Crusoe« dazu und las in der Nacht, wenn ich aufwachte, unter der Bettdecke. Ich bin auch mit der Taschenlampe aufgestanden und habe den hellen Schein über das Gesicht meiner Eltern und Brüder streifen lassen. Ein Gefühl von Macht überkam mich – ich war der einzige Wachende. Ich betrachtete mich dann im Spiegel und sah mich als Gespenst. Mein Kopf war aus Licht, meine Nase, meine Augen. Und ich entdeckte, dass meine Finger rot leuchteten, wenn ich sie vor das Glas hielt, ich dachte, es sei mein Blut, das durch die Haut schimmerte.)

Eines Tages brachte Omi Steinpilze und Eierschwammerln nach Hause. Ich bestaunte die Lamellen, ich roch an ihnen, sie dufteten nach Erde. Omi legte sie in das mit Zeitungspapier ausgeschlagene Waschlavoir, putzte sie und bereitete sie zum Essen zu. Rasch verloren sie ihren Zauber.

Wenn ich mich unbeobachtet glaubte, zog ich die Lade von Großvaters Nachtkästchen heraus, in der neben verschiedenen Medikamentenpackungen zwei gläserne Briefbeschwerer versteckt waren. Der »böhmische«, den mein Urgroßvater geblasen hatte, und der »steirische« von Großvater. Es waren faustgroße Universen, der »böhmische« aus amethystfarbenem Glas, das drei Kontinente in Form von blauen und weißen Blumen umschloss und dessen Oberfläche so geschliffen war, dass er statt einer Kugelgestalt das Aussehen und die Form eines Kristalls hatte. Sooft es ging, hielt ich ihn gegen das Licht und fantasierte mich in seine künstliche Welt hinein. Kriege unter Wasser fanden dort statt, oder die Blüten waren Fleisch fressende Meerespflanzen, die einen Palast bildeten, in dem ich König war und die Blumen meine Leibwache. Jeder, der mich verfolgte, wurde von ihnen verschlungen. Sie machten auch Musik und unterhielten sich mit mir, ich hörte ihre Stimmen in meinem Kopf und antwortete ihnen mitunter laut und selbstvergessen. Ich war davon überzeugt, dass sie auch für Großvater magische Gegenstände waren, nur vergleichbar mit dem Mikroskop oder Omis Bernsteinkette. Der Briefbeschwerer, den Großvater geblasen hatte, war kleiner und aus durchsichtigem Glas, aber ebenso geschliffen wie der von meinem Urgroßvater, und anstelle der blauen Blumen hatte Großvater drei rote mit grünen Blättern hineingezaubert, für mich ein Fantasiewald, in dem Zwerge hausten. Großvater liebte es nämlich, mir zu versichern, dass es diese kleinen Wesen wirklich gebe, und ich glaubte ihm.

Die Bernsteinkette von Omi war in der Spiegelkommode zwischen ihrem schönen blauen Kleid mit den weißen Tupfen und der Sonntagsunterwäsche versteckt. Die Spiegelkommode wurde allgemein »Psyche« genannt, und es kommt mir heute komisch vor, dass man vor der »Psyche« die Morgentoilette verrichtete, sich am Abend in ihrem Spiegel ein letztes Mal vor dem Schlafengehen betrachtete und sich dort an- und entkleidete. Ich war fasziniert, wenn ich Omis Bernsteinkette gegen das Sonnenlicht hielt und rätselte, wie das in einer der großen Kugeln eingeschlossene Pflänzchen in den glatten goldfarbenen Stein gelangt war, da es – wie Großvater bestätigte – nicht die Arbeit eines Glasbläsers war. Das eingeschlossene Gebilde verstand ich allerdings nicht: Blättchen, winzig klein, Sternchen am gelben Abendhimmel. In der Mittelschule erfuhr ich, dass es die Härchen von jungen Knospen und Blättern von Eichen waren, die vom Wind auf frisches Harz geweht wurden und deshalb erhalten blieben. Manchmal, für einen Augenblick unbeaufsichtigt, leckte ich mit der Zunge über eine der ovalen Kugeln oder steckte sie sogar in den Mund, sie schmeckte nach nichts. Ich hielt sie auch nahe an ein Auge, spürte die Kälte und Glätte auf den Lidern und dem Augapfel. Auch versetzte ich mich selbst gerne in die Bernsteinkugel und bildete mir ein, sie könne fliegen. Ich sah mich dann – ohne es zu wissen – wie einen Fötus in der Fruchtblase und dachte sofort daran, als ich später als Zehnjähriger (?) das Bild eines Embryos im anatomischen Atlas meines Vaters sah. Omi sagte zur ersten Kugel eins, zur nächsten zwei, zu den weiteren drei und vier und stellte dazu meine Finger auf. Dann fragte sie: »Wie alt bist du?«, und ich streckte Daumen, Zeige-, Mittel- und Ringfinger aus und wurde gelobt. Die Bernsteinkette war also nicht nur Schmuck, sondern auch Rechenmaschine. Wie der Kuckuck sich aus der Kuckucksuhr meldete und den Tag zerhackte, wie die Zeitung aus einer Anzahl von Seiten bestand, wie ich fünf Finger hatte, hatte die Bernsteinkette eine bestimmte Summe von Kugeln, in der das Prinzip des Zählens enthalten war. Zu gerne hätte ich die Bernsteinkette zerbissen, die einzelnen Kugeln waren jedoch, wie ich in einem hastigen Versuch mit meinen Milchzähnen feststellte, hart wie Obstkerne.

Nicht weniger beschäftigte mich die weiße Kohlenkiste. In ihr lagen schwarze Steine, die Feuer fingen. Ich sah sie, wenn Omi das kleine Türchen des Sparherds öffnete, glühen. Die Finger hatte ich mir schon verbrannt, es hatte sehr geschmerzt, weshalb ich mich in Acht nahm. Die schwarzen Stücke hießen Kohle, und mein Vater sagte, sie seien Millionen Jahre alt. Früher seien sie Bäume gewesen, ganze Wälder seien unter der Erde schwarz und zu Stein geworden. Kohle wurde wie Papier zu Asche, ich tupfte einmal mit dem Finger den Staub auf und kostete ihn, auch er schmeckte nach nichts. Asche fand sich außerdem in dem gläsernen Behälter auf dem Tisch, wenn Vater und Großvater Zigaretten rauchten. Ein »geheimes« Ritual fand statt, sobald die beiden sie aus der Blechschachtel, der Zigarettendose, in der zwei Gummistreifen sie in Reih und Glied hielten, herausnahmen, zwischen die Lippen steckten, nach der Zündholzschachtel suchten, die ein Edelweiß zierte, diese schüttelten, worauf ein leises Klappern ertönte, ein Streichholz herausnahmen, es schnalzend an der Reibefläche entzündeten und dann paffend die Zigaretten entflammten, bis der Rauch aufstieg. Im Dunkeln war die Glut ein rot leuchtender Punkt, ähnlich einem Glühwürmchen.

Ich rauchte an einem Bleistift mit oder steckte mir imitierend ein Papierröllchen in den Mund. Bleistift und Zigaretten schienen mir verwandt. Die Graphitspur war ein noch unerklärlicheres Phänomen als der Rauch der Zigarette. Mutter machte mit dem Bleistift Notizen am Zeitungsrand, nahm die Geldbörse heraus – die Münzen lagen auf der Tischplatte, runde Scheiben, mit denen ich Lust hatte zu spielen. Sie schmeckten bitter wie die Spitze des Bleistifts (während die Köpfe der Zündhölzer einen strengen, säuerlichen Geschmack hatten). Zählte meine Mutter Münzen, so versuchte ich selbst mit dem Bleistift eine Spur zu ziehen. Der Bleistift und ich fuhren über das Papier, wie jemand ein Fahrrad lenkt, der gerade gelernt hat, das Gleichgewicht zu halten. Irgendwann pauste jemand eine Münze ab, ich sah ihr schwarzes Negativbild auf dem Papier vor mir und versuchte ebenfalls zu schraffieren.

Mein Interesse an den einzelnen Gegenständen war nie von langer Dauer, und es handelte sich immer wieder um dieselben. Einer davon war der Volksempfänger, ein schwarzes Kästchen aus Bakelit auf dem Brett in der Küchenecke. Er war unerreichbar hoch wie die Kuckucksuhr, und er war mächtiger als sie, wie ich bald feststellte. War der Volksempfänger die wahre Gottheit, so war der hölzerne kleine Vogel sozusagen der Heilige Geist. Das Radio hatte eine runde, mit weißlichem Stoff bespannte Lautsprecheröffnung und schwarze Drehknöpfe. Manchmal am Abend saßen die Erwachsenen stumm lauschend da und hörten, was das Kästchen ihnen sagte. Es hatte verschiedene Stimmen, männliche und weibliche, es sang, es musizierte. Wer war in dem Kästchen, denn dass sich jemand in ihm befand, wie der Mensch in dem berühmten Schachautomaten, dem »Türken«, von dem Großvater oft erzählt hatte, war gewiss. Wie sah es innen in dem Radio aus? Gab es dort eine Wohnung? Eine Küche – alles im Winzigformat – und darin die Personen wie im »Struwwelpeter«, nur dass sie lebten. Ich wollte, dass sie mich sehen konnten – und ich sie. Seltsam, dass die Erwachsenen diesen Wunsch nicht verspürten, sie lachten nur darüber, wenn ich ihn äußerte. Als mein Vater mich aufhob, damit ich das Radio aus der Nähe betrachten konnte, sah ich das Relief eines schwarzen Adlers mit ausgebreiteten Schwingen und ein Zeichen – das Hakenkreuz, wie ich später hörte. Darunter eine schwarze Drehskala mit weißen Ziffern und links und rechts zwei Knöpfe. Sicher hatte ich das Hakenkreuz schon früher gesehen, aber dieses kleine mit dem Reichsadler war das erste, das ich mir merkte. Tag und Nacht thronte der Adler über uns, es gab keinen Drahtriegel, mit dem man ihn einsperren konnte – und er hatte im Gegensatz zu den Kuckucksrufen ein unendliches Repertoire zu bieten, mit dem er alle in seinen Bann schlug. (Als ich mit sechs Jahren auf dem Land einen Herrgottswinkel sah, hatte ich eine ähnliche Empfindung – auch damals verspürte ich Furcht wie vor einer angesengten Fotografie in einer Brandruine, in der Menschen ums Leben gekommen waren.) Ich kannte den Adler ja schon von den Schattenspielen meines Vaters – wie war er in seine Hände gekommen? (Mein Vater konnte wirklich zaubern, Münzen zwischen seinen Fingern verschwinden lassen, Korken, einen Radiergummi, den Fingerhut. Da es mir der Fingerhut besonders angetan hatte, der silberblitzende Helm auf der Fingerkuppe, liebte es mein Vater, mir den kleinen Gegenstand zu zeigen und ihn sich in der Faust in Nichts auflösen zu lassen. Auch als ich schon zur Schule ging, gelang es ihm noch, mich mit kleinen Kunststücken an der Nase herumzuführen.) Eines Tages drehte mein Großvater das Radio an, und der Name Adolf Hitler fiel, jemand sprach dort über seine Verbrechen, und ich fragte Omi, wer er sei.

Es war totenstill, »Ein Mörder«, sagte sie. Großvater drehte rasch den Volksempfänger ab, und im selben Augenblick ging alles, als sei es aus dem Dornröschenschlaf erwacht, weiter. Meine Mutter, die ich als Erwachsener auf die kleine Szene ansprach, konnte sich nicht mehr daran erinnern ... Warum habe ich sie mir gemerkt?

Oft lag ich schon im Schlafzimmer, während in der Küche noch immer Musik aus dem Radio zu hören war. Ich hatte mir die Decke über die Schultern gezogen und verlor mich in den Figuren, die ich in den Fransen des Fleckerlteppichs sah: einen Hasen, einen Vogel, einen Wasserfall. Noch bevor ich wie jedes Kind Wolkengebilde als Wesen denken konnte, in den Mustern der Wandbemalung Gestalten erkannte, in Mauerflecken Szenen hineinfantasierte, waren die Fransen des Teppichs für mich das Orakel meiner Fantasiefiguren. Erwachte ich am Morgen als Letzter und war deshalb allein im Schlafzimmer, da alle schon aufgestanden waren, fiel mein Blick immer auf diese Fransen oder den weißen Deckenüberzug, wo sich alle möglichen Geschichten abspielen konnten. Wenn die Fensterscheiben angelaufen oder sogar von Eisblumen überzogen waren, regte das meine Fantasie an wie die

Holzmaserung der Möbel. Kämpfe ich heute gegen Niedergeschlagenheit und Melancholie, stelle ich fest, dass mein Blick sich verhält wie damals, nur leben die Muster nicht mehr, sie sind stumme Materie geworden.

Da es keinen Kühlschrank gab, wurden Eisblöcke eingelagert. Ich durfte sie berühren und blieb mit dem ausgestreckten Finger kurz daran kleben. Die Eismänner trugen Lederschürzen und hatten lange Eisenhaken, mit denen sie die Blöcke aus dem Pferdewagen zogen. Das Eis wurde in einen weißen, barock verzierten Schrank im Stockwerk der Großeltern verladen, es verschwand darin wie die Kohle im Herd. Ich versuchte einmal an einem Eisblock zu lecken, es gelang mir aber nicht. Ähnlich gekleidet wie die Eismänner erschienen die Fäkalienräumer, die die Sickergrube entleerten und einen ekelerregenden Gestank verbreiteten. Die Jauche wurde mit dicken Schläuchen herausgepumpt, ein Vorgang, der mehrere Stunden dauerte, weshalb die Fenster geschlossen blieben, bis die Arbeit beendet war. Ich dachte, dass die Männer diese Tätigkeit zur Strafe verrichten mussten und bedauerte sie, nur ihr Lachen und die Scherze, die sie machten, irritierten mich.

An einem Winternachmittag lag eine tote Ratte neben der Regenrinne im Hof. Ich beugte mich hinunter, aber meine Mutter zog mich weiter. Die tote Ratte, ihr halb geöffnetes Maul, die spitzen Zähne, der lange, nackte Schwanz faszinierten mich. Ich blieb stehen und schaute sie aufmerksam an. Meine Mutter sagte, Ratten würden Krankheiten übertragen, sie seien hässliche Tiere, die alles fräßen, sogar die Toten.

Daraufhin wollte ich wissen, was »tot« sei, erzählte sie mir später. Und weshalb die Ratte gestorben sei – alles

Fragen, die man stellt, wenn man anfängt, den Tod verstehen zu wollen. Meine Mutter verband daraufhin den Tod der Ratte mit dem Beruf meines Vaters. Sie wiederholte von nun an immer wieder, dass er Arzt sei und gegen die Krankheiten und das Sterben der Menschen kämpfe. Ich wollte wissen, ob er auch die Ratte gerettet hätte, wenn sie zu ihm gekommen wäre?

Ja, natürlich, auch die Ratte, antwortete sie. Aber vor allem rette er Menschen, Kinder, Alte, Frauen, Männer. Wenn er gerufen werde, würde er nicht zögern zu helfen.

Am selben Abend verlangte ich, in Vaters Ärztetasche sehen zu dürfen. Er öffnete sie und zeigte mir Stethoskop, Blutdruckmessgerät, Injektionsspritze, Sterilisator, Medikamentenschachteln, Verbände, Arzneifläschchen, Salbentiegel, Mundspatel und vieles andere – und als Höhepunkt den Ohrenspiegel, eine Taschenlampe mit einem kleinen, seitlich gestellten Trichter, durch den ein feiner Lichtstrahl fiel, zur Untersuchung des Trommelfells. Er bot mir auch an, mir das Mikroskop zu zeigen und mich »durchschauen zu lassen«, aber ich lehnte abermals ab. Am meisten interessierte mich nämlich seine Armbanduhr, von der er als »Fliegeruhr« sprach, die er im Krieg getragen habe. Ihre Magie beruhte auf dem unentwegt sich im Kreise drehenden Sekundenzeiger und den Ziffern, die in der Nacht leuchteten. Wenn mein Vater im Dunkeln die Hand rasch bewegte, zog sie eine Leuchtspur hinter sich her, ein unwiderlegbarer Beweis, dass er über magische Kräfte verfügte.

Ich sehe von meinem Vater die schlanke Figur, seine große Gestalt, das dunkle Haar – ich sehe ihn nur von hinten. Dann auch das ebenmäßige Gesicht, aber es stammt wieder von einer Schwarz-Weiß-Fotografie, und ich kann dieses Bild auch nicht in Bewegung versetzen, ich erreiche nur, dass eine andere Fotografie an seine Stelle tritt. Meine Mutter ist Lippen, Nase, Zähne, Augen, Körper. Ihre Hände gehören zu mir. Sie ziehen mich an, sie füttern mich. Ihr Haar schmückt das Gesicht, aber auch ihres ist nur die Erinnerung an eine Schwarz-Weiß-Fotografie, während ich ihre damalige Anwesenheit noch heute zu verspüren glaube. Sie gibt mir das Gefühl, behütet zu sein. Wo sind meine Brüder? Paul? Auch er ist in meine Erinnerungswelt nur als Fotografie eingesickert, während von Helmut jede Spur fehlt. An zusammenhängende Ereignisse erinnere ich mich noch nicht, bis auf den Besuch eines englischen Offiziers, der in der Küche saß, rauchte und auf meinen Vater wartete, um sich, wie sich später herausstellte, von ihm eine Geschlechtskrankheit behandeln zu lassen. Großvater, der davon nichts wusste, wurde beim Zusehen halb verrückt nach einer Zigarette, aber der Offizier drückte seine nicht nur im Aschenbecher aus, wodurch ein Stumpen zurückgeblieben wäre oder etwas Tabak zum Stopfen, sondern sprang auf, nahm den Schürhaken, zog die Ofenringe der Herdplatte zur Seite und warf den »Glimmstängel« in das Feuer. Da sich der Vorgang mehrfach wiederholte, sah es für Großvater nach Absicht aus, denn der Fremde bot ihm auch keine Zigarette an. Als er gegangen war, beschwerte sich mein Großvater über ihn und betonte, dass er ja nie ein Nazi gewesen sei. Das Wort Nazi fiel übrigens immer wieder, ich konnte mir nur nichts darunter vorstellen. Merkwürdigerweise kann ich aber die ganze Szene, den rauchenden englischen Offizier, der die Zigarettenreste in das Feuer wirft, und Großvater, der ihn dabei beobachtet, nach Belieben in meinem Gedächtnis abrufen.

Die erste vollständige Erinnerung, in der die Gesichter meiner Eltern und Großeltern auftauchen, wenn auch mit sparsamer Mimik, ist der lange kurze Moment, als ich glaubte zu ersticken. Ich weiß noch, wie ich an diesem dunklen Winterabend meiner Mutter beim Wäschebügeln zusah und Omi die Hemden faltete. Das Bügeleisen fuhr wie ein Schiff über die wellige, runzelige Hemdlandschaft und presste sie glatt. Das Wasser, das zuvor aus einer »Kaffeeschale«, einer Tasse, auf den Stoff gespritzt wurde, zischte. Das trübe Licht der Küche, die langweilige Musik aus dem Volksempfänger und die eintönigen stampfenden Geräusche, die das Aufsetzen des Bügeleisens erzeugte, machten mich müde. Meine Mutter hatte mir eine rote Teedose zum Spielen gegeben, in der sich Farbstiftstummel, entwertete Marken mit einem schnurrbärtigen Mann und ein Radiergummi befanden. Ich schüttete den Inhalt der Dose auf einem Stuhl aus, und ein glattes Stück Glas kam mit zum Vorschein. Wie sich später herausstellte, war es die Sucherlinse einer Kamera. Sie war nicht größer als ein Daumennagel. Sofort steckte ich das viereckige Glasstück in den Mund, in der Meinung, es sei Eis oder ein Bonbon. Ich spürte Festigkeit, einen lauen, fahlen Geschmack und anstatt das Glas auszuspucken, schluckte ich es hinunter. Im nächsten Augenblick konnte ich nicht mehr atmen. Die Linse war in meinem Kehlkopf stecken geblieben, weshalb ich auch nicht mehr sprechen konnte. Gleichzeitig überkam mich ein Würgegefühl, ohne dass es mir gelang, den Fremdkörper auszuspucken. Zuerst versuchte ich den Zustand zu ignorieren, in der Hoffnung, dass er sich von selbst bessern würde, aber zu meinem Schrecken musste ich feststellen, dass ich erstickte. Ich sprang auf, lief zu meiner Mutter und zupfte an ihrem Kleid, um sie auf mich aufmerksam zu machen, aber sie war in ein Gespräch mit Omi vertieft und fuhr wie abwesend fort zu bügeln. Als ich nochmals an der Kleiderfalte riss, sagte sie, ohne mich anzusehen, ich solle zu Vater in das Schlafzimmer gehen, sie habe keine Zeit. Auch Omi in ihrem blauen Hauskleid mit den roten Knöpfen blickte nicht von der Wäsche auf, die sie zusammenlegte, sondern redete mit meiner Mutter weiter. Ich taumelte in das Schlafzimmer und sah plötzlich die Mauern des Göstinger Friedhofs mit der Rückseite der steinernen Grabkreuze vor mir, an dem ich, da er gegenüber dem Kirchweg lag, oft vorbeilief. Nur die Nachttischlampe neben Großvaters Bett brannte im Schlafzimmer. Großvater lag unter der Decke, ein nackter Arm hing schlaff heraus. Mein Vater stand davor und verabreichte ihm gerade eine intravenöse Injektion. Ich hatte das noch nie gesehen, und mir erschien die Situation im ersten Augenblick bedrohlich. Beide sprachen und bewegten sich nicht. (Weshalb sich mir dieser Anblick wie ein Standbild eingeprägt hat, weiß ich nicht.) Panik überkam mich, und ich zog heftig am Ärmel meines Vaters. Großvater stieß einen Schmerzenslaut aus, und mein Vater drehte sich wütend nach mir um, da die Injektionsnadel die Vene durchstoßen hatte. Aber fast gleichzeitig erkannte er, dass ich in Gefahr war. Er setzte die »Spritze« ab und ein Blutfaden lief über Großvaters Arm. Vor meinen Augen flimmerte es, ich versuchte zu schreien, aber ich konnte mein Entsetzen nur lautlos mit den Lippen formulieren. In diesem Moment glaubte ich sterben zu müssen. Ich spürte, wie ich von Händen gepackt und umgedreht wurde, sodass ich mit dem Kopf nach unten hing, wogegen ich mich strampelnd und um mich schlagend zur Wehr setzte, denn zu meiner Angst kam nun auch das Gefühl der Orientierungslosigkeit dazu. Ich spürte, dass meine Füße in einer Armbeuge und von einer Faust festgeklemmt waren und erstickte jetzt nicht nur wegen der Sucherlinse, sondern auch vor Angst. Dabei bemerkte ich, dass ein Finger sich in meinen Hals grub, es würgte und würgte mich, bis mir die Augen heraustraten, und plötzlich fühlte ich das warme Glasstückchen auf meiner Zunge. Der Finger meines Vaters entfernte es, ich hörte meine eigenen Schreie und erkannte jetzt, dass ich von Vater wieder auf den Boden gestellt worden war. Luft strömte in meine Lungen, ich konnte wieder atmen und sprechen. Großvater hatte sich im Bett aufgesetzt, mit weit aufgerissenen Augen starrte er mich an, noch immer lief Blut über den nackten Arm, und Vaters kostbare »Spritze« lag achtlos hingeworfen auf dem Nachtkästchen. Es dauerte lange und bedurfte vieler Tröstungen, bis ich mich wieder beruhigte, und die »Fotolinse« war tagelang Gesprächsstoff. Immer wieder hörte ich, dass ich ohne die Anwesenheit meines Vaters erstickt wäre, denn niemand sonst hätte den Fremdkörper aus meinem Kehlkopf entfernen können.

Feuer

Wir waren nach dem Mittagessen mit unserer Mutter in die Augasse spazieren gegangen und frierend nach Hause gekommen. In der Küche war es warm. Als es dunkel geworden war, ging die Tür zum Schlafzimmer auf, und Vater führte uns zu einem Tannenbaum, der auf dem Blumentischchen stand. Er war mit Watte behängt, und Kerzen brannten auf ihm. Ich glaube, es machte mir keinen Eindruck, außer vielleicht, dass es mir merkwürdig vorkam. Kerzen waren für mich der Inbegriff für eine unangenehme Situation – wenn zum Beispiel der Strom ausgefallen war. Die Erwachsenen sangen das Weihnachtslied »Stille Nacht«, und wir erhielten jeder ein Halskettchen aus Silber mit einem Schutzengelanhänger. Wie ich später erfuhr, hatte mein Vater die Schmuckstücke von einem Juwelier für die ärztliche Betreuung erhalten. (Ich habe dann die Halskette in meiner Kindheit nicht mehr abgenommen, auch nicht, wenn ich in der Badewanne saß. Meine Mutter erklärte uns, dass die Engel uns beschützen würden, wir müssten nur an diese denken, wenn wir in Not seien. Es war das einzige Mal, dass ich in meiner Kindheit von meinen Eltern oder Großeltern etwas Religiöses hörte.) Bevor wir wieder in die Küche gingen, fing der Baum zu brennen an. Die Watte an den trockenen Zweigen nährte die Flammen, und im nächsten Augenblick entstand ein Feuerschweif, der auf den Vorhang übergriff. Mein Vater packte das Bäumchen und lief aus dem Schlafzimmer. Ich folgte ihm auf den Flur. Die Klosetttür war geöffnet, Vater war dort auf den holzkastenförmigen Sitz gestiegen und blickte aus dem kleinen Fenster. Er drehte sich nach mir um, hob mich zu sich hinauf und ich sah Schwindel erregend tief in den Lichtschacht hinunter, wo die Reste des Nadelbäumchens auf einem Schneehaufen lagen. Großvater hatte inzwischen das Feuer gelöscht, aber ein Ärmel seines schönsten Hemdes war versengt. Die Vorhänge allerdings waren fast zur Gänze verbrannt und mussten abgenommen werden. Ich schlief in dieser Nacht trotzdem glücklich ein, weil jetzt mehr Licht in das Zimmer kam, und ich, sobald sich meine Augen an das Dunkel gewöhnt hatten, alles sehen konnte.

Vater

1.

Einige Monate wurde es seinem Vater erlaubt, schrieb ihm seine Mutter kurz bevor sie starb, im Landeskrankenhaus Graz zu arbeiten, wo er nach seinen Erfahrungen im Lazarett eine zweijährige Ausbildung zum Facharzt für Chirurgie abschließen wollte. Nach der Rückkehr von Ärzten aus der Kriegsgefangenschaft und dem Zuzug von Flüchtlingen aus den von den Kommunisten besetzten Ländern wurde er jedoch entlassen, und auch seine Bitte, ohne Gehalt weiterarbeiten zu dürfen, wurde abgelehnt. Zur selben Zeit, schrieb ihm seine Mutter weiter, musste sie im Ausländeramt eine sogenannte Zwangsbescheinigung ausfüllen. Erst damit erhielt sie die Lebensmittelkarte, die sie berechtigte, eine bescheidene Menge Grundnahrungsmittel zu beziehen. Vorher wurden ihr und ihrer Familie die Fingerabdrücke abgenommen, da sie wegen ihres neunmonatigen Aufenthaltes in Deutschland »displaced persons« waren, die erst um eine

Aufenthaltsbewilligung ansuchen mussten. »Dein Vater«, schrieb sie, »der ja die rumänische Staatsbürgerschaft während seines Studiums abgelegt hatte, war daher schon vor dem Anschluss Österreichs an das Großdeutsche Reich im Jahr 1938 staatenlos gewesen und erst im Frühjahr 1940 deutscher Staatsbürger geworden. Da jetzt der Status wie vor dem Anschluss galt, war er wieder staatenlos geworden. Er musste deshalb alle sechs Wochen bis zum Erhalt der österreichischen Staatsbürgerschaft im Jahr 1950 die Verlängerung der Aufenthaltsgenehmigung beantragen. Zumeist vertrat ich ihn dabei, da es nie ohne Gehässigkeiten der Beamten, die er nicht ertragen konnte, abging.« Sie selbst war durch die Regelung wieder zur Österreicherin geworden ebenso wie ihre Kinder. Ohne Arbeit wurde sein Vater von der Stadtverwaltung, wie viele andere ehemalige Nazis, zum Holzhacken am Wirtschaftshof und Schnee- und Schutträumen herangezogen. Über diese Zeit sprach er nie. Ein sozialdemokratischer Parteifunktionär und Freund der Eltern seiner Mutter versprach seinem Vater, ihn beim Landesarbeitsamt unterzubringen, und lud ihn im Frühjahr 1946 ein, dort vorzusprechen. Er erhielt daraufhin das Angebot, Gesundenuntersuchungen vorzunehmen, für die er pro Patient mit einer kleinen Summe entlohnt würde, allerdings sei der Bedarf gering und sein Erscheinen daher nur an bestimmten Tagen vonnöten. Bald darauf verdächtigte ihn die Staatspolizei, Mitglied der SS gewesen zu sein, und er musste seine Tätigkeit unterbrechen. Nach mehreren Verhören, bei denen sein Soldbuch überprüft wurde, aus dem zuletzt hervorging, dass die Anschuldigungen nicht zutrafen, da er als Mitarbeiter des Roten Kreuzes tatsächlich Stabsarzt bei der Luftwaffe gewesen war, durfte er weiter am Landesarbeitsamt ärztliche Aushilfsdienste verrichten. Das Einkommen blieb jedoch gering, weshalb er Patienten aus der Nachbarschaft gegen Naturalien medizinisch betreute und zum Hamstern aufs Land fuhr, wo er Bauern aufsuchte und behandelte.

II.

Im April 1946 lebte die Familie schon den achten Monat bei den Eltern der Frau. Bekannte machten sie eines Tages darauf aufmerksam, dass in Gösting, am Weidweg 9, eine Wohnung frei würde, und da keine Aussicht bestand, in die eigene am Geidorfgürtel 16 zurückzukehren, die inzwischen vom englischen Militär beschlagnahmt worden war, beschlossen sie, sich darum zu bewerben. »Wie immer in Angelegenheiten, die die Bürokratie betrafen«, schrieb seine Mutter, »ließ mich dein Vater die Wege erledigen.« Sie suchte den Town-Major, das Büro des englischen Stadtverwalters, auf und erhielt eine Bestätigung, dass in der Wohnung am Geidorfgürtel tatsächlich englische Soldaten untergebracht seien. Mit dem Papier sprach sie sodann im Rathaus, wo über eine Zuteilung entschieden wurde, vor. Dort wurde sie zuerst nach der NSDAP-Mitgliedschaft ihres Mannes gefragt. Als sie über die eigene Auskunft geben musste, nannte sie statt des frühen Beitrittsmonats Mai 1938, an dem sie den Antrag abgegeben hatte, jenes viel spätere Datum, an dem ihr die Aufnahme in die Partei mitgeteilt worden war.

»Ich war den ganzen Tag mit einem Apfel und einem Schmalzbrot unterwegs«, schrieb sie ihrem Sohn, »und erhielt die Wohnung am Weidweg 9 wirklich zugesprochen.« Sie musste jedoch auch versuchen, wenigstens einen Teil der Möbel vom Geidorfgürtel zurückzuerhalten. »Bei einer Militärstelle in der Elisabethstraße erstellte ich ein Verzeichnis unseres Hausrates und bekam daraufhin eine Bescheinigung, mit der dein Vater mit Großvater und meinem Onkel Rudolf am nächsten Tag in unserer ehemaligen Wohnung erschienen.« Die drei Männer waren mit einem Pferdewagen gekommen, den Großvater in der Glasfabrik Gösting ausgeliehen hatte. »Unter Beschimpfungen von fast einem Dutzend englischer Soldaten schafften Vater und Onkel die fünf Betten und Teile der Küche vom dritten Stock auf die Straße. Vor der Fahrt zum Weidweg aber fürchtete sich dein Großvater (der wegen seines steifen Hüftgelenks auf dem Kutschbock saß), da das Pferd ausschlug und keiner von ihnen je zuvor einen Wagen gelenkt hatte. Trotzdem gelang es ihnen, ohne Zwischenfall ihr Ziel zu erreichen, die Möbel abzuladen und in den ersten Stock hinaufzuschaffen. Anschließend strichen sie dort die Wände neu an – Farben und Pinsel hatte Großvater in der Glasfabrik erhalten, die ja von seinem Cousin geleitet wurde«, endete der Brief seiner Mutter.

III.

Der Weidweg war noch weiter von der Stadt entfernt als der Kirchweg.

Ich erinnere mich an zwei Momente, als ich – Mutter und Helmut waren schon am Vortag übersiedelt – mit dem Pferdefuhrwerk in die neue Wohnung gebracht wurde. Paul und ich sitzen zwischen Gepäckstücken eng aneinandergeschmiegt und befürchten, dass sie in jedem Moment auf uns stürzen. Der Wagen rollt über die Göstinger Au zur Wiener Straße, und ich blicke hinauf zu den

Wolken am Himmel. Vor mir die Rücken von Vater und Großvater und das Hinterteil des Pferdes. Als Nächstes sehe ich die mit Eisen beschlagenen Räder des Fuhrwerks, auf die ich über die Planken hinunterschaue. Ich starre die Räder an und genieße es, wie mir allmählich schwindlig wird.

Weidweg 9

Zum ersten Mal nahm ich den Geruch frischer Farbe wahr, doch erst vierzig Jahre später, als ich in einem alten Bauernhaus in der Südsteiermark selbst eine Küche ausweißte, erinnerte ich mich daran, dass ich schon als Kind darüber beglückt gewesen war. Die leeren Zimmer – im Gegensatz zu den vollgeräumten am Kirchweg – ließen mich freier atmen. Die Wohnung in der »Villa«, wie die Bewohner des Weidwegs ihre Einfamilienhäuser nannten, bestand aus einer Küche mit Balkon und zwei Zimmern. Im linken befand sich die improvisierte »Ordination« – mit der Untersuchungscouch, auf der ein grünes Gummilaken lag, einem Tischchen für die Instrumente, einem Holzregal, in das meine Mutter später Einsiedegläser mit Marmelade, Kompotten, Obst und Gemüse stellte, und einem weiß gestrichenen Küchenschrank. Ich sah von da an Kranke und Verunglückte als tägliche Besucher ein- und ausgehen und hörte zu Mittag und am Abend nach dem Essen meinen Vater und meine Mutter über die »Fälle« sprechen. Ich bekam allmählich das Gefühl, die Außenwelt sickerte oder brach über uns als etwas Bedrohliches herein.

Das »Ordinationszimmer« ist für mich untrennbar mit der Erinnerung an Krankheiten und die Versorgung von

Wunden verbunden. Bei leichteren Fällen und besonders bei Verwandten war es mir erlaubt, während der Behandlung anwesend zu sein, ohne dass ich jedoch jemals gerufen wurde. Meine Brüder spielten im Garten, während ich durch das Vergrößerungsglas eine durch Milben oder Sonnenbrand verursachte Hautveränderung »studieren« und beim Anlegen einer Fingerschiene behilflich sein durfte. Ich sah zu, wie ein Rußpartikel aus einer Augentasche entfernt und Augentropfen verabreicht wurden, wobei die Patientin streng nach oben starren musste. Ich durfte auch die Injektionsspritze nach erfolgter Behandlung in den Sterilisator legen und bei der Inspektion von Gehörgängen assistieren, indem ich den Ohrenspiegel reichte. Auf diese Weise prägten sich mir als Nebeneffekt übergroß die Gefahren des Alltags ein. Die Verletzten waren beim Kirschenpflücken von der Leiter gefallen, mit dem Fahrrad gestürzt oder hatten sich mit heißem Wasser verbrüht, andere hatten sich bei Regen verkühlt oder verdorbene Speisen genossen. Ich sah Schlaflose meinen Vater konsultieren, Schwangere, Schlaganfallpatienten, Schmerzmittelsüchtige und unter Migräne Leidende – und sie alle hatten kein Geld. Mancher brachte Zwetschken oder Eier, eingelegte Gurken oder ein paar Blumen, die meisten aber nichts.

Das von der Küche aus gesehen rechte Zimmer hatte zwei Fenster, es war mit dem Gitterbett von Helmut und den Schlafstätten meiner Eltern, Pauls und mir vollgestellt, außerdem stand noch ein Kleiderschrank in einer Ecke. In der Küche eine weiß gestrichene Kredenz, ein Tisch, Stühle, Waschbecken, der Herd – alles gebraucht oder Geschenke von Verwandten. Aber wir hatten einen Garten mit einer Wiese, einer Weinlaube, Obstbäumen

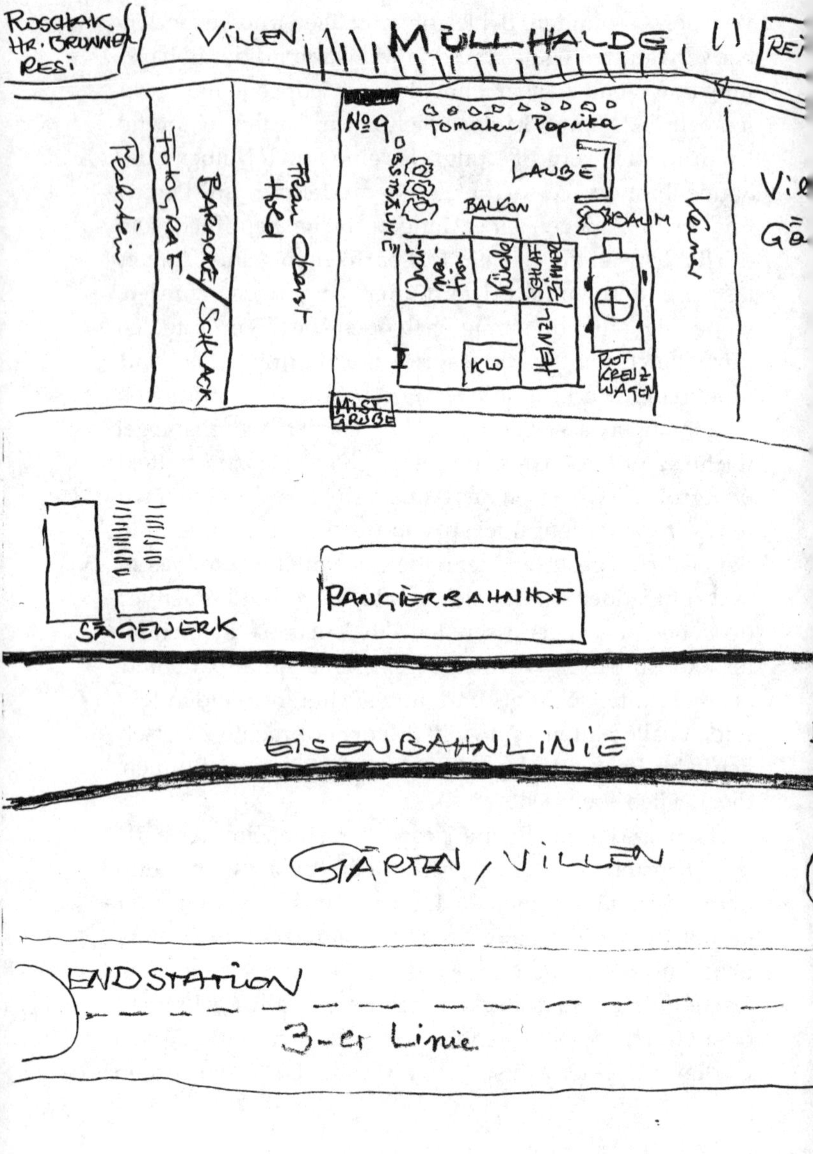
ROSCHAK
Hr. BRUNNER
RESI
VILLEN
MÜLLHALDE
No 9
Tomaten, Paprika
LAUBE
BALKON
BAUM
OBSTBÄUME
Ordi-na-tion
Küche
SCHLAF ZIMMER
HEINZL
KLO
ROT KREUZ WAGEN
MIST GRUBE
Pechstein
FOTOGRAF
BARACKE / SCHLACK
Frau Oberst
Hild
SÄGEWERK
RANGIERBAHNHOF
EISENBAHNLINIE
GÄRTEN, VILLEN
ENDSTATION
3-er Linie

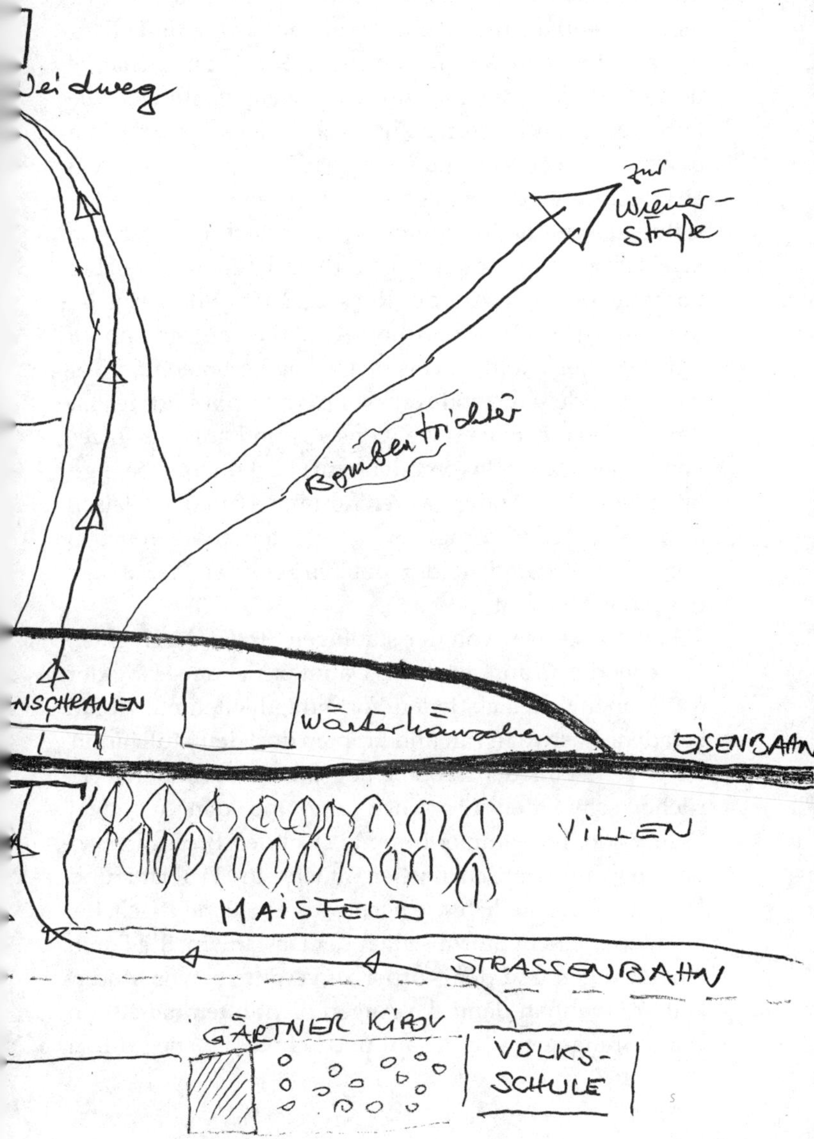

Heidweg
zur Wiener-Straße
Bombentrichter
NSCHRANEN
Wärterhäuschen
EISENBAHN
VILLEN
MAISFELD
STRASSENBAHN
GÄRTNER KIROV
VOLKS-SCHULE

und Flieder- und Stachelbeersträuchern für uns. Mein Vater baute entlang des Zaunes Paprikapflanzen und »Paradeiser«, Tomaten, an, für die er mit Kübel und Schaufel den Pferdemist der Bierrösser, schwerer Haflinger, die Fuhrwerke mit Fässern zogen, zusammenkehrte. Neben dem Haus, versteckt hinter einem Nussbaum, war ein ausgeschlachteter englischer Rot-Kreuz-Wagen abgestellt, an dem die Räder fehlten, aber noch Einsätze von zwei Tragbahren sowie Lenkrad und Scheibenwischer vorhanden waren. Auf der Rückseite der »Villa« eine betonierte Mistgrube, über die man zum Rangierbahnhof hinausklettern konnte, was uns streng verboten und deshalb besonders reizvoll war. Vor dem Depot und der Laderampe standen leere Waggons, die im Laufe des Tages von einer Dampflokomotive zur »Schottergrube« gebracht wurden. Andere waren für immer auf den Gleisen abgestellt. Weiter vorne das Bahnwärterhäuschen neben den Schranken und auf der anderen Seite der Gleisanlage das große Maisfeld.

Der Garten war von der staubigen Straße durch einen Maschendrahtzaun getrennt. Dahinter fiel der Hang der Mülldeponie steil ab. Jeden Vormittag hielten mit Abfall beladene Lastwagen an und kippten dort den Müll hinunter. Der Gestank der Deponie überdeckte alle anderen Gerüche, selbst den der Mistgrube und den aus dem Plumpsklo. Im Sommer brannte er in den Bronchien, sodass ich automatisch flacher atmete. Im Frühjahr und Herbst roch es süßlich wie nach verdorbenem Fleisch. Bei Föhn oder einem Sturm schien der Gestank in alle Poren einzudringen und den Körper zu vergiften – vor Müdigkeit konnte man dann die Augen nicht offen halten. Im Winter hingegen war er faul und schwer, er stieg durch die Nase in den Kopf und verursachte Schmerzen hinter der Stirn. Die Winter waren brueghelhaft dunkel und bedrückend. Hoher Schnee, bleigraue Wolken, die über der dampfenden Deponie lagen. Ich ging vorbei, sah aus dem Müllhaufen einen Arm herausragen, wagte aber nicht, meine Mutter darauf hinzuweisen, aus Angst, es könnte wahr sein. Am nächsten Tag sagte ich es dann doch. Es schneite in dichten Flocken. Wir zogen uns an, und ich ging mit meinen Brüdern hinter Mutter her. Ein Vogelschwarm flog auf. Wir standen am Rand der Grube und starrten den steilen Hang hinunter in die Tiefe. Ganz unten die Wiener Straße, auf der ein Auto fuhr, weit, weit weg, wie durch das umgedrehte Opernglas gesehen. Wir stiegen immer weiter über den weichen, nachgiebigen Müll. Gestank und warmer Dunst, der sich rasch wieder auflöste, hüllten uns ein. Wir fanden keinen Arm und keinen Menschen und keinen Kopf. Erst am Abend entdeckte Vater die Reste einer alten Schaufensterpuppe.

Die Sommer waren Fliegenpapiersommer, Wespensommer, Hitzesommer, Badewannen- und Laubensommer. Hornissen flogen und stachen die Bewohner. Humpelnd und mit schmerzverzerrten Gesichtern eilten sie durch den Garten in das »Ordinationszimmer«. Immer gab es die Angst, dass Schreckliches passieren könnte. Ich floh vor der Wirklichkeit in meine erfundene Welt und von meiner erfundenen Welt zurück in die Wirklichkeit. Alles drehte sich um den gewaltigen Mülltrichter, meine gesamte Kindheit ist mit der Deponie untrennbar verbunden. Wir waren in einen Mahlstrom geraten, in dem Menschen und Gegenstände von einem gewaltigen Sog erfasst waren und in die Tiefe gerissen wurden, ich spürte es. In der Tiefe der Mülldeponie aber vermutete ich ein Geheimnis, das – davon war ich überzeugt – sobald ich es aufdeckte, alles verändern würde.

Die Fliege

Gelb. Eine Fliege, groß wie ein Mensch, vor einem leuchtend gelben Hintergrund. Je wärmer es wurde, desto mehr Fliegen und andere Insekten bevölkerten den Garten und die Wohnung. In allen Zimmern hingen gelbe Fliegenfänger von der Decke, an denen pelzig dicht tote und sterbende Insekten klebten, mit sich langsam bewegenden Beinen, die scheinbar nie zum Stillstand kamen. Gelb war auch das Zimmer mit dem blauen Walzenmuster, das Pflanzen und Blätter darstellte, die ich unzählige Male angestarrt habe. Das Gesumm der Fliegen ist überall zu hören. Sind wir selbst eine Fliegenfamilie? Paul hat sich geweigert, mich im Ordinationszimmer durch das Mikroskop schauen zu lassen, bis endlich Vater kam. Auch die Fliege unter dem Mikroskop erinnert mich an die eingeschlossene Pflanze in der gelben Bernsteinkette meiner Großmutter. Ich habe noch nie ein so riesiges Insekt gesehen, es ist größer als ein Vogel. Jedes Mal, wenn Paul mit einem klebrigen Stück Fliegenpapier kommt und es mit der toten Fliege auf eines der Glasplättchen legt, die er aus einer Holzschachtel nimmt, und es mir gelingt, einen Blick durch den Tubus zu werfen, sehe ich das vom Licht durchschienene Fliegenpapier als Hintergrund und darauf das schwarze Ungeheuer, das mich in seinen Bann zieht. Ich sehe den merkwürdigen Rüssel, die braun-rot glitzernden Facettenaugen wie ein winziges Schachspiel, auf der Stirn die Fühler, und ich sehe die glasklaren Flügel, durchsichtige Blätter. Seit ich den Kopf in der Vergrößerung wahrgenommen habe, beobachte ich die herumschwirrenden Fliegen, sobald sie sich niedergelassen haben, beim Putzen: das Kopf- und Rüssel-, das Flügel- und Beinreinigen und die Tänze, die sie dabei aufführen. Mein Vater bringt die Sprache auf Typhus, Ruhr, spinale Kinderlähmung, Tuberkulose und die Ägyptische Augenkrankheit. Dabei schaue ich die ganze Zeit seine Fliegeruhr an, die auf dem Handgelenk sichtbar ist, den sich drehenden Sekundenzeiger und die Leuchtziffern auf dem schwarzen Grund. Auf ihrer ständigen Suche nach Nahrung setzten sich die Fliegen, sagt Vater, auf die Kothaufen von Hunden und Katzen, auf den verwesenden Abfall der Mülldeponie, von dort flögen sie auf die Lippen Schlafender und schreckten nicht davor zurück, in den Mund der Schnarchenden zu klettern, und besudelten alles, worauf sie sich niederließen mit ihren Exkrementen. Die gefährlichsten Krankheiten, die sie übertragen, höre ich, können zum »Exitus« führen. Exitus wird ein vertrautes Wort. Mein Vater spricht niemals das Wort Tod aus, kein einziges Mal höre ich es aus seinem Mund, als wollte er mit ihm nichts zu tun haben. Auch das Wort »sterben« spricht er nicht aus, nur Exitus, »letal enden« oder »Agonie«.

Vielleicht wollte er nicht, dass wir zu früh damit konfrontiert würden und hat sich auf diese Weise für den Rest des Lebens angewöhnt, das medizinische Vokabular zu verwenden. Meine Mutter hingegen macht ausgiebig Gebrauch vom Wort »sterben«, sie wolle am liebsten sterben, sagt sie, wenn sie unglücklich ist, oder, dass sie am liebsten tot sei. Sie berichtet von Todeskämpfen, die sie als Schwesternschülerin gesehen hat, von letzten Stunden, Leichenzügen – und versucht das Unvermeidliche auf diese Weise zu bannen. Mit dem Vater unterhält sie sich in seiner medizinischen Sprache, soweit sie diese in ihrer Ausbildung gelernt hat. Aber in seiner Abwesenheit redet sie darüber wie alle anderen.

Ich erfahre von Vater, dass an den Beinen der Fliegen »Bakterien« haften. Ich mache mir die schrecklichsten Vorstellungen über ihre Gefährlichkeit und gerate anfangs in Panik, wenn meine Mutter Infektionen heraufbeschwört, bevor sie eine Abschürfung, eine blutende Wunde mit brennenden Jodtropfen behandelt. Eines Tages zeichnet mein Vater die ominösen Bakterien auf, die ihre Welt in der Mülldeponie haben und von dort durch die Fliegen zu uns in den Garten kommen, in das Haus, auf die Kissen unserer Betten gelangen. Er malt schwarze Punkte, die er »Kokken« nennt:

»Stäbchen«:

Und solche mit Fortsätzen, »Geißeln«:

Sie erinnern mich später an Tausendfüßler, an Spermien und kleine Oktopusse. Die Luft sei voll davon, sagt er.

Ich hasse es, dass Bakterien unsichtbar sind oder – wie mein Vater erklärt – nur mit Hilfe von Färbungen unter dem Mikroskop sichtbar gemacht werden können. Obwohl ich nichts davon verstehe, hat es sich mir doch eingeprägt, und später, als ich es verstehe, ist eine Erinnerung daran schon vorhanden. Wir betrachten unter dem Mikroskop vor allem die Stängel von Pflanzen, Blüten, die Flügel von Schmetterlingen, Vogelfedern, Insekten wie Spinnen und Bienen, »Ahornzwicker« (Ahornfrüchte, die wir auch auf unsere Nase kleben) und mit Hilfe Vaters einen Wassertropfen und Flechten, Moose und Blätter. Ich habe die gleichen Pflanzen und Tiere als Medizinstudent wieder gesehen. Mit den Präparaten unter dem Mikroskop tauchte auch meine Kindheit wieder auf, und ich erkannte alle Formen sofort wieder. Am deutlichsten aber haben sich mir die schwarzen Fliegen auf dem leuchtend gelben Hintergrund eingeprägt: die sechs behaarten, gekrümmten Beine, die abgebogenen Gelenke, als würden sie tanzen. Darüber der Kopf mit den Facettenaugen, die beim ersten Anblick nur schwarze, abstoßende Wülste waren, der behaarte Brustteil, aus dem die großen Flügel sprossen wie die des Schutzengels über dem Bett meines Großvaters, durchsichtig und auf dem gelben Fliegenpapier von einem auratischen Glanz umgeben. Zuletzt der gestreifte, behaarte Hinterleib, der dem einer Wespe ähnelte. Die Fliege ist tot wie die Ratte am Kirchweg, und etwas Anklagendes geht von ihr aus, das mich ein schlechtes Gewissen haben lässt. Und eine weitere Erinnerung verbindet sich mit ihrem Anblick: die der

Lektüre von Robert Musils »Das Fliegenpapier«. Ich habe den Anfang der Skizze aus dem »Nachlass zu Lebzeiten« immer wieder gelesen: »Das Fliegenpapier Tangle-foot ist ungefähr sechsunddreißig Zentimeter lang und einundzwanzig Zentimeter breit; es ist mit einem gelben, vergifteten Leim bestrichen und kommt aus Kanada.« Sofort sehe ich mich wieder als Knaben in der Küche gegenüber der Mülldeponie sitzen und an die Decke starren, von der die Streifen herunterhängen. »Wenn sich eine Fliege darauf niederlässt – nicht besonders gierig, mehr aus Konvention, weil schon so viele andere da sind – klebt sie zuerst nur mit den äußersten, umgebogenen Gliedern aller ihrer Beinchen fest«, heißt es … und weiter: »Nach wenigen Sekunden sind sie entschlossen und beginnen, was sie vermögen, zu schwirren und sich abzuheben. Sie führen diese wütende Handlung so lange durch, bis die Erschöpfung sie zum Einhalten zwingt. Es folgt eine Atempause und ein neuer Versuch. Aber die Intervalle werden immer länger.« Und mit der Neugier des scharfen Beobachters beschreibt Musil schließlich den Tod der Insekten auf dem Klebestreifen: »… nur an der Seite des Leibs, in der Gegend des Beinansatzes, haben sie irgend ein ganz kleines, flimmerndes Organ, das lebt noch lange. Es geht auf und zu, man kann es ohne Vergrößerungsglas nicht bezeichnen, es sieht wie ein winziges Menschenauge aus, das sich unaufhörlich öffnet und schließt.« Ich kann diese Geschichte nicht anders denn als literarische Skizze einer alltäglichen Erfahrung meiner Kindheit lesen.

(Und mehr und mehr verbinde ich das Schicksal meiner Eltern mit dem der von Musil beschriebenen Fliegen, ihren vergeblichen Kampf mit der Vergangenheit, an der sie kleben blieben bis an ihr Lebensende.)

Eines Tages war das Mikroskop verschwunden. Mein Vater hatte es verkauft, eingetauscht oder in eine Pfandleihanstalt gebracht, von der er es nicht mehr auslöste. Er sprach auch nie mehr darüber. Zurück blieben ein Lehrbuch über Mikroskopie und Labortechnik und ein Atlas der Histologie, die er in den Kleiderschrank sperrte. Als ich bemerkte, dass das Mikroskop nicht mehr da war, fühlte ich mich bestohlen. Niedergeschlagen schaute ich im Ordinationszimmer nach, ob wir es wirklich nicht mehr besaßen. Als Erwachsener begriff ich erst, in welcher Not mein Vater sich befunden haben musste, und ich begann zu verstehen, wie verwickelt das Leben ist und auf wie vielen Missverständnissen unsere Meinungen beruhen.

Die Stadt

I.

Wenn der Sturm von der Wiener Straße her kam, wirbelte er Staub, kotbeschmierte Zeitungsausrisse, Bettfedern, »Daunen«, wie Mutter sagte, Verpackungsmaterial und manchmal sogar Fotografien aus der Mülldeponie auf und schleuderte sie in die Gärten der umliegenden Häuser, wo sie in Bäumen und Sträuchern hingen, auf Wiesen, Dächern und Kieswegen liegen blieben und von den Bewohnern unter Flüchen, Verwünschungen oder verbissenem Schweigen entfernt wurden. Anfangs waren es Zeitungsseiten mit Bildern von Hitler, Goebbels und Göring, Baldur von Schirach oder Gauleiter Uiberreither, deren Gesichter und Namen wir auf diese Weise kennenlernten, und feiner, übelriechender Staub, der die Wiesen und Blätter, Fensterscheiben, Gartenbänke, Fahrradsättel und leeren Briefkästen bedeckte. Aber mit der Zeit landeten immer mehr Küchenabfälle auf der Halde, immer mehr Verfaulendes, sich Zersetzendes wurde weggeworfen, man konnte bald den Aasgeruch von Fleischabfällen vom scharfen Geruch verbrennender Kleiderfetzen oder Lackresten unterscheiden. Stank es hingegen nach Scheiße, so kündigte sich über die Sickergrube Regen an.

II.

Damals besaß mein Vater, glaube ich, nichts mehr. Er hatte seine Windjacke, die Fliegeruhr, das Taschenmesser, die eleganten Ausgehschuhe, Pullover und Hemden am Schwarzmarkt oder beim »Hamstern« auf dem Land gegen Lebensmittel eingetauscht. Er sprach nie darüber. Er redete auch nicht vor uns über den Nationalsozialismus, sowohl er als auch meine Mutter waren gläubige Sozialdemokraten geworden, von denen sie sich Rettung erhofften. Bei Wahlen saßen Eltern und Großeltern oft gemeinsam in der Küche vor dem Radio und trugen in Listen die Wahlergebnisse ein, waren enttäuscht bei Erfolgen der Bürgerlichen und freuten sich über Gewinne der Sozialisten. Nur am Abend, wenn wir in den Betten lagen und ein schmaler Lichtstreifen unter der Tür uns zeigte, dass sie in der Küche etwas erledigten, hörten wir sie über »Nazis« sprechen, über »Entnazifizierung«, wer sie verdiente (niemand), wer größere Nazis waren als sie (die anderen). Namen fielen, Episoden wurden erzählt über Denunziationen, Begeisterungsausbrüche, besonderen Eifer von Bekannten. Der Besitzer einer Fahrschule sei ein fanatischer »Illegaler« gewesen und dank seiner Beziehungen trotzdem entnazifiziert worden. Dieser und jener habe Wohnungen, die leer standen, weil die Eigentümer vor den Bomben aufs Land geflohen seien, »ausgestohlen« und alles auf dem Schwarzmarkt verkauft. Andere wiederum hätten sich in den Wohnungen von Nazis »breitgemacht«, obwohl sie selbst Nazis gewesen seien, nur seien sie trotz Antrag nicht in die Partei aufgenommen worden. Und jetzt säßen sie mit Hilfe der Politik ganz oben. Ich begriff davon ebenso wenig wie ein Fünfjähriger heute. Ich glaubte nur zu verstehen, dass meinen Eltern unrecht geschehen war, aber ich war so sehr mit meinen Eindrücken beschäftigt, dass ich nie über dieses »Unrecht« nachdachte. Ich hörte die Worte »KZ«, »Juden«, »vergast«, »ermordet« – häufiger jedoch »Bomben«, »Vergewaltigungen« und »Gefallene«. Das schien mir damals »richtig« zu sein, weshalb ich es nicht in Frage stellte.

III.

Ich erlebte die Tage im Freien als Abenteuer, ich wollte nur immer hinaus aus der Wohnung, in den Garten, ganz gleich, wonach es stank, ob die Sonne schien oder der Schnee fiel. Nur bei Sturm verkroch ich mich, weil der Staub aus der Deponie eitrige Augenentzündungen hervorrief.

IV.

Dass mein Vater nichts mehr besaß, stimmte nicht ganz. Zwar waren das Mikroskop und die Fliegeruhr verschwunden, aber vielleicht hatte er sie gegen das Minerva-Radio getauscht, dessen Skala durch eine Drehscheibe verstellt werden konnte und das ein grünes, »magisches Auge« aufwies. Es zeigte, wie die Luftblase einer Wasserwaage das Gleichgewicht, die Scharfeinstellung eines Senders an. Einmal nahm mein Vater die Rückwand des Radios ab, und ich war enttäuscht, dass ich nur Röhren, Schrauben und Drähte zu Gesicht bekam.

V.

Die Konzerte, Ansprachen, Meldungen, Sportübertragungen waren weit entfernt – alles Richtige, Schöne, Bedeutende kam aus der *Stadt*, wie meine Mutter sagte. Mit »Stadt« verband auch ich sehr bald alles Wichtige: Die frühere, nun von den Engländern beschlagnahmte Wohnung am Geidorfgürtel, im Universitätsviertel, befand sich in der Stadt, ebenso der Schwarzmarkt, der Bahnhof, und selbstverständlich suchte Vater in der Stadt Arbeit. In der Stadt gab es auch keine Mülldeponie, keinen Gestank – dafür Konditoreien mit Zuckerwaren, Möbelgeschäfte, das Kaufhaus Kastner & Öhler mit allem, was man sich wünschte, das Schuhgeschäft Spitz, in dem meine Mutter gearbeitet hatte, das Krankenhaus, Gymnasien, die Technische Hochschule, die Universität, Parks, das Schauspiel- und das Opernhaus und Kinos. In der Stadt gab es alles, am Weidweg nur die Hölle, wie meine Mutter weinend sagte.

VI.

Als ich etwas älter war, lief ich manchmal von zu Hause weg und über die Göstinger Au zur Wohnung meiner Großeltern am Kirchweg. Der Drang zu laufen überkam mich plötzlich so stark, dass ich, ohne lange zu überlegen, zur Wiener Straße eilte, obwohl man von ihr Schreckliches erzählte: Brände, Einbrüche, Verkehrsunfälle, Gewaltverbrechen ereigneten sich dort, daher gehörte es zu den strengen Verboten, sie aufzusuchen. Ich lief zuerst durch die Eisenbahnunterführung zum »Bachwirt«. Dort hatte ich einmal im Vorbeilaufen eine Schlägerei gesehen: Ein Betrunkener war vor dem Lokal auf einen Polizeibeamten eingestürmt und hatte versucht, ihn mit Fußtritten zu vertreiben. Er hatte langes Haar, das bei den Schlägen des Polizisten aufflog und, als er von dessen Faust an der Nase getroffen wurde, für einen kurzen Moment in die Luft stand. Gleich darauf verlor er das Gleichgewicht und stürzte nach hinten auf die staubige Straße, wo er aus Mund und Nase blutend liegen blieb.

Ich überquerte die Wiener Straße und lief – immer barfuß, mit schmerzenden Fußsohlen – zur Farbenfabrik Zankl hinunter. Die Fabrik übte eine magische Anziehungskraft auf mich aus, und dass sie Farben herstellte, faszinierte mich doppelt. Was ging hinter den roten Ziegelmauern und den vergitterten Fenstern vor? Oft war zu Hause von »giftigen Substanzen« die Rede gewesen und einmal von der Explosion einer Gasflasche, bei der Menschen ums Leben gekommen waren. In Vorgärten bellten Hunde. Manche begleiteten mich kläffend hinter den Zäunen. Ich erreichte bald den Mühlgang. Dort hielt ich an und genoss, während ich von der Brücke in das Wasser schaute, den Eindruck, dass sie sich gegen die Strömung bewegte und eigentlich eine Fähre war. Hinter der Farbenfabrik wurde der Mühlgang breiter und verschwand schließlich in einem unterirdischen Kanal. Ich hatte davon gehört, dass Ertrunkene sich in dem Rechen verfingen oder am Ufer angeschwemmt wurden. (Als wir schon von Gösting weggezogen waren, ermordete hinter den Holunderbüschen ein Obdachloser ein kleines Mädchen. Er überredete es, mit ihm zu kommen, verging sich an ihm, erwürgte es und warf es in das Wasser, nachdem er ihm Steine in die Kleider gesteckt hatte. Sein lebloser Körper blieb aber im Rechen hängen. Ich sah die Fotografie des »Lokalaugenscheines«, der Tatrekonstruktion, in der Zeitung. Der Mörder, ungepflegt, mit abgerissenem Pullover, stand vor dem Mühlgang, eine Puppe, an der er demonstrierte, wie er die Tat begangen hatte, in den Händen.)

Die Rückseite der Farbenfabrik sah aus wie eines der frühen Gemälde De Chiricos: rote Ziegelmauern, der Schornstein, ein menschenleerer Platz, den ich durch das Eisentor sah. Kein Laut war zu hören. Ich beeilte mich, die Fabrik hinter mir zu lassen, und gelangte zu einem schmalen Weg, der von Pappeln umsäumt zur Göstinger Au führte.

In meiner Erinnerung ist die Au neben der Mur eine riesige Fläche, auf der ich mir verloren vorkam. Schwere Regenwolken hängen vom Himmel, Licht- und Schattenspiele fließen über das spärliche Gras auf dem sandig-schotterigen Boden. In der Ferne das von hohen Büschen bewachsene Ufer der Mur. Der Fluss war in heißen Sommern nahezu ausgetrocknet. Schotterbänke traten zutage, Felsen, über die ich bis zur Flussmitte balancieren konnte – dann wieder, nach starken Regenfällen, schwoll er dunkel und gewaltig an, umschwemmte die Brücke und ergoss sich über die weite Fläche. Einmal musste ich sogar umkehren, so hoch stand das Wasser in der Wiese. Die Au diente dem englischen Militär als Exerzierplatz. Von weitem konnte ich die Soldaten erkennen, Kommandos hören, sie im Gleichschritt in kleinen Formationen wie elektrisierte Raupen laufen sehen. Ich blieb neugierig stehen. Jeeps waren am Fluss abgestellt, weiter oben die

Baracken, denen man sich nicht nähern durfte. Ich sah zwar Wachen, es ereignete sich jedoch nie etwas. Trotzdem erschien das Militärlager mir immer als lautlose Bedrohung. Etwas ging dort in der Stille vor sich, etwas, das über unser aller Schicksal entschied.

Ich lief weiter und erreichte die Schrebergärten, von denen aus man schon die ersten Häuser der Augasse sehen konnte. Bohnenstangen, Hütten mit Teerdächern, Blechtonnen mit Wasser, Sonnenblumen, Unkraut, Salatbeete, halbnackte Männer in schwarzen Turnhosen. Hinter den Fenstern tauchten stumme argwöhnische Gesichter auf. Ich lief den schmalen Pfad weiter, gelangte in die Augasse, deren lehmiger Boden sich auf den Fußsohlen kalt anfühlte. Frauen tratschten vor den Eingangstüren, Kinder spielten. Zuletzt kam ich am Kaufhaus Großschädel vorbei, in dem meine Eltern sich am Monatsersten die »Fassung« besorgten und die Schulden des Vormonats beglichen, denn oft war das Einkaufen nur über das »Anschreiben« des geschuldeten Betrags möglich. Die »Fassung« bestand aus Mehl, Zucker, Salz, Waschpulver, Seife, Öl und Margarine und wenn ich zufällig dabei war, gab es fünf Dekagramm Malz-, Seiden- oder Himbeerzuckerln, ein in Papier eingewickeltes Stollwerck-Bonbon oder einen Bensdorp-Schokoriegel. Die Zuckerln lagen in Glasgefäßen, wurden mit einer Aluminiumschaufel in ein Papiersäckchen gefüllt und auf der roten Zeigerwaage abgewogen. Mehrmals sah ich in der Augasse Begräbnisse, denn der Friedhof lag nicht weit entfernt. Der Sarg wurde um die Friedhofsmauern herumgetragen, der Pfarrer schritt, ein Kreuz in den Händen, mit den schwarz und weiß gekleideten Ministranten voran, dahinter die Trauernden in Schwarz oder Alltagskleidern. Alles ging in eiliger Stille vor sich, die Trauernden blickten zumeist zu Boden, so als schämten sie sich für etwas. Auf den Gehsteigen blieben die Menschen stehen und verstummten, die Männer nahmen die Hüte ab. Ich stürmte in das Haus der Großeltern, die Treppen hinauf und saß in der Küche bei Omi. Sie umarmte mich und ging mit mir in den Hof hinunter, um etwas aus dem kleinen Gemüsegarten zu holen. Der hölzerne Brunnen dort beschäftigte lange meine Vorstellung, ich dachte an ein Ruderboot, einen Instrumentenkasten, einen Sarg. (Welcher *Mensch* war er vorher gewesen, fragte ich mich?) Natürlich musste ich, begleitet von Omi, rasch wieder nach Hause gehen, aber meine Ausflüge endeten immer glimpflich, da meine Mutter sich über Omis Besuch freute.

VII.

Hin und wieder begleitete ich auch meine Mutter die Augasse hinunter. Der lange Bretterzaun, der auf die Friedhofsmauer folgte – dahinter war der Fußballplatz der »Austria Graz«. Durch die Lücken des Zauns konnte ich einen Blick auf den grünen Rasen werfen, die weißen Tore und Bodenmarkierungen sehen und, wenn ich Glück hatte, sogar einen Spieler im violetten und weißen Dress. Manchmal sah ich den Ball auch durch die Luft fliegen und hörte die dumpfen Abschläge, noch bevor wir den Zaun erreichten. Wir stiegen schließlich einen von Brennnesseln umsäumten, schmalen Weg hinunter und gelangten zu einer Holzhütte an der Mur, von wo aus wir den Kalvarienberg und die Kirche sahen. Vor der Holzhütte an einem Steg lag die klobige Fähre, ein Ponton, der von einem Geländer umgeben war und auf dem ein Marterl angebracht war. Davor stand eine Konservenbüchse mit Wiesenblumen. Einige Leute, zumeist im Trachtengewand, warteten auf die Abfahrt. Nie erreichten wir die Fähre, ohne dass ich mir an den Brennnesseln die nackten Beine verbrannt hätte. Ich verrieb Speichel auf den schmerzenden Stellen, und wenn es mich ärger erwischt hatte, spuckte auch Mutter darauf. Die Überfahrt war ein Erlebnis. Ich durfte nicht zu nahe am Wasser stehen, aber ich ließ mich durch die Ermahnungen nicht abhalten. Ich mochte das Gurgeln und Rauschen, die Kühle, die vom Fluss ausging, das Glitzern des Sonnenlichts auf seiner Oberfläche. Am anderen Ufer eilten wir an den Tennisplätzen vorbei, vor denen ich anhielt, um die weiß gekleideten Spieler auf dem roten Sand zu sehen. Wir trafen Vater dann auf der Keplerbrücke und ich sah den Schlossberg über der *Stadt*. Ich hörte, dass oben ein Café sei, von dem aus man alles sehen könne, jedes einzelne Haus, auch das, in dem ich selbst wohnte. »Die Stadt«, »die Stadt«, immer war von »der Stadt« die Rede. Wir *mussten* eines Tages wieder zurück in die Stadt kommen, blieb das ständige Thema meiner Mutter. Und je hartnäckiger sie davon sprach, desto weniger fühlte ich mich der Stadt gewachsen. Ich habe noch die Worte, ihre Stimme im Ohr, ich sehe das Gesicht meiner Mutter vor mir, wenn sie das Wort »Stadt« ausspricht: verklärt, wissend lächelnd, entschlossen – je nachdem, welchen Anlass es gerade gegeben hatte, über dieses unerschöpfliche Thema zu sprechen.

VIII.

Der andere, der »richtige« Weg in die Stadt, war der mit der Straßenbahn. Sobald wir auf einem Spaziergang den

Weidweg zur Haltestelle hin verließen, sahen wir die Wiese vor dem Rangierbahnhof aus einer anderen, ungewohnten Perspektive. Aufgestapelte Holzblöcke begrenzten die Fläche hinter den »Villen«, ein Schäferhund streifte herum. Meine Mutter hieß mich vorsichtig sein, fremde Tiere konnten die Tollwut übertragen, und ein Biss bedeutete Schmerzen und den sicheren Tod. Die Gleise, die Weichen, das Depotgebäude, die Verladerampe des Bahnhofs sahen von der Vorderseite enttäuschend aus. Ebenso die Transportwaggons mit den Schiebetüren. Wenn sie geöffnet waren, schlichen wir heimlich heran, um einen Blick hineinzuwerfen. Zumeist waren sie mit Kohle gefüllt gewesen, und wir atmeten jetzt die kalte Luft ein und sahen den schwarzen Staub auf den Böden. Das Sägewerk war fast gänzlich vom Holz verdeckt, zwischen den Bretterstapeln verschwanden die Arbeiter. Wir versteckten uns selbst gerne in dem Labyrinth. Sobald die Säge stillstand und die Arbeiter nach Hause gegangen waren, schlichen wir uns an und erschreckten uns gegenseitig, indem wir laut schreiend um die Ecke liefen. Im Schuppen nebenan gab es das »Büro«, einen abgeteilten Winkel mit einem Fenster in der Bretterwand, durch das man auf einen Tisch und einen Stuhl blicken konnte. Der immer übel gelaunte Herr Franzl saß dort und verscheuchte uns, sobald er uns nur von weitem sah. Am Abend blickten wir durch die Glasscheibe und sahen ein aufgeschlagenes Heft, neben dem ein brauner Bleistift lag.

Weiter gehend schlüpften wir mit unserer Mutter unter den geschlossenen Bahnschranken durch und beeilten uns, über die Gleise zu kommen, die sich in der Ferne verliefen. Sie führten in der einen Richtung nach Graz hinein, in der anderen nach Wien. Meine Mutter sprach nur mit verheißungsvoller Stimme von Wien, obwohl sie nie daran dachte, dorthin zu ziehen. Nach dem großen Maisfeld kamen wir zur Göstinger Hauptstraße, wo der Gärtner Kirov wohnte, ein Patient meines Vaters. Er hatte die kleinsten Zigarettenstummel im Mund, die ich jemals gesehen habe, vielleicht verschluckte er den winzigen Rest zum Schluss lieber, als irgend etwas davon auszudrücken. Sein graues Haar war drahtig und stand nach oben wie ein zerdrückter Pinsel. Direkt an die Glashäuser, die aus alten Fenstern zusammengestellt waren, grenzte das Gebäude der Volksschule mit dem Schulhof. Dort war auch die Haltestelle. Die gelbe 3er-Straßenbahn, die »Tramway« war die größte Sehenswürdigkeit. Man gelangte mit ihr überallhin, ohne sich in den Straßen und Gassen auskennen zu müssen, und sie kehrte auch immer an den Ausgangspunkt zurück. Einmal, versprach mir meine Mutter, würden wir mit dem 3er eine Runde drehen, in die Stadt zum Jakominiplatz und wieder zurück. Da würde ich alles mit eigenen Augen sehen. Im Vorderwagen stand der blau uniformierte Fahrer mit einem großen Handschuh für die Messingkurbel. Er betätigte außerdem das Bremsrad, den Geschwindigkeitshebel und mit dem Fuß die Warnglocke. Die Tramway war vorne und hinten offen, und um in den Mittelteil zu gelangen, musste man Schiebetüren öffnen. Der Schaffner mit der Ledertasche verkaufte die Fahrkarten und läutete mit einem Gurt die Signalglocke vor dem Halten und bei der Abfahrt.

Nie werde ich den Anblick der beleuchteten Straßenbahn vergessen, als ich mit meiner Mutter in einer Winternacht Vater an der Haltestelle abholte. Durch das Schneetreiben rückte die Tramway auf uns zu, ein fahrendes

Glashaus mit der beleuchteten 3 über dem Führerstand – der Ziffer, die mir den Zutritt zu den Zahlen vermittelte. Ich lernte sie anhand der Straßenbahnlinien kennen, von denen mir meine Mutter erzählte. Wohin der 1er fuhr, der 2er, der 4er und der 7er wusste ich, noch bevor ich sie zum ersten Mal sah. Meine Mutter zeichnete mir die Zahlen auf ein Stück Papier und sagte mir die Endstationen vor, die sie anfuhren: Hilmteich, Krankenhaus, Mariatrost, Universitätsviertel. Öfter gingen wir zur Endstation des 3ers vor dem Schloss Attems. Dort hielt die Tramway, und der Fahrer mit dem großen Handschuh nahm den Messinghebel aus seiner Halterung und befestigte ihn im Führerstand am anderen Ende der Tram, weil er in die Gegenrichtung fuhr und keine Umkehrschleife vorhanden war. Der Schaffner mit der Umhängetasche, in der sich Fahrkarten, Wechselgeld und die Zange zum Entwerten befanden, stand inzwischen im Freien und rauchte und ließ sich von mir und meinen Brüdern bewundern. Immer rauchten Fahrer und Schaffner eine Zigarette, bevor sie wieder in den Wagen stiegen. Im Winter trugen sie lange Mäntel und vertraten sich in der Kälte die Füße. Es kam kaum vor, dass sie ein Wort miteinander wechselten. Es waren ältere Männer, die im Krieg gewesen waren. Vor der Remise waren an der Schlossmauer, an Bäumen, Telegrafenmasten und Hütten Plakate befestigt, die für die politischen Parteien warben. Sie blieben immer noch lange nach den Wahlen dort kleben. Riesengroße Köpfe von Politikern, deren Gesichter, Bärte und Brillen mir bald vertraut waren, aber auch Karikaturen und die Buchstabenabkürzungen der Parteien. Ich wollte wissen, was sie bedeuteten, und erfuhr auf meine Fragen, dass es Dinge seien, die ich noch nicht verstehen würde.

Die Entstehung der Bilder

I.
Selbstbildnis

In den ersten Tagen besuchten wir den Fotografen, der zwei Häuser weiter in einer Baracke ein karges Atelier hatte. Ich habe seinen Namen vergessen. Es war die erste Begegnung mit einem Abbild meines Gesichts, und ich verstehe seither jeden, der eine Abneigung gegen mich hat, denn ich mag mein Aussehen selbst nicht. Die Spiegel in der Wohnung hingen damals so hoch, dass ich mich darin vorher noch nicht erblickt hatte. (Der Schreck über meinen Anblick wurde später nur noch einmal übertroffen, als ich aus einem Tonbandgerät meine heimlich aufgenommene Stimme hörte.) Ich erschrak vor allem über meine Nase, die mir ein braves Aussehen verleiht, das noch durch mein gescheiteltes Haar unterstrichen wurde. Ich dachte bis dahin immer, ich sei eine ähnliche Erscheinung wie mein Vater. Von nun an war ich aber gezwungen, mich vor »den anderen« zu beweisen. Dabei war ich in Wahrheit furchtsam und feige. (Vor allem meine anerzogene Höflichkeit wurde mir, als ich heranwuchs, verdächtig, ich sah darin den Versuch, andere für mich einzunehmen und warf mir Betrug vor. Tatsächlich wurde mir die Offenheit, mit der ich auf Menschen zugehen will, häufig zum Verhängnis.)

Das Studio war ein hässlicher Raum, der mit Zeitungspapier tapeziert war. Es verwirrte mich schon beim Eintreten, von Buchstaben, Schriften, Fotografien umgeben zu sein. Mein Vater nahm einen Kamm aus der Jackentasche, hielt ihn unter die Wasserleitung und frisierte zuerst Paul, dann mich und zuletzt Helmut. Wir trugen Hemd und Lederhose. Vom Frühjahr bis in den Oktober hinein war die Lederhose unser einziges Kleidungsstück. Meine Brüder und ich liefen, sobald das Wetter es zuließ, wie alle anderen Kinder barfuß herum, im Winter zogen wir Schischuhe an. Sicher standen wir auch beim Fotografen barfuß vor der auf einem Stativ befestigten Kamera und blinzelten in die Scheinwerfer, die den Raum erhellten. Folgsam wie die abgerichteten Tauben vor dem Zauberer warteten wir, was weiter geschehen würde. Dass der Fotograf unter einem schwarzen Tuch verschwunden war, verstärkte noch den Eindruck von Zauberei. Erst als alles hergerichtet war, stellten sich unsere Eltern hinter uns, meine Mutter in der »rumänischen« Bluse, die sie von Großmutter aus Siebenbürgen geschenkt bekommen hatte, Vater im Sakko mit Krawatte.

Ich durfte in der Dunkelkammer dann dem Fotografen beim Entwickeln der Negative zusehen. Es war eine kleine dunkle Ecke, in der wir uns drängten, als hätte man uns in einen Schrank gesperrt. Von der Decke hing eine nackte, rote Glühbirne. Der Fotograf war klein, schusselig und trug eine dicke Brille. Er war ein starker Raucher, weswegen er an der rechten Hand gelbe Finger hatte, auch die Augäpfel waren gelb mit entzündeten roten Adern. Irgend etwas stimmte überdies mit seinen Ohren nicht, denn er presste in einem fort die Lippen aufeinander, hielt sich die Nase zu und blies Luft aus. Das ließ ihn zusammen mit der Unruhe, die er an den Tag legte, verrückt aussehen. Er war ärmlich gekleidet, in langen Hosen, Hemd und Hosenträgern und griff bei Besuchen nach einer Joppe, die neben der Tür an einem Haken hing. Ich kann mich genau daran erinnern, wie das Bild meines Gesichts auf dem Fotopapier erschien, zuerst blass, dann immer deutlicher, und schließlich erkannte ich auch meine Familie wieder. Über den Anblick meines eigenen Gesichts schämte ich mich jedoch wie gesagt. Es irritierte mich, dass es losgelöst von mir existierte, und ich fühlte mich, ohne dass ich es erklären konnte, eines Geheimnisses beraubt. Trotzdem war ich von dem Vorgang im Fotostudio fasziniert und lief am nächsten Tag wieder in die Baracke, um zu sehen, was vor sich ging. Der Fotograf hieß mich nach kurzem Zögern setzen und fertigte ein Porträt von mir an, befahl mir aber zuvor streng, nicht zu lachen und stillzuhalten, bis ich zu weinen anfing. Er fotografierte mich trotzdem weiter und gab mir dann ein Stückchen Schokolade. Schließlich küsste er mich, um mich zu beruhigen, sogar auf den Scheitel. Ich musste ihm versprechen, mit niemandem darüber zu reden. Er sammelte, dachte ich, Spielzeug, das er unter dem Bett versteckte. Ich musste jedenfalls gesehen haben, wie er ein Holzschwert und eine Königskrone aus Goldpapier herausfischte, mit denen er mich aufnehmen wollte, wenn ich wieder käme. Diese Szene sehe ich genau vor mir. Dann durfte ich zusehen, wie er andere Fotografien in der Dunkelkammer entwickelte, bevor er mich wieder nach Hause schickte. An den zweiten Besuch erinnere ich mich nur zum Teil. Meine Mutter erzählte mir, dass ich plötzlich verschwunden war, ohne jemandem vorher etwas zu sagen, aber die Nachbarin, Frau Oberst, hatte mich zur Baracke laufen sehen. Als meine Mutter das Studio betrat, saß ich in Mädchenkleidern auf einem Stuhl, und der Fotograf war gerade unter das schwarze Tuch geschlüpft. Es gab eine heftige Auseinandersetzung zwischen meiner Mutter und ihm, bei der er behauptete, er habe künstlerische Porträtaufnahmen von mir gemacht. Meine Mutter verlangte energisch, die Abzüge zu sehen, während ich aus dem Kleid schlüpfte und davonlief. Da sie ihm mit der Polizei drohte, rückte er schließlich mit den Bildern heraus, darunter auch jenem, auf dem ich weinte. Meine Mutter behauptete immer, er habe mich absichtlich erschreckt, um mich erst dann zu fotografieren.

Ohne Kamera und Dunkelkammer war der Fotograf ein gewöhnlicher Mann. Man sah ihn kaum im Freien, und er beteiligte sich an keiner Gemeinsamkeit. Sooft mich meine Eltern auch fragten, und so gerne sie alles wissen wollten, ich bestritt immer, dass es zu einer Berührung von ihm gekommen sei, und ich bin bis heute davon überzeugt, dass es bei meinen Besuchen, die ich in seinem Atelier machte, nicht zu mehr gekommen ist, als mich meine Erinnerung wissen lässt ... Noch als der Fotograf vom Weidweg weggezogen war, hörte ich böse Bemerkungen über ihn, er sei ein »Warmer« gewesen, sagten die Nachbarn, und mein Vater bezeichnete ihn später nebenbei als Pädophilen. »Wir haben von seiner Veranlagung nichts gewusst. Woher auch? Er zog zugleich mit uns ein, und niemand kannte ihn«, sagte er. Mir aber bleiben die wunderbaren Momente der Entwicklung eines Bildes in der Dunkelkammer im Gedächtnis, auch wenn es mein eigenes Gesicht war, das zum Vorschein kam, und ich weiß nachträglich auch, weshalb ich weder Bedrohung noch Angst vor dem Fotografen empfunden hatte. Es war das große Interesse, die große Aufmerksamkeit, die er mir entgegenbrachte, und seine Freude darüber, dass ich ihn besuchte, übertrug sich auf mich.

II.
Zwischenspiel: magische Blätter

Ein anderes Mal bestaunte ich die Entstehung eines Bildes, als meine Mutter vom Einkauf ein großes Heft »Magische Blätter« mitbrachte. Sie setzte sich mit Paul und mir an den Küchentisch, spitzte einen Bleistift und fing an, die erste Seite zu schraffieren – ein Papagei in schwarz und weiß wurde sichtbar. Als ich selbst eine Seite grau anmalen durfte, kam ein Kamel zum Vorschein. Bald darauf hatten wir alle magischen Blätter im Heft bearbeitet und eine ganze Menagerie: einen Löwen, einen Geier, ein Nashorn, einen Affen, ein Zebra (alles Tiere, die wir noch nie gesehen hatten) vor unseren Augen. Großvater brachte uns bei seinem nächsten Besuch ein weiteres Heft. Diesmal wurde eine venezianische Gondel sichtbar, der Pariser Eiffelturm, das Wiener Riesenrad, die Kopenhagener Meerjungfrau und das Brandenburger Tor. Paul blätterte oft in dem Heft und lernte so Städtenamen und Wahrzeichen kennen, während ich nur daran interessiert war, die Bilder entstehen zu sehen.

III.
Ein theatralischer Atelierbesuch

Es war ein regnerischer Sonntag, die Straßen waren wie ausgestorben, zerstörte Häuser. Ich war enttäuscht, ich hatte mir die Stadt anders vorgestellt. In der Straßenbahn, dem 3er, hatte ich Angst, von meinen Eltern getrennt zu werden, an mehr erinnere ich mich nicht. Wir betraten einen Flur, es war muffig und still und hatte etwas Bedrückendes. Am Ende des Ganges der braune Lift in einem Drahtkäfig, dahinter Dunkelheit. Als mein Vater die vergitterten Türen öffnete, lief ich davon, auf die Straße hinaus, wo ich stehen blieb, mich von meiner Mutter aber widerstandslos in den Gang zurückführen ließ. Ich weigerte mich allerdings, den Lift zu betreten. Mein Vater stieg mit meinen Brüdern in ihn ein, auf wundersame Weise ging Licht an, und sie schwebten wie Heilige nach oben. Ich hatte noch nie etwas so Großartiges gesehen und wollte jetzt selbst mit dem Aufzug fahren, aber ich glaube, dass ich von dem Erlebnis enttäuscht war, denn mein Film im Kopf ist an dieser Stelle nicht belichtet.

Der Fotograf bewohnte eine geräumige, dämmrige Wohnung. Das Atelier sah aus wie ein Depot, es waren dort mehrere Kulissen für Aufnahmen vorbereitet, die an einer Wand lehnten, vorne eine Ansicht des Wörthersees mit Segelbooten, wie mir meine Mutter sagte. Mein Vater bestand auf »keinem« Hintergrund. Ich staunte über die Prospekte, Vorhänge und Vasen, das Klavier und die Stühle. Plötzlich wurde eine Tür geöffnet, und die Frau des Fotografen erschien mit einem Äffchen auf der Schulter, das kreischte, fauchte, Zähne zeigte und behände über die Einrichtung tobte, als habe es den Verstand verloren und würde gerade deshalb bewundert, weil es verrückt war.

Das Familienfoto ist nicht gelungen, trotzdem schätze ich es von allen, die ich besitze, am meisten. Wir blicken ernst, als seien wir schon gestorben. Unsere Gesichter wirken abwesend, und unsere Züge künstlich. Der Fotograf wollte vielleicht kein wirklichkeitsgetreues Bild von uns machen, sondern ein schönes, und er ließ uns aus Mangel an Fertigkeit beim Retuschieren unabsichtlich so aussehen, wie wir uns tatsächlich fühlten.

Eine Theateraufführung

Im Dezember, vor Weihnachten, holte mich Großvater ab und brachte mich in eine Baracke in der Göstinger Au hinter der Farbenfabrik Zankl, in der die Roten Falken der Sozialdemokraten ihr Heim hatten. Manche Kinder liefen dort in blauen Hemden und roten Halstüchern herum. Im Versammlungsraum befanden sich ein schwarzes Klavier und eine improvisierte Bühne. Es wurde »Hänsel und Gretel« aufgeführt, und beim Öffnen des Vorhangs wurde es dunkel im Raum, damit wir durch das Guckloch der Bühne besser in die Kunstwelt sehen konnten. Als die Hexe erschien und zum Publikum sprach, war meine Furcht so groß, dass ich – wir hatten in der ersten Reihe Platz genommen – aufsprang und unter den Flügel kroch. Eine korpulente Frau saß daran und rief mir von oben zu, ich möge herauskommen, worauf sie, da die Schauspieler fortfuhren und auch ich nichts dergleichen tat, leidenschaftlich zu spielen anfing. Unter dem Klavier dröhnte die Musik so laut, als ob sie mich gegen das Böse beschützen wollte. Inzwischen kam Großvater besorgt zum Flügel, beugte sich zu mir herunter und versuchte mich herauszulocken. Das Publikum lachte – ich glaubte jedoch wegen der Handlung auf der Bühne –, ich drehte mich um und sah gerade, wie die Hexe mit dem Finger auf mich zeigte. Daraufhin brach ich in Tränen aus, worauf die Frau am Klavier ihre Begleitmusik einstellte und auch die Darsteller zu spielen aufhörten und zuletzt das Licht eingeschaltet wurde. Die Hexe nahm ihre Maske ab, und dahinter kam eine lachende junge Frau zum Vorschein. Gretel lüftete die Zopfperücke und war ein fröhliches Mädchen, und Hänsel reichte mir freundlich die

Hand und sagte mir, wer er in Wirklichkeit sei. Unter dem Beifall des Publikums kroch ich schließlich heraus und wurde von Großvater aus der Baracke geführt. Stumm vor Scham ging ich neben ihm durch die Dunkelheit nach Hause. Hatten alle Menschen zwei Gesichter, fragte ich mich aber die ganze Zeit über.

Personen, Masken

I.

Langsam wurden wir mit den Nachbarn bekannt. Zu ebener Erde in unserer »Villa« wohnten Frau Lehmberger und ihre Tochter Renate. Frau Lehmberger war eine dicke Frau mit schneeweißer Haut und streng zurückgekämmten Haaren, die in einem schlampigen Knoten endeten. Sie hatte keine Zähne mehr und trug auch keine Prothese, weshalb sie beim Sprechen heftig spuckte und statt »s« und »sch« ein »f« sprach. Außerdem hatte sie einen säuerlichen Körpergeruch und riss mich manchmal an sich, um mein Gesicht mit feuchten Küssen zu bedecken. Beim Kochen schwitzte sie außerdem so stark, dass in unserer Vorstellung der Schweiß in die Suppe oder in den Salat tropfte, und meine Mutter beteuerte, niemals von ihren Speisen auch nur einen Bissen zu kosten.

Renate hatte eine Gaumenspalte und nur ein Nasenloch, das andere war von Geburt an zugewachsen. Als Erwachsene ließ sie diese Fehlbildungen operieren. Dazu kam – wie ich später erfuhr – eine Dermoidzyste im Kreuzbein, ein verkümmerter Zwilling, der als Erstes entfernt wurde. (Es fanden sich in der Geschwulst Zähne, Haare und Knorpel des Zwillings, der von ihrem Körper im Mutterleib aufgenommen worden war.) Renate war neben meinen Brüdern die einzige Spielgefährtin in der »Villa«. Sie war um zwei Jahre älter als ich und trug Zöpfe. Etwas Altkluges und Vorzugsschülerinnenhaftes gingen von ihr aus. Sie hasste wilde Spiele und legte auf pedantische Ordnung wert. Ihre Kleidung und die Schulhefte waren vorbildlich. Sie war andererseits leicht und häufig beleidigt, und es dauerte Tage, bis sie eine Kränkung verzieh. Ihren Vater hatte sie nie gesehen. Es existierte auch keine Fotografie von ihm, hieß es, und Renate hatte, wie sich herausstellte, noch einen älteren Bruder, der beim Vater lebte. Außer den Kindern und dem Familiennamen erinnerte nur noch eine große Muschel, die Frau Lehmberger von der Hochzeitsreise aus Venedig mitgebracht hatte, an das »Familienoberhaupt«. Ich durfte mein Ohr an das Souvenir pressen und dem unendlich fernen Meeresrauschen lauschen, wenn ich die dunkle Wohnung betrat, um mit Renate, was selten genug vorkam, auf einem bemalten zusammenfaltbaren Karton mit Pferdchen und Reitern Pferderennen zu spielen. Wenn sie beim Würfeln verlor, packte Renate die Rennbahn und die Figuren jedes Mal beleidigt weg,. Sie mochte auch ihre wenigen Schätze nicht gern mit anderen teilen. Die große Puppe, die sie besaß, verließ nie ihre Wohnung, ebenso wenig der Ball oder ein anderes Spielzeug. Ihre Mutter wachte über sie und ihre Welt wie ein Drache über eine Prinzessin.

II.

Damals begegnete man auf der Straße häufig Kindern und Erwachsenen mit Kriegsschäden – fehlenden Armen, Beinen und auch Blinden – und Menschen, die schielten oder Hasenscharten hatten, Schwachsinnigen und Geisteskranken. Der Erste, den ich kennen lernte, war Herr Brenner. Er saß im Sommer vor dem Goldfischbecken der Villa Roschak, die vom Müllabladeplatz gerade so weit entfernt war, dass die Fliegen nicht häufiger anzutreffen waren als in einer sogenannten »besseren Gegend«. (Nur die Gerüche schwappten manchmal zu ihnen hinüber.) Trotz der Hitze trug Herr Brenner einen schwarzen Wintermantel mit einem Persianerkragen und einen schwarzen Hut. Paul und ich pressten – als wir ihn zum ersten Mal sahen – unsere Gesichter gegen die Eisenstäbe des Gartenzauns und konnten nicht aufhören, ihn zu beobachten, wie er die Goldfische anstarrte. Auch wir bestaunten sie, denn wir hatten vorher noch nie welche gesehen. Dann entdeckten wir, dass er eine tote Heuschrecke in den Händen hielt. Plötzlich stand er auf, sang mit gekünstelter Operntenorstimme eine Arienstrophe, setzte sich wieder und sprach auf die Heuschrecke ein, bevor er sie in das Becken warf, wo sie von den traumwandelnden Goldfischen, durch die gleichsam ein elektrischer Stoss fuhr, als das Insekt auf die Wasseroberfläche fiel, verschluckt wurde. Herr Brenner wartete, bis sich alles wieder beruhigt hatte, untersuchte Wiese, Bäume und Sträucher, fand einen Käfer, steckte ihn in den Mund und schluckte ihn. Aber sogleich würgte es ihn, er spuckte und keuchte und übergab sich in das von Seerosen bewachsene Becken. Dann starrte er wieder gebannt auf die Goldfische, die den Käfer und das Erbrochene verschlungen hatten. Eine Weile hüstelte Herr Brenner jetzt, holte ein Taschentuch aus dem Mantel, streckte die Zunge heraus und wischte sie ab, wie man ein Glas trocknet. Dieser Vorgang wiederholte sich mehrfach. Paul und ich konnten uns von dem Anblick nicht lösen. Plötzlich kroch Herr Brenner auf allen vieren in der Wiese herum und fand einen Wurm, den er nur kurz anstarrte und hierauf verspeiste. Er kaute ihn mit nach innen gekehrtem Blick, als dächte er über eine mathematische Formel nach, kroch wieder zurück zum Goldfischbecken und begann von neuem das Spiel mit dem Taschentuch und der Zunge. Ein Kohlweißling flatterte durch den Garten. Herr Brenner sprang auf, riss seinen Hut vom Kopf und warf ihn nach dem Schmetterling, stolperte weiter und hatte das Insekt endlich in den hohlen, zusammengelegten Händen gefangen. Neugierig hielt er es gegen sein Ohr, lauschte, lachte zwischendurch laut, zerdrückte das zappelnde Tier und warf es erwartungsgemäß in das Goldfischbecken, wo es sogleich verschwand. Angeekelt und inbrünstig rieb er sich eine Weile die Finger am Mantel ab. Es hatte den Anschein, als kratze er sich ohne Ende. Er presste jedoch unvermutet die Ellbogen gegen den Brustkorb, verzog sein Gesicht und fing an, unartikulierte Schreie auszustoßen. In diesem Augenblick sprach uns eine sanfte Stimme an, die uns aufforderte, nach Hause zu gehen: »Geht's ham!« – Wir drehten uns um und sahen das ländliche Gesicht von Resi, dem Dienstmädchen der Roschaks. »Er tuat nix!«, sagte sie beruhigend, »braucht's ka Angst hobn, er spinnt nua.« Als ich am Abend selbst das Wort »spinnen« verwendete, erzählte mir zuerst meine Mutter und dann auch mein Vater von den Spinnen, den Spinnennetzen und Spinnfäden, sodass ich glaubte, Herr Brenner sei eine menschliche Spinne, denn auch, dass er Insekten fing und verspeiste, passte zu den Ausführungen meiner Eltern.

III.

Vor Fredi Kerner, dem Sohn der Nachbarn, wurden wir von den Eltern gewarnt. Er war um fünf oder sechs Jahre älter als wir und hatte den Ruf eines wenig zartfühlenden Kindes. An seine Eltern habe ich merkwürdigerweise keine Erinnerung, ich weiß nicht einmal mehr, wie sie aussahen, obwohl wir jahrelang nebeneinander wohnten. Die Warnung, mit ihm zu spielen, regte allerdings unsere Fantasie an, und wenn er sich allein im Garten aufhielt, schlichen wir uns zum Zaun hin. Zumeist beschäftigte er sich mit seinem Schäferhund. Er hatte verschiedenes Kriegsgerät bei sich: einen Dolch mit Scheide, auf dem der gleiche Adler glänzte wie auf Großvaters Volksempfänger, eine Armeepistole ohne Munition, einen Soldatengürtel mit Hakenkreuzschnalle und ein Eckenfernrohr. Das Hakenkreuz war nichts Besonderes, es tauchte immer wieder im Alltag auf. Das Eckenfernrohr hingegen war eine Neuigkeit, grün und leicht, und man konnte damit, wie schon der Name sagt, auf dem Bauch liegend um die Ecke spähen, ohne selbst gesehen zu werden. Einmal kamen wir mit Fredi ins Gespräch und versteckten uns mit ihm im Laderaum des ausgeschlachteten Rot-Kreuz-Wagens, der am Rand des Gartens vor sich hin rostete. Er zeigte uns eine militärische Landkarte, die er in der Hosentasche trug. Er sagte, dass darauf alle Berge, Seen und Ortschaften der Umgebung eingetragen seien und auf der Rückseite der Stadtplan von Graz mit allen Straßen, Gassen und Wegen. Er entfaltete die Karte, zeigte mit der Messerspitze auf eine Linie und sagte: »Da sind wir jetzt.« Als Paul von ihm wissen wollte, wo der Geidorfgürtel sei, und hinzufügte, »in der Nähe der Universität«, sah ich zum ersten Mal den Ort, den meine Mutter immer beschwor. »Hier!«, antwortete Fredi triumphierend und machte mit der Messerspitze einen winzigen weißen Kratzer in das Grün. Ich starrte die Karte an und zweifelte an Fredis Aussage. Was war dort anders als bei uns? Der Geidorfgürtel stach durch nichts hervor. Ich fragte ihn daher, woher er das wisse, er lachte aber nur über mich. Dann schlichen wir mit dem Eckenfernrohr zum Marillenbaum, legten uns ins Gras und spähten Vater aus, wie er durch das Gartentor kam, ohne dass er uns bemerkte. Das war ein großartiges Erlebnis. Wieder im Rettungswagen ließ Fredi uns später sein Messer in die Hand nehmen. Es war schwer, ich spürte, dass es zur Erwachsenenwelt gehörte. Ich wusste schon, dass man damit Menschen töten konnte, und blickte gebannt auf die Schneide. Er würde uns beim nächsten Mal zeigen, wie man das Messer werfe, dass es im Baum steckenbleibe, versprach er uns. Ich erschrak. Statt dessen baute ihm sein Vater aber einen Papierdrachen, den Fredi in Begleitung seines Hundes vor dem Rangierbahnhof steigen ließ. Wir standen auf der Eisenplatte, die die Mistgrube abdeckte, um das Wunderding besser durch die Luft fliegen zu sehen. An der Schnur hatte Fredi bunte Papierschlaufen befestigt, die im Wind flatterten, und zusammen mit dem Knatter- und Schwirrgeräusch, das vom Drachen ausging und dem Winseln, Japsen und Bellen des Hundes verfehlte die Vorstellung nicht ihre Wirkung auf uns. Ich dachte an die »Struwwelpeter«-Geschichte vom »fliegenden Robert«. Fredi wurde zwar von den Windböen aus dem Gleichgewicht gebracht und mehr als einmal vom Drachen hinter sich hergezogen, aber das zugleich erhoffte und befürchtete Ereignis der Himmelfahrt blieb aus. Sonst begegneten wir Fredi nur selten, und ich kann mich nicht erinnern, dass wir noch einmal mit ihm gespielt hätten.

IV.

Auf der anderen Seite wohnten in einer gepflegten »Villa« mit geputztem Garten »Frau Oberst« und die greise Frau Hold. Von Frau Oberst weiß ich keinen Familiennamen, wir kannten sie nur unter dem militärischen Rang ihres Mannes, dessen Schicksal uns ein Rätsel blieb. »Den« Oberst bekamen wir jedenfalls nie zu Gesicht, obwohl er in der Anrede seiner Frau immer vorhanden war. Sie war eine stolze, hochgewachsene Kroatin um die Fünfzig mit starkem Akzent und langem, dunklem Haar, das sie zu einem Kranz flocht. Sie imponierte mir mit ihrem selbstbewussten Auftreten, aber sie hatte auch eine spöttische Art, über andere zu sprechen, die mich irritierte. Ich sehe sie im Garten über Pflanzen gebeugt, mit hochgerecktem Gesäß und nackten braungebrannten Beinen. Damals, glaube ich, verspürte ich ein dumpfes Begehren, von dem ich nicht wusste, was es bedeutete.

Nie haben wir ihren Garten oder ihr Haus betreten.

Frau Hold, die Mitbewohnerin, war über neunzig Jahre alt. Stumm und schwarz gekleidet saß sie wie eine Attrappe ihrer selbst im Rollstuhl. In meiner Vorstellung verglich ich sie mit einem großen zusammengeklappten Regenschirm, den Frau Oberst zu Hause im Zimmer aufspannte und bei Tag »für alle Fälle« mit sich führte. Sie redete nämlich über die alte Frau auch in deren Anwesenheit wie über einen Gegenstand.

»Wie geht es Frau Hold?«, wollte ich wissen.

»Sie hört nichts mehr, du kannst ruhig laut über sie

sprechen«, rief Frau Oberst über den Zaun zurück. »Sie isst nichts. Heute habe ich ihr eine Schale Milch und ein Stück Brot auf den Tisch gestellt, sie hat nichts davon zu sich genommen. Ein Löffel Suppe, ein Löffel Tee, wie ein Vögelchen. Ich bringe sie in den Garten, damit sie an die frische Luft kommt. Ich muss sie waschen, füttern, zu Bett bringen und anziehen – und sie bekommt nichts davon mit! Sie weiß nicht mehr, wie sie heißt und wo sie ist. Vielleicht glaubt sie schon, sie ist tot!« Mit diesem Satz beendete sie regelmäßig ihre Klage. Einmal beobachtete ich vom Kirschbaum aus, wie sie die Alte mit dem Rollstuhl in den Garten schob, nachdem sie ihr den Kopf gewaschen hatte. Das lange weiße Haar hing hinter der Lehne herunter, und das Gesicht war plötzlich so winzig, dass ich erschrak. Es war kein menschliches Antlitz, schien es mir, sondern das eines Kükens – gelb, die Nase ein Schnabel, die Augen weit offen. Durch das Laub geschützt, konnte ich sie ungestört beobachten, wie sie bewegungslos und stumm in der Sonne saß und zuletzt mit offenem Mund einschlief – nie erfuhr ich etwas über ihr Schicksal, und auch später wusste niemand über sie Bescheid. Sie saß weiter im Rollstuhl, in schwarzes Tuch gehüllt, eine Puppe im Wachsfigurenkabinett. Nie hob sie die Hand, nie hörte ich sie auch nur husten oder niesen. Im anbrechenden Frühjahr saß sie bei sonnigem Wetter im schwarzen Mantel mit einer Pelzhaube und einem Muff, in dem sie ihre Hände verbarg, vor der »Villa« und schien mit unendlicher Aufmerksamkeit das Verschwinden des Schnees zu beobachten. Wenn die Obstbäume blühten, genoss sie vielleicht die Langsamkeit des Naturerwachens, denn sie verharrte viele Stunden in derselben Körperhaltung unter einer von Bienen summenden

Baumkrone. War im Sommer die Hitze groß, ließen sich Fliegen auf ihr nieder, ich glaube, sie einmal sogar stöhnen gehört zu haben. Jedenfalls eilte kurz darauf Frau Oberst herbei, um sie auf das Zimmer zu bringen. Im Herbst saß sie inmitten fallender Blätter wie eine Statue da, und wie auf eine Statue fiel das Laub auf sie herab. Nur im Winter konnte es im Schneegestöber vorkommen, dass uns am Weidweg eine vermummte Gestalt auf Rädern begegnete, hinter der die mit sich selbst sprechende Frau Oberst wandelte.

Meine Mutter erzählte mir später, dass die alte Frau eines Tages in ihrem Zimmer verbrannte, als Frau Oberst einkaufen gegangen war und einen defekten Heizstrahler eingeschaltet hatte.

V.

Mein Vater hatte inzwischen einen Apotheker in der Wiener Straße kennengelernt, einen glatzköpfigen Mann mit Brille, der zumeist einen blauen Geschäftsmantel trug und einen Pudel besaß. Herr Waschek besorgte für meinen Vater Medikamente und stundete ihm oft genug das Geld. Ohne ihn hätte mein Vater wohl kaum weitergewusst.

VI.

Herr Schlack war ein Patient meines Vaters wie auch seine Frau, die zuckerkrank war, und deren Sohn Leopold, »Poldi«, unser bevorzugter Spielgefährte. Schlack war Vertreter bei einer Sekt- und Likörfirma, ein mittelgroßer, kräftiger Mann mit dunklem Haar, das er streng zurückgekämmt trug. Außerdem hatte er einen schmal rasierten Oberlippenbart und versuchte alles in allem den Typ Clark Gables zu imitieren. Eigentlich sah er aus wie ein Macho aus einem Fellini-Film – dazu passte vor allem sein Lächeln, mit dem er Frauen, die ihm gefielen, bedachte. Ansonsten war er argwöhnisch und ungeduldig. Bald fiel mir auf, dass es ihn erheiterte, wenn jemandem ein Unglück widerfuhr. Befriedigt lachte er, wenn er von einem Todesfall hörte, wenn Poldi wegen zu kleiner Schuhe Blasen an den Füßen hatte, wenn einer von uns stürzte und sich verletzte oder irgend etwas verlor, kurz, wenn jemand zu Schaden kam. Nie hörte ich ein Wort des Mitgefühls von ihm, es forderte nur seinen Spott heraus. An einer Hand trug er einen goldenen Siegelring mit einem schwarzen Stein, den er auch nicht abnahm, wenn er seinen Sohn mit Schlägen bestrafte, was man Poldis Gesicht dann immer ansah. Eines Tages bat meine Mutter Herrn Schlack, auf meine Brüder und mich aufzupassen, weil sie etwas Dringendes zu erledigen hatte. Poldi kam sonst immer zu uns in den Garten, diesmal durften wir ihn besuchen. Er wohnte in derselben Baracke, in der der Fotograf, der mich in Mädchenkleidern fotografiert hatte, sein Atelier gehabt hatte. Dort befand sich ein kleiner Vorgarten, in dem Frau Schlack Gewürze anpflanzte. Es gab daher keinen Platz zu spielen, und wir gingen in die Behausung hinein. Zu meinem Erstaunen waren alle Zimmer mit Zeitungspapier ausgeschlagen wie früher beim Fotografen. Herr Schlack trat uns aus dem Schlafzimmer entgegen, und ich sah für einen Moment die vergrößerte Fotografie einer nackten Frau an der Wand. Ich ahnte, dass mit ihrer Nacktheit etwas »Verbotenes« verbunden war. Abwesend spielte ich mit Poldi und meinen Brüdern und überlegte, wie ich es einrichten könnte, die Fotografie noch einmal zu sehen. Als wir zu laut wurden, kniff uns Herr Schlack ins Ohr und zerrte kurz an einem Haarbüschel, wobei er uns streng tadelte. Seinen Sohn »schiss« er zusammen, wie er es nannte, und schlug ihm mit der flachen Hand auf den Hinterkopf, dass es klatschte. Poldi weinte stumm, aber sein Vater starrte ihn an wie eine Schlange, und Poldi schluckte und wischte sich die Tränen weg. Mit seinen Blicken befahl Herr Schlack ihm weiterzuspielen und sofort gehorchte Poldi, während seine Augen wieder nass wurden. Schließlich wurde es Herrn Schlack neuerlich zu laut, und er überredete uns mit fordernder Stimme, dass wir uns von ihm die Haare waschen lassen sollten. Er genoss es sichtlich, mit uns nach seinem Belieben zu verfahren. Als Erster war ich an der Reihe, und Herr Schlack befahl mir, mich zu bücken, und tunkte meinen Kopf unter Wasser. Er hielt mich dabei mit zusammengepressten Knien fest und seifte mich ein. Als meine Augen zu brennen anfingen, sagte er amüsiert, ich sei ein Indianer, der keinen Schmerz kenne. Mir brannten aber meine Augen so sehr, dass ich laut zu protestieren und mich mit aller Kraft zu wehren anfing, worauf er meinen Kopf noch einmal in das Becken drückte, mir dann ein Handtuch reichte und mich wegen meiner Klagen tadelte. Genauso machte er es mit Paul, der keinen Fehler begehen wollte. Dann nahm er sich seinen Sohn vor und verfuhr mit ihm so herzlos, dass ich laut »Poldi!« rief. Herr Schlack grinste aber nur vergnügt, und als Poldi wieder den Tränen nahe war und jammerte, dass ihm die Augen brannten, verstärkte das nur noch die Heiterkeit seines Vaters, und er verpasste ihm halb im Scherz, halb über dessen Weichheit verärgert, einen Tritt in den Hintern, worauf sein Sohn mit dem Seifenschaum im Gesicht, einen Schritt nach vorn machte und mit dem Kopf gegen die Wand stieß.

Von da an betrat ich die Baracke nie mehr.

Poldis Mutter, einer groß gewachsenen üppigen Wienerin mit blond gefärbtem Haar und Schmetterlingsbrille, begegnete ich allerdings noch öfter. Das Einzige, was ich von ihr weiß, ist, dass sie über die Scherze, die ihr Mann zum Besten gab, lachte. Oft stand Herr Schlack nämlich, wenn er von der Arbeit nach Hause kam, an seinem Gartentor und erzählte allen, die vorüberkamen, die neuesten Witze, über die er sich selbst am lautesten »zerhackte«, wie er sagte, besonders wenn sie mit sexuellen Anspielungen gewürzt waren.

Angeblich hatte Herr Schlack sich einiges im Krieg zuschulden kommen lassen, es gab Gerüchte, er habe sich in Griechenland an Geiselerschießungen beteiligt. Das kam erst viel später zur Sprache – und nachdem meine Eltern mehrere Silvesterabende mit ihm verbracht hatten.

VII.

Das an die Schlack-Baracke angrenzende Haus verdiente beinahe die Bezeichnung »Villa«. Es war ein dunkelgelbes einstöckiges Gebäude mit grünen Jalousien und wurde von dem Schneider Pechstein und seiner Frau im ersten Stock bewohnt. Zu ebener Erde befand sich die Werkstatt. Mehrmals schlichen wir uns an die Fenster, kletterten das Gesims hinauf und sahen die beiden Gehilfinnen an den schwarzen Nähmaschinen die Trittbretter betätigen und die Stoffstücke der unerbittlich auf- und niedersausenden Nadel zuführen. Wir waren davon überzeugt, dass sich die Frauen irgendwann schwer verletzen und vielleicht sogar eine Hand oder einen ganzen Arm verlieren würden, wenn sie in die Nähmaschine kämen, doch ereignete sich nie ein Unfall. Während ich mich an den groß gewachsenen, stets in Anzüge gekleideten Schneider mit der brillantineglänzenden Langhaarfrisur genau erinnere, ist das Gesicht seiner Frau in meinem Kopf ausgelöscht. Sie zog sich umso mehr zurück, je mehr Pechstein sich in den Vordergrund spielte. Er galt als Frauenheld, als »Charmeur«, hatte dabei aber etwas Ungezwungenes, Nonchalantes. Er wusste über sein gutes Aussehen Bescheid und versuchte auch mit meiner Mutter zu flirten, deshalb mochte ich ihn nicht. Seine Frau schien über seine Unwiderstehlichkeit im Bilde zu sein. Sie war eine scheue und liebenswürdige Erscheinung, die uns im Sommer Kirschen aus ihrem großen, mit Obstbäumen bepflanzten Garten brachte. Vor allem litt sie an Nervenkrisen, und es war immer von Schlaf- und Beruhigungsmitteln die Rede, wenn mein Vater von einer Visite zurückkam. Er kümmerte sich auch um ihren Neffen in der Göstinger Straße, der an Kinderlähmung litt.* Pechstein schneiderte meinem Vater dafür einen Anzug, mit dem er auf Visiten ging. Frau Pechstein wurde vor allem nachts von Angstanfällen heimgesucht, ich blieb dann immer wach, bis mein Vater zurückkehrte. Das hatte verhängnisvolle Folgen für mich, denn nachdem ich den Krankenbericht gehört hatte, den er nach seiner Rückkehr flüsternd meiner Mutter mitteilte, fand ich lange keinen Schlaf mehr. Ich hörte die Blätter der Bäume, das Rauschen des Windes und das sanfte Prasseln des Regens, das Miauen einer Katze, das Bellen eines Hundes

* Die Kinderlähmung war damals eines der medizinischen Schreckgespenster, sie kam aus der unsichtbaren Welt der Bakterien und lähmte oder tötete die Befallenen. Manche erstickten langsam, andere blieben ihr Leben lang behindert. Wegen der Mülldeponie befürchtete meine Mutter ständig, wir könnten uns »infizieren«.

und eine Menge unbekannter Geräusche, die meine Fantasie anregten und mich Frau Pechstein beneiden ließen, weil Vater ihr Linderung verschaffte.

VIII.

Unsere Nachbarn im selben Stockwerk wie wir, das Ehepaar Heinzl, führte nur ein Schattendasein, das allerdings von lautstarken Gefühlsausbrüchen unterbrochen wurde. Wo arbeitete er? Was tat sie? – Ich sehe Herrn Heinzl mit Schaum im Gesicht vor dem geöffneten Fenster stehen, ein Haarnetz auf dem Kopf, das Rasiermesser in der einen Hand, mit der anderen die Haut straffend. Der kleine Spiegel hängt am Fensterriegel, und er starrt in ihn hinein, als sehe er darin seine Zukunft. An Frau Heinzl erinnere ich mich nur als Stimme, an bösartige und laute Schimpfkanonaden, die man bis in den Garten hörte. Wir unterbrachen das Spiel und versuchten zu verstehen, worum es ging, aber wir verstanden nur Schimpfworte und dass er endlich gehen solle. »Drecksau!«, höre ich sie noch heute in meinem Kopf kreischen. »Geh zu den Schweinen, wo du hingehörst!« – Klirrend wurden die Fenster geschlossen, und dahinter ging der Streit weiter. Von Herrn Heinzl war ab und zu ein aufbegehrendes Brummen zu hören. Nie setzten sich Herr oder Frau Heinzl in den Garten. Sie eilten über den Kiesweg und verschwanden im Haus. Ich kann mich nicht erinnern, sie irgendwo anders gesehen zu haben, und zumeist begegneten wir ihnen tagelang nicht. Einmal wurden wir ihnen zur Aufsicht übergeben. Wir hatten schon zu Abend gegessen. Frau Heinzl brachte uns in ihr Ehebett, ich kam zwischen den beiden Eheleuten zu liegen und spürte ihre fette Brust an meinem Hals und einer meiner

Füße berührte ihre Schamhaare, obwohl sie ein Nachthemd angezogen hatte. Ich weiß noch, dass sie eine hässliche, ungepflegte Frau mit abgebissenen Fingernägeln war, trotzdem verspürte ich bei der Berührung ihres Körpers wieder das gleiche dumpfe Begehren, wie wenn ich Frau Oberst sich bücken sah. Schließlich kamen die Eltern zurück und trugen uns in ihre Wohnung.

Bald darauf verschlimmerte sich der Zustand von Frau Heinzl. Sie fing an, am Gang herumzuschreien und sich über alles aufzuregen, was im Haus geschah. Anfangs war es die Wäsche, die jemand zum Trocknen aufgehängt hatte, dann ein zu lautes Radio, als Nächstes bildete sie sich ein, jemand habe absichtlich die Haustür vor ihr versperrt, hierauf beschuldigte sie Frau Lehmberger, sie habe ihr die Morgenzeitung gestohlen. Alles endete in Streit, Türen wurden zugeworfen, und aus ihrer Küche drangen die Schimpfkanonaden und Beleidigungen gedämpft in die anderen Wohnungen: »Pack! Diebsgesindel! Saubagage! Was habt ihr hier zu suchen?«

Wenn ihre Erregung nicht mehr zu beruhigen war, rief ihr Mann den Krankenwagen. Zwar schrie die Frau auf dem Weg dorthin weiter, aber sie sträubte sich nie dagegen einzusteigen. Wir sahen ihr nach, wie sie weggeführt wurde, und hatten anschließend wochenlang Ruhe. Es hieß, sie sei in die »Geschlossene« eingeliefert worden, womit die Nervenklinik gemeint war, oder man habe sie in den »Feldhof« gebracht, die Irrenanstalt, die im Volksmund nach dem Bezirk, in dem sie lag, und der Fahrtrichtung »Puntigam links« hieß. Immer kehrte sie friedlich zurück, unauffällig lebte sie eine Zeitlang in der Wohnung, man hörte sie kaum, bis sie wieder ihre »Zustände bekam«. Und eines Tages war sie mit ihrem Mann weggezogen, ohne dass wir es gemerkt hatten. Hatten sie ihre Möbel in der Nacht weggeschafft? Aber wie und warum? Niemand zog in die Einzimmerwohnung ein, und mein Vater konnte sie sich nicht leisten.

IX.

Am Rand der Mülldeponie wohnte das Ehepaar Reiter mit zwei Töchtern. Wir hielten vor ihrem Haus nie an, wenn wir vorbeiliefen, sondern schauten weg, da die Eltern »vorbestraft« waren. Man sagte dem Vater Einbrüche und der Mutter Diebstähle nach, für die man sie beide eingesperrt hatte, was mit »sitzengegangen« bezeichnet wurde. Herrn Reiter und seiner Frau begegnete ich nur selten, zumeist gingen sie von ihrem Haus die Wiese neben der Deponie hinunter, sodass ich sie nur von hinten sah. Der Mann trug eine alte Soldatenkappe und eine zerrissene Trachtenjacke, die Frau ein schäbiges Kleid und eine Schürze. Ich schaute gerade zum Haus hinüber, weil dort Schweine quiekten, als mir eines der Mädchen winkte, zu ihr zu kommen. Da meine Brüder nicht im Garten waren, lief ich hin; Lore hatte Zöpfe, trug einen schmutzigen Kittel und war wie ich barfuß. Sie zeigte mir eine nackte Puppe, die sie auf der Müllhalde gefunden hatte, ohne Arme und Beine und mit nur einem Auge, das sich öffnen und schließen ließ, wenn man sie schwenkte. Außerdem eine Sammlung von Zwirnrollen und einen Rotstift, mit dem sie einen Strich auf meinem Arm machte. In ihrem Garten stank es entsetzlich, und es gab noch mehr Fliegen als bei uns. Die Ursache war nicht nur die Nähe der Deponie, sondern auch ein Stall hinter dem Haus mit zwei grunzenden Schweinen. Von dort führte eine Stiege in die »Villa«. Lore lockte mich rasch hinein mit dem Hinweis, sie wolle mir etwas auf dem Dachboden zeigen. Der Gang war vollgestopft mit alten Zeitungen, Schuhen, Fahrradreifen, mit Konservendosen, Drahtbürsten, Teilen von Besen und Schaufeln, mit ausgebrannten Glühbirnen, Schnüren, Kleiderbügeln, Flaschen, Schachteln und Kartons, die mit weiterem Zeug gefüllt waren, vielleicht von der Müllhalde, vielleicht aus bombardierten oder verlassenen Häusern, wie meine Eltern vermuteten, denn auch Briefe und Druckwerke waren darunter – die Bücher ohne Einbände und Umschläge, auseinandergerissen und beschädigt. Es war mühsam, überhaupt auf den Dachboden zu gelangen, vielleicht auch nicht ungefährlich, denn wenn sich die Abfallberge einmal in Bewegung setzten, konnte man leicht darunter begraben werden. Die Luft war stickig, und mir wurde übel. Auch der Dachboden war vollgestopft mit Schachteln, Koffern und durcheinandergeworfenen Aktenordnern, und in einer Ecke hing eine alte Schullandkarte aus der Zeit der Monarchie. Lore griff in das Müllgebirge und schenkte mir zwei Würfel, die mit Blockbuchstaben beschriftet waren. Ich verlangte zu gehen und steckte die Würfel in die Taschen der Lederhose: Im selben Augenblick hörten wir den Alten das Mädchen rufen. Lore hielt den Zeigefinger an die Lippen und erstarrte. Auch ich erstarrte, es war wie in meinen Angstträumen, ich wagte kaum zu atmen. Die Stimme rief noch einmal, diesmal ungeduldiger, nach ihr, und als sie wieder keine Antwort erhielt, drohte sie: »Woart nuar!« Und nach einer Pause: »Jetzt kumm i di holn!« Aber es blieb bis auf das gedämpfte Grunzen der Schweine still. Nach einer Weile huschten wir wie die Ratten zwischen dem Müll die Stiegen hinunter, und ich lief gleich weiter, nach

Hause. Lore sah ich noch öfter herumlaufen, aber wir verhielten uns von da an so, als würden wir uns nicht kennen.

Die Würfel versteckte ich im Wrack des englischen Rot-Kreuz-Wagens, und als ich am nächsten Tag mit ihnen spielte und gefragt wurde, woher ich sie hätte, antwortete ich, »gefunden«.

»Wo?«

»Auf dem Müllplatz.«

Ich erhielt ein strenges Verbot, noch einmal zum Müllplatz zu gehen und die Gegenstände ins Bett mitzunehmen. »Wer weiß, was mit ihnen geschehen ist. Vielleicht haben sie einem Buben gehört, der an Kinderlähmung gestorben ist«, sagte meine Mutter. Ich las auf den Würfeln ein A und ein C, ein E und ein F und auch ein B und ein D. Später erfuhr ich, dass der Müll im Haus der Reiters Tauschgegenstände waren oder als Brennstoff für kalte Wintertage diente.

x.

Täglich fuhr das Ehepaar Roschak mit einem Beiwagenmotorrad an unserem Garten vorbei. Frau Roschak war eine auffallend schöne Frau, groß gewachsen, schwarzhaarig und modisch gekleidet. Ihr Mann war klein und hatte ein steifes Bein, das er beim Gehen mit dem Stock neben sich her zu schwingen schien. Erst später erfuhr ich, dass er eine Prothese trug, an der er seinen Amputationsstummel wund rieb, weshalb er bei meinem Vater in Behandlung war. Es muss eine langwierige Behandlung gewesen sein, denn Herr Roschak kam immer wieder und verschwand im Ordinationszimmer, während ich mich an seiner Frau, die manchmal lackierte Fingernägel hatte, nicht satt sehen konnte. Anfangs waren beide, Herr und Frau Roschak, Kommunisten gewesen und hatten deshalb freudig das Eintreffen der russischen Armee erwartet. Doch Frau Roschak wurde beim Einmarsch von mehreren Soldaten vergewaltigt, nicht einmal der verzweifelte Hinweis ihres Mannes, dass sie Kommunisten seien, hatte diese davon abgehalten. Das hatte sie zur Sozialdemokratie bekehrt, über die sie leitende Posten in einer Papierfabrik erhalten hatten. Im Winter knatterten sie dick vermummt und mit Motorradbrillen vorüber, es kam auch vor, dass Herr Roschak am Lenker saß und Herr Brenner im schwarzen Mantel mit Pelzkragen und Hut im Beiwagen. Der Geisteskranke war ein Verwandter seiner Frau und der eigentliche Erbe der Villa mit dem Goldfischteich, weshalb sie »ordentlich auf ihn schauten«, wie ihnen die Nachbarn anerkennend bestätigten.

Meine Brüder und ich

Ich war nach der Geburt unsäglich dick, ein Riesenbaby von comichaftem Aussehen, eine Stopfgans in Babygestalt. Ich habe fast alle Fotografien, die mich als Baby und Kleinkind zeigen, zerrissen. Heute betrachte ich mich auf den verbliebenen wie ein Monstrum. Mein Bruder Paul hingegen war ein winziges Baby gewesen. Er war als Zwilling zur Welt gekommen, der Erstgeborene hatte den Namen Peter erhalten und war bei der Frühgeburt im sechsten Schwangerschaftsmonat von einem unerfahrenen Frauenarzt mit einer »Zange« in die Welt gerissen worden, was er mit eingedrückter Fontanelle nur kurz überlebte. Mein Vater, der erst nach dem Unglück eintraf, schlug, wie mir erzählt wurde, den Arzt, der den Kunstfehler begangen hatte, auf dem Gang des Krankenhauses nieder und bezeichnete ihn als »Mörder«, da auch meine Mutter in Lebensgefahr schwebte. Paul, der zweite der eineiigen Zwillinge, hatte es hierauf eilig, dem tödlichen Zangenangriff zu entkommen, und trat von selbst ins Leben. Mehrfach bemerkte meine Mutter, dass ich ohne den Tod Peters nicht das Licht der Welt erblickt hätte. (Außerdem hatte sie sich, als sie mit mir schwanger war, ein Mädchen gewünscht.) Meine Geburt wurde auch durch die Gehirnhautentzündung von Paul begünstigt, an der er im Alter von zwei Monaten erkrankte. Ärzte und Schwestern informierten meine Mutter, dass er sterben oder, im Falle, dass er überlebte, ein Idiot bleiben würde, denn, abgesehen von der Schwere der Infektion, war er von Anfang an als kaum lebensfähig bezeichnet worden. Wie durch ein Wunder genas er nicht nur, sondern wurde später sogar Universitätsprofessor. Er hatte dunkles Haar, eine gerade Nase, braune Augen und sah mir so wenig ähnlich wie Poldi Schlack oder Fredi Kerner. Allerdings entdeckte ich, als ich eine Fotografie des siebenbürgischen Großvaters sah, dass er diesem »wie aus dem Gesicht geschnitten« war. Er war still, seine Sanftmut fand jedoch immer ein jähes Ende und konnte ohne Ankündigung in einen Wutanfall übergehen. Er suchte schon als kleines Kind die Gesellschaft von Erwachsenen, lief ihnen nach, und erst wenn niemand in der Nähe war, der Zeit für ihn hatte, widmete er sich den anderen Kindern, und zwar als jemand, der für alles verantwortlich war. Er war das einzige durch und durch erwachsene Kind, das ich jemals kennenlernte – nicht altklug und auch nicht Stellvertreter der Eltern. Er war auch kein Spielverderber, aber Vernunft und eine gewisse Skepsis beeinflussten jede seiner Handlungen. Seine Sprache war gewählt und bedächtig. Oft unterbrach er seinen Redefluss und suchte nach dem richtigen Wort, das er dann auch immer fand. Er glänzte nie mit Formulierungen, er wollte nie unterhalten. Vielleicht war er in mancher Beziehung feiger als ich, aber aus Intelligenz. Besser gesagt überwand er seine Feigheit mühsamer als ich. Er überlegte alles hin und her, zögerte, wog ab, verschob seine Entscheidung oder ging ihr ganz aus dem Weg. Andererseits überlegte er nicht lange, wenn er meinen Bruder Helmut oder mich in Gefahr wähnte. Er warnte. Warnten mein Vater mit Ungeduld und meine Mutter ängstlich, so warnte Paul wie ein Wahrscheinlichkeitsmathematiker. Das machte ihn früh zu einem Meister des Konjunktivs. Er berechnete den Ausgang jeder Sache im Voraus, das ließ ihn aber, wenn es um »Abenteuer« ging, ein anstrengender Gefährte sein, denn er riet sofort zum Abbruch, sobald die ersten Schwierigkeiten auftraten.

Mein jüngerer Bruder Helmut hingegen war ein Eigenbrötler, er machte seine Unternehmungen nur auf eigene Faust, wenn er überhaupt etwas anstellte. Er war blond, blauäugig und introvertiert. Er sprach nur wenig, aber wenn die Dämme seines Innenlebens brachen oder er in Fahrt geriet, war er nicht mehr zu bremsen und monologisierte, ohne seinen Erzählfluss durch irgend etwas hemmen zu lassen. Was er sich vorgenommen hatte auszusprechen, sprach er aus, egal, welche Einwände inzwischen vorgebracht worden waren oder ob ein anderer das Gleiche schon erwähnt hatte. Zwangsläufig verlor er sich ins Detail. Meine Mutter sagte dann, er spräche wie ein Windrad. Erstaunliches kam zum Vorschein, Gedanken, die ich noch nie gehört hatte: kritische Bemerkungen über Nachbarn, Beobachtungen, aus denen er Schlüsse zog, Beurteilungen von Ereignissen, aber immer waren es Analysen. Helmut analysierte das Wetter, das Verhalten von Poldi und den Charakter von Herrn Schlack, und vor allem, was ihm selbst zugestoßen war. Paul und ich hielten ihn immer für uns beiden überlegen. Er trug ein unsichtbares Schneckenhaus mit sich, in das er sich zurückzog, und es war schwierig, ihn von irgend etwas zu überzeugen, denn er war misstrauisch gegenüber jedem Versuch, ihn zu beeinflussen. »Ich mag nicht«, war seine häufigste Reaktion. Schon in jungen Jahren merkte er sich jedes Musikstück, das er hörte, und er erlernte das Schachspiel durch bloßes Zusehen. Bald spielte er besser als alle anderen, und selbst Großvater, der bei einem Schachverein auf dem ersten oder zweiten Brett spielte und vor dem Krieg zu den besten steirischen Schachspielern gehörte, ja 1931 sogar an der Arbeiter-Olympiade teilgenommen hatte, verlor im Laufe der Zeit mehr und mehr Partien gegen ihn. Helmut war schon als Kind mathematisch begabt und von einer Übergenauigkeit im sprachlichen Ausdruck und der Beobachtung, die für den Zuhörer mitunter zermürbend sein konnten. Entweder schwieg er zu etwas oder er hielt endlose Vorträge. Manchmal ergriffen wir dann die Flucht, und er lief uns dozierend und lauter werdend nach, bis wir uns schließlich erschöpft ergaben und ihm zuhörten, bis er ausgeredet hatte. Oder wir begannen alle auf einmal zu diskutieren, weil wir das endlose Zuhören nicht mehr aushielten, wobei jeder den anderen übertönte. Schließlich schrien wir alle gleichzeitig so laut, dass ein Fremder geglaubt hätte, wir stritten. Da auch meine Mutter nicht zuhören konnte und in einem fort redete, herrschte ein lärmendes Durcheinander von parallelen Monologen, wobei jeder den anderen an Lautstärke noch zu übertreffen suchte. Als Kind erschien mir diese Form des Gesprächs normal, aber später fiel mir auf, wie irritiert fremde Besucher von unserem Verhalten waren, und dass wir uns lächerlich machten. Anfangs wollte ich diesen Umstand nicht wahrhaben, aber als ich immer öfter Kritik an meinem Redestil hörte und begann, mich selbst zu beobachten, stellte ich fest, dass mein Verhalten auf andere Menschen rechthaberisch wirken musste. Obwohl ich mich dafür schämte, konnte ich es mir nie ganz abgewöhnen und selbst wenn ich mir vornehme, mich zurückzuhalten, falle ich, oft ohne es zu merken, in das Verhalten meiner Kindheit zurück.

Aus der anderen Welt

I.

Wenn meine Eltern zu Bett gingen, stellte ich mich schlafend. Ich hörte sie flüstern und raunen, was sie wirklich über andere Menschen dachten. Mich irritierte, dass sie über jemanden schimpften, mit dem sie bei Tag freundlichen Umgang pflegten. Dass sie sich Sorgen machten, die sie sich anderntags nicht anmerken ließen. Dass sie etwas erhofften, was dann nicht eintraf, auch dass sie Befürchtungen hatten, die sich in nichts auflösten. Ich vernahm jedes Wort, und das prägte schon früh meinen Zweifel an der Erwachsenenwelt. Des Öfteren dachte ich an die Fotografie der nackten Frau in Herrn Schlacks Schlafzimmer. Sie stammte nicht aus der Alltagswelt, in der ich aufgehoben war, sondern aus einer mir verschlossenen, der wahren, der wirklichen. Je mehr ich meine Eltern belauschte, desto klarer wurde für mich, dass ich für etwas aufgespart werden sollte, wie ich mir einbildete, etwas Wichtiges, das mir bevorstand und das unabwendbar eintreten würde, meine Eltern aber mit Sorge erfüllte. Sie hielten meine Brüder und mich von einer verwirrenden Wirklichkeit fern, wie ich sie unter dem Mikroskop gesehen hatte oder die überhaupt für meine Augen unsichtbar war wie die Bakterien und Bazillen. Schließlich war ich davon überzeugt, dass wir in größter Gefahr waren. Irgend etwas, irgend jemand trachtete danach, uns zu vernichten. Sobald meine Eltern schliefen, meldete sich die Gefahrenwelt mit Geräuschen. Wie am Kirchweg in der Wohnung der Großeltern bildete ich mir ein, ein Mörder befände sich im Haus, ich hörte ein Geräusch an der Küchentür, der Boden knackste, etwas fiel zu Boden, und mein Herz blieb stehen. Einmal berichtete mein Vater nach einer nächtlichen Visite von einem Lungenkranken und sagte, sein Hemd sei mit Blut bespritzt, er habe es zur Wäsche gegeben. Und immer öfter fiel das Zauberwort »Penizillin«. Anderntags verwendete meine Mutter, wenn sie mit jemandem über Krankheitsfälle in der Nachbarschaft sprach, die Formulierungen meines Vaters.

II.

Eines Nachts weckte mich ein Seufzen und Stöhnen, und ich sah blinzelnd die Nachttischlampe brennen. Mein Vater umarmte meine Mutter so leidenschaftlich, dass ich überzeugt war, er erwürge sie, denn er rüttelte sie auch heftig hin und her. Seine Haare hingen ihm dabei in die Stirn, und sowohl sein als auch das Gesicht meiner Mutter drückten Schmerz aus. Obwohl meine Mutter keuchend atmete, ließ er nicht von ihr ab, er schien vielmehr außer sich vor Wut, was ich nicht verstand, da er ansonsten liebevollen Umgang mit ihr pflegte. Ich hatte ihn noch nie so verändert gesehen, besonders, dass er auf ihre Klagelaute nicht einging und sie weiter züchtigte, erschreckte mich. Hatte sich meine Mutter davonstehlen wollen und er sie dabei überrascht, und kämpfte er darum, dass sie bei uns blieb? Der Einsatz des Bettes gab quietschende Geräusche von sich, die sich bedrohlich steigerten, so als geschehe etwas Furchtbares, bei dem meine Mutter in Gefahr war, denn sie lag jetzt unter ihm, die Decke war heruntergerutscht und ihre Brust nackt. Ich konnte die Augen nicht mehr schließen und meinen Blick nicht abwenden, und auch der gleichzeitige Wunsch, zurück in den Schlaf zu sinken, blieb mir verwehrt. Mein Vater schlug meine Mutter inzwischen mit seinem Körper und versuchte sogar, in ihre nackte Brust zu beißen. Ich nahm allen Mut zusammen und rief laut: »Nein!«

Zu meinem Erstaunen ging sofort das Licht aus, und meine Mutter sprach atemlos (aber mit beruhigender Stimme) auf mich ein, während mein Vater wie erstarrt dalag und schwieg. Kein Geräusch war mehr zu hören. Ich habe die Umarmung der nackten Leiber aber im Kopf behalten wie damals, als ich sie sah, und sage mir zum Scherz, dass es meine eigene Zeugung gewesen ist, der ich auf diese Weise beiwohnte.

Ich kann nicht sagen, aus welchem Zusammenhang sich der Vorfall mit dem Teddybär entwickelte. Mein Vater hatte ihn mir aus Italien mitgebracht, er war hellbraun und hatte maronenfarbene Glasaugen, die ich bewunderte und rätselhaft fand. Sah er mich wirklich? Ich neigte dazu, es zu glauben. Außerdem gab er einen Brummton von sich, wenn ich ihn in der Luft auf den Kopf und wieder auf die Beine stellte. Ich ertastete in seinem Rücken bald einen festen Gegenstand von der Größe und Form eines Bleistiftspitzers. Jedenfalls fing ich an, mit dem Zeigefinger an der Naht zu bohren, »kletzeln«, wie es mein Vater nannte, und bald konnte ich einen Blick in das gelbe Innenleben werfen, das aus einem rauen, feingeschnittenen Abfall von Holz bestand. Ich war irritiert und enttäuscht und fuhr fort, mit dem Finger das Loch zu vergrößern, bis ich auf die eiserne Brummkapsel stieß. Es war ein sonniger Nachmittag, als ich während des angeordneten Mittagsschlafs schließlich durch Kratzen und Reißen den ominösen kleinen Gegenstand zutage beförderte. Schlaff lag der Teddybär in meinen Armen. Ich rief laut nach meiner Mutter und war betrübt, als ich das Malheur sah. Es half nichts, die Brummkapsel wurde zwar wieder in dem Rücken verstaut und die Wunde vernäht, aber der Teddybär blieb von nun an stumm. Nicht einmal Vater vermochte den Schaden zu beheben und den Beschützer meines Schlafes wieder gesund zu machen. Ich konnte zwar den eisernen Gegenstand mit meinem Finger ertasten, aber so heftig ich meinen Teddybär auch schüttelte oder sogar in die Luft warf, er gab keinen Laut mehr von sich.

Meine Mutter ließ sich schon einen Monat vorher von einer Bekannten aus einem silberfarbenen Vorhangstoff ein Kleid nähen, das sie, als der Abend gekommen war, anzog, und mit dem sie erwartungsvoll vor uns hintrat. Ich bewunderte sie über alle Maßen. Mein Vater trug seinen Anzug, ein weißes Hemd und Krawatte und hatte einen Fez auf dem Kopf. Ich hasste es allerdings, dass meine Mutter noch eine schwarze Stoffbrille auf ihr Gesicht schob und Vater eine Pappnase aufsetzte. Weshalb demütigten sie sich selbst? Sie schienen sich köstlich zu amüsieren und machten Faxen, um uns zu unterhalten. Wir lagen schon in den Betten, und die zahnlose Frau Lehmberger plapperte aufgeregt aus der Küche zu uns herein, torkelte wie eine dicke Zwergin in das Zimmer, schlug die Hände zusammen und lachte über das ganze runzelige, fleischige Gesicht. Als meine Mutter einen Knicks vor uns machte, schnitt ich eine Grimasse und zeigte ihr die Zunge. Hatte ich dafür üblicherweise einen Tadel einstecken müssen, rief mein Verhalten jetzt nur Begeisterungsausbrüche hervor. Als meine Eltern gegangen waren, rief ich Frau Lehmberger und sagte ihr, mir sei schlecht. Frau Lehmberger, die auf uns »aufpasste«, trat mit ihrem säuerlichen Atem nahe an mein Gesicht und befühlte die Stirn. Erschrocken stellte sie fest, dass ich »ganz heiß« sei, also krank, und berührte mit ihrem Mund zärtlich meine Stirn – wie mit einem Saugnapf. Ihr Körper stank nach verdorbenen Speisen. Sie machte mir kalte Wickel und erklärte uns, dass wir die Eltern in Ruhe feiern lassen sollten. Ich fügte mich.

Das Weinen meiner Mutter weckte mich wieder. Ich sah ihre Umrisse im Halbdunkel, den Kopf auf eine

Hand gestützt. Sofort streckte ich meine Beine aus dem Bett, um aufzustehen, aber der Schwindel ließ mich auf das Kissen zurückfallen.

»Bist du wach?«, fragte meine Mutter und weinte noch lauter.

»Warum weinst du?«, fragte ich erschrocken.

Meine Mutter antwortete, dass Vater betrunken sei und Herr Schlack sich über ihn lustig mache.

Plötzlich stand auch mein Vater im dunklen Zimmer, den Fez schief auf dem Kopf. Er hatte die Pappnase, wie meine Mutter die schwarze Stoffbrille, abgenommen. Der Geruch von Alkohol wehte aus seinem Mund, als er sich flüchtig zu mir hinunterbeugte und mich anzischte, weshalb ich wach sei. Als ich keine Antwort gab, befahl er mir, sofort zu schlafen und richtete sich wieder auf. Er sprach mit Zungenschlag und wandte sich wieder meiner Mutter zu, um sie zu überreden, mit ihm zu kommen.

»Was hast du?«, fragte er gereizt. »Verstehst du keinen Spaß?«

Meine Mutter antwortete kalt, ich sei wach, und machte die Nachttischlampe an.

Vaters Krawatte saß schief, und die Haare waren in Unordnung geraten.

»Komm jetzt und …« – er suchte nach einem Wort, verlor kurz das Gleichgewicht, machte einen Schritt und fauchte mich an: »Schlaf! Hörst du?«

Er knipste die Nachttischlampe wieder aus, aber meine Mutter rührte sich nicht und fragte ihn, ob er keinen Stolz habe.

Sie fingen an zu streiten, bis er sich plötzlich umdrehte und in der Dunkelheit davonmachte. Meine Mutter legte sich im Abendkleid zu mir aufs Bett und weinte.

Ich wollte von ihr wissen, ob Vater nie mehr wiederkäme.

»Doch«, sagte meine Mutter. »Mach dir keine Gedanken. Es ist nichts. Wenn du morgen aufwachst, ist er wieder da.« Sie schaltete die Nachttischlampe wieder an, hob den Kopf und lächelte mir gequält zu. Ich schloss die Augen. Als ich sie gleich darauf öffnete, sah ich meine Mutter still und zufrieden zur Decke hinauf schauen, ein schadenfrohes Lächeln lag auf ihren Lippen.

Mir wurde klar, dass das Leben böse und gefährlich war – sogar mein Vater war gefährlich, aber vielleicht musste er gefährlich sein, um uns beschützen zu können. Krankheit und Tod waren das Unsichtbare, das jeden bedrohte – und natürlich fremde Menschen. Selbst die Dinge führten ein Eigenleben. Nur die Familie war Rettung und Halt, sagte ich mir, auch wenn ich vieles nicht verstand.

Partikel

I.

Zumeist hielten wir uns an das Gebot, den Garten nicht zu verlassen, doch immer öfter begannen wir es zu übertreten. Es war der Müllplatz, der uns anzog. Jeder unserer Schritte war, wenn wir ihn betraten, zu hören, rieselnder Schutt, Ziegel und Glasstücke, Tierknochen, die knackend auseinanderbrachen, Zeitungspapier, das raschelte. Wir gingen über die Eisdecke der Staub-, Schmutz- und Abfallwelt. Wir waren Partikel einer in Partikel zerfallenden und verwesenden Wirklichkeit. Über unseren Köpfen Fliegen, Mücken und Vögel, unter unseren Füßen Käfer, Asseln, Spinnen, Ohrenschliefer, Tausendfüßler,

Auflösung und Zerfall. Was machte den Müllplatz für uns so anziehend, dass wir ihn immerfort aufsuchten? Nicht einmal der Gestank hielt uns davon ab, wir schauten und schauten, ekelten uns und suchten nach etwas, ohne es jemals zu finden. Zerrissene Dichtungsringe, zerschlagene Einsiedegläser und Flaschen, Porzellansplitter mit Mustern darauf, durchgebrannte Sicherungen, verrostete Eisenteile, Eierschalen, Fetzen, abgetretene Schuheinlagen, das verbogene Ziffernblatt eines Weckers. Wir versanken im Müll wie in einem Sumpf und beeilten uns, den Hang wieder hinaufzuklettern. Darin bestand vermutlich das Abenteuer: sich in Gefahr zu begeben und doch zurückzukehren. Nie sprachen wir über eine Mutprobe, nie über die Angst zu versinken. Als wir wieder einmal den steilen Hang hinunterkletterten, hielt einer der Lastwagen und lud den Müll ab. Die Vögel kreischten, Staub wirbelte auf, der in Augen, Nase und Hals brannte, eine Abfalllawine ergoss sich über uns, und wir flohen mit federnden Schritten den Hang hinunter. Die Partikelwelt hatte uns selbst zu Partikeln gemacht. Wir lagen auf dem Rücken, über uns der blaue Himmel und die Wolken und ein Schwarm Vögel, und wir rutschten, sobald wir uns nur bewegten, immer weiter hinunter. Wir gerieten fast in Panik, weshalb wir uns seitlich im abrutschenden Müll eilig zum Rand hin fortstemmten, wo – jetzt schon ein Stück weiter oben – das Haus der Familie Reiter stand. Noch viel tiefer unten, als wir befürchtet hatten, erreichten wir eine Grasnarbe, auf die wir uns mühevoll hinaufzogen. Der Lastwagenfahrer war beim Abladen nicht aus dem Führerhaus gestiegen und hatte auch den Vorfall nicht bemerkt. Als wir uns aber gerettet hatten, erschraken wir über unser Aussehen, und aus Angst vor den Eltern schlichen wir uns an die »Reitervilla« heran und wuschen uns am Brunnen. Dabei bemerkten wir den Hausbesitzer, der uns durch das schmutzige Fenster beobachtete. Aber unser Haar, unsere Haut waren so mit Dreck beschmiert, dass wir uns trotzdem, so gut es ging, weiter reinigten, gleichzeitig hörten wir das Grunzen der Schweine im Stall und beeilten uns daher noch mehr, nach Hause zu kommen, wo Mutter uns schon aufgebracht suchte.

II.

Von dieser Stunde an beaufsichtigten uns nicht nur unsere Mutter vom ersten Stock aus, sondern auch Frau Lehmberger und Renate.

Kletterten wir auch nur auf einen der Obstbäume, schlug Renate schon beim ersten Ast, den wir erreichten, Alarm, und fast gleichzeitig erschienen auch Frau Lehmberger und meine Mutter am Fenster. Es gelang uns trotzdem mit Hartnäckigkeit, im Kirschbaum mit Hilfe einer alten Zeltplane ein notdürftiges Baumhaus zu errichten, aus dem wir durch die Löcher und Risse im Stoff die Umgebung beobachteten. Patienten meines Vaters kamen und gingen, die Kipplastwagen hielten und luden klirrend Müll und Schutt ab, die Blätter raschelten. Da wir von unserem Versteck in luftiger Höhe nicht ließen, wurde es uns schließlich stillschweigend gestattet.

»Wo seid ihr?«, rief unsere Mutter aus dem Fenster.

»Hier!«, antwortete einer von uns aus der Baumkrone, und wir wurden in Ruhe gelassen. Zwar schürften wir uns beim Abstieg immer wieder die Haut an der Brust auf oder rutschten auf einem Ast aus, stürzten und zogen uns blaue Flecken zu, aber wir gewöhnten uns daran, alle diesbezüglichen Fragen mit »Nichts« oder »Nein« zu beantworten – »Hast du dich verletzt?«, »Tut es dir weh?«, »Was hast du denn da?« – denn wir wollten unter keinen Umständen unseren Ausguck verlieren.

III.

Die Eindrücke im »Baumzelt« und das Verschwinden aus dem Alltag gehörten zu den glücklichsten Momenten meiner Kindheit. Wir lösten uns auf, wir wurden unsichtbar. Die Blätter gaben uns Schutz und Schönheit. Ich habe damals schon das durchsichtige Grün des von der Sonne bestrahlten Laubs bewundert, die Form und Adern der Blätter, das Spiel von Licht und Schatten beim leisesten Windhauch.

IV.

Auch in der kleinen Laube fühlte ich mich geborgen, wenn wir auf der Gartenbank saßen. Gelbe und blaue Schwertlilien wuchsen in den Beeten, Bienen und Hummeln flogen in die Blütenkelche, Schmetterlinge flatterten durch den Garten, und Meisen und Finken ließen sich in den Bäumen nieder. Noch heute genieße ich das Verschwinden, das Mich-in-Luft-auflösen, und ich nehme am liebsten dort eine Wohnung, ein Zimmer, wo ich aus dem Fenster einen Baum sehen kann oder Efeu und wilder Wein die Hausmauern bedecken.

V.

Manchmal hatte ich sogar das Gefühl, dass die Dinge, die uns umgaben, genauso zu mir gehörten wie meine Familie. Sie wussten, glaube ich, was ich tat und wie ich fühlte

– im Unterschied zu den Gegenständen, den Papieren und Partikeln auf der Müllhalde, die tot waren. Die Müllhalde war der Friedhof der Dinge, wusste ich.

Großvater brachte uns bei seinen Besuchen bunte Schlackenstücke aus der Glasfabrik mit, die mir wie Edelsteine vorkam. Er sagte, sie seien nichts wert, Abfall … Aber für mich waren die dunkelblauen, rubinroten, flaschengrünen, zitronengelben erkalteten Glaspatzen ein Schatz, den ich hinter den Einsiedegläsern in der »Ordination« versteckte. Denn Mutter hatte inzwischen begonnen, Obst und Gemüse einzumachen, und die gefüllten Gläser erschienen mir so kostbar, dass es jedes Mal aufregend war, wenn sie eines öffnete. Kaum ans Tageslicht befördert, verloren die Schätze aber ihren Zauber. Ihre Schönheit war nur eine optische Täuschung, in Wirklichkeit gehörten sie, wie ich feststellte, nicht zu den lebenden Dingen.

Der Brief

Am 25. Dezember 1947, dem Christtag, draußen lag Schnee, und wir schliefen noch, weckte uns der Briefträger, der im Garten laut den Namen meines Vaters rief und, nachdem er eine Antwort erhalten hatte, ein Telegramm an die Wohnungstür brachte. Meine Mutter nahm es entgegen und übergab es ungeöffnet meinem Vater. Vorsichtig und fast widerstrebend öffnete er die Verklebung und las. Meine Mutter sah ihn wie in einem Stummfilm fragend an, und wie in einem Stummfilm gab er ihr das Telegramm zurück. Meine Mutter, eine spontane und mitfühlende Frau, sagte dann, als sie es überflogen hatte: »Euer Großvater in Rumänien ist gestorben.« Dann legte sie sich zu Vater auf das Bett, schaute ihn an und streichelte ihn. Das Telegramm hatte wegen des »Eisernen Vorhanges«, der schwer bewachten Grenze zu den kommunistischen Ländern, elf Tage gebraucht, Großvater war, wie sich aus dem Inhalt ergab, schon am 14. Dezember gestorben. Da ich die Siebenbürger Großeltern nur vom Hörensagen kannte, befriedigte mich der nun nachträglich erbrachte Beweis, dass der Großvater wirklich gelebt hatte. Andererseits verwunderten mich die Betroffenheit und Trauer meines Vaters.

»Kümmere dich um die Kinder«, sagte er nach einer Weile zu meiner Mutter, stand auf und ging in das Ordinationszimmer, wo er den ganzen Vormittag über blieb. Ich machte mir Gedanken, weil er so still war, als sei er gar nicht zu Hause. Unsere Mutter erklärte uns inzwischen, wer der rumänische Großvater gewesen sei.

»Stellt euch vor, euer Vater wäre gestorben und ihr würdet ihn nie mehr wieder sehen«, sagte sie. Ich versuchte es mir vorzustellen, aber es gelang mir nicht.

Über die beiden Würfel, die mir von Lore Reiter geschenkt worden waren, hatte ich inzwischen gelernt, Buchstaben zu erkennen, und Mutter hatte mich dafür voller Freude gelobt.

Ich nahm daher einen der Würfel und ging in das Ordinationszimmer, wo mein Vater am Tisch vor dem Fenster saß und schrieb. Er war so abwesend, dass er mich nicht hörte. Ich kam näher, hielt ihm den Würfel hin und las »E« und »H« und zeigte mit dem Finger auf die Buchstaben. Mein Vater schrieb gerade mit seiner Pelikan-Füllfeder, die ich sehr bewunderte und deren Markenzeichen, der Vogel mit dem riesigen Schnabel, meine Fantasie anregte, etwas auf ein Blatt Papier.*

Er sah mich verstört an und sagte: »Ja, ja … geh hinaus spielen.« Dann schrieb er weiter. Wie ich von da an immer wieder hörte, war Großvater an Lungenentzündung gestorben, weil ihm das Penizillin, das mein Vater geschickt hatte, vorenthalten wurde. Großmutter sprach später aber nur davon, dass er ermordet worden war. Niemand sei an sein Krankenlager gelassen worden, sie selbst habe sich auf Befehl eines Funktionärs im Nebenzimmer aufhalten müssen, wo sie ihren Mann habe husten und rufen hören. Der Funktionär habe vor der Tür Wache gehalten und ihr den Zutritt verwehrt. Als sie versucht habe, durch Klopfzeichen und Rufe mit ihrem Mann Kontakt aufzunehmen, sei ihr gedroht worden, dass sie in das Gefängnis gebracht würde, wenn sie sich dem Befehl, still zu sein und zu kooperieren, widersetze. Trotz ihrer drängenden Bitten habe man sich geweigert, einen Arzt kommen zu lassen. Der Fall war für mich

* Es war ein Brief an seine Mutter, den ich jetzt sechzig Jahre später wieder und wieder lese, da ihn Großmutter und dann mein Vater bis zu ihrem Tod unter ihren Papieren aufbewahrt hatten.
»Heute früh ist das Telegramm angekommen … So schwer ist's mir ums Herz, wie noch nie in meinem Leben… Das ganze Leben von Vater war ein einziges Sorgen und Mühen um uns … Ich fühle es, Mutter, ER ist, trotzdem ihn die Erde aufgenommen hat, in mir, in uns – um uns. Ich will so leben, wie ER gelebt hat, und erfülle damit sein Vermächtnis … Sei stark und komm zu uns, wir wollen dein weiteres Leben beschützen und behüten … Mein Herz ist so voller Trauer, dass ich es nicht in Worten ausdrücken kann. Das Schicksal hat es nicht gewollt, dass ich meinem Vater in größter Not helfen konnte … Nun ist es unabänderlich … Bis an mein Lebensende will ich keinen Schritt tun, ohne daran zu denken, was ER an meiner Stelle getan hätte. So soll Vater in mir weiterleben, und seine gute Seele wird mir den richtigen Weg weisen.«

lange Zeit rätselhaft. Weshalb hatte meine Großmutter nicht selbst einen Arzt geholt? Am Geld konnte es nicht gelegen haben. Stand sie unter Hausarrest und wenn ja, weshalb? Sie sprach nie über Politik. Weder sie noch ihr Mann hatten je Sympathien für Hitler gehabt. Immer wieder betonte meine Großmutter, Großvater sei »Berufssoldat«, Offizier der k. u. k.-Armee gewesen, Monarchist und überzeugter Untertan Kaiser Franz Josephs. Bis zu ihrem Tod sprach sie in verehrungsvollem Ton vom österreichischen Kaiser, von dem ein Farbdruck in ihrem Zimmer hing. Wenn ich sie fragte, wer ihr verboten habe, mit Großvater zu reden, antwortete sie nur: »Die Kommunisten.« Meine Großeltern waren vermögende Menschen gewesen, mit Privatbesitz, Schmuck und Bargeld, erfuhr ich, das habe genügt, um dem kommunistischen Regime suspekt zu sein. Großvater arbeitete bis zuletzt als Prokurist in der Firma seines Verwandten Joseph Roth, genannt Sepp-Onkel, der ein Geschäft für Zahnprothesen führte sowie eine Gold- und Silberscheideanstalt betrieb, denn im Siebenbürger Erzgebirge wurde noch Ende der dreißiger Jahre eines der größten Goldvorkommen in Europa abgebaut. Joseph Roth hatte Gold aus Bistritz, aus Groß- und Kleinschlatten, aus Altenburg und Ruda gekauft, wurde mir erzählt, und als Deutsche seien sie für die Kommunisten automatisch »Nazis« gewesen und »Bourgeois« obendrein. Sie wurden enteignet und vertrieben. Meine Großeltern hatten die Flucht nach Österreich zu ihrem Sohn zu spät geplant. Sie vertrauten damals ihr bewegliches Vermögen einer Diakonisse der Evangelischen Kirche und einem professionellen Grenzgänger an – Gold, Schmuck und Geld. Der Schmuggler wurde mit dem kleineren Teil des Vermögens gefasst und die Diakonisse tauchte unter. Großvater hatte ihr eine hohe Belohnung versprochen, falls sie es schaffen würde, mit seinem Gut über Ungarn in die britische Zone nach Österreich zu flüchten. Wider Erwarten gelang ihr das schwierige Unterfangen, und sie ließ sich zunächst in Kärnten nieder, wo sie aber mein Vater ausfindig machte. Doch bevor es zu einer Begegnung mit ihr kommen konnte, verschwand sie. Jahre später erfuhr er, dass sie nach Amerika ausgewandert war. Es gelang ihm noch einmal, ihren Wohnort aufzuspüren, dann aber verloren sich ihre Spuren. Vermutlich hatte sie geheiratet und einen anderen Namen angenommen.

Nachdem der Schmuggler gestanden hatte, für wen er das Gold und Geld habe über die Grenze bringen wollen, wurden die Großeltern verhört, wo sich der Rest ihres Vermögens befände. Ihre Möbel wurden aus der Wohnung geschafft und in den Räumen »Funktionärsbüros« eingerichtet. Es kam zu weiteren Verhören, Hausdurchsuchungen, Androhung von Gewalt. In ihren verbliebenen zwei Zimmern, die sie getrennt bewohnen mussten, wurde die Heizung abgeschaltet. Im Winter 1947 erkrankte Großvater schließlich an Lungenentzündung, und man verlangte von ihm und seiner Frau, dass sie endlich ihr Versteck preisgäben, wenn sie ärztliche Hilfe in Anspruch nehmen wollten. Es waren jedoch keine Geheimnisse mehr zu verraten. Großmutter erzählte uns, wie sie ihren Mann durch die Wand habe husten, keuchen und röcheln und nach ihr rufen hören, sie sei jedoch mit Gewalt daran gehindert worden, ihn noch einmal zu sehen. Nachdem er »aufgehört« habe »zu atmen«, wie sie immer sagte, habe sie das Zimmer betreten und kurz von ihm Abschied nehmen dürfen, bevor er weggeschafft worden sei. Schon vor dem Tod Großvaters wurden all seine übrigen Verwandten von den Kommunisten verhört, die jüngeren wie die Cousine »Mädi« in den Ural verschleppt, wo sie zur »Strafarbeit« in einem Bergwerk herangezogen wurde. Nachdem sie mehr als sieben Jahre unter Tag Kohle abgebaut hatte, erkrankte sie an Staublunge und durfte nach Deutschland auswandern. Ein Onkel wiederum, erzählte Großmutter, war in Reps den einmarschierenden russischen Soldaten mit dem Jagdgewehr in der Hand entgegengetreten, um mit ihnen zu verhandeln, und war sofort erschossen worden.

Das sind die Geschichten, die ich über die Siebenbürger Vorfahren immer wieder hörte.

Nächtliche Zwischenfälle, tägliche Visiten

I.

Ich lag fiebernd im Ordinationszimmer, denn bei ansteckenden Krankheiten trennten mich die Eltern von meinen Brüdern. Alle schliefen schon. Plötzlich hörte ich in der Dunkelheit ein Fahrzeug näher kommen. Gleich darauf sah ich das Licht von Scheinwerfern vor dem Fenster und stellte fest, dass der Wagen vor unserem Haus hielt. Ich vernahm Rufe auf Englisch und Schritte auf dem Kiesweg. Obwohl mich Übelkeit und Schwindel plagten, stand ich auf und trat ans Fenster. Es hatte zu schneien begonnen. Vor der Gartentür stand ein Jeep mit Zeltdach. Ein englischer Soldat, der rauchte, lehnte an der Motorhaube, und die Schneeflocken fielen so dicht, dass sie im Lichtkegel der Scheinwerfer wie ein Schwarm von Nachtfaltern tanzten. Ich registrierte, dass auch meine Eltern aufgewacht und in die Küche gelaufen waren, und beeilte mich daher, wieder ins Bett zu kommen. Im selben Augenblick schlug jemand mit der Faust gegen die Eingangstür und rief den Namen meines Vaters, der auf den Balkon trat und antwortete, dass er komme. Rasch hatte er sich angezogen, ich hörte ihn die Holztreppe hinunterlaufen und vernahm seine Stimme gleich darauf vom Garten her. Er sprach ebenfalls englisch, und als ich neugierig ans Fenster lief, konnte ich noch sehen, wie er mit seiner Arzttasche in den Jeep stieg. Das Auto fuhr sofort weg, und alles um uns versank in Dunkelheit. Meine Mutter blieb in der Küche wach, ich hörte sie die ganze Zeit herumkramen. Einige Male öffnete sie die Tür zum Ordinationszimmer, um sich davon zu überzeugen, dass ich schlief. Ich stellte mich jedoch nur schlafend und nahm bei Tagesanbruch neuerlich Motorengeräusche wahr. Das Auto hielt, und ich vernahm jetzt die Stimme meines Vaters, worauf der Wagen wieder wegfuhr und Vater die Stiegen hinaufeilte. Als meine Mutter ihm die Wohnungstür öffnete, weinte sie. Es wurde uns nichts über den Zwischenfall erzählt, bis auf die Bemerkung, dass er zu einem kranken Soldaten gebracht worden sei. Irgendwann erfuhr ich, dass es wegen einer Prostituierten zu einer Auseinandersetzung zwischen zwei englischen Unteroffizieren gekommen war, bei der einer der beiden dem anderen die Nasenspitze abgebissen hatte. Da der Prostituierten, die wie wir in Gösting wohnte, bekannt war, dass mein Vater im Lazarett chirurgische Eingriffe vorgenommen hatte, und weil die Angelegenheit nicht an die Öffentlichkeit kommen sollte, wurde er abgeholt, um in einem Hinterzimmer die Nasenspitze wieder anzunähen. Er brachte von der nächtlichen Visite Corned Beef, Bitterschokolade und Zigaretten mit und, wie meine Mutter erzählte, sogar Medikamente und Penizillin, nach denen er dringend verlangt hatte. Mehrmals noch holten Soldaten meinen Vater bei »Zwischenfällen« ab, über die er aber schwieg, und jedes Mal waren am nächsten Tag dann Nahrungsmittel vorhanden, die es sonst bei uns nicht gab.

II.

Um ärztliche Hilfe baten auch die Verwandten meiner Mutter, und sie revanchierten sich dafür auf ihre Weise. Ohne gegenseitige Hilfe hätte es kein Überleben gegeben. Einer tauschte etwas am Schwarzmarkt ein, von dem er wusste, dass es der andere brauchte, der andere verriet dafür, wo es Brennholz oder Kohle gab oder zweigte etwas vom eigenen Besitz ab.

Wenn Vater nicht im Ordinationszimmer saß, war er mit seiner Arzttasche unterwegs, zumeist kehrte er aber mit leeren Händen zurück. Fragte meine Mutter nach dem Honorar, kam die Antwort: »Die haben selbst nichts.« – Deshalb gab es immer wieder zwischen ihnen Auseinandersetzungen hinter verschlossenen Türen, denn meine Mutter wusste besser über den Besitzstand der Verwandten, Bekannten und Nachbarn Bescheid und machte deshalb meinem Vater Vorwürfe, er sei zu großzügig. Daran änderte sich auch nichts, als es uns besser ging, denn mein Vater behielt die Scheu, für seine ärztliche Hilfe Geld zu verlangen, bis an sein Lebensende.

Krank

I.

Lag ich krank im Ordinationszimmer, lief ich so oft ans Fenster, wie es mir möglich war. Ich beobachtete unbemerkt meine Brüder im Baumhaus, Frau Oberst und Frau Hold im Garten, Renate Lehmberger in der Laube und Poldi Schlack, wenn er einkaufen ging. Ich schaute zum Himmel hinauf und bildete mir ein, mit einer Wolke zu entschweben. Ein riesiger gelber Möbelwagen fuhr in einer Staubwolke vorbei und brachte in die »Villa« der Roschaks ein Klavier. Ich konnte einen Ausschnitt des Gartentores sehen und beobachtete, wie das schwarze Musikinstrument hindurchgeschafft wurde. Der gelbe Möbelwagen fuhr schwerfällig zurück, alles lief an den Zaun und bewunderte das brummende Ungetüm. Man rätselte, wohin es gefahren war und was es zugestellt hatte, ich allein wusste es. Nachmittags kam der gelbe Möbelwagen wieder und lud Bücher in Kartons ab. Die Arbeiter schleppten sie ins Haus der Roschaks, eilten mit leeren Händen zurück und holten weitere Kartons aus dem Laderaum. Allmählich hatte ich Übung im Spionieren, denn ich war oft krank.

II.

Meine Eltern schoben alles auf die Mülldeponie und die »Umstände«. Ich erlitt Bänderrisse, Knochenbrüche, eine Gehirnerschütterung, eine Nierenentzündung und überstand verschiedene andere Infektionen, die mich fortwährend beeinträchtigten oder zwangen, im Bett zu bleiben. Auf eine Krankheit folgte eine Genesungsphase, auf eine Genesungsphase ein Unfall und so fort. Die

Serie an Unglücken, Ansteckungen und selbst verschuldeten Verletzungen hörte nie auf, nur die Abstände zwischen den Ereignissen wurden, als ich erwachsen wurde, größer, und die Schwere nahm ab. Des Öfteren wurde vermutet, dass ich etwas Selbstzerstörerisches in mir hätte, aber ich habe es niemals so wahrgenommen. Hatte ich Fieber oder blutete mein Knie, wandte sich mir alle Liebe und Aufmerksamkeit zu, für die sonst keine Zeit war. Ich weiß nicht mehr, wie viele Injektionen ich erhalten habe und wie viele Krankheiten ich durchmachte, aber die Zuneigung, die mir entgegengebracht wurde, wog alle Schmerzen und Unannehmlichkeiten auf.

III.

Wann immer sich die Gelegenheit dazu ergab, schlich ich mich dann barfuß ans Fenster und lugte vorsichtig hinaus. Ich setzte mich am liebsten auf den Stuhl, damit man mich nicht sehen konnte, und versuchte vorher an Mutters Opernglas heranzukommen. Wie von einer Kamera aufgenommen sah ich das Haus der Reiters und die Schweine auf der Müllhalde, die nach Abfällen suchten … Herr Brenner durfte mit einer großen blechernen Kanne, die ihm das Dienstmädchen Resi brachte, Blumen gießen. Er wartete, bis sie gegangen war, um dann seine Schuhe zu benetzen, den Hut abzunehmen und sich in einer feierlichen Zeremonie das Wasser über das Haar zu schütten. Frau Oberst beugte sich über ihre Erdbeeren, und ich konnte die Brüste in ihrem Ausschnitt sehen und meinen Blick nicht von ihr abwenden.

IV.

Als ich eine Augenverletzung erlitt – ich hatte eine Rolle über einen Zaun gemacht –, hatte das auch Auswirkungen auf meine gewohnten Fensterausflüge. Ich verlor damals das Bewusstsein und erwachte auf der Wiese vor meinen weinenden Brüdern und einer Nachbarin, die meine Mutter verständigte. Die Wunde blutete stark, und schließlich wurde ich mit verbundenen Augen in das Ordinationszimmer gelegt. Die Verletzung war so schlimm, dass mein Vater mir Schmerzmittel verabreichte. Damit begann jedoch eine wunderbare Zeit. Großeltern und Verwandte kamen auf Besuch, jeder brachte mir ein kleines Geschenk und liebkoste mich.

Ich erzählte niemandem davon, aber ich konnte durch den schmalen Schlitz, an dem die Mullbinde nicht mit dem Jochbein abschloss, ein kleines Stück meiner Umwelt wahrnehmen, gerade genug, um meine Neugierde zu befriedigen. Und geschützt durch den Verband hing ich ungestört meinen Gedanken nach, ohne mich schlafend stellen zu müssen.

Ich habe das Kranksein immer mit gemischten Gefühlen erlebt: als willkommene Gelegenheit, dem Alltag zu entfliehen und sogar als plötzliches Geschenk der Freiheit, aber manchmal auch als schmerzliche Belastung und Zwang zum Verzicht. In der Zeit meiner vorgetäuschten Blindheit und echten Schmerzen erzählte mir Großvater die Geschichte von Hans Däumling. Anfangs die Version der Brüder Grimm, dann erweiterte er die Erzählung allmählich ins Epische. Ich identifizierte mich mit dem daumengroßen Menschen, dem von Katzen und Hunden, Menschen und Bienen, Käfern und

Schlangen Gefahr drohte und der wunderbarerweise allem trotzte. Er war tapfer, listig und allein. Ich verstand die Perspektive, aus der er die Welt sah, es war die meine, nur war sie farbenprächtiger und abenteuerlicher. Hans Däumling konnte mit Tieren sprechen und hatte Umgang mit Zwergen, die ihn beschützten, während mir diese Gabe und der Schutz unbegreiflicherweise verwehrt waren. Die Gefahren, denen ich ausgesetzt war, waren unausweichlicher, bedrohlicher, und es gab keine wundersame Rettung. Ich wünschte mir, lange und immer wieder krank zu sein.

V.

Mit dem Verband über den Augen war ich dort, wo ich am liebsten sein wollte: in der Welt der Nichtgeborenen mit dem geheimen Blick auf die Geborenen. Die Zeit blieb scheinbar stehen. Ich legte keinen Wert auf Besuche von Nachbarn – sie störten mich nur bei meinen Expeditionen in mich selbst. Jeden Abend kam mein Vater in das Ordinationszimmer und untersuchte mich, und wenn er befriedigt feststellte, dass es mir besser ging, spürte ich vor Enttäuschung manchmal einen Stich im Herzen. Am nächsten oder übernächsten Tag lief ich dann oft schon mit meinen Brüdern in den Garten und versteckte mich im Zelt auf dem Baum und beobachtete von dort im Schutz der Blätter, was um mich herum geschah.

Hamstern

I.

Mein Vater ging um diese Zeit, begleitet von Omi, noch immer »hamstern« und medizinische Hausbesuche auf dem Land machen, um für die nötigen Nahrungsmittel zu sorgen. Da die Kontrollen durch die englischen Soldaten wegen des Schwarzmarktes auf den Bahnhöfen streng waren, Kinder zumeist aber nicht durchsucht wurden, entschloss sich Vater, Paul mitzunehmen, damit er in einem kleinen Rucksack Fleisch, Eier und Fett schmuggle. Paul fürchtete sich jedoch davor, deshalb fiel die Wahl auf mich.

II.

Es war früh am Morgen, und die Bänke in der Straßenbahn, dem 3er, waren nur spärlich besetzt. Eine Frau mit goldenen Ohrringen, stark gepudert und geschminkt, saß mir gegenüber. Ich sah auch das goldene Armband an ihrem Handgelenk und ihre weißen Zähne, wenn sie gähnte. Die Frau machte einen selbstbewussten Eindruck. Sie hatte meinen Vater beim Eintreten freundlich gegrüßt, war aber so müde, dass sie bald einschlief. Ich fragte meinen Vater, wer die Frau sei, und er flüsterte mir ins Ohr, ich solle ihn nicht fragen. Ich roch ihr Parfüm, das ich wieder als ein duftendes Detail »aus der anderen Welt« registrierte. (Meine Mutter klärte mich nach unserer Rückkehr auf, dass es sich bei dem »weiblichen Fahrgast« um jene »Dame«, wie sie sagte, gehandelt habe, wegen der einem der englischen Unteroffiziere die Nasenspitze abgebissen worden sei.)

Für die Unbekannte schien die Fahrt mit der Straßenbahn etwas Alltägliches zu sein, während sie für mich ein ersehntes Abenteuer war. Das Knirschen der Kiesbremsen, das Quietschen der Räder in den Kurven, das Zittern der Waggons war etwas Besonderes, vielleicht auch weil ich nicht wollte, dass es mich in seiner Gewöhnlichkeit enttäuschte.

Ich schaute durch das große Fenster hinaus. Wenn ich mit dem Gesicht an das Glas stieß, war es kalt und vibrierte.

»Nimm den Kopf von der Scheibe«, sagte mein Vater.

Ich erkannte Häuser, einen Motorradfahrer, Autos, die vor einer Kulisse des Trübsinns an uns vorbeizogen, und ich hätte gerne gewusst, ob es das unbekannte Leben war, das ich dort draußen sah. An den Haltestellen stiegen weitere Passagiere zu, die fröstelten, vor sich hinstarrten oder mit dem Schaffner ein paar Worte wechselten. Als wir den Bahnhof erreichten, war ich benommen vor Aufregung. Mir fielen die zahlreichen Bombentrichter auf. Mein Vater blieb vor einem von ihnen stehen – er lag dem Bahnhofseingang am nächsten – und schärfte mir ein, dass ich ihn mir einprägen müsse. Er ließ mich hineinklettern und sagte dann, dass ich nach unserer Rückkehr dort auf ihn warten müsse. Ich versprach ihm, seine Anweisungen zu befolgen.

Insgeheim hasste ich es, dass so vieles zerstört war, die Risse in den Fassaden der umliegenden Häuser und der braune Karton, der die Fensterscheiben ersetzte. Am Bahnhof lungerten englische Soldaten herum, die lachten und uns nicht beachteten.

An die Fahrt mit der Eisenbahn erinnere ich mich nicht mehr, nur an die großen Vögel auf den Äckern und an die stummen Passagiere, die mit flatternden Kleidern auf der offenen Plattform der Waggons standen, als wollten sie sich unter die Räder stürzen. Der Rauch der Lokomotive zog in Fahnen, die sich nach und nach in Luft auflösten, vorbei, und der scharfe Gestank, den dieser verbreitete, ließ mich Abenteuer erwarten. Vor allem sollte die Welt dort, wo wir hinfuhren, anders sein als die, in der wir lebten: mit herrlichen Pflanzen und Tieren, freundlichen Menschen, prunkvollen Villen und feinen Speisen ausgestattet.

III.

Wir wurden von einem Ochsenkarren in Groß St. Florian abgeholt. Ich hockte zwischen meinem Vater und einem Bauern, der nach Kot stank – der Geruch war mir in dieser Intensität nur vom Plumpsklo und dem Entleeren der Sickergrube bekannt. Es würgte mich sofort, aber ich konnte die Luft nicht fortwährend anhalten – obwohl ich mich bemühte, so wenig wie möglich zu atmen. Die Hände des Mannes, groß, rissig und mit schwarzen Nägeln, schreckten mich, ich war überzeugt, dass er der Kloakenmann der Ortschaft sei. Zudem redete er in einem rohen Dialekt, bei dem ich anfangs zusammenzuckte. Unglücklich saß ich neben ihm, ich befürchtete, dass der ganze Landstrich, den wir nun betraten, wie er wäre: stinkend, Ekel erregend und roh. Der Wagen fuhr unendlich langsam hinter den schmutzigen Ochsenärschen und kotverklebten Schwänzen her und rumpelte schließlich mühsam über einen Knüppelweg bergauf. Allmählich schwand mein Ekel, und ich begann den leichten Schwindel zu genießen, wenn ich lange genug auf die dahinziehende Straße unter uns blickte und die stumpfen grauen Steine sah, die Kuhfladen, die Grasbüschel oder einen toten Igel. Die plattgewalzten Tiere, eine Katze, ein Vogel, eine Ratte, versetzten mich in Aufregung. Sie sahen aus wie merkwürdige Schuhsohlen. Ich verstand nicht, was der Bauer sagte, als er lachend mit dem Finger auf sie deutete und mir erklärte, dass die Straße im Sommer voller »zerdruckta Datschga« sei, womit er, wie mein Vater übersetzte, die überfahrenen Frösche meinte. Mein Vater sprach zu meinem Erstaunen mit dem Mann wie mit einem Freund. War das die Welt, in der er sich aufhielt, wenn er nicht zu Hause war? Die Arzttasche und die zwei Rucksäcke lagen hinter uns, und wir bewegten uns nur im Schritttempo, da es immer noch bergauf ging. Der Bauer schlug die Ochsen mit der Peitsche, schrie sie an, erhob sich und trieb sie mit einem HIA! und HO-HO! weiter. Der Weg wurde so steil, dass ich fürchtete, der Wagen könnte mit uns in einen der Abgründe stürzen, die sich auftaten, aber der Bauer war schon abgesprungen und zog die Tiere, sie fortwährend anschreiend, bis auf die Anhöhe hinauf, von der aus wir eine Kapelle und einen Hof erkennen konnten.

IV.

»Zuerst schau ich nach der Mutter«, sagte mein Vater in der geräumigen Küche, in der eine Eckbank aus Holz stand und eine Lampe über dem Tisch hing. Der Herrgottswinkel mit einer Glasflasche – in der sich Kreuze befanden – und Palmzweigen und einem Kruzifix mit Jesusfigur, der das Blut aus einer Wunde rann, machte mir Angst.

Es stank nach gekochten Knochen.

»Komm!«, sagte mein Vater.

Er öffnete, begleitet von dem Bauern, der seine dicke Jacke ausgezogen hatte, eine Tür mit verhängtem Glasfenster, und wir standen vor einem Bett, in dem eine winzige, zusammengeschrumpfte Frau wie ein greisenhafter Käfer lag. Das gelbe runzelige Insekt trug ein weißes Kopftuch und krähte in fremden Lauten, als es uns sah, und fing gleich darauf zu schluchzen an, dass ich zurück in die Küche lief. Inzwischen war die Hausfrau eingetreten mit einem Stück Selchfleisch in der Hand, das sie in die Kredenz legte. Sie schnitt, wie sie sagte, einen »Schiefer« Brot von einem mehlbestäubten Laib und hielt ihn mir hin.

V.

Beim Essen beschäftigten mich unentwegt der menschliche Käfer im Zimmer und der tote Jesus am Kreuz. Ich wusste, dass die alte Frau sterben würde, aber ich hoffte angsterfüllt, dass es nicht jetzt, solange wir da waren, passierte. Ich befürchtete nämlich, ich würde sie dann tot in ihrem viel zu großen Bett liegen sehen wie ein Insekt in einer weißen Waschschüssel. Ich würgte die Bissen hinunter, das geselchte Fleisch war in meiner Fantasie Menschenfleisch – aber ich behielt die Speise.

VI.

Wir gingen zu Fuß auf der staubigen Landstraße, und ich schaute nach einem plattgewalzten Tier aus, um es aus der Nähe zu betrachten.

»Siehst du«, sagte mein Vater, »es ist herrlich auf dem Land. Die Menschen sind freundlich zu uns, weil ich Arzt bin und ihre Krankheiten heile. Wir bekommen das beste Essen: Hat es dir geschmeckt? Und nun bist du auch an der frischen Luft, riechst du den würzigen Duft? Vergiss den Weidweg und genieße die Tage – das ist die Belohnung dafür, dass du mitgefahren bist. Stell dir vor, was ich alles schon im Rucksack habe – Geselchtes und Brot und eine Flasche Holundersirup ... Ich werde überall verkünden, dass du Arzt wirst. Du kannst mir Verbandszeug reichen, eine Schere oder die Puderdose.« Ich sagte nichts, aber meine Angst wuchs.

VII.

Wir sahen den nächsten Hof im Dunklen vor uns liegen, einige Fenster waren beleuchtet, ein Hund bellte. Nachdem wir bei zwei Familien nicht willkommen gewesen waren, weil man keinen Arzt brauchte, war es Nacht geworden. Mein Vater sorgte sich inzwischen, dass der Distriktsarzt, der die Bauern eigentlich versorgte, Wind von seiner Anwesenheit bekäme oder eine Familie die Gendarmerie verständigte, da er ohne amtliche Erlaubnis arbeitete. Im Wald war es dunkel gewesen, weshalb ich mich an seiner Hand festgeklammert hatte und des Öfteren gestürzt wäre, wenn er mich nicht aufgefangen hätte. Je näher wir dem Gehöft kamen, desto mehr geriet der bellende Hund außer sich. Plötzlich fing auch mein Vater zu bellen an, bellend verwickelte er den Hund in ein Gespräch. Jaulte dieser, jaulte mein Vater zurück. Hörten wir ihn knurren, antwortete mein Vater mit dem gleichen Knurr-Geräusch, kläffte er, kläffte auch mein Vater. Plötzlich verstummte der Hund. Kein Licht beleuchtete den Hof, aber das Tier konnte nicht weit sein. Weshalb lief es uns nicht entgegen? War es schon hinter uns und schlich sich an, um uns in den Rücken zu springen? Vorsichtig näherten wir uns der Eingangstür, ich eng an meinen Vater gepresst, der seine Hand auf meinen Kopf hielt. Ich roch seinen Körpergeruch, von dem ich mich mehr beschützt fühlte als von seinem Mut. Plötzlich stürmte der Hund auf uns zu, er überschlug sich im Bellen, und gleichzeitig hörten wir das Schleifen seiner Kette am Führungsdraht, der ihm nur einen begrenzten Bewegungsspielraum erlaubte. Außer sich kläffte der Hund weiter. Die Kette rasselte, der Führungsdraht gab ein Wetzgeräusch von sich und schlug irgendwo pochend gegen eine Verankerung. Ich sah in der mich umgebenden Schwärze nur das Gebiss und – noch dunkler als die Schwärze – die Umrisse des Tieres, das mir bis unter das Kinn reichte. Bevor ich noch aufschreien konnte, hatte sich die Haustür geöffnet, und eine Gestalt mit einer Petroleumlampe erschien, die verängstigt fragte, wer da sei.

VIII.

Mein Vater erklärte dem schnauzbärtigen Alten, dass ich der mittlere Sohn sei, und nannte meinen Vornamen – und, scheinbar erstaunt darüber, schob der Bauer mir den großen Mostkrug hin, aus dem gerade eine Magd und ein Knecht getrunken und – wie ich sah – hineingesabbert hatten. Ich schüttelte daher stumm den Kopf. Die Männer trugen Hüte auf ihren breiten Schädeln, die Frauen Kopftücher. Ihre Kleider waren zerlumpt. Eine der Frauen stellte eine Schüssel auf den Tisch, in der eine mir unbekannte Speise angerichtet war. Die Hausbewohner sprachen halblaut ein Gebet, griffen unter die Tischplatte, wo ihre Löffel hinter einer Leiste steckten, schleckten sie gewohnheitsmäßig ab und begannen schmatzend aus der Schüssel zu essen. Mit einem großen Messer wurden Brotschnitten von einem Laib heruntergesäbelt. Jeder griff einmal nach dem Messer und zeigte seine Künste, indem er ein gleichmäßig gerades Stück abschnitt. Auch mein Vater war in dieser Fertigkeit bewandert, was die Bewohner zum Lachen brachte. Ich konnte sie nur anstarren.

»Iiiiß!«, forderte mich der Bauer erheitert und Brotbrösel spuckend auf. Längst hatte es ihnen auch mein Vater gleichgetan, ohne Umschweife führte er eine Gabel, die man ihm auf den Tisch gelegt hatte, zum Mund und bestätigte mehrmals ohne Aufforderung, dass es ihm schmecke. Ich sah die lauernden, auf mich gerichteten Blicke und verzehrte die Speise, Schweinesulz mit Kernöl und Zwiebeln, unter allgemeinem beifälligen Nicken. Auch aus dem neuerlich hingeschobenen Mostkrug trank ich gleich darauf gehorsam, würgte die bittere braune Flüssigkeit, die mit Speichel vermischt war, hinunter, bis man auf Verlangen meines Vaters ein Glas Wasser vor mich hinstellte. Ich spürte aber schon den Alkohol im Kopf, er nahm mir zwar meinen Ekel und meine Angst, nicht aber den Wunsch, wieder zu Hause zu sein.

»Iiiiß«, befahl mir der Bauer neuerlich, ich wagte nicht, ihm zu widersprechen. Mein Vater machte gute Miene zu den Anspielungen, die ich nicht verstand, die aber stets von lautem Lachen und Kichern begleitet wurden, das nicht enden wollte. Die Schüssel war rasch geleert, und die Löffel wurden, nachdem sie wieder von den gierigen roten Zungen abgeschleckt worden waren, unter den Tisch zurückgesteckt.

Ich war, wie ich mich dann später beim Lesen von »Gullivers Reisen« erinnerte, Gulliver in Brobdignag, dem Reich der Riesen. Das Gerülpse und Gefurze, das dem Essen folgte, zeigte, wie plump die menschlichen Geschöpfe waren und wie gemein sie sich benahmen. Mein Vater kam mir nicht weniger abstoßend als sie vor und erzählte launig die Geschichte von der Frau mit den Ohrringen, die in der Straßenbahn nach dem verwirrenden Parfüm geduftet hatte. Zuerst nahm er einen Schluck aus dem Mostkrug, dann wischte er sich mit dem Handrücken über den Mund, wie ich es nie zuvor von ihm gesehen hatte, und berichtete in Andeutungen, die ich nicht verstand, von einer Krankheit, wegen der er sie behandelt hatte. Die Bauern lachten, ich hätte jedoch vor Enttäuschung am liebsten protestiert, denn er hatte die Frau verraten und sie dem bösartigen Gelächter der Riesen preisgegeben, und ich wünschte mir, eines Tages alles an ihr gutzumachen, was mein Vater ihr durch seinen Verrat angetan hatte. Die alte Frau, die das Essen auf den Tisch gestellt hatte, zog sich humpelnd in ihre »Kammer«, wie sie sagte, zurück und kam erst, nachdem sie einen Wollstrumpf ausgezogen hatte, zurück. Mein Vater hockte sich auf einen Schemel und wickelte den Verband, der das Bein bedeckte, auf. Er war von gelbem und bräunlichem Fett einer selbstgemachten Salbe verunreinigt. Mein Vater verlangte eine Waschschüssel und begann jetzt, den Leinenfetzen über der Wunde vorsichtig abzulösen. Ich breitete inzwischen, seinen Anweisungen folgend, Mullbinden, Kompressen, Schere, Leukoplast, Puder, eine Pinzette, ein Fläschchen Wundbenzin, den verchromten handlichen Sterilisator und die Injektionsspritze auf einem Hocker aus. Als ich wieder aufblickte, sah ich das Loch im Bein der Frau, in dem der Knochen weiß zum Vorschein kam. Als hätte mich der Most betrunken gemacht, lachte ich vor Schreck auf. Mein Vater reinigte die umliegende Haut mit Wundbenzin und diagnostizierte ein »offenes Geschwür von der Größe einer Kinderfaust«. Ich musste mich, wie ich wusste, des Vertrauens, das mein Vater mir schenkte, würdig erweisen. Obwohl mir vor Übelkeit schwindlig wurde und ich sogar Gefahr lief, ohnmächtig zu werden, gab ich ihm mit gespielter Unbeteiligtheit die gewünschten Tupfer und die Pinzette und folgte scheinbar gelassen seinen Anordnungen. Dabei entdeckte ich die abstoßend hässlichen, blutunterlaufenen Zehennägel der Frau, ihre Krampfadern und den Schmutz an den aufgesprungenen Fußsohlen, dann aber fiel mir die Fahrt mit der Straßenbahn ein, die Frau mit den Ohrringen, und ich stellte mir vor, wie ich sie besuchte und sie mir ihr schlankes, begehrenswertes Bein zeigte. Ich betrachtete nicht mehr das offene Geschwür, nicht mehr die Zehennägel, den von einer selbst gemischten Salbe verunreinigten Verband auf dem Zeitungspapier, ich lenkte vielmehr meinen Blick auf die Pinzette, die Mullbinde, das Fläschchen Wundbenzin und dachte weiter an die begehrenswerte Frau in der Straßenbahn.

Nach der Behandlung der alten Bäuerin ging mein Vater mit ihrem Mann und ihr in die Kammer, um ihr eine Injektion zu verabreichen und ihn mit dem Stethoskop abzuhören, das ich zuvor aus der Tasche nahm und ihm reichte, wie ich es am Weidweg schon viele Male getan hatte. Mittlerweile war ich müde geworden und wegen des frühen Aufstehens, der mühsamen Reise und des langen Fußmarsches fielen mir die Augen zu.

Ich erwachte kurz, als mein Vater mich in einen hässlichen Raum mit einem winzigen Fenster, einem Bett und einem schiefen Kleiderschrank brachte. In der Nacht träumte ich von dem Geschwür, es befand sich im Herrgottswinkel in einer Flasche, eine seltsame Reliquie, wie ich sie erst viele Jahre später als Student in den Regalen des Pathologischen Instituts wiedersah.

IX.

Am nächsten Morgen regnete es heftig. Ich erwachte vor meinem Vater, mit dem ich das Bett teilte, und war so zwischen der Wand und ihm eingeklemmt, dass ich kaum Luft bekam. Die Wand war weiß gekalkt und sauber – der einzige Trost. Ich befreite mich aus seinem Arm und lauschte dem prasselnden Regen. Ich stellte mir vor, selbst der Regen zu sein und aus tanzenden Tropfen zu bestehen, die vom Himmel auf die Erde fielen, und schlief darüber wieder ein.

X.

Zu Mittag gab es eine Milchsuppe mit Kümmel und Brot, man schob meinem Vater ein kleines Stück Geselchtes für die Ordination hin und in Zeitungspapier eingewickelte Eier. Ich war enttäuscht über das Honorar, hatte er doch der Frau aus größter Not geholfen und ihr auch noch eine Tube Salbe zurückgelassen. Ich blickte aus dem Fenster und sah den Hofhund. Jetzt konnte ich die Kettenvorrichtung, mit der er gefangen gehalten wurde, genau erkennen. Es war übrigens ein Wolfshund, allerdings kleiner, als ich ihn in Erinnerung hatte, und er hörte auf den Namen Rustan. Der Führungsdraht, an dem seine Kette hing, spannte sich von der Tenne zum Schweinestall und von dort zum Wohnhaus, sodass er eine relativ große Bewegungsfreiheit hatte. Er konnte jedoch den Bereich des Hofes nie verlassen. In einer Ecke die Hundehütte, in die er sich verkroch, davor ein Napf. Als wir gingen, kläffte er aus Leibeskräften weiter und wäre uns bestimmt auf den Leib gerückt, hätte der Bauer ihn nicht an der Kette zurückgehalten. Hinter dem Haus dampfte der Misthaufen, und langsam fing es wieder zu regnen an.

XI.

Eine Mütze auf dem Kopf, frierend und durchnässt, wanderte ich mit meinem Vater über die Hügel. Immer wieder schärfte er mir ein, auf einen schwarzen Buick zu achten – er gehöre dem Distriktsarzt, der uns nicht sehen dürfe.

»Er ist geldgierig«, sagte mein Vater. »Schon einmal hat er mir eine Warnung zukommen lassen, als ein Bauer mich verraten hat, den ich behandelt habe. Die Leute kennen uns, weil ihr mit eurer Mutter bei Kriegsende in der Nähe einquartiert wart und Omi schon lange hierher Ausflüge macht. Sie hat sogar für Hochzeiten Torten gebacken. Die meisten sind mir gewogen, aber es sind schlechte Zeiten.«

XII.

Im Lehm waren tiefe Spuren von Ochsen und Wagenrädern zu sehen, die sich mit Wasser füllten.

An allen Höfen und kleinen »Keuschen«, den Häusern von Knechten, in denen er Patienten des Distriktsarztes vermutete, gingen wir vorbei, da mein Vater befürchtete, jemand könne ihn bei der Gendarmerie anzeigen.

»Weißt du, dass sich schon dein Großvater und sein Bruder, dein Onkel Franz, nach dem Ersten Weltkrieg in der Gegend hier herumgetrieben haben«, sagte mein Vater nach einer Weile. »Sie hatten keine Arbeit, und der Hunger quälte sie. Daher bewarben sie sich bei einem Fotografen als Akquisiteure. Sie mussten von Hof zu Hof gehen wie wir und die Fotografien von Gefallenen sammeln. Aus den Abzügen stellte der Fotograf dann Gruppenaufnahmen her: In der Mitte wurde für den Besteller der eigene Angehörige – Ehemann, Vater, Sohn oder Bruder – groß abgebildet und rundherum die ebenfalls gefallenen Nachbarn und Freunde. Dazu brauchte man die Fotografien der Toten. Es war mühsam, die Bauern zu überreden, ihnen Bilder der gefallenen Angehörigen anzuvertrauen, meist hatten sie nur ein einziges. Dein Großvater und sein Bruder sprachen zuerst beim Pfarrer vor. Sie zeigten ihm ein Musterbild und baten ihn um eine wohlwollende Empfehlung, dass der Fotograf, für den sie arbeiteten, seriös und ihm bekannt sei. Das schützte sie davor, für Betrüger gehalten zu werden. War alles erfolgreich verlaufen, brachten sie den Bauern die entliehenen Fotografien wieder zurück und verkauften ihnen das Gruppenbild. Es war auf weißen Karton aufgezogen und mit Goldschrift bedruckt: »Unsere gefallenen Helden«, darunter der Name des Toten oder Vermissten, das Regiment, in dem er gedient hatte und die Kaiserfahne. Es war wichtig, bei der Bildbeschaffung genau zu sein und alles sorgfältig zu notieren. Der Verdienst war nicht der Rede wert, aber in der Zeit des Hungers gingen sie der Arbeit gerne nach, weil sie sich bei den Bauern satt essen konnten, wenn auch zumeist nur mit saurer Milch und Brot … Wir machen es ähnlich.«

»Aber du bist Arzt.«

Wir hörten unsere Schritte im Lehm und die Sauggeräusche, die sie begleiteten. Das Wasser war längst durch unsere Schuhe gesickert und zur Nässe kam noch die Kälte dazu.

XIII.

Am frühen Abend erreichten wir das Gehöft des Bauern Läpper. Mein Vater stopfte unsere Schuhe mit Zeitungspapier aus und stellte sie auf den Ofen. Die Kleider hängte er zum Trocknen auf eine Stange, im großen Rucksack hatte er frische Hemden und Unterwäsche eingepackt. Man gab uns ein Stück Brot, einen Apfel und heißen Kamillentee, und sofort versammelten sich mehrere Kinder um uns, die an meinen Kleidern zupften und lachend davonstoben. Ich konnte nicht verstehen, was sie riefen, ich spürte nur, dass sie es gut mit mir meinten. Der alte Bauer kam mit einer blauen Arbeitsschürze aus dem Stall und sagte, mich spöttisch von oben musternd: »Das ist also der Sohn!«

»Er wird Arzt«, fügte mein Vater sinnlos lachend hinzu.

Daraufhin bot mir der alte Bauer scherzhaft eine weitere Tasse Tee an und fügte »Herr Doktor« hinzu. Sofort riefen auch die Kinder lachend »Herr Doktor!«. Der Hofhund war, wie der Bauer uns sagte, eingesperrt worden, wir könnten ruhig hinaus spielen gehen. »Es regnet«, antwortete Vater.

»Das macht den Kindern nichts aus«, widersprach der Bauer.

Ich wollte gehorchen und aufstehen, aber mein Vater drückte mich auf die Bank zurück, und die Kinder liefen ohne mich hinaus.

Beim Abendessen wurde ich mit ihnen an einen kleinen Nebentisch gesetzt, den sie »Katzentisch« nannten. Es wurde lange gebetet, bevor wir den Sterz essen durften. Hierauf wurden die Kinder ins Bett geschickt. Auch in dieser großen Bauernstube fiel mir der Herrgottswinkel auf, und auch hier hing der tote Jesus am Kreuz. Außerdem gab es wieder Palmzweige und ein gerahmtes Bild, auf dem Jesus oder Maria mit einer Öffnung in der Brust dargestellt war, in der man ein rotes brennendes Herz sah. So ein Bild hatte ich noch nie gesehen, und mir kam der Anblick unheimlich vor. Noch dazu nahmen die Bewohner unter dem Kruzifix und dem Bild ihre Mahlzeiten ein.

Das elektrische Licht flackerte. Über dem Waschbecken war ein Knüppel aus Holz angebracht, den die Bäuerin hin- und herbewegte bis Wasser floss. Auch eine bemalte Uhr hing an der Wand, allerdings ohne Kuckuck. Als ich während der Mahlzeit danach fragte, antwortete der alte Bauer: »Der Kuckuck ist ausgeflogen, Herr Doktor«, worauf die Kinder laut lachten.

»Wohin?«, hatte ich weiter fragen wollen, ich getraute mich jedoch nicht, mich noch einmal zu Wort zu melden.

Am Tisch hatten nur die Erwachsenen laut miteinander gesprochen, wir am »Katzentisch« durften nur flüstern, was ich als lieblos empfand. Vor dem Schlafengehen sprach der Bauer mit meinem Vater dann leise über seine Krankheiten. Mein Vater ließ ihn den Ärmel aufkrempeln, band ihm den Arm ab und verabreichte ihm, ohne meine Hilfe in Anspruch zu nehmen, eine Injektion. Anschließend behandelte er seine Frau gegen Gelenksrheumatismus und eine Verkühlung, wobei er mit einem Mundspatel, den ich aus der Ärztetasche nahm, ihre Zunge hinunterdrückte , um in ihren Rachen zu sehen. Er verlangte von mir auch den Ohrenspiegel, mit dem er die Gehörgänge untersuchte. Aufmerksam verfolgte der Alte die Tätigkeit meines Vaters. Nach Beendigung der Ordination legte er einen Laib Brot und ein paar Äpfel auf den

Tisch, und wir kletterten die Stiege zum Dachboden hinauf. Oben waren zwei Säcke mit Maisblättern, die die Bauern »Maisfedern« nannten, vorbereitet, darauf lagen graue, grob gewebte Leintücher. Es war ein ungewohnt hartes Lager, aber ich war sehr müde.

Trotzdem beklagte ich mich noch bei meinem Vater, dass er mich nicht den Sterilisator für die Injektionsnadel und die Spritze hatte vorbereiten lassen. Das waren die Tätigkeiten, die mich am meisten mit Stolz erfüllten, denn ich durfte beim Sterilisieren ein brennendes Streichholz über einen Würfel Trockenspiritus halten und ihn anzünden. Mein Vater hatte aber entgegen seiner Gewohnheit alles rasch eingepackt und mich nicht einmal beachtet. Nach einer Weile sagte er mir, ich solle die Augen zumachen. Kurz darauf hörte ich ihn regelmäßig atmen. Vielleicht wollte er mich täuschen, damit ich selbst nicht länger wach blieb, aber bevor ich die Frage zu Ende denken konnte, war ich bereits eingeschlafen.

Mitten in der Nacht weckte mich mein Vater auf. Er beugte sich über mich und hielt mir den Ohrenspiegel vor die Nase. Im Halbschlaf sah ich den dünnen Lichtstrahl vor meinen Augen, der die unermessliche Dunkelheit des Dachbodens als ein feiner Strich durchbrach. Ich hatte Angst, mich in dem riesigen Raum zu verlieren, und berührte seine Hand. Überall waren Möbelstücke abgestellt, Körbe, Blechbehälter, ein großer gerahmter Spiegel – ich hatte alles registriert, als wir mit der Petroleumlampe die Treppe hinauf gestiegen waren, war aber zu erschöpft gewesen, um mir Gedanken darüber zu machen. Nun aber fühlte ich mich verloren wie eine Maus in einem Schiffsbauch. Und ich spürte, dass es auch für mich eine Katze gab … Irgendwo in diesem Bauernhof schlich sie herum und wollte mich fressen. Ich vermeinte schon, das Kitzeln ihrer Schnurrhaare in meinem schmerzenden Rücken zu fühlen. Die Matratze aus Maisblättern war wirklich ein ungemütliches Lager gewesen – man schlief auf ihr wie auf dem Rücken eines Tieres und musste achtgeben, nicht bei jeder Drehung auf der anderen Seite abgeworfen zu werden und auf dem staubigen Boden zu landen. Oder es bildete sich nach einiger Zeit eine Mulde in den Pflanzenresten, und die Wirbelsäule begann zu schmerzen.

»Hörst du mir zu?« fragte mein Vater.

Der feine Lichtstrahl des Ohrenspiegels erhellte sein Gesicht nur schemenhaft. Er sah für mich aus wie sein eigener Geist, während er so über mich gebeugt mit mir sprach. »Wir gehen jetzt die Stiege hinunter in die Küche«, sagte er leise. »Zuerst kommen wir an den Schlafzimmern der Alten, dann seiner Kinder und Enkelkinder vorbei. Wir kümmern uns aber nicht darum. Vor der Speisekammer öffne ich den oberen Türflügel. Die Bäuerin nimmt immer mit einem Messer das Schweineschmalz aus dem Topf. Da die Tür versperrt ist, muss ich dich auf meine Schultern heben, und du musst dich tief hinunter beugen und mit einem Spatel das Schmalz aus dem Topf holen und mir herunterreichen. Ich habe hier die ›Menagedose‹ (wie wir zur Proviantdose sagten)«, er zeigte mir die perforierte Aluminiumschachtel – »in die streiche ich das Schmalz hinein. Hast du alles gut verstanden?«

Ich war stolz auf meinen Vater, dass er sich die armseligen Honorare nicht gefallen ließ, und wir stiegen auf Zehenspitzen die Treppe hinunter – nur der Lichtstrahl aus dem Ohrenspiegel durchdrang wie ein gleißender Nadelstich die Dunkelheit. Mein Vater hatte die Proviantdose unter den Arm geklemmt und ging mir Schritt für Schritt mit bloßen Füßen voraus. Als wir den ersten Stock erreichten, hörten wir den Alten schnarchen, im Kinderzimmer war es still. Mir fiel ein, wie er mich spöttisch »Herr Doktor« genannt hatte, und ich wollte es ihm jetzt zeigen. Aber als sein Atem für einen längeren Moment aussetzte und er im Schlaf murmelte, überwältigte mich beinahe die Angst, und ich hatte nur den Wunsch, zum Dachboden zurückzulaufen, allein mein Vater hielt mich fest. Wir waren stehen geblieben und gingen erst nach einer kurzen Pause weiter. Auf der anderen Seite schliefen die Jungbauern, die sich kaum gezeigt hatten, erschöpft wie sie von der Arbeit waren. Unten vor der Küche hörten wir den Hund bellen (ich hasste jetzt alle Hunde, die die Höfe bewachten noch mehr). Er stand vor dem Eingang und musste uns gewittert haben. Mein Vater überlegte kurz, dann öffnete er wie angekündigt den oberen Türflügel zur Speisekammer, reichte mir den Spatel und leuchtete mit dem Ohrenspiegel hinein, in der anderen Hand hielt er die geöffnete Proviantdose. Durch das Bellen des Hundes nervös geworden, trieb er mich zur Eile an. Hastig kletterte ich auf seine Schultern, kratzte das Schweineschmalz heraus, reichte es meinem Vater und hörte plötzlich ein Geräusch, wie wenn ein Fenster geöffnet wird. Dann ertönte die Stimme des Altbauern, der laut fragte, ob jemand da sei. Als der Hund weiter bellte, befahl er ihm, ruhig zu sein. Augenblicklich verstummte das Tier. Es war totenstill, und der Alte lauschte in die Dunkelheit. Damals hörte ich zum ersten Mal mein Herz klopfen. Mein Mund wurde trocken, und meine Hände schwitzten so stark, dass mir beinahe der Spatel entglitten wäre. Von einem Moment auf den anderen wusste ich, dass wir einen Diebstahl begingen und dass ich ein Dieb war.

»Es is' nix«, hörte ich den Alten sagen und die Fenster schließen.

»Weiter!«, flüsterte mein Vater, und ich fuhr fort, das Schmalz herauszukratzen. Jeden Augenblick glaubte ich, der Altbauer würde erscheinen, das Licht einschalten und uns so sehen, den Vater mit der Proviantdose und dem Schweineschmalz in der Hand, mich auf seiner Schulter mit dem Oberkörper noch in der Speisekammer.

Endlich löschte mein Vater das Licht des Ohrenspiegels, hob mich herunter, verstaute den Spatel in der Proviantdose, und wir stiegen wieder hinauf, wie wir heruntergekommen waren. Im Schlafzimmer des Altbauern war es still geworden, und auf dem Dachboden kümmerten mich jetzt die herumstehenden Möbelstücke nicht mehr und auch nicht das Rascheln der Mäuse. Augenblicklich fiel ich in tiefen Schlaf.

XIV.

Beim Frühstück, zu dem es wieder Sterz gab, war ich so von Angst erfüllt, dass ich kaum einen Bissen hinunterbrachte, auch mein Vater drängte zum Aufbruch. Fluchtartig verließen wir den Hof, mein Vater gab an, dass er es eilig habe, zu seinen Patienten zu kommen, die ihn schon erwarteten, und da die Bauersleute selbst im Stall zu tun hatten, waren sie nicht argwöhnisch. Der Hund begleitete uns heftig bellend aus dem Hof, als sei er der Einzige, der über unseren Diebstahl Bescheid wusste. Mein Vater warf ihm einen bösen Blick zu und knurrte drohend, und wir drehten uns beim Weitergehen nicht mehr nach ihm um. Das Tier bellte unverändert weiter, aber es war stehen geblieben und behielt uns offenbar im Auge, bis wir um die Biegung verschwunden waren.

XV.

Zuerst gingen wir die aufgeweichte Straße entlang, bis wir eine Erhebung erreichten, wo der Boden fester wurde.

Mein Vater war in Gedanken versunken. Ich sah, dass er nicht reden wollte. Auch er konnte offenbar nur an den nächtlichen Diebstahl denken. Als eine Schar Hühner unseren Weg kreuzte, bückte er sich plötzlich und warf wütend einen Stein nach ihnen. Er redete immer noch nicht, sondern schritt so rasch aus, dass ich ihm nur mit großer Anstrengung folgen konnte. Weil er so hartnäckig schwieg, begann ich mich schuldig zu fühlen, und ich überlegte, wie ich ihm eine Freude machen konnte, aber mir fiel nichts ein, und so verging der halbe Vormittag. Endlich, als wir eine Pause machten und uns auf einen Holzstoß am Wegrand setzten, kam mir die Idee, ihn nach den Krankheiten der Bauern zu fragen.

Sofort beugte er sich zu mir herunter und tat das, was er am liebsten machte: mir etwas erklären. Er sprach über Lungentuberkulose, Kröpfe, Leberzirrhosen und Krebsgeschwüre, über den Mangel an Hygiene, Unfälle bei der Arbeit und Todesarten, und da ich ihn jedes Mal, wenn er aufhörte, bat weiterzusprechen, verflog seine schlechte Laune allmählich, und schließlich sagte er heiter: »Du wirst ein guter Arzt werden.« Auf dem Weitermarsch sprach er wie zu sich selbst von Verbrechen, die es auf dem Land gebe, von Arsen und Hacken, Jagdgewehren und Sensen, von den Morden an den Alten und Frauen und von der Aufgabe eines Arztes als Totenbeschauer.

Vielleicht wollte er dadurch mein Interesse nur noch mehr wecken, aber von da an fühlte ich mich nirgendwo auf dem Land mehr sicher.

XVI.

Beim Bauern Brandt kamen wir gerade zum Schweineschlachten zurecht. Das von einem Knecht zu Boden gedrückte Tier quiekte in Todesangst, und der Bauer hieb ihm mit der Hacke mehrmals auf den Schädel und schnitt ihm sodann den Hals durch, während der Knecht bemüht war, durch Bewegen des Vorderlaufes das Blut aus dem Körper zu pumpen. Ich sah in dem Schwein ein menschenähnliches Wesen und in der Schlachtung eine Hinrichtung. Trotzdem wandte ich meinen Blick nicht von dem Geschehen ab. Als man dem toten Tier den Bauch aufschnitt, wollte mein Vater, dass ich die Anatomie des Schweins kennenlernte, und mir anhand der inneren Organe »den Menschen« erklären. Wir blickten auf das tote Tier, das zuerst in einen Holzbottich mit heißem Wasser gelegt und anschließend von den Borsten befreit wurde. Es war jetzt glänzend weiß und glatt. Ich musste immerzu den Schädel anstarren mit den halb geöffneten Augen, dem schlaff herunterhängenden Unterkiefer, in dem die Zähne zu sehen waren und ein Stück Zunge.

»Oberkiefer – Unterkiefer«, sagte mein Vater und deutete mit einer Haselrute darauf, die er vom Boden aufgehoben hatte.

Als der Schädel entfernt und der Bauch geöffnet worden war, hieß mein Vater mich nähertreten.

»Das Herz«, sagte er, »es ähnelt unserem. Überhaupt ist uns das Schwein vom anatomischen Standpunkt betrachtet sehr nahe, und du lernst vieles auch für dein zukünftiges Studium, wenn du aufmerksam zuhörst.«

Der Bauer nahm jetzt das Herz heraus, denn er war der Vorlesung, die mein Vater für mich hielt, neugierig gefolgt und hatte seine vier Kinder gerufen, damit auch sie zuhörten. Mit triefenden Nasen, von Krätze und Flöhen befallen, standen sie in ihren abgerissenen Kleidern neben uns und folgten wenig aufmerksam den Ausführungen meines Vaters. Dieser ließ den Bauern das Herz aufschneiden, was der behäbige Mann zu seinem eigenen Gaudium und dem seines Knechtes tat. Hierauf brachen die Kinder grundlos in lautes Gelächter aus. Die ganze Zeit über hielt ihre Lachlust an. Sie unterdrückten sie, so gut sie konnten, aber immer wieder war ein leises Kichern, ein gepresstes, gedämpftes Aufkreischen zu vernehmen. Als mein Vater das blutige Organ in der Hand hielt, um mir den Aufbau und die Funktion zu erklären, fiel mir das Jesus- oder Marienbildnis beim Bauern Läpper wieder ein. Mein Vater zeigte uns die Scheidewand zwischen der rechten und der linken Hälfte und die vier Kammern. Außerdem führte er uns vor, wie die Klappen funktionierten und wie das Herz arbeitete. Der Bauer und die Knechte waren hinter die Kinder getreten, ich stand vorne und wusste, dass der Vortrag mir gewidmet war. Das machte mich stolz. Als Nächstes verlangte mein Vater die Lungen und die Leber und beschrieb sie wie zuvor das Herz, dann die Nieren und die Blase, die der Knecht zur allgemeinen Freude aufblies, mit einer Schnur verknotete und in die Luft warf, worauf die Kinder den Ballon, wenn er zu Boden schwebte, mit Faustschlägen wieder in die Höhe trieben und ihm schreiend nachliefen, ihn fingen, um ihn stritten und ihn wieder in die Luft warfen, gefolgt vom aufgeregt bellenden Hofhund. Sogar die Katze beteiligte sich an dem Spiel. Meinem Vater schien das nur gelegen zu kommen, denn er veränderte seine Sprechweise und unterrichtete mich wieder in dem vertraulichen Tonfall, wie er es sonst tat.

Der Bauer und der Knecht entfernten inzwischen die Därme, die sie wuschen, um sie später als Häute für die Würste zu verwenden. Anschließend hängten sie den geschlachteten und aufgeklappten Schweinekadaver an Ketten vor der Tenne auf. Die Bäuerin war gekommen und hatte uns flüchtig begrüßt. Scheu lächelnd fing sie an, den Schädel zu putzen. Als sie die Augen entfernt hatte, zeigte mein Vater auf eines der kugelförmigen Sehorgane, das auf einem alten Teller lag, und erklärte mir eindringlich, wie es beschaffen sei. Ich verstand von all dem nichts, und es war auch zu viel auf einmal, was auf mich einstürmte. Die Linse erzeugte ein auf dem Kopf stehendes Abbild, das erst vom Gehirn umgedreht würde, schärfte mir mein Vater damals ein. Voll Schreck kam mir der Gedanke, dass die Funktion des Umdrehens im Gehirn ausfallen könnte und ich nur noch eine verkehrte Welt wahrnehmen würde – die Schweinsblase flöge von oben nach unten, und die auf dem Kopf stehenden Kinder schlügen sie wieder hinunter, der Hund, der Bauer, der Knecht und die Bäuerin mit dem Schweinsschädel, den sie gerade mit dem Messer bearbeitete, und sogar mein Vater stünden ebenfalls Kopf, und ich würde meine eigenen Füße verkehrt herum wahrnehmen. Ich nahm mir vor, meinen Vater zu fragen, ob es so eine Krankheit gäbe. Mein Vater brach jedoch gerade die Schädeldecke auf und zeigte mir das geleeartige, glänzende Gehirn, über das er noch oft auf unseren Wanderungen reden sollte. Ich ermüdete bei seinen Vorlesungen, besser gesagt seinen Monologen, rasch, und eine kaum auszuhaltende Unruhe befiel mich, sodass ich davonlaufen und mich auf den Boden werfen wollte.

Mit einem schwachen Knall zersprang jetzt die Blase, und der Hund stürzte sich darauf und verschlang sie. Die Katzen und Hühner leckten das Blut des geschlachteten Schweins vom Boden auf, die Kinder stoben auseinander und fingen an, sich zu balgen.

Beim Abendessen, nach reichlich »Vater unsern« und »Gegrüßet seist du Marias«, wurde Sterz mit Milch vor uns hingestellt, auch die mit Zwiebeln angerichtete Leber und ein Stück des »hohen Rückens« mit Sauerkraut kamen auf den Tisch und fanden den Weg auf unsere Teller, aber ich rührte sie nicht an.

Die Familie war gesund bis auf eines der Kinder, ein Mädchen, das an einer entzündeten Warze auf der Nasenspitze litt. Es ging, obwohl schon neun oder zehn Jahre alt, noch nicht zur Schule. Als mein Vater die Warze begutachtete, fing es an zu weinen und in einem fort »Mei Nani, mei Nani« zu rufen, womit es seine Nase meinte.

»Ja«, sagte mein Vater, »ich kann die Warze entfernen. Zuerst muss ich aber die Nase vereisen.«

Das Mädchen, das verstand, dass es um seine Nase ging, fing an zu zappeln und zu schreien und rief in einem fort: »I wü net!« – »Ich will nicht«, aber die Bäuerin hielt es fest und zischte es an, stillzuhalten, was das Mädchen noch mehr aufbrachte.

»Was zahle ich?«, fragte der Bauer unvermittelt.

Mein Vater zuckte mit den Achseln und erinnerte ihn daran, dass er gerade geschlachtet habe. Daraufhin fragte der Bauer meinen Vater, was es koste, wenn er es ohne Vereisung mache.

»Nein, nur mit Lokalanästhesie«, beharrte mein Vater.

Er packte den Brenner aus, einen Stab mit Holzgriff, der vorne eine Spitze aus Platin hatte. Er war an einem kleinen grauen Gummibalg angeschlossen. Ich holte inzwischen Injektion und Sterilisator aus der Tasche, während das Mädchen aus Leibeskräften weiterschrie, worüber die Kinder lautstark lachten.

Ich schaute meinen Vater an, der gerade Tupfer und ein Fläschchen Alkohol bereitlegte und dem Mädchen, das mit sich überschlagender Stimme um Hilfe rief, beruhigende Worte sagte.

Er zog die Flüssigkeit aus der Ampulle auf, wies den Bauern an, gemeinsam mit seiner Frau zu helfen, das Kind festzuhalten, und verabreichte diesem dann so schnell, dass ich kaum folgen konnte, die Injektion in die Nase.

Das Kind hatte versucht sich aufzubäumen und seinen Kopf loszureißen, aber die Eltern hatten es fest im Griff. Als mein Vater das Brenneisen in die Hand nahm, verstummten die noch vereinzelt lachenden Geschwister. Ich hatte inzwischen mit Zündholz und Trockenspiritus eine Flamme entzündet und die Platinspitze durch Betätigen des Blasebalges zum Glühen gebracht. Sie glomm im Halbdunkel wie ein Leuchtkäfer. Mein Vater fasste den Holzgriff, wandte sich dem Kind zu und berührte mit dem Finger dessen Nase.

»Spürst du etwas?«, fragte er.

Aber das Mädchen schrie und zappelte nur. Schon brannte die Platinspitze mit einem Zischlaut ein Stück der Warze ab, noch eines und noch eines, dabei stieg bläulich weißer Rauch auf, und das Kind drohte an seinen Schreien zu ersticken. Es rang nach Atem, keuchte und gab schnarrende, röchelnde Laute von sich. Mein Vater verlangte eine Kompresse, schnitt einen Leukoplaststreifen der Länge nach in der Mitte an und riss ihn in zwei Teile, die er an seinem Hemdsärmel festklebte. In Windeseile verband er die Nase und befahl den Eltern, das noch immer brüllende Kind freizulassen. Kaum waren diese seiner Anweisung gefolgt, stürzte es auch schon aus der Küche. Die Geschwister und der Knecht schüttelten sich vor Lachen, der Bauer stimmte zaghaft mit ein, nur die Frau blieb ernst und zeigte ihren Unmut. Als die Kinder anfingen, das Kreischen ihrer Schwester nachzumachen, befahl sie ihnen zornig, ruhig zu sein. Augenblicklich verstummten sie, und der Bauer wies sie an, ihre Schwester zu suchen und dann zu Bett zu gehen. Draußen hörten wir sie »Agnes«, den Namen des Mädchens rufen.

Ich hatte begonnen, alles zusammenzupacken, und, da der Bauer keine Anstalten machte zu bezahlen und auch keinen Krug Most auf den Tisch stellte, gingen wir zu unserer Schlafstatt, vor der ich mich schon fürchtete. Es war ein Stübchen über dem Schweinestall, das so genannte »Saustallzimmer«, karg möbliert, aber sauber, in dem ich – noch bevor ich mich entkleidet hatte – einschlief. Wir wurden bald darauf wieder geweckt, weil die Kinder ihre Schwester nicht gefunden hatten und der Bauer mit der Faust gegen die versperrte Tür unserer Kammer schlug. Vorwurfsvoll sagte er meinem in Unterwäsche vor ihm stehenden Vater, dass Agnes nicht zu finden sei. Wir kleideten uns daher wieder an und beteiligten uns an der Suche, schließlich entdeckte einer der Söhne seine Schwester auf einem Zwetschkenbaum, von wo sie die Bäuerin herunterholte. Anstatt Agnes zu beruhigen, stieß sie die Schluchzende in das Haus und schlug ihr laut schimpfend mit der flachen Hand auf den Hinterkopf.

Wir erwachten am frühen Morgen. Mein Vater sprang aus dem Bett, und ich folgte ihm, so schnell ich konnte, da ich nicht allein mit dem lauten Grunzen der Schweine in der Kammer bleiben wollte.

Wir überquerten den lehmigen Hof, gefolgt vom Hund, der an mir schnupperte, einmal kurz bellte und, als ich verunsichert stehen blieb, meine Hand leckte.

In der Küche erhielten wir wie erwartet einen Teller Sterz und saure Milch, und die Bäuerin hatte für Vater ein Stück Speck vorbereitet, das sie ihm mit der Bemerkung übergab, der »Vater« dürfe das nicht wissen, womit sie aber ihren Mann meinte.

XVII.

Eine Stunde lang erzählte mir mein Vater beim Gehen vom menschlichen Gehirn, das in der Knochenhöhle des Schädels verborgen ist. Da er nicht aufhörte, mir immer wieder dasselbe zu erklären, merkte ich mir allmählich, dass das Gehirn das »Denkorgan« sei. Dieses Denkorgan dächte über sich selbst nach, wiederholte er. Es regnete. Der Schnee war schon geschmolzen, aber die Bäume blühten noch nicht. Ich hatte wieder die Mütze auf dem Kopf und hörte: graue Zellen, Kleinhirn, Hypophyse, Zirbeldrüse, Limbisches System. Mein Vater hatte, wie ich bemerkte, mich vergessen und schien sein Wissen zu repetieren.

»Du wirst es nie selbst zu Gesicht bekommen«, wandte er sich unvermutet an mich. »Wir erforschen am toten Gehirn unser eigenes lebendiges, deshalb ist es unvermeidlich, dass du beim Arztstudium sezieren musst.« Da ich nicht wusste, was sezieren bedeutete, nickte ich. Ich verspürte jedoch keine Lust, mit dem Studium anzufangen, denn die Arbeit meines Vaters erschien mir nicht erstrebenswert.

»Es gibt keinen schöneren Beruf als den eines Arztes«, sagte er unvermittelt, als hätte er meine Gedanken gelesen.

Zu spät bemerkten wir den Wagen, der sich uns im strömenden Regen von hinten näherte, und als wir uns nach ihm umdrehten, weil wir endlich das Motorengeräusch gehört hatten, hatte er uns schon erreicht und hielt an.

Ein Mann im Lodenmantel, einen Trachtenhut auf dem Kopf, kurbelte das Fenster herunter und lud uns ein mitzufahren.

Scheinbar froh darüber bedankte sich mein Vater und schubste mich in den Wagen. Es war der schönste Augenblick, seit wir mit der Eisenbahn in Groß St. Florian gehalten hatten. Die lederne Sitzbank war weich, und im Wagen war es gemütlich warm.

»Wieder im Lande?«, fragte der fremde Mann meinen Vater, der daraufhin nickte.

»Auf Hamstertour? Die Bauern geben nichts her. Die nutzen die Städter nur aus ... Haben Sie ein Klavier? ... Ich kenne einen Bauern, der für seine Tochter ein Klavier sucht ... Ein Patient von mir.« Er nannte einen Namen. »Kennen Sie ihn? Nicht? Und einen Klavierlehrer sucht er außerdem ... Kost und Logis garantiert.«

Mein Vater sagte nichts.

»Ich hätte, wenn ich es gewollt hätte, an Ihnen vorüberfahren und Sie bei der Gendarmerie anzeigen können, Herr Kollege«, fuhr der Fremde nach einer Pause fort.

Noch immer schwieg mein Vater.

Der Mann, der offenbar der Distriktsarzt war, sagte jetzt auch nichts mehr. Ich saß atemlos da und wartete. Der Wagen rumpelte über Schlaglöcher, an den braunen Wiesen, den vom Winter brach liegenden Äckern und einem hässlichen Marterl mit dem toten Jesus am Kreuz vorbei, die im Regen trostlos aussahen.

»Wo darf ich Sie absetzen?«, fragte der Distriktsarzt nach einer langen Pause und zündete sich eine Zigarette an, ohne meinem Vater eine anzubieten.

»Gleich da«, sagte mein Vater rasch.

Der Wagen hielt und rollte, nachdem wir grußlos ausgestiegen waren, elegant vor unseren Augen davon.

»Er hat uns in die falsche Richtung gefahren. Absichtlich.«

Mein Vater fluchte leise, und ich wusste, dass es jetzt besser war zu schweigen. Wir gingen an zwei Höfen vorbei, als mich plötzlich ein solches Elend überkam, dass ich gegen ein brennendes Würgen in der Kehle ankämpfen musste; mühsam gelang es mir, das Weinen zu unterdrücken, aber ich konnte nicht sprechen, sonst hätte ich die Fassung verloren.

»Bist du müde?«, fragte mich mein Vater. Ich schüttelte den Kopf. Gerade da sahen wir das Auto des Distriktsarztes vor einem Bauernhaus parken. Sofort nahm mich mein Vater beim Ärmel, und wir liefen in den Graben, wo wir erst am Waldrand stehenblieben.

»Weinst du?«, wollte mein Vater wissen.

Wirklich standen Tränen in meinen Augen, ich wischte sie weg und lachte laut.

Er musterte mich misstrauisch, doch dann lachte auch er und sagte, dass wir bald nach Hause führen. »Morgen«, fügte er hinzu. Das machte mir Mut.

XVIII.

Wir gingen, bis es dunkel wurde. Es hatte zu regnen aufgehört, und der schwarze Himmel war durch Sterne erhellt. Unterwegs hatten wir in einem leeren Gasthaus und einer offenen Holzhütte Rast gemacht, in der mein Vater mit dem Taschenmesser kleine Stücke des geselchten Fleisches und Brot vom Laib abgeschnitten hatte. Wir tranken den Apfelsaft, den wir im Gasthaus gekauft hatten, und ich fühlte mich von einem Augenblick auf den anderen erhaben. Erhaben über die Menschen, die in den dunklen Häusern schliefen, erhaben über den Distriktsarzt und die geizigen Bauern. Es war kalt und der Himmel klar.

»Schau hinauf zu den Sternen«, sagte mein Vater und blieb stehen. »Vielleicht sind wir ein Universum im Universum. Wissen wir«, fuhr er fort, »ob wir nicht in unserem Inneren selbst leuchten mit unseren Zellen und Organen, aber so schwach, dass wir es nicht registrieren können? Und außerhalb des Sternenhimmels existiert vielleicht ebenso etwas anderes, das wir nicht sehen können, weil unsere Augen dafür zu schwach sind.« Er machte eine kurze Pause. »Du siehst, ich rede Unsinn«, er lachte auf, »meine Mutter, deine Großmutter aus Siebenbürgen, hat mir dieses Märchen erzählt, und ich gebe es dir weiter, weil es ihr Freude bereiten würde.« Wieder lachte er. Noch nie hatte mein Vater so zu mir gesprochen, und nie mehr sollte er etwas Ähnliches von sich geben, doch ich habe mir jedes seiner Worte gemerkt, weil meine Großmutter diese Gedanken noch oft geäußert hat und sie davon überzeugt war, dass alle Menschen innerlich leuchtende Wesen seien.

Mein Vater räusperte sich. Ich kann mich nicht erinnern, dass er mich jemals geküsst oder an sich gedrückt oder gar gestreichelt hätte. Er war dazu nicht fähig. Trotzdem spürte ich, dass er besorgt war und sich über mich Gedanken machte. Ich fühlte mich in seiner Gegenwart beschützt, obwohl ich mir sicher war, dass er mich nicht verstand. Aber er behandelte mich wie seinesgleichen, solange ich noch ein Kind war. (Erst als ich erwachsen wurde, bevormundete er mich wie ein Kind.) Wir starrten zum Himmel hinauf, und mein Vater begann, mir die Sternbilder zu erklären. Den Großen und den Kleinen Wagen, den Großen und den Kleinen Hund – es war seltsam, während mir mein Vater dieses Sternbild zeigte, hörten wir aus der Ferne wirklich Hunde bellen. Ich konnte nur den Großen Wagen erkennen, bei allen anderen starrte ich bloß zum Himmel hinauf, denn ich hatte keine Ahnung, wovon er sprach.

»So musst du dir die Erinnerung in deinem Kopf vorstellen, als leuchtende Punkte. Was du siehst, ist eine Momentaufnahme, tatsächlich aber ist alles in Bewegung … Wenn du nicht verstehst, was in deinem Kopf vor sich geht, denke an den Sternenhimmel.«

Es war so spät, dass ich mich fragte, ob wir im Freien nächtigen müssten; wir fanden endlich einen Heuschober und eine Leiter und stiegen durch eine Luke ein. Das Heu duftete, und wir versanken bis über die Knie in der federnden Masse. Mein Vater richtete uns, mit dem Ohrenspiegel als Taschenlampe in der Hand, ein Lager zurecht, und bevor ich noch an das Schlafen denken konnte, hatte ich schon das Bewusstsein verloren.

XIX.

Ich erwachte benommen im Heu. Ein Hahn krähte. Meine Glieder schmerzten, und mir war kalt. Vater war schon aufgestanden, ich hörte ihn vor dem Heuschober husten. Wir zupften uns gegenseitig die Halme von den Kleidern, und beim nächsten Bauern durften wir uns am Brunnen waschen. Er lud uns auf ein Stück Schwarzbrot und saure Milch ein und bat dann meinen Vater, seinen Rücken anzusehen. Es war ein Mann um die Vierzig, mager, mit einem Schnurrbart und abstehenden Ohren. Über dem struppigen Haar trug er einen schwarzen Hut mit einem breiten grünen Band. Seine Zähne waren zum Großteil ausgefallen, die Nägel an den Fingern von der schweren Arbeit eingerissen. Er lebte mit seiner Mutter in einem Haushalt und hatte weder Frau und Kinder noch Gesinde. Der Hund mit Namen Treff, eine ausgefallene Promenadenmischung, machte Männchen in der Küche, wenn er um Brot bettelte. Treff hatte ein dichtes braunes Fell, ein vorstehendes Gebiss und Flöhe, wie mir mein Vater zuflüsterte, da er nicht wollte, dass ich ihn streichelte. Auf dem Schlafzimmerschrank lagen ein Schrotgewehr und eine Flinte. Einige Trophäen von Rehböcken hingen an der blauen Wand, die ein silbernes Blumenmuster zierte. Außerdem lehnte eine Basstuba in einer Ecke.

Ich schloss daraus, dass er Jäger und Musikant war, aber ich wunderte mich, dass wir keine Familie antrafen bis auf die Mutter.

Der Bauer nahm auf einem Stuhl Platz, machte seinen Oberkörper frei und zeigte uns den Rücken, auf dem ich mehrere Abszesse ausmachte. Mein Vater untersuchte sie genau und hieß mich dann das Schlafzimmer verlassen, da er wusste, dass ich mich vor dem Eiter ekelte. Er rief mich auch nicht herein, bis er mit seiner Arbeit fertig und der Bauer verarztet war.

Die Mutter hatte inzwischen in der Küche nachgeheizt, mich nach dem Namen gefragt und mir erzählt, dass Treff ein guter Jagdhund sei. Er habe im Winter sogar einen Dachs zu Tode gebissen, bemerkte sie. Ich wusste nicht, was ein Dachs war und stellte mir ein ganz anderes Tier vor, als das, welches ich später in einem Buch sah. Ich ahnte nur aus der Erzählung der Frau, dass er in einem »Bau« unter der Erde lebte und der Hund ihn dort aufgestöbert und in einem Kampf besiegt hatte.

Als ich Vater auf der Landstraße nach dem Bauern fragte, sagte er, die beiden Brüder von Karl, so hieß er, seien im Krieg gefallen – er als der Älteste habe zu Hause bleiben dürfen. Karls Vater sei schon vor zehn Jahren an Magenkrebs gestorben, und der Sohn habe zwei ledige Kinder von Mägden, die auf anderen Höfen arbeiteten. Karls Mutter sei mit keiner von beiden als Schwiegertochter einverstanden gewesen. Der junge Bauer habe auch ein Motorrad in der Tenne stehen, nur fehle ihm das Geld für das Benzin. Mein Vater war gut gelaunt und zeigte mir zwei Selchwürste, die er für seine Arbeit bekommen hatte, und eine Krenwurzel. Und als er gefragt habe, fuhr er fort, ob die Bäuerin uns für unterwegs etwas mitgeben könnte, denn wir hätten einen langen Fußmarsch vor uns, habe sie ihm zwei Krapfen eingepackt und etwas Most in einer Flasche. Wir machten bald Rast, und ich war erleichtert, dass es meinem Vater besser ging.

XX.

Gegen Mittag fanden wir eine tote Elster am Wegrand. Omi hatte erzählt, dass Elstern alles, was glänzte, stahlen – Ringe, Ohrgehänge, Geldstücke – und all diese wertvollen Dinge in ihren Nestern versteckten. Ich griff vorsichtig nach dem Flügel des toten Vogels, hob ihn hoch und drehte ihn um. Die Seite, mit der er am Boden gelegen hatte, war von Würmern befallen. Er stank furchtbar. Jetzt erst fiel mir auf, dass seine Augen einen kleinen Spalt breit geöffnet waren und die feinen Federn auf seinem Kopf in die Höhe standen, als sei er abgestürzt und auf der Erde zerschmettert worden. Ein paar Schritte weiter fanden wir ein halbes Dutzend toter Spatzen und kurz darauf eine tote Amsel. Bei keinem der Tiere ließ sich die Einwirkung von Gewalt feststellen. Mein Vater, der zwei Semester Veterinärmedizin studiert hatte, versuchte eine Erklärung dafür zu finden. Möglicherweise waren sie vergiftet worden … Aber wie? Sie mussten irgendetwas getrunken oder gefressen haben, das verunreinigt gewesen war … Es konnte sich jedoch auch um eine infektiöse Tierkrankheit handeln – jedenfalls musste ich mir beim nächsten Hof mit Seife die Hände waschen …

Mir war längst unheimlich geworden. In jedem Haus Krankheit und Siechtum, selbst die Tiere starben haufenweise: Sie wurden plattgewalzt, geschlachtet, vergiftet. Ich wollte nur noch nach Hause.

XXI.

Ich musste jetzt verschärft darauf achten, dass wir dem Distriktsarzt nicht noch einmal begegneten. Hinter einem großen Marterl, an dem wieder der aus dem Herz blutende, nur mit einem Tuch um die Hüften bekleidete Jesus hing – ein schrecklicher Anblick – kam ein Schwachsinniger, der der Sprache offenbar nicht mächtig war, im Laufschritt auf uns zu und bedeutete uns aufgeregt, ihm zu folgen. Mein Vater fragte nicht lange, sondern beeilte sich. Auf einmal verstand ich, dass er seine Arbeit brauchte. Seine Arbeit war für ihn der Traum, aus dem er nicht gerissen werden wollte. Er träumte das, was wir erlebten, und ich war der, der wach war und ihn fortwährend aus dem Schlaf riss. (Ich nahm mir vor zu schweigen.) Inzwischen waren wir auf eine Anhöhe hinaufgelaufen, wo sich das Gehöft befand. Hühner pickten dort Futterreste auf, die der Bauer auf dem Weg zum Stall aus seinem Sack verloren hatte. Wir sahen ihn gerade in einem Gebäude verschwinden. Sogleich stellte ich mir vor, dass hinter dem Tor ein Schlachthof sei, in dem die Tiere getötet würden. Aber ich irrte mich, denn es wurden nur die Kühe gefüttert. Der Hund hing nicht an der Kette, sondern schlief neben der Stiege. Sogar die Katzen ließen sich blicken, wenn auch nur aus einiger Entfernung. Wäsche hing zum Trocknen an Stricken zwischen den Obstbäumen. In der Küche war ich überrascht von der Sauberkeit. Der Schifferboden war frisch gescheuert, der große gemauerte Herd mit den verchromten Backrohrtürchen und der Messingschiene um die Herdplatten blitzte, und verführerischer Mehlspeisenduft lag in der Luft. Wir waren beim Bauern Bammer, von dem Omi immer erzählt hatte und auf den mein Vater seine letzte Hoffnung setzte, wenn eine Hamsterfahrt umsonst zu enden schien. Der schwachsinnige Seppi gehörte nicht zum Hof, sondern war der Sohn des Nachbarn. Er kannte aber meinen Vater und wollte sich, wie ich erfuhr, nur wichtig machen. Niemand war in Gefahr. Der Nachbar war auch Imker, erzählte mir mein Vater, und Seppi musste ihm bei der Arbeit helfen. Im letzten Sommer sei er von vierzig oder fünfzig Bienen gestochen worden. Sein Vater habe, wie häufig am Sonntag, Karten gespielt, »geschnapst«. Dabei sei heftig dem Alkohol zugesprochen worden und Seppi sei auf der Gasthausbank eingeschlafen. Erst in der Nacht sei der Vater mit seinem Sohn nach Hause gegangen, habe dort noch das Bienenhaus aufgesucht und einen Stock geöffnet. Bienen hassten intensive Gerüche wie den von Alkohol und reagierten aggressiv auf sie. Ein Schwarm sei »herausgeschossen«, wie mein Vater erklärte, und habe den Bauern und seinen Sohn übel zugerichtet. Mein Vater hatte das vor Seppi erzählt, der mit geöffnetem Mund zugehört hatte, während er den Herrgottswinkel anstarrte. Als mein Vater geendet hatte, stürzte Seppi sich auf mich und zeigte mir, wo er überall gestochen worden war: an den Händen, am Kopf, unter den Haaren, an der Nase, den Ohren, den Lippen, an den nackten Beinen unter der Hose, wohin die Bienen hinaufgewandert seien, ebenso unter dem Hemd und den Hemdsärmeln – er machte ein verzweifeltes Gesicht und wies mit dem Finger auf meinen Vater.

»Ich habe ihm eine Calcium-Injektion gegeben und schmerzstillende Tabletten, denn ich war zufällig beim Bauern Bammer und wurde von der Nachbarin geweckt, die über meine Anwesenheit Bescheid wusste.« Der Nachbar sei gegen Bienenstiche immun, fuhr mein Vater fort. Der Sohn jedoch, Seppi, sei so verunstaltet gewesen, dass ihn nicht einmal seine Mutter erkannt habe. Die Augen zugeschwollen, die Lippen aufgeworfen, die Nase und die Ohren zu Fleischklumpen verquollen, und die Hände, Finger und Zehen habe er nicht mehr bewegen können. Seppis Zustand sei lebensbedrohlich gewesen. Aber es sei ihm gelungen, ihn »durchzubringen«.

Später erklärte mir mein Vater, dass Seppi mongoloid sei und nicht mehr lange zu leben habe. Er leide unter dem Down-Syndrom und habe überdies einen Herzfehler, was bei dieser Krankheit häufig vorkomme. Ich packte das Stethoskop und das Blutdruckmessgerät aus, und mein Vater befahl dem Buben, den Oberkörper frei zu machen und tief ein- und auszuatmen. Dann streichelte er ihm über den Kopf (was er bei mir nie tat und meine Eifersucht weckte), sagte ihm, dass er gesund sei, und entließ ihn mit einem Witz, den er zuvor schon mir erzählt hatte. (Mein Vater hatte leider etwas übrig für schwache Witze. Mir fällt kein einziger, den er erzählte, mehr ein, weil ich sie alle nicht mochte. Ich lachte aber immer dazu, so gut ich konnte, weil es mich freute, dass er mich ins Vertrauen zog.) Er wusch sich jetzt die Hände in einer Waschschüssel und sah zunächst die Kinder, die hereinlugten, nicht. Vorsichtig traten sie näher und wollten das Stethoskop und die Arzttasche aus der Nähe betrachten. Aber sobald mein Vater sie fragte, ob er sie untersuchen solle, stoben sie davon.

Zu Mittag wurde nach einem »Vater unser« und einem »Gegrüßet seist du Maria« eine Nudelsuppe auf den Tisch gestellt, anschließend gab es eine Kernöleierspeise mit Brot und Salat. Es wurde uns ein kleines Zimmer zugewiesen, und endlich fühlte ich mich in Sicherheit. Ich schlief den ganzen Nachmittag und erwachte erst am Abend benommen. Zuerst wusste ich nicht, wo ich mich befand. Ich sah nur das weiße Kopfkissen und dachte, es sei Winter. Dann erblickte ich die Ameisen, die sich quer über das Bett eine Straße gebaut hatten. Sie krabbelten über die Hügel und durch die Täler der Deckenlandschaft und verschwanden im Spalt zwischen dem Bett und der Wand. Ich stand auf und folgte der Ameisenstraße die Bodenleiste entlang bis zu einer Ecke, in der eine Nähmaschine stand. Neugierig suchte ich die Ritze, aus der sie kamen oder in der sie verschwanden und fand ein loses Bodenbrett. Ich hob es auf und erblickte ein Ameisennest. Irritiert ließ ich das Brett wieder fallen. Ich konnte mir nicht vorstellen, wie ich die Nacht mit dem Wissen, dass Aberhunderte Ameisen unter mir krabbelten, verbringen würde. Warum ich dann die Lade des Nähmaschinentischchens öffnete, weiß ich nicht mehr. Es war nicht einmal Neugierde. Ich fand darin einen ungeordneten Haufen alter Fotografien, mit denen ich mich zurück ins Bett begab. Ich sah Hochzeiten, Soldaten beider Weltkriege, einen Fronleichnamsumzug, Schulklassen, Porträtfotografien, die mich an die Geschichte von Großvater und seinem Bruder denken ließen, aber auch Männer mit Hakenkreuzbinden an den Armen, die zum Gruß erhoben waren, und junge Frauen in der gleichen Haltung. Ohne dass ich es bemerkt hatte, war mein Vater eingetreten.

Ich hatte gerade ein briefmarkenkleines Heftchen in der Hand, auf dem der Mann mit Schnurrbart und Uniform abgebildet war, von dem ich wusste, dass es Adolf Hitler war.

Mein Vater warf einen Blick darauf, sammelte wortlos die Bilder ein, die auf der Bettdecke lagen, nahm mir das Büchlein aus der Hand und legte alles in die Lade zurück. Dann setzte er sich an den Bettrand und sagte, was er mir von da an immer wieder »einbläute«. Es war stets der gleiche Wortlaut: »Hör zu – die Politik ist schlecht. Tritt nie einer politischen Partei bei – merk dir das. Und geh nie zum Militär. Es ist das andere Übel.«

Ich fragte ihn, was er damit meinte.

Er dachte kurz nach und sagte, der Krieg entstehe aus schlechter Politik. »Ich habe gesehen, was der Krieg ist«, fuhr er fort. »Ich werde es dir immer wieder sagen, bis du mich verstehst. Halte dich von der Politik fern … und vom Militär … Du darfst nie ein Soldat werden, hast du mich verstanden?«

Ich sagte nichts, da ich noch immer nicht wusste, was er wollte. Verwirrt nickte ich nur.

»Das sind Ameisen«, sagte er plötzlich. »Hast du sie nicht bemerkt?« Er verfolgte die Spur zum Spalt zwischen Bett und Wand, von dort an der Bodenleiste entlang bis zur Nähmaschine, wo er das Brett aufhob und den Haufen sah.

»Das Haus ist nicht unterkellert«, stellte er ruhig fest. »Steh auf, wir gehen zum Abendessen.«

XXII.

Vor der Mahlzeit wurde der »Rosenkranz« gebetet, den ich vollständig noch nie gehört hatte und der mich in der klagenden Form, in der er vorgetragen wurde, nicht nur ermüdete, sondern auch traurig machte. Besonders die Bitten um Vergebung und Gnade setzten mir zu, und ich begann, mich gegen den Sinn zu verschließen und auf die Monotonie zu konzentrieren, dabei nickte ich kurz ein – eine Katze, die durch eine Lücke in der Balkendecke vom Dachboden mit einem lauten Krach auf die Sitzbank sprang, alle aufschreckte und sich sofort unter dem Sofa verkroch, riss mich aus dem Halbschlaf, und jetzt erst sah ich den Knecht, der sich in der Zwischenzeit an den Tisch gesetzt hatte. Ihm fehlte ein Arm, stattdessen trug er eine Prothese mit einem Haken, der bedrohlich aussah. Die

Kinder neben mir am »Katzentisch« hatten vorgegeben zu beten, begannen aber – je länger der Rosenkranz dauerte –, sich gegenseitig versteckt zu kitzeln und mussten dafür nach Ende des Gebets den Tadel der Bäuerin hinnehmen, der auch mir galt, da sie allgemein zu den Kindern sprach.

Es gab wieder Sterz und saure Milch, die wir schweigend verzehrten. Gegen Ende der Mahlzeit aber begannen die Kinder neuerlich unruhig und laut zu werden, bis der Bauer auf den Tisch schlug und sie ins Bett schickte. Die Kinder verließen augenblicklich das Zimmer, und ich wollte es ihnen gleichtun, aber Herr Bammer sagte, ich sei nicht damit gemeint gewesen. Daher blieb ich allein zurück. Auf dem Tisch waren Sterz und saure Milch verschüttet, und die Teller standen unordentlich herum. Ich verlor den Appetit und wurde auf meinen Vater wütend, weil er sich unter den Bauern wohl fühlte, mit ihnen scherzte, sich ihre grobschlächtigen Schilderungen anhörte und ihre Speisen mit Eifer aß. Zornig sann ich darüber nach, was ich anstellen könnte, aber mir fiel nichts ein. Mitten in meine Gedanken hinein fing der Knecht zu erzählen an, wie er im Krieg den Arm verloren habe, als er eine »russische Granate«, wie er sagte, zurückzuwerfen versucht habe, die aber in seiner Hand explodiert sei. Hierauf berichtete die Bäuerin von ihrer Angst vor den »Partisanen«; ich verstand nur so viel, dass ein Tierarzt »verschleppt« und später erschossen aufgefunden worden sei. Überdies hörte ich, dass die »Wertsachen«, Uhren und Schmuck, in einen Leinenbeutel genäht und in die ungemähte Wiese geworfen worden seien, wenn es hieß, dass Partisanen sich herumtrieben.

Aus den Gesprächen ergab sich dann, dass der Bauer

noch immer an Blasensteinen litt und die Bäuerin sich mit meinem Vater zu einer Untersuchung in das Schlafzimmer zurückziehen würde. Ich war unbeobachtet und verließ kurz das Haus, um im Freien »frische Luft zu schnappen«, wie mir der Knecht geraten hatte. Es war so dunkel, dass ich nur die Umrisse der Gebäude, des Stalls und der Tenne sah. Gerade wollte ich in das Haus zurück, da versperrte mir der Hund den Weg, fing zu bellen an und wollte mich anspringen. In Panik überquerte ich den Hof, den Atem des Tieres schon im Nacken, sah ein kleines Häuschen, riss das Gatter auf, warf es hinter mir ins Schloss und konnte durch die Latten meinen Verfolger sehen. Der Hund sprang bellend gegen die Sprossen und ließ sich auch dadurch nicht beruhigen, dass ich stillhielt. Allmählich gewöhnten sich meine Augen an die Dunkelheit, und ich erkannte, dass ich mich in die Kapelle geflüchtet hatte. Schließlich nahm ich in der Bank Platz und wartete. Ich war davon überzeugt, dass mein Vater mich suchen und finden würde, aber es blieb still, denn der Hund war inzwischen in das Haus zurückgelaufen. Ich tastete mich zum Hausaltar vor, fand eine Schachtel Streichhölzer und zündete eine Kerze an. Die Wände der Kapelle waren mit Aposteldarstellungen bemalt, ihre starre, tote Heiligkeit schien meine eigene Ausweglosigkeit darzustellen. Endlich rief mich mein Vater aus der Dunkelheit. Ich antwortete ihm. Trotzig kämpfte ich gegen meine Tränen an, trotzig schwieg ich auf alle Fragen, und trotzig überhörte ich die Beteuerung des Bauern, der Hund habe nur mit mir spielen wollen. Trotzig schlief ich auch ein, nicht einmal die Ameisen unter dem Bretterboden kümmerten mich mehr.

XXIII.

Als wir am nächsten Morgen das Gehöft hinter uns gelassen hatten, kam uns Seppi nachgelaufen. Er stieß aufgeregt Laute aus, die keinen Sinn ergaben. Wir blieben stehen, und er überreichte uns ein Glas Honig. Hierauf schlugen wir den Weg nach Hasreith ein, wo wir über eine Abkürzung durch den Wald die Straße zum Bahnhof erreichten. Es war ein düsterer Tag, an dem mir auch die seltsame Lautlosigkeit auffiel. Und wirklich sagte mein Vater nach einiger Zeit, dass es die Stille vor dem Regen sei. Die Tiere würden sich verkriechen und »die Natur den Atem anhalten«. Wie betäubt erwartete alles den Regenfall – er verwendete das Wort »somnambul«, das ich noch nie gehört hatte. Die Natur spüre, dass der Regen käme, die Pflanzen benötigten ihn, wiederholte er, die Insekten, die Vögel, die Reptilien.

Als ich ihn fragte, ob ich etwas von dem Honig kosten dürfe, den wir im Glas bekommen hätten, gab er mir zur Antwort, dass es kein Honig, sondern der Urin des Imkers sei, der an einer Nierenerkrankung leide. Seppis Vater, fuhr er fort, sei zu betrunken gewesen, um selbst zu kommen, zumeist sitze er, wie ich gehört hätte, im Gasthaus beim Kartenspiel.

Die Landstraße war nur wenig befahren. Begegnete uns ein Auto, traten wir an den Straßenrand und hofften, ein Stück mitgenommen zu werden, doch hatten wir kein Glück. Mein Vater warf mir einen prüfenden Blick zu, um festzustellen, ob ich schon ermüdet sei, dann befahl er mir knapp, mich zu beeilen.

Bevor er noch geendet hatte, fing es zu regnen an.

Im Regen, meine Mütze auf dem Kopf, versuchte ich

mit meinem Vater Schritt zu halten. Er ging so rasch, dass ich bald außer Atem war, aber im Unterschied zu früher achtete er nicht darauf.

Hinter einer Biegung kam uns schließlich ein Gendarm auf einem Fahrrad entgegen, er trug eine Regenpelerine und die graue Kappe, und als wir ihn sahen, war es schon zu spät zur Flucht in den Wald.

»Sei still!«, hörte ich meinen Vater noch flüstern. Ich ließ zwar meinen Kopf hängen, aber ich blickte auf die Räder des Fahrrads, bis sie vor uns zum Stehen kamen.

»Tut mir leid«, sagte der Gendarm. »Haben Sie Krankenbesuche gemacht?«

Zu meiner Überraschung lachte mein Vater und entgegnete, wir hätten nur einen Ausflug unternommen.

»Da haben Sie aber Pech mit dem Wetter«, antwortete der Gendarm.

Als mein Vater ohne eine Antwort weitergehen wollte, fragte der Gendarm ihn, ob er in seinen Rucksack schauen dürfe.

Wir standen zu dritt im Regen und blickten uns an. Die Tropfen rannen über die Pelerine des Gendarmen und liefen über seine graue Uniformkappe. In einem plötzlichen Entschluss nahm mein Vater den Rucksack herunter, öffnete ihn und holte das Glas mit dem Urin des Bienenzüchters heraus.

»Was ist das?«, wollte der Gendarm wissen.

Mein Vater sagte es ihm.

Der Gendarm überlegte und fragte ihn dann, wozu er den Urin benötige.

»Wollen Sie ihn beschlagnahmen?«, fragte mein Vater zurück.

»Gut«, antwortete der Gendarm nach einer Pause.

»Aber passen Sie auf, dass der Distriktsarzt Sie nicht mehr sieht.«

Mein Vater verstaute das Glas wieder im Rucksack und nickte.

Unterwegs begegneten wir noch dem Bauern, der uns mit dem Ochsenwagen vom Bahnhof abgeholt hatte.

Er lud uns ein aufzusteigen und wollte wissen, wie es uns ergangen sei.

Erst jetzt, während ich diese Zeilen schreibe, fällt mir ein, dass ich den Jauchegestank an ihm nicht mehr wahrnahm, vor dem ich mich bei meiner Ankunft so geekelt hatte.

Ich war durchnässt, und mein Vater versprach mir, am Bahnhof meine Unterwäsche zu wechseln, was mir aus anderen Gründen nur recht war, denn es juckte mich am ganzen Körper. In der Früh waren es noch einzelne Stellen gewesen, einmal am Rücken, dann am Oberschenkel, dann wieder an den Unterarmen, aber allmählich hatte ich das Gefühl, an einem Ausschlag zu leiden.

Als ich meinem Vater davon erzählte, antwortete er, es gehe ihm auch nicht besser.

»Flöhe«, sagte er dann. Und wie um mich zu trösten, erzählte er mir, dass man früher dressierte Flöhe in einem Flohzirkus habe auftreten lassen. Man habe sie vor eine winzige Spielzeugkutsche gespannt und sie diese ziehen lassen oder man habe ein Wett-Hochspringen veranstaltet, denn die Sprungkraft von Flöhen sei außergewöhnlich. Wäre ein Floh so groß wie ein Mensch, könne er sogar den Eiffelturm in Paris überspringen, schloss mein Vater. – Ich wusste jedoch nicht, wie hoch der Eiffelturm war und wie er aussah. Der Bauer lachte die ganze Zeit über, während mein Vater sprach.

Ich wünschte mir, selbst ein Floh zu sein und bis zum Bahnhof zu springen, um endlich meine Kleider wechseln zu können. Aber: War ich nicht bereits ein Floh? So unbedeutend und klein, dass man mich jederzeit zerdrücken konnte?

Frierend und durchnässt saß ich auf dem Kutschbock. Ich hatte die Versuche mich zu kratzen längst aufgegeben, da meine Kleider zu dick waren.

Als wir uns vom Bauern am Bahnhof verabschiedeten, fragte mein Vater ihn, wie es seiner Mutter gehe.

Sie sei gestern gestorben, antwortete der Mann und fügte hinzu, sie sei schon alt gewesen. Mein Vater gab ihm die Hand und bedankte sich »fürs Mitnehmen«.

Im Warteraum, der nur spärlich beleuchtet war, hockten die vom Hamstern zurückkehrenden Städter, manche rauchten. Niemand sprach. Es war, als seien wir alle gestorben. Willenlos ließ ich mir in einer Ecke die Kleider wechseln, mein Vater trocknete mir mit einem gebrauchten Hemd die Haare und den Körper und fand auch den Floh, mit dem er, wie er sagte, »kurzen Prozess« machte. Er behauptete, dass ich mich bald wohler fühlen würde, aber es juckte mich noch immer am ganzen Körper.

XXIV.

Die Rückfahrt verschlief ich, und am Bahnhof in Graz musste mich mein Vater kräftig rütteln, bis ich wieder zu mir kam. Ich war so erschöpft, dass ich mich kaum noch auf den Beinen halten konnte und den Belehrungen meines Vaters nur mit halbem Ohr zuhörte. Er hatte den kleinen Rucksack aus dem großen genommen und den Speck, das Geselchte und die beiden Hauswürste zu dem

Schmalz in der Proviantdose gestopft. Auch die in Zeitungspapier eingewickelten Eier befanden sich darin.

»Du gehst durch das Haupttor«, beschwor mich mein Vater. »Wenn dich jemand etwas fragt, antwortest du ihm nicht, egal, was man dir sagt, du schweigst.«

Ich nickte.

»Wenn man dich fragt, was du im Rucksack hast, was antwortest du dann?« Er blickte mich fragend an.

Ich sagte: »Nichts.«

»Bist du erst im Freien, suchst du den Bombentrichter, den ich dir gezeigt habe, als wir wegfuhren«, setzte er fort, »erinnerst du dich daran? – Gut. Schau dich um, wenn du aus dem Bahnhof gehst. Erst wenn du sicher bist, dass dir niemand folgt, versteckst du dich und wartest, bis ich bei dir bin. Und: Dreh dich nicht nach mir um, denn wenn du mich suchst, wissen die Soldaten, dass wir zusammengehören, und nehmen uns alles weg. Dann haben wir uns umsonst bemüht, verstehst du? Und auch das Schmalz haben wir dann umsonst mitgehen lassen, jemand anderer wird es an unserer Stelle essen.«

Mein Vater schärfte mir noch mehrmals ein, wie ich mich zu verhalten hätte, und befahl mir dann zu gehen.

In der Bahnhofshalle herrschte wenig Betrieb. Es war Nacht, vor dem Ausgang lungerten die englischen Soldaten. Zwei von ihnen kontrollierten gerade den Rucksack einer Frau. Der Nebenausgang war unbewacht, und mir war augenblicklich klar, dass es am besten war, wenn ich unauffällig hinausspazierte, aber mir fehlte die Kraft dafür. Ich wusste, dass ich einen Fehler machte, wenn ich mich jetzt verdächtig verhielt, und tat es trotzdem. Noch oft habe ich unter der Eigenschaft gelitten, zu wissen, dass ich mir mit etwas schade, aber nicht anders zu können, als in mein Unglück zu laufen: vielleicht aus einem übertriebenen Gehorsamsgefühl heraus, wie ich mir später sagte, vielleicht in der Hoffnung auf Nachsicht, wenn ich für das Unglück bereit war. Aber so genau weiß ich das nicht. Es könnte auch sein, dass ich der Meinung war, dadurch übersehen zu werden.

Einer der Soldaten griff jedoch nach meinem Rucksack und beugte sich zu mir herunter.

»Bist du allein?«, fragte er mit starkem Akzent. Er roch nach Alkohol.

Da ich schwieg, wiederholte er die Frage.

»Was ist da drinnen?« wollte er wissen. »He, bist du stumm?«

Er nahm mir den Rucksack herunter und öffnete ihn.

Vor Schreck fing ich zu weinen an. Ungerührt holte der Soldat die Proviantdose heraus, öffnete sie und fuhr mich an, für wen ich das mitnähme!

Bevor ich noch antworten konnte, mischte sich ein Unteroffizier ein. Da er auf Englisch mit dem Soldaten stritt, verstand ich nicht, was er sagte, aber ich durfte die Proviantdose wieder einpacken und wurde sodann aus dem Bahnhofsgebäude gescheucht.

Ich lief wie aufgezogen, bis ich ganz im Dunklen war. Dann erst drehte ich mich um. Ich sah den schlecht beleuchteten Bahnhof und konnte es selbst nicht glauben, wie weit ich mich von ihm entfernt hatte. Hatte ich mit meinem Vater nicht ausgemacht, im ersten Bombentrichter auf ihn zu warten? Vorsichtig näherte ich mich wieder dem Gebäude und behielt dabei die Ausgänge im Auge. Sobald ich den Bombentrichter erreicht hatte, versteckte ich mich. Immer wieder spähte ich über den Rand, ob ich meinen Vater entdeckte, aber es zeigte sich nur ein Soldat, der rauchte.

Endlich erschien mein Vater. Er musste den gesamten Inhalt seines Rucksacks auspacken, auch das Uringlas, sah ich von weitem. Mehrere Soldaten standen um ihn herum und beugten sich über den Inhalt. Plötzlich verloren sie das Interesse, und er durfte alles, auch die Äpfel, die Krenwurzel, den Holundersirup und den Laib Brot wieder einpacken, aber ich konnte sehen, dass sie ihn dabei nicht aus den Augen ließen.

Scheinbar gelassen passierte er den rauchenden Soldaten und näherte sich dem Bombentrichter.

»Bleib!«, flüsterte er in meine Richtung und ging gleichgültig an mir vorbei. Ich wollte trotzdem herausspringen und hätte es beinahe auch getan, aber dann fiel mir ein, wie lange ich schon von zu Hause weg gewesen war. Es schien mir unendlich lange, fast so lange wie eine Jahreszeit dauerte. Und ich hörte meinen Vater in meinem Kopf sagen »Dann haben wir uns umsonst bemüht«, daher zögerte ich.

Versehentlich rutschte ich in den Trichter hinunter, obwohl ich gehört hatte, dass sich Ratten darin aufhielten, weil die Menschen Abfälle hineinwarfen. Ich kletterte wieder hinauf. Dabei nahm ich mir vor, so lange hinunterzurutschen und wieder hinaufzuklettern, bis mein Vater zurückkommen würde. Noch bevor ich den Kraterrand erreicht hatte, erblickte ich jedoch den feinen Lichtstrahl des Ohrenspiegels und hörte leise meinen Namen rufen. So schnell ich konnte, kroch ich heraus, und im selben Augenblick erlosch der Lichtstrahl. Wir beeilten uns, vom Bahnhof weg und über dunkle, leere Nebenstraßen nach Gösting zu kommen. Mein Vater hatte mir den kleinen Rucksack wieder abgenommen, da er fürchtete, einer Militärstreife zu begegnen, und deshalb fluchtbereit sein wollte.

Alles lag im Dunkeln.

Am Kirchweg warf mein Vater Kieselsteine gegen die Fenster, hinter denen die Großeltern wohnten. Omi öffnete die Haustür und ließ uns ein.

Ich blieb zwischen ihr und Großvater im wuchtigen Doppelbett liegen, während mein Vater den Rucksack in der Küche versteckte und noch in der Nacht nach Hause in den Weidweg eilte. Von da an weigerte ich mich beharrlich, ihn noch einmal beim Hamstern zu begleiten.

Mein Mordversuch an Paul

I.

Jede Kindheit ist mit der Erfahrung des Todes verbunden. Wie oft träumte ich, tot zu sein! Wie oft wünschte ich mir den Tod! Ich schaute mich im Spiegel mit zusammengekniffenen Augenlidern an, um zu wissen, welchen Anblick ich als Toter bieten würde, ich versetzte mich in das Totsein, das Begrabenwerden, stellte mir vor, wie meine Eltern um mich weinten.

II.

Wenn die Sommertage sehr heiß waren, bereitete meine Mutter uns im Garten ein Bad. Die Vögel flogen den Fliegen nach, die aus der Mülldeponie kamen und uns lieblich umsummten. Mutter hatte die Zinkbadewanne ins Freie gebracht, und da wir keinen Schlauch hatten, das Wasser mit dem Lavoir und Töpfen aus dem Keller herbeigetragen und es zuerst von der Sonne wärmen lassen, bevor sie es in die Wanne goss, denn es war viel zu kalt. Wir spielten inzwischen in den von Mutter selbst gestrickten Badehosen, die sich entsetzlich ausdehnten und ständig hinunterrutschten und an der Innenseite die Oberschenkel wund rieben. Auch beobachteten wir neugierig die Spiegelungen des Wassers und die Schatten auf dem Grund der Gefäße. Schließlich füllte Mutter die Wanne, und Paul und ich stiegen hinein, hatten aber gemeinsam nicht genügend Platz. Daher stritten wir uns, und ich packte Paul beim Kopf und drückte ihn unter Wasser. Weil Paul in die Wanne gerutscht war, half ihm auch seine heftige Gegenwehr nichts, er zappelte und schlug um sich, seine Augen waren vor Entsetzen geweitet, und seine Haare trieben im Wasser. Mir fiel plötzlich ein, dass ich zusah, wie jemand stirbt, und ich drückte ihn noch fester auf den Wannenboden hinunter. Luftblasen stiegen auf, denn Paul schrie, ich hörte die gurgelnden Laute, doch ich ließ mich davon nicht beeindrucken. Ich war so fasziniert von seinem Zappeln, dass ich nicht einmal meine Mutter kommen hörte, die, durch den Lärm aufmerksam geworden, herbeilief und mich zur Seite riss.

III.

Paul rang nach Luft und röchelte, bis ihm endlich der befreiende Atemzug gelang und er in ein heftiges Weinen verfiel, ein Gemisch aus überstandenem Schrecken, Empörung und Not, das ich nie vergessen werde. Ich glaube, dass ich Paul – wäre meine Mutter nicht erschienen – ertränkt hätte. Meine Mutter schlug mich auf den Kopf und schrie: »Bist du verrückt geworden? Wolltest du deinen Bruder töten? Was hast du getan?«

IV.

Paul erholte sich nur langsam und wollte sich, obwohl noch kraftlos, auf mich stürzen, aber Mutter verhinderte, dass wir uns prügelten. Ich war trotzig. Ich hatte nichts gegen meinen Bruder. Es war nur Neugier gewesen, aber in Gedanken bedauerte ich es, dass meine Mutter uns gestört hatte. Was wäre sonst geschehen? Was wäre mit Paul passiert?

V.

Am Abend stellte mich Vater zur Rede. Da ich schwieg, schrie er mich an, aber ich fühlte mich unschuldig. Ich liebte meinen Bruder. Dass ich ihn beinahe ertränkt hätte, konnte nur geschehen sein, weil etwas über mich triumphiert hatte, gegen das ich machtlos gewesen war. Zum ersten Mal entdeckte ich, dass es ein Reich der Geheimnisse gab, in das ich mich zurückziehen konnte. Wenn ich wollte, würde ich mein Leben von dem der anderen abkoppeln, ohne dass sie es bemerkten. Sie waren dann *machtlos*. Mein Vater schlug mich, doch ich schwieg verbissen weiter. Auch Mutter, mein wichtigster Mensch, verstand mich nicht.

Wie es weitergeht

I.

»Um diese Zeit – Paul besuchte die erste Klasse Volksschule – erhielt dein Vater«, schrieb mir meine Mutter, »durch Vermittlung von Großvater das Angebot, an drei Tagen in der Woche von sechs Uhr bis neun Uhr am Morgen als Betriebsarzt in der Glasfabrik Gösting zu arbeiten. Die außergewöhnliche Dienstzeit hing damit zusammen, dass er die Arbeiter der Nacht- und der Tagschicht betreuen sollte. Er behielt diese Anstellung bis zur Pensionierung bei, da er sich mit der Belegschaft verbunden fühlte und das Einkommen unverzichtbar war. Der Direktor stellte ihm auch ein Fahrrad zur Verfügung, mit dem er, so lange wir am Weidweg wohnten, seinen Visiten und dem Dienst nachkam.«

II.

Zwanzig Jahre später saß ich als Medizinstudent im Sommer selbst im Sanitätsraum der Glasfabrik und fühlte mich unglücklich. Ich war nur körperlich anwesend und »sah mich nicht«. Nach der ersten Woche nahm ich James Joyces »Ulysses« mit und fing mit der Lektüre des kryptischen Buches an, die ich bis heute nicht abgeschlossen habe.

Im toten Winkel

I.

Eines Morgens war das Haus voller Unruhe, es hieß, Großmutter komme aus Rumänien. Frau Lehmberger räumte in ihrer Wohnung das Erkerzimmer, dort sollte Großmutter untergebracht werden. Ein Bett, eine Vitrine, ein Stuhl, ein Nachtkästchen und ein Kleiderschrank sowie ein Eisenöfchen wurden hineingestellt. »Da dein Vater keine Staatsbürgerschaft besaß«, schrieb mir meine Mutter weiter, »und Großmutter mit dem Orientexpress fuhr, und weil Wien in der ›Russenzone‹ lag, musste ich sie abholen. Am Morgen packte ich einen Koffer und reiste, um dich und deine Brüder nicht zu beunruhigen, ohne mich von euch zu verabschieden ab.«

II.

Ich erinnere mich an dieses Wochenende, weil auch Vater nicht zu Hause war und Frau Lehmberger auf uns »aufpasste«. Da sie aber den ganzen Vormittag in der Küche beschäftigt war, hatten wir plötzlich ein Gefühl von Freiheit, wie wir es noch nicht erlebt hatten. Bisher war jeder unserer Schritte nach Möglichkeit überwacht worden, und nur selten war es uns gelungen, einen toten Winkel zu finden, in dem wir unbeobachtet waren. Augenblicklich spürten wir daher, dass wir jetzt etwas tun konnten, was uns sonst verboten war. Paul und ich überredeten Renate, den Schlüssel zu holen und mit uns in die Waschküche und den Keller hinunterzugehen. Die Dunkelheit dort zog uns an. Wir öffneten die Tür und gaben uns dem Anblick des Schrecklichen hin, das uns sofort gefangen nahm. Große Stellen im Verputz fehlten, und die Betonwanne erweckte zusammen mit dem schwachen Licht und dem Schimmel an den Wänden den Eindruck von Unheimlichkeit und Todesnähe. Nichts bewegte sich. Wir stießen das Gatter zum Keller auf, wo ein Haufen Kohle aufgeschüttet lag und an einer Wand ein Regal mit Flaschen und Gläsern stand. Renate sagte, das Abteil gehöre ihrer Mutter. In einem Fach fanden wir ein Album mit Familienfotos. Wir blätterten darin und sahen einen Mann mittleren Alters im Trachtenanzug vor einer Geröllandschaft, auf der nächsten Seite war er mit Lederhose und weißen Stutzen bekleidet und hielt einen Schäferhund an der Leine. Renate fing an zu weinen und sagte, das sei ihr Vater. Wir wollten wissen, ob er tot sei, aber sie schüttelte nur den Kopf und weinte noch mehr. Wir nahmen das Album daraufhin genauer in Augenschein und stießen auf Fotografien mit Soldaten und Kindern, die Hakenkreuzfähnchen schwangen.

Ich erzählte Paul, dass ich ähnliche Aufnahmen schon auf dem Land gesehen hätte, ich hätte sie in der Lade eines Nähmaschinentischchens gefunden. Auf den letzten Seiten entdeckten wir noch einmal Herrn Lehmberger (jetzt in Uniform vor einem Maisfeld) und eine Reihe kleiner, an den Rändern gezahnter Schwarz-Weiß-Fotos, auf denen ein Galgen mit Erhängten zu sehen war. Wir schauten sie stumm an, dann sagte Renate, die inzwischen aufgehört hatte zu weinen, dass es sich um »Partisanen« handelte. Sie wusste aber nicht, was »Partisanen« waren. Ich sagte daraufhin, was ich auf dem Land über sie gehört hatte. Sie seien, ergänzte Renate, erschossen worden oder man hätte ihnen ein Strick um den Hals gelegt. Die Hingerichteten tauchten bald in unseren Spielen auf. Wir verkündeten begeistert, wer gerade aufgehängt würde, und warfen eine Schnur um den Ast eines Obstbaumes. Durch unser Geschrei aufmerksam geworden, verboten uns die Erwachsenen rasch das, wie sie sagten, grausame Treiben.

III.

Die feuchten, verschrumpelten, aufeinander klebenden Abzüge mit weißen Knickfalten auf vergilbtem Fotopapier, die Waschküche mit den von Schimmel befallenen Wänden und die schwache Beleuchtung gingen mir nicht mehr aus dem Kopf. Ich schlich eine Woche später allein in den Keller hinunter, um die Erhängten noch einmal anzuschauen. Diesmal fiel mir auf, dass im Album nur lachende Gesichter zu sehen waren. Auch die Soldaten, die um die Erhängten herumstanden und Gewehre trugen, lachten. Überhaupt lachten alle, die in dem Album abgebildet waren: Herr Lehmberger, die Fähnchen schwingenden Kinder, die Frauen in Dirndlkleidern, die Männer in Lederhosen und weißen Stutzen. Es musste eine fröhliche, eine heitere Zeit gewesen sein, dachte ich. Egal, wo sie sich befanden und was sie taten, die Menschen lachten. Lachten sie, weil sie etwas vorhatten, worauf sie sich freuten? Weil es ihnen gutging? Gab es eine Verschwörung der Lachenden gegen die Nichtlachenden?

IV.

Wenn ich meine Kinderfotografien anschaue, so lache auch ich auf ihnen. »Bitte recht freundlich!«, riefen die Besitzer von Fotoapparaten, und die Menschen kamen ihrem Wunsch nach. Jetzt lachen fast nur noch Tote von den Bildern, die ich selbst besitze. Die meisten meiner für immer lachenden Verwandten und Bekannten und die übrigen Abgebildeten sind gestorben. Sie konnten auf den Fotografien nur gelacht haben, weil sie das Leben schön fanden, dachte ich lange, aber ich hörte von ihnen über die Vergangenheit bloß das Schlimmste: Armut und Krankheit, Arbeitslosigkeit und Ausbeutung, Unglück über Unglück und Trauer um Verstorbene und Gefallene. Auch wenn mir klar ist, dass es nur eine Konvention war, die sie lachen ließ, so hatte sich diese Konvention, dieses Lachen damals verselbständigt, denn wie die Soldaten unter dem Galgen lachten auch die fröhlichen »Damen«, die auf den Bildern mit Herrn Lehmberger zu sehen waren. Einige Fotos waren zerrissen oder eingerissen gewesen, so als hätte jemand überlegt, sie zu vernichten, es aber nicht zustande gebracht. Als ich ein oder zwei Jahre später noch einmal nach dem Album sehen wollte, war es verschwunden.

V.

An diesem Abend fiel mir die Abwesenheit meiner Mutter schmerzlich auf. Ich wälzte mich im Bett herum und erregte den Unwillen meines Vaters, weil ich nicht einschlief. Er räumte die Küche zusammen und das Ordinationszimmer, in dem Großmutter nach ihrer Ankunft nächtigen sollte, bis sie sich an alles gewöhnt hätte. Noch spät in der Nacht putzte er die Schuhe.

VI.

»Der Bahnhof war in Finsternis gehüllt«, schrieb meine Mutter, »denn das Licht wurde erst angeschaltet, sobald ein Zug einfuhr. Den ganzen Tag über war ich auf Quartiersuche gewesen. Alle Unterkünfte waren durch die alliierten Soldaten und ihre Familien besetzt; Wien war ja in vier Zonen geteilt, in eine englische, eine französische, eine amerikanische und eine russische. Zuletzt besorgte mir der Portier vom Hotel ›Imperial‹ ein Zimmer am Graben, und als wir in der Nacht mit Großmutter dort ankamen, wurde uns klar, dass wir in einem Stundenhotel abgestiegen waren.«

VII.

Es war schon dunkel, als meine Mutter und Großmutter eintrafen. Ich hörte im Halbschlaf eine fremde Stimme mit ausländischem Akzent und ein seltsames Geräusch, das mit den gesprochenen Worten verbunden war, und ich hörte Paul aufstehen und hinausgehen und dann, wie er freudig begrüßt wurde. Aber ich schlief weiter, aus Widerstand gegen die Veränderung, die unaufhaltsam, wie mir schien, voranschritt.

Großmutter

I.

Am Morgen betrat ich neugierig das Ordinationszimmer. Dort lag auf »meinem« Krankenbett eine uralte Frau, deren weiße Haare sich über die Kissen ausbreiteten. Ihr Antlitz zuckte so heftig, als würde sie fortwährend Gesichter schneiden. Dazu machte sie mit den Lippen Schnalzlaute (es waren die seltsamen Geräusche, die ich in der Nacht gehört hatte).

Ich glaube nicht, dass der Name ihrer Krankheit damals schon bekannt war, heute würden Psychiater sie als »Tourette-Syndrom« bezeichnen, wenngleich meine Großmutter nicht den Drang verspürte, obszöne Worte auszusprechen. Allerdings ließ sie sich zu unkontrollierten Schimpftiraden hinreißen.

Ich war so fasziniert, dass ich nur dastand und sie anstarrte. Ihr Gesicht war wirklich in ständiger Bewegung. Als würde es sich im Wasser spiegeln, flossen die Züge auseinander, zogen sich wieder zusammen oder verschwammen ineinander. Sie war gleichzeitig sie selbst und ihre eigene Karikatur. Dazu machte sie mit ihren Lippen in einem fort das schnalzende »Pfftt« – »Pfftt«, das wie Kastagnettentöne ihre Sprache rhythmisch begleitete. Mein Vater nannte es mit allem Respekt »Schnalzen«, wenn die Rede darauf kam, und Großmutter nahm ihm diese Bezeichnung nicht übel. Wenn sie aufgeregt war, schnalzte sie jedes Mal doppelt so viel, als wenn sie ihren Gedanken nachhing. Beim Erzählen steigerte sie den Rhythmus der Lippenlaute, bis es schließlich zu einer Eruption ihres Vortrages kam. Ihre Aufgeregtheit und das Schnalzen unterstrichen für mich später auf hypnotische Weise den Wahrheitsgehalt ihrer Geschichten. Allein durch diese Eigenart des Erzählens schuf sie die Wahrheiten meiner Kindheit. Ich wollte auch das Schnalzen und Gesichtszucken meiner Großmutter erforschen, wissen, wie ihr dabei zumute war, und außerdem mich ihrer Macht, die sie durch ihre dämonische Präsenz über mich gewann, entziehen. In unbeobachteten Momenten stellte ich mich deshalb vor den Spiegel und versuchte in ihre Haut zu schlüpfen, indem ich sie imitierte. Aber ich ermüdete rasch dabei, und die Anstrengung, sie zu sein, war so groß, dass ich dadurch ihre Verschiedenheit zu mir begriff. Sie war jemand ganz anderer als ich, jemand, den ich nicht verstand – ich hatte diese Erfahrung zuvor noch nie gemacht.

II.

Als sie mich im Ordinationszimmer auf dem Untersuchungsbett in die Arme schließen wollte, wich ich anfangs zurück. Ich hielt sie für eine hässliche alte, fremde Frau, zu der mich mein Vater hindrängte. Er verlangte von mir sogar, ich solle zu ihr unter die Decke kriechen. Paul lag schon neben ihr und wurde mit einem grünen kandierten Früchtebonbon belohnt. Ich dachte an die furchterregende Hexe in der Baracke der Roten Falken, wo ich mit Großvater die Theateraufführung erlebt hatte und unter das Klavier gekrochen war, trotzdem lief ich nicht davon. Irgendetwas zog mich in ihren Bann, und als sie auch mir ein kandiertes Früchtebonbon reichte und mich anlachte, nahm ich es, ließ sie aber dabei nicht aus den Augen. Davon sprach sie später immer wieder. Zuerst gab sie mir ein gelbes mit der fragenden Bitte, doch mit ihr zu sprechen, dann ein rotes mit einer liebevollen Aufforderung, ihr meinen Namen zu sagen, und schließlich stillschweigend ein grünes, aber ich steckte keines davon in den Mund, auch auf das Drängen meines Vaters nicht, bis mich meine Mutter hinausschob und ich mit den klebrigen Bonbons in der Hand zurück in das Bett flüchtete.

Damals wurde vieles anders für mich. Ohne Übergang musste ich erwachsener geworden sein, »reifer«, wie meine Mutter sagte. Auch meine Erinnerungen sind von da an deutlicher, zahlreicher und detaillierter.

III.

Großmutter hatte ihre gesamten Habseligkeiten in zwei geflochtene Koffer aus Weidenruten gepackt, die ihr Wochen später zugestellt wurden. Es war ihr gelungen, Zahngold und zwei IWC-Taschenuhren über die Grenze zu schmuggeln, eine goldene, die Paul als der Älteste eines Tages erben sollte, und eine flache silberne ohne Deckel, die für mich bestimmt war. Zu meiner Enttäuschung hatte sie kein Spielzeug bei sich – nur das Allernötigste war ihr erlaubt worden mitzunehmen. Da meine Eltern immer davon gesprochen hatten, dass sie reich oder zumindest reich gewesen sei, war ich enttäuscht über die schwerkranke alte Frau, die meine Großmutter sein sollte. Ich wusste nichts davon, dass sie sich goldene Zahnhülsen hatte anfertigen lassen, um wenigstens einen Bruchteil ihres Vermögens zu retten, ich sah nur den Ehering des Großvaters, den sie unter dem eigenen am Finger trug (und die ich beide heute besitze), und eine Brosche mit einem Rubin, die in ihrem Zimmer bei Frau Lehmberger in einer gläsernen Vitrine aufbewahrt wurde.

IV.

Anfangs fürchtete ich mich vor ihr, aber ich gewöhnte mich andererseits auch rasch an sie, da Paul schon zur Schule ging und sie jetzt seine Stelle als mein Gesprächspartner einnahm. Sie liebte mich von Anfang an und nahm mich in Schutz, sobald meine Mutter oder mein Vater mich tadelten. Dann breitete sie die Arme aus und zog mich an sich, und ich hörte ihr Herz schlagen. Sie bürstete mein Haar, sie beobachtete mich schweigend, und sie saß an meinem Bett, wenn ich krank war, und erzählte mir Geschichten. Ihr Repertoire war klein, sie variierte es nur: Sie berichtete mit Vorliebe vom österreichischen Kaiser Franz Joseph, dem guten Herrscher, und von der großen österreichischen Monarchie, dem Land, das für immer untergegangen sei. Sie erklärte mir seine Grenzen, die verschiedenen Völker, die in ihm friedlich miteinander gelebt hätten, und erzählte von seiner Zerstörung durch den Ersten Weltkrieg. Kaiser Franz Joseph nannte sie mit Vorliebe den »Armen«, der von seiner Frau Sisi immer nur allein gelassen worden sei, auch für den Selbstmord des gemeinsamen Sohns Rudolf machte sie die »Exzentrikerin« verantwortlich. Den letzten österreichischen Kaiser Karl verteidigte sie hingegen energisch mit der Begründung, er sei zu gutmütig gewesen. Sie erzählte auch vom Bakonyer-Wald, den Karpaten, den Räubern, die darin hausten, und den »Zigeunern« (es waren

»gute Zigeuner«, die Retter in höchster Not). Sie erzählte ihre Geschichten mit Vorliebe im Garten in der Laube, wo der Gestank von der Mülldeponie herüberwehte und die Fliegen uns belästigten. Dann faltete sie sich regelmäßig einen Fächer aus Papier und verscheuchte damit Insekten und Fäulnisgeruch. Da ich keinen Appetit hatte, Lebertranpillen schlucken musste und Sanostol löffelweise einnahm, fütterte sie mich und lenkte mich dabei gleichzeitig durch ihre Geschichten ab.

Großmutters Ansichten waren jedoch konträr zu denen meiner Mutter und stimmten nur in einem Punkt überein: dass beide so schnell wie möglich in die *Stadt* ziehen wollten. Immer wieder hörte ich Großmutter sich laut fragen: »Was tue ich hier?«

V.

In Wirklichkeit war sie über alles entsetzt. Niemals hätte sie es für möglich gehalten, dass ihr einziger Sohn, der Begabte, der Arzt, jemals in eine solche Lage kommen würde. Sie zog sich anfangs häufig in ihr Zimmer bei Frau Lehmberger zurück und schrieb auf Zettel, in alte Taschenkalender und in Schulhefte Gedichte. Es waren holprige Verse mit philosophischen Gedanken und moralisierenden Botschaften, doch mit einer gewissen Lust am Reim. In Siebenbürgen hatte sie Theaterstücke verfasst, in denen ihr von allen bewundertes Kind, mein Vater, die Hauptrolle spielte. Schließlich schrieb sie sogar für die Maturaklasse ihres herangewachsenen Sohnes im Stefan-Ludwig-Roth-Gymnasium ein Drama in Versen, das von den Lehrern und Schülern zur Aufführung gebracht wurde. Da sie beabsichtigte, mit ihrem Sohn nach Hollywood zu reisen, wo er nach ihrer Überzeugung ein »zweiter Rudolfo Valentino« werden würde, hatte sie sich für ihn eine Heldenrolle ausgedacht. Alles, was er gut konnte, kam darin vor: Er hatte in der Schule Flügelhorn spielen gelernt, war beim »Zötus«, der Mittelschülerverbindung, gewesen, um, wie es hieß, Gehorsam und Verantwortungsbewusstsein zu lernen, und hatte daher mit dem »stumpfen Säbel« Mensuren gefochten. Er war nicht nur ein hervorragender Schwimmer, sondern auch ein exzellenter Turner und bei den Mädchen wegen seines Aussehens und seiner guten Manieren beliebt gewesen. Was anderes kam daher in Frage, als einen Prinzen darzustellen, der gegen die bösen Mächte kämpfte, sie besiegte und zum Lohn um die Hand der Prinzessin anhalten durfte? Die Mädchenrollen wurden in der Schule allerdings von Buben mit Perücken und Kopftüchern gespielt, weshalb Großmutter, nachdem sie einer Probe beigewohnt hatte, einen Teil des Dramas strich und die übriggebliebenen weiblichen Rollen drastisch reduzierte, um den geliebten Sohn nicht der Lächerlichkeit preiszugeben. Aus dem Frauenhelden wurde so ein pathetischer, einsamer Prinz, der sich mit Ungeheuern und Dämonen schlug. Großmutter saß bei der Aufführung zu Tränen gerührt in der ersten Reihe und bewunderte ihr Kind – wenn sie mir davon erzählte, röteten sich noch zwanzig Jahre später ihre Wangen, und ihre Augen wurden feucht. Sie konnte bis zu ihrem Tod das Drama auswendig vortragen. Aus der erträumten Hollywoodreise wurde allerdings nichts, da der Siebenbürger Großvater zuerst eine Berufsausbildung verlangte und seinen Sohn an die Universität Wien schickte, wo er Medizin studieren sollte. Schul- und Studienerfolge meines Vaters waren überdurchschnittlich gewesen, seine Eltern wohlhabend, daher wollte Großmutter, die ihr eigenes Unglück nicht hatte verkraften können, das ihres Sohnes schon gar nicht zur Kenntnis nehmen. Sie suchte einen Schuldigen und fand ihn. Es waren nicht die Fehler meines Vaters, es waren die Ansichten und die Herkunft seiner Frau.

VI.

Die ersten Streitigkeiten ergaben sich aus dem Umstand, dass Großmutter es gewohnt war, Personal zu haben und diesem Anweisungen zu geben. In Ermangelung von Dienstboten richtete sie ihre Befehle daher an ihre Schwiegertochter, die eine starke und sensible Frau war und die besten Vorsätze hatte, mit ihr auszukommen. Sie hatte sich auf ihre Schwiegermutter sogar gefreut und war umso enttäuschter über ihr Verhalten. Aus den Bemerkungen Großmutters las meine Mutter heraus, dass diese sie nicht für gut genug hielt, die Frau ihres Sohnes zu sein. Großmutters Vorwürfe betrafen vor allem die Armut ihrer Eltern, deren Mangel an Vermögen. Dass ihre Schwiegermutter ihr auch Vorschriften machte, welcher Teil einer Mahlzeit für ihren Sohn vorgesehen sei, welcher Teil für die Kinder und welcher für sie selbst, löste heftige Wortwechsel aus, die mit Großmutters beleidigtem Rückzug, Türen-ins-Schloss-Werfen, Besuchs- und Essensverweigerung endeten. Einmal brach sie sogar theatralisch auf der Holztreppe zusammen, als ihr Sohn bei einem Streit zugegen war, und erschien dann wegen einer Nervenkrise tagelang nicht. Renate und ich brachten ihr Tee, Zwieback, Kirschenkompott und kleine Mahlzeiten, die sie aber in den ersten Tagen verweigerte. Sie schnalzte in dieser Zeit in einem fort, Wutausbrüche tobten in ihrem Gesicht und ließen es wie Blitze am Himmel zucken, bis sie sich endlich beruhigte. Die Zuckungen und das Schnalzen nahmen ab, und Müdigkeit überfiel sie. Sie schlief dann lange, lag ein paar Tage untätig im Bett und erschien endlich wieder, als ob nichts vorgefallen wäre.*

VII.

Als ich Großmutter nach einem neuerlichen Streit eine Tasse Tee und Zwieback brachte, sah ich sie zum ersten Mal weinen. Die Tränen liefen ihr über das in Zuckungen wetterleuchtende Gesicht, das Trauer ausdrückte. Sie sagte nichts und umarmte mich nur. Obwohl mir ihre Tränen nahegingen, wusste ich, dass sie nicht unschuldig an

* Am deutlichsten blieb mir der Streit wegen eines geschlachteten Hasen in Erinnerung, den Vater – schon abgezogen und ohne Kopf – vom Hamstern nach Hause gebracht hatte. Ein Eisenbahner, der mit dem Bruder von Omi befreundet und ein Patient meines Vaters war, hatte ihm geholfen, das kostbare Fleisch durch die strenge Kontrolle zu schmuggeln. Als Vater stolz das tote Tier auf dem Küchentisch aus dem Zeitungspapier wickelte und der intensive Fleischgeruch aufstieg, reagierte meine Mutter mit Abscheu. Sie hatte nie in ihrem Leben einen Hasen gegessen, da sie von der Vorstellung besessen war, es würde ihr stattdessen eine Katze untergejubelt – im Volksmund »Dachhase« genannt. Daraufhin entspann sich zwischen Großmutter und Mutter ein ausufernder und immer heftiger geführter Streit, der schließlich damit endete, dass Frau Lehmberger den Hasen geschenkt bekam und zubereitete. Wer immer davon essen wollte, musste es in ihrer Wohnung tun, da meine Mutter sich weigerte, ihr Geschirr damit zu verunreinigen. Gleichzeitig betonte sie, wie unsauber und unappetitlich die Küche und Frau Lehmberger selbst seien, sodass weder ich noch meine Brüder uns an dem vom unteren Stockwerk zu uns heraufduftenden Mahl beteiligten. (Es ekelte meine Mutter auch vor dem Ausnehmen von Tieren, das immer Vater besorgte, während sie die Küche verließ.) Nach den Zwischenfällen mit Großmutter zogen sich die Eltern in die Küche zurück und stritten sich mit gedämpften Stimmen den ganzen Nachmittag über bis in den Abend hinein. Aber es gab keine Lösung.

den Auseinandersetzungen war. Meine Mutter hatte inzwischen ein Zwölffingerdarmgeschwür. Sie arbeitete oben in der Küche weiter und klagte über Übelkeit und Schmerzen. Doch auch sie war nicht unschuldig an den Konflikten, wie ich wusste. Ich wartete, bis Großmutter aufgehört hatte zu weinen. Nachdenklich putzte sie sich ihre Nase, dann erzählte sie mir einen Traum.

In der vergangenen Nacht, begann sie, sei ihr mein Großvater, ihr verstorbener Mann, erschienen. »Er kam«, sagte sie, »mit einer Eisenbahn am Wiener Franz-Joseph-Bahnhof an, öffnete die Tür zum Waggon und fragte mich, ob ich nicht einsteigen und mit ihm fahren wolle?«

»Wohin?«, habe sie ihn gefragt.

»In ein anderes Land«, habe er geantwortet.

Sie hatte im Traum gewusst, dass sie sterben würde, wenn sie einstiege, und daher gezögert, ihm zu folgen.

Er habe die Hand nach ihr ausgestreckt und sie gerufen: »Komm!«

Dann hatte sich der Zug langsam in Bewegung gesetzt. Sie habe ihrem Mann nachgeschaut, aber es sei noch nicht an der Zeit gewesen zu gehen. Wieder weinte Großmutter, und ich versuchte, sie zu trösten. Ich liebte sie inzwischen schon sehr, und diese Liebe hat niemals aufgehört.

»In welches fremde Land ist Großvater gefahren?«, fragte ich.

Großmutter nahm zwei schwere Bücher aus der gläsernen Vitrine, sie waren schwarz und hatten dunkelbraune Lederrücken. Es war die Volksausgabe der »Reise der österreichischen Fregatte Novara« von Karl von Scherzer. Großmutter hatte sie aus Rumänien mitgebracht als Erbstück ihres Mannes. Die beiden Bände enthielten die Beschreibung der berühmten Weltreise des Segelschiffs, das große Bestände für das Naturhistorische und das Völkerkundemuseum in Wien gesammelt hatte. Großmutter schlug den Band auf und entfaltete eine der Karten, die die Insel Formosa darstellte. Rote und schwarze Bogenlinien, sich kreuzende und gestrichelte Geraden, Breiten- und Längengrade und Pfeile der Windrose verfremdeten die Darstellung jedoch. Im oberen Eck stand, wie ich später entzifferte, »TEIFUN – bestanden am 18. und 19. August 1858 von Sr. M. Fregatte Novara im chinesischen Meere«.

»Dahin«, sagte meine Großmutter und zeigte auf ein dichtes Gewebe von Pfeilen »inmitten der Cyklone«, wie sie vorlas. Ich sah nichts als Striche und weißes Papier. Ihr Finger deutete weiter darauf, und noch heute ist dieser auf der Seekarte eingezeichnete Taifun für mich der Ort, zu dem mein Großvater seine Reise im Traum angetreten hat.

VIII.

In den Büchern befanden sich außerdem Karten der Stadt Shanghai, der Nikobarischen Inseln, Nord- und Südamerikas, des Stillen und des Atlantischen Ozeans (auf denen die Route der Novara in roter Farbe eingezeichnet war), Australiens oder der Insel St. Paul im Indischen Ozean. Abwesend zeigte mir Großmutter die Illustrationen in dem fleckigen Buch: das Segelschiff Novara, den Hafen von Papeete auf Tahiti, den riesigen Wasserfall von Fautaua oder pittoresk gekleidete Einwohner wie die dicke Königin Pomare. Großmutter klappte den Band zu und stellte die Bücher sorgfältig in die Vitrine zurück. Sie hatte sie nie gelesen. Aber wir zeichneten sofort auf ein Papierstück, das wir von Renate bekamen, eine Landkarte. Daraus entstand eine Leidenschaft: Großmutter skizzierte von da an Länder, Städte, Gebirge, Flüsse und Seen, und ich erfand Fantasienamen dafür, die sie sorgfältig hinschrieb und mir auf mein Verlangen vorlas, sodass sich uns beiden die Bezeichnungen einprägten. Ich war glücklich darüber, denn Paul ging schon zur Schule und lernte schreiben und lesen und da ich es ihm gleichtun wollte, es aber nicht konnte, nahm ich das Landkartenzeichnen als Ersatz dafür. Anfangs hatte ich zwar Paul bei den Hausaufgaben zugesehen und sogar versucht mitzulernen, aber sehr bald war ich ihm lästig geworden. Trotzdem blieb manches hängen, und ich begann drei oder vier Blockbuchstaben wackelig hinzukrakeln, ohne aber wirklich schreiben oder gar lesen zu können. Ich »las« trotzdem laut aus Zeitungen oder Schulbüchern vor, also das, was mir die Eingebung gerade durch den Kopf gehen ließ. Es ergab zwar keinen Sinn, wurde aber mit freundlichen Worten belohnt. Wenn ich mit Großmutter hingegen Landkarten entwarf, bildeten meine schweifenden Gedanken rasch eine eigene Welt.

IX.

Eine dieser Landkarten, die ich anfertigte, als ich schon in die dritte Klasse Volksschule ging, ist erhalten geblieben. Österreich grenzt darauf an Spanien und den Österreichischen Ozean. Davor liegen die Insel Kropen und der Kriegshafen Alga. Auf der anderen Seite ist das Land umgeben vom Lalemavischen Meer mit der Insel Sina und dem Berg Sila. Daran wiederum grenzt »Böhmen und Meeren« (als Meer auch blau koloriert) – außerdem sehe ich neben Polen, das an Spanien grenzt, das Olenmeer mit der Insel Olen und der Hauptstadt Ola. Basel ist die

Hauptstadt von Austenau, durch das ein breiter Fluss zieht, der im Roten Meer entspringt und in den Österreichischen Ozean mündet. Preußen mit der Hauptstadt Berlin wiederum grenzt an die Herzegowina und Frankreich mit Paris an »Böhmen und Meeren«. Auf derselben Zeichnung habe ich das Slawische Meer mit der Großen Insel und der Hauptstadt Lana untergebracht, Auland, Estland und das Asa-Gebirge sowie das Bailameer mit den Bolanavischen Inseln. Angeregt durch meine Großmutter erfand ich so neue Welten, und Großmutter bevölkerte die Länder, Meere, Flüsse, Seen und Gebirge mit ihren Geschichten. Da sie schlecht sah, wurden beim Lesen der von mir erdachten Namen häufig andere Bezeichnungen daraus, die in die nächste Landkarte, die wir skizzierten, Eingang fanden: das Land Davon mit der Hauptstadt Davu, der Alal-Landstrich, in dem sich das schneebedeckte Hal-Gebirge befand, und der Haina See.

Gerne überließ Großmutter die Fortsetzung der Geschichten meinen Einfällen und spann diese dann ihrerseits weiter.

x.

Am meisten störte Großmutter, dass Verletzte, einige Male auch Blutende, deren Wunden genäht werden mussten, durch den Garten in das Ordinationszimmer kamen. Sie sprang dann von der Bank in der Laube auf und versuchte alles von meinen Brüdern und mir fernzuhalten. Als sie uns wieder einmal eine Geschichte erzählte, dabei aber unterbrochen wurde, weil sie einen bei einer Rauferei Verletzten zu Vater hinaufbegleiten musste, erzählte ich meinen Brüdern die Geschichte einfach weiter. Neugierig hörte Großmutter später, was mir meine Fantasie eingegeben hatte, und am Abend schlug sie mir vor, von nun an selbst Geschichten zu erfinden, zu der sie die Zeichnungen machen würde.

XI.

Zwangsläufig wurde ich schon in meiner Kindheit an Unterbrechungen »gewöhnt«, ohne mich je wirklich daran gewöhnen zu können. Kaum etwas ging ohne mehrere Störungen ab, immer gab es Zwischenfälle und der Faden musste von neuem aufgenommen werden. Die Unterbrechungen kamen durch die beengten Wohnverhältnisse, die große Anzahl an Familienmitgliedern und den Beruf meines Vaters zustande. Es war kaum möglich, länger allein zu spielen, ohne Zwischenfälle die Hausaufgaben zu erledigen, ungestört zu lernen oder auch nur ein Buch zu lesen. Ohne Unterlass wurde meine Aufmerksamkeit gestört, und ich musste unzählige Male mit etwas von vorne anfangen, hastig längere oder kürzere Phasen der Ruhe nutzen, im Wissen, dass ich im nächsten Augenblick schon wieder unterbrochen werden würde. Meine Gedankengänge bekamen dadurch oft etwas Zersplittertes, Fragmentarisches, was heute noch charakteristisch für meine Arbeit ist. Auch musste ich schnell sein und konnte mich nicht lange mit Anweisungen oder Zuhören aufhalten, dadurch aber entwickelte ich die Fähigkeit zu improvisieren.

XII.

Während ich mich an die fortwährenden Unterbrechungen erinnere, fällt mir ein weiterer Umstand ein: Keiner meiner Verwandten oder Nachbarn sprach auch nur annähernd Schriftdeutsch – bis auf meine Mutter. Großmutter hatte einen starken Siebenbürger Akzent mit altmodischen und ungebräuchlichen Redewendungen, auch meinem Vater war anzuhören, dass er »nicht von hier« war, während die Verwandten meiner Mutter ein stark gefärbtes »Göstingerisch« sprachen, das nicht weit vom ländlichen Dialekt entfernt war. Ich habe die Wärme und den Humor, mit denen ich diese Ausdrucksweisen verbinde, immer sehr geliebt, aber sie waren gespickt mit grammatikalischen und phonetischen Eigentümlichkeiten, die es mir nicht leicht machten, den Deutschvorgaben in der Schule zu folgen. Noch heute kommen mir manche so genannte »hochdeutsche« Wendungen wie fremdsprachige vor, und nur das Vergnügen an der Sprache, an der genauen Ausdrucksweise lässt sie mich mir beim Schreiben spielerisch aneignen, während ich beim Sprechen gerne in mein von Kindheit an gewohntes Idiom zurückfalle und zumeist nur »bewusst« Hochdeutsch sprechen kann.

XIII.

Großmutter schrieb fehlerlos, wie meine Eltern. Und sie zeichnete am liebsten »Wunderblumen«, riesige Ungetüme von Blütenkelchen, vor denen sich die verschiedensten Szenen abspielten. Ich erzählte ihr am Abend wunschgemäß von Hans Däumling, aber nicht so, wie ich es von Großvater gehört hatte, sondern ich ließ ihn Arzt sein und verband seine Erlebnisse mit den meinen auf dem Land. Großmutter war davon so beeindruckt, dass sie aufhörte zu zeichnen und mir zuhörte. Ich spürte ihre Bewunderung, und dadurch angeregt, vermischte ich weiter Erlebtes mit Erfundenem, sodass sie am Schluss bewundernd ausrief, ich sei ein »Künstler«! Diesen Satz wiederholte sie von da an immer wieder. Aus mir unerfindlichen Gründen fügte sie manchmal noch hinzu, dass ich nichts tragen dürfe. Hatte ich etwas Schweres in Händen, rief sie sofort: »Du darfst nichts tragen! Das ist zu schwer für dich!«, und fügte hinzu: »Du bist ein Künstler.« Ärgerte ich mich über etwas, das ich nicht zustande brachte, tröstete sie mich mit diesem Satz. Ich hatte keine Ahnung, was sie damit wirklich meinte, ich wusste nicht, was »Künstler« bedeutete, auch nicht, als sie es mir erklärte und meine Eltern es als Unsinn bezeichneten – Mutter, indem sie sich darüber lustig machte, Vater hingegen ärgerlich. Großmutter nannte mir als Beispiele berühmte Maler, Schriftsteller und Komponisten, aber weder beherrschte ich ein Instrument, noch hatte ich ein Talent zum Zeichnen, und schreiben konnte ich auch noch nicht. Wenn ich sie fragte: »Warum?«, erhielt ich zur Antwort: »Darum.« Ich besaß kein Buch, niemand sprach mit mir über Kunst, Literatur und Musik, selbst von den Märchen erfuhr ich nur die bekanntesten, und niemand erzählte mir etwas aus der Sagenwelt der Griechen und Römer – ganz zu schweigen von der Bibel, Gott oder Jesus. Wir gingen ja auch nie in die Kirche, und vom Politischen wurden wir nach Möglichkeit ferngehalten.

XIV.

Großmutter hingegen las mir ihre Gedichte vor und erwartete, dass ich sie bis zum Schluss anhörte. Wenn ich mich davonschlich, setzte sie ihren Vortrag laut im Garten fort, so versunken war sie in ihre Reime. Schließlich kam sie mit der Brille im zuckenden Gesicht aus der Laube und rief: »Wo bist du, mein Jungchen?« Und wenn sie mich stellte, fragte sie: »Warum bist du davongelaufen?«, aber sie erwartete keine Antwort, sondern streichelte mir über das Haar.

Streit, Ohrfeigen

I.

Es war eine Zeit der Zwietracht und des Hasses, der Überreaktionen, Raufereien und des Streites. Überall gerieten sich Fremde und Bekannte, Erwachsene und Kinder in die Haare: beim Schlangen-Stehen für Lebensmittel, auf den Gängen der Wohnhäuser, wegen eines Sitzplatzes in der Straßenbahn, eines Fußballspiels, der Hausordnung. Der Krieg war im zivilen Leben noch wie ein Beben nach einer großen Katastrophe fühlbar.

II.

Auch die Erziehung der Kinder war mit Gewalt verbunden, die aber als »normal« empfunden wurde. Schläge waren ein selbstverständliches Mittel, »schlimme« Kinder »Mores zu lehren« oder sie »zur Räson zu bringen«. Wir wurden im Verhältnis zu anderen wenig geschlagen, doch erhielten auch meine Brüder und ich Ohrfeigen. Mutter schlug uns zwar, wenn sie die Nerven verlor, aber nie grob, und es tat ihr hinterher leid. Sie umarmte und küsste uns dann und ermahnte uns liebevoll, uns zu bessern. Es kam jedoch auch vor, dass sie Vater weinend erzählte, was wir wieder angestellt hätten. Vater war ein ungeduldiger Mensch, auffahrend und erregbar wie seine Mutter und er schlug uns dann im ersten Zorn oft mit der flachen Hand ins Gesicht, worauf Mutter uns in Schutz nahm und mit ihm zu streiten anfing. Ich kann mich nicht erinnern, dass mein Vater jemals sagte, es hätte ihm leid getan. Nie entschuldigte er sich für etwas, weder bei uns noch bei seiner Frau oder seiner Mutter. Im Gegenteil, wenn wir weinten, steigerte das nur seinen Zorn, und er war dann streng und einsilbig, bis wir zu Bett gingen. Er hasste es, über seine Fehler zu sprechen, er ließ – wie seine Mutter – keine Kritik zu, er war apodiktisch und kategorisch. War er in Anwesenheit von Großmutter grob, so setzte sie sich regelmäßig theatralisch, aber dafür umso wirkungsvoller in Szene und verbat ihrem Sohn die Züchtigung, was ihn jedes Mal, wie er sagte, zur »Weißglut« brachte.

Blutvergiftung

I.

In der Verzweiflung über ihre Lage klammerten sich mein Vater und meine Mutter in den Nächten aneinander, um wenigstens für Momente aus der bedrückenden Umgebung zu entfliehen. Auf einen von meiner Mutter selbst herbeigeführten Abortus erlitt sie eine Blutvergiftung und musste in das Krankenhaus eingeliefert werden. Plötzlich war das Haus leer, der Garten leer, alles hatte seinen Zauber verloren.

II.

Oft genug hatte sie nach Streitigkeiten mit Großmutter gedroht, fortzugehen und nie mehr zurückzukehren. Ich hatte große Angst davor, dass sie ihre Drohungen eines Tages wahr machen würde. Es kam sogar vor, dass sie sich ankleidete und tatsächlich verschwand, sodass wir

Kinder laut zu weinen anfingen und Frau Lehmberger sie suchte oder Vater, wenn er zu Hause war. Es dauerte nie lange, bis sie zurückkam, sie musste nur hören, dass wir weinten und nicht zu beruhigen waren, dann beeilte sie sich, nach Hause zu kommen. Wir umarmten und küssten sie dann jedes Mal vor Freude. Wenn sie von einem Vorfall sehr betroffen war, verkündete sie sogar, dass sie sich etwas »antun« würde, und als einmal die Rede davon war, dass sich ein Selbstmörder vor einen Zug geworfen hatte, war von da an meine schlimmste Befürchtung, sie könne es ihm nachmachen. Sie drohte nämlich auch, »ins Wasser« zu gehen, und verwies darauf, dass die Schwester ihrer Mutter, ein Dienstmädchen, sich im Mühlgang ertränkt hatte, weil sie schwanger gewesen sei und der Mann, von dem sie das Kind erwartete, sie »sitzengelassen« habe. Daher empfand ich das Fortbleiben meiner Mutter als doppelt bestürzend, denn in meinem Kopf war es mit der höchsten Strafe verbunden, zu der sie uns verurteilen konnte.

III.

Großmutter war jetzt, wo sie den Haushalt führte und sich da und dort nicht auskannte, nur eine alte, nervöse Frau, und ich begann Frau Lehmberger und Renate, die ihr behilflich waren, grundlos zu hassen. Mit meinen Brüdern hingegen wuchs ich noch enger als bisher zusammen. Vor dem Einschlafen redeten wir lange miteinander – zumeist waren die Betten beider Eltern leer, denn Vater besuchte Mutter auch am Abend im Krankenhaus und blieb dann bei ihr, bis sie schlief. Wenn wir erwachten, war er meist schon wieder aufgebrochen, und Großmutter saß in der Küche wie am Abend zuvor. Selbst sie war niedergeschlagen. Sie schlich durch das Haus, sprach wenig, saß stumm in der Laube und beachtete uns nicht wie sonst. Mein Vater, der seine Frau wenigstens zweimal am Tag besuchte, überbrachte uns regelmäßig aufmunternde Nachrichten, aber vor dem Einschlafen hörte ich ihn mit seiner Mutter voll Besorgnis über das »hohe Fieber« sprechen.

IV.

Damals fiel mir auf, wie oft Großmutter den Wasserhahn aufdrehte, den Schöpfer füllte und leer trank. Nie legte sie ihn zum gebrauchten Geschirr in das Waschbecken, sondern hängte ihn wieder vor dem Wasserhahn auf, von wo sie ihn bald darauf wieder heruntemahm, um neuerlich zu trinken. Diese Angewohnheit hatte sie schon in Siebenbürgen gehabt, wie mein Vater erzählte, aber sie hatte sich bisher so unauffällig zwischen den Handgriffen, die sie machte, und während der Gespräche, die sie führte, gezeigt, dass es mir nie aufgefallen war. Jetzt, wo sie allein und wie verloren durch das Haus schlich, bemerkte ich erst, dass das Wassertrinken genauso zu ihrem Wesen gehörte wie die Gesichtszuckungen und das Schnalzen mit den Lippen.

V.

Mutter war zwar in einem Krankenhaus, bei den Barmherzigen Brüdern, aber immerhin in der *Stadt*, wo wir sie auch besuchen durften. Onkel Othmar, der im Autohaus Salis und Braunstein arbeitete, fuhr mit seinem schwarzen Opel Kapitän vor. Schon als Vierzehnjähriger war er die zweihundert Kilometer von Graz nach Wien zu Fuß gegangen, um eine Stelle als Lehrling in einer Werkstatt zu finden. Nach seiner Ankunft meldete er sich auf ein Zeitungsinserat hin bei der angegebenen Adresse, wurde dort aber abgelehnt, da er dem Besitzer zu klein und zart vorkam. Stattdessen bot dieser ihm eine Stellung als Kinderbetreuer seines Sohnes an. Schließlich konnte Othmar ihn jedoch überreden, es mit ihm zu versuchen. Da er keine Unterkunft hatte, sprach er auf der Straße eine sehr alte fremde Frau an und fragte sie, ob sie eine Schlafstelle für ihn hätte. Sie stimmte zwar zu, es stellte sich jedoch heraus, dass ihre Wohnung nur aus einem einzigen Zimmer bestand. Nach einigen Monaten kaufte Othmar sich ein gebrauchtes Fahrrad und fuhr – zwei Semmeln in der Tasche – mehrmals am Wochenende von Wien nach Graz und wieder zurück. Er war ein zielstrebiger junger Mann gewesen, der sieben Jahre später das Angebot der Grazer Firma Salis und Braunstein annahm, als Werkstattleiter einzutreten und deshalb wieder nach Hause zurückkehrte.

Onkel Othmar verlud uns in die schwarze Limousine: Vater, Paul, Helmut und mich – nur Großmutter blieb zu Hause, um meine Mutter nicht aufzuregen. Wir genossen es, auf dem Rücksitz Platz zu nehmen und den Weidweg hinter uns zu lassen. Glücklich bogen wir in die Wiener Straße ab, und mit dem Gefühl, etwas Besonderes zu erleben, fuhren wir in die Stadt. Onkel Othmar sprach kein Wort. Wir begegneten Straßenbahnen, Motorrädern, Autos und fuhren an Geschäften vorbei, aber unsere Erwartungen wurden enttäuscht, denn die großen Überraschungen, auf die wir gehofft hatten, blieben aus. Der Wagen hielt schließlich vor einer Apotheke, und wir betraten das nach Karbol und Urin stinkende, sterbensweiße Krankenhaus mit seinen geistlichen Schwestern, die Flügelhauben trugen und gleich Todesengeln über die Gänge eilten: Es hätte mich nicht gewundert, wenn sie sich amputierte Gliedmaßen unter den Arm geklemmt hätten und zum Himmel entschwebt wären. Wärter trugen Brechschalen und Blutkonserven in Krankensäle, Pfleger brachten Sterbende, Narkotisierte und Gelbsüchtige irgendwohin. Entsetzt begriff ich, dass meine Mutter in einem Totenhaus gelandet war und dass sie sterben würde. Vater öffnete eine Tür, und in einem Zimmer mit drei Betten lag unsere Mutter neben zwei Greisinnen. Ich erkannte sie kaum, so eingefallen war sie. Fieberblasen bedeckten ihre Lippen, und das sonst so gepflegte kastanienbraune Haar hing wirr an ihren Schläfen herunter. Sie versuchte sich aufzusetzen, streckte weinend die Arme nach uns aus und konnte sich nicht beruhigen, dass wir wirklich gekommen waren. Sie erzählte uns, dass sie beinahe gestorben wäre, und zeigte auf das Kruzifix und die Uhr, die über der Tür hingen. Sie habe dort plötzlich in der Dunkelheit den Tod in Gestalt eines Skeletts gesehen, sagte sie.

Meine Mutter war auch die Mutter meiner Ängste.

Vater unterbrach sie und erinnerte daran, dass ihre Söhne noch Kinder seien. Sie schwieg erschrocken. Plötzlich entlud sich der ganze Ekel, den Mutter empfand, auf uns. Sie sagte und ließ sich jetzt auch durch Vater nicht daran hindern, dass es sie anfangs vor dem Bett gegraust habe. Sie habe darüber nachdenken müssen, wie viele Patienten in ihm schon gestorben seien. Besonders die Matratze müsse den Todesschweiß, die Körpersäfte zahlloser Sterbender aufgesaugt haben. Es »grauste« sie, wie sie sagte, vor dem Kissen, den Decken, dem Besteck und den Tellern, wenn sie an all die zahnlosen und keuchenden Münder der Todkranken denke. Dann fing sie an, haltlos zu weinen.

Wie betäubt verließen wir, nachdem unsere Mutter uns zum Abschied umarmt hatte, das Krankenhaus, wie betäubt waren wir auf der Heimfahrt, still und von unseren Innenbildern überschwemmt, die sich auf alles legten, was wir nun wahrnahmen, und von den Worten unserer Mutter beeindruckt, die sich in mein Gedächtnis eingeritzt haben wie die Tonspuren in einer Schallplatte.

VI.

Da Paul Schuhe benötigte, hielten wir vor einem Geschäft in der Herrengasse, dem Schuhhaus Spitz, in dem meine Mutter Lehrling und später Verkäuferin gewesen war. Es hatte einem jüdischen Kaufmann gehört, der vor dem Anschluss Österreichs an Deutschland nach Palästina geflüchtet und noch nicht zurückgekehrt war. Paul musste sich mit dem neuen Paar Halbschuhe in einen Röntgenautomaten stellen, bei dem man die Füße in einen Schlitz steckte und oben wie durch ein Opernglas hineinschaute. Man konnte dann die Schatten der Fußknochen und den Rand der Sohle auf einer grünen Lichtfläche sehen und feststellen, ob die Schuhe passten. Anschließend durften Helmut und ich unsere Füße mit den alten Schuhen in den Schlitz stecken und vergaßen dadurch kurz, was uns Mutter gesagt hatte.

VII.

Großmutter wartete schon in der Küche. Sie missbilligte unseren Krankenhausbesuch und ging mit Vater ins Gericht, der sie zu besänftigen versuchte.

Allmählich hatte sie ihr Verhalten geändert, bildete ich mir ein. Sie redete jetzt weniger, schnalzte dafür aber umso mehr. Ohne dass ich sagen konnte, wie und weshalb es geschah, überhörte ich aber schon bald die Laute und übersah ihre Gesichtszuckungen. Über Nacht war sie für mich zu einem vertrauten Menschen geworden – wie man sich an einen Glatzköpfigen, einen Einäugigen oder an den Kummer gewöhnt. Genauso übersah ich jetzt Großvaters steifes Hüftgelenk, seine fehlenden Fingerglieder und Renates zugewachsenes Nasenloch. Und genauso vergaß ich auch die Mülldeponie, den Gestank und das Signalhorn des Triebwagens hinter dem Haus, der nach Wien fuhr oder aus der Hauptstadt kam. Großvater und Omi besuchten uns jetzt häufiger mit prall gefüllten Taschen. Sie brachten uns, was sie hatten.

VIII.

Es dauerte nicht lange, und ich erkrankte selbst. Ich litt unter Fieber, vielleicht vermisste ich auch nur meine Mutter, denn mein Vater stand vor einem Rätsel. Er nahm mir Blut aus der Fingerkuppe ab und brachte die Glasplättchen, auf die er die Tropfen verstrichen hatte, in die Ordination der Göstinger Glasfabrik, in der es ein Mikroskop gab. Sein Lehrbuch der »Mikroskopie und Laboruntersuchungen« lag allerdings zu Hause auf dem Tisch. Ich blätterte verständnislos in den Seiten, denn die Abbildungen waren wenig spektakulär und langweilten mich. Als Vater zurückkehrte und mich mit dem Lehrbuch im Bett überraschte, tadelte er mich heftig, dass ich mich, ohne zu fragen, an seinen Büchern zu schaffen gemacht hatte. Kurz darauf setzte er sich aber zu mir und zeigte mir die Bilder, die das Blut darstellten: Erythrozyten, Leukozyten, die Welt der Abwehrkämpfe, Vermehrungen und Verminderungen, der Zerstörungs- und Entstehungsprozesse. Sie bestätigten meine Ahnungen vom Unsichtbaren als Bedrohung. Er erklärte mir auch, was eine Blutvergiftung sei, doch überschätzte er mich wie immer, denn ich konnte ihm nicht folgen. Sein ganzer Vortrag hatte nur mein Misstrauen in den eigenen Körper geweckt, in dem es Ereignisse gab, die über mein Leben entschieden, ohne dass ich sie beeinflussen konnte.

IX.

Um diese Zeit bat ich Großmutter öfter, rumänisch oder ungarisch zu sprechen, und nach anfänglichem Zögern fing sie damit an. Ich antwortete ihr nach einiger Zeit in einer Fantasiesprache, die phonetisch der von ihr verwendeten ähnelte. Großmutter sah mich erstaunt an und fragte mich: »Was ist das?« Ich improvisierte daraufhin weiter. Anfangs missverstand sie es und glaubte sich durch mich verspottet, aber als sie meine Freude an den fremden Lauten erkannte, spielte sie, wenn auch unwillig, mit. Sie brachte allerdings nur wenig Geduld dafür auf. Mein Vater ärgerte sich sogar über meine neue Leidenschaft und verlangte, dass ich damit aufhörte. Auch meine Brüder standen meiner Fantasiesprache verständnislos gegenüber, denn war das Schwungrad einmal in Bewegung gesetzt, drehte es sich immer schneller und schneller: Ich konnte dann minutenlang vor mich hin sprechen, ohne dass mich irgendjemand verstand. Deshalb wurden mir meine übermütigen Anwandlungen schließlich verboten. Nur in den »Büchern«, die ich mit Großmutter fabrizierte, durfte ich meinen Kopf ungehemmt »entleeren« und wurde von ihr dafür sogar überschwänglich gelobt. Zuerst erzählte ich etwas, und Großmutter schrieb es in ihrer kleinen, hübschen Handschrift auf, dann erzählte sie selbst weiter und überließ anschließend wieder mir die Fortsetzung. Manchmal gelang es mir aber, etwas von der Fantasiesprache unterzubringen, ich drängte Großmutter dann so lange, es aufzuschreiben, bis sie unwillig nachgab. Dazu fertigte sie Zeichnungen an, die mit dem Erzählten nichts zu tun hatten, ja zumeist sogar im Gegensatz zu unseren Geschichten standen, da sie, wie gesagt, nur aus Verzierungen, Blumenornamenten und Sternbildern bestanden.

Am Abend, vor dem Einschlafen, wenn Großmutter mir unser Werk vorlas, wartete ich immer schon begierig darauf, dass sie bis zu dem Absatz mit der Fantasiesprache kam. Ich bemühte mich angestrengt, ernst zu bleiben, denn sobald ich laut zu lachen anfing, beendete sie den merkwürdigen Vortrag. Bei der Fantasiesprache geriet sie schließlich so sehr ins Schnalzen und Grimassieren, dass mein Vater, wenn er nur mit halbem Ohr zugehört hatte, ausrief: »Was hast du? Weshalb regst du dich so auf, Mutter?«

»Aber was!«, antwortete Großmutter, »ich muss deinem Sohn jetzt vorlesen, was er da geschrieben hat.« Und sie las mühsam und stockend weiter, bis ich mich nicht mehr beherrschen konnte und laut zu lachen anfing, worauf sie den Vortrag abbrach und mich durch ihre Brille anschaute wie eine Eule. Wenn ich mich aber beherrschte, akzeptierte sie meine Sprache als Ausdruck meines »Künstlertums«.

Schließlich nähte sie die Seiten mit meinen Geschichten und ihren Zeichnungen zusammen, und allmählich entstand so eine kleine Bibliothek, die sich im Laufe der Jahre immer mehr ausweitete. Ich wusste genau, welche »Bücher« vorhanden waren, und fragte nach ihnen, und Großmutter suchte sie im Regal mit den Einsiedegläsern heraus und las sie mir vor. Plötzlich wurden meine geheimen Gedanken, geschützt durch eine erfundene Geschichte hörbar, und gerade sie erregten die Bewunderung meiner Großmutter – wenn auch nicht jene Teile, die in Fantasiesprache abgefasst waren.

x.

In der Zeit, als meine Mutter abwesend war, entdeckte ich auf dem Tisch meines Vaters die Röntgenaufnahme eines Göstinger Pensionisten, der betrunken gestürzt war und sich einen Schädelbasisbruch zugezogen hatte. Der Mann war zur Nachbehandlung gekommen und hatte meinem Vater das Bild überlassen. Ich entnahm Vaters Gespräch mit Großmutter, die den Mann nicht mochte, weil er oft betrunken war, dass er außerdem Granatsplitter im Kopf hatte und »spinne«. Ich sah den Invaliden, wenn er durch unseren Garten kam, von nun an mit anderen Augen, als lebte er in einem Traum, und ich wusste es, ohne dass er es wusste. Was ging in seinem Kopf vor? Ich betrachtete das Röntgenbild, den weißen Totenschädel mit den großen Zähnen auf der glatten grauschwarzen Fläche und die kleinen Granatsplitter. Ich hielt dann die Aufnahme gegen das Fenster und bildete mir ein, dass sich mir ein Geheimnis offenbarte.

xi.

Als Mutter wieder zu Hause war, bleich und elend, hatte ich anfangs Scheu vor ihr, weil sie aus dem Totenhaus kam. Großmutter vermied eine Zeit lang jeden Streit. Sie half stumm in der Küche aus und zog sich früh in ihr Zimmer zurück.

An einem Sonntag führten uns Großvater und Vater zu einem präparierten Wal, der vor der Fröbelschule ausgestellt war. Mein Vater hatte sich eine Kamera ausgeborgt, aber das Fotografieren war für ihn zu kostspielig, weswegen er nur eine einzige Aufnahme machte. Das Schwarzweißbild zeigt den geöffneten Walbauch, vor dem die Menschenansammlung zu sehen ist, die in das schwarze Innere starrt. Es war ein seltsames Ereignis, denn die gesamte Präsentation bestand aus einem teerschwarzen Zelt, einer Art Kaaba, zu der die Göstinger pilgerten und die sie sodann umkreisten, um von ihrem Geld möglichst viel zu haben. Ein Ausrufer erklärte den bereitwillig Staunenden anhand eines entrollten Plakates, das den Wal und seine anatomischen Einzelheiten zeigte, wie hoch die Wasserfontäne aus dem Kopf des Monstrums spritze, wie groß sein Maul und wie breit seine Schwanzflosse sei. Er deutete auf die Fangboote, die Harpuniere und die dramatische Darstellung des Walfangs, den er mit erregter Stimme schilderte. Auf die Frage, wovon sich das Ungeheuer ernähre, antwortete er: »von Plankton« und wies auf den »Rechen«, der die winzigen Wassertierchen herausfiltere. Das scheunentorgroße Maul auf der Darstellung ist mir als schmerzverzerrtes Grinsen in Erinnerung geblieben. Die Menschen in den Fangbooten hingegen erweckten den Eindruck todesmutiger Wesen, die sich winzig gegen den schwarzen Fisch ausnahmen und ihn trotzdem besiegten. Der Ausrufer sprach von Lebertran und Miedern aus Fischbein und von Walöl, das Licht in Petroleumlampen erzeuge. (An diesen Wal vor allem habe ich gedacht, als ich in der

Schule die Lebertranpillen schluckte und später bei der Lektüre von Herman Melvilles »Moby Dick«, durch die ich zum ersten Mal die Macht und Pracht der Literatur erlebte.)

Wir gingen um den präparierten Wal herum, mein Großvater stumm vor Neugierde und beeindruckt von der gewaltigen Größe des Tierkadavers. Auf seinen Stock gestützt, humpelte er von der Schwanzflosse bis zum Maul, blieb stehen, schaute und humpelte wieder zurück. Vielleicht ging ihm auch weniger das Meeresungeheuer als der Tod durch den Kopf. Ich jedenfalls staunte darüber, dass auch ein so riesiges Tier sterben musste.

Der Eismann

Zur selben Zeit tauchte der Eismann mit einem Fahrrad, vor das eine weiße Truhe montiert war, am Weidweg auf. Noch bevor wir ihn sehen konnten, nahmen wir seine unverwechselbaren »Gefroooreenees«-Rufe wahr, die klagenden Gesänge mit ihren langgezogenen Vokalen. Schon der erste Ruf ließ uns verstummen und löste auf dem Rücken ein kaltes Rieseln aus. Die Stimme sang die Botschaft vom süßen Eis so unüberhörbar, dass sie in jeder Ecke, in jedem Winkel, in jeder abgelegenen »Villa« vernommen wurde. Mitten in die Gartenarbeit, die Schulaufgaben, den Tratsch und das selbstversunkene Spielen hinein erschollen die »Gefroooreenees«-Rufe wie eine ersehnte Botschaft, die Gutes verhieß. Wenn der Eismann sich dann auf seinem Fahrrad zeigte – ein kleiner, dunkelhaariger Mann mit weißem, krempenlosem Hütchen und einem weißen Mantel, den sonst nur Ärzte und Friseure trugen, einer Klammer an den Stulpen, damit sich die Hose nicht in der Fahrradkette verfing, und einer messingfarbenen Handglocke mit Holzgriff, die er energisch schüttelte, sobald er angehalten und sein fahrbares Geschäft eröffnet hatte – liefen wir alle, auch wenn wir kein Geld hatten, auf die Straße. Auf die weiße Truhe war eine Waffeltüte mit gelbem Vanille- und rotem Himbeereis gemalt, an der die sehnsüchtigen Blicke haften blieben. Meinen Brüdern und mir war es streng verboten, die Köstlichkeiten zu essen, da Fälle von Typhus aufgetreten waren, die mit dem Straßenverkauf von Eis in Verbindung gebracht wurden. Trotzdem fiel es uns schwer, ihn weiterfahren zu lassen. Tatsächlich gab es in Gösting bald darauf eine Typhus-Erkrankung, und der Eismann verschwand von da an, doch ein anderer, der den gleichen Sing-Sang vom »Gefroooreeneen« anstimmte, trat an seine Stelle. Seine weiße Truhe war mit einem Kasperl bemalt, dessen Mütze eine Eistüte war. Dieser Eismann war älter als sein Vorgänger und unnahbarer. Er trug eine Sonnenbrille, in der wir uns spiegelten. Beim ersten Mal lief ich ihm wortlos nach, Poldi schloss sich an, und als wir das Ende des Weidwegs erreicht hatten, eine Schottergrube, die jäh zur Wiener Straße abfiel, blieb er stehen, stieg aus dem Sattel seines Fahrrads und schrie uns an: »Was wollt' ihr Buben? Wenns kein Geld habts, geht's z' Haus!« Poldi hatte aber eine Schillingmünze und bekam dafür eine der begehrten Tüten. Er wählte eine Kugel Erdbeereis und ließ mich auf mein Drängen hin sogar davon kosten. Es schmeckte großartig. Tagelang wartete ich auf den Ausbruch der lebensgefährlichen Typhus-Erkrankung, ich blieb jedoch von ihr verschont.

Zu Pauls Jahresabschlussfest in der Schule wurde auch ich eingeladen, da für mich im Herbst der Unterricht beginnen sollte. Weil die Schulräume für Eltern und Kinder zu klein waren, wich die Direktion in ein öffentliches Gebäude aus. Das Gedränge und der Lärm dort sind mir ebenso in Erinnerung geblieben wie der Auftritt des Zauberers. Er trug einen schwarzen Anzug mit Zylinder, ein weißes Hemd und eine Fliege, und sein Haar war pomadig gescheitelt. Zu unserem Erstaunen zauberte er Tischtennisbälle aus seinen Fingern, der Nase und sogar aus seinem Mund. Er verknotete bunte Seidentücher, verbrannte sie und zog sie unbeschadet wieder aus seiner Hosentasche hervor. Er erriet jede Spielkarte, die ein Schüler einem Stapel entnahm. Er ließ Bleistifte und Zigaretten nach Belieben verschwinden und zeigte Knotenkunststücke mit einer Schnur, dass uns vor Aufregung schwindlig wurde. Natürlich holte er auch aus dem Zylinder eine Taube heraus, die seine wunderschöne Assistentin sogleich in einen Vogelkäfig steckte. Und ohne dass wir es erwarteten, wiederholte er dieses Kunststück noch zweimal, sodass schließlich drei Tauben aufgeregt gurrend den weiteren Auftritt verfolgten. Die Assistentin hatte blondes Haar, war mit einem glitzernden Badeanzug bekleidet und hochhackigen Pumps und für uns alle unerreichbar. Ich bewunderte sie wie ein künstliches Wesen. Wie musste sie sich zu dem großen Meister hingezogen fühlen und ihm hörig sein, der mit seiner Magie alle in Atem hielt! Am unerklärlichsten war mir das Kunststück, bei dem er eine Münze in Zeitungspapier wickelte, dieses verbrannte und mit ihm auch das Geldstück verschwinden ließ, es aber am Ende der Vorstellung zur Verblüffung aller hinter seinem Ohr wieder hervorzauberte. Es war der Nachmittag, an dem ich – ohne es zu wissen – mit der Kunst Salvador Dalís bekannt wurde.

Der schwarze Hund

I.

Bei meinen verbotenen Ausflügen zur Mülldeponie suchte ich nach alten Fotografien, Zeitungs- und Buchseiten und besonders nach Splittern von Vasen, auf denen noch winzige Fragmente von Mustern zu sehen waren. Irgend etwas gloste und verkohlte in meiner Nähe, denn ich atmete sengende, in der Brust brennende Rauchschwaden ein. Plötzlich lief ein schwarzer Hund über die Halde. Wenn ich mich bewegte, rieselte und klirrte es unter meinen Füßen, aber der Hund sprang so leichtfüßig dahin, dass ich ihn erst bemerkte, als er auf mich zukam. Schwanzwedelnd blieb er vor mir stehen. Mir fielen sofort die Ermahnungen meiner Mutter ein, aber andererseits wünschte sich mein Vater, wie er mehrfach gesagt hatte, selbst einen Hund, und außerdem hatte ich noch nie einen so zutraulichen gesehen wie diesen hier. Fliegen hatten sich auf seiner Schnauze und um seine Augen niedergelassen, er stank nach Exkrementen, aber ich streichelte ihn trotzdem vorsichtig, und er ließ sich arglos neben mir nieder.

Als ich ging, folgte er mir. Er lief bis zum Gartentor neben mir her, wo ihn meine Mutter, die bereits nach mir Ausschau hielt, entdeckte. Aufgeregt kam sie aus der Küche die Treppen hinuntergeeilt und befahl mir, ihn draußen zu lassen. Sie knallte das Tor hinter mir zu und befragte mich, ob ich den Hund berührt hätte. Er könnte, gerade wenn er friedlich und zutraulich sei, von der Tollwut befallen sein. Würde man von einem tollwütigen Hund gebissen, müsse man sterben, sofern man nicht die besonders schmerzhafte Impfung erhalte. Alle Tiere könnten tollwütig werden, das eine übertrage die Krankheit auf ein anderes, ein Hase auf eine Maus, eine Maus auf eine Katze, eine Katze auf den Menschen.

Erschrocken stritt ich ab, ihn berührt zu haben, dann aber gab ich es zu. Meine Mutter schwankte zwischen Vorwürfen und Tadel und erklärte mir »zum hundertsten Mal«, dass ich nicht auf der Mülldeponie »spielen« dürfe.

II.

Am Nachmittag kam Großvater zu Besuch und nahm mich – nachdem meine Mutter mit ihm gesprochen hatte – zur Seite, um mir die Geschichte seines jüngeren Bruders Rudolf zu erzählen. Dieser sei in Ungarn, wo mein Urgroßvater als Glasbläser gearbeitet habe, noch als Kind von einem Hund gebissen worden und an der Tollwut »elend zugrunde gegangen«.

Großvater war ein ernster Mann und neigte nicht zu Übertreibungen, daher machte mir seine Erzählung vom schrecklichen Sterben seines Bruders großen Eindruck. Rudolf, fuhr Großvater fort, habe vor Durst geschrien, jedoch keinen Schluck Wasser mehr hinuntergebracht. Er, Großvater, sei bis zum Schluss bei ihm gesessen und könne dieses Ereignis nie mehr vergessen.

III.

Trotzdem hielt ich weiter nach dem schwarzen Hund Ausschau. Ich wollte ihm unbedingt noch einmal begegnen, aber er zeigte sich nicht wieder. Und Mutter achtete jetzt besonders darauf, dass ich nicht zur Mülldeponie lief, daher verlegte ich meine verbotenen Ausflüge allmählich auf die andere, die Eisenbahnseite.

Die Eisenbahnseite

I.

Bald darauf stiegen wir zum ersten Mal über die betonierte Mistgrube hinter dem Haus und liefen zum Rangierbahnhof, wo die verrosteten Waggons abgestellt waren. In dem Wärterhäuschen mit dem Fenster saß ein Beamter und rauchte. Schnell versteckten wir uns vor ihm an der Rückseite des kleinen Gebäudes und schlichen dann zwischen hohen Holzstapeln zum Sägewerk, vor dem ein Lastwagen stand, der von einem Arbeiter namens Franzl beladen wurde. Die Bretter donnerten auf die Ladefläche, und Herr Franzl schrie den Fahrer an, er solle nicht herumstehen, sondern ihm lieber helfen. Der Fahrer, der am Kotflügel lehnte, rührte sich nicht und antwortete nur: »Scheiß' di net on!«

Daraufhin ging Herr Franzl mit einem Brett auf ihn los, der Fahrer wehrte den Schlag jedoch ab und schrie zurück: »Bist narrisch wordn? Wüllst a Watschn?«

In diesem Augenblick fuhr der Triebwagen nach Wien auf dem oberen Gleis vorbei – wie immer mit heulender Sirene, und der Rest des Streits ging im Lärm unter. Wir sahen nur die Pantomime der beiden streitenden und um das Brett raufenden Männer, bis schließlich der Fahrer nachgab.

Als wir zurückliefen, trat auch der Beamte mit einer roten Signalfahne aus dem Häuschen, winkte eine zischende Dampflokomotive heran, und ein Mann in blauer Arbeitskleidung kuppelte die Waggons an. Plötzlich ging ein Ruck durch den ganzen Zug, und die Lokomotive schob ihn vor sich her zum Schotterwerk.

Unbemerkt kehrten wir in unseren Hof zurück – allerdings hatten Helmut und ich zwei herumliegende Bretter mitgenommen, die wie Gewehre aussahen und mit denen wir bis zum Abend spielten.

II.

Am nächsten Morgen waren unsere »Gewehre« verschwunden, ich sah zu Mittag nur noch Teile davon im Korb, in dem das Holz für den Küchenherd lag – schwierig zu organisierender und teurer Brennstoff. Im vergangenen Winter hatten wir Kohle von der Glasfabrik Gösting erhalten, einen schwarzen Haufen im Schnee, den Großmutter und Vater in den Keller geschaufelt hatten, aber es war bei dem eisigkalten Wetter zu wenig gewesen.

Niemand hatte danach gefragt, woher das Holz kam. Jedenfalls waren die »Gewehre« weg, und wir nahmen uns vor, neue zu besorgen.

III.

Wir versanken jetzt in unseren Räuber- und Gendarmspielen, und wir lachten, stritten und rauften, bis wir alles um uns vergaßen. Ich hatte das freie Spiel, bei dem nicht von vorneherein feststand, wohin es sich entwickelte, am liebsten. Es konnte sich über Tage erstrecken oder sich wochenlang wiederholen. Wir spielten neben Räuber und Gendarm hauptsächlich Indianer und »Abenteuer« (ein Gemisch aus »Schatzinsel« und »Dschungelbuch«, Romane, die wir allerdings nicht kannten). Vor dem Indianerspielen sammelten wir im Nachbargarten der Kerners unerlaubt Hühnerfedern, aus denen uns Großmutter eine Krone oder einen einfachen Schmuck machte, kletterten abends über die betonierte Mistgrube zur Bahnhofsseite, schlichen uns vorsichtig hinauf bis zu den Holzstapeln und sammelten »Messer«, »Pistolen« und »Gewehre«, mit denen wir dann spielten, bis sie wieder zu Brennholz wurden.

IV.

Es waren jedes Mal nur kleine Mengen. Wie wir aus den Gesprächen der Eltern wussten, klaute Frau Oberst mehrmals in der Woche die benötigten Holzscheite hinter dem Rangierbahnhof, und als wir eines Abends, nachdem Herr Franzl nicht mehr zu sehen war, wieder zum Sägewerk liefen, um »Waffen« zu finden, entdeckten wir, dass auch das Magazin, das sonst immer verschlossen war, offen stand – ein Berg von Brettern lag vor uns. Wir kletterten hinauf, und in unserer Fantasie eroberten wir die höchste Erhebung im Land der »Feinde«. Helmut war erst viereinhalb Jahre alt, aber bereits sehr flink. Auch er schaffte es, den Stapel zu erklimmen, während Paul schon Gewehre, Säbel, Messer und Pistolen fand, die wir gut gebrauchen konnten. Erst als wir den verbotenen und gefährlichen Aufenthalt lange genug genossen hatten, machten wir uns mit unseren Waffen davon. Plötzlich lugte Herr Franzl mit Schirmmütze und in Knickerbockerhosen hinter einem Stapel hervor und schrie uns an. »Jetzt hab' ich euch! Ihr stehlt's uns das ganze Holz!«

Er musste länger als sonst mit seiner Arbeit beschäftigt gewesen sein und hatte uns offenbar vorher nicht bemerkt. Wie wir sahen, war er gerade dabei zu urinieren, und wir ließen alles fallen und liefen, so schnell wir konnten, davon. Paul war der Älteste und ich der Schnellste, aber Helmut blieb unbemerkt zurück. Wir sprangen, als wir unseren Garten erreichten, in blinder Hast auf die abgedeckte Betongrube und sahen ihn erst von dort aus, verfolgt von Franzl auf uns zukommen. Der Mann näherte sich ihm mit großen Schritten, aber unser Bruder blieb plötzlich stehen und schaute Franzl mit herabhängenden Armen und keuchend an. Helmut hatte seidiges blondes Haar, eine helle Haut, blaugraue Augen, und in seinem Gesicht war plötzlich keine Angst mehr zu erkennen – nur Trotz, denn er hasste nichts mehr als Zwang und Befehle. Franzl stellte ihn sofort lautstark zur Rede und ohrfeigte ihn. Wir schrien von der Abdeckplatte der Mistgrube aus um Hilfe, und plötzlich kam unser Vater mit der Arzttasche in der Hand aus dem Garten herbeigelaufen – er musste gerade von einer Visite zurückgekehrt sein – und fragte uns, was los sei. Fast gleichzeitig ließ er die Tasche fallen und sprang mit einer Flanke über die Betongrube auf die Wiese. Franzl erkannte sofort, dass sich die Situation verändert hatte, und versuchte zu fliehen, gefolgt von Vater, der ihn noch vor den Holzstapeln stellte. Sie waren von uns jetzt so weit entfernt, dass wir nicht hören konnten, was sie sprachen. Wir sahen nur, dass sie sich gegenüberstanden wie zwei Kampfhähne und Vater ihn ohne Warnung niederschlug.

Die Kappe fiel Franzl vom Kopf, und er kam auf dem Rücken zu liegen.

V.

Ich hatte jetzt erst recht Angst um meinen Vater, der langsam und ohne sich umzudrehen zurückkam, über den Zaun stieg und den weinenden Helmut, den wir zu uns auf die Betongrube gezogen hatten, tröstete.

VI.

Von da an war es uns auch streng verboten, zum Rangierbahnhof und dem Sägewerk zu gehen. Wir sahen Herrn Franzl nur von weitem bei der Arbeit zu, und er tat so, als ob er uns nicht bemerke.

Nach dem Brand

I.

Als wir in der Nacht erwachten, war es, als fingen wir im Schlaf zu träumen an. Feuerschein und Rufe ließen uns die Betten verlassen und auf den Küchenbalkon laufen, wo schon die Eltern standen. Sie schickten uns, was uns merkwürdig vorkam, nicht wieder zurück ins Bett, sondern wiesen auf den roten Himmel und in Richtung der Göstinger Au, wo eine Art Wetterleuchten wie ein Lebewesen am Horizont flackerte. Ich konnte Flammen erkennen, und wir hörten die Signalhörner von Feuerwehren, die aus allen Richtungen heranrasten. Mein Vater wollte sich mit dem Fahrrad zur Brandstelle der Flachsfabrik begeben, aber Mutter verbot es ihm. So standen wir, da es zu kalt geworden war, in der Küche hinter der Balkontür und schauten durch die Glasscheiben in die erleuchtete Dunkelheit.

II.

In meinem Kopf springt dieses Bild immer zu einer Kasperltheaterkulisse um, die ich als Kind gesehen habe. Der Hintergrund war mit schwarzem Karton ausgeschlagen, und davor stellten orangerote Papierflammen einen Brand dar.

III.

Am nächsten Tag erschien Großvater, um mich, wie mehrmals im Jahr, zum Fischen mitzunehmen. Wir machten uns auf den Weg über die Göstinger Au zur Kalvarienbergkirche. Schon in der Wiener Straße nahmen wir den Brandgeruch wahr, und Großvater, der noch in der Nacht aus Neugier zur Flachsfabrik gegangen war, erzählte mir von dem Unglück. Zwei Arbeiter waren verbrannt, einer vermisst. Großvater sagte, die Leichen seien »verkohlt« gewesen, wie schwarze Puppen hätten sie ausgesehen, die Arme schützend vor den Gesichtern. Er schwieg jetzt, während wir dahingingen, Großvater mit der englischen Bambusangel und der grünen Metallbüchse über der Schulter, ich den Kopf gesenkt und den Blick auf die Erde gerichtet, da der Brandgeruch immer stärker wurde. Die Flammen, fuhr Großvater fort, seien so hoch in den Himmel hinaufgelodert wie das zweistöckige Haus am Kirchweg, in dem er wohnte. Es habe auf ihn einen schrecklichen Eindruck gemacht. Die Feuerwehren seien gegen den Brand machtlos gewesen. Hunderte Neugierige hätten sich eingefunden, von allen Seiten seien die Menschen zur Stätte des Unglücks geströmt und hätten nur dagestanden und in die Flammen gestarrt. Er sei von dem schauerlichen Unglücksfall so betroffen gewesen, dass er in der Nacht keinen Schlaf mehr gefunden habe, weil er sich plötzlich an den Krieg erinnert habe.

IV.

Als wir uns der Brandstätte näherten, wimmelte es noch immer von Neugierigen, Feuerwehrleuten und Polizei. Die Flachsfabrik war fast vollständig verschwunden, stattdessen waren nur noch verkohlte Pfosten zu sehen wie Reste eines abgebrannten Pfahldorfes. Niemand durfte die Brandruine betreten. Wir schauten sie lange an, bevor wir zum Fischen gingen.

V.

Großvater hatte seine bevorzugten Plätze: eine flache Schotterbank und eine dicht bewachsene Stelle am Ufer, zu der wir durch dichtes Gebüsch hinunterklettern mussten, bis wir ein schmales Stück Erde vor dem träge dahinströmenden Fluss erreichten. Großvater hatte Mühe mit dem steifen Hüftgelenk, und mehr als einmal musste ich ihm, wenn er gestrauchelt war, auf die Beine helfen. Wir standen bis zum Mittag am Ufer und redeten nicht miteinander. Es war mir verboten, Steine zu werfen oder laut zu sein, aber das machte mir nichts aus. Ich liebte es, nahe am Wasser zu sein und die stetige Veränderung der Oberfläche zu beobachten. Da ich nicht schwimmen konnte, war der Fluss, in dem immer wieder Menschen ertranken, etwas Außerordentliches für mich. Endlich fing Großvater einen Weißfisch. Ich schaute zu, wie er mit einem Finger in das geöffnete Maul fuhr und ihm das Genick brach. Dann steckte er ihn in die grüne Metallbüchse, und wir gingen langsam und auf einem Umweg, weil wir den Unglücksort nicht mehr aufsuchen wollten, zu Omi. Noch immer hatte ich den beißenden Geruch der Brandstelle in der Nase.

Onkel Fritzl. Erster Besuch

I.

Onkel Fritzl, der Bruder von Omi, lebte als Insasse der Anstalt für Geisteskranke am Feldhof bei Graz. Er kam wie seine Schwester Gretl als »Rauschkind« zur Welt, da der Vater Rudolf Pöstinger, ein Eisenbahner, Alkoholiker war und auch an Leberzirrhose starb. Rudolf sagte in Agonie seine Todesstunde voraus, indem er in einem fort »siebene – halber achte« murmelte. Tatsächlich verschied er um halb acht Uhr morgens. Diese Episode war die von meiner Mutter am häufigsten erzählte Gruselgeschichte, die ich manchmal vor dem Einschlafen von ihr zu hören verlangte.

II.

Meine Mutter hatte ihren Großvater Rudolf geliebt und als Kind ein inniges Verhältnis zu ihren nur wenig älteren Tanten Rosl, Hedwig, Grete und den Onkeln Hans und Fritzl gehabt. Während Grete, ebenfalls anfällig für Alkohol, sich schon sehr früh als Magd auf dem Land verdingte, wo Omi sie hin und wieder besuchte, wurde ihr Bruder Fritzl nach einer langen Irrfahrt schließlich in die Anstalt Feldhof eingewiesen und blieb dort als »Feldhof-Narr«, wie es im Volksmund hieß, bis an sein Lebensende. Meine Mutter war älter als er und hatte ihn sogar noch mit dem Kinderwagen am Kirchweg spazieren geführt.

III.

Mutter selbst war ein kapriziöses Kind gewesen, und wie sie nicht ohne Stolz vermerkte, gerne »boshaft« zu ihren Verwandten, jedenfalls war sie, wie man ihr immer versichert hatte, für etwas Besonderes gehalten worden. Ich besitze eine Fotografie, die sie im Alter von sieben oder acht Jahren mit einem Ball auf einem viel zu großen Stuhl zeigt. Das Haar ist ordentlich zu Zöpfen geflochten, sie trägt einen bequemen Kittel, weiße Socken und Spangenschuhe, und ihr rechter Arm liegt auf der Lehne. Ihre Haltung und ihr Blick drücken Neugier und Misstrauen der ungewohnten Situation gegenüber aus, doch macht sie keinen eingeschüchterten, sondern einen selbstbewussten Eindruck. Es ist etwas Aufgewecktes, Ernstes in ihren Gesichtszügen, und selbst eine gewisse Fluchtbereitschaft glaube ich zu erkennen. Ich kann mir gut vorstellen, wie sie aufsteht und mit dem Ball in der Hand davonläuft. Sie ist gerne zur Schule gegangen und hat sehr gut gelernt. Bis in ihr Alter rühmte sie sich ihrer »gestochen schönen« Handschrift. Ich habe ein schwarzes Heft aus der dritten Klasse Hauptschule vor mir, *Deutsch-Grammatik*, es ist ein Wunderwerk der Kalligraphie, das sie für den Beruf einer Schreiberin im alten Ägypten prädestiniert hätte. Ich nehme an, dass ihr diese Beweise ihrer Intelligenz und Fertigkeit ein Gefühl der Überlegenheit gaben, mit dem sie spielerisch-übermütig umging. Sie erkannte bald, dass Fritzl und Grete, wie auch ihr Großvater, nicht in die Welt ihrer Schönschrift passten. Während sie den Großvater trotzdem ihr Leben lang verehrte, das heißt, ihn und seine Frau, als den Großherzigen und die Gutmütige (den stolzen Eisenbahner und die sanfte

Hausfrau) in Erinnerung bewahrte, während sie zu ihren übrigen Tanten und Onkel Hans ein geschwisterliches Verhältnis hatte, sprach sie über Fritzl und Grete wie über Problemkinder. Grete war, wie ich mich erinnere, eine lachende, simple, fortwährend staunende, also fortwährend beeindruckte und alles und alle bewundernde Frau mit roten Backen, eckig, fügsam, eine Dienstmagd, ein so genannter »zurückgebliebener« Mensch von armseligem Äußeren und darum umso bemitleidenswerter. Sie heiratete sehr spät einen um viele Jahre älteren und ebenso bemitleidenswerten Knecht, der von kleiner Statur war und den Familiennamen Grill trug. Beide waren fleißig und von der schweren körperlichen Arbeit als Landarbeiter gezeichnet: ihre Körper geschunden, die Gelenke ausgeleiert, die Hände übergroß. Beide zogen zu Maria Lichtmess von einem Bauern zum nächsten, bis zuerst ihr Ehemann und nicht viel später sie selbst in einem Altersheim Aufnahme fanden, wo sie, betreut von meiner Mutter, in den achtziger Jahren des vergangenen Jahrhunderts gestorben sind.

IV.

Onkel Fritzl, der jüngste Pöstinger, vertrug keinen Alkohol, trank aber gern. Er war noch viel »zurückgebliebener« als Gretl und hat nie eine Schulklasse abgeschlossen. Schon als Jugendlichen machten Arbeiter ihn im Wirtshaus betrunken und trieben ihre Späße mit ihm. Sie flößten ihm so viel Bier ein, dass er sich überreden ließ, die Hosen herunterzulassen und sich unter dem Gejohle der Gäste nach vorne zu beugen, worauf man ihm ein brennendes Stück Papier in den Hintern steckte und sich daran ergötzte, wie er erschrocken und von Schmerzen gepeinigt ins Freie sprang. Zwar hatte der Vorfall ein Nachspiel, da seine Mutter den Tätern mit einer Anzeige drohte, aber es kam trotzdem zu weiteren Übergriffen. Einmal wurden ihm die Haare abgeschnitten, ein anderes Mal erhitztes Wachs in die Ohren geträufelt und sogar ein Zahn gezogen, nachdem man Fritzl mit einer Flasche Wein gefügig gemacht hatte.

V.

Meine Mutter wurde vom Fenster am Kirchweg aus selbst Zeugin eines solchen Schauspiels. Ein Freiluftzirkus hatte sich auf dem leeren Platz vor dem Haus niedergelassen, und neben den Tieren in fahrbaren Käfigen traten Jongleure, Spaßmacher, Zauberer und der »starke Mann« auf, der »schwere« Gewichte aus bemaltem Pappkarton in die Höhe wuchtete und unter den Schmährufen des Publikums »Weltrekorde« aufstellte. Am Abend stellte sich »der starke Mann« dann in einem primitiven Boxring Herausforderern zum Kampf, doch fand sich trotz seiner kläglichen Vorstellung am Nachmittag niemand, der mit ihm seine Kräfte messen wollte. Plötzlich – erzählte meine Mutter – ertönten »Fritzl! Fritzl!«-Rufe, und unter dem Gejohle der Zuschauer sei ihr Onkel mit entblößtem Oberkörper in den Ring geklettert. Meine Mutter war fassungslos und entsetzt. Fritzl schien seinen Auftritt jedoch zu genießen, denn noch nie hatte er die ungetrübte Bewunderung und Zuneigung der Menschen gespürt, und den »starken Mann« imitierend ließ auch er seine armseligen Muskeln spielen, um sodann zum Gaudium des Publikums mit verschränkten Armen wie ein Gorilla durch den Ring zu stapfen. Der »starke Mann« schonte ihn nicht. Nachdem er die Harmlosigkeit seines

Gegners erkannt hatte, ließ er sich Zeit wie die satte Katze, die eine Maus in ihre Pfoten gebracht hat.

Meine Mutter wollte das Schauspiel beenden und lief auf den Platz hinunter, aber als sie den Boxring erreichte, lag Fritzl schon bewusstlos und aus Nase und Mund blutend auf dem Boden. Man schüttete gerade einen Kübel Wasser über sein Gesicht, und sobald er die Augen aufschlug, fing er (unter dem Gelächter des Publikums) laut zu weinen an und kroch auf allen vieren aus dem Ring. Meine Mutter brachte ihn unter Mühen nach Hause. Seine Verletzungen – unter anderem ein Nasenbeinbruch – waren so schlimm, dass er tagelang im Bett lag und bei jeder Bewegung wimmerte.

VI.

Wie seine Schwester Grete wurde auch er aufs Land vermittelt: zu Bauern, die Omi kannte und von denen man eine bessere Behandlung Fritzls erwartete. Aber es hielt ihn dort nicht. Er neigte zur »Vagabondage«, Trunksucht und Pyromanie. Ohne Grund verließ er einen Hof und blieb bei einem anderen, wo man ihn vielleicht schlechter behandelte, jedoch mit Most für die schwere Holz- oder Heuarbeit köderte. Spielte er mit Zündhölzern, warf man ihn hinaus, und er zog »ein Häusl weiter«, wie der Volksmund sagt. Zumeist schlief er im Kuhstall beim Vieh, selten in einem »Saustallzimmer« über den Schweinen. Und immer wieder kam seinen Verwandten zu Ohren, dass man Späße mit ihm trieb, wenn er betrunken war, seine Kleidung beschädigte, ihm das Essen versalzte oder ihn mit erfundenen Nachrichten wie, dass er eine Million Schilling geerbt habe, an der Nase herumführte.

VII.

Auf dem Land war er wenigstens vor den Nazis sicher, die »lebensunwertes Leben«, wie sie es nannten, in Anstalten durch Injektionen oder Gas vernichteten. Fritzl war zu seinem Glück arbeitsfähig und -willig. Am Ende des Krieges wurde er aber zum Volkssturm eingezogen. Als er den Kommandanten erblickte, sank er aus Angst vor ihm in die Knie und weinte, worauf dieser sich lautstark beschwerte, mit welchen Männern er das Land verteidigen solle, und Fritzl schroff entließ.

VIII.

Auch in der Nachkriegszeit tauchte Fritzl bei Bauern unter. Nachdem er einen Heuschober angezündet hatte und von der Gendarmerie verhaftet worden war, lieferte man ihn in den Feldhof ein. Dort waren noch die gleichen Ärzte tätig wie in der Zeit des Nationalsozialismus. Sie nahmen an ihm einen Eingriff vor, welcher damals zur üblichen »Behandlung« gehörte und unter dem Begriff Lobotomie ebenso bekannt wie gefürchtet war. Fritzl hatte schon Elektroschocks erhalten, nun aber wurde ihm der Schädel geöffnet, und ein Chirurg nahm die Durchtrennung »frontothalamischer Faserverbindungen«, wie das klinische Wörterbuch Pschyrembel besagt, vor. Schon damals war bekannt, dass es dadurch zu »Persönlichkeitsveränderungen« kommen konnte, »mit Störungen des Antriebs und der Emotionalität«, um noch einmal das Wörterbuch zu bemühen. Kurz gesagt: Fritzl wurde geistig »ruhiggestellt«. Er floh nicht mehr, es zog ihn nicht mehr das Unbekannte an, er saß folgsam auf einer Bank und führte widerspruchslos alle Befehle aus. Seine nervlichen Abläufe verlangsamten sich, und seine Neugier stumpfte ab. Ich bin mir allerdings nicht sicher, ob dieser Eingriff an ihm vor meinem ersten Besuch Ende der vierziger Jahre des vergangenen Jahrhunderts oder vor meinem zweiten Besuch acht Jahre später durchgeführt wurde.

IX.

An einem Sommernachmittag begleitete ich meine Mutter in den Feldhof. Sie scheute sich davor, Kontakt mit Onkel Fritzl aufzunehmen, während Omi und auch seine Geschwister ihn häufig besuchten. Da mein Vater zur Welt der psychisch Kranken allgemein ein distanziertes, wenn auch nicht feindseliges Verhältnis hatte und sich weigerte, meine Mutter in das »Irrenhaus« zu begleiten, fragte ich sie, ob sie mit mir vorliebnehmen würde. Ich fürchtete mich anfangs zwar vor dem Besuch, denn Vater und Großmutter waren dagegen gewesen, dass ich die Anstalt betreten sollte, weil man nicht wissen könne, was ich dort zu Gesicht bekäme, aber schließlich überwog eine fröhliche Neugier.

X.

Ich erinnere mich noch an die riesig vergrößerten Gesichter der Politiker auf den Wahlplakaten, die ich von der Straßenbahn aus und in Puntigam überall sah. Selbst im weitläufigen, in einen Acker auslaufenden Park des Feldhofs hingen und klebten diese Plakate an Wänden und Bäumen, obwohl meine Mutter behauptet hatte, in der Anstalt hielten sich nur Geisteskranke, Schwestern, Pfleger und Ärzte auf. Es beruhigte mich aber, dass drinnen alles so aussah wie draußen. Es liefen nur mehr Männer in Steireranzügen herum, die, wie ich erst später erfuhr, quasi der Anstaltskleidung entsprachen, weil die meisten der Insassen kein anderes Gewand besaßen. Sofort wurde mir klar, dass meine siebenbürgische Großmutter in ihrem Verhalten auffälliger war als alle, denen ich hier begegnete. Die Gänge des Gebäudes, das wir betraten, schienen mir, obwohl düster, sogar weniger schreckenerregend als das Totenhaus, in dem meine Mutter gelegen hatte, und die Menschen kamen mir nicht skurriler vor als die Bewohner des Weidwegs. Trotzdem ging etwas Beklemmendes von der Anstalt aus. Was also war der Grund dafür, dass man Menschen hier einsperrte?

Meine Mutter hatte gesagt, sie seien wirr im Kopf, aber das war auch ich sehr oft, nur behielt ich es für mich. Ich wollte daher von ihr wissen, wie man das feststellte, und sie antwortete, die Irren würden Dinge sagen und tun, die anders seien als das, was normale Menschen dächten, sagten oder tun würden. Sie machte eine Pause und erklärte mir dann, als könne sie meine Gedanken lesen, Großmutters Gesichtszuckungen und ihr Schnalzen seien ein Nervenleiden, keine Geisteskrankheit. Die Geisteskranken seien ärmer, weil sie in ihrer Einbildung lebten und mit der Wirklichkeit nicht zurechtkämen. Ich fühlte mich durch ihre Erklärungen bedrängt und sagte nichts mehr.

Mutter öffnete eine Tür, und wir standen im Krankensaal.

XI.

Aus einem der zwanzig Betten erhob sich ein kleiner Mann im Trachtenanzug – zuerst ungläubig, dann erfreut. Seine Haare standen in einem Wirbel am Hinterkopf zu Berge, das Gesicht war ausdruckslos, die Nase platt, die Augen blau und seine Bewegungen schwerfällig. Er schlüpfte in seine Schuhe und kam mit geöffneten Bändern auf uns zu.

»Bist du's?«, fragte er meine Mutter erstaunt und fügte ihren Vornamen hinzu: »Erni?«

Er legte seinen Kopf an ihre Brust und ließ sich von ihr streicheln, was ich als eine unerlaubte Intimität empfand. Mich erschreckte das Vertrauen, das zwischen ihnen herrschte.

Plötzlich flüsterte er: »Ich zeig dir was!«, und eilte uns voraus eine Stiege hinauf in das nächste Stockwerk, wo er eine Tür öffnete und wir in einen Raum, dessen Boden mit Zeitungspapier bedeckt war, traten. Die Wände waren zum Teil aufgestemmt, sodass man die elektrischen Leitungen sah, und ein Schutthaufen erhob sich in der Mitte. Ich hatte Angst, dass Fritzl, dessen Verhalten immer sonderbarer wurde, sich auf uns stürzen würde. Stattdessen fing er zu weinen an und schluchzte, er wolle »hinaus«. »Nimm mich mit, Erni«, rief er. Meine Mutter fragte ihn, weshalb er uns in den verlassenen Raum geführt habe, und er gab zurück: »Damit uns niemand hört.«

»Was darf niemand hören?«, fragte meine Mutter daraufhin.

»Dass i aussi will«, schluchzte Fritzl.

Meine Mutter beruhigte ihn daraufhin und schlug ihm vor, mit uns im Park spazieren zu gehen. Jetzt erst wurde Fritzl auf mich aufmerksam und wollte wissen, wie ich heiße.

XII.

Ich erinnere mich an einen endlosen Spaziergang durch den Park. Meine Mutter und er tauschten Erinnerungen aus, mit denen ich nichts anfangen konnte. Mir fiel auf, wie geduldig sie mit ihm war und dass beide logen. Fritzl täuschte nur vor, sich zu erinnern, nickte und strahlte, aber ich hatte den Eindruck, dass er alles längst vergessen hatte, während meine Mutter ihm in einem fort recht gab, wenn er etwas behauptete, was für sie ganz ungewöhnlich war. Sie hatte ihm hart gekochte Eier, Brot und ein Stück Kuchen mitgebracht, dazu Kaffee in einer Flasche, die mit einer Porzellankapsel verschlossen war. Fritzl verzehrte alles im Gehen und trank in großen Schlucken die Flasche leer. Er aß so schnell, dass ich meinen Blick nicht von ihm abwenden konnte, während seine anderen Reaktionen quälend langsam waren und sein Lachen so traurig, dass mir bald selbst zum Weinen zumute war. Nachdem er seine Mahlzeit beendet hatte, fing er an, meine Mutter erneut zu bitten, ihn aus der Anstalt herauszunehmen, und vergaß nicht hinzuzufügen, dass ihr Mann doch Arzt sei und alles für ihn tun könne. Zuletzt flehte er sie förmlich an und wollte ihre Hände küssen. Warum müsse er bloß hier sein, schluchzte er. Er habe niemandem etwas getan. Die Ärzte hätten seinen Kopf geöffnet und hineingeschaut. Er wisse nicht, was sie gesehen hätten, es habe niemand mit ihm darüber gesprochen.

Meine Mutter beruhigte ihn und versprach ihm nachzufragen. Als sie wissen wollte, was er den ganzen Tag so treibe, wischte er sich die Tränen aus den Augen und sagte: »Erdäpfel anbauen«. Er wies auf die weiten Äcker – im Hintergrund fuhr gerade der »Rote Blitz«, die Graz-Köflacher-Eisenbahn, vorüber. Meine Mutter erklärte hierauf, dass er hier ja besser leben könne als auf dem Land: Er könne an der frischen Luft arbeiten, habe sein regelmäßiges Essen und müsse nicht im Stall schlafen.

»Ja«, entgegnete Fritzl traurig, »aber lauter Narren.« Er machte mit der Hand eine Kurbelbewegung vor der Stirn und begann sich über seine Mitpatienten zu beschweren, zuerst im Allgemeinen und dann darüber, was ihm dieser und jener angetan habe.

Er war sprunghaft und »leicht angerührt«, wie meine Mutter auf dem Nachhauseweg feststellte. Sie machte mich darauf aufmerksam, dass sein Lachen ohne offensichtlichen Grund plötzlich in ein Weinen übergegangen sei und aus den Tränen sich oft wieder ein Lachen entwickelt habe. Das hatte ich aber auch schon bei Omi festgestellt, und darum wunderte es mich, dass meine Mutter es betonte.

XIII.

Wir begleiteten Fritzl zurück in den Krankensaal, wo es ohne ersichtlichen Grund gerade zu Handgreiflichkeiten zwischen zwei Patienten kam, die ihre Schläge mit schrecklichen Schreien und Kreischlauten verbanden. Schließlich rissen sie sich an den Haaren und stürzten zu Boden. Wir wichen erschrocken zurück und wollten wieder ins Freie flüchten, da eilten zwei Wächter herbei und trennten die beiden, verteilten Püffe und ermahnten sie lautstark – und ohne Übergang trat wieder Ruhe ein. Ich sah die Patienten nun aber mit anderen Augen. Als alles vorüber war, entdeckte ich in ihren Blicken, ihren Gesichtern, Trauer, Stumpfsinn, Ärger, Verzweiflung und Resignation (sie erscheinen mir jetzt nachträglich wie Gesichtsmodelle für diese Begriffe). Ich fühlte mich bedrängt und in Lebensgefahr.

XIV.

Meine Mutter nutzte den Schrecken, um sich von Fritzl zu verabschieden. Aber er fuhr unbeirrt fort, sie unter Tränen anzuflehen, ihn herauszunehmen oder wenigstens noch ein wenig zu bleiben. Meine Mutter löste sich jedoch von ihm. Er lief uns nach, wurde von einem Wärter aufgehalten und rief laut den Namen meiner Mutter: »Erni! Erni!«, bis wir das Gebäude verlassen hatten. Schweigend gingen wir durch den Park, vorbei an den Wahlplakaten mit den überlebensgroßen Köpfen der mächtigen und berühmten Männer, denen wir unser Glück verdanken.

XV.

Dieses Ereignis beschäftigte mich noch lange. Wenn ich über die Vorfälle nachdachte, besser, wenn ich sie vor meinem inneren Auge wieder ablaufen ließ oder wenn sie in meinem Kopf ungebeten auftauchten, verbanden sie sich mit der Ahnung, dass meine Eltern nicht mächtig genug waren, um mich aus jeder Lage zu retten. Es gab Kräfte, argwöhnte ich, die stärker waren als sie – eine Geisteskrankheit beispielsweise. Ich kam zu der Überzeugung, dass ich niemandem Einblick geben durfte, was in meinem Kopf vorging. Ich musste gehorsam sein und alles richtig machen, sodass keiner an meiner geistigen Gesundheit zweifeln würde. Nur Großmutter, die immer behauptete, dass ich ein Künstler sei, was immer das auch sein mochte, die in der Anstalt zwischen den Kranken nicht aufgefallen wäre, durfte ich alles sagen. Wie war es ihr gelungen, mit ihren Gesichtszuckungen und dem Schnalzen durch das Leben zu kommen, ohne in eine Anstalt eingeliefert zu werden? Was war ihr Geheimnis?

Die Heuschrecken

I.

Unser Garten, seine Pflanzen und Tiere waren für mich das Paradies geworden und rundherum, mit der Mülldeponie, dem Rangierbahnhof und dem Sägewerk begann die feindliche Umwelt. Der Garten war das, wohin Onkel Fritzl wollte, wohin Omi und Großvater kamen, wo Großmutter und ich Bücher machten und wo ich mich mit meinen Brüdern unter der Zeltplane auf dem Baum versteckte. Alles in ihm war Leben, alles war ich selbst – sogar die Steine.

II.

Irgendwann in diesem Sommer sahen wir, als wir am Morgen erwachten, vom Balkon aus einen Schwarm Heuschrecken. Sie fielen uns anfangs nicht auf, aber es war eine ungewöhnliche Bewegung im Gras und auf den Bäumen und ein leise schabender Grundton in der Luft, den wir noch nie gehört hatten. Sofort liefen wir zu Mutter, Großmutter, Renate und Frau Lehmberger hinunter in den Garten, während von überall her neue Schwärme angeflogen kamen. Von der ersten Begegnung an gefielen mir die grünen Insekten, lange bevor ich gesehen hatte, wie Herr Brenner eines von ihnen in das Goldfischbecken geworfen hatte. Sie hatten zugleich etwas Vogel- und Pflanzenhaftes – waren wie fliegende, lebende Gräser.

Den ganzen Tag über scheuchten wir sie auf, rüttelten an den Ästen und Bäumen und halfen Großmutter und Frau Lehmberger, die mit Zeitungen in der Hand auf einer Leiter standen, die Tiere von der Laube fortzutreiben. In den Gärten ringsum wurden Feuer angezündet, in die man die eingefangenen Insekten kübelweise hineinschüttete. Es schwirrte, es knackte und prasselte, der scharfe Gestank von Rauch breitete sich aus.

Am nächsten Tag waren die Heuschrecken weitergezogen, aber Gras und Blätter sahen aus wie nach einem heftigen Hagel.

III.

Ich hatte eines der Tiere in einem Einsiedeglas gefangen, stopfte es mit Grünzeug voll und spannte mit Hilfe meiner Mutter Stanniolpapier darüber, das ich mit Löchern versah, damit es atmen konnte.

Die Bewegungen der Heuschrecke machten mich glücklich, der leiseste Flügelschlag, die unscheinbarste Bewegung versetzten mich in Entzücken. Ich unterbrach immer wieder das Spiel mit den Brüdern, um nach ihr zu sehen. Ich gab ihr keinen Namen, doch verspürte ich den Wunsch, mit ihr zu sprechen. In der Nacht träumte ich, dass ich sie verstehen konnte. Inmitten der Fliegenplage war sie etwas Besonderes. Ein Fliegenkaiser, ein verzauberter Soldat mit seinem Pferd. Es war aber gerade das Nicht-Verstehen und Selbst-von-ihr-nicht-verstanden-Werden, das mich auf die Idee brachte, sie mit Onkel Fritzl im Feldhof zu vergleichen. Ich studierte an ihr gleichsam die Existenz meines Großonkels, aber ich sprach nicht einmal mit Großmutter darüber.

IV.

Tage später verflog sich eine Schwalbe durch eines der Fenster und schwirrte unter der Decke herum, bis ich aus meinem Mittagsschlaf erwachte. Wir hatten grüne Jalousien, die im Sommer heruntergelassen und ausgespreizt waren. Die Schwalbe versuchte vergeblich, den Weg zurück hinauszufinden, prallte gegen die Scheibe, fiel auf den Fußboden und flatterte sofort wieder im Raum herum, bis sie gegen das nächste Hindernis stieß. Durch die ungewohnten Geräusche aufmerksam geworden, eilte meine Mutter herbei, um den Vogel zu fangen. Ich fürchtete schon um sein Leben, aber endlich gelang es ihr, als er betäubt von einem Sturz auf dem Teppich lag, ihn zu fassen und auf die Fensterbank zu setzen, von wo er bald wieder davonflog.

V.

Spontan entließ ich nun auch das grüne Insekt aus dem Einsiedeglas ins Freie. Von da an aber mussten Großmutter und Großvater in ihre Geschichten eine Heuschrecke als Ersatz für die entschwundene einbauen. Bei Großvater wurde sie zum Pferd von Hans Däumling, bei Großmutter mutierte sie zur Riesenschnecke, die immer auftauchte, wenn das Böse die Oberhand zu gewinnen drohte. Vielleicht erinnere ich mich an diese kleinen Vorfälle nur, weil ich Onkel Fritzl und den Feldhof nicht vergessen konnte und mir niemand sein Flehen hinauszuwollen erklären konnte.

Verbotene Orte

I.

Trotz aller Verbote gelang es uns in unbewachten Augenblicken, zur Müllhalde zu laufen. Wir waren besessen von »Abenteuern«, und wenn wir auch nur für wenige Minuten das strenge Verbot übertraten und unbemerkt in den Garten zurückkehrten, fühlten wir uns wie Helden. Auf der Müllhalde fanden wir jetzt den abgeschnittenen Kopf eines Huhns, eine wissenschaftliche Illustration aus einem Buch, eine weggeworfene Radioröhre, den Knopf eines Militärmantels, eine zerbrochene Kaffeetasse mit der Abbildung des Wallfahrtsortes Mariazell, einen zerfetzten Hut. Wir mussten nur wühlen, schon stießen wir auf etwas, das wir in den Garten mitnahmen und in dem ausgeschlachteten englischen Rot-Kreuz-Wagen versteckten.

II.

Die Bahnhofsseite war ebenso voller Überraschungen. Einmal vergaß ein Eisenbahner sein Feuerzeug, das wir zu unseren geheimen Schätzen legten, dann sprangen wir in einen der offenen Viehwaggons und stellten uns vor, als Indianer in den Krieg gegen die Weißen zu ziehen, und es kam sogar vor, dass die alte Dampflokomotive vor der Verladerampe abgestellt war, und wir sie erkletterten, um uns im Führerstand für Sekunden einzubilden, die Welt stünde uns offen. Es waren zumeist nur kurze Ausflüge, wir waren immer getrieben von der Angst, entdeckt zu werden, doch gleichzeitig genossen wir auch den flirrenden Reiz der Gefahr.

III.

Es war unumgänglich, dass wir eines Tages die äußere Grenze – den Bahnübergang – überquerten und uns im Maisfeld versteckten. Der Vorstellung, unsichtbar im Grün der Pflanzen zu hocken und sich auszumalen, wir seien im Dschungel, konnten wir einfach nicht widerstehen. Menschen gingen plaudernd an uns vorbei, ahnungslos, dass wir sie hörten, und Poldi Schlack trug, in ein Selbstgespräch versunken, die Milchkanne zum Kaufmann. Wir hatten in der Mülldeponie ein Stück von einem Spiegel gefunden, mit dem wir uns gegenseitig blendeten, jetzt lenkten wir den Lichtstrahl auf Poldi, der irritiert die Hand vor seine Augen hielt, sich umschaute und davonlief. Als Nächstes blendeten wir eine Bewohnerin des Weidwegs, sie blieb stehen und schimpfte mit zusammengekniffenen Augen los. Wir duckten uns nur noch tiefer unter die Blätter.

Buffalo Bill auf der Leinwand

I.

An den ersten Film, den ich sah, kann ich mich kaum erinnern, auch nicht daran, wie alt ich damals war. Ich weiß nur noch, dass im Fröbelkino großer Andrang herrschte und ein Zwergenfilm gegeben wurde. Wahrscheinlich waren die Zwerge Puppen, und da alles mechanisch ablief, fehlte selbst der Zauber des Kasperltheaters.

II.

Eines Tages erweiterte Großmutter unser Wissen über die Filmkunst, indem sie uns in das »Lichtspielhaus Gösting« in der Wiener Straße einlud. Der Streifen, der diesmal gezeigt wurde, hieß »Buffalo Bill«, und Großmutter erklärte uns, dass dieser ein »Wild-West-Held« gewesen sei. Unsere Eltern waren zwar besorgt, dass wir noch nicht alt genug für den Film seien, wir setzten uns aber durch und gingen mit Großmutter zum neu erbauten Kino, einem Betonklotz, wie er damals modern war.

III.

Die Kassenhalle war groß und einladend, die Vorstellung jedoch nicht gut besucht, denn die Menschen hatten wenig Geld für »Luxus« übrig.

Es musste wohl auch eine *Austria* oder *Fox tönende Wochenschau* gegeben haben, aber ich konnte vermutlich nicht viel damit anfangen und habe daran keinerlei Erinnerung. Vom Hauptfilm sind mir – außer dem Schwarz-Weiß-Geflimmer der bewegten Bilder, die mir wie nachhallende Träume beim Erwachen vorkamen – nur zwei Szenen in Erinnerung, eine lange Reiterverfolgungsjagd zu Pferd und eine Falle, die einer der Banditen Buffalo Bill gestellt hatte. Großmutter schnaubte die ganze Zeit über so heftig, dass die wenigen Zuschauer sie mit lautem Zischen, Pst-Lauten und geflüsterten »Ruhe!«-Rufen zum Schweigen bringen wollten. Sie murmelte auch abfällig etwas über »Banditen« und »Gangster« und erhob sich vor jedem Schusswechsel, um mit uns hinauszugehen, doch wehrten wir uns lautstark und verlangten, bleiben zu dürfen, worauf die Zuschauer wieder mit den Pst-

und Zischlauten anfingen. Natürlich erkannte der spitzbärtige Buffalo Bill mit seinem Cowboyhut und dem mit Fransen besetzten Wildlederanzug jeden Hinterhalt und überlistete die ihm auflauernden Übeltäter, um sie sogleich ins Jenseits zu befördern.

IV.

Obwohl ich häufig weggeschaut hatte, beeindruckte mich der Film sehr. Am besten gefiel mir Buffalo Bill zu Pferd, wenn er über die Hügel auf die großen Wolken am Horizont zujagte, oder wenn die Kamera ihn so aufgenommen hatte, dass man glaubte, mit ihm zu reiten. Von nichts anderem sprachen wir beim Einschlafen als von Buffalo Bill, dem Helden, der jeder von uns sein wollte.

Die Chiffre

I.

Am Tag nach dem denkwürdigen Kinobesuch baten wir, das Schaukelpferd auf der Wiese vor der Laube aufstellen zu dürfen, und jeder von uns wollte der Erste sein, der darauf ritt. Das fünfzehnjährige Caritas-Mädchen, das einmal in der Woche meiner Mutter am Vormittag im Haushalt half, trug es schließlich über die Treppe hinunter.

II.

Wir waren vor Aufregung erst spät in der Nacht eingeschlafen und wurden deshalb nach dem Mittagessen ins Bett geschickt, aber ich setzte durch, dass ich noch einmal hinunter in den Garten gehen durfte, wo ich allein war mit dem Summen der Fliegen, den Bienen, den Schmetterlingen, den Schatten- und Lichtflecken in der Laube, dem Schaukelpferd. Seit wir mit dem hölzernen Schlachtross, das wie ein Schiffchen im Gras auf- und abwippte, Buffalo Bill gespielt hatten, hatte mich der Gedanke beschäftigt, was mein Held wohl sah, wenn er auf seinem Pferd saß. Unser Spielzeughengst jedenfalls war viel zu niedrig, weswegen wir auch nicht das authentische Gefühl, tatsächlich zu reiten, empfinden konnten. Ich schleppte das Schaukelpferd daher in die Laube und stellte es mühsam auf den Tisch. Sodann stieg ich auf eine der beiden Bänke und von dort in den gedrechselten Sattel, wo ich nun wirklich spürte, wie man sich »hoch zu Ross« fühlte. Ich sah die Blätter, die mir von unten unerreichbar schienen, über meinem Kopf und stellte mir gerade vor zu galoppieren, als eine Kufe von der Tischplatte abrutschte und ich über den hölzernen Kopf des Pferdchens nach vorne stürzte. Schon in der Luft wusste ich, dass etwas Schreckliches geschah. Ich war davon überzeugt, mir das Genick zu brechen, ohne zu wissen, was das bedeutet. Die Luft hatte sich gleichgültig von mir abgewandt und bot mir keinen Halt. Der Schmerz des Aufpralls traf mich nicht, wie ich es erwartet hatte, im Gesicht, sondern am Ellbogen eines Arms; elektrisch geladene Nägel rammten sich in mein Gelenk und explodierten. Gleichzeitig geriet ich in eine Zentrifuge mit scharfen, metallenen Klingen, die meinen Kopf zerhackten und meine Augen zerschnitten. Ich war überzeugt, im nächsten Moment tot zu sein. Halb erstickt sah ich, dass mein linker Arm vom Ellbogen abwärts herabhing. Ich hatte keine Gewalt mehr über ihn, er war zu einem Jackenärmel aus Haut geworden. Übelkeit stieg in mir auf, und ich begann die Besinnung zu verlieren. Ich war jetzt zugleich zwei Ichs: das eine sah mich, und das andere war ich selbst. Verzweifelt schrie ich gegen meinen frühen Tod an. Meine Mutter erschien auf dem Balkon, lief wie in einem Stummfilm weinend auf mich zu und nahm mich in ihre Arme. Ich war trotz der Glasglocke, die der Schmerz über mich gestülpt hatte, ihr *Einziger* und sie meine *Einzige*. Sie lief mit mir die Stiegen hinauf, alles weitere zersplittert von da an in eine Serie unzusammenhängender Fotografien. Die Haushaltsgehilfin legte ihre Straßenbahnmonatskarte mit der durchsichtigen Plastikhülle und das rotgrünkarierte Portemonnaie, das ich bewunderte und, wie sie wusste, begehrte, vor mich hin und küsste mich unter Tränen. Ich erinnere mich, wie der Schmerz mich in weißes Licht tauchte und in einer Häckselmaschine zerschnitt. Mein Vater erschien irgendwann. Das weiße Licht war inzwischen eine Flüssigkeit geworden, die mich in ein Abflussloch sog. Ich stürzte durch den Ausguss in einen dunklen Ort des Feuers und der Zeitlosigkeit. Aus der Schwärze tauchte Onkel Othmar mit Fahrerkappe und schwarzem Auto auf, in dem ich wie auf einem fahrbaren Sofa weggebracht wurde. Ich kann mich an die bis in meine wunden Ellbogen rumpelnden Schlaglöcher erinnern und an den Geruch von Desinfektionsmitteln im Krankenhaus. Es musste sich eine Katastrophe ereignet haben, schoss es mir durch den Kopf, so viele verletzte, stöhnende und verstümmelte Menschen lagen und saßen auf Rollbetten am Gang. Ich wurde in den Röntgenraum geführt – ich verglich ihn mit einem Straßenbahnwagen aus Metall und erwartete anzufahren –, aber das Summen bei der Aufnahme und das eisigkalte Metall, auf dem mein Arm lag, waren alles, was ich wahrnahm. Rasch entkleidete man mich und legte mich auf ein bereitstehendes Rollbett, auf dem ich wieder die metallische Kälte spürte. Mein Vater, der die ganze Zeit über bei mir war, blickte mir in die Augen und befahl mir zu zählen. Ich schaute weg und erkannte erst jetzt die Operationslampe über meinem Kopf. Ich empfand Todesangst, denn ich wusste, dass ich fremden Mächten ausgeliefert war. Ein fremder Arzt stürzte sich auf mich und stülpte mir die nach Chloroform stinkende Maske über das Gesicht, um mich zu ersticken. Gehorsam zählte ich bis drei, dann sah ich den 3er, meine Straßenbahn, davonfahren. Lange hielt ich mich an einem anderen Ort auf.

III.

Ich erwachte in einem hohen Raum, in dem die Narkotisierten wie Betrunkene schliefen, halb angezogen, schnarchend, stöhnend und alle mit einem Verband an den Gliedmaßen oder am Kopf.

Mein Vater lobte mich, dass ich tapfer gewesen sei, und ich dachte, der fremde Arzt hätte mich nicht zu ersticken brauchen, dann hätte Vater sich jetzt nicht so freuen müssen, dass ich wieder hier war. Schließlich war er es auch gewesen, der mich in das Krankenhaus gebracht hatte. Jetzt erst bemerkte ich den schweren weißen Klumpen an meinem linken Arm. Er reichte von der Schulter bis zur Hand und ich spürte einen chromsilbrig blitzenden Schmerz.

IV.

Mehrmals musste ich mich zur Kontrolle in das Unfallkrankenhaus begeben. Ich wollte mich davor drücken, doch man ließ mir nur die Wahl, mit der Fähre hinter dem Kalvarienberg die Mur zu überqueren und an den GAK-Tennisplätzen entlang bis zum Spital zu gehen oder mit der Straßenbahn zu fahren. Verzichtete ich auf den 3er, wurde ich in den berühmten Grazer Eissalon Hokke eingeladen, von dessen Köstlichkeiten jeder schwärmte. Die Kontrollen verliefen schmerzlos, der Arm wurde geröntgt und die Wunde behandelt. Erleichtert und erwartungsvoll folgte ich meiner Mutter den Schwimmschulkai entlang »zum Hokke«. Zwar hatte ich schon Eis vom »Gefroooreenees«-Mann gekostet, aber nun sollte ich so viel essen dürfen, wie ich wollte. Ich sah in meiner Einbildung ein Passagierschiff auf dem Fluss, und fragte meine Mutter danach. Sie wusste zu berichten, dass in den »dreißiger Jahren« ein weißer Raddampfer die Mur befahren habe, der an einem Brückenpfeiler zerschellt sei, wobei mehrere Menschen den Tod gefunden hätten. Nun wollte ich erfahren, an welcher Brücke und welchem Pfeiler, aber meine Mutter sagte, sie erinnere sich nicht.

V.

Während ich das Unglück noch vor Augen hatte, betraten wir den Eissalon und nahmen an einem freien Tisch Platz. Ein geschniegelter Kellner, den ich sofort als Respektsperson identifizierte, notierte die Bestellung, die meine Mutter für mich aufgab: Vanille- und Erdbeereis mit Schlag, Waffeln und Hohlhippen. Die Süßspeisen wurden in silberfarbenen Alpakaschalen, mit einem flachen Löffelchen und einem Glas Wasser serviert. Ich fühlte mich als Kind einer reichen, angesehenen Familie. Während ich noch in einen Prinzen inkognito verwandelt war, hatte sich der Genuss schon verflüchtigt, aber der Geschmack und vor allem die Erinnerung daran hielten noch lange an. Es war wie eine Auszeichnung gewesen, das Eis im Salon Hokke gespeist zu haben, und hätte auch Teil eines religiösen Ritus gewesen sein können, den ich von da an mit Begeisterung wieder und wieder vollzog. Wie oft ich in diesem Tempel war, kann ich nicht sagen. Ich erinnere mich aber an ein Fresko an der Wand, das mich heute an ein Gemälde Seurats denken lässt, obwohl ich nicht mehr weiß, wie es aussah. Je mehr ich aber über das Fresko nachdenke, desto weniger fällt mir ein, was darauf dargestellt war: eine Kaffeehausszene? Menschen, die im Vorgarten Eis konsumierten? Ein Sonnenschirm? Ein Hündchen? – Ich befürchte, es war die beginnende Fünfziger-Jahre-Modernität, aber in meiner Erinnerung, die nur eine Fata Morgana ist in der Wüste des Vergessens, ist es »Ein Sonntagnachmittag auf der Ile de la Grande Jatte« von Georges Seurat, das die Wirklichkeit überlagert, um diese zugleich mit der Wahrheit der Imagination wieder aufleben zu lassen. (Wie überhaupt Seurats dunkle Kreidezeichnungen und flimmernde Ölgemälde meinen Kopfbildern am nächsten kommen.)

VI.

Ich hatte mich inzwischen so an den schweren Armgips gewöhnt, dass er trotz der Schwierigkeiten, die er mir beim Schlafen bereitete, ein Teil von mir selbst geworden war. Vor allem genoss ich die Zuneigung und das Interesse, das er auslöste. Wenn mir meine Eltern und Großmutter verkündeten, wie lange es noch dauerte, bis ich von meiner Bürde erlöst sein würde, stand ich ihren freudigen Mienen ratlos gegenüber.

VII.

Wieder gingen wir am Schwimmschulkai entlang, wieder trat ich in die Welt der Krankenhaus-Gerüche und des Schmerzes ein. Meine Mutter überwachte das Abnehmen des Gipsverbandes, wie sie sagte, »mit Argusaugen«. Achtlos wurde er zum Müll geworfen, mein ganzer Stolz der letzten acht Wochen lag mit anderen hohlen Manschetten in einem Behälter. Mein Arm schien kein Gewicht mehr zu haben. Er verselbständigte sich und schwebte zur Decke. Ich konnte es deutlich spüren, ohne es zu sehen, denn tatsächlich lag er mit gelben und grünen Blutergussflecken auf meinen Schenkeln. Alle meine Ängste konzentrierten sich auf ihn und jene seltsame, surrealistische Gipshülle. Sie erschienen mir jetzt wie eine Chiffre des Schmerzes, Teil jenes verborgenen Musters hinter der Wirklichkeit, das ich lernen musste, zu erkennen.

Schundheftl

I.

Als ich mich wieder gesund fühlte, stieg ich mit meinen Brüdern in die Unterwelt, wie damals das Umfeld von Schiebern, Falschmünzern, Dieben, Räubern und Mördern genannt wurde, und ein Angehöriger dieser Gesellschaft »Unterweltler«. Fast jeder Tag begann beim Frühstück mit einem Mord, einem Totschlag, einer Vergewaltigung, von denen die Zeitung berichtete. Die Erinnerung daran hat auch den Geruch von frisch bedrucktem Papier, den ich damals mit den Nachrichten aus der Wirklichkeit gleichsetzte. Diese Berichte überraschten mich nicht, ich kannte sie aus dem »Struwwelpeter«, aus »Max und Moritz« und von meinen Erfahrungen auf dem Land und in Krankenhäusern und vor allem von unseren Räuber-und-Gendarm-Spielen. Wir vergrößerten die Ungeheuer, die draußen lauerten, im Kopf, wie die Jäger der Frühzeit Büffel und Stiere in Felshöhlen malten, und wir näherten uns ihnen im Spiel. Bis Anfang der fünfziger Jahre hörten wir von den »Fladnitzer Mördern«, kurz »Fladnitzer« genannt, nach dem Ort, aus dem sie kamen und wo sie ihre Bluttaten begingen, indem sie Gäste, die sich einzeln und spät in der Nacht vom Wirtshaus auf den Heimweg machten, ausraubten und erschlugen. Wir hörten vom Oberösterreicher Engleder mit dem »Maurerfäustl«, der vom Fahrrad aus auf dem Land Frauen niederschlug, sich an ihnen verging und sie ermordete, vom »Blaubart« Gufler, der Frauen vergiftete, nachdem er an ihr Vermögen herangekommen war, oder vom Tiroler Zingerle, dem »Alm-Mörder«, und allen anderen, die sich durch spektakuläre Verbrechen in die Schlagzeilen gebracht hatten.

II.

Die Mordfälle und das Aufspüren von Verbrechen beflügelten mich, und Großmutter musste viele Kriminalfälle aufschreiben und malte ihre Fantasieblumen dazu, wenn nicht ich versuchte, Strichmännchen als Tote und Mörder zu skizzieren, Blutlachen und Tatwerkzeuge.

Zwar zeichneten wir immer noch unsere Landkarten, doch auf den Inseln und Meeren, den Bergen und in den Städten gingen Mord und Totschlag um.

Ich bezog die Umwelt, die Müllhalden, den Rangierbahnhof und das Maisfeld in meine Erzählung mit ein und erschreckte dadurch meine Großmutter so sehr, dass sie die gemeinsame Arbeit abbrach und erst später wieder – und nur unwillig – fortsetzte. Sie nähte trotzdem alle Geschichten sauber zusammen, mit ihrem silbernen Fingerhut aus Siebenbürgen, den ich noch immer bewunderte. Alsbald hatten wir eine mehrbändige Mörderchronik verfasst – meine Lieblingslektüre. Ich verlangte beim Mörderspielen mit meinen Brüdern, dass wir uns an die Chronologie, wie sie aufgeschrieben war, hielten und fasste die Chronik als eine Partitur auf. Großmutter weigerte sich, eigene Kriminalgeschichten zu erzählen, und so war ich auf die Gespräche der Erwachsenen über vorgefallene Verbrechen und Unglücksfälle angewiesen. Menschen wurden, erfuhr ich nebenbei, zerstückelt, fielen in Kessel mit heißem Wasser, wurden in Maschinen zerquetscht, oder es wurde ihnen mit einer Hacke der Schädel gespalten.

III.

Als mein Vater zum ersten Mal hörte, wie Großmutter mir meine Moritaten vorlas, empörte er sich darüber und fragte sie, wie sie dazu käme, für mich »Schundheftln« zu verfassen. Jedenfalls verschwanden diese Hefte von da an, und wenn ich Großmutter bat, mir eines davon vorzulesen, lehnte sie schroff ab. Ich habe keines von ihnen jemals mehr gesehen, und ich fragte auch bald nicht mehr danach.

IV.

Stattdessen lief ich hinunter in den dämmrigen Garten und meldete mich nicht mehr auf die Rufe meines Vaters. Großmutter war aufgelöst, als sie bemerkte, dass ich mich gekränkt fühlte. Sie ließ meine Mutter erklären, sie habe sich nicht mehr zu helfen gewusst, sie verabscheue Gewalttäter. Aber ich schrieb, erzählte und zeichnete von da an eine Zeit lang nicht mehr mit ihr.

V.

Einige Tage später lockte mich Großmutter in ihr Zimmer, um mir wieder die beiden Bände der »Weltumsegelung der Novara« zu zeigen. Sie las mir die Bildunterschriften vor und erzählte von tapferen Matrosen und Wissenschaftern, die auf dem österreichischen Segelschiff Pflanzen und Tiere präpariert und in farbigen Zeichnungen festgehalten hatten. Und um meine Neugier zu wecken, betonte sie, dass alle Präparate in den Kaiserlichen Museen in Wien ausgestellt seien. Wenn ich größer wäre, könne ich sie selbst sehen.

Ich wollte mich jedoch auf die beiden Bände der »Weltumsegelung der Novara« nicht mehr einlassen. Die »Schundheftln« hatten sie in ihre Nichtexistenz mitgerissen, als sie aus meinem Leben eliminiert wurden.

Pompeji

I.

»Ich werde dir jetzt eine andere Geschichte erzählen«, sagte mir Großmutter eines Nachmittags. »Die Geschichte eines Vulkanausbruchs und einer römischen Stadt, die damals zerstört wurde. Sie hieß Pompeji.« Und während sie weitersprach, nahm sie einen Bleistift, malte den Vesuv mit dichten schwarzen Rauchwolken und mit roter Farbe die glühende Lava, die aus dem Krater strömte. Sie erzählte von giftigen Gasen, Aschenregen und Glutwolken und schloss, dass alle, die in Pompeji von der Naturkatastrophe überrascht worden seien, Frauen, Kinder, Männer, Greise, Sklaven und Sklavinnen und sogar ihre Hunde und Katzen, ums Leben gekommen waren.

Von da an zeichneten und schrieben wir wieder gemeinsam.

II.

Meine Großmutter war nie in Pompeji gewesen, sie hatte auch, wie sie später beteuerte, nie ein Buch über Pompeji gelesen – was sie wusste, kannte sie aus Zeitungsberichten und vom Hörensagen, alles Übrige erfand sie.

Manche ihrer Erfindungen, stellte ich als Mittelschüler fest, stimmten mit den archäologischen Funden überein.

(Ich selbst habe als Schriftsteller immer wieder diese seltsame Erfahrung gemacht, dass erfundene Orte und Handlungen plötzlich ihre Entsprechungen in der Realität finden. Es gibt einen geheimnisvollen Zusammenhang zwischen der Fantasie und der Wirklichkeit, der seinen ursprünglichen Platz in der Mystik hat, aber von mir nicht als mystisch empfunden wird. Wenn in den Märchen Tiere sprechen, so ist das nur eine Vorwegnahme eines zukünftigen, besseren Verstehens von Tieren. Dass Tiere denken und sich ausdrücken können, sich erinnern und träumen, wenn auch nicht in menschlicher Weise, halte ich für erwiesen. Auch, dass in Kindern mehr vorgeht, als die Wissenschaft glaubt, dass sie auf eine komplizierte Weise alles verstehen und mitunter sogar mehr begreifen als Erwachsene, ist eine Überzeugung von mir.)

III.

Großmutter erzählte mir von Wandmalereien in den Häusern Pompejis, von riesigen gemalten Gärten, in denen gemalte Vögel auf gemalten Bäumen saßen. Von Mosaiken auf den Fußböden mit Meeresgetier und Flusspferden, Krokodilen, Wasserschlangen und Kraken, die sie zu zeichnen versuchte. Besonders der Krake mit seinen vielen Armen regte meine Fantasie an und war Anlass für zahlreiche Geschichten.

IV.

Großmutter schilderte mir die Dornröschenwelt der Stadt, und sie berichtete von den Toten, die von den giftigen Gasen im Schlaf oder auf der Flucht überrascht worden waren oder mitten in ihren Tätigkeiten. Den Ausbruch des Vulkans zeichnete Großmutter zuletzt in einer Art lyrischen Verzückung, mit einer roten Fantasieblume, die zum Himmel wuchs.

V.

Unsere Geschichten handelten häufig von einem Wettlauf mit dem Tod. Die meisten von ihnen spielten in der langen, glücklichen Zeit vor der Katastrophe. Aber natürlich kamen wir immer wieder auf den Vulkanausbruch zurück. Schon auf die ersten Anzeichen hin wollte ich Pompeji räumen lassen, versuchte ich die Menschen zu warnen, Friseure und Chirurgen, Handwerker und Töpfer. Ich ließ Hunde und Vögel frei, doch Großmutter hörte eher zu erzählen auf, als die Katastrophe abzuwenden. Anfangs gab sie zwar nach und ließ mich alle Familien und Haustiere retten, aber schließlich verlor sie die Geduld und beharrte auf dem unerbittlichen Ende.

VI.

In allen Farben schilderte Großmutter mir den Hagel aus glühenden Bimssteinen und die Verschüttung der Leichen durch den Aschenregen. Wir zeichneten Karten vom Vesuv, von Pompeji und der Bucht von Neapel, und ich verband die Orte mit der Mülldeponie, dem Rangierbahnhof und dem Unfallkrankenhaus, in das die Verwundeten eingeliefert wurden.

VII.

Denn irgendetwas zwang mich, an die Deponie und den Rangierbahnhof zu denken, den schwarzen Hund, dem ich auf der Müllhalde begegnet war, und an mich selbst. Ich träumte häufig, vom Müll verschüttet zu werden und mich endlos lang an die Oberfläche zu graben.

VIII.

Langsam rekonstruierte Großmutter die Häuser, die sie nie gesehen hatte, die Möbel, die Betten, die Truhen und Holzvitrinen, die marmornen Tische und Bänke, die Bibliotheken mit ihren verkohlten Schriften, die Innenhöfe und Räume mit Fresken illusionärer Landschaften. Sie zeichnete von Pflanzen überwucherte und von Säulen unterteilte Wandgemälde aber nur andeutungsweise, was mich irritierte, doch sie weigerte sich, sie weiter auszuführen, weil es ihre zeichnerischen Fähigkeiten überforderte.

IX.

Wochenlang sprachen wir über die Römer Emilio, Tiberius und ihre Frauen Livia und Ava, über ihre Abenteuer zwischen glühenden Lavaströmen und im Gesteinshagel, über die Flucht auf das von hohen Wellen bewegte Meer, Schiffbruch und Feuersbrünste. Und immer wieder bestieg ich mit Begleitern den Vesuv, um »nachzusehen«, und Großmutter schilderte mit ihrem wild feixenden Gesicht, den Blick in die schauerliche Tiefe gerichtet, wie »die Hölle« aussah, denn, so behauptete sie, vom Rand des Kraters aus könne man das Höllenfeuer sehen und das Inferno in Form der schwefeligen Schwaden riechen. Da ich nicht wusste, was die Hölle war, beschränkte sie sich darauf zu sagen, das sei die Wohnstätte des Teufels, der die Menschen zum Bösen verführe. Aber sie glaubte offenbar selbst nicht daran, denn sie hielt sich nicht lange damit auf. Als ich Genaueres darüber erfahren wollte, antwortete sie mir: »Was weiß ich, du musst deinen Vater fragen.« Ich lief zu Vater, der mit Großvater gerade Schach spielte.

»Die hat noch keiner gesehen«, gab er beiläufig zur Antwort und machte einen Schachzug.

»Ja«, sagte Großmutter, als ich wieder zurückkam, »es ist nur ein Märchen.«

»Warum hast du dann gesagt, man könne vom Rand des Vulkans in die Hölle sehen?«

Mein Vater rief aus dem Nebenzimmer: »Mutter, was erzählst du ihm für unsinnige Sachen!«

Gekränkt suchte Großmutter ihr Zimmer auf. Am nächsten Tag brachte ich ihr eine Tasse Hagebuttentee und ein Butterbrot und blieb auf ihrer Bettkante sitzen. Dieses eine Mal wurden alle Bewohner Pompejis beim Ausbruch des Vesuvs gerettet.

Großvater hingegen erzählte uns zumeist das größte Abenteuer seines Lebens: wie er auf die Walz gegangen war. Zuerst aber erfuhren wir vieles von seiner Kindheit am Bosporus, denn er war in Istanbul zur Welt gekommen. Sein Vater, ein so genannter Untersteirer, war Glasbläser in Pascha Bahce gewesen und somit ein österreichischer Gastarbeiter im Auftrag einer italienischen Firma. Wir liebten Großvaters Geschichten, die er nie auch nur im Detail veränderte, und warteten an manchen Stellen seines Berichts schon auf eine bestimmte Redewendung, die auch regelmäßig wiederkehrte. Nach dem Tod seines Vaters in Graz walzte er über Prag nach Dresden und fuhr von dort mit der Eisenbahn nach Bremen. Unterwegs fand er in den verschiedenen Glashütten für Wochen oder sogar Monate Arbeit und konnte mit dem verdienten Geld weiterreisen. Besonders seine Fahrten zur See hatten es uns angetan. Als blinder Passagier hatte er sich in Bremerhaven im Kohlenbunker eines Schiffes versteckt, da er vom Deck Männer Englisch hatte sprechen hören. In der Meinung, das Schiff fahre nach Amerika, und in der Hoffnung, es werde ihm in der Neuen Welt bessergehen, blieb er zwei Tage in seinem Versteck, bis ihn ein Sturm zwang, herauszukommen, da die Kohlen ihn durch den Wellengang zu verschütten drohten. Wie sich jedoch herausstellte, ging die Fahrt nach Cardiff. Dort fehlten Großvater die nötigen Papiere, um an Bord eines Schiffes arbeiten zu können, und Geld für die Rückfahrt besaß er nicht. In seiner Verzweiflung wies er in einem Heuerbüro das Buch mit den Stempeln der Glashütten vor, in denen er sein Geld verdient hatte, worauf man ihn als Trimmer, Kohlenzureicher des Heizers, an das Frachtschiff »Anni« vermittelte, mit dem er nach Norwegen, Sizilien, Griechenland, Algier, England, Malta und Frankreich fuhr. Er erzählte uns von Unwettern und Schlägereien, machte Andeutungen über Räusche und Hafenmädchen, zeigte uns die tätowierte Friedenstaube auf dem Unterarm, die er sich in Marseille hatte »nadeln« lassen, und berichtete von Kälte, Hunger und Durst auf seinen Fußmärschen, vom Schlafen unter freiem Himmel und einem kurzen Gefängnisaufenthalt wegen fehlender Papiere. Bald kannten wir die Geschichten, wir wollten sie aber immer wieder hören und dabei jedes Mal die tätowierte Friedenstaube sehen. Er konnte auch hervorragend Gitarre spielen und brachte jedem von uns die Grundbegriffe bei. Großmutter und Großvater waren die beiden Erzähler meiner Kindheit und – wenn sie Zeit hatte – auch meine Mutter, während mein Vater nichts von sich preisgab. Er ließ höchstens ein paar Sätze über den Krieg fallen, wie furchtbar er gewesen sei, und dass er viele Menschen habe sterben sehen.

Verwandte und andere Besucher

I.

Sonntag war Göstinger Verwandtentag. Von Omis Geschwistern kam Hans Pöstinger, wie sein Vater Eisenbahner, der sein gewelltes Haar lang und immer eine Fliege trug. Vor allem erinnere ich mich an seine Späße und das falsche Gebiss, das er, um uns zu verblüffen, aus dem Mund nahm und wieder zurücksteckte oder mit der Zunge hinaus- und hineinschob. Dieses Kunststück musste er auf unser Drängen bei jedem Besuch mindestens einmal machen – sehr zum Missfallen seiner Frau. Wenn sie sich über etwas aufregte, schnitt er hinter ihrem Rücken Gesichter und brachte uns zum Lachen, sobald sie sich aber umdrehte, spielte er den Unschuldigen. Seine Frau Mitzi war der dickste Mensch, den ich gesehen habe. Meistens war sie außer Atem, ihre Beine sahen aus wie Säulen aus Fleisch. Sie hatte einen leichten Schnurrbart, Schweißtropfen standen auf ihrer Stirn, und immer war sie bereit zu klagen. Sie litt an Zuckerkrankheit und später musste ihr ein Bein abgenommen werden. Hierauf sah ich sie bis zu ihrem Tod, ein Jahr darauf, nicht mehr. Omis Schwester Rosl sprach mit meiner Mutter zumeist über gemeinsame Krankheiten und die Schicksalsschläge aller übrigen weit verzweigten Verwandten. Beide betreuten auch die entferntesten Angehörigen, wenn sie krank waren, und gingen auf die Begräbnisse aller, die sie irgendwann im Leben kennengelernt hatten. Ihr Mann Rudolf sprach nicht sehr viel und trat in meinem Leben wenig in Erscheinung. Er überreichte mir aber zur Matura Dostojewskis in Leder gebundene »Brüder Karamasow«, ein Geschenk, das ich ihm nicht zugetraut hätte. Sein Sohn Rudi hatte von ihm nicht nur sein Geschick beim Basteln und Zeichnen geerbt, sondern auch seine zurückhaltende, weiche Art und die Vorliebe für das Zuhören anstelle des Redens. Rudis Schwestern Renate und Rosmarie wiederum gerieten eher der Mutter nach, auch was die Neigung zur Hypochondrie betraf. Sie zogen Krankheiten an wie ich oder glaubten fortwährend, krank zu sein. Hedwig, die älteste Tante meiner Mutter aus der weiblichen Linie, und ihr Mann Franz Struckl hatten beide riesige Zahnlücken und gestikulierten heftig. Hedwig lachte beim geringsten Anlass. Ihr ältester Sohn war in Russland gefallen, man berichtete, er sei unter einen Panzer gekommen und erdrückt worden. Sein Vater weigerte sich später, der Einberufung gegen Ende des Krieges zu folgen. Er wurde in seinem Versteck aufgestöbert und eingesperrt, wie er erzählte. Stündlich sei einer der Gefangenen aus der Zelle geholt und hingerichtet worden, er aber wurde nach einer Woche zu einer Gefängnisstrafe begnadigt, wegen »des Heldentodes seines Sohnes«, so die Begründung. Die Russen hätten ihm das Leben gerettet, betonte er immer wieder, denn bei einem Sieg der Nazis wäre er »um einen Kopf kürzer gemacht worden«. Von ihm erfuhren wir, was eine Guillotine ist, denn er beschrieb uns den Mechanismus in allen technischen Details. Er hatte lange Finger, große Füße und eine Adlernase, sein graues Haar trug er nach hinten gekämmt. Er sah, wenn der Zigarettenrauch ihn einhüllte, aus wie ein Gespenst. Sein Redefluss war wie der seiner Frau kaum zu bremsen, einmal in Fahrt, war es fast unmöglich, ihn zu unterbrechen. Sein Sohn Franzi spielte nur hin und wieder mit uns. Er war älter als wir und für uns besonders interessant, er kannte alles, was uns beschäftigte, da er es gerade hinter sich gebracht hatte. Franzis attraktive Schwester Gerti heiratete den Polizisten Karl Pucher, einen groß gewachsenen, energischen Mann, der einige Male in Uniform zu uns kam, im Garten den Gürtel mit der Dienstpistole abnahm und neben sich auf einen Stuhl legte. Er beteiligte sich entweder am sonntäglichen Kartenspiel oder schaute bei einer Schachpartie zu. Mutter servierte Limonade und Kaffee, wenn jemand gerade welchen aufgetrieben hatte.

Die Verwandten von Großvater hingegen sahen wir

nur, wenn wir am Kirchweg zu Besuch waren. Ein Stockwerk höher wohnte seine berühmte Schwester Gisela Ptak, mit der Großvater in der Nazizeit bei Unterhaltungs-Veranstaltungen, die den verheißungsvollen Titel »Kraft durch Freude« hatten, auftrat, Gitarre spielte und sang. Höhepunkt war der »Erzherzog-Johann-Jodler« von Gisela, mit dem sie auch mehrmals im Radio zu hören war. Sobald sie angesagt war, verstummten in allen Wohnungen des Kirchwegs 9 die Gespräche, und in allen Gängen und Zimmern hallte ihre kräftige Stimme, die den schwierigen, melancholischen Jodler hinausschmetterte. Bei den Großeltern erhoben wir uns von den Sitzen und drängten uns ans Radio, bis der letzte Ton verklungen war. Dann war vereinzelter Beifall aus geöffneten Fenstern zu hören, und die Geräusche des Alltags setzten wieder ein. Gisela war klein und hatte die Gestalt eines kräftigen Mädchens. Ihre Begabung war außerordentlich. Sie galt als Herausforderin der Lokalmatadorin Meisenbichler, aber es fehlte ihr an einem geeigneten Promotor. Giselas Sohn, Othmar, von dem schon die Rede war, zeigte sich nur selten. Er hatte seinen Vater nie kennengelernt und zum Lebensgefährten seiner Mutter, Golobic, nicht die beste Beziehung. Auch Großvaters andere Schwestern, Luise und Adele, sah ich nur selten, Luise erst, als Großvater Witwer war und bei ihr als Untermieter wohnte. Der ältere Bruder Franz, ebenfalls Glasmacher, war häufiger zu Gast. Schon als Siebenjähriger hatte er in der Glashütte zu arbeiten begonnen und war nie zur Schule gegangen. Bis zu seinem zwanzigsten Lebensjahr war er auch, wie sein Vater, Analphabet. Aus dem Ersten Weltkrieg, in dem er am Isonzo gekämpft hatte, kam er mit der Silbernen Tapferkeitsmedaille zurück, auf die er ein Leben lang stolz war. Er war klein, drahtig und sprach auffällig langsam, sodass man die Sätze schon im Kopf hatte, bevor noch die letzten Worte ausgesprochen waren. Das war eine neue Hörerfahrung, und ich lauschte fasziniert, sobald er zu einer Rede anhob. Seine Frau Sophie war Lehrerin und brachte ihm als Erwachsenem Lesen und Schreiben bei. Franz blies nicht nur Briefbeschwerer, sondern auch so genannte Blutzer, 25-Liter-Gefäße für Most, Wein oder Öl. Im Jahr 1934 verhaftete er mit anderen aufständischen Sozialdemokraten, die gegen die »Dollfuß-Diktatur« kämpften, zwei Polizisten und den Postenkommandanten von Gösting, bewahrte sie aber zugleich vor der Lynchjustiz. Als der Aufstand niedergeschlagen worden war, musste er flüchten. An seiner Stelle wurde sein Bruder, mein Großvater verhaftet, der wochenlang mit einer Gelenksentzündung das Bett gehütet hatte. Trotzdem wurde er verhört, da auch er als Sozialdemokrat bekannt war. Erst als Franz sich stellte, ließ man ihn frei. Zum Glück setzte sich der Postenkommandant von Gösting für ihn ein, weil Franz ihm das Leben gerettet hatte. Man ließ ihn deshalb bald laufen, und nachdem er anfangs mit den Nazis sympathisiert hatte, kehrte er schließlich zur Sozialdemokratie zurück. Großvater warf ihm, wenn Franz von dieser Zeit zu erzählen anfing, seinen wankelmütigen Charakter vor. Er erlaubte ihm nie, in unserer Anwesenheit von seinen Heldentaten bei den Isonzo-Schlachten zu sprechen, und brachte ihn durch giftige Bemerkungen zum Schweigen, sobald er das »34er Jahr« erwähnte. Über die Nazizeit verlor Franz von sich aus kein Wort. Machte Großvater eine Anspielung, verstummte sein Bruder sofort, wurde nachdenklich und verabschiedete sich nach einiger Zeit. Ich mochte ihn sehr gerne, weil er eine harte Kindheit gehabt hatte und mit Leidenschaft über seine Erlebnisse sprechen konnte.

Der für mich wichtigste Onkel und die einflussreichste Tante waren mit uns nicht verwandt: Josef »Onkel Sepp« Maas und Paula Gasperl. Onkel Sepp war ein Freund Großvaters, Elektriker, Kommunist und Spanienkämpfer. Er war verheiratet, und seine Frau hatte eine Tochter mit in die Ehe gebracht. Fast jede Woche tauchte er am Weidweg auf, führte Reparaturen durch, hatte Dinge am Schwarzmarkt besorgt und war ein zumeist gut aufgelegter, kräftiger Mann, der nicht ohne Spott über sich und seine Umwelt sprach. Er half meinem Vater später, die Stelle im Landesarbeitsamt zu bekommen, wogegen anfangs die Kommunisten ja Einspruch erhoben hatten. Er liebte besonders das Schachspiel, obwohl er gegen Großvater immer den Kürzeren zog. (Es blieb mir ein Rätsel, warum er jahrzehntelang gegen ihn spielte, obwohl er nie eine Partie gewann. Erreichte er auch nur ein Remis, strahlte er den ganzen Nachmittag.) Eine andere Leidenschaft war für ihn das Kartenspiel, bei dem es nur um Punkte und »Bummerln« ging, nie aber um Geld. Fing er zu erzählen an, stürzte er mich schon mit den ersten Sätzen in Verwirrung, denn er wirbelte die Chronologie durcheinander, ließ Personen auftauchen, ohne sie einzuführen, und andere verschwinden, deren Schicksal er soeben beschworen hatte. Nie leistete er sich den Luxus einer Orts- oder Personenbeschreibung, er nannte lediglich einen Namen oder eine Berufsbezeichnung und verzichtete konsequent auf die Charakterisierung einer Sprechweise. Er verlas imaginäre Stenogramme, er morste Sprache. Man musste durch genaues Zuhören möglichst viel von dem erraten, was er berichtete, und oft genug kamen meine Brüder und ich zu verschiedenen Auffassungen über seine Geschichten. Am häufigsten berichtete er von der Gefangennahme durch Franco-Soldaten und der Flucht nach Frankreich. Wie ein magisches Wort tauchte dabei regelmäßig die Stadt Perpignan auf, wo er interniert gewesen und an die Nazis ausgeliefert worden war. Perpignan wurde für mich so zu einem zentralen Begriff für Frankreich, genau wie Paris. In Graz wurde Onkel Sepp in der Strafanstalt Karlau inhaftiert, von wo man ihn täglich zu Reparaturarbeiten abholte. Die ganze Zeit über wusste er, wie er sagte, dass seine letzte Stunde schlagen würde, wenn die Nazis den Krieg gewännen. Noch zuallerletzt befürchtete er, vor dem Zusammenbruch einer »Säuberung« zum Opfer zu fallen. Er verteidigte anfangs Stalin als großen Feldherrn, dem es zu verdanken war, dass Hitler nicht die Herrschaft über Europa habe antreten können, und er hatte die Parteizeitung »Die Wahrheit« abonniert, aus der er seine Argumente bezog. Ich wurde nie Zeuge einer Auseinandersetzung zwischen meinen Eltern und ihm wegen der Zeit des Nationalsozialismus. Im Allgemeinen gaben sie ihm in dieser Frage recht, debattierten mit ihm jedoch auch über die Entwicklung des Kommunismus.

Tante Paula war die engste Freundin meiner Mutter. Sie lernten sich 1938 in der Schwesternschule kennen. Paula wusste viel über sie und hat es mir nach ihrem Tod erzählt, als sie selbst schon neunzig Jahre alt war. Sie hatte eine rothaarige Tochter Christa, die sie alleine erzog. Nach dem Krieg nahm sie eine Stellung als Fürsorgerin an. Obwohl als junge Frau vom Nationalsozialismus begeistert, war sie nie Mitglied der Partei geworden. Gerade deshalb verteidigte sie aber später meine Mutter gegen diesbezügliche Vorwürfe. Sie sah die Nazizeit als Folge des allgemeinen Elends in den dreißiger Jahren und der Diktatur unter Dollfuß und Schuschnigg. In ihren Augen hatte eine kleine verbrecherische Clique schließlich ein Volk mit sich in den Abgrund gerissen. Sie hatte das Talent der schnellen und scharfen Antwort und unterstützte meine Mutter moralisch im Kampf gegen Großmutter oder rief auch uns zur Ordnung. Sie war klein, dunkelhaarig und hatte die Stimme einer strengen Lehrerin, war jedoch nachsichtig und aufrichtig. Sie erzählte fast nie, sondern debattierte und belehrte.

Der eigenartigste regelmäßige »Besuch« war ein siebenbürgischer Rechtsanwalt namens Kloos, der seine Kanzlei in der Jakoministraße hatte und meinen Vater jede Woche am Donnerstagabend zum Schachspiel im Café Kaiserhof oder Herrenhof traf. Von ihm war häufig die Rede, aber ich bekam ihn bis zu seinem Tod dreißig Jahre später nie zu Gesicht.

II.

Mit einigen dieser Menschen machten wir Ausflüge in ein Vorstadtgasthaus, fuhren mit der Gondelbahn auf den Hausberg Schöckl oder mit dem Bus bis »zum Fuße der Leber«, einer gewöhnlichen Haltestelle, deren Name für mich immer mirakulös blieb.

Die Sonntagnachmittage im Garten am Weidweg waren seltsam, besonders wenn einer der Besucher über den »Kalten Krieg«, den »Kapitalismus« oder die »Nazizeit« sprach. Großmutter hatte sich ja bereits festgelegt, dass alles Unglück durch den Zusammenbruch der Monarchie verursacht worden sei. Sie wünschte sich die Zeit Kaiser Franz Josephs zurück und verließ die Runde, sobald ihr jemand widersprach. Sie hasste es, darüber zu diskutieren, und wechselte mit Onkel Sepp nie ein Wort über Politik, weil sie seine Ansichten verachtete. Er hingegen behandelte sie voller Respekt, fast liebevoll. Er verteidigte die kommunistische Ideologie standhaft und zog sich oft genug mit Hilfe eines Kalauers aus der Affäre. Mit dem Nationalsozialismus machte er kurzen Prozess, und wenn jemand dessen gute Seite erkannt zu haben glaubte, hatte er unter lautem Lachen bestimmt eine giftige Bemerkung auf Lager. Dafür wurde er häufig wegen der Verbrechen Stalins in die Zange genommen und saß dann mit rotem Kopf da und fing an, die Karten neu zu mischen oder die Schachfiguren wieder aufzustellen. Ich sehe noch meinen bedächtigen Großvater vor mir, wie er beim Zuhören auf die Tischplatte blickte. Er meldete sich selten zu Wort, sprach aber dann seine Ansichten klar aus, und seine Argumente stießen zumeist auf wenig Widerspruch. Dabei war er nie das, was man eine Autorität nennt, es war vielmehr das Romantische und Wahrhaftige seiner Gedanken, das seine Wirkung nicht verfehlte. In meiner Erinnerung stand er zuletzt wegen seines steifen Hüftgelenks mühsam auf und drehte allen kurz den Rücken zu, griff nach seinem Stock, wartete einen Atemzug, verabschiedete sich höflich und verschwand. Tante Paula und meine Mutter fachten das Gespräch dann zumeist neu an, mein Vater machte apodiktische Äußerungen und erregte von allen Seiten Widerspruch. Er war ein unbegabter politischer Denker, das fiel mir schon früh auf.

Doktorspiele

I.

Wir hatten bei Verwandtenbesuchen meist einen größeren Grad an Freiheit als sonst. Wir kletterten auf den Baum in unser Zeltplanenhaus oder nutzten die Gelegenheit, über die Beton-Mistgrube zu steigen, um wieder einmal im Sägewerk nach Brettern zu suchen, denn sonntags bestand keine Gefahr, dass uns jemand auflauerte.

II.

Es war schon eine Woche her, dass wir beim hölzernen Eisenbahnhäuschen unser Wasser abgeschlagen hatten. Zuerst Paul und ich und dann Renate. Staunend stellten wir fest, dass sie anders aussah als wir. Hing es mit ihrem unausgebildeten Nasenloch zusammen, fragten wir uns? Instinktiv verschwiegen wir aber unseren Eltern und Großmutter die Entdeckung. Wir wussten, dass es sich um etwas Bestimmtes handelte, das mit Schweigen belegt war. Nie zuvor war die Abbildung eines Geschlechtsteils aus der verbotenen Außenwelt zu uns hereingedrungen, und wir fingen daher an, selbst Nachforschungen anzustellen. Ich trug tagelang das Bild des Schamhügels und der gepolsterten Falte zwischen Renates Beinen in meinem Kopf herum und überlegte, wie ich es anstellen könnte, diese wieder zu sehen.

III.

Am Sonntagnachmittag zur Besuchszeit nahmen wir die Plane vom Baum und errichteten vor den Holzstapeln hinter dem Rangierbahnhof ein primitives Zelt, das wir als Lazarett bezeichneten. Unerwartet war auch Lore Reiter vom Haus neben der Mülldeponie erschienen, und wir luden sie und Renate ein, mit uns zu spielen. Ich schlug vor, ihnen zu zeigen, wie mein Vater seinen Patienten Injektionen verabreichte. Als sie sich einverstanden erklärten, zwei kranke Mädchen zu spielen, forderte ich sie auf, im Zelt das Gesäß freizumachen und sich auf den Bauch zu legen. Renate kam diesem Wunsch nur zögernd nach, während Lore, die keine Unterhose trug, sich schnell auszog. Ich war aufgeregt, ahmte aber meinen Vater nach und ließ mir bei der Untersuchung und dem Reinigen der Stelle für den »Eingriff« Zeit, um alles genau zu betrachten. Am meisten überraschte mich, dass Lore zwischen den Beinen gleich aussah wie Renate. Meine Brüder hielten sich erschrocken über die Kühnheit meines Vorgehens zurück und wagten es nicht einmal, sich über die Mädchen zu beugen. Gerade als ich Renate mit einem Stück Holz die Injektion verabreichte, erschien Großmutter. Sie riss energisch die Zeltplane weg und fuhr uns an, was wir da anstellten. Für sie war Renate als die Älteste die Schuldige. Sie machte ihr heftige Vorwürfe, während sich Lore verflüchtigte. Natürlich begann Renate laut zu weinen, als wir zurückliefen und über die betonierte Mistgrube kletterten. Dadurch aufmerksam gemacht, kam ihre Mutter in den Hof geeilt, und das Ganze endete mit einem Streit zwischen Großmutter, Frau Lehmberger und unseren Eltern, bei dem für mich Ohrfeigen abfielen. Ich nahm die Strafe nicht wie sonst. Ich spürte zum ersten Mal den brennenden Wunsch, mich zu rächen, von einer Sekunde auf die andere erwachsen zu werden und etwas zu tun, weswegen mich meine Eltern um Verzeihung bitten mussten.

IV.

Vom Aufruhr angesteckt, verprügelte am Abend Frau Heinzl ihren um einen Kopf kleineren Mann, der mit gebrochener Nase und einem geschwollenen Auge im Ordinationszimmer verarztet und am nächsten Tag ins Krankenhaus gebracht wurde. Der Zwischenfall wurde vor uns geheim gehalten, ich sah Herrn Heinzl jedoch bei seiner Rückkehr mit einem Pflasterverband und Blutergüssen im Gesicht durch den Garten eilen.

V.

Am Nachmittag veränderte dann ein Ereignis die gespannten Verhältnisse: Frau Heinzl hatte laut schreiend ihre Katze aus dem Fenster geworfen, die zum Glück unverletzt geblieben war. Kurz darauf war die schimpfende Frau mit dem Rettungswagen in den Feldhof gebracht worden, und alle waren aufgeregt und neugierig aus dem Haus gelaufen, um das Schauspiel zu verfolgen. Nachdem der Rettungswagen um die Ecke gebogen war, begannen die Hausparteien wieder miteinander zu sprechen und gingen mit besonderer Freundlichkeit aufeinander zu.

Der Radiergummi

I.

Ich war auf Großmutter jedoch noch immer böse und wich ihr aus. Am Abend legte sie Papier, Bleistift und Radiergummi auf den Tisch und wartete. Ich sagte nichts, und als auch sie keine Anstalten machte, mit mir zu sprechen, legte ich den Radiergummi vor Helmut hin. Der zögerte nicht und warf ihn aus Übermut auf die Herdplatte, und gleich darauf begann es zu rauchen und nach verbranntem Gummi zu stinken. Meine Mutter entfernte schimpfend die geschmolzenen Gummireste mit dem Schürhaken, worauf Vater aus dem Ordinationszimmer herbeieilte und erbost fragte, wer das gemacht habe. Wir schwiegen, Großmutter schnalzte und schnitt Gesichter, meine Mutter – Schlimmes ahnend – versuchte den Zwischenfall herunterzuspielen, aber mein Vater wurde immer wütender, da sich niemand von uns schuldig bekannte. Er wandte sich schließlich an Helmut und wollte von ihm wissen, ob er es gewesen sei, dann richtete er die gleiche Frage an Paul und mich, und weil wir alle drei es abstritten, stürzte er sich auf Helmut, der dem Herd am nächsten saß und schrie ihn entnervt an: »Du warst es!« – In diesem Augenblick hörte ich mich laut »Nein – ich!« sagen und registrierte, dass ich Vater zu meiner Verwunderung dabei fest in die Augen schaute. Ich weiß nicht mehr, weshalb ich es sagte, vielleicht um zu meinen Brüdern zu gehören und für immer, wie ich damals wohl glaubte, ein festes Band zwischen uns zu schmieden. Ich erwartete neuerlich Ohrfeigen, aber ich fürchtete mich nicht davor. Mein Vater ließ von Helmut ab und starrte mich an. Sein Zorn schien auf unerklärliche Weise verflogen zu sein.

»Du?«

Großmutter mischte sich aufgebracht ein und sagte, dass das nicht möglich sei, weil sie mit mir ja gezeichnet hätte, obwohl wir noch keinen Strich gemacht hatten.

»So? Und warum hast du das getan?«, fragte mich Vater, als er sich wieder beruhigt hatte.

Ich schwieg nur trotzig.

II.

Etwas später erschien Onkel Sepp, und wir wurden zu Bett geschickt. Plötzlich erklärte ich, dass ich noch nicht schlafen wolle. Wir Kinder hatten schon Nachthemden angezogen, und ich wusste damals und weiß es bis heute nicht, weshalb ich widersprach. Vielleicht wollte ich meinen Vater nach den Ohrfeigen wegen Renate herausfordern, vielleicht dachte ich auch, ich könne mir nach der Angelegenheit mit dem Radiergummi etwas »herausnehmen«, jedenfalls setzte ich mich an den Tisch, der für das Kartenspiel leer geräumt worden war, und fing an, mit dem Bleistift auf das Papier, das für das Aufschreiben der Punkte vorbereitet war, zu zeichnen. Großmutter war schon in ihr Zimmer gegangen, aber das war mir gleichgültig. Meine Mutter wollte mir das Papier sanft wegnehmen, ich klammerte mich allerdings daran und hielt es so fest, dass es zerriss. Daraufhin begann mein Vater, der die Szene beobachtet hatte, zu schreien und schlug mir, als ich mich davon nicht beeindrucken ließ, mit der flachen Hand in das Gesicht, ohne dass ich jedoch einen Schmerz verspürte. Ich wollte ihn ebenfalls anschreien, um ihm zu zeigen, dass ich mich nicht vor ihm fürchtete, aber ich konnte plötzlich nicht mehr Luft holen und schlug um mich. Mein Vater sah mich prüfend an, dann packte er mich, legte mich auf den Küchentisch und beatmete mich, indem er meinen Brustkorb zusammendrückte und meine Arme bewegte. Ich sah die entsetzten Gesichter meiner Eltern und von Onkel Sepp, aber ich war in Panik, auch weil mein Vater mich zu erdrücken drohte. Ich verlor kurz das Bewusstsein und fand mich, als ich wieder die Augen aufschlug, röchelnd in meinem Bett.

Mein Atem ging schnarrend, und ich schlief vor Erschöpfung ein.

III.

Am nächsten Morgen blieb ich im Bett und betrachtete das Muster der Wandmalerei. Die Wiederholung des Ornaments regte mich an, mir Geschichten einfallen zu lassen, in denen das Muster ein Gangsystem durch ein riesiges Gebäude war. Großmutter setzte sich zu mir und flüsterte »Mein Jungchen, mein Jungchen!«, aber ich sagte nichts, da mich mein Kehlkopf schmerzte.

IV.

Später erfuhr ich, dass mein Erstickungsanfall durch einen Stimmritzenkrampf verursacht worden war. Ich genoss die aufmerksame Zuneigung meiner Mutter, während ich mich in das Wandmuster vertiefte und die Geräusche aus dem Garten hörte. Ich hatte zum ersten Mal gespürt, dass ich auf meine Eltern Macht ausüben konnte. Allerdings hatte ich bis zum Äußersten gehen müssen, um sie zu beeindrucken. Je mehr ich versucht hatte, Vater zu gefallen, desto selbstverständlicher hatte er mich übersehen. Sobald ich hingegen bereit war zu leiden, war er verzweifelt und wehrlos, das hatte ich an seinem Gesicht gesehen. Ich bedeutete ihm also etwas, aber er konnte es mir nur zeigen, wenn ich in Gefahr war.

Ein Selbstmord

I.

Ich weiß nicht, ob sich das Ereignis ein oder zwei Jahre später abspielte, aber die Erinnerungen daran liegen in meinem Kopf so nahe beisammen, dass sie mir wie eine einzige erscheinen. Jedenfalls war ich nach einer Krankheit den ersten Tag wieder auf den Beinen. Wir spielten in der Laube, als ich einen Falter erblickte, dessen Größe außergewöhnlich war. Ich lief ihm nach und sah ihn über den Weidweg in den Garten der Roschaks fliegen, in dem Herr Brenner vor dem Goldfischteich einen Wurm verspreist hatte. Mir fiel ein, dass er sich Insekten in den Mund gestopft hatte und es vielleicht auch mit dem Schmetterling tun würde. Vorsichtig näherte ich mich dem Zaun, aber Herr Brenner war nirgendwo zu sehen. Es war so still, dass mir die Stille auffiel – wie wenn im dunklen Kinosaal ein Film läuft und der Ton plötzlich ausfällt. Und um den Vergleich weiter zu bemühen: Ich war in dem dunklen Kinosaal allein. Die Umgebung war jetzt ebenso verschwunden wie der Falter. Ich blieb stehen und rührte mich nicht.

II.

Wie lange ich so vor mich hingestarrt hatte, weiß ich nicht. Es war, als sei ich taub und stumm geworden und könne nur durch den Einfluss von außen wieder in das normale Leben zurückkehren. Aber wahrscheinlich täuscht mich mein Gedächtnis und färbt im Nachhinein die Erinnerung dunkel. Plötzlich vernahm ich einen dumpfen Knall. Obwohl ich nicht wusste, was vorgefallen war, war mir sofort klar, dass etwas Unerhörtes geschehen war. Ich schaute in die Richtung, aus der ich das Geräusch gehört hatte, es war die gelbe Villa des Schneiders Pechstein. Mit klopfendem Herzen trat ich an das Gartentor und sah von dort aus einen Körper auf dem Boden liegen.

III.

Ich öffnete die Gartentür und ging langsam über den Kiesweg auf die liegende Gestalt zu, die sich nicht bewegte. Ich sah nur ein geblümtes Kleid, eine Weste und das Haar, an dem ich erkannte, dass es die Frau des Schneiders war.

IV.

Noch immer war es still, und in der Stille bemerkte ich die große, dunkle Blutlache, die sich unter dem Gesicht ausbreitete. Gleich darauf wurde die Haustür aufgerissen, und Herrn Pechsteins Mutter erschien, sah, was geschehen war und kam herbeigelaufen. Sie hob den Kopf ihrer Schwiegertochter hoch, ließ ihn wieder auf den Boden sinken und blickte zum Fenster hinauf und dann zum Dach, in dem eine Klappe geöffnet war. Es war offensichtlich, dass Frau Pechstein entweder aus dem Fenster oder vom Dachboden heruntergefallen war. Inzwischen wandte mir die alte Frau ihr versteinertes Gesicht zu und fragte mich, ob ich etwas gesehen hätte. Ich schüttelte den Kopf.

»Hol deinen Vater«, sagte sie.

V.

Nach außen hin wurde ihr Mann bedauert, insgeheim wusste man aber nur Abträgliches über ihn zu sagen. Meine Großmutter wollte ganz genau wissen, was vorgefallen sei. Ich sagte jedoch immer nur, dass ich nichts gesehen hätte, so als würde es erst wahr werden, wenn ich es aussprach.

Die Heimstunde

I.

Um uns abzulenken, schickte uns meine Mutter mit Renate in die Heimstunde der Katholischen Jugend. Großmutter begleitete uns über den Bahnübergang, an der Volksschule und den Karpfenteichen vorbei zur Pfarrkirche. Unterwegs eröffnete uns Renate, dass Gott alles sehe. Sie beschwor mich, nicht zu lügen und nicht das geringste Verbotene zu denken. Ich war zutiefst verwirrt. Was wusste Gott über mich? – Bisher hatte ich arglos gelebt, und nun wurde ich unvermutet in eine neue Welt gestoßen, in der ich ständig mit meinen Gedanken konfrontiert wurde, auch mit meinen Lügen, auf die ich stolz war. Hatte mir meine Großmutter nicht bescheinigt, dass ich ein »Künstler« war? Dessen Aufgabe es sogar war, seinen Gedanken freien Lauf zu lassen?

Ich antwortete: »Du lügst.«

Aber Paul, der schon ein Jahr Religionsunterricht gehabt hatte, bestätigte, was Renate sagte. Ich wollte augenblicklich umkehren, denn mir graute vor der Kirche und der Vorstellung, ständig durchschaut zu werden.

II.

Pfarrer Binder, ein groß gewachsener Mann in schwarzer Soutane, war dunkelhaarig, ernst und hatte eine Schar kleiner Bewunderer, mit der er alles absprach, meine Brüder und mich ignorierte er hingegen. Weder lud er uns ein, ihm zu folgen, als er einen kleinen Rundgang um die Kirche machte, noch fragte er uns nach den Namen. Wir setzten uns alle auf eine Wiese, und die anderen sangen »Kein schöner Land«, »Wenn die bunten Fahnen wehen« und »Lobt froh den Herrn«. Wir konnten jedoch den Text nicht. Der Pfarrer dirigierte den bemühten Chor und lächelte hin und wieder, wenn es ihm sein Ernst erlaubte, seine Lieblinge an – Kinder von treuen Messbesuchern. Wir kannten die weiteren Lieder nur von Renate, wenn sie im Zimmer allein mit sich ihre einsame Heimstunde abgehalten hatte. Daher lungerten wir herum und verfolgten ungläubig, wie der Pfarrer seine Schar nach Maria und Jesus fragte. Mir fiel dabei auf, dass er Renate, so sehr sie sich auch bemühte, kaum beachtete. Er nickte ihr zu, nachdem sie mit Begeisterung das Abschiedslied »Meerstern ich dich grüße« gesungen hatte und zog sich hierauf feierlich in die Sakristei zurück.

III.

Am Abend, als wir den Eltern berichteten, was wir erlebt hatten, und sie beschworen, uns nicht noch einmal in eine Heimstunde der Katholischen Jugend zu schicken, sagte meine Mutter verbittert, dass der Pfarrer uns nicht wolle. Deshalb würden wir auch keine Care-Pakete bekommen, während andere, von denen sie wisse, dass sie auch »mitgemacht hätten«, jetzt schon das dritte oder vierte Mal beschenkt worden seien. Sie weinte kurz, weil sie uns im Krieg ja hatte taufen lassen, obwohl man sie bedrängt hatte, es nicht zu tun. (Da mein Vater protestantisch, meine Mutter aber katholisch war, waren sie auch nur standesamtlich getraut und lebten für den Pfarrer in »wilder Ehe«. Das erfuhr ich aber erst als Mittelschüler.)

IV.

Renate saß mit ihrer Mutter, der lebenden Mumie, in der Laube. Mir fiel ein, wie sie von der Ersten Kommunion nach Hause gekommen war. Mit einem weißen Kleid war sie verklärt in den Garten getreten, die Kommunionskerze in der Hand, und hatte sich damals ebenso in die Laube gesetzt. Der Gestank der Mülldeponie war zu uns herübergeweht, an diesem, wie ich mich erinnere, warmen, sonnigen Maitag. Ein Blutsfaden war aus ihren Mundwinkeln und blutige Tränen über ihre Wangen gelaufen, und sie hatte in ihrem Schulheft geblättert, in das sie Heiligenbilder von verschiedenen Wallfahrtsorten geklebt hatte: Apostel, Märtyrer und Päpste – und natürlich die Mutter Gottes, die sie »über alles« liebte.

V.

Jetzt gewann ich eine neue Erkenntnis: Nicht die Bazillen, die Bakterien und Viren waren das Unsichtbare, man konnte sie unter dem Mikroskop ja erkennen, sondern ER. Offenbar war ER immer zugegen: Wenn meine Mutter mit Großmutter stritt, Onkel Fritzl in der Anstalt weinte, mein Vater seine Söhne schlug, immer war ER da. Paul und Renate genossen seine Daueranwesenheit. Aber: Gott war nicht gütig, ahnte ich im Laufe der Jahre. Niemand begriff wirklich, weshalb ihn etwas traf: eine Krankheit, ein Unfall, der Selbstmord einer Frau. Und: Niemand konnte wissen, wie Gott gerade mit ihm stand – auch die Frömmsten starben. Ich baute diese Ansicht als Heranwachsender immer mehr aus und sammelte in Gedanken Beweise: Sogar ein Ministrant konnte unter ein Auto kommen, und selbst der Messner verschied an Lungenkrebs. Gott vergriff sich ungestraft an Kindern, er rief sie einfach zu sich. Kein Wunder, dass ich als Jugendlicher Gott oft mit Angst verband. Krieg oder Gewitter, plötzlicher Tod oder Mord – er ließ alles geschehen. Warum beteten die Menschen zu ihm, fragte ich mich, wenn es ihm gefiel, im nächsten Moment Städte wie Pompeji zu vernichten? Warum dankten sie ihm und flehten ihn an, wenn er alle sterben ließ? Mein Vater, der als Arzt gegen das Unsichtbare kämpfte, argwöhnte ich, kämpfte vielleicht auch gegen Gott.

VI.

Aber ich war ebenso angepasst wie die anderen. Ich ahnte zwar, dass bei all diesen Vorgängen: bei Beichten, Kommunionen, Fronleichnamsumzügen, Pfingstfesten etwas nicht stimmte, doch zog ich es wie alle anderen vor mitzumachen. Denn das, so viel hatte ich inzwischen erfahren, war besser als offen auszusprechen, was mir durch den Kopf ging. Gott wusste es vermutlich und schickte mir deshalb »Prüfung um Prüfung«, um mich zu bekehren, wie Renate es nannte. Selbst wenn ich folgsam war, kam die nächste Prüfung und darauf wieder die nächste. Renate sprach von »Erbsünde«. Ich hasste sie dafür. Aber wenn so viele Erwachsene daran glaubten und Weihnachten und Ostern wichtige Tage waren, an denen man Geschenke bekam, war vielleicht doch etwas daran.

VII.

Der Zweifel, der langsam zur Gewissheit wurde, dass vielleicht nur ich etwas nicht verstand, was für alle anderen selbstverständlich schien, lähmte mich stärker als jeder andere Umstand. Vielleicht, so quälte ich mich, begriffen alle außer mir den Glauben, und bevor die anderen es bemerkten, war es besser zu schweigen. Nichts von dem, was Paul und Renate zu spüren behaupteten, ging in mir vor, daher fing ich einfach an, sie nachzumachen.

VIII.

Am besten gefiel mir noch immer Großmutters Schwärmerei für den Kaiser. Wenn die Habsburger wiederkämen, sagte sie, würden wir alle reich werden, zum Ritter geschlagen und mein Vater zum Leibarzt Seiner Majestät ernannt. Das versprach der Unsichtbare nie.

Die Bibliothek

I.

Wenn die Beiwagenmaschine von Herrn Roschak vor unserem Garten stand, nahmen Paul und ich gerne auf dem Fahrersitz Platz, die nackten Schenkel auf dem von der Sonne warmen Tank. Dabei überraschte uns einmal Herr Roschak, den wir nicht so früh zurückerwartet hatten. Er lud uns auf eine Ausfahrt zur Wiener Straße ein und hielt dann am Weidweg vor seiner Villa. Ich wollte zuerst nicht eintreten, denn ich befürchtete, dass Herr Brenner sich in einem der Räume aufhielt, aber Herr Roschak beruhigte uns, er sei bei einer Verwandten zu Besuch. Dafür war der riesige Bernhardiner im Garten, er lief uns kläffend entgegen und bellte noch, als wir schon in das Haus geflüchtet waren, sodass es von überall her hallte, wie in einem marmornen Mausoleum. Die Räume waren im Biedermeierstil möbliert, es gab auch eine Bibliothek, und in einem Abstellraum entdeckte ich eine Beinprothese, die an einem Schrank lehnte. Frische blaue Blumen standen in einer Kristallvase auf dem Tisch, der Parkettboden war mit Perserteppichen ausgelegt, und in einer gläsernen Vitrine waren Zinnsoldaten aus der k.u.k. Zeit in Marschformation aufgestellt. Ich erkannte, dass der Mann reich war.

II.

Herr Roschak hatte eine quengelnde Stimme und zeigte mir einen Band seiner Brockhaus-Ausgabe: »Das ist ein Lexikon«, sagte er. »In dem findest du alles, was es auf der Welt gibt. Du brauchst nur unter dem Anfangsbuchstaben des gesuchten Wortes nachzusehen und erhältst die Antworten. Hier habe ich den Band mit dem Buchstaben ›B‹, ich schlage ihn irgendwo auf …« Die Papierseiten raschelten: »Briefmarken«, sagte er und hielt mir eine Doppelseite mit farbigen Abbildungen hin. Ich bestaunte sie gebührend, obwohl mir vom Beiwagenfahren noch immer schwindlig war. Die Straße war so rasend schnell unter uns dahingeflogen, als hätte man uns zu Fall bringen wollen, und ich hatte auch das Gefühl eines fortwährenden Stürzens gehabt. Wenn ich auf den Boden blickte, auf das herrliche Ornament des Teppichs zu meinen Füßen, schien es sich zu bewegen.

»Bernstein«, sagte ich rasch, da mir die Kette von Omi einfiel.

»BE.« Er stand auf, steckte einen Band zurück, zog den anderen heraus, blätterte und las: »Bernstein, von niederdeutsch bernen ›brennen‹, fossiles Kiefernharz aus dem Tertiär.« Ich verstand kein Wort, aber es faszinierte mich. Ich war davon überzeugt, dass die Welt, so wie sie in den Bänden aufgeschrieben war, mir verschlossen bleiben würde, trotzdem wollte ich mehr von ihr hören. »Durchsichtig, hellgelb bis braun«, fuhr Herr Roschak fort, »enthält häufig Einschlüsse von Insekten. Härte 2 bis 2,5; spezifisches Gewicht 1 bis 1,1, deshalb bisweilen im Meerwasser schwimmend.« Er bemerkte, dass meine Aufmerksamkeit nachließ, legte den schweren Band auf meine Knie und sagte: »Schau!« Und ich sah »meine« Fliege wieder, wie ich sie früher mit Paul unter dem Mikroskop betrachtet hatte, nur jetzt in eine Art Magie eingeschlossen, einen Fliegenengel im Bernstein. »Du kannst ruhig weiterblättern«, sagte Herr Roschak und überließ mir den schweren Band mit dem Lederrücken, auf den goldene Buchstaben gepresst waren. Die Bücher kamen mir, obwohl ich das Wort noch nicht kannte, wie der größte, der vollendete Luxus vor. Aber er schien mir so unerreichbar fern, dass ich nicht daran dachte, jemals ein Lexikon zu besitzen. Gerade deswegen ging es mir nicht aus dem Kopf.

III.

Paul durfte sich – nachdem er die Zinnsoldaten in der Vitrine bestaunt hatte – ans Klavier setzen und mit Hilfe von Herrn Roschak einige Anschläge probieren, während ich im schweren Lexikonband weiterblätterte. Mir ging auf, dass es zahllose ungeahnte Dinge gab, die in dem Buch festgehalten und abgebildet waren, Dinge, von denen ich getrennt war, »für immer«, wie ich dachte. Ich fragte nach Pompeji, und Herr Roschak suchte im betreffenden Band die Eintragung und las mir vor, was darüber verzeichnet war. Ich war enttäuscht, denn ich erfuhr nichts von dem, was mir Großmutter erzählt hatte. Wörter und Namen und Jahreszahlen stürzten auf mich ein wie ein Gesteinsregen, ich merkte mir nichts, und wären da nicht zwei Abbildungen gewesen, die den Ausschnitt aus einer Wandmalerei zeigten und die mit Gips ausgegossenen Abdrücke von verschiedenen Opfern, wie Herr Roschak mir erklärte, hätte ich die Lexikonbände endgültig als etwas nicht für mich Bestimmtes aufgefasst.

IV.

Beim nächsten Besuch war Frau Roschak anwesend, die Klavier spielen konnte und sich bereit erklärte, meinen Bruder zu unterrichten. Ich selbst wollte es meinem Bruder nicht gleichtun, die zahlreichen Tasten, von denen jede einzelne exakt zu treffen war, schreckten mich ab und noch mehr der Drill, der mit dem Lernen verbunden war. Immer und immer wieder musste Paul das Musikstück wiederholen, unterbrochen von den »NEIN!«-Rufen der ungeduldigen Meisterin, der das Spiel zuzufliegen schien, denn leichtfingrig und ohne mit dem Sprechen aufzuhören, demonstrierte sie ihm, wie viel er noch zu lernen hatte und wie oft er jeden Takt einer Melodie wiederholen musste. Sie gab ihm förmlich die Elfenbeintasten, das Gebiss des Klaviers, mit nach Hause, wo er sich in Gedanken mit ihnen herumplagte.

V.

Auch Paul fürchtete sich nicht nur vor Herrn Brenner, sondern auch vor dem großen Bernhardiner und überredete mich deshalb immer, ihn in die Roschak-Villa zu begleiten. Ich liebte Paul und war bereit, mit ihm das Abenteuer gemeinsam zu bestehen.

Ich durfte mich dann in die Bibliothek setzen, die Zinnsoldaten bewundern und einen Lexikonband herausnehmen. Ich sah Gletscherbilder, die von Seidenpapier geschützt waren, Könige, verschiedenfarbige Kristalle, exotische Vögel, Kathedralen, wissenschaftliche Apparaturen, Affen, Wüstenlandschaften, Städte, Orchideen und andere seltene Pflanzen, Uhrwerke, Maschinen und Wolkenformationen – ohne ihre Namen zu kennen und zumeist ohne zu wissen, was es war. Gerade deswegen aber wurde ich nicht müde, sie anzusehen, immer Pauls Klavierversuche im Ohr und die Einwände der unerbittlichen Frau Roschak. Ich war nicht sehr oft mit Paul in der komfortablen Villa, aber die Besuche sind mir so deutlich in Erinnerung geblieben, als hätte ich dort viele lange Sommertage verbracht.

VI.

Ich suchte in der Bibliothek, wenn ich allein war, auch nach Geheimnissen, nach Verbotenem. Es waren andere Bücher als die, die Vater besaß. Die Bilder in den Bänden zeigten zumeist nichts Hässliches. Sofern sie aber doch erschreckend waren wie die Illustrationen zu Dantes »Göttlicher Komödie«, verstand ich sie nicht. Ich staunte und war der Meinung, dass es diese Dinge in Wirklichkeit gegeben hatte, »vor langer, langer Zeit«, wie Großmutter oft ihre Erzählungen begann. Die Gemälde, die ich in verschiedenen Kunstbänden sah, erinnerten mich andererseits eher an schlechte Träume, und sie brachten mich auf den Gedanken, dass alle Menschen gefährlich waren.

VII.

Einmal schlug ich das Bild einer gemalten Nackten auf. Ich steckte das Buch sofort zurück und dachte an die Fotografie in Herrn Schlacks Schlafzimmer. Also hatte ich endlich etwas Verbotenes entdeckt. Ich behielt das Geheimnis für mich und nahm beim nächsten Mal wieder dasselbe Buch heraus. Paul vergriff sich gerade in den Tasten und fing wieder von vorne an. »Nein!«, rief Frau Roschak, »du musst … also noch einmal. Ja … ja, brav … neeiin!« Ich entdeckte noch weitere Akte und stellte mir beim Betrachten auch Frau Roschak nackt vor. Ihr gefielen ja die Bilder in den Büchern, sonst hätte sie diese nicht für alle sichtbar in ihrer Bibliothek aufgestellt, dachte ich. Warum also sollte sie sich nicht selbst nackt malen lassen? Als sie mit Paul aus dem Klavierzimmer kam, wagte ich kaum sie anzusehen.

VIII.

Ich erzählte Paul auf dem Heimweg von meiner Entdeckung, und er sagte, dass es eine Sünde gewesen sei, was ich gemacht hätte, und wer Sünden begehe, komme in die Hölle. Dort brenne ein ewiges Feuer, in dem die Menschen büßen müssten.

»Du spinnst«, sagte ich wütend. Aber ich hatte Angst, dass er recht hatte.

IX.

Immer wieder sah ich in der Villa der Roschaks dieselben Bücher an, das Lexikon, Bildbände, einen Atlas und illustrierte Romane. Die Erwachsenen führten mich und die anderen Kinder an der Nase herum, dachte ich, und verschwiegen uns, was sie wirklich wussten. Ihre Welt kam mir dadurch wie eine raffinierte Täuschung vor. Der Beweis fiel ebenso zufällig wie überzeugend aus. Ich hatte im Lexikon Flugzeuge und einen Zeppelin gesehen und am Abend nach dem Essen Großvater davon erzählt. Vater hörte es, setzte sich zu mir und fing an, über die Pioniere der Luftfahrt zu reden, Otto Lilienthal, die Brüder Wright, Louis Blériot, Charles Lindbergh, und er machte Skizzen von den Flugzeugen, die mit den Abbildungen im Lexikon übereinstimmten. Er wusste für alles eine Bezeichnung, die sich vermutlich mit der Beschreibung im Lexikon deckte. Noch nie hatte ich Vater so voll Hingabe gesehen. Er erzählte davon, wie oft die Brüder Wright abgestürzt waren, bevor sie eine längere Strecke geflogen seien, und meine Begeisterung wuchs mit jedem seiner Worte und schließlich erklärte ich die Flugpioniere zu den neuen Helden meiner Brüder und mir. Mir wurde jedoch auch klar, dass das Lexikon tatsächlich die Welt der Erwachsenen widerspiegelte und wusste insgeheim, dass ich diese Welt, die in den Brockhaus-Bänden aufgezeichnet war, niemals begreifen würde.

x.

Wir streckten die Arme weit von uns, machten mit Zungen und Lippen Motorengeräusche nach und flogen über die Wiese des Gartens und um das Haus, und meine Mutter ermahnte mich, nicht noch einmal etwas auszuprobieren wie »Buffalo Bills Pferd«, indem ich womöglich auf die Idee kam, von einem Ast oder aus dem Fenster zu springen. Ich versprach es, erschrocken darüber, dass sie meine Gedanken lesen konnte. Großmutter half mir, dass mein Wunsch doch noch in Erfüllung ging. Sie lehrte mich, Papierflieger zu falten, die ich, wenn ich nicht in den Garten durfte, zu Mittag oder am Abend in effigie hinuntersegeln ließ.

Lesen und Leben

I.

Am Ende des letzten Sommers, bevor ich zur Schule ging, las ich zur Freude meiner Großmutter und der herbeieilenden Mutter laut das in Blockbuchstaben geschriebene Wort HIMBEEREN auf dem Etikett eines Marmeladenglases. Ich musste mein einzigartiges Lesekunststück auch meinem Vater vorführen, Frau Lehmberger und Renate, Onkel Sepp und Tante Paula, ich musste es Großvater und Omi demonstrieren und sogar Herrn und Frau Roschak. Diese nahmen mich in der ersten Begeisterung, die sie empfanden, mit in ihre Villa und legten mir ein Buch vor, dessen Titel ich entziffern sollte. Es war leicht, ich wusste ja bereits, dass »Lexikon« auf dem Lexikon stand. Noch immer beschwingt, legten sie mir das dicke, große Buch mit den farbigen Landkarten vor, und ich buchstabierte, was mir mein Bruder schon erklärt hatte, dass es nämlich ATLAS hieß. Ich erhielt ein Glas Zitronenlimonade, der Bernhardiner kam hereingeschlichen und wurde wieder hinausgeschickt, und Frau Roschak spielte auf dem Klavier einen Walzer.

II.

Durch die Musik angelockt, trat Herr Brenner in Begleitung des Dienstmädchens ein. Er trug wie immer seinen schwarzen Mantel mit dem Persianerkragen und den Hut, und Herr Roschak bedeutete ihm, sich zu setzen und leise zu sein. Herr Brenner erkannte die Feierlichkeit der Familienszene, ließ sich auf das Sofa fallen und verdrehte die Augen.

III.

Weshalb war Herr Brenner nicht im Feldhof eingesperrt wie Onkel Fritzl? Die Roschaks hatten ihn davor bewahrt, wusste ich, wegen eines Testaments, was immer das auch war. Was also musste mit Onkel Fritzl geschehen sein? Ich beschloss, meine Großmutter, die es ja wissen musste, zu fragen, während ich Herrn Brenner beobachtete, wie er mit den Füßen im Takt wippte und die Augen noch mehr überdrehte, als lausche er in seinem Kopf Stimmen. Plötzlich stand er auf und verließ lächelnd den Raum.

IV.

Als Herr Roschak und das Dienstmädchen ihn eine Viertelstunde später suchten, war er »wie vom Erdboden verschluckt«, so nannte es Frau Roschak. Aufgeregt liefen sie ihm nach und fanden ihn schließlich in der Gartenhütte. Ich war hinter dem Dienstmädchen Resi hergelaufen, das zur Tür geeilt war und sie aufgerissen hatte, und sah ihn – sein erigiertes weißes Glied in der Hand – mit erschrockenem Blick in die Ecke zurückweichen. Resi schob mich zur Seite und kam kurz darauf mit ihm zurück ins Freie, wo er sich widerstrebend zum Goldfischteich führen ließ.

Schule

I.

Wer war dieses Kind, das ich jetzt vor mir sehe, fremd und doch ich selbst. Ich. Ich sehe aus wie auf der Fotografie einer Volksschulklasse. Ich lächle, aber warum? Ich sehe mich, wie im Traum, selbst, ohne ich selbst zu sein.

II.

Ich erinnere mich an den früh einbrechenden schneereichen Winter, die nachtdunkle Morgenstunde, wenn wir aus dem Bett in die kalte Küche torkelten und für die Schule angekleidet wurden. Wir wurden auf Stühle gestellt, und Großmutter und Mutter legten uns Strumpfbandgürtel über den dicken, hässlichen Unterhosen an, dann wickelten sie die Strümpfe hinauf und befestigten sie mit Münzen in der Halterung. Wir hassten diesen Vorgang, hassten die Strumpfbandgürtel und die Strümpfe. Über den Oberkörper wurde ein Flanellhemd gezogen und ein zu enger selbstgestrickter Pullover über den Kopf gestülpt. Erst dann wurden unsere Beine in Pumphosen gesteckt, grüne, steife, kratzende englische Armeehosen, die, weil viel zu groß, erst mit Hosenträgern über den Schultern Halt bekamen und sich über die Schuhe bauschten. Darüber abgetragene Mäntel, eine selbstgestrickte Wollhaube und Schischuhe, hart wie Holzbretter. Mich fröstelte, und es war mir den ganzen Tag unwohl in den Kleidern.

III.

Ich hasste meine Kleider bis zu meiner Jugend, denn ich musste ja alles »nachtragen« – Pauls Hosen, Strümpfe, Unterwäsche, Hemden, Schuhe, Westen, Mütze; viel zu spät bekam ich den gelben Pullover mit grünen Hirschen, den meine Mutter selbst gestrickt hatte, oder die rote Weste mit goldenen Knöpfen und gelben Enten. Als ich sie zum ersten Mal trug, wurde ich von meinen Mitschülern gehänselt, dass ich »Baby«-Kleidung anziehe. In meiner Kindheit spürte ich immer den Körper meines Bruders auf der Haut. Er hatte andere Füße als ich, daher hatten die Schuhe Falten, an denen ich mich wund rieb. Oder das Leder an der Ferse war abgelatscht, weswegen ich Blasen bekam, wenn ich lange herumlief. Die Schischuhe waren so steif, dass ich das Gefühl hatte, in Holzschachteln zu gehen. Ich hasste Paul und meine Eltern, sobald er neue Kleider bekam und ich nur sein altes, abgetragenes Gewand am nächsten Tag über meine Sessellehne gefaltet vorfand. Meine Proteste halfen nichts. »Wir haben kein Geld.« Bis zu meinem vierzehnten Lebensjahr hatte ich keine eigene Kappe, keinen Schal, kein Hemd, ich musste den verhassten Lodenmantel meines Bruders nachtragen, seinen verhassten Steirerhut, seine verhassten Trachtenanzüge. Ich habe alle Fotografien zerrissen, auf denen ich in den zu großen und später zu kleinen Steireranzügen abgebildet war: neben meiner Mutter oder meinem Bruder Paul. Wir sehen darauf aus wie belämmerte Kinder von nicht weniger belämmerten verarmten Adeligen. Vielleicht hatten sich meine Eltern auch die Trapp-Familie zum Vorbild genommen. Paul trug die Mode offenbar gerne, aber ich malte mir eine Zukunft in eleganten Anzügen oder lässigen Sporthosen und Pullovern aus oder wenigstens als Afrikaforscher mit Tropenhelm und Safarijacke. Mein Vater trug viele Jahre Steireranzüge, meine Mutter war schon auf ihren Jugendfotos im Dirndl zu sehen, und ihre Eltern bewahrten die Trachtenkleidung als Sonntagsgewand im Kleiderschrank auf, das sie dann zu »Anlässen« trugen. Die ganze Vorstadt war in meiner Kindheit von ausgemergelten Trachtengewandmenschen mit Trachtenhüten bevölkert, von Lodenjoppen- und Lodenmantelmenschen, von Lederhosen- und Weiße-Stutzenmännern. Nur Großmutter blieb verschont vom

Trachtenwahn, dafür fühlte sie sich bei uns zu wenig zu Hause.

IV.

Kratzende Pullover, kratzende Hosen, steifes Schuhzeug, dicke Mäntel, alles kratzte, rieb am Körper, war steif und hässlich. So standen wir und blickten auf den Schnee, den wir mit unserem gelben Urin angepinkelt hatten, nachdem wir uns zuvor hatten halb ausziehen müssen.

V.

Anfangs begleitete Großmutter Paul und mich zur Volksschule. Mit ihrer schwarzen Baskenmütze, dem schwarzen Mantel, dem weißen, zu einem Knoten gebundenen Haar und den Gesichtszuckungen war sie eine Aufsehen erregende und Furcht gebietende Leibgarde. Niemand von den Mitschülern wagte es, sie zu verspotten, denn sie sprach jeden zornig an, über den wir uns beklagten. Zwar vertrauten meine Eltern dem vernünftigeren Paul, mich sicher über den Bahnübergang und die Gleise der Straßenbahnlinie 3 führen zu können, aber Großmutter wollte sich den Begleitschutz nicht nehmen lassen. Erst als wir sie drängten, dass wir allein zurechtkämen, beschränkte sie sich darauf, mich abzuholen, wenn mein Unterricht früher endete als der meines Bruders. Sie nahm mir immer die Schultasche ab, denn ich sollte als »Künstler« ja »nichts tragen«, und ermahnte mich fortlaufend, nicht vom Weg abzuweichen, nicht das Maisfeld zu betreten und links und rechts zu schauen, bevor ich die Straße und die Eisenbahngleise überquerte. Mit größter Eindringlichkeit vermittelte sie mir, dass überall Gefahr lauerte.

VI.

Auf den gemeinsamen Wegen von der Schule nach Hause erzählte sie mir, was sie bewegte. Sie versuchte mir klarzumachen, weshalb sie mit Mutter stritt. Sie sagte, Mutter hasse sie, weil sie die Wahrheit sage. Unser Vater hätte ihrer Ansicht nach in Deutschland bleiben sollen, aber Mutter habe ihn aus Heimweh gedrängt, nach Graz zurückzukehren. Sie habe ihm sogar mit Scheidung oder Selbstmord gedroht, falls er in Deutschland bliebe. Für Vater wäre in Deutschland alles einfacher gewesen. Er hätte die deutsche Staatsbürgerschaft behalten können und wäre nicht wie hier staatenlos geworden. Ich erschrak, denn ich hatte nicht gewusst, dass er kein Österreicher war, wie mir Großmutter jetzt erklärte. In Deutschland, fuhr sie fort, hätte er Arbeit gefunden und ein glücklicheres Leben geführt. »Und jetzt?«, fragte sie. »Jetzt muss er sich im Ausländeramt melden, wird dort schikaniert und ist nur noch Arzt für die Verwandten deiner Mutter, die ihm nichts bezahlen können.« Ich schwieg verwirrt. »Deine Mutter hasst mich, weil ich ihr das vorhalte und weil ich nicht ihre Dienstmagd sein will ... Stell dir vor, sie sagt *mir*, sie sei nicht *meine* Dienstmagd.« Leider berichtete ich noch am selben Tag alles wortgetreu meiner Mutter, und es gab neuen Streit. Ich fragte Großmutter auch nach Onkel Fritzl, und sie antwortete, Geisteskranke hätten keine Macht über ihre Gedanken, sie könnten diese nicht »lenken«. Die Gedanken überfielen sie einfach und ließen sie nicht mehr los. Sie seien diesen Gedanken dann ausgeliefert – »wie du im Traum«, sagte sie.

»Dann träumen sie also immer?«

»Nein, aber auch am hellichten Tag, wenn sie wach sind.«

Ich dachte nach und wandte ein, dass auch ich schon am Tag und im Wachen geträumt hätte.

»Ja, aber du weißt, dass du träumst, und du kannst deine Träume wieder abschalten oder sie herbeirufen, ganz wie du willst … Du bist ein Künstler.« Sie erklärte mir, dass viele Menschen Künstler seien, vor allem Kinder. Die meisten würden diese Fähigkeit im Laufe ihres Lebens aber wieder verlieren, nur wenige sie behalten.

Ich rätselte an ihren Aussagen herum und fragte sie immer wieder danach, und Großmutter erinnerte mich noch vor ihrem Tod an die Gespräche, die wir geführt hatten.

Ich hätte, sagte sie, damals gefragt, was »entmündigt« bedeute, und sie habe mir geantwortet, dass ein Entmündigter nicht allein leben könne, er brauche Aufsicht und Betreuung und könne keinen Beruf ausüben. Dass alles auf mich selbst zutraf und dass mich ihre Erklärung und das Wort »entmündigt« bedrückt hatten, darüber sprach ich nicht mit ihr.

VII.

Obwohl ich schon einige Worte schreiben und bis hundert zählen konnte, war ich in der Schule unglücklich. Und dieses Unglücklichsein ließ mich bis zu meiner Matura nicht mehr los. Es war nichts Bestimmtes, das diese Empfindung auslöste, aber ich verspürte vom ersten Tag an nie den Wunsch, ein guter Schüler zu sein. Draußen, vor der Schule, vor den Fenstern des Klassenzimmers, fand das *wahre* Leben statt, draußen war die Welt, an der ich teilhaben wollte, drinnen in der Schulgaleere musste ich durch das Meer der Bildung rudern, im dunklen Unterdeck des Klassenzimmers. Ich starrte hinaus auf die blühenden Kastanienbäume oder den fallenden Schnee, ich hörte die Geräusche der Autos und der Straßenbahn, die Rufe der Menschen, das Bellen eines Hundes, und jeder dieser banalen Eindrücke erinnerte mich daran, dass ich etwas versäumte. Mir war in meinem Leben nur in der Schule langweilig und das beinahe immer. Ich wünschte mir oft genug, krank zu werden, und mein Wunsch ging zumeist in Erfüllung.

VIII.

Die ersten Jahre in der Volksschule habe ich nur als quälende Zeitverschwendung in Erinnerung. Das Lesen- und Schreibenlernen fiel mir leicht, ebenso das Rechnen. Zuerst war alles spielerisch, wenn auch langweilig gewesen, aber ich verlor nie das Gefühl, in einem Käfig zu sitzen. Ich hatte jedenfalls meine Einzigartigkeit verloren, ich war nichts Außergewöhnliches mehr, wenn ich mich nicht anstrengte. Ich musste an den Garten, die Schwertlilien, die Vögel, die Großmutter, Mutter und Helmut denken (den ich in Gedanken immer unter der Zeltplane auf dem Baum sah und darum beneidete, dass er noch nicht zur Schule gehen musste), wenn meine Lehrerin, Frau Schubernig, etwas mit Kreide an die Tafel schrieb. Ich hasste es auch, Hausaufgaben machen zu müssen anstatt hinausgehen zu dürfen in den Garten, auf die Straße oder zum Rangierbahnhof. Paul hingegen liebte die Schule. Die Lehrer liebten ihn und er sie. Er legte Wert auf eine schöne Schrift, schöne Hefte, schöne Zeichnungen. Er wollte der Beste in der Klasse sein und war bereit, dafür Zeit aufzuwenden.

IX.

Ich gewöhnte mich in der ersten Klasse an die »Einser« und »römischen Einser«, die ich ohne Anstrengung erhielt. Ich suchte auch keinen Kontakt zu der Lehrerin, die meine Lesekunststücke zwar lobte, in ihnen jedoch nichts Außergewöhnliches sah, jedenfalls beschäftigte sie sich mehr mit den schwächeren Schülern, weshalb ich mich noch mehr langweilte. Ich ließ alles über mich ergehen, ohne wirklich zuzuhören. Stattdessen dachte ich mir Mordfälle aus und über ein Verbrechen aus der Zeitung nach, über die Schwierigkeiten, die mein Vater hatte, unsere Wanderungen auf dem Land, an die Nackten in den Kunstbüchern von Frau Roschak und die Brüder Wright. Ich stellte es mir herrlich vor, viele Stunden in der Luft zu verbringen und alles von oben zu sehen und weite Reisen zu machen, ohne zu wissen wohin.

Ich sah im Lernstoff, je länger das Schuljahr dauerte, immer weniger Sinn. Ich begann allmählich, wie ein Automat zu funktionieren. Gleichzeitig musste ich alle meine Gefühle, meine Gedanken, Wünsche, Einfälle für mich behalten, alle meine Entdeckungen, meine Leiden, Hoffnungen und Träume.

Die Verstellungskunst war die erste und einzige Kunst, die ich in der Schule wirklich gelernt habe.

X.

Ich war körperlich in schlechter Verfassung, einerseits durch mangelhafte Ernährung, andererseits durch meine fortlaufenden Erkrankungen. Ich musste weiter Lebertranpillen nehmen und dachte dabei noch immer an den ausgestopften Wal, den ich gesehen hatte, dazu Sanostolsaft als Appetitanreger, der nach Orangen schmeckte, und – wenn es möglich war – ein Ei-Chaudeau mit einem kleinen Schuss Wein. In der Schule erhielten wir Milchreis oder Milchnudeln, die wir hinunterwürgten.

XI.

Der schönste Schultag war der, als uns ein Lastwagen der englischen Armee abholte und in einen großen Saal brachte, in dem ein Kasperltheater aufgestellt war. Sofort nahm ich das Geschehen für bare Münze, obwohl ich erkannte, dass alles nur gespielt war. Aber ich vertiefte mich von Anfang an so sehr in das Spiel der Figuren, den Kampf zwischen Gut und Böse, und verstand sogleich den Humor als Waffe, dass ich am liebsten den ganzen Tag im Saal geblieben wäre und in den nächsten Schulstunden dann selbst »den Kasperl spielte«, wie meine Lehrerin es nannte. Dabei fiel mir aber nicht auf, dass ich eine Rolle einnahm, so mühelos gelang es mir, die Mitschüler zum Lachen zu bringen. Fortwährend gingen mir respektlose Einfälle durch den Kopf, während ich Aufmerksamkeit und Ernst angestrengt vortäuschen musste.

XII.

Als wir die Uhrzeiten lernten, freute ich mich einige Tage lang auf den Unterricht. Ich bekam ein Stück Karton, auf das ein Kreis und die Ziffern 1 bis 12 gemalt waren, und mit zwei roten, beweglichen Pappzeigern konnte ich die Zeit einstellen. Unentwegt bedrängte ich Großmutter, mit mir die verschiedenen Stellungen der Zeiger zu deuten. Je besser ich mich auskannte, desto mehr gewann ich den Eindruck, doch noch ein Stück der Erwachsenenwelt zu begreifen.

Großmutter und ich kritzelten auf die Kartonuhr später Zeichnungen und Geschichten, und als ich einmal neben dem Herd in der Küche eine Schachtel Streichhölzer fand, zündete ich auf dem Balkon das Stück Pappe neugierig an und warf es, erschrocken über die große Flamme, in den Garten. Dort auf dem Kiesweg verbrannte es rasch, und ich versteckte die verkohlten Reste in der Müllgrube, noch bevor sie jemand zu Gesicht bekam.

Schlittenfahren

I.

Großvater hatte den Schlitten besorgt, er war aus Holz und der Sitz aus einem Geflecht von Bändern. Am Hang neben der Kirche trafen sich die Kinder der Umgebung und vergaßen die Zeit.

II.

Großmutter überwachte uns und schritt sofort ein, wenn wir mit anderen Kindern in Kontakt kamen. In ihrer schwarzen Kleidung sah sie im Schnee aus wie eine menschliche Krähe. Als ob sie mit Flügeln flatterte, kam sie gestikulierend auf uns zu und fragte: »Was wollen diese Buben?« Und zu diesen: »Was wollt ihr? Geht weg!« Ihr Anblick ließ die Kinder das Weite suchen.

III.

Neben der Kirche stand Pfarrer Binder und schaute schweigend dem Treiben zu. Nie wechselte er mit Großmutter oder uns auch nur ein Wort. Den Gruß beantwortete er mit Kopfnicken. Großmutter sagte uns auf dem

Heimweg, der Pfarrer sei ein »Maulaff« und würde nur für die *eigenen* etwas tun. Für uns »machte er einen alten Hund«, wie sie sich ausdrückte. (Diese Formulierung verwendete sie immer auch anstatt eines schroffen Nein.)

IV.

Kollidierten wir mit einem anderen Schlitten, war Großmutter schon da, und bevor sie uns noch den Schnee aus den Kleidern putzte, hielt sie die Rodel der anderen fest und beschuldigte diese, nicht aufgepasst zu haben. Erst wenn unsere Finger steif und die Kleider nass waren, ging sie mit uns nach Hause. Unterwegs beklagte sie sich dann, was für schlimme und ungezogene Kinder diese oder jene seien und was für ein »schlechtes Elternhaus« sie hätten. Sie sagte es so oft, dass es mir gar nicht mehr auffiel.

Demaskierung

Der Nikolaus war riesengroß, trug eine Bischofsmütze, einen weißen Bart und einen Mantel aus Goldstoff. In einer Hand hielt er ein Buch, in der anderen den gekrümmten Stab. Sein Begleiter, der »Krampus«, war in schwarzes Fell gehüllt und versteckte sein Gesicht hinter einer Teufelsmaske mit Hörnern. Er hatte eine »Butte« auf dem Rücken und eine Kette in der Hand, mit der er rasselte.

Wir rissen vor Schreck die Münder auf und hörten wortlos zu, was der Nikolaus sagte. Er las jedem von uns aus seinem dicken Buch vor, was wir falsch gemacht hatten und sprach so ausführlich über unsere Missetaten, als ob er dabei gewesen wäre. Er vergaß auch nicht, Einzelheiten zu erwähnen, die nur wir, die Familie, wissen konnten. Erschrocken fragten wir uns, wie das möglich war. Als er Helmut beschuldigte, nicht folgsam gewesen zu sein, streckte ihm dieser die Zunge heraus. Das Weitere geschah so schnell, dass wir starr vor Schreck waren. Der Krampus hob den verdutzten Helmut in seine Butte und lief mit ihm davon. Ich hörte meinen Bruder vor der Tür laut schreien und sprang ihm die Stiegen hinunter nach, um ihn zu retten. Draußen war es schon dunkel, und vor der Gartentür bekam ich die Butte zu fassen und zerrte an ihr, dadurch brachte ich die Gestalt aus dem Gleichgewicht und der weinende Helmut konnte herausspringen. Bevor noch Schlimmeres geschah, kam unsere Mutter angelaufen und beschwerte sich beim Krampus, dass er zu weit gegangen sei. Im selben Augenblick schob dieser sich die Maske aus dem Gesicht, und ich erkannte in der Dunkelheit den lachenden Herrn Schlack, Poldis Vater, der uns einmal mit einer seltsamen Schadenfreude die Haare gewaschen hatte. Auch der Nikolaus war inzwischen herbeigeeilt und gab sich vor Charme sprühend als der verwitwete Schneider Pechstein zu erkennen. Das bestärkte nur meine Zweifel an dem, was ich vom Leben zu sehen bekam. Ich fühlte mich durch den Vorfall ebenso betrogen wie gedemütigt. Wurden wir nicht wie Narren behandelt?

Ein Zwischenfall

Gerade als wir mit dem Weihnachtsfest beginnen wollten, stürzte ein fremder Mann in das Haus und bat um ärztliche Hilfe. Wir warteten lange, bis Vater zurückkehrte, und wir befürchteten schon, das Christkind zu versäumen. Erst Jahre später erfuhr ich, dass er damals in ein Geschäft in der Wiener Straße gerufen worden war, weil die Besitzerin dort den Verstand verloren hatte. Er fand sie, wie er mir als Student erzählte, halb nackt in der Auslage, mit zwei brennenden Kerzen in den Händen. Nachbarn und Passanten drängten sich vor dem Geschäft und warteten, was geschehen würde, denn die Frau drohte sich zu verbrennen, wenn sich ihr jemand näherte. Mein Vater schickte die Neugierigen nach Hause, und es gelang ihm durch »gutes Zureden«, wie er sagte, noch bevor die Polizei eintraf, die Frau zu beruhigen und ihr die Kerzen aus den Händen zu nehmen.

Das »Naturalienkabinett«

I.

Nicht nur Großmutter, auch die Lehrerin merkte mit Dauer des Schuljahres, wie unglücklich ich war. Vielleicht beauftragte sie mich deshalb, zusammen mit ihr die Lehrmittel aus dem »Naturalienkabinett« zu holen, in dem es ausgestopfte und präparierte Tiere und sogar einen Knochenmann gab.

II.

Ich sah mich jedes Mal in dem nach Linoleum und alten Möbeln riechenden Raum um: in einer Glasvitrine das Skelett einer gekrümmten Schlange (die ich unheimlich fand), eine Kreuzotter und eine Ringelnatter in Alkohol, ein Schildkrötenpanzer, präparierte und ausgestopfte Vögel – Wildenten, eine Möwe, eine Saatkrähe, ein Rotkehlchen –, aber auch ein Fischotter, eine Bisamratte und eine

Fledermaus, Frösche und Amphibienwesen. In Schaukästen mit Glasdeckeln waren Schmetterlinge auf Nadeln aufgespießt und verschiedene andere Insekten wie Bienen, Hummeln, Hornissen und Käfer in allen Größen. An Fischen gab es eine Forelle, einen Karpfen und sogar einen Hecht.

III.

An speziellen Haken hingen Landkarten von der Steiermark und Österreich, und es fand sich auch ein Globus, der allerdings aus der k. u. k.-Zeit stammte und auf dem die Österreichisch-Ungarische Monarchie noch als ein gewaltiges Reich zu sehen war. Ich entdeckte darauf Siebenbürgen, Kronstadt und Reps und die Karpaten, und es erfüllte mich mit geheimem Stolz, dass es alles, wovon Großmutter erzählt hatte, wirklich gab.

IV.

Am meisten beeindruckte mich die Symmetrie der Nautilusmuschel, die sowohl als Ganzes als auch im Querschnitt vorhanden war und »aus der Tiefe des Meeres«, wie Frau Schubernig sagte, stammte. Ein Modell aus Draht und Holzkugeln zeigte Sonne, Mond und Erde, mit denen sie uns die Sonnenfinsternis demonstrierte. Außerdem gab es in einem kleineren Schrank die verschiedensten Mineralien.

V.

Nie händigte die Lehrerin mir den Schlüssel aus. Sie begleitete mich immer bis vor das Kabinett, sperrte es auf und trödelte häufig herum, bis sie endlich das Gesuchte fand. Lächelnd erklärte sie mir dann den Globus, strich mir gedankenverloren durch das Haar und beantwortete meine Fragen über die Skelette und Mineralien, die mit vergilbten Etiketten versehen waren. Und sie zog auch den Vorhang zur Seite, hinter dem der Knochenmann stand. Er war mir durch die Bücher meines Vaters nicht fremd, aber die Vorstellung, dass es die Reste eines Menschen waren, wie die Lehrerin erklärte, erfüllte mich mit leisem Entsetzen.

Der verlorene Schuh

I.

Ich besitze noch die Urkunde, die meine Erstkommunion am 3. Juli 1949 bestätigt. Meine Mutter hatte von einer Hemdenschneiderin, die jetzt anstelle des Fotografen in der Baracke ihre Werkstatt betrieb, ein Kostüm auftrennen und daraus eine kurze Hose und eine Weste für Paul und mich anfertigen lassen.

II.

Ich ging mit gemischten Gefühlen und der verzierten Kommunionskerze in der Hand neben Paul zur Kirche. Ich durfte, hatte man uns eingeschärft, die Hostie nicht zerbeißen, da sie Jesus war, sondern musste sie im Mund sich auflösen lassen. Von nun an würde mich Gott erleuchten, hatte die Religionslehrerin erklärt. Was bedeutete das?, fragte ich mich. Ich konnte mir nichts darunter vorstellen. Würde ich keinen Schmerz mehr empfinden, fliegen können, auf Wunsch unsichtbar sein? Durch die Geschichten, die Großvater und Großmutter erzählten, kannte ich die Fähigkeiten der Märchengestalten, sich wegzuzaubern, und ich träumte oft davon, dass es mir eines Tages selbst gelingen könnte. Die Unsichtbarkeit verband ich immer mit der Eigenschaft zu fliegen. Ich würde, dachte ich mir, von einem Moment auf den anderen an jedem Ort sein können, an dem zu sein ich wünschte, und ungesehen in die Erwachsenenwelt eindringen wie eine Bakterie und alle Geheimnisse erfahren, die man mir vorenthielt.

III.

Unterwegs fragte ich Paul, was er glaube, dass mit uns geschehen würde, wenn wir die Hostie empfingen.

Er blickte die silbernen und goldenen Verzierungen auf der Kommunionskerze an, drehte sie, warf den Kopf in den Nacken und sagte trotzig: »Du wirst schon sehen.«

»Was denn?«, fragte ich neugierig.

Paul schwieg daraufhin und sagte dann ungeduldig: »Bete!«

Ich hatte beim Beten Schwierigkeiten, weil es mir nichts gab. Im Religionsunterricht hatten wir zwar die wichtigsten Gebete auswendig gelernt, aber ich konnte sie nur fließend aufsagen, ohne sie zu verstehen. Ich versuchte mir Gott als König der Welt, des Himmels und der Sterne vorzustellen. Weshalb hatte er dann nicht den Tod seines Sohnes verhindert? Und würde er es hinnehmen, dass wir ihn verschluckten? Und wenn er es wirklich wünschte, dass ich es tat, dann wusste ich nicht, warum er es wollte.

Mein Vater hatte mich, als ich ihn danach gefragt hatte, zu meiner Mutter geschickt, und diese hatte mir die gleiche Antwort gegeben wie vorhin Paul: »Du wirst schon sehen.«

IV.

Sobald wir auf dem Weg zur Kirche die feierlich gekleideten Buben aus der ersten und zweiten Klasse sahen, jeder die Kommunionskerze in der Hand, stiegen meine Erwartungen ins Unermessliche. Poldi, der uns eingeholt hatte, strahlte vor Freude, und je näher wir der Kirche kamen, desto mehr Erwachsene – Eltern und Großeltern der Schulkameraden – schlossen sich an. Paul und ich allerdings waren allein. Und Paul sprach kein Wort. Er hatte sich, denke ich, tief in die Mysterien des Glaubens versenkt, zu denen mir der Zugang verschlossen war.

V.

Einige Tage zuvor hatten wir die Beichte abgelegt. Ich hatte jedoch nichts zu beichten gewusst. Auch wenn ich nachdachte, hatte ich ein »reines Gewissen«, wie die Religionslehrerin es gefordert hatte. Als ich es ihr erklärte, fing sie an, es zu zerstören. Alles Streiten sei böse – ob ich nie gestritten hätte? Auch das Unfolgsamsein sei eine Sünde, denn man müsse die Eltern ehren ... Vor allem aber gebe es Gedanken, die sündhaft seien ... sei es, jemandem etwas zu missgönnen oder Böses zu wünschen ... Lügen sei eine Sünde, selbst »schwindeln« und vor allem den sonntäglichen Gottesdienst zu versäumen oder das Morgen- und Abendgebet nicht zu verrichten ... Es kam schließlich immer mehr zusammen, und am Tag der Beichte wollte ich zu Hause bleiben, aber es stellte sich keine Krankheit ein.

VI.

Mir ging alles Mögliche durch den Kopf, als ich den Beichtstuhl betrat. Pfarrer Binder blickte mich durch das Holzgitter, vor dem ich kniete, an. Ich brachte kein Wort heraus, irgend etwas schnürte mir den Kehlkopf zu. Schließlich fragte er mich nach einzelnen Geboten, und als ich auch dazu schwieg, wollte er wissen, ob ich meine Sünden bereute.

Ich brachte keinen Laut heraus.

»Nicke mit dem Kopf«, sagte der Pfarrer ungeduldig, dessen Gesicht hinter dem Holzgittermuster etwas Böses hatte.

Ich rührte mich nicht.

Er wartete, räusperte sich und flüsterte dann, dass er mir eine Gebetsbuße aufgebe, damit ich »sündenfrei« würde.

»Zum Zeichen deiner Reue betest du gleich hier in der Kirche«, ergänzte er.

Ich stolperte aus dem Beichtstuhl und setzte mich zu den anderen in eine Bank. Die Gebete, die ich stumm verrichtete, waren nur Worthülsen, die an niemanden gerichtet waren. Ich spürte nicht, dass Gott mir vergeben hatte, und ich spürte umso deutlicher, dass ich unschuldig war. Weshalb bestrafte man mich? Ich lebte mit meiner Familie zusammen und wurde geliebt, wer bestimmte, dass ich böse zu ihnen gewesen war? Wenn ich gefehlt hatte, hatte ich Tadel und Ohrfeigen hingenommen, war das nicht genug gewesen?

Ich zählte jetzt in Gedanken bis hundert. Ich verspürte nur Leere, die mich zu einem überflüssigen Ding machte.

VII.

Paul hatte alles richtig gemacht, seine Sünden auswendig gelernt und die Buße gebetet. Er behauptete, dass Gott auch mir vergeben hätte, da er in mein Herz sehen könne. Dort erkenne er, was ich falsch gemacht hätte. Er wisse auch, dass ich bereute. Ich widersprach ihm nicht, obwohl ich nicht bereut hatte, denn ich war, wie er gesagt hatte, »jetzt sündenfrei« und konnte »die Kommunion empfangen«.

»Rein«, wie die Religionslehrerin es ausgedrückt hatte.

Freudig ging ich daher mit den anderen zur Heiligen Messe, von der ich keine Ahnung hatte. Noch dazu wurde sie damals auf Lateinisch gefeiert. Ich musste mich hinknien, aufstehen, Gebete sprechen, die ich nicht kannte, und Lieder singen, deren Text ich nicht verstand.

VIII.

Schließlich traten wir zum Altar und empfingen die Hostie auf der herausgestreckten Zunge. Sie schmeckte nach Pappe, klebte am Gaumen, ich konnte sie mit der Zunge nicht lösen und wagte nicht, es mit der Hand zu tun. Ich kniete in der Bank und wartete auf die Verwandlung. Ich blieb jedoch derselbe, der ich war, es war dumm von mir gewesen, gehofft zu haben, dass mir neue Fähigkeiten erwachsen würden, aber ich war nicht wirklich enttäuscht, denn ich hatte ja nur mit dem Gedanken gespielt. Paul kniete wie die meisten mit geschlossenen Augen, ich konnte sehen, wie ergriffen er war, und sofort fragte ich mich, was ich falsch gemacht hatte. (Mir fiel das Eis ein, das ich im Salon Hokke gegessen und wie glücklich es mich gemacht hatte. Sicher hätte ich, wenn ich anstelle einer Oblate süßes Gefrorenes bekommen hätte, zumindest eine oberflächliche Verwandlung verspürt.) Paul wehrte, wenn ich ihn später nach seinem inneren Erlebnis fragte, immer ab. Er könne darüber nicht sprechen, sagte er, weshalb ich eine Zeit lang wieder glaubte, eine Ausnahme zu sein, bis auch andere von ähnlichen desillusionierenden Erfahrungen berichteten, wie ich sie gemacht hatte.

IX.

Nach der Messe waren alle fröhlich, die Erwachsenen lachten, und da ich gelernt hatte, dass die Unauffälligkeit eine Art von Unsichtbarkeit ist, lachte ich ebenfalls. Ich gewöhnte mir bereitwillig an, die Normalität mitzuspielen. Wir wurden zu einer langen Bank an der Kirchenmauer geführt, wo wir für den Fotografen Platz nahmen, der eine Kamera mit Stativ aufgebaut hatte und uns Anweisungen gab, wie und wo wir zu sitzen hätten, aber die Unruhe war so groß, dass er die Aufnahme mehrmals wiederholen musste. Schließlich versuchte er es mit dem unvermeidlichen Vogel, der sogleich erscheinen und uns erheitern würde, und dieses unsichtbare Tier lache ich auf dem zerknitterten Schwarzweißfoto, das ich besitze, an. Frau Schubernig trägt trotz des Sommertages einen cremefarbenen Mantel und einen hässlichen Hut. Wir halten unsere Kerzen in der Hand, und Pfarrer Binder – einen schwarzen Überwurf über dem mit Spitzen verzierten Gewand und einen Messschal um den Hals – berührt einen ganz in weiß gekleideten, strahlenden Buben, der vor ihm steht, und hebt ihn dadurch heraus. Paul ist neben dem Pfarrer der Einzige, der nicht lacht: Ernst und schön blickt er in die Kamera. So habe ich ihn in Erinnerung behalten.

X.

Nach dem Fotografiertwerden liefen wir zur Terrasse, wo Tische und Bänke bereitstanden. Wir waren, wie es der Vorschrift entsprach, ohne Frühstück zur Kirche gegangen, und nun gab es Kakao und Gugelhupf. Es stellte sich jedoch heraus, dass zu wenige Sitzplätze vorhanden waren, und so wurden Paul und ich, nachdem wir schon Platz genommen hatten, wieder nach Hause geschickt.

XI.

Während wir weggehen, sehen wir, wie die Speisen und Getränke serviert werden und Pfarrer Binder zu einer Rede ansetzt. Paul ist so enttäuscht darüber, dass er zu weinen anfängt. Ich spüre, dass er recht hat, aber für mich ist die Erste Kommunion kein großes Ereignis gewesen, ich habe nichts in mir verspürt, und nichts ist anders geworden. Ich schlage ihm einen Wettlauf zum ausgelassenen Karpfenteich vor, der am Weg liegt, und er hat es so eilig, dass er in den Schlamm gerät und einen seiner Schuhe verliert. Da wir ihn nicht mehr finden, zieht er auch den anderen aus und geht barfuß nach Hause.

XII.

Als meine Mutter erfährt, dass wir nicht vom Pfarrer eingeladen worden sind, sagt sie verbittert, dass es politische Gründe dafür gäbe. Sie erwähnt wieder, dass Vater und sie »nicht kirchlich getraut« seien, aber auch, dass sie »Nazis« gewesen waren. Von diesem Augenblick an weiß ich, dass alles, was uns widerfährt, eine Strafe ist für etwas, das ich noch nicht verstehe, das aber mit dem Bösen zu tun hat.

XIII.

Auch Großmutter fand den Schuh nicht, aber es ist längst Sommer geworden, und bis zum nächsten Schuljahr gehen wir ohnedies barfuß.

Der Triebwagen

I.

In den Ferien übertraten wir das Verbot, die Eisenbahngleise ohne Begleitung zu überqueren, und spielten im Maisfeld. Mehrmals sah ich dort den Triebwagen nach Wien vorbeirasen, und mehrfach bildete ich mir ein, er käme direkt auf mich zu. Dieser Tagtraum ging mir auch zu Hause durch den Kopf, wenn ich im Bett war, bei der Körperpflege oder wenn ich mit Großmutter sprach. Der Graz-Wien-Triebwagen war blau und hatte einen breiten gelben Mittelstreifen, er war für mich der Inbegriff der großen Welt. Er wurde mir jedoch unheimlich, denn in meiner Vorstellung sah ich ihn als ein Geschoss, das auf mich zuflog und rasch größer und größer wurde, wie um mich zu zermalmen, und jedes Mal, wenn es so weit war, versuchte ich ihn durch Willenskraft zum Stillstand zu bringen und mich dann zur Seite über den aus losen Steinen aufgeschütteten Damm zu werfen – im selben Augenblick verschwand das Bild.

II.

Ich hatte damals immer wieder kleine »Anfälle« von In-die-Zukunft-Sehen, nicht öfter als drei, vier Mal im Jahr, und zumeist betraf es Nebensächlichkeiten, die dann genau so eintrafen, wie ich es vorhergesehen hatte. Nie änderte ich deswegen mein Verhalten, ich ließ es sogar darauf ankommen. Es war ein gewisser Genuss dabei, dass alles so eintraf, wie ich es vorausgesagt hatte. Plötzlich sah ich etwas deutlich vor mir, das nicht in direktem Zusammenhang stand mit dem, was ich gerade tat. Während wir im Garten spielten, hatte ich das Bild vor Augen, dass Großmutter abends krank im Bett lag – und so kam es. Als ich meiner Mutter beim Kartoffelschälen zuschaute, stellte ich mir vor, dass Omi auf dem Land mit vielen Menschen an einer geschmückten Tafel saß. Vor allem den Raum, in dem sie sich befand, konnte ich deutlich erkennen, fast wie auf einer scharfen Fotografie. Tatsächlich war sie Wochen später zu einer Hochzeit eingeladen und fuhr gegen den Willen von Großvater dorthin. Ein Jahr später, als Paul und ich im Sommer einige Ferientage in Hasreith verbrachten, zeigte mir der Bauer das große Zimmer, in dem seine Hochzeit stattgefunden hatte. Es glich dem, das ich in meinem Kopf gesehen hatte, bis ins Detail: die violette Wand und das silberne Muster, die Singer-Trittbrettnähmaschine, die Lampe, die von der Decke hing, alles war vorhanden – nur ohne Menschen. Eine ausgeräumte Erinnerung.

III.

Allerdings konnte ich nicht willentlich voraussehen, es geschah ohne Absicht und im Grunde sogar gegen meinen Willen. Aber wenn ich die durchsichtigen Bilder wahrnahm, die sich über das legten, was ich gerade sah, und Geräusche und Sprachfetzen hörte, die sich mit den wirklichen vermischten, akzeptierte ich es wie einen Gedanken, der mir gekommen war. Ich halte das für nichts

Außergewöhnliches. Die meisten Menschen lassen es nur nicht zu, während ich mich dagegen nicht wehrte. Manchmal spürte ich auch im Voraus, ob etwas gut- oder schiefgehen würde, in kritischen Situationen wurde ich dann von einer Gewissheit getragen, die mir Kraft gab oder mich mit der Aussichtslosigkeit einer Bemühung konfrontierte. Die Eingebungen hatten jedoch nichts mit Wahrscheinlichkeits- oder Wunschgedanken zu tun, sie widersetzten sich ihnen vielmehr. Als Kind und Jugendlichen verwirrten mich diese Geschehnisse in meinem Kopf, ich wusste mit ihnen nichts anzufangen. Ich war ahnungslos gegenüber meinen Innenbildern und konnte sie nicht deuten.

IV.

Es war meinen Brüdern und mir streng untersagt, unter den geschlossenen Bahnschranken durchzuschlüpfen, und um die Unerbittlichkeit dieses Verbots zu demonstrieren, wartete Großmutter mit mir oft minutenlang, bis der Triebwagen in der Ferne auftauchte und rasend schnell an uns vorüberflog, wobei mir die schwarzen Räder und die hellen Räume dazwischen in Erinnerung geblieben sind, das Dröhnen und manchmal auch der helle Klang des Signalhorns, der warnend anschwoll und sich dann wieder klagend entfernte, und der Wind im Augenblick des Vorüberfahrens, der unsere Kleider flattern ließ. War der Triebwagen verschwunden, öffneten sich die Bahnschranken mit den kläglichen Tönen, die ein Eisenschlegel auf einem schwarzen Metallschirm erzeugte. Nie versäumte Großmutter, mich eindringlich zu warnen und auf alle Verbote und Gefahren hinzuweisen, bevor wir dann die Gleise überquerten. Sie scheute auch nicht vor drastischen Schilderungen von zerstückelten Menschen zurück. Wir hielten uns lange an dieses Verbot.

V.

An einem sommerlichen Vormittag fanden meine Brüder, Poldi Schlack und ich einen sterbenden Maulwurf. Das schwarz glänzende Tier, dessen Existenz ich nicht begreifen konnte, machte nur noch lahme Bewegungen, wir trugen es in das Maisfeld und wickelten es in ein Blatt. Poldi und Paul wussten vom Religionsunterricht her, dass das Töten von Tieren verboten war – allerdings hatten sie gelernt, es sei eine gute Tat, wenn man damit deren Leiden verkürzte. Wir hätten mit Sicherheit den Maulwurf zu einem Tierarzt getragen, wenn wir einen gekannt hätten. Ihn nach Hause mitzunehmen war undenkbar, meine Mutter hätte uns sofort hinausgeworfen. Ich bewunderte die großen Vorderpfoten und die Schönheit des Fells. Er kam mir wie ein winziger Mensch vor, nur war er in einem anderen Wachstumsstadium als wir. Poldi war davon überzeugt, dass er vergiftet worden war und unter Schmerzen litt, und daher beschlossen wir, ihn zu töten, indem wir ihn auf die Eisenbahnschienen legten, sobald sich ein Zug näherte.

VI.

Während wir den Plan noch besprachen, gingen – begleitet von den Schlagtönen – die Schranken nieder.

Wir sprangen auf und liefen zum Bahndamm. Es musste der Triebwagen nach Wien sein, wusste Poldi.

Gemeinsam kletterten wir zu den Gleisen hinauf und legten den in das Maisblatt gewickelten Maulwurf auf die sommerlich heiße Schiene, von der er sogleich herunterfiel. Wir mussten ihn festhalten, wurde uns daraufhin klar, bis der Triebwagen kam. Also warteten wir im grellen Licht gespannt auf das Eintreffen des Zuges.

Rundherum schien alles zu schlafen. Nirgendwo zeigte sich ein Mensch, auch kein Fahrrad oder Auto fuhr vorbei.

VII.

Endlich entdeckten wir den Triebwagen in der flimmernden Luft, die flüssig zu sein schien. Er wurde rasch größer und kam jetzt wie das Geschoss aus meinen Tagträumen auf uns zu. Plötzlich flüchteten meine Brüder und Poldi, ich sah sie wie Schatten aus meinem Blickfeld verschwinden und hörte das gedämpfte Rieseln von Steinen auf dem Bahndamm, den sie hinunterglitten, und wie in meinen Tagträumen sah ich den Zug auf mich zurasen und konnte nichts tun, als ihn bewegungslos anzustarren. Er kam aus dem Flüssigen in den klaren Tag geschossen und sein langgezogenes Signal war der Schrei, der mir galt. Ich kam nicht dazu, ihn mit meiner Willenskraft anzuhalten, denn jemand packte mich und riss mich den Bahndamm hinunter, es war mein Bruder Paul, wie ich an seinen Warnrufen erkannte. Im Fallen spürte ich den Fahrtwind des Triebwagens, der sich zu meinem Erstaunen warm anfühlte, dann kollerte auch ich den Bahndamm hinunter und fand mich in einem Büschel Brennnesseln wieder, die meine Haut ätzten. Ich hörte Paul weiter schreien, und Helmut und Poldi liefen auf mich zu, und an ihren Gesichtern erkannte ich den Schrecken, den der Vorfall bei ihnen ausgelöst hatte.

VIII.

»Wenn dich dein Bruder nicht weggerissen hätte«, sagte Poldi auf dem Nachhauseweg, »wärst du jetzt tot.«

Ich lachte. Ich fühlte mich befreit, und erst nachträglich stellte sich das Gefühl von Angst ein. Wir kletterten den Bahndamm hinauf und suchten nach den Resten des Maulwurfs, fanden aber nur blutigen Schleim zwischen den Schienen. Der Anblick sagte uns, dass wir etwas Böses getan hatten. Wir hatten das Tier in einen unscheinbaren, zähen Blutklumpen verwandelt. Es gab keinen toten Maulwurf mehr, sondern nur etwas Schreckliches – noch schrecklicher als ein sterbender Maulwurf. Wir hatten ihn in Nichts verwandelt, und der Beweis dafür war dieses rote, klebrige Sekret, vor dem wir die Flucht ergriffen.

IX.

Der Tagtraum vom Triebwagen verschwand von da an aus meinem Kopf. Aber wir konnten nicht aufhören, Dinge auf die Gleise zu legen, vor allem Groschen. Paul nahm mich dann bei der Hand und lief mit mir in das Maisfeld, wo wir auf den Zug warteten. Die Münzen waren anschließend flachgepresst und scharf wie Rasierklingen. Wir legten auch Nähnadeln auf die Gleise, Metallknöpfe, Schlüssel, die wir auf der Mülldeponie fanden, und auch uns unbekannte kleine Bestandteile von Maschinen – und bald besaßen wir ein Arsenal an flachgepressten Gegenständen, die wir im englischen Rot-Kreuz-Wagen neben dem Haus versteckten. Eines Tages entdeckte es meine Großmutter und beendete die Zeit, in der wir nicht von den Gleisen lassen konnten.

x.

Großmutter zeichnete wieder mit mir und erzählte mir neue Geschichten, die, wie ich erfreut feststellte, von mir selbst handelten. Es war jedoch nicht ich, sondern ein gleichaltriger Bub, der Heinrich hieß und mein Leben nachvollzog, meine Verletzungen erlitt, unerlaubt auf der Mülldeponie spielte, Münzen auf die Eisenbahnschienen legte, und beim Weitererzählen der Geschichte durch mich erfuhr Großmutter, was ich sonst noch alles getan oder im Sinn hatte. Ich liebte es, wenn sie die Geschichte so erzählte, dass Heinrich in Gefahr war, und widersprach ihr nicht, wenn es ihm schlecht erging – denn dadurch blieb er die erfundene Figur, die gleichzeitig ich und ein anderer war.

xi.

Nie vergesse ich aber, dass ich in der Macht des blau-gelben Triebwagens gewesen war, doch erst als Heranwachsender lernte ich, was Hypnose bedeutete. Der Triebwagen hatte mich willenlos gemacht, auf irgendeine von seiner hohen Geschwindigkeit hervorgerufene Weise. Immer wieder stellte ich mir vor, wie der Maulwurf das Überrolltwerden erlebt hatte, und immer wieder erlebte ich als Maulwurf meinen eigenen Tod. Er erschien mir nicht schrecklich. Der Tod war eine mächtige Luftbewegung und hierauf Schwärze, die nicht mehr endete.

Kaleidoskop

I.

Um mich abzulenken und zugleich anzuregen, öffnete Großmutter ihren Strohkoffer und zeigte mir das Kaleidoskop, das sie seit ihrer Kindheit besaß. Sie lud mich ein, hineinzusehen, und betonte, dass ich sorgsam damit umgehen müsse. Nur in ihrem Zimmer und mit ihr allein dürfe ich es in die Hand nehmen. Ich versprach es.

II.

Die faszinierenden geometrischen Ornamente, die sich durch die Drehung und die damit verbundenen Veränderungen der bunten Glaskristalle ergaben, und sich fortwährend zu neuen, andersfarbigen und andersartigen Mustern fügten, übten anfangs eine große Anziehungskraft auf mich aus. Ich durfte jedes Mal so lange »durchschauen«, solange ich wollte, und auch meine Brüder wurden zu intimen Sitzungen in das Parterre eingeladen. Nie ließ Großmutter es zu, dass wir das Instrument ins Freie unter die Laube mitnahmen, sie brachte es höchstens hinauf in Vaters Ordinationszimmer, wenn ich krank war und sie darum bat. Zuvor vergaß sie aber nicht, die Tür zur Küche zu schließen, damit wir nicht gestört würden. Mich regte besonders an, wie die Muster gedämpfter oder strahlender leuchteten, je nachdem, wie ich das Glas zur Lichtquelle hielt. Großmutter erklärte nichts. Immer wieder fragte ich sie, wie das Kaleidoskop funktionierte. Sie fasste das jedoch als Unaufmerksamkeit auf und wehrte es mit einem unwilligen »Was weiß ich!« ab. Mein Drang, es zu untersuchen, es zu zerlegen, wurde jedoch immer stärker, und da ich Großmutter sehr bedrängte, mir zu verraten, wie die endlose Serie von Ornamenten zustande käme, räumte sie es schließlich weg, und ich vergaß es mit der Zeit.

III.

Erst nach Großmutters Tod – das Kaleidoskop war verschwunden – fiel mir auf, wie sehr sie die kristallinen Ornamente und Farben zu ihren gemalten Wunderblumen angeregt hatten.

Das Abenteuer

I.

Trotz der Vorfälle hörten wir nicht auf, sobald es möglich war, über den Zaun zu den Gleisen zu schleichen, wir blieben jedoch in sicherem Abstand und spielten vor dem Rangierbahnhof. Manchmal waren die Rolltüren der abgestellten Waggons geöffnet, und wir konnten durch sie hindurch auf die andere Seite sehen.

II.

Zuerst handelte es sich um eine Mutprobe, auf den Waggon hinauf- und dann wieder hinunterzuspringen. Wir warfen auch Steine durch die geöffneten Türen, als ob wir den Bildausschnitt auf der anderen Seite wie eine Fensterscheibe zersplittern wollten, schließlich wetteiferten wir, wer sich am längsten in einem der Waggons aufzuhalten getraute, ein Spiel, das wir vom Atemanhalten her kannten. Nach anfänglicher Scheu, auch nur ein paar Sekunden zu bleiben, richteten wir uns, da es nie zu einem Zwischenfall kam, immer öfter in unserem Versteck ein und hörten lustvoll, wenn Mutter oder Großmutter nach uns suchten. Wir blieben still und überraschten die uns Suchenden dann im Garten mit der Ausrede, uns im Wrack des Rettungswagens aufgehalten und von den Rufen nichts gehört zu haben.

III.

Als Paul und ich uns beim Mörder-und-Polizei-Spiel in einem der Waggons versteckt hatten, setzte sich jedoch dieser plötzlich in Bewegung, und wir vergaßen vor Schreck abzuspringen. Wir fingen erst an, uns darüber Gedanken zu machen, als es schon zu spät war. Paul befürchtete sogleich, dass die Fahrt länger dauern und wir irgendwo stehen bleiben würden, von wo wir nicht mehr zurückfänden. Schon bald erkannten wir die Gegend nicht mehr, durch die wir fuhren. Der Charakter der Umgebung war zwar unverändert geblieben, »Villen« und hohe, ungemähte Wiesen, Vorgärten und Obstbäume, aber wir waren noch nie so weit weg von zu Hause gewesen, und ich war mir nicht sicher, ob wir auch rasch wieder zurückfinden würden. Dieser Gedanke rief in mir vor Freude Herzklopfen hervor. Es musste zwar Züge in die Gegenrichtung geben, aber zuerst würden wir woanders sein, und da ich mit meinem Vater schon aufs Land zum Hamstern gefahren war, redete ich mir ein, mich überall zurechtzufinden. Paul wurde immer aufgeregter und malte sich die schlimmsten Szenen aus, wenn wir wieder heimkämen, aber das kümmerte mich nicht. Ich wollte mir jetzt kein Ziel vorstellen, sondern nur fahren. Für unsere Eltern und Großmutter würde ungewiss sein, was mit uns geschehen war, aber natürlich würden sie befürchten, wir seien tot. Wir würden jedoch an einer Eisenbahnstation halten, hinter der »Grenze«, in Ungarn oder Jugoslawien, wo man in einer fremden Sprache mit uns redete und uns umsorgte. Und eines Tages würden unsere Eltern kommen und uns in die Arme schließen.

Der Zug fuhr jetzt langsamer und hielt an.

»Schnell!«, rief Paul und sprang aus dem Waggon, und als ich zögerte, rief er: »Spring!« – Automatisch folgte ich seiner Anweisung.

Wir standen am Rand des riesigen Schotterwerks, das ich schon einmal von weitem gesehen hatte – als ich mit Poldi Schlack dem Eismann gefolgt war –, und blickten in die Tiefe.

IV.

Die Menschen unter uns waren winzig klein.

Einen Schritt weiter ein schiefes Haus, dessen Fenster vernagelt waren.

BETRETEN VERBOTEN stand auf einem Schild. Wir schlüpften durch einen Bretterverschlag hinein und betraten einen leeren, staubigen Vorraum, dessen Boden sich nach vorne neigte. Die »Villa« war so schief, dass wir das Gleichgewicht verloren und in ein Zimmer taumelten, wo wir uns an einem Stützpfeiler festklammerten und Paul ausrief, ich solle achtgeben. Ich dachte an die Seegeschichten, die Großvater uns erzählt hatte, an Stürme, die er als Trimmer unter Deck erlebt hatte, an Gefahren, die sie zu bestehen hatten. Unter uns fiel die Erde jäh zur Schottergrube ab. Erstaunlicherweise beruhigte mich diese Tatsache mehr, als sie mich ängstigte. Jedenfalls war es ein sicheres Versteck, in dem wir uns aufhalten konnten, solange wir wollten. Paul, dem unsere Lage schon vor mir klar geworden war, drängte mich zu gehen, aber ich konnte ihn überreden, über die Stiege in den nächsten Stock hinaufzusteigen. Inzwischen fantasierte ich ihm vor, wir befänden uns auf einem sinkenden Schiff und müssten auf das Oberdeck, aber er hörte mir nicht zu, seine gesamte Aufmerksamkeit richtete sich auf die Gefahr, in der er uns sah. Das Dachbodenzimmer war, so habe ich es in Erinnerung, weiß von Vogelkot, und unter der Decke klebte ein Schwalbennest, sonst war es ebenso leer wie das untere Stockwerk, nur eine geöffnete Konservendose und Zigarettenstummel lagen auf dem Fußboden. Er schien oben noch schräger zu sein als unten. Die Fenster waren schlampig zugenagelt, und als ich an eines herantrat, blickte ich durch die Scheibe in den Schwindel erregenden Abgrund, der durch die Schmutzflecken und Sprünge im Glas in Fragmente zerschnitten schien. Wenn das Haus in Bewegung geriet, war mir klar, würde es mit uns in die Tiefe stürzen, weit hinunter bis zu den Ameisenmenschen. Aber aus unserer Perspektive sah alles unwirklich und kulissenhaft aus. Ich konnte meinen Blick nicht losreißen von dem seltsamen Bild, Paul drängte mich jedoch wieder, das Haus zu verlassen.

»Und jetzt?«, fragte er, als wir im Freien waren.

Ich zuckte mit den Schultern. Mir fiel jetzt der Weg ein, den wir dem Eismann gefolgt waren, ich wollte aber noch nicht nach Hause. Um Paul zu überraschen, schlug ich daher den Pfad ein, der am Rand des Schotterwerks hinunterführte zu einer Straße, auf der Lastwagen standen, die gerade beladen wurden. Paul ging es nur noch darum, vom Abbruchhaus wegzukommen, deshalb folgte er mir willig.

V.

Schwindel überkam mich, so oft ich zum Schotterwerk hinunterblickte. Ein Sog ging von ihm aus, dem ich nur mit Mühe (und indem ich in die andere Richtung schaute) widerstehen konnte. Dieses saugende Gefühl aus der Tiefe spürte ich von nun an immer, wenn ich aus einem höheren Gebäude auf die Straße blickte, auf einem steilen Felsen stand oder auf einen hohen Baum hinaufkletterte.

VI.

Schafgarbe, Brennnessel und Unkraut säumten den Weg, Glassplitter glitzerten. Ich richtete meinen Blick jetzt nur auf den Boden unter mir, aber manchmal schaute ich aus den Augenwinkeln doch über den Rand der Grube und setzte mich dem Schwindelgefühl aus, das Übelkeit in mir erzeugte, aber auch die unbekannte, gefährliche Täuschung, fliegen zu können.

VII.

Erst als wir unten angekommen waren und uns umdrehten, erkannten wir, wie groß die Gefahr gewesen war, in die wir uns begeben hatten. Das Abbruchhaus stand auf einem schrägen Grat der Schotterhalde. Paul machte mir Vorwürfe wegen meiner Leichtfertigkeit, aber gerade das spornte mich an, die Straße zu überqueren und ein Stück hinunter zur träge fließenden, braunen Mur zu laufen.

»Bleib stehen!«, rief er, »oder …«, und folgte mir.

VIII.

Vor der Weinzöttlbrücke war ein Damm, über den das Wasser wie über ein schräges Dach lief und dann in das Flussbett fiel. Junge Männer lagen am Ufer und rauchten Zigaretten, und auf dem Damm saßen zwei Burschen in Dreiecksbadehosen und ließen sich vom kühlen Wasser umspülen. Paul erinnerte mich daran, dass ich nicht schwimmen könne. Aber ich hörte nicht auf ihn. Algen hatten den Damm grün gefärbt, und das Wasser, das darüberlief, sah aus wie Tee. Ich setzte den Fuß auf eine Betonplatte und ließ meine Zehen umspülen. Trotz der Warnrufe meines Bruders ging ich bis in die Mitte, wo die Burschen sich sonnten. Die Betonplatten waren breit genug, dass ich mich auch nach einem Sturz noch hätte auffangen können, und ich genoss es, weit weg vom Ufer zu sein, an dem Paul stand. Wieder wurde mir schwindlig, als ich zum Himmel hinaufblickte, an dem nur eine einzige Wolke stand. Ich spürte jetzt stärker, wie mich das Wasser anzog, die braune Fläche mit Wirbeln und Strömungen und die silberweiß glitzernde Gischt.

IX.

Zurück am Ufer, gab Paul mir keine Antworten mehr auf meine Fragen. Er schwieg auch, als wir zur Straße hinaufkletterten, und erkundigte sich nicht einmal nach der Richtung, die wir einschlagen mussten. Kurz darauf erkannten wir, dass wir uns in der Wiener Straße befanden, und schneller, als wir gedacht hatten, erreichten wir den Weidweg.

Frau Prangl

1.

In der dritten Klasse traten Veränderungen ein. Die Ursache dafür war meine neue Lehrerin, Frau Prangl.

Ich hatte sie in den vergangenen zwei Jahren häufig im Gang des Schulgebäudes gesehen – eine honigblonde Frau von dreißig Jahren, mittelgroß, blass, mit graublauen Augen und einer damenhaften Figur. Insgeheim hatte ich längst gehofft, dass sie eines Tages unsere Klasse übernehmen würde. Sie konnte streng sein, aber auch fröhlich lachen, einen Schüler umarmen und ihn in die Wunderwelt ihrer Körpergerüche einweihen, ein Gemisch aus Kölnischwasser, Seife, Cremes und Hautduft. Ich hatte das Glück, durch sie die erste verwirrende Sinnlichkeit kennenzulernen, als sie mir beim Schreiben den Arm auf die Schulter legte und sich über mich beugte. Ich spürte ihre warmen Brüste auf meinem Rücken, und ein wohliger Schauer durchfuhr mich. Ich bewegte mich nicht, um das Gefühl weiter wahrzunehmen, das meinen ganzen Körper erfasste und sich bis in meine Finger und Zehen ausbreitete, selbst meine Haare, die struppig waren und wie braune Grasbüschel wucherten, schienen zu knistern wie nach dem Trockenreiben mit dem Handtuch. Ich glaubte, jeder würde sehen, dass sie mich liebte, und wie beglückt ich darüber war. Wenn ich krank wurde, hatte ich jetzt keinen größeren Wunsch, als schnell gesund zu werden, um wieder in die Schule gehen zu können. Hatte ich Schmerzen, wünschte ich insgeheim, sie könne sehen, wie tapfer ich sie ertrug. Jeden Morgen kleidete ich mich für sie an und frisierte mein Haar sorgfältig, in der Hoffnung, dass ich ihr gefiel, aber die Umarmung wiederholte sich nur in meinen Gedanken. War ich gesund, litt ich trotzdem an Schmerzen – Liebesschmerzen. Ich sehnte mich danach, von ihr gestreichelt zu werden. Es war etwas ganz anderes als bei Mutter, denn ich hatte in der Vorstellung Empfindungen, die ich zuvor noch nie verspürt hatte und malte mir Szenen aus, in denen ich sie besuchte und von ihr mit einem Kuss begrüßt wurde. Auch durfte ich sie dann selbst umarmen und ihre warmen Brüste spüren. Es war mein größtes Geheimnis.

II.

Sie war abwechselnd fröhlich und streng, aber von einem Tag auf den anderen beachtete sie mich nicht mehr. Es genügte mir jedoch, ihr Gesicht anzuschauen, ihre Hände und die große Zehe, die in der Öffnung des Schuhs sichtbar war. Ich empfand die winzige Zurschaustellung als eine Entblößung, die nur ich bemerkte und deuten konnte, nur ich identifizierte sie mit dem Begehren, das ich für die Lehrerin empfand. Manchmal konnte ich überhaupt nur auf ihre großen Zehen starren. Ich war dann seltsam verwirrt und wusste nicht warum. Der Winter kam, und die Zehe verschwand in braunen Schuhen, aber Frau Prangl trug jetzt dafür Nylonstrümpfe, die mich nicht weniger erregten.

Puzzles

Großmutter hatte im Winter weiter von Pompeji erzählt. Sie schilderte die Fresken, auf denen Menschen und Landschaften dargestellt waren, bis diese Szenen zu leben anfingen und mein Alter Ego Heinrich in sie hineinging und Abenteuer erlebte.

Die Häuser Pompejis waren für mich zu begehbaren Bilderbüchern geworden, und alle Menschen, von denen wir sprachen, retteten sich in die imaginäre Welt. Als meine Großmutter (die bei unserem gemeinsamen Erzählen weniger schnalzte und deren Gesichtszuckungen dann nachließen) den Eindruck gewonnen hatte, dass wir (wie sie später berichtete) das wahre Pompeji in die Kulisse einer fantastischen Welt verwandelt hatten, fing sie an, von den Mosaiken zu sprechen – wie aus winzigen Mosaiksteinchen Bilder gemacht wurden. Sie bemalte eine Papierseite mit einem Hund, schnitt das Bild mit einer Schere auseinander und ließ es mich dann wieder zusammensetzen. Sie zeichnete und zerschnipselte Emilius und Heinrich, Vögel, Pflanzen und Gegenstände, aber auch Fotografien aus der Zeitung, und bald war ich so geübt im Zusammenlegen der Papierschnitzel, dass ich nach immer schwierigeren Aufgaben verlangte.

Verschluckte Soldaten

I.

An einem Sonntag wurde Herr Brenner von Frau Roschak in die Ordination gebracht. Er hatte einen Zinnsoldaten aus der Sammlung ihres Ehemanns verschluckt, wie dieser argwöhnte. Das verschwundene Exemplar war ein besonders kostbares Stück, ein Ulan zu Pferd, und nun war in der Vitrine nur noch das Schlachtross vorhanden.

Vater erzählte uns den Fall erst nach dem Abendessen. Er hasste es, während einer Mahlzeit über medizinische Probleme zu sprechen, und brauste selbst dann auf, wenn meine Mutter auch nur den Versuch unternahm, etwas zur Sprache zu bringen. Überhaupt unterbrach er jede aufkeimende Unterhaltung mit dem Verweis, dass man mit vollem Mund nicht sprechen dürfe. So herrschte bei den Mahlzeiten zumeist klösterliche Stille, unterbrochen von kurzen Anspielungen und Bemerkungen, die Gegenanspielungen und Gegenbemerkungen zur Folge hatten, welche wiederum mein Vater mit dem üblichen Verweis unterbrach, sodass schließlich nur das Klappern des Bestecks zu hören war.

II.

Herr Brenner – erzählte mein Vater – war mit Frau Roschak in schwarzen Galoschen, an denen Schnee klebte, und der gewohnten Kleidung erschienen. Er verhielt sich still und nahm widerstandslos das verordnete Abführmittel im Ordinationszimmer ein. Auf die Frage, ob er den fehlenden Zinnsoldaten verschluckt habe, blickte er gelangweilt die Wand an. Anderntags berichtete Frau Roschak, dass sich in seinen Exkrementen auch eine geschlossene Sicherheitsnadel gefunden hätte.

III.

Als kurz darauf mehrere Zinnsoldaten aus der Vitrine fehlten, schickte man Herrn Brenner zum Röntgen und entdeckte neben den Vermissten auch eine kleine Münze in seinen Eingeweiden. Ich wollte mit Großmutter unbedingt die abenteuerliche Reise der Soldaten durch den Körper besprechen, den Sturz vom zähnebewehrten

Mund mit der roten glitschigen Zunge in die dunkle Höhle des Magens, aber wir kamen nicht über Dunkelheit, unterirdische Flüsse, Kanäle und das rettende Licht am Ende der Gedärme hinaus. Der Rest des Verdauungsvorgangs blieb ausgespart.

IV.

Von Herrn Brenner wurden fortan alle beweglichen Gegenstände ferngehalten, trotzdem gelang es ihm, einen Teelöffel zu verschlucken, für dessen peristaltische Ausscheidung neuerlich das Abführmittel angewandt wurde. Herr Brenner war allerdings ein artiger und einfacher Patient, der jedes Medikament ohne Widerstand einnahm.

V.

Nachdem er keine anderen Objekte mehr fand, fing er an, Kieselsteine zu schlucken und tote kleine Tiere einzustecken: einen Frosch, eine Eidechse, sogar eine Maus und einen Vogel, die man, sobald er zu Bett gebracht worden war, in seiner Jacke oder den Manteltaschen fand. Im Winter steckte er auch Schneebälle ein und aß Eiszapfen – wie wir.

Im Turnsaal

I.

Vor dem Turnsaal gab es nur eine Garderobe, und Frau Prangl verlangte jedes Mal, bevor sie die Kleidung wechselte, dass wir uns mit dem Gesicht zur Wand drehten. Lärmend gehorchten wir. Im allgemeinen Durcheinander spähte ich aber durch die Achselhöhle zur Lehrerin hinter meinem Rücken. Gerade schlüpfte sie mit entblößten Beinen in eine Trainingshose. Das weiße Unterhemd hatte einen runden Ausschnitt, und als sie sich vorbeugte, konnte ich für einen kurzen Augenblick die dunklen Rundungen ihrer Brüste erkennen. Um meine Glücksgefühle zu verbergen, machte ich mich an meinen Schuhen zu schaffen.

II.

Im dämmrigen Turnsaal ließ Frau Prangl sodann die Ringe herunter, befahl uns, links und rechts davon Aufstellung zu nehmen, holte barfuß mit Trippelschritten Anlauf und fing an, sich mit den Ringen höher und höher zu schwingen, jedes Mal mit den Fußballen am Boden auftippend, um die Schaukelbewegung zu verstärken. Bald flog sie, ein engelgleiches Wesen, von einem zum anderen Ende des Turnsaals. Sie trug einen braunen Trainingsanzug, und ihre Sporthose rutschte während dieser Übung Stück um Stück hinunter, die Jacke aber hinauf. Dadurch wurden eine Handbreit des Bauches und der Nabel sichtbar, die ich zusammen mit ihren nackten Füßen hingebungsvoll betrachtete. Ich wünschte mir, dass sie die ganze Turnstunde so durch den Raum schwebte und sich jedes Mal um eine Winzigkeit weiter entblößte. Von da an konnte ich an nichts anderes mehr denken als an ihren nackten Bauch, ihren Nabel, die Zehen und das wehende blonde Haar, ihre Brüste und Zähne.

Fernweh

I.

Großmutter begleitete mich noch immer zur Schule. Wenn sie unpässlich oder aus anderen Gründen verhindert war und Paul länger Unterricht hatte, riefen mir die anderen Kinder nach Schulschluss »Roth – Butterbrot!« oder »Roth – tot!« nach oder sie warfen Schneebälle nach mir oder rieben sie mir ins Gesicht, während einer von ihnen mich von hinten umklammerte.

II.

Als der dunkle, kalte Winter zu Ende war, die Kastanien und Forsythien blühten und in unserem Garten der Kirschbaum weiß leuchtete, gewöhnte es sich Herr Brenner an, jeden Tag bis zur Straßenbahnhaltestelle vor der Schule zu laufen und dort zu versuchen, in einen der Waggons zu steigen. Er schrie und gestikulierte dabei so wild, dass man sich hütete, ihn mitzunehmen. Jedes Mal lief er der Straßenbahn nach, bis sie seinen Blicken entschwunden war, und weinte dann bitterlich, bevor er sich auf den Heimweg machte. Bald kannte ihn das Fahrpersonal des 3ers und hielt nur noch an, wenn ein Fahrgast ausstieg oder ein anderer wartete.

III.

Einmal gelang es ihm dennoch, sich auf den anfahrenden 3er zu schwingen und mit strahlendem Gesicht und triumphierendem Gehabe von der vorderen Plattform aus die Straßenbahn bis zur Remise zu dirigieren, wo man ihn entschlossen hinausdrängte. Er blieb an der Endstation stehen, bis sich der Vorfall zum Dienstmädchen der

Roschaks herumgesprochen hatte, das ihn abholte und »auf eigene Gefahr«, wie der Schaffner warnte, mit dem glücklichen Herrn Brenner zurück zur Volksschule fuhr. Dort konnte sie ihn allerdings nur mit Hilfe des Schaffners und eines beherzten Passagiers wieder zum Aussteigen zwingen, denn er klammerte sich mit aller Kraft am Eisengriff neben dem Einstieg fest, als wolle er für immer mit der Straßenbahn weiterfahren.

Das Äffchen

I.

Die Meerkatze, zu der uns Frau Prangl in Gösting führte, gehörte einer älteren Dame in einer der Schule nahe gelegenen Villa. Das Äffchen setzte sich auf den Schoß und sprang, nachdem es einen kleinen Leckerbissen verzehrt hatte, über die Möbel in die Küche, von wo es unter Beifall und Gelächter wieder zum Tisch zurückraste und auf meine Schulter hüpfte. Es war federleicht, und als ich es betrachtete, zuckte es in seinem Gesicht (wie bei Großmutter). Alle wandten sich mir zu, und auch Frau Prangl strahlte mich an, sodass ich spürte, wie Röte in mein Gesicht schoss. Sie streichelte mir sogar über den Kopf, als wir in das Klassenzimmer zurückkehrten.

II.

Am darauffolgenden Wochenende fand die alte Dame das Meerkätzchen erhängt an der Türklinke im Eingang ihrer Villa.

III.

Die Polizei wurde eingeschaltet, ein Mann im Lodenmantel betrat die Schulklasse und fragte nach Hinweisen, aber niemand hatte etwas wahrgenommen. Frau Prangl sprach im Unterricht über die Abscheulichkeit der Tat, aber allmählich vergaßen die meisten den Vorfall. Ich fragte mich jedoch, wer es getan hatte. Er musste in unserer Gegend wohnen, überlegte ich, vielleicht kannte ich ihn sogar. Vor allem konnte ich mir nicht erklären, weshalb er diese schreckliche Tat begangen hatte.

IV.

Mein Vater erklärte mir, dass es »seelisch kranke« Menschen gäbe. Ich dachte sofort an Onkel Fritzl und Herrn Brenner, den ich gesehen hatte, wie er Tiere gefangen und verschluckt hatte. Aber Großmutter redete mir aus, dass er etwas mit der Sache zu tun haben könnte.

Beim Gärtner Kirov

I.

Der bulgarische Gärtner Kirov ließ nach meinem Vater rufen, eine seiner Arbeiterinnen habe eine »Blutung« erlitten. Die »Hilfskräfte« wohnten in einem primitiven Gebäude am Rande der Glashäuser. Wir betraten einen kahlen Raum, den ich anfangs für einen Stall hielt, da es keinen Bretterboden gab. Die weißen Stahlrohrbetten der Arbeiterinnen standen auf der Erde. Ein Bub saß an einem Tisch und spielte mit Zwirnrollen, es war ein Klassenkamerad meines Bruders namens Gergits.

II.

Mein Vater war hinausgegangen, um die Arbeiterin in der Wohnung Kirovs zu untersuchen, und ich erfuhr von Gergits in dem unordentlichen Schlafraum, dass seine Mutter in der Gärtnerei aushalf. Er war dicklich, hatte rotes, struppiges Haar, Sommersprossen und einen »verschlagenen« Blick. Großvater hatte immer behauptet, dass jemand, der als Kind häufig geschlagen würde, verschlagen werde. (Er hatte auch meine Mutter nie gezüchtigt, weil das, wie er sagte, den Charakter eines Menschen verderbe.)

III.

Gergits erzählte mir, dass die Bulgarinnen, allesamt Flüchtlingsfrauen, hier schliefen und ihre Mahlzeiten einnahmen, und dass ihm langweilig sei. Wenn er hinausgehe, müsse er arbeiten, aber das wolle er nicht, daher sage er, er habe Kopfweh, dann dürfe er hierbleiben. Man ließe ihn jedoch nicht spielen, denn wenn er gesund sei, so sagten sie, könne er auch arbeiten.

IV.

Ich mochte ihn von Anfang an nicht. Paul hatte mir nur Schlechtes über ihn erzählt, er war als Raufer gefürchtet, ein miserabler Schüler und übler »Stänkerer«. Ich fühlte mich jedoch in Begleitung meines Vaters sicher. Daher fragte ich ihn, was er die ganze Zeit über mache. Er schaute sich um, dann, als er niemanden erblickte, griff er in seine Hose und sagte »Spielen«. Er sah mir dabei in die Augen und forderte mich auf, es auch zu tun. Inzwischen massierte er schon kräftig in seiner Hose herum, bekam einen glasigen Blick und hatte plötzlich das Gesicht eines Toten. In diesem Augenblick hörten wir die Stimmen von Herrn Kirov und meinem Vater, und Gergits nahm blitzschnell die Hand heraus. Dann lief er an den Eintretenden vorbei ins Freie.

V.

Herr Kirov kratzte sich am Kopf, wischte sich die grauen Haare aus dem Gesicht und lachte, dass man seine Goldzähne sah.

»Ist faul ... Bub!«, rief er.

Er trug ein zerrissenes schmutziges Hemd, an dem Knöpfe fehlten. Die Zigarette, die er rauchte, war so klein, dass er sie mit den Nägeln von Daumen und Mittelfinger gegen die Lippen presste. Tabakkrümel klebten daran, und die Finger waren gelb von Nikotin. Er stellte als Bezahlung für die Arbeit meines Vaters einen Haufen Gemüse zusammen, das er auf die schaufelförmige Waage warf.

VI.

Ich zog auf dem Nachhauseweg den beladenen kleinen Leiterwagen hinter mir her, den Herr Kirov uns geliehen hatte.

»Was hast du mit dem Buben gesprochen?«, wollte Vater wissen.

Ich antwortete, dass er mit mir habe spielen wollen.

»Du sollst mit ihm keinen Umgang haben«, sagte mein Vater, »er ist verdorben.« Noch nie hatte ich ihn so über jemanden sprechen hören.

Not und Noten

I.

In der Schule registrierte ich inzwischen, dass Frau Prangl mit dem einen oder anderen der Klasse vertrauter umging als mit mir. Eifersucht stieg in mir auf, die ich von nun an wie eine verborgene Wunde fühlte. Zu Hause bemühte ich mich, die Aufgaben besonders schön zu machen, aber meine Lehrerin schlenderte nur durch die Bankreihen, kontrollierte, ob sie gemacht worden waren, streichelte da einen Kopf, berührte dort einen Arm, nickte und sprach ansonsten kein Wort mit mir. Als ich das Heft vollgeschrieben und ein neues angefangen hatte, gab ich mir im alten selbst Noten, »römische Einser«, mit rotem Farbstift fachmännisch gemalt, und »Brav!«-Lob mit mehreren Rufzeichen.

II.

Unerwartet trug sie uns vor dem Pfingstfest auf, die Hausaufgabenhefte abzugeben, auch die, die wir schon vollgeschrieben hätten. Ich versuchte zu Hause vergeblich, die »römischen Einser« und das »Brav!«-Lob auszuradieren, und vergeblich »vergaß« ich zweimal, das Heft mitzubringen. Meine Lehrerin hatte ein gutes Gedächtnis und erinnerte mich jedes Mal daran.

Schließlich übergab ich es ihr, in größter Sorge, dadurch ihre Zuneigung zu verlieren.

Frau Prangl ließ sich mit dem Durchsehen Zeit, und ich hoffte schon, sie würde es vergessen haben, als sie eines Morgens einen Stapel Hausaufgabenhefte auf den Katheder legte, die, wie es ihre Gewohnheit war, so geordnet waren, dass die besten Arbeiten zuoberst, die schlechtesten zuunterst lagen.

Gespannt und freudig, doch auch mit Bangigkeit wartete ich, wann die Reihe an mich käme, aber als bereits die Hälfte der Hefte ausgeteilt war und Tadel an Stelle des Lobs trat, ahnte ich, dass sich etwas Unangenehmes für mich anbahnte. Ich hatte bisher immer zu den Besten gehört, und außerdem hatte meine Mutter die Aufgaben überwacht und kontrolliert, deshalb war ich doppelt verunsichert. Als nur noch ein kleiner Stapel auf dem Katheder lag, erkannte ich meine beiden Hefte – sie waren die untersten. Scham überkam mich, und ich konnte den Worten der Lehrerin nicht mehr folgen, denn in meinen Ohren dröhnte es. Als ich aufgerufen wurde, kämpfte ich bereits gegen Tränen an.

III.

»Ach ja«, hatte die Lehrerin in strengem Tonfall ausgerufen, »da haben wir noch einen Schüler, der gibt sich selbst die Noten!« Unter dem Gelächter der Klasse überreichte sie mir mit strafendem Blick die Hefte. Ich brachte wie immer kein Wort heraus, und sie schickte mich wieder auf meinen Platz zurück.

Im Heft stand mit roter Tinte, dass meine Eltern in die Schule kommen müssten.

IV.

Großmutter, die vor der Schule wartete, erkannte schon von weitem an meinem Gesicht, dass etwas nicht stimmte. Ich gestand ihr weinend, was ich falsch gemacht hatte, und sie erging sich in Beschimpfungen der Lehrerin, die ich jedoch nicht hören wollte.

V.

Zu Hause besprach Großmutter alles mit meinen Eltern. Sie beschuldigte meine Lehrerin, zu lange mit der Benotung der Hefte gewartet zu haben. In keiner meiner Hausaufgaben hätte sich ein Fehler gefunden, und meine Schrift sei »nicht schlechter als die anderer«. Schließlich begaben sich meine Eltern in die Schule und kehrten mit der Botschaft zurück, dass ich mich bei Frau Prangl entschuldigen müsse.

VI.

Ich hielt das nicht für schlimm, aber als ich sie am nächsten Tag in der Klasse sah, würgte es mich im Hals, und ich brachte kein Wort heraus. Auch sie sagte nichts.

VII.

Aber am übernächsten Tag fragte sie mich vor Ende des Unterrichtes, nachdem schon die Schüler aufgestanden waren, um sich zu verabschieden, ob ich ihr nichts zu sagen hätte. Stumm stand ich da. Ich wusste, dass ich in Tränen ausbrechen würde, sobald ich mich vor der ganzen Klasse entschuldigte, und schaute sie daher nur verbissen an.

VIII.

Dieses Spiel wiederholte sich von nun an jeden Tag. Ich fürchtete mich davor, in die Schule zu gehen, aber es gab keinen Ausweg. »Hast du dich heute entschuldigt?«, fragte Großmutter jedes Mal, wenn sie mich abholte, und wenn ich den Kopf schüttelte, verstummte sie und schnalzte nur mit den Lippen vor sich hin.

IX.

Mein größter »Rivale«, der Schüler Köfler, dessen Vater ebenfalls Arzt war, prallte in der Pause beim Abfangen-Spielen unbeabsichtigt mit unserer Lehrerin zusammen und brachte sie fast zu Fall. Dafür entschuldigte er sich gleich zu Beginn der nächsten Stunde, und weil Frau Prangl ihn deshalb lobte, stand auch ich – ohne dass ich es wirklich wollte – auf und entschuldigte mich.

X.

Nachdem sie sich mit mir ausgesöhnt hatte, streichelte sie mich auch wieder, und einmal drückte sie mich sogar gegen ihren Körper, dass ich wieder ihre warmen Brüste an meinem Kopf spürte und mein Verlangen nach ihr mich fast betäubte.

Die Brosche

I.

Vom Wandertag auf den Schlossberg blieb mir nur in Erinnerung, dass, gleich nachdem wir aus der Straßenbahn ausgestiegen waren, Frau Prangl die Klasse warten ließ, mich beiseite nahm und in einem Hausflur verschwand, um »ihr Strumpfband zu richten«, wie sie sagte. Sie erteilte mir den Auftrag, sie zu rufen, falls ein Passant vorbeikäme, und verbot mir, mich umzudrehen. Zuerst blickte ich wie befohlen auf die Straße, aber die Versuchung war zu groß, und ich drehte meinen Kopf zur Seite und sah ihr Bein bis zur Hüfte entblößt und ihre Finger, die gerade das Strumpfband befestigten. Ich riss im halbdunklen Flur die Augen auf, und der Anblick des Beins mit dem verführerischen Strumpf überdeckte alle übrigen Erinnerungen an den Tag. Frau Prangl warf mir einen tadelnden Blick zu, bedeutete mir mit einem Wink, mich umzudrehen, und lächelte dabei.

II.

Ich begehrte meine Lehrerin jetzt wirklich, es wurde mir zur Obsession, sie mir halbnackt im Hausflur vorzustellen, und dass sie mich aufforderte, sie zu berühren. Ich vergaß meine Umwelt, meine Spiele, Großmutters Erzählungen, Herrn Brenner und meine Brüder. Ich saß im Unterricht und verfolgte Frau Prangl mit meinen Blicken, ohne zu hören, was sie sprach, vertieft in das Spiel ihrer Wadenmuskeln, wenn sie ging, oder ihrer Lippen und Augen, wenn sie sprach. Rief sie mich auf, blieb ich in meinen Träumen gefangen sitzen, fragte sie mich, woran ich dächte, antwortete ich abwesend mit »ja«.

Ich liebte es, wenn sie mich lobte, und lernte zu Hause nach, was wir in der Schule durchgenommen hatten.

III.

Als ich Großmutter wieder einmal Hagebuttentee in ihr Zimmer hinunterbrachte, entdeckte ich in der Vitrine neben den beiden »Novara-Bänden« die bisher übersehene Goldspange mit einem karoförmigen roten Stein, einem Rubin. Diese kleine Brosche ging mir nicht mehr aus dem Kopf, denn ich wollte sie meiner Lehrerin schenken. Bei einem weiteren Besuch in Großmutters Zimmer öffnete ich, als sie gerade mit Frau Lehmberger sprach, das Türchen und nahm die Spange unbemerkt an mich. Mir war, als ich sie einsteckte, klar, dass ich etwas Unrechtes tat, etwas, das bisher in meinem Leben keinen Platz gehabt hatte. Der Diebstahl war mir ganz leicht gefallen, weil er nicht mit Gefahr verbunden gewesen war, denn auf die Frage von Großmutter, was ich tat, hätte ich nur zu sagen brauchen, dass ich das Schmuckstück ansehen wollte – und hätte keinen Tadel zu befürchten gehabt. Die Brosche brannte jedoch in meiner Hosentasche, und ich versteckte sie, sobald ich Gelegenheit dazu hatte, in meiner Bleistiftschachtel.

IV.

Auf dem Schulweg am nächsten Morgen überlegte ich, wie ich die Sache am besten anstellen könnte. Ich war mir sicher, dass Paul von der Spange nichts wusste, nur selten war er in Großmutters Zimmer bei Frau Lehmberger gekommen, denn seine Bindung an unsere Eltern war stärker als an Großmutter. In einer plötzlichen Eingebung nahm ich das Schmuckstück aus der Schultasche und warf es unbemerkt in den Wiesenstreifen neben der Straße. Ich bückte mich zugleich, hob es rasch auf und zeigte es meinem Bruder, der sofort misstrauisch war. Zuerst wollte er, dass ich die Brosche liegen ließe, weil sie vielleicht jemand, der sie verloren habe, dort suchen könnte, und als ich ihn davon überzeugt hatte, dass es besser sei, sie mitzunehmen und in der Schule abzugeben, fing er an, mir Fragen zu stellen. Wie ich sie hätte sehen können, wenn sie doch so klein sei? Ob ich sie nicht »von woanders her hätte«? Plötzlich packte mich Paul am Arm und verlangte von mir, das Schmuckstück Mutter zu bringen.

V.

Sobald Frau Prangl das Klassenzimmer betrat, übergab ich ihr die goldene Spange mit dem Rubin und erklärte ihr aufgeregt, ich hätte sie gefunden. Bestürzt musste ich aber erkennen, dass sie sich über die kostbare Brosche nicht freute, auch lobte sie mich nicht wegen meiner Ehrlichkeit, sondern fing an, mich auszufragen. Sie überließ die Klasse sogar einer Aufsicht und verlangte von mir, ich solle ihr zeigen, wo ich sie gefunden hätte. Fest nahm sie mich bei der Hand und ging mit strengem Gesicht neben mir her bis zu der Stelle, die ich angegeben hatte. Ihr Händedruck war nicht liebevoll, sondern wie eine Gefangennahme, als sie mir befahl, ihr in die Augen zu sehen.

»Du lügst doch nicht?«, fragte sie mich misstrauisch.

Ich schüttelte den Kopf, und sie fragte mich daraufhin, ob ich das Schmuckstück von zu Hause mitgenommen hätte.

Als ich trotzig verneinte, suchte sie sorgfältig die Wiese ab und ging dann wortlos und rasch neben mir her zur Schule zurück, jetzt ohne mir die Hand zu geben.

Vor der Klassentür blieb sie stehen und sagte bestimmt: »Ich möchte deine Eltern sprechen. Morgen.« Sie dachte kurz nach und fragte mich: »Hast du mich verstanden? Morgen!«

VI.

Ich erzählte Großmutter auf dem Heimweg nichts von dem Vorfall. Bis zum Abend stieg meine Verzweiflung, ich konnte meine Hausaufgaben nicht wie sonst erledigen und wäre am liebsten davongelaufen.

VII.

Inzwischen hatte Großmutter bemerkt, dass die Goldspange fehlte, ein Geschenk ihres Mannes zur Verlobung. Sie stellte meine Mutter zur Rede und verdächtigte abwechselnd Frau Lehmberger und Renate, sie gestohlen zu haben. Paul klärte die Zusammenhänge jedoch rasch auf, und mein Vater, der ohnehin schlechte Laune hatte, begann mich ungeduldig zu verhören. Er führte mich in Großmutters Zimmer und verlangte, dass ich den Diebstahl zugab. Großmutter saß auf ihrem Bett und blickte mich mit traurigen Augen an, die mir sagten, dass sie alles wusste. In meiner Verzweiflung fiel ich in Ohnmacht, wurde von meinem Vater aufgehoben und auf Drängen der beschwichtigenden Großmutter zu Bett gebracht. Hierauf wies sie ihren Sohn an, das Zimmer zu verlassen.

»Mein armes Jungchen«, sagte sie und streichelte mich. »Es ist alles gut, hab keine Angst.« Sie sagte mir, dass ich die Brosche genommen und sie der Lehrerin gegeben hätte, damit sie liebevoll zu mir sei – »war es nicht so?«

Ich gestand es unter Tränen. Schließlich durfte ich bei ihr und am nächsten Tag zu Hause bleiben. Bevor meine Eltern in die Schule gingen, um mit der Lehrerin zu sprechen, erklärte sie ihnen, dass sie mir auf keinen Fall schaden dürften. Es müsse mein guter Ruf gewahrt bleiben. Sie brauche auch die Goldspange nicht mehr. Sie habe in ihrem Leben so vieles verloren, da komme es auf ein Schmuckstück mehr oder weniger nicht an. Mein Vater protestierte heftig, doch sie setzte sich durch, und die Eltern kehrten ohne die Brosche wieder zurück.

VIII.

Zehn Jahre später, nachdem ich die Matura abgelegt hatte, fuhr ich mit dem 3er nach Gösting und suchte die Volksschule auf. Schon auf dem Gang hörte ich aus einem Klassenzimmer die Stimme von Frau Prangl. Ich klopfte an und trat ein. Meine Lehrerin sah meinen Kindheitsträumen nicht mehr ähnlich, sie war alt geworden und verbittert. Gerade rügte sie die Klasse, wandte sich mir dann ungeduldig zu und fragte mich, was ich wünschte. Bevor ich antworten konnte, sah ich Großmutters Brosche am Revers ihres Kostüms. Ich sagte ihr, wer ich sei, und sie bat mich, in der Klasse Platz zu nehmen, bis die Stunde zu Ende sei. Ich setzte mich in die letzte Bank, und mein Herz schlug heftig, als ich daran dachte, dass Frau Prangl das Zeichen meiner einstigen Liebe trug.

Fußball

I.

Die Hemdenschneiderin in der Baracke wickelte uns aus Stoffresten ein »Fetzenlaberl«, mit dem wir unsere ersten Fußballerfahrungen machten. Noch in Gösting erhielt Paul einen »echten« Lederball als Geschenk mit einer sogenannten »Seele«, einem roten, aufblasbaren Gummibalg im Inneren. Wir pflegten das kostbare Stück mit Schuhcreme, nahmen es mit ins Bett und warfen es uns im Halbdunkel zu, ohne dass es die Eltern bemerkten.

II.

Als unsere Fußballbegeisterung groß genug war, nahm Vater uns mit zu einem Meisterschaftsspiel der Staatsliga A in den Bezirk Jakomini. Der Sturm-Graz-Platz war gerade gesperrt, und daher fand das Match gegen Wiener Neustadt auf dem Feld der »Straßenbahner«, des Grazer Sportclubs, statt. Ich wurde Zeuge eines 9:1-Siegs und damit Sturm-Graz-Anhänger, während Paul zum Lokalrivalen GAK und Helmut zu Austria Graz tendierten.

III.

Sturm Graz war die proletarische Mannschaft, das Publikum bestand in erster Linie aus Arbeitern und Arbeitslosen, und die Stimmung war entsprechend lautstark. Häufig gerieten sich Betrunkene in die Haare und prügelten sich auf den Rängen, bis die Polizei, mit hohen Kappen und Mänteln, eingriff und die Raufenden mit Gewalt trennte. Anfangs wurde das Bier noch in Flaschen ausgeschenkt, und es kam mehrmals vor, dass diese aus Protest gegen eine Schiedsrichterentscheidung oder gegen ein derbes Foul des Gegners auf dem Spielfeld landeten. Der Sturm-Graz-Platz hieß im Volksmund »Gruabn« (Grube), weil er verhältnismäßig tief unter den Zuschauerrängen lag und keine Laufbahn hatte. Corner mussten vom Schützen im Bergab-Laufen geschlagen werden und fast direkt am Rand des Spielfelds befanden sich die Logen der Tribüne. Außerdem war kein Rasen vorhanden, sodass sich bei Regen riesige Pfützen bildeten, die ein Flachpassspiel unmöglich machten, und im Sommer Staubwolken die Aktionen begleiteten. Ich kannte bald die Mannschaftsaufstellung auswendig, den Tormann

Kristen, die Verteidiger Lobenhofer und Glössmann, den Altmeister im Mittelfeld Max Lamoth oder die Stürmer Theuerweckl, Gapp, Kaltenegger und Niederkirchner. Am Sturm-Platz sah ich auch alle Größen des österreichischen Fußballs, die bei der Weltmeisterschaft 1954 in der Schweiz die Bronzemedaille gewannen. Die Torhüter Zeman, Engelmeier und Schmied, die Verteidiger Röckl und Happel, im Mittelfeld die »Läufer« Hanappi, Ocwirk und Koller und im Sturm Melchior, Stojaspal, Körner I, Körner II, Probst, Wagner und Decker. Das Gesicht jedes Einzelnen würde ich (könnte ich es noch einmal sehen) sofort wiedererkennen. Sie spielten bei Rapid, Austria, Vienna, Wacker Wien, Admira, Wiener Sportclub, FC Wien oder WAC, aber es war kein »Gscherter«, kein Spieler einer Provinzmannschaft, darunter, denn man bekam nur eine Chance, wenn man vorher zu einem Wiener Verein gewechselt war.

IV.

Die Berichte über Fußballspiele und die Schwarzweißfotografien von Szenen und Spielern brachten mich zum Zeitunglesen. Ich schnitt die Bilder aus, klebte sie in ausgediente Schulhefte und konnte mich daran nicht sattsehen. Außerdem hörten wir am Sonntag die Kurzberichte über die Staatsliga-A-Spiele und die Übertragungen ganzer Ländermatches, die Heribert Meisl, der beste Fußballreporter aller Zeiten, kommentierte.

V.

Durch den Fußball wurde ich mit Siegen und Niederlagen konfrontiert, und da Sturm Graz lange Zeit eher gegen den Abstieg kämpfte als um einen Spitzenplatz, machte ich die Entdeckung, dass Niederlagen alltäglicher sind als Siege.

Schulzahnarzt

I.

Vor dem Ende der dritten Klasse wurden wir während des Unterrichts in den Schulhof geführt, wo der »Schulzahnbus« abgestellt war. Darin schrie ein Kind erbarmungswürdig. Ich wollte davonlaufen, aber es war nicht möglich. Gleichzeitig musste ich feststellen, dass die verzweifelten Schmerzenslaute bei den Schulkameraden Gelächter auslösten.

II.

Der Zahnarzt, der uns untersuchte, hatte nicht viel Zeit. Er bohrte und tadelte, lobte und teilte Geschenke aus: eine Zahnbürste, Zahnpastatuben und Fläschchen mit Mundwasser. Aber während ich darauf wartete, dass die Reihe an mich kam, sah ich dieselben Schüler, die sich vorher über andere lustig gemacht hatten, nun selbst mit aufgesperrten Mündern in den Behandlungsstühlen sitzen, Schrecken in den Augen.

Adi

I.

Inzwischen waren meine Großeltern vom Kirchweg in die Josef-Pock-Straße gezogen, an Wochenenden besuchten wir sie dort. Vom Neubau aus führte eine Stiege den steilen Hang hinauf zu einem älteren Wohnblock, in dem Onkel Franz lebte. Unter der Schar Kinder, die auf einem schmalen Streifen hinter dem Haus spielten, war auch ein »mongoloides« mit einer kümmerlichen Indianerkrone.

II.

Ich stand in der Tür und sah zu, wie sie »Völkerball« – also Krieg – spielten, indem die beiden Mannschaften, die jeweils ein Land verkörperten, versuchten, einen Spieler der anderen Seite »abzuschießen«, und wie das »mongoloide« Kind sich bemühte, den Ball zu fangen. Wenn eines der Kinder vom Ball getroffen wurde, ohne ihn fangen zu können, brach bei der Gegenmannschaft Jubel aus, so auch jetzt.

III.

Der »mongoloide« Bub mit der Indianerkrone hieß Adi, damals ein verräterischer Name: Bewunderer von Adolf Hitler hatten ihre Söhne gerne so genannt. Adi war für mich geheimnisvoll, wie ein Wesen von einem fremden Stern kam er mir vor. Eifrig beantwortete er jede Frage, freundlich hörte er zu. Er sprang und hopste herum, und irgendwann fing er auf Drängen seiner Spielkameraden an, sie mit einem merkwürdig klagenden Fantasiegesang zu unterhalten. Einer holte eine alte Ziehharmonika aus der Wohnung, ein anderer einen Küchensessel, und Adi ließ sich darauf nieder, setzte ein ernstes Gesicht auf und begann dann auf dem Instrument eine »Kostprobe« zum Besten zu geben. Er konnte zwar nicht Harmonika spielen, aber er markierte es vollendet, hielt den Kopf schräg, ließ einen langen Ton hören, der nicht enden wollte, einen nächsten und noch einen. Plötzlich brauste in rasender

Folge ein Schwall von zufälligen Akkorden auf, »Katzenmusik«, zu der er in einer Fantasiesprache sang. Die Kinder lachten und lärmten vor Vergnügen. Fenster wurden geöffnet, und die Erwachsenen schauten auf die seltsame Szene hinunter. Das Gefühl, im Mittelpunkt zu stehen, ließ Adi sich mit noch größerer Inbrunst ins Zeug legen, er wechselte von schnell zu langsam, von laut zu leise, er wisperte, schrie und improvisierte eine chaotische Arie von Liebe und Schmerz, Leidenschaft und Tragik, die durch das Gelächter von allen Seiten etwas Surreal-Dramatisches erhielt. Adi ließ sich durch nichts irritieren, und je mehr wir mitgingen, desto inbrünstiger wurde sein Vortrag. Als er geendet hatte, wurde er mit »Bravo Adi!«-Rufen und Applaus bedacht, die aber seinen Gesichtsausdruck nicht beeinflussten. Mit ernster Miene wartete er, bis der Beifall nachließ, sodann fuhr er augenblicklich mit seinem Spiel fort und versuchte jetzt auch in seinem Gehabe, einen Opernsänger zu imitieren. Die Fantasiesprache bestand aus langgezogenen Vokalen mit Einsprengseln von Dialekt: »Iooo, scho, liill, scho, Eeeesch, du! Liebe! Orrrr! Goootthh!«, und so fort. Er spielte und interpretierte drei seiner inneren Balladen, wie sie ihm seine Eingebung und die Missakkorde der Harmonika diktierten, überdrehte die Augen und genoss den stürmischen Applaus, der zuletzt seinen Vortrag belohnte. Als die Kinder sich etwas anderem zuwandten, die Fenster geschlossen wurden und die Neugierigen sich in die Wohnungen verliefen, eilte Adis Tante unauffällig herbei, nahm ihm die Ziehharmonika ab, übergab sie der ebenfalls erschienenen Besitzerin und räumte den Stuhl in den Flur.

»Geh zu den anderen!«, rief sie Adi zu. Er vergaß daraufhin das Konzert und mischte sich, die Indianerkrone noch immer auf dem Kopf, unter die Spielenden. Ich gewann den Eindruck, dass er etwas Besonderes war. Natürlich waren wir ihm überlegen, aber andererseits blieb er stets unerreichbar für uns. Er kam mir vor wie eine Märchenfigur, und von da an spielte er eine Rolle als Retter in den Erzählungen von Großmutter und mir.

Redseligkeit

I.

Großmutter ging nie mit in die Josef-Pock-Straße, sie mochte die Verwandten von Mutter nicht, und diese konnten mit ihr nichts anfangen.

II.

Meine Mutter war bei ihren Eltern so gelöst, wie ich sie sonst nie sah. Sie traf dort ihre Gefährtinnen aus der Kindheit. Vor lauter Reden vergaß sie uns, ihr Schicksal, sich selbst. Erst jetzt fiel mir auf, wie viel sie redete.

III.

Sie kommentierte alles, was ich, meine Brüder, mein Vater, Großmutter, Frau Lehmberger, Renate, die Nachbarn, ihre Eltern, ihre Verwandten und die Politiker taten, am häufigsten aber kommentierte sie sich selbst. Sie erzählte uns, die wir sahen, was sie machte, das, was sie machte, und es war die Regel, dass sie sich beim Sprechen wiederholte. Jede Gesprächspause bezog sie auf sich, als sei sie schuld daran, dass jemand oder alle schwiegen. Zu ihrem Rededrang kam noch eine selbst auferlegte Verpflichtung, in Gesellschaft anderer auch deshalb zu reden, um nicht den Eindruck von Unzulänglichkeit oder Unhöflichkeit zu erwecken. Sie musste alles aussprechen, auch wenn es peinlich war, aber sie merkte es nicht, nur wir, ihre Kinder, registrierten es. Sie dankte freudig für alles und ersuchte immer dreimal statt einmal um etwas. Aber sie war dabei von einer mimosenhaften Empfindlichkeit. Wurde ihre Höflichkeit nicht bemerkt oder ignoriert, wendete sich augenblicklich das Blatt, und sie war »empört« und »drehte auf«, wie sie es nannte. Scheiterte sie auch damit, weinte sie leise und war tieftraurig.

IV.

Dabei war sie eine Kämpferin. Wenn sie Widerstand erwartete, stellte sie sich darauf ein und legte los, überrumpelte ihre Widersacher durch energisches Auftreten oder beschwerte sich mit Leidenschaft. Sie war in ihrem Element, solange sie nur reden konnte. Nicht reden zu können oder zu dürfen machte sie ernstlich krank. Als ihr in späteren Jahren ein Knoten aus der Schilddrüse entfernt wurde und dabei die Stimmbänder zu Schaden kamen und sie monatelang nur hauchen und flüstern konnte, geriet sie an den Rand des Wahnsinns und drohte mit Selbstmord.

Die Sandviper

I.

Es wurde ein heißer Sommer. Die Fliegenfänger an der Decke waren pelzig von sterbenden Insekten, die sich zuckend bewegten, und vom Müllabladeplatz stank es stärker als zuvor, denn immer mehr fingen die Menschen an,

Reste von Nahrungsmitteln wegzuwerfen, die auf der Deponie faulten. Wir hatten deshalb jede Lust verloren, uns dort herumzutreiben, und blieben im Garten, wo wir jedoch nicht viel weniger von den Gerüchen belästigt wurden.

II.

Eines Morgens, als ich wieder den Garten betrat, spürte ich, dass »etwas« nicht stimmte, als ob sich in einem gemalten Bild die Farbe veränderte. Von der Haustür aus hörte ich Großmutter neben der betonierten Mistgrube Holz hacken. Es war eine Tätigkeit, der sie gerne nachging, vielleicht dachte sie dabei an ihre Jugend, die sie auf dem Land verbracht hatte. Das Geräusch der Holz spaltenden Hacke und der zu Boden fallenden Scheite gab mir, obwohl es kein »anheimelndes« war, das Vertrauen in den Garten zurück. Ich setzte mich in die Laube, unentschlossen, was ich machen sollte. Meine Brüder waren im Haus geblieben, und Renate half ihrer Mutter in der Küche. Im Schatten der Weinlaubblätter überkam mich aufs neue ein ungutes Gefühl. Ich stand benommen auf und schlenderte zu den Blumenbeeten. Das »Vorausempfinden« eines Ereignisses, einer bedrohlichen Situation war für mich immer mit einem Verlust an Energie verbunden, es geschah etwas mit mir, ich wurde dann müde und gleichgültig, mein Instinkt setzte aus, und ich ließ mich treiben.

Mit dem Geräusch des Holzhackens hatte ich, ohne Großmutter zu sehen, ihr Bild vor meinem inneren Auge. Ich konnte erkennen, wie sie gekleidet war und dass sie mir den Rücken zudrehte.

III.

Kein Windhauch bewegte die Löwenmaulblumen, die Frau Lehmberger gepflanzt hatte. Mein Vater hatte mir mit der kleinen Klinge seines Taschenmessers vorgeführt, wie die Bienen den Nektar von den Staubgefäßen saugten. Ich hockte mich hin, griff nach einer Blüte und öffnete sie mit einem sanften Druck von Daumen und Zeigefinger – im selben Augenblick sah ich das lidlose Auge einer Schlange, das starr auf mich gerichtet war. Wie ausgestopft lag sie vor mir, ein dickes, mit einem kleinen Horn über dem Maul ausgestattetes Reptil, das sich tot stellte. Stille hatte sich über uns gesenkt, die bunten Löwenmaulblumen schienen wie zum Hohn unbeteiligt die Sonnenstrahlen zu genießen. Als erwachte ich langsam, hörte ich jetzt gedämpft den Triebwagen hinter dem Haus vorbeifahren. Ich hockte noch immer da, bis kein Ton mehr von der Eisenbahn zu vernehmen war, und in die Totenstille hinein hörte ich das Spalten von Holz mit der Hacke und das Fallen der Scheite, während mich das Auge der Schlange weiter anstarrte.

IV.

Wie lange dieser Zustand dauerte, kann ich nicht mehr sagen. Eine Sekunde? Eine Minute? – Irgendwann ließ ich mich nach hinten fallen, rollte über einer Schulter ab und lief so schnell ich konnte zu Großmutter. Sie war genau so gekleidet, wie ich sie »gesehen« hatte, auch wies sie mir den Rücken zu.

Ich rief: »Eine Schlange! Im Blumenbeet ist eine Schlange!«

Großmutter legte die Hacke weg, hörte mich an, beruhigte mich, griff wieder nach dem Werkzeug und befahl mir, hinter ihr zu bleiben. Unterwegs hieb sie ein gabelförmiges Stück Ast von einem der Obstbäume, und ihr Gesichtsausdruck und das nervöse Schnalzen verrieten mir – zusammen mit den Vorbereitungen, die sie traf –, dass sie entschlossen war, die Gefahr zu beseitigen. Ich wusste, dass sich etwas Grausames ereignen würde, aber ich konnte nicht davonlaufen. Großmutter stocherte mit dem Aststück zwischen den Löwenmaulblüten, entdeckte das Reptil, das noch an derselben Stelle, an der ich es entdeckt hatte, regungslos verharrte.

Sie drückte es rasch mit der Astgabel in die weiche Blumenbeeterde und hieb ihm ohne zu zögern mit der Hacke den Kopf ab.

V.

Schwarzes Blut rann aus dem zuckenden Körper, der sich wand, als sei er noch am Leben. Im Geist sah ich für einen kurzen Moment das Schlangenskelett aus dem Naturalienkabinett in der Schule, es ringelte sich wie das Reptil zwischen den Stängeln und Blüten. Ich verspürte, obwohl ich wusste, dass das Tier nicht mehr lebte, noch immer Angst. Großmutter blieb indessen ruhig, als sei sie das Schlangentöten gewöhnt. Mit der Axt schob sie den Kopf auf den Kiesweg, und ich fand, dass das kleine Horn und die lieblosen Augen, das schlitzförmige Maul und die geschuppte Haut nichts von ihrem furchterregenden Anblick verloren hatten.

VI.

»Eine Sandviper«, sagte Großmutter.

»Ist sie gefährlich?«

»Ja.«

»Sehr gefährlich?«

Sie nickte.

»Muss man sterben, wenn man von ihr gebissen wird?«

Wir gingen zurück zum Haus, und Großmutter nahm einen dort stehenden Blechkübel in die Hand, ohne die Hacke wegzulegen.

»Ja, wenn keine Hilfe kommt«, antwortete sie.

Ich verstummte.

»Es muss noch eine zweite da sein«, fuhr sie fort. »Sandvipern treten paarweise auf.«

VII.

Die Nachbarschaft wurde verständigt, und sofort begann die Suche in den Gärten. Ein Lastwagen hielt an der Mülldeponie und lud ab. Staub vermengte sich mit dem fauligen Gestank und brannte in den Augen. Meine Mutter war mit Paul und Helmut herbeigeeilt, um den noch immer sich windenden Reptilienkörper und den Kopf, an dem die Augen langsam zu Schlitzen wurden, im Blechkübel zu sehen und sich hierauf vor Ekel abzuwenden. Wie ich selbst trugen auch meine Brüder nur kurze Lederhosen und keine Schuhe. Frau Lehmberger und Renate waren an das Küchenfenster getreten und zogen es vor, das Weitere in sicherer Entfernung abzuwarten.

VIII.

Immer wieder traten meine Brüder und ich an den Blechkübel heran, um hineinzustarren, bis Poldi Schlack angelaufen kam und uns ausrichtete, seine Mutter habe die zweite Sandviper vor der Baracke entdeckt. Wir stürzten sofort los, Mutter verbot uns aber, das Grundstück zu betreten. Herr Schlack hatte erst am Vortag einen neuen Drahtzaun aufgestellt, und wir kletterten auf das Tor und sahen zu, wie Großmutter sich mit dem Kübel, dem Aststück und der Hacke in den Händen dem Gemüsebeet näherte. Frau Schlack war herausgetreten und bemühte sich, mit einem Scherz die Situation zu entspannen. Frau Oberst spähte aus dem Nebengarten herüber, irgendwo bellte ein Hund. Als Großmutter die Sandviper entdeckte, köpfte sie diese wie die erste, jedoch schlängelte sich der Reptilienkörper an ihr vorbei und bewegte sich – schwarze Blutstropfen verspritzend – auf uns zu. Gleichzeitig öffnete sich die Gartentür, und meine Brüder und ich drehten uns unendlich langsam – wie mir meine Erinnerung zeigt – und vor Angst kreischend auf den sich windenden Torso zu. Der Vorgang spielte sich wie in einem Albtraum ab, und ein Zusammentreffen schien unvermeidlich, aber bevor es so weit war, hatte Großmutter mit dem Aststück den Körper der Viper erfasst und in den Blechkübel fallen lassen.

IX.

Wortlos ging sie an uns vorbei, und wir folgten ihr zur Mülldeponie. Aus gebührendem Abstand sahen wir dann, wie sie den Kübel mit einem Schwung ausleerte. Gleich darauf entdeckten wir die Schweine, die im Abfall nach Nahrung suchten. Schon als die Schlangenkörper durch die Luft flogen, eilten sie grunzend und mit flatternden Ohren herbei und stritten sich um die Beute. Ich sah, wie sie an den toten Reptilien zerrten, bis diese sich dehnten und schließlich auseinanderrissen, und wie sie nach beendeter Mahlzeit mit blutigem Maul weiter im Müll stöberten.

Lur-Grotte

I.

Nach dem großen Schrecken, den die Giftschlangen hervorgerufen hatten, durften wir mit den Großeltern einen Ausflug zur Lur-Grotte machen. Am Vorabend hatte uns Vater erklärt, dass »Lur« für »Lurch« stehe und uns eine Skizze dieses Tiers aufgezeichnet, ohne dass wir gefragt hätten, wie groß es sei. Das gab meiner Fantasie Spielraum, mir Katastrophen auszumalen, die schlimmer waren als jene mit den Schlangen, denn ein Lurch, ein Molch, ein »Amphibienwesen«, wie Vater erklärt hatte, sah einem blinden Drachen ähnlich, der bleich im Dunkeln auf uns wartete.

II.

Großvater war einer von jenen Menschen, die schon eine Dreiviertelstunde vor Abfahrt eines Zuges auf dem Bahnsteig stehen, um nicht zu spät zu kommen. Im Gegensatz zu Omi war er nicht gesprächig, dafür musste er selbst erst »in Fahrt kommen«. Ich sehe ihn vor mir mit seiner kurzen schwarzen Lederhose, einer Joppe und seinem Stock mit der Eisenspitze, die auf dem Asphalt kratzte. Auf dem Rücken trug er einen Rucksack, in dem eine Thermosflasche Malzkaffee, in Fettpapier eingewickelte Wiener Schnitzel und ein halber Laib Brot als Verpflegung eingepackt waren. Er war ein aufmerksamer und umsichtiger Mensch, der vor körperlichem Kontakt eine ähnliche Scheu hatte wie Vater.

III.

Einem Schäfer gleich hielt er seine Herde auf dem Bahnsteig zusammen und wurde ungehalten, wenn Omi, die das Warten hasste, ankündigte, die Toilette aufsuchen zu müssen. Zumeist kehrte sie dann nicht zurück, bis der Zug eintraf, weshalb wir, nachdem wir in einen Waggon gestiegen waren, der völlig leer war, und eilig die Fensterplätze besetzt hatten, nach ihr Ausschau halten mussten. Ich nutzte die Gelegenheit und fragte Großvater, wie groß ein Lurch sei. Er dehnte Daumen und Zeigefinger, und jetzt erst freute ich mich auf den Ausflug.

IV.

Eine halbe Minute vor der Abfahrt tauchte Omi lachend mit einer Bekannten oder einem befreundeten Ehepaar auf, die sie zufällig getroffen hatte und gerade, wenn der Zug sich in Bewegung setzte, sprang sie trotz ihrer Leibesfülle leichtfüßig auf die Plattform und betrat bestens gelaunt das Abteil. Großvater schnitt ein Gesicht, lehnte sich dann zurück und betrachtete stumm die Landschaft, während Omi den Rucksack öffnete, Schnitzel und Brot reichte und die Thermosflasche herumgehen ließ. Der Zug hielt in jeder kleinsten Ortschaft, die wir passierten.

V.

Eine Viertelstunde, bevor wir unser Ziel erreichten, stand Großvater mit Rucksack und Stock schon auf der Plattform, bereit auszusteigen. Folgten wir ihm nicht bald, warf er uns durch die Scheibe der Tür ungeduldige Blicke zu, die umso häufiger wurden, je näher wir dem Ziel kamen. Omi schien das zu reizen, erst recht sitzen zu bleiben und sich noch mehr in ein Gespräch mit uns zu vertiefen. Sie begab sich erst zum Ausstieg, wenn der Zug bereits im Schritttempo fuhr und gleich darauf anhielt. Da Großvater ein steifes Hüftgelenk hatte, holte sie ihn regelmäßig noch auf den Stufen ein.

VI.

Die Lur-Grotte machte mir von außen keinen Eindruck. Eine Böschung und eine vergitterte Tür, davor ein Kassenhäuschen, in dem sich ein schläfriger Mann mit der Zunge durch den Mund fuhr, als habe er gerade sein Essen verzehrt.

VII.

Aber im Inneren überwältigten mich die Tropfsteine, die Stalagmiten und Stalaktiten, säulenhohe Zapfen wie aus Eis, dick wie ein erwachsener Mensch. Ich berührte sie mit den Fingern, sie waren feucht und kalt von Wasser. Draußen brütete ein Sommertag, während ich in der Grotte glaubte, einen Schritt in ein anderes Erdzeitalter zu tun.

VIII.

Wir waren durch unterirdische Kathedralen, die von Scheinwerfern erleuchtet waren, bis zu einem blauen, klaren See gewandert, den man mit einem Boot überqueren konnte. Heute denke ich daran wie an eine romantische Opernaufführung zurück. Ich hörte zwar keine Musik, aber mir war zumute, als sonderte die Grotte selbst Klänge ab. Ich fragte Großvater auch, ob wir, wenn wir immer tiefer und tiefer wanderten, auf der anderen Seite der Erdkugel herauskämen. Mir war, als träumte ich. Nie mehr hat mich ein Höhlenerlebnis so beeindruckt wie dieser kleine Ausflug.

IX.

Ich schrieb mit Großmutter darüber eine eigene Geschichte, die von ihr fälschlich den Titel »In der Eishöhle« erhielt.

X.

Damals besaß ich schon das Buch »Purzel, der Hampelmann«, eine frühe Übersetzung von Collodis »Pinocchio«. Großmutter und ich hatten es gemeinsam gelesen, und am meisten hatte mich gefesselt, wie Purzel und sein Meister Kirsche im Bauch eines Meeresungeheuers gefangen gewesen waren, das durch die See pflügte. An das Maul und das Gebiss des Monstrums erinnerte mich nachträglich die Grotte. Allerdings hatten wir dort vergeblich nach einem Lurch gesucht.

Mariatrost

I.

Ein anderes Mal fuhren wir mit der Straßenbahn nach Mariatrost, einer Wallfahrtskirche am Rande der Stadt. Großvater sprach von »Heiden«, als wir an den beiden gläsernen Särgen mit den geschrumpften und kostbar gekleideten Leichen der Heiligen vorbeigingen, die aussahen wie tote Zwergenkönige. Laut klickte sein Spazierstock mit der Eisenspitze auf dem steinernen Boden, und seufzend murmelte er noch etwas von »Barbaren«, bevor er endgültig verstummte. An den Marktständen kaufte er uns eine Papierpfeife, die, wenn man sie aufblies, ein jammerndes Geräusch von sich gab, und einen kleinen Hahn aus Weißblech mit einer gefärbten Hühnerfeder, die, als Blasinstrument benutzt, einen »Heidenlärm« machte. Das gefiel zwar Omi, nicht aber Großvater, der die Unauffälligkeit zum Lebensprinzip erhoben hatte, uns aber keinen Wunsch abschlagen konnte. Alles, was in irgendeiner Weise Aufsehen erregte, war ihm peinlich.

II.

Das eigentliche Ziel aber war der Kirchenwirt »Pfeifer«, ein Gasthaus mit großen, alten Kastanienbäumen, unter denen ich etwas über »Barbaren« und »Heiden« wissen wollte, über Reliquienschreine und mumifizierte Leichen, aber Großvater wich einer Antwort aus, er hasste es, uns direkt zu indoktrinieren.

Medizinische Lehrbücher

I.

In dieser Zeit wurde es mir auch zur Manie, sobald Vater abwesend war, seine medizinischen Bücher anzuschauen, die im Kleiderschrank unter einem Stapel Hemden lagen. Ich erinnere mich noch an ein Lehrbuch für Dermatologie und eines für Psychiatrie und – in einer Schuhschachtel verstaut – eines der Gerichtsmedizin. Ich schlug die Bücher irgendwo auf und schaute die Schwarzweißfotografien an.

II.

In meinem Kopf mischten sich von Ausschlägen bedeckte Gesichter und Geschlechtsteile, die von Geschwüren zerfressen waren, und Brandwunden auf Armen und Beinen mit Geisteskranken in verschiedenen katatonischen Stellungen, Schwachsinnigen, Manischen und Depressiven. Das Lehrbuch der gerichtlichen Medizin übertraf an Schaurigkeit die anderen. Erschlagene, die von Blut überströmt waren, Erhängte und Erwürgte, von Beilen gespaltene Schädel, Erstochene, Zerschmetterte, von Eisenbahnen Zerstückelte und im Feuer Verkohlte. Ich erzählte Paul und Helmut davon. Gemeinsam blätterten wir dann in den wissenschaftlichen Werken. Paul und Helmut konnten sich jedoch nur kurz dafür interessieren. So schaute ich wie unter Zwang alles wieder alleine an, während Vater aus dem Haus und alle anderen im Garten waren. Ich musste den Stapel Hemden heben oder die Schuhschachtel öffnen, ich musste die Bücher aufschlagen und musste die Bilder ansehen. Manchmal ging ich so vor, dass ich zuerst das psychiatrische Lehrbuch anschaute, dann, um das Grauen zu steigern, das dermatologische und zuletzt, wenn ich nicht schon vorher ins Freie geflohen war, das gerichtsmedizinische. Die Bilder verfolgten mich auch bei Tag. Zumeist fielen sie mir beim Essen ein, und ich verlor augenblicklich den Appetit. Oder ich erwachte in der Nacht und konnte mit den Erinnerungsbildern vor Augen nicht mehr einschlafen.

III.

Oft genug fasste ich den Entschluss, nie mehr einen Blick in die Bücher zu werfen, aber sobald ich Gelegenheit dazu hatte, begann es quälend in mir zu rumoren. Dieser Zwang beherrschte mich, solange ich am Weidweg lebte. Ich fragte mich immer, wer mein Vater wirklich war. Jedes Mal, wenn er auf Visite ging, sah ich die Schwarzweißfotografien aus den wissenschaftlichen Werken vor mir, die Hautkranken, die Geistesgestörten und die Ermordeten. Was sah er, wenn er von zu Hause fort war? Und ich fragte mich auch, weshalb wir diese schrecklichen Bücher mit den schrecklichen Fotografien bei uns in der Wohnung liegen hatten, wo wir aßen und schliefen und uns in Sicherheit wähnten. Vor allem aber, weshalb mein Vater es als seinen Lebensinhalt betrachtete, sich damit zu befassen.

Der Rezeptblock

I.

Suche ich nach Momenten des Glücks in meiner Kindheit, so sind es die frühen Morgenstunden, wenn ich krank war und zu Hause bleiben durfte und Paul und Helmut in die Schule gingen. Die Tür fiel hinter ihnen ins Schloss, ich hörte sie noch die Holzstiegen hinuntergehen, den Kiesweg im Garten entlangtrippeln, und dann kam das Geschenk der Stille, die nur von den Arbeitsgeräuschen meiner Mutter in der Küche oder beim Aufräumen unterbrochen wurde: das hartnäckige Anschlagen eines Besenstiels an einem Möbelstück, das Rücken eines Sessels, das Brodeln von heißem Wasser, das Reiben des Kochgeschirrs auf der Herdplatte, das Rumpeln, wenn Holz oder Kohle in den Ofen geworfen wurden, oder das Seufzen von Mutter, das mir verriet, dass sie nachdachte.

II.

Auf dem Tisch in der »Ordination« lag jetzt der Rezeptblock meines Vaters, am Kopf sein Name und darunter die Adresse des Landesarbeitsamtes in der Babenbergerstraße. Wenn mein Vater Patienten behandelte, hörte ich das leise Abreißen eines Blattes, sobald er ein Medikament verschrieben hatte, und sah die Betreffenden damit unsere Wohnung verlassen und sich auf den Weg zur Apotheke machen.

III.

Der Rezeptblock war etwas Magisches für mich, besonders wenn er mit der Schrift meines Vaters bedeckt war. Ich riss zwei Blätter herunter und versteckte sie zwischen den Schulsachen.

IV.

Da ich häufig untersucht wurde, wusste ich aus eigener Erfahrung über verschiedene Krankheiten Bescheid. Ich fürchtete mich nur vor Injektionen und wehrte mich mit allen Kräften dagegen. Zumeist aber hielten mich beide Eltern so fest, dass mein Vater mir die so genannte »Spritze« mit Gewalt in den Gesäßmuskel stoßen konnte.

Purzel, der Hampelmann

I.

Meine Begeisterung für das Kasperltheater hatte dazu geführt, dass ich zwei Bücher von Josephine Siebe, »Kasperle auf Burg Himmelhoch« und »Kasperle auf Reisen«, von den Großeltern als Geschenk bekommen hatte, die mir so oft vorgetragen wurden und die ich so häufig gelesen habe, dass ich mir mühelos Kasperl als Gefährten vorstellen konnte. Ich habe nie eine Kasperlfigur besessen, aber ich hatte oft vor Augen, wie er zur Küchentür hereinkam und mit mir sprach. Meine Mutter überraschte mich auch mehrmals bei Selbstgesprächen, ohne zu wissen, worum es sich handelte. »Sprichst du mit dir selbst?«, fragte sie mich besorgt, und ich antwortete ungeduldig »Nein«, denn sie hatte mir gerade das feine Spinnennetz aus unsichtbaren Bildern und lautlosen Wörtern zerrissen. Durch die misstrauische Neugier meiner Mutter aufmerksam geworden, fiel mir auf, dass auch Großmutter mit sich selbst sprach. Wenn sie sich in der Laube unbeobachtet fühlte, sah ich sie – vom Fenster aus – den Kopf zurücklehnen und leise vor sich hin murmeln. Sie versank so vollständig in ihre Erinnerungswelt, dass sie es oft überhörte, wenn sie gerufen wurde. Ich fragte sie einmal, weshalb sie mit sich selbst spreche.

»Das ist nichts«, antwortete sie nebenbei. »In Gedanken spricht jeder mit sich selbst.«

II.

Das wichtigste Buch blieb jedoch: »Purzel, der Hampelmann« – »Pinocchio«. Ich sprach so oft über ihn, dass meine Mutter mich eines Tages »Purzel« nannte, worauf ich sehr stolz war. Carlo Collodi war der erste »Künstler«, den ich über sein Werk kennenlernte. Seither begriff ich die Bedeutung des Wortes und das Lob meiner Großmutter besser. »Purzel« – Pinocchio, der sich hemmungslos in sein Unglück stürzte, dessen Nase beim Lügen wuchs, der mit Marionetten im Zirkus auftrat, dem Eselsohren und ein Eselsschwanz wuchsen, der immer *eingesperrt* war – wie fremd und doch wie nah war er mir! Er bestätigte meine Ahnung, dass die Welt schlecht und böse war und voller Ränke, dass man, um an ihr teilhaben zu können, selbst schlecht und falsch sein musste, dass es aber auch eine Anziehungskraft des Bösen gab, den unerklärlichen Magnetismus, dem die Menschen nicht widerstehen konnten.*

III.

»Purzel, der Hampelmann« war in einem gewissen Sinne ich selbst. Er war nicht mein Held, sondern mein Ebenbild, wenn auch ein verzerrtes, wie die Gesichter in den Spiegelkabinetten auf dem Jahrmarkt. Viele meiner Charakterzüge erkannte ich in ihm wieder. Ich sprach anders zu ihm als zu Kasperl, denn ich war in meinen Gedankenspielen selbst »Purzel« und redete als lebende Holzpuppe mit der Fee oder dem Zirkusdirektor. Als »Purzel« setzte ich mich mit meiner Umwelt auseinander und entwischte mit ihm in mein Fantasiereich. Ich bedauerte es jedes Mal, wenn ich das Buch zu Ende gelesen hatte und der kleine Dämon geläutert war, denn was blieb ihm jetzt noch, wo er sich von der bunten, ereignisreichen Welt verabschiedet hatte, die mich so sehr mit Neugier erfüllte?

* Ich wusste damals schon, was ein Magnet ist. Großvater hatte einen hufeisenförmigen aus der Fabrik mitgebracht, mit dem er Nägel, Schrauben, Metallknöpfe und andere Eisenstücke anzog. Er nahm die Tischlade heraus und hielt den Magneten unter die Platte, auf die er zuerst einen Schlüssel gelegt hatte, und ließ diesen dann ruckartig über den Tisch fahren. Er zeigte mir aber auch, wie zwei Magnete sich abstießen, und Vater versuchte, es mir zu erklären, aber aus dem Spiel war plötzlich etwas Lähmendes geworden, das mein Interesse daran augenblicklich schwinden ließ.

Auf dem Land

I.

Im August brachten meine Eltern Paul und mich zur Familie des Bauern Bammer in Hasreith. Ich war dort schon mit meinem Vater beim Hamstern gewesen und hatte ihm geholfen, das Schweineschmalz zu stehlen. Aus diesem Grund wehrte ich mich heftig dagegen, doch es half nichts, wir mussten um unserer Gesundheit willen fahren, denn Vater befürchtete, dass wir an TBC erkranken könnten. Diese drei Buchstaben hörte ich so oft in meiner Kindheit wie sonst keine anderen. Da wir kein musikalischer Haushalt waren, sondern ein medizinischer, bedeutete die Buchstabenfolge Krankheit, Schmerz oder Tod. Wie wir aufs Land gekommen sind, weiß ich noch genau. Es war in einem Opel Kadett aus Onkel Othmars Firma, mit dem wir unterwegs eine Panne, einen »Patschen« hatten. Wir mussten aussteigen, Vater holte aus dem Kofferraum einen Wagenheber und wechselte schwitzend und schimpfend das Hinterrad.

II.

Von unserem Aufenthalt habe ich nur Erinnerungsfragmente im Kopf: Paul und ich liegen in einem Bett, die Matratzen sind mit Maisstroh gefüllt. Paul ist niedergeschlagen, und sein Unglück gibt mir die Kraft, mich über mein eigenes zu erheben. Ich muss meinen älteren Bruder trösten, ihm Sicherheit geben, ihn aufheitern. Erst jetzt fällt mir auf, dass mein Vater mich als den Stärkeren und Paul als den Schwächeren behandelt, dass er ihn immer schon härter kritisierte als mich und zu mir mehr Vertrauen hatte. Dass ich es wagte, mich sogar gegen ihn, den Vater, aufzulehnen, flößte ihm wahrscheinlich Respekt ein, obwohl er mich zumeist nicht verstand. Wir lebten in zwei verschiedenen Welten und schienen nur durch das Interesse an der Medizin miteinander verbunden zu sein.

III.

Ich habe »Purzel, der Hampelmann« aufs Land mitgenommen und lese Paul begeistert daraus vor. Besonders der Anfang der Geschichte fesselt uns, wie Meister Kirsche aus einem Stück Brennholz ein Tischbein machen will, aber gerade als er zum ersten Hieb ansetzt, ruft ein zartes Stimmchen: »Schlag nicht so fest!« – Das Holz konnte sprechen! Für mich war das nichts Besonderes, weil ich mit Großmutter zusammen Geschichten erzählt hatte, in denen Dinge, Pflanzen und Tiere lebten und sich verschworen. Auch in »Purzel« sprachen die Tiere, und ich versuche, sie mit verstellter Stimme vorzulesen, wie ich es von Großmutter gewohnt bin, aber Paul ist nicht aufzuheitern. Er weint nachts, wenn wir zu Bett gehen, und er in der uns umgebenden, unendlichen Dunkelheit nicht einschlafen kann.

IV.

Einmal sahen wir vom Fenster aus, wie ein Schwein kastriert wurde. Nachdem der »Sauschneider« die Hoden entfernt hatte, lief das vom Bauern und seinem Knecht zu Boden gepresste Tier grunzend über den Hof. Mir ist das Gelächter der Beteiligten in Erinnerung geblieben als Ausdruck der Freude über ein Unglück, das jemand anderen traf (wie beim Schulzahnarzt). »Purzel, der Hampelmann« war voll von solchen Unglücksfällen in einer grausamen, gleichgültigen Welt.

V.

Ein andermal mussten wir beim Mähen helfen. Weil wir uns aber so ungeschickt anstellten, wurden wir zum Getränke-Holen eingeteilt. Wir trugen Krüge mit Apfelmost den Hang hinunter und die leeren wieder hinauf zum Bauernhof, und einmal kosteten wir von der bitter-süßlichen Flüssigkeit und wurden davon so betrunken, dass wir unter einem Zwetschkenbaum einschliefen.

VI.

Am Sonntag gingen wir mit der Familie in die Kirche, die nach Weihrauch duftete. Auch auf dem Land wurde die Messe auf Lateinisch gefeiert, trotzdem wusste nur ich nicht, wie man sich verhalten sollte. Das aufmerksame Nachmachen-Müssen der anderen zusammen mit der Fremdheit der Umgebung und den todtraurigen Gesichtern, die sonst so lebenslustig waren und stets ein leichtes Wort auf den Lippen hatten, machten das Erlebnis zu einer Qual aus Sinnlosigkeit und Langeweile. Ich wollte nur flüchten, war aber in der Betbank zwischen Bäuerinnen und Bauern, Mägden und Knechten und furchtsamen Kindern eingeschlossen – während Paul auf eine mir unbegreifliche Weise mitmachte. Er war wie verwandelt, sang im Chor, faltete die Hände, kniete nieder, stand auf. Die Bäuerin nahm ihn sogar zur Kommunion mit – während ich mich dagegen sträubte.

VII.

Obwohl ich mich sonst rasch in etwas hineinversetzen konnte, versagte diese Gabe in der Kirche. Die Statuen waren tote Materie, die nur vorgab, lebendig zu sein, die dunklen, pathetischen Gemälde erschienen mir wie Reklamebilder des Unheils und der Verzweiflung. Die gesamte Atmosphäre in der Kirche war mir zuwider, bis auf den Priester in der bestickten Kasel, mit der goldenen Monstranz und dem goldschimmernden Kelch. Ich wusste nicht, was der Dorfpfarrer tat und was die Aufgabe der rot und weiß gekleideten Ministranten war, was in ihnen vorging und in mir nicht, doch trugen sie ein verklärtes Gesicht zur Schau, als geschähe die ganze Zeit, die nicht und nicht vergehen wollte, etwas sehr Wichtiges, zu dem ich keinen Zugang hatte.

VIII.

Vor dem Einschlafen wollte Paul von »Purzel, der Hampelmann« plötzlich nichts mehr wissen. Er forderte mich auf, das Abendgebet zu sprechen, und drehte sich zur Seite. Ich konnte mir seine Verwandlung nicht erklären, aber es war wohl so, dass Jesus an die Stelle »Purzels« getreten war.

IX.

Kurz darauf kamen unsere Eltern zu Besuch und nahmen uns auf unser Drängen hin wieder mit nach Hause. Der junge Toni Bammer fuhr uns mit seinem Puch-Motorrad voraus, eine Staubfahne hinter sich herziehend wie eine mythologische Gestalt.

Die Uhr

I.

Da Paul im September in das Kepler-Realgymnasium wechseln sollte, wohin er jeden Morgen mit der Straßenbahn fahren durfte, schenkte ihm unser »Onkel« Sepp eine gebrauchte Taschenuhr, eine »Eisenbahneruhr« aus Stahl, die klaglos funktionierte. Paul war entzückt und ließ Helmut und mich das Kleinod ansehen, unter keinen Umständen durften wir es in die Hände nehmen. Die Uhr bestärkte ihn in der Überzeugung, Teil der Erwachsenenwelt geworden zu sein. Ich fragte ihn öfter nach der Zeit, und er gab mir bereitwillig Auskunft, vermied es jedoch, mir das Ziffernblatt zu zeigen, als verlöre er dadurch an Macht. Ich entwickelte aber auf diese Weise langsam mein Zeitgefühl und wusste schließlich auch ohne Uhr auf eine halbe Stunde genau, wie spät es war.

II.

Am Sonntagnachmittag war ich mit Paul allein zu Hause, alle anderen hatten einen Spaziergang unternommen. In der Küche gelang es mir endlich, meinen Bruder zu überreden, mir das Wunderding zu zeigen. Ich bearbeitete ihn daraufhin so lange mit Fragen, bis er selbst neugierig wurde und den Deckel öffnete, um das Werk zu sehen. Wir bestaunten es mit zusammengesteckten Köpfen, überlegten hin und her, und schließlich versprach ich ihm, dass Vater die Uhr wieder zusammenbauen würde, wenn wir sie vorsichtig zerlegten und dabei kein Teilchen verloren ginge. Paul breitete einen Bogen Packpapier auf dem Tisch aus, und mit Hilfe eines spitzen Küchenmessers gelang es uns, einzelne Bestandteile herauszunehmen, die wir Rädchen neben Rädchen, Schräubchen neben Schräubchen aussortierten. Ich beteiligte mich eifrig an dem Zerlegungsprozess, obwohl ich immer weniger davon überzeugt war, dass Vater die immer größer werdende Zahl von Einzelteilchen wieder würde zusammenbauen können, und meine Enttäuschung, dass diese Zahnrädchen, Federn und Schräubchen alles waren, was das Geheimnis der Uhr ausmachte, wuchs. Ich dachte, die Zeit liege nun vor uns, ohne die Vergangenheit, die Gegenwart oder die Zukunft zu meinen. Sie war nicht mehr als diese mechanischen Teile. Als kleines Kind hatte ich ja so lange an meinem Teddybären herumgerissen, bis ich die metallene Brummkapsel zwischen den Fingern gehalten hatte, und als ich einen Blick in das Radio mit dem magischen Auge hatte werfen dürfen, hatte ich ebenfalls nur staubige technische Bestandteile gesehen, anstelle eifriger, winziger Menschen, die ich dort erwartet hatte. Daran dachte ich jetzt, und es war mir klar, dass jede weitere Zerlegung einer Maschine, eines Apparates nur trostlose Eisenteile, Drähte, Kabel, Kapseln und Schrauben zutage fördern würde. Ich schloss daraus, dass alles Großartige auf Täuschung (und Mechanik) beruhte.

III.

Gelangweilt wandte ich mich von dem Tisch mit den winzigen Bestandteilen ab und sagte Paul, dass es mich nicht mehr interessierte, er könne allein weitermachen. Paul war gutmütig und besorgt, er neigte aber auch zu Wutanfällen.

»Was?«, fragte er zornig. »Du willst dich davonstehlen?«

Ich gähnte und stand auf, er aber packte mich und drückte mich wieder auf den Sessel, dabei hielt er noch immer das spitze Küchenmesser in der Hand.

In diesem Augenblick kamen unsere Eltern und Onkel Sepp mit Helmut vom Spaziergang zurück.

»Kannst du das wieder zusammenbauen?«, fragte Paul aufgeregt unseren Vater und lief auf ihn zu.

IV.

Nach dem üblichen Verhör schüttete Onkel Sepp den gesamten Inhalt, der auf dem Packpapier lag, in ein Säckchen und versprach Paul, die Einzelteile zu einem Uhrmacher zu bringen. Er kam jedoch nie mehr mit der Taschenuhr zurück, sondern vertröstete meinen Bruder jedes Mal, wenn der danach fragte, mit der rätselhaften Bemerkung: »Er ist noch nicht fertig.«

V.

Wenn ich daran dachte, sah ich einen erfundenen Uhrmacher vor mir – die Augenlupe unter die Braue geklemmt, das feine Werkzeug in den Händen und über die Einzelteile von Pauls Uhr gebeugt. Noch immer war er mit dem Zusammensetzen des Werks beschäftigt und wurde nie damit fertig. Wenn er den Kopf hob, glaubte ich mich in ihm wiederzuerkennen, wie ich als Strafe für meinen Streich jetzt ewig die Uhr zusammensetzen musste, die ich mutwillig zerstört hatte.

Speedway-Rennen

I.

Plötzlich, über Nacht war unter den Erwachsenen das Speedway-Fieber ausgebrochen. Am Trabrennplatz, dort wo sich heute das Messegelände befindet, gab es Nachtveranstaltungen mit den internationalen Größen. Die Österreicher zählten zu den Besten: die Gebrüder Dirtl, der »rasende Burgenländer« Kamper, der unvergleichliche Schneeweiß, die Gebrüder Killmeyer, Chalupa, Pfeiffer ... Gerne wären wir selbst dabei gewesen, doch hieß es, dass es nur für Erwachsene sei.

II.

Wir ließen uns jedoch immer wieder erzählen, wie ein Speedway-Rennen ablief, und schließlich fertigte uns Großmutter Startnummern aus Papier, auf die sie mit Tinte zusätzlich den Namen des Rennfahrers schrieb, und befestigte sie mit Zwirnsfäden auf unserem Rücken. Wir nahmen neben dem Birnbaum Aufstellung, liefen nach dem Startsignal so schnell wir konnten zum Apfelbaum, umkurvten ihn und hetzten zurück zum Birnbaum. Bei der Wende lieferten wir uns die heftigsten Positionskämpfe, rempelten und drängten uns gegenseitig ab und brachten uns sogar zu Fall. Dabei machten wir den Lärm der Motoren oder die Stimme des Platzansagers nach.

III.

Tatsächlich durften wir am Ende des Sommers mit Vater zum Trabrennplatz fahren. Es war eine schlecht besuchte Nachmittagsvorstellung, und von den großen Stars waren nur Chalupa, Pfeiffer und einer der Brüder Killmeyer erschienen, der Rest waren Anfänger und Namenlose. Die Fahrer trugen Helme und Staubbrillen und bunte Tücher um Nase und Mund. Am Start rissen sie die Vorderräder ihrer Maschinen in die Höhe, und in den Kurven lehnten sich die Fahrer tief hinunter, fast bis zum Boden, und stützten sich nur auf einen Eisenschuh. Erde spritzte und bildete Fontänen, in denen die Nachfolgenden eintauchten und kurz verschwanden, und immer wieder gab es Stürze und Ausfälle der Motoren. Die internationalen Meister aber sahen wir erst viel später in den Wochenschauen und auf den Sportseiten der Zeitungen, oft nachdem sie tödlich verunglückt waren.

Der Überfall

I.

Als ich die vierte Klasse Volksschule begann, hatte mein Vater gerade die österreichische Staatsbürgerschaft erhalten.

Ich bat Großmutter, mich nicht mehr nach dem Unterricht abzuholen. Vielleicht war sie das Hindernis dafür gewesen, dass Frau Prangl mir nicht nähergekommen war.

Meine Enttäuschung aber war groß, als uns statt der ersehnten Lehrerin der Direktor der Schule im Klassenzimmer erwartete.

Um diese Zeit kämpfte meine Mutter schon vor Gericht um ihre Wohnung am Geidorfgürtel 16. Die Entscheidung, sagte sie, wenn die Rede darauf kam, sei noch nicht gefallen, aber sie werde nicht aufgeben, denn sie sei im Recht.

II.

Mein Bruder Paul entschwand mir plötzlich. Wenn ich aufstand, hatte er das Haus schon verlassen. Zu Mittag kam er später als ich nach Hause und machte bis zum Abend im Ordinationszimmer Aufgaben. Wir entfremdeten uns. Er traf sich häufiger mit einem gleichaltrigen Mitschüler aus der Volksschule: Peter Pongratz, der später ein bekannter Künstler werden sollte und der erste war, den ich von Angesicht zu Angesicht kennenlernte, ohne dass ich damals überhaupt wissen konnte, wer er war.

III.

Nach dem Unterricht ging ich beim Gärtner Kirov vorbei, holte das Gemüse für meine Mutter ab, und trabte das Maisfeld entlang, als ich von weitem den rothaarigen Schüler Gergits am Wegrand warten sah. Um ihm auszuweichen, sprang ich in den Graben und riss einen der Kolben ab.

IV.

Kaum hatte ich unter den Pflanzen Schutz gefunden, wurde mir klar, dass ich einen Fehler begangen hatte, denn plötzlich stand Gergits vor mir. Seine Augen waren gelb wie die einer Katze und ausdruckslos. Als ich davonlaufen wollte, lief er mir nach und wollte mir meinen Kolben wegnehmen. Gegen alle Vernunft klammerte ich mich daran fest.

»Gib ihn mir«, keuchte er.

Ich hatte zwar Angst, aber ich sagte trotzdem »Nein«, vielleicht wollte ich nur wissen, was dann passieren würde. Wir zerrten und zogen an dem Maiskolben, bis Gergits mich zu Boden warf, aber im Fallen riss ich ihn mit mir. Wir lagen übereinander, ich unter ihm in einer seltsamen Vereinigung, und in einem blitzartig auftauchenden und wieder verschwindenden Innenbild sah ich ihn mich zu Tode beißen. Ich roch seinen Schweiß, den Geruch seiner Haut, sein Gesicht war meinem nah und sein Blick zugleich abwesend auf mich gerichtet, als sei er mit den Gedanken nicht bei der Sache. Irgendwo musste meine Schultasche und das in Papier eingewickelte Gemüse liegen, aber das spielte jetzt keine Rolle. Ich versuchte mich zu wehren, er hielt mich jedoch eisern umklammert. Für einen winzigen Moment registrierte ich eine aufflackernde Freude in seinen Augen über die Macht, die er über mich hatte, dann ließ er mich mit einer Hand los und riss an meiner Oberlippe – ein Brennen durchfuhr mich, und ich nahm den Geschmack von salzigem Blut in meinem Mund wahr. Da ich anfangs keine Luft bekam, konnte ich keinen Laut von mir geben, alles in mir war aufgestaut – plötzlich lag ich allein auf der Erde. Er war aufgesprungen und lief davon, ich sah, wie er unter dem blauen Himmel den Hang zur Straße hinaufhetzte und davonrannte.

V.

Ich blickte auf ein Maisblatt, spürte Luft, die meinen Körper reinigte, setzte mich auf, tastete nach dem Mund und stellte fest, dass das Bändchen unter der Oberlippe gerissen war. Die Wunde schmerzte. Ich erhob mich rasch, nahm das Taschentuch heraus, presste es auf den Mund und lief mit der Schultasche und dem Gemüse unter dem Arm aus dem Acker. Hinter unserem Haus warf ich das blutige Taschentuch in die betonierte Mistdeponie, aber meine Mutter erkannte an meiner geschwollenen Oberlippe, dass etwas vorgefallen war.

VI.

Sie wollte jetzt überhaupt nichts mehr mit »der Gegend« zu tun haben. Sie hasse es, hier zu sein, rief sie. Alles sei ihr zu primitiv, sie halte das Leben am Weidweg nicht mehr aus. Es war nicht ihr erster Verzweiflungsanfall, aber später sagte sie, dass der Überfall mit ein Grund war, weshalb sie die Rückkehr in die Stadt und die Auseinandersetzung um die Wohnung am Geidorfgürtel noch verbissener betrieben habe.

VII.

Mein Vater besah sich die Wunde und kündigte eine Beschwerde in der Schule an. Mir graute davor. Es graute mir vor einer Untersuchung durch den Schuldirektor, vor einer Gegenüberstellung mit Gergits, bei der ich sagen musste, was vorgefallen war, und ihn ins Verderben stürzen würde. Ich wollte ihn nicht vernichten und fürchtete mich vor seiner Rache. Großmutter postierte sich von nun an hinter dem Maisfeld, nicht sichtbar für die Schüler, die aus dem Tor strömten.

VIII.

Gergits erschien jedoch nicht mehr zum Unterricht.

Die Beschwerde wurde trotzdem eingebracht. Wir erfuhren, dass die Polizei ihn verdächtigte, die Meerkatze umgebracht zu haben, und dass er – als ihm diese Tat nachgewiesen wurde – in eine andere Schule versetzt worden sei.

IX.

Nachdem er zahlreiche Vorstrafen erhalten hatte, zuerst wegen verschiedener Raufhändel, dann wegen eines Raubüberfalls, wurde er fünfzehn Jahre später wegen Mordes verhaftet und verurteilt. In einem Zeitungsbericht erkannte ich sein Gesicht auf einer Fotografie, die ihn auf der Anklagebank zeigte, wieder.

»Kein Platz für sie«

I.

Eines Nachts, als schon die Blätter fielen, erwachte ich vor Fieber schwitzend durch den Streit meiner Eltern in der Küche. Meine Mutter erwartete offenbar, die Wohnung am Geidorfgürtel tatsächlich zurückzubekommen, und ich hörte sie sagen, dass sie unter keinen Umständen mit Großmutter dort einziehen werde. »Es ist kein Platz für sie«, sagte sie mit einer Entschiedenheit, die ich an ihr kannte, wenn sie entschlossen war, etwas durchzusetzen. Ich hörte meinen Vater aufbrausen, drohen, schweigen, murmeln – sie blieb bei ihrem Entschluss und fügte hinzu, dass sie sich lieber scheiden ließe, als in der »kleinen Wohnung« mit ihr zusammenzuleben. Ohne alles zu verstehen hörte ich an ihrer Stimme, dass sie es ernst meinte. Mit größter Anspannung lauschte ich damals der Auseinandersetzung, bis beide schwiegen, wortlos aufstanden und schlafen gingen.

II.

Am Morgen erschien mir die Auseinandersetzung wie ein Traum. Ich wusste nicht, ob alles tatsächlich so vorgefallen war, wie ich es in Erinnerung hatte, oder ob es nur meine eigenen Gedanken gewesen waren. Doch die Streitgespräche wiederholten sich und nahmen an Schärfe zu, und bald fielen auch am Tag bedeutungsvolle Anspielungen, die ich sofort verstand, weil ich gehört hatte, was vorher in der Nacht gesprochen worden war. Eine Katastrophe schien unausweichlich, denn Großmutter bemerkte nichts von dem, was vorging, und ich wagte nicht, ihr etwas darüber zu sagen.

III.

Das Problem war schwierig. Die Wohnung am Geidorfgürtel war mit 80 m^2 und zweieinhalb Zimmern wirklich zu klein für uns alle, aber meine Mutter brachte in die Auseinandersetzung zusätzlich einen Tonfall der Genugtuung hinein, der schadenfroh klang, und die Art, wie sie sprach, reizte meinen Vater, der sich den Tatsachen nicht verschließen konnte, aber sie nicht wahrhaben wollte.

»Zeig, was du kannst«

I.

In regelmäßigen Abständen gab es die Radiosendung »Zeig, was du kannst«, bei der Amateure auftraten und musizierten, Stimmen imitierten, Witze erzählten, den Conférencier spielten oder sich sonstwie in Szene setzen durften. Manche hörten die Sendung, weil sie sich angeregt fühlten, selbst aktiv zu werden, andere, um sich an der Unvollkommenheit der Darbietungen zu delektieren, wieder andere, um dem »Volk aufs Maul zu schauen«.

II.

An dem Abend, an dem Sepp Trummer und Gerda Klimek eine Dichterin ansagten, die »heute bei uns zu Gast« sei – sie lebe in Graz-Gösting am Weidweg 9 und heiße Friederike Roth –, waren meine Mutter gerade mit Geschirrspülen und mein Vater mit Späne-Machen beschäftigt, während wir am Küchentisch saßen und den Auftritt fast versäumt hätten, da wir in ein »Mensch ärgere dich nicht«-Spiel vertieft waren. Plötzlich wurde es so still, dass wir aufblickten und hörten, wie unser Vater in die Stille hinein »Ruhe« rief.

III.

Ohne mit jemandem darüber zu sprechen, hatte sich Großmutter bei der Sendung beworben, war am Abend unbemerkt aus dem Haus gegangen und mit der Straßenbahn in die Annenstraße gefahren, wo der Veranstaltungssaal war, aus dem die Darbietungen übertragen wurden. Der Saal war immer »bis auf den letzten Platz« gefüllt, wie die beiden Conférenciers nicht zu erwähnen vergaßen, und das bodenständige Publikum, oft Verwandte und Claqueure der Auftretenden, ging lautstark mit.

IV.

Mein Vater legte die Späne und das Messer zur Seite, meine Mutter hob den Kopf und bemühte sich leise zu sein, ohne ihr Geschirrspülen zu unterbrechen. Bevor sie noch etwas sagen konnten, hörten wir, wie Großmutter mit Applaus auf der Bühne begrüßt wurde. Es wurde jedoch nicht still im Saal, denn das Publikum sah, wie wir sofort ahnten, ihre nervösen Gesichtszuckungen und geriet in Unruhe, und als Großmutter die ersten Schnalzlaute mit den Lippen von sich gab, waren vereinzelt Lacher zu hören. Meine Mutter hatte ein schadenfrohes Lächeln aufgesetzt, Vaters Blick verriet Misstrauen und Unmut. Als Großmutter aber begann, ihr Gedicht vorzutragen, war kein Laut mehr zu hören. Ich vernahm ihre vertraute Stimme und sah ihr Gesicht vor mir, aber ihr Schnalzen war mir schon lange nicht mehr so aufgefallen wie in der Radioübertragung. Ich litt unter ihrem Vortrag und der Vorstellung, dass sie angegafft und ausgelacht würde und lief deshalb aus der Küche. Vom Fenster des Ordinationszimmers aus, wo ich sie noch hören konnte, schaute ich in den dunklen Garten und wünschte mir, dass alles rasch vorbei sein möge. Es ging in ihrem Gedicht wie immer um Tiefsinniges, um Gerechtigkeit, Frieden und den Sieg des Guten, in holprige Reime gefasst und in eine Unzahl ähnlich lautender Strophen. Die Bäume waren bewegungslose Schatten und auf der Straße regte sich nichts. Erst als ich den zaghaften Applaus des Publikums hörte, eilte ich wieder in die Küche.

V.

Mein Vater war ratlos und schwieg, nahm das Messer in die Hand und machte weiter Späne, während wir wieder »Mensch ärgere dich nicht« spielten. Unmutig beobachtete Vater durch die Balkontür den Weidweg, und als ein Auto Großmutter absetzte, eilte er ihr entgegen. Er kam lange nicht wieder zu uns herauf. Wir wollten gerade zu Bett gehen, als er erschien.

»Hast du es ihr gesagt?«, fragte Mutter.

Mein Vater gab ihr keine Antwort.

Ich wusste, *was* er ihr gesagt hatte, und eilte, ohne um Erlaubnis zu fragen, die Treppe hinunter in das Erdgeschoss und an Frau Lehmberger vorbei. Großmutter lag im dunklen Zimmer in ihrem Bett, und ich kroch unter ihre Decke. Wir umarmten uns, und ich spürte, dass ihr Gesicht nass war.

Der Umzug

I.

Mein Vater hatte uns erklärt, dass Großmutter am Weidweg bleiben würde, die Wohnung am Geidorfgürtel böte nicht genug Platz für uns alle, aber er würde sie an den Wochenenden abholen und zu uns bringen. Er konnte nicht wissen, dass ich mich ebenfalls entschieden hatte: Ich würde nicht wegziehen und mit Großmutter das Zimmer im Erdgeschoss teilen.

II.

Noch vor Weihnachten übersiedelten wir. Meine Mutter sprühte vor Freude, ich hatte sie noch nie so glücklich gesehen. In zwei Tagen verschwanden die Möbel und Kleider, Vorhänge und Küchengeräte, das Geschirr und die Bettwäsche. Niemand von uns ging zur Schule.

III.

Seit Tagen schneite es, draußen war tiefer Winter. Wir saßen in der kalten Wohnung im grauen Licht, Großmutter auf einem weißen Stuhl, der Tisch war schon abtransportiert, ebenso die Betten, die Kredenz, der Kleiderschrank und das Radio, und auch das Ordinationszimmer war leer geräumt. Ich wollte Großmutter sagen, dass ich bei ihr bliebe, aber ich spürte nur das bekannte Würgen im Kehlkopf. Ich hasste es und hasste mich selbst, weil ich wusste, dass auch ich mit meinen Eltern und Brüdern in die neue Wohnung ziehen würde. Ich hatte Großmutter von einem Tag auf den anderen verraten, denn ich verspürte jetzt selbst Neugier auf das Universitätsviertel, und die Freude meiner Eltern war ansteckend. Tagelang hatte meine Mutter uns vorgeschwärmt, dass ab nun alles besser und schöner werde. Wir würden ein Bad und eine Toilette haben, zu dritt ein eigenes Zimmer und einen kleinen Wohnraum, in dem wir unsere Mahlzeiten einnehmen würden. In der Nachbarschaft würden nur gebildete Menschen leben, überhaupt sei der Bezirk Geidorf der »feinste« der Stadt. Sie schilderte uns die Kastanienallee in der Schubertstraße, den Botanischen Garten, den Hilmteich mit dem Leechwald, das Rosenhain, die alle vor unserer Haustür lägen, nicht zu reden von den Schulen, die für uns in Frage kämen.

IV.

Mutter hatte die Wohnung am Geidorfgürtel seit 1940 belegt, als sie nach der Hochzeit mit meinem Vater als Schwangere in den eben fertiggestellten Neubau eingezogen war. Zuvor hatte sie mit ihm in einem Ärztezimmer des Landeskrankenhauses Graz gelebt.

V.

»Ich habe die von der englischen Militärverwaltung vermittelte Bewohnerin mit einem Trick zum Ausziehen bewegen können«, schrieb mir meine Mutter in ihrem langen Brief. »Als sie sich weigerte, auf die Wohnung zu verzichten, habe ich eine so genannte Teilräumung verlangt und ihr gedroht, in den dann frei werdenden eineinhalb Zimmern die Ordination von Vater einzurichten.« Sie fühlte sich ihr Leben lang als die rechtmäßige Besitzerin, die man vertrieben hatte. Und sie verstand die Entscheidung des Gerichts als Wiedergutmachung für erlittenes Unrecht.

VI.

Paul und Helmut liefen aufgeregt ein letztes Mal im Garten herum, ich hörte sie von der leeren Küche aus. Großmutter sprach mit schwermütiger Stimme, alles an ihr war verlangsamt, sogar ihr Schnalzen und ihre Gesichtszuckungen. Über dem Müllabladeplatz kreisten Nebelkrähen, sie krächzten laut im Streit. Mutter hatte das Weihnachtsfest unbedingt am Geidorfgürtel feiern wollen. Ich schaute in den Schneefall hinaus, und Großmutter sagte plötzlich: »Du musst gehen.«

Ich antwortete, dass ich bei ihr bliebe und wir uns das Zimmer teilen könnten.

»In der Stadt ist es viel schöner«, antwortete sie. »Du gehörst dorthin. Denke daran, dass du nichts tragen darfst ... Mach dir keine Gedanken um mich, ich bin eine alte Frau.«

Wir schauten angestrengt auf die unzähligen Schneeflocken, die lautlos zu Boden sanken.

»Geh jetzt«, sagte sie wieder. Ich umarmte sie, so fest ich konnte, und lief zu meinen Brüdern hinunter in den Garten. Unten angekommen, wollte ich niemanden sehen und versteckte mich deshalb im englischen Rot-Kreuz-Wagen, von dem aus ich die Straße beobachten konnte. Ich dachte an den Krieg, die Toten. Wie viele Verwundete waren in dem Rettungswagen gestorben? Und weshalb stand er hier all die Jahre?

VII.

Meine Eltern fuhren mit Onkel Othmar in seinem Opel Kapitän vor, und meine Brüder liefen ihnen entgegen.

Da ich nicht erschien, riefen sie mich und Großmutter. Kurz darauf kam sie in den Garten und sagte, ich müsse hier irgendwo stecken. Daraufhin kroch ich aus dem Rot-Kreuz-Wagen und stieg in das Auto, ohne mich umzublicken.

VIII.

Als wir losfuhren, wartete Großmutter vor dem Hoftor, und ich konnte jetzt nicht anders, als mich umzudrehen. Ich kniete mich auf die gepolsterte Sitzbank und winkte zum Heckfenster hinaus, während meine Brüder erwartungsfroh lärmten. Wir fuhren die Mülldeponie entlang, und Großmutter stand im Schneefall und hob winkend einen Arm.

Geidorfgürtel 16

I.

Vom Geidorfgürtel war ich enttäuscht. Eine Zeile dreistöckiger Wohnhäuser, unbelebte Gehsteige. Neben dem Eingang hatte das Lebensmittelgeschäft geöffnet, der Greißler Egger. Meine Mutter eilte hinein und brachte uns ein Zellophansäckchen mit Himbeerzuckerln heraus, und der Besitzer, Herr Egger, ein Männchen mit Scheitel und Brille, spähte neugierig durch das Schaufenster, dahinter seine schwarz gekleidete matronenhafte Frau. Im Flur fiel mir sofort das Schachbrettmuster auf dem Boden auf, das sich bis zur Lifttüre erstreckte. Ich kam mir wie eine Figur darauf vor. Wer führte mich?, ging es mir durch den Kopf. Und wohin?

II.

Unsere Möbel, die in der frisch gestrichenen Wohnung standen und die mir bis jetzt selbstverständlich gewesen waren, sahen in der neuen Umgebung arm und schäbig aus, und zum ersten Mal fühlte ich Scham über unsere Verhältnisse. Wenn es stimmte, was unsere Mutter über die Nachbarn erzählt hatte, waren wir hier nichts Besseres mehr, keine Arztfamilie, als die wir in Gösting geachtet wurden, sondern Niemandsmenschen aus dem Niemandsland.

III.

Der Spielplatz, der »Hof« genannt wurde, war nur auf einer Seite verbaut und mit Gras bedeckt, auf der anderen Seite ein Zaun zu einer Villa mit Garten. In der Mitte stand eine alte Linde und gegenüber der Straße erhoben sich zwei alte Kastanienbäume. Aber am interessantesten waren die Büsche entlang der Zäune, hinter denen man sich verstecken konnte. Der Schnee lag so hoch, dass wir bis zu den Knöcheln in ihm versanken.

IV.

Mit welchen Buben wir zuerst spielten, weiß ich nicht mehr. Sie waren besser gekleidet als wir und hatten elegantere Frisuren. Ich war noch nie beim Friseur gewesen, meine Mutter hatte mir die Haare, wenn es nötig war, selbst geschnitten. Ich trug außerdem eine von Mutter gestrickte Weste, die mir zu klein, und einen alten Lodenmantel Pauls, der mir zu groß war, sowie eine von Großmutter gestrickte Wollmütze. Die Buben wollten von uns wissen, was wir im Hof suchten, und als wir antworteten, dass wir hier wohnten, staunten sie uns an. Sie sprachen Schriftdeutsch und verwendeten Wörter, die bei uns nicht gebräuchlich waren. Mir wurde bewusst, dass wir *anders* waren als sie – weniger.

V.

Am Abend fiel mir der siebenbürgisch gefärbte Tonfall meines Vaters zum ersten Mal unangenehm auf. Sein leichter Singsang beim Sprechen, der bei Großmutter noch deutlicher war.

VI.

Meine Mutter war wie verwandelt. Lachend stellte sie das Abendbrot auf den Tisch, und als wir schlafen gingen, sagte sie, dass die Träume, die man in der ersten Nacht in einer neuen Wohnung habe, in Erfüllung gingen. Ich träumte nichts und daher ging auch nichts in Erfüllung. Lange lag ich wach. Mir fiel immer wieder das Schachbrettmuster des Flurbodens ein. Ich dachte auch an Großmutter, wie wir in der Küche am Weidweg 9 geredet hatten, und an die jetzt leere Wohnung. Ich hatte die mit Großmutter verfassten und illustrierten Hefte, unsere »Bücher«, die sie zusammengenäht hatte, in Gösting gelassen. Hier am Geidorfgürtel würden sie nicht mehr als ein weiteres Zeugnis unserer Armut sein. Bei dem Gedanken, dass sie einem der Buben im Hof in die Hände fallen konnten, wurde mir übel.

Zurück ins Niemandsland

I.

Auch am nächsten Morgen schneite es. Helmut und ich waren allein im Hof, einer der Buben, Geri Scheikl, dessen Eltern eine Hutfabrik besaßen, gesellte sich zu uns, und wir machten eine Schneeballschlacht. Es war ein dunkler Tag, und während wir herumsprangen, erschien mir alles sinnlos.

II.

Ich lief plötzlich in das Haus, über den Schachbrettboden des Flurs und auf der anderen Seite hinaus auf die Straße. Dort fragte ich einen Studenten nach dem Eissalon Hokke am Schwimmschulkai. Der junge Mann riet mir, zur IV. Chirurgie zu gehen und dann weiterzufragen. Er zeigte mit dem ausgestreckten Arm zum Rosenberggürtel. Vor der IV. Chirurgie sprach ich einen eben aus dem Gebäude kommenden Mann im weißen Ärztemantel an und erkundigte mich nach dem Unfallkrankenhaus, das ich im Laufschritt erreichte. Von dort eilte ich zu den GAK-Tennisplätzen und weiter zur Augasse. Weiße Luft dampfte aus meinem Mund, doch fühlte ich mich nicht müde, und auch das Seitenstechen blieb aus. Im Gegenteil, eine seltsame Leichtigkeit hatte mich erfasst, und als ich die Strecke erreichte, auf der ich seinerzeit zu Omi gelaufen war, schlug mein Herz vor Freude. Ich ließ den Exerzierplatz hinter mir, die Farbenfabrik Zankl und den Mühlgang. Wie lange war ich schon unterwegs? Eine Stunde? – Ich weiß nur, dass das Laufen mir umso mehr Vergnügen bereitete, je weiter ich mich vom Geidorfgürtel entfernte und je näher ich meinem Ziel kam.

III.

Um die Mülldeponie herum fand ich alles so vor, wie ich es zurückgelassen hatte. Insgeheim hatte ich befürchtet, dass sich der Weidweg in Luft aufgelöst haben könnte. Es schneite noch immer, und dichter Nebel verwehrte mir den Blick in die Tiefe der Halde. Ich öffnete die Gartentür – mir war bislang nicht aufgefallen, dass sie quietschte – und ging über den Kiesweg zum Haus und dann die Stufen hinauf bis zur Wohnung von Frau Lehmberger. Ohne anzuklopfen öffnete ich die Tür – es roch nach Anis. Frau Lehmberger stand vor dem Küchentisch und backte Weihnachtskekse. »Woher kommst du? Mein Gott, du bist ganz verschwitzt«, rief sie aus. Sie ließ den Keksstecher auf den Teig fallen und eilte auf mich zu, um mir einen Kuss zu geben.

IV.

Leise betrat ich das Zimmer und schloss die Tür hinter mir. Großmutter hatte sich im Bett halb aufgesetzt. Ihr Haar war unordentlich, und sie sah verschlafen aus. Als ich sie umarmte, sagte sie: »Was machst du da, mein Jungchen! Du bist ganz kalt…« Ich antwortete ihr, dass es mir am Geidorfgürtel nicht gefalle. Ich wollte weinen, aber ich brachte nur eine Grimasse zustande, und gleichzeitig registrierte ich, dass mir gar nicht nach Weinen zumute war. Ich spielte Großmutter nur etwas vor, um von ihr bewundert zu werden.

»Du musst weitererzählen«, stieß ich hervor, aber ich wusste, dass ich log, denn mir war klar, dass es nie mehr so werden würde, wie es gewesen war.

»Willst du die Bücher mitnehmen?« Sie meinte unsere

Hefte, die neben den Bänden der »Reise der Novara« in der Vitrine lagen. »Ich werde sie für dich aufbewahren, und du kannst sie dir holen, wann immer du willst«, fuhr sie fort.

Ich nickte.

»Ich bin froh, dass du sie hier lässt«, sagte sie nach einer Weile. »Dann kann ich sie immer lesen.«

Ich war erleichtert, denn ich hätte die Hefte weggeworfen, da sie mir vorkamen wie aus einem anderen Leben.

»Weiß dein Vater, dass du bei mir bist?«

Ich schwieg und erzählte ihr nach einer Pause, wie ich zu ihr gekommen war. Sie hörte mir aufmerksam zu, dann verlangte sie, dass ich in die Küche ginge, sie wollte aufstehen.

Durch die offene Tür rief sie Frau Lehmberger zu, sie möge meinen Vater anrufen und ihm sagen, wo ich sei.

Frau Lehmberger seufzte, wusch sich die Hände und fragte ungehalten: »Hast du zu Hause nicht gesagt, dass du zu Großmutter gehst?« Sie schlüpfte in ihren Mantel, nahm den großen Schlüsselbund, und ich sah sie kurz darauf den Kiesweg hinaufwatscheln zu einem Nachbarn, der ein Telefon hatte.

V.

Ich wusste plötzlich, dass ich zum letzten Mal hier war. Ich würde das Haus nie mehr betreten. Ich zweifelte jetzt nicht mehr daran, dass Großmutter zu uns auf Besuch kommen würde, aber irgendetwas war zerstört. Meine Zuneigung zu Großmutter hatte sich nicht geändert, auch nicht zu dem Garten, der Deponie und dem Rangierbahnhof, dem Maisfeld und Poldi Schlack. Doch etwas anderes war zwischen mich und das alles getreten, etwas, das ich in Worten nicht benennen konnte und am besten mit einem kurzen Streifen Schwarzfilm vergleiche, der ein Kapitel meines Lebens abschließt.

VI.

Nach einer Weile erschien Großmutter wieder. Sie hatte sich »schön gemacht«, trug ein graues Kleid und hatte die Haare aufgesteckt. Wortlos nahm sie am Küchentisch Platz und fragte mich über die neue Wohnung aus.

VII.

Als mein Vater am Nachmittag das Zimmer von Großmutter betrat, beruhigte sie ihn, bevor er mich zur Rede stellte. Ich erkannte zum ersten Mal, welche Macht sie über ihn hatte. Er wurde friedlich und liebevoll, und sie steckte ein in Packpapier eingewickeltes Paket in die Arzttasche.

VIII.

Die Heimfahrt mit der Straßenbahn war eine Qual. Mein Vater konnte seinen Unwillen über mich nicht verbergen. Er tadelte mich heftig, blickte hierauf durch die Scheiben auf die Stadt hinaus und verhörte mich dann weiter in einem vorwurfsvollen, beleidigten Ton zwischen Raunen und Flüstern. In der Zinzendorfgasse schlug er eine so schnelle Gangart ein, dass ich laufen musste, um ihm folgen zu können. Er trug seinen Lodenmantel und den schwarzen Hut mit grünen Bändern, und obwohl ich die Kleider hasste, die er trug, musste ich zugeben, dass er gut darin aussah. Ich bewunderte ihn dafür. Vielleicht verehrte ich ihn zu sehr, denn in seiner Nähe wollte ich ein anderer sein, jemand, von dem ich annahm, dass mein Vater ihn bewunderte. Ich weinte nicht vor ihm, beklagte mich über niemanden, ich bemühte mich, besonders vernünftig zu sein. Als letzten Ausweg versuchte ich mit ihm über den Fußballclub Sturm Graz zu sprechen, aber er war so sehr versunken in seine Enttäuschung, dass er mir nicht einmal zuhörte. Stumm eilte er mir durch den Flur, über das Schachbrettmuster auf dem Boden voraus und drückte den schwarzen Knopf, der den Lift in Bewegung setzte.

IX.

Nach dem Abendessen legte er das in Packpapier eingewickelte Paket von Großmutter vor mich auf den Tisch. Es waren die beiden Bände der »Reise der Novara um die Welt«.

Zwei

Jugend

Bücher, Fotografie

I.

Ich kam mir vor wie an einem Ort, der in einem fremden Land lag, in dem nicht nur eine andere Sprache gesprochen wurde, sondern auch das Denken anders war. Wir waren Ausgewanderte, Vergessene, schien es mir. Ich wusste jedoch, dass auch ich alles vergessen musste, was gewesen war, denn es gab kein Zurück mehr dorthin, woher ich gekommen war.

II.

Alle meine Bücher, die ich am Weidweg besessen hatte, verloren am Geidorfgürtel ihre Bedeutung. Ich hörte auf zu zeichnen und zu schreiben und wollte von meiner Mutter nicht mehr »Purzel« genannt werden. Aufgebracht protestierte ich, wenn sie es aus Gewohnheit noch tat. Paul las mit Begeisterung Karl May. Von Omi hatten wir noch in Gösting die drei »Winnetou«-Bände bekommen, aber ich konnte mich dafür nicht erwärmen. Ich verstand die Bücher nicht und hatte auch kein Interesse daran, während mein Bruder alle Namen und Schicksale der auftretenden Figuren auswendig kannte.

III.

Erstaunt bemerkte ich eine gewisse geistige Einschränkung, die mir eigen ist. Manches bleibt mir einfach verschlossen. Es ist, als spräche jemand in einer unbekannten Sprache zu mir. Ich glaubte damals, zu dumm für das Lesen von Karl-May-Büchern zu sein. Ich mühte mich zwar damit ab, hatte aber das Gefühl, meine Zeit zu verschwenden, denn das, was ich hatte erfahren wollen von der Welt, fand ich in den Bänden nicht, und bald hatte ich es mit so vielen Gestalten und Geschehnissen, die mich langweilten, zu tun, dass ich das »Winnetou«-Buch erschöpft weglegte. Erst als Erwachsener konnte ich Karl-May-Abenteuergeschichten wie ein nachträglich gesuchtes und nun endlich gefundenes Kindheitserlebnis lesen. Merkwürdigerweise wurden sie durch die Buchrücken und farbigen Umschlagbilder für mich sogar zu Fetischen, mit denen ich mich in die Kindheit versetzte. Vielleicht ist das ein Beweis dafür, wie seltsam Erinnerung und Wirklichkeit sich vermischen und wie die Erinnerung die Wirklichkeit zur Fiktion werden lässt.

IV.

Zu Weihnachten erhielt ich zwei Bücher, die mich ebenso fesselten, wie »Purzel, der Hampelmann« mich verzaubert hatte. »Doktor Dolittles Zirkus« von Hugh Lofting und »Robinson Crusoe« von Daniel Defoe. Loftings Doktor Dolittle konnte mit den Tieren sprechen, und er verhalf mir dadurch zu einem Verständnis für andere Wesen. Es war weniger die Handlung, die mich fesselte, als zu erfahren, was in den Tieren vorging. Natürlich wusste ich, dass alles erfunden war, trotzdem faszinierte mich die Vorstellung, dass Doktor Dolittle, ein Tierarzt, seine Patienten verstehen konnte und so hinter die Geheimnisse des Tier-Lebens kam. Robinson Crusoe war ich selbst.

Manche Szenen des Romans von Defoe, die ich mir beim Lesen vorstellte, sehe ich heute noch so deutlich vor mir, als hätte ich sie tatsächlich erlebt. Ich besitze alle Verfilmungen des Buches und sogar die alte von Luis Buñuel, doch keine reicht an die Illustrationen von Grandville heran, wie diese nicht an meine Vorstellungskraft. Die

Hauptfigur Robinson war ich, wie gesagt, selbst, ohne dass sie aber mein Aussehen gehabt hätte, vielmehr war ich nur Robinsons Augen und Gehirn. Ich erlebte mit ihm das Paradies und die Hölle der Einsamkeit. Dabei erfuhr ich die Einsamkeit nicht als Stillstand, sondern als intensive Auseinandersetzung mit der gleichgültigen oder sogar feindlichen Außenwelt. Dass die Einsamkeit ein Abenteuer ist, habe ich durch ihn gelernt und diese Lektionen nie vergessen. Dass sie aus der Suche nach Begegnungen, Warten und der Entdeckung von Spuren besteht, habe ich dann selbst erfahren. Außerdem weidete ich mich an Robinsons handwerklichem Geschick. Ich selbst bin ein unpraktischer Mensch. Vielleicht wegen der großen Fürsorglichkeit meiner Mutter kann ich weder kochen noch Knöpfe annähen, ich habe, wie man sagt, zwei linke Hände, und es fehlt mir im Alltag an Geduld. Mag sein, dass es nur Faulheit ist, aber bei den praktischen Dingen geht es mir wie als Kind in der Schule: Kaum mache ich einen Handgriff, stellt sich schon das Gefühl ein, etwas zu versäumen – sei es, einen Blick in ein neues Buch werfen zu können oder mit einem Freund zu reden –, und Unruhe überfällt mich. Ich war aber nicht nur von den handwerklichen Fertigkeiten Robinson Crusoes begeistert und seiner Fähigkeit, allein auf der Insel zu überleben, sondern vor allem von der Art, wie er mit der Einsamkeit umging und was durch sie zum Vorschein kam.

V.

Auch etwas ganz anderes fand ich unter den Geschenken, die ich zu Weihnachten bekam, etwas, das ich mir heimlich schon lange gewünscht hatte. Und wenn ich auch erfahren habe, dass ich dabei um ein oder zwei

Jahre vorgreife, so bleibe ich doch dabei, es jetzt zu berichten, da es meine damaligen Empfindungen wiedergibt. Ich hatte von der »Agfa-Clack«-Box gelesen und mir vorgestellt, damit vielleicht selbst Fotografien zu machen, vor allem, weil die Bedienung des Apparates als einfach beschrieben worden war. In dem Paket, das Vater mir gab, fand ich allerdings eine Farrina-Box, die mir schon vom Aussehen her nicht gefiel. Mein Vater hatte sie selbst von einem Patienten, einem Fotohändler, geschenkt bekommen. Ich hatte keine Ahnung, wie man sie handhabte, und bis heute gehöre ich zu jenen Menschen, die bei Gebrauchsanweisungen nicht über die ersten fünf Zeilen hinauskommen. Ich ließ mir von Vater alles genau erklären, er verzettelte sich aber so sehr in Einzelheiten, dass ich ihm bald nicht mehr zuhörte und zum Schluss weniger als nichts begriffen hatte. Blende 8, eine Sechzigstel-Sekunde Belichtungszeit und ein Fünfunddreißigmillimeter-Objektiv waren für mich gerade so verständlich wie die altgriechische Schrift.

VI.

Jetzt, wo ich die Box besaß, fand ich plötzlich, dass es nichts zu fotografieren gab. Ich wollte keine »außergewöhnlichen« Bilder machen, sondern das aufnehmen, was mir gefiel oder etwas bedeutete. Aber das fand ich nur in den Büchern, die ich geschenkt bekommen hatte.

Ich machte dennoch im Hof und auf der Straße Aufnahmen: meine Brüder, Mutter, ein Auto, den Blick aus dem Fenster.

Als ich den Film vom Entwickeln abholte, klärte mich der Verkäufer auf, dass darauf nichts zu sehen wäre. »Wie hast du das gemacht?«, fragte er verächtlich.

Ich wurde rot vor Scham, als sich die Kunden im Geschäft nach mir umdrehten. Seither kenne ich die verschworene Gemeinschaft der Fotografen, die sich zu Clubs zusammenschließen und für die das Technische das Wichtigste an der Fotografie ist. Ich sah das spöttische Lächeln in den Gesichtern und stotterte etwas von »falsch belichtet«, aber das wollte der Verkäufer nicht gelten lassen. Mir wurde heiß und ich schwitzte. Wenn ich nachdenke, wann ich begonnen habe, rot zu werden, sobald eine Frage oder ein Zwischenfall den Eindruck von Taktlosigkeit oder gar Unverschämtheit in mir hervorrufen, fällt mir immer diese Episode ein. (Schon wenn ich das Gefühl habe, dass jemand glaubt, ich lüge, werde ich rot im Gesicht, genauso, wie wenn ich einer Lüge überführt werde – obwohl dieser quälende Mechanismus mit dem Alter nachgelassen hat.)

Ich fragte trotzig, was auf den Fotografien zu sehen wäre, wenn ich den Film kopieren ließe. Der Verkäufer schob mir das Kuvert mit dem unbelichteten Film über das Pult. »Nichts«, sagte er abfällig.

Elisabeth-Volksschule

I.

Am 8.1.1952, nach den Weihnachtsferien, begleitete mich meine Mutter in die Elisabeth-Volksschule. Wir gingen eilig die Strassoldogasse hinunter, trotzdem versäumte sie nicht, auf die Villa des berühmten Dirigenten Karl Böhm hinzuweisen, die linker Hand lag. Ich stellte mir die seltsamsten Dinge vor, die in den Räumen passierten: Ununterbrochen spielten Pianisten, traten Liedersängerinnen auf, und Tag und Nacht blätterte Karl Böhm in dicken, mir unverständlichen Packen mit Millionen und Abermillionen Noten, die er auswendig lernte, worauf er die Seiten zu Boden fallen ließ, sodass beim leisesten Windstoß ein Durcheinander von herumfliegenden Notenblättern herrschte. Ich bekam den Meister jedoch nie zu Gesicht.

II.

Anschließend blieben wir vor der Elisabethstraße stehen, einer langen Geraden, umgeben von Platanen und Wohnhäusern aus dem neunzehnten Jahrhundert, die vom Stadtpark zum Landeskrankenhaus führt und daher häufig von Rettungswagen benutzt wird. Die Autos waren dort immer zu schnell unterwegs, der Verkehr war für damalige Verhältnisse dicht, und außerdem gab es weder Ampeln noch Fußgängerstreifen, weshalb meine Mutter Angst hatte, ich könnte eines Tages überfahren werden, da ich »mit meinen Gedanken immer woanders war«.

III.

In dem Gebäude waren eine Volks- und eine Hauptschule untergebracht. Als ich die vierte Klasse betrat, begrüßte mich Oberlehrer Scherrer mit einem kräftigen Händedruck und führte mich auf einen freien Platz in der Fensterreihe, wo ich bis zum Sommer verblieb und meine Abneigung gegen die Schule mit der Angst vor ihr zu verbinden lernte.

Scherrer

I.

Der Oberlehrer war ein glatzköpfiger Dämon, der im Jähzorn, laut nach Atem ringend wie ein Erstickender, seine Schüler an den Haaren riss, bis ganze Büschel auf den Pulten lagen. Zwar hat er sich nie an mir vergriffen, aber es war mehrmals nahe daran, dass er über mich herfiel. Denn beim geringsten Fehler – und besonders was das Schreiben betraf – rastete er aus und wurde handgreiflich. Er behandelte dann seine Schüler wie Feinde, deren Widerstand er brechen wollte. Offenbar ging er davon aus, dass jeder Irrtum mit Absicht, aus Nachlässigkeit oder Faulheit passierte, etwas anderes kam für ihn nicht in Frage. Er stürzte sich auf den Betreffenden, als wollte er ihn verschlingen, und riss dann so heftig an seinen Haaren, dass der Kopf hin und her pendelte. Ich war krank vor Angst, dass es mir ebenso ergehen könnte.

II.

Scherrer war ein pedantischer Kalligraph. Im Fach »Schönschreiben« zeichnete er die herrlichsten Ns, Ms und Qs an die Tafel und sicherheitshalber auch noch in jedes Heft, sozusagen als Prototypen, die von nun an wie am Fließband fortlaufend produziert werden sollten. Mir gelang nie ein auch nur annähernd so vollkommener Buchstabe, wie der Oberlehrer ihn zu Beginn einer Zeile malte. Regelmäßig mussten wir uns in alphabetischer Reihenfolge vor dem Katheder anstellen, die Hefte vorlegen und seine unerbittlichen Kommentare über uns ergehen lassen.

III.

Bald bestellte er meine Mutter ins Konferenzzimmer und erklärte ihr, dass ich in der Göstinger Volksschule zu wenig gelernt hätte und die Aufnahmeprüfung in die Mittelschule nicht bestehen würde, wenn sie nicht täglich eine halbe Stunde mit mir Diktat übte. Unbeabsichtigt brachte er so meine Mutter und mich näher zusammen. Es war ähnlich wie mit Großmutter, nur dass diesmal meine *Mutter diktierte* und *ich schrieb*. Sie lobte mich und munterte mich auf, aber sie ahnte nicht, welchen Gefahren ich ausgesetzt war.

Selbstmordgedanken

I.

Wenn ich von der Schule kam und zu meinem Unglück einer Züchtigung beigewohnt hatte, oder wenn ich in den Unterricht ging und mich davor fürchtete, gemaßregelt zu werden, blieb ich am Gehsteigrand vor der Elisabethstraße stehen, beobachtete die Autos und verspürte den Drang, mich vor eines zu werfen. Nicht aus einem dunklen Drang heraus, sondern mit der Absicht, dem Ganzen ein Ende zu bereiten. Ich sehnte mich nach dem Nichts und danach, ohne Schmerz das Bewusstsein zu verlieren. Schließlich erzählte ich meiner Mutter von den Übergriffen des Oberlehrers. Lange überlegte sie, mich aus der Schule zu nehmen, aber dann entschied sie sich dafür, Scherrer zur Rede zu stellen. Was sie ihm gesagt hat, erfuhr ich nie. Sie ging von da an regelmäßig in seine Sprechstunde, und zuletzt war ich einer der wenigen, die Scherrer verschont hatte.

II.

Ich lebte allerdings in einer lange währenden Phase der Verwirrung. Oft fiel mir die mit Paul am Weidweg zerlegte Uhr ein, und ich sah die sortierten Schräubchen, Zahnrädchen und Stifte auf dem Packpapier vor mir. So kam mir viele Jahre auch mein Leben vor, wenn ich jetzt daran zurückdachte. Ich konnte das Werk nicht wieder zum Gehen bringen, ich konnte nur versuchen, mir die Bestandteile, die mir im Gedächtnis geblieben waren, in Erinnerung zu rufen. Ich konnte auch die Zeit nicht erfassen, die die Uhr, solange sie funktionierte, angezeigt hatte. Oft dachte ich, dass ihre Bestandteile, durcheinandergeworfen wie die Erinnerungen in meinem Kopf, vielleicht irgendwo in der Lade eines verrückten Altwarenhändlers lagen, der sich für Taschenuhren interessierte, oder – was eher anzunehmen war – sie waren längst Abfall geworden.

III.

Als ich in die Elisabethschule kam, sah ich das Bild der zerlegten Uhr deutlicher vor mir als sonst, und je öfter es vor meinem inneren Auge erschien, desto mehr begriff ich, dass es ein Abbild meines vergangenen und gegenwärtigen und vielleicht sogar meines zukünftigen Daseins war. Aber es war ein stark vereinfachtes Bild, denn das Werk, um das es ging – mein eigenes Leben –, war ein unendlich komplizierterer Mechanismus.

IV.

Beim Einschlafen dachte ich auch öfter an Großmutters Pompeji. An die Stadt der Toten und der Ausgrabungen.

Nachträglich sah ich die Zeit in Gösting wie eine verschüttete Stadt, die mir plötzlich ihre einstige Realität bis ins Detail offenbarte.

Terror

I.

Ich schloss in der Elisabeth-Volksschule keine Freundschaften. Wir waren eine Leidensgemeinschaft, nur die Angst vor dem Oberlehrer hielt uns zusammen. Mir wurde deshalb auch keine Feindschaft entgegengebracht, der Aggressor war der Oberlehrer selbst. Niemand wagte, ihm zu widersprechen. Niemand wagte »aufzumucken« oder »unaufmerksam« zu sein, wie er es nannte. Niemand wagte es, die Hausaufgaben nicht zu machen, – und etwas zu vergessen, war das Schlimmste.

»Ver-ges-sen? Du hast es ver-ges-sen?«, höhnte Scherrer dann und vergriff sich sogleich. Heute bin ich davon überzeugt, dass er Lust an der Bestrafung empfunden hat. Er keuchte, stöhnte und schnaufte dabei so laut, als erlebte er gerade einen Orgasmus. Und gewiss wartete er nur darauf, einen Grund zu haben, die Nerven zu verlieren und sich gehen zu lassen. Er galt als guter Lehrer, man sprach mit Hochachtung von ihm, er habe »seinen Schülern etwas beigebracht«. Es ist wahr, meine Handschrift ist von ihm geprägt und wäre vielleicht sonst ein noch seltsameres Gekrakel. Er »bläute« uns die Buchstaben ein, er brannte sie uns ins Fell, das er uns über die Ohren zog. Ich hasste ihn damals nicht und kann ihn auch heute nicht hassen. Ich weiß jedoch nicht, was er alles getan hätte, hätte er noch mehr Macht gehabt. Ich sah ihn als Teil der Erwachsenenwelt, der ich misstraute. Und ich verachtete ihn noch mehr, als ich ihn fürchtete, obwohl ich ihn mehr fürchtete als irgendetwas anderes.

II.

Ich weiß auch heute nichts über seine politische Orientierung – welche Richtung er als die seine empfand –, egal, er passte in die Gesellschaft, an ihm wurde eine Tendenz des Denkens und Handelns sichtbar, die ihr innewohnte. Die immer vorhandene Rohheit hatte sich durch den Krieg einen kürzeren Weg vom Gedanken bis zur Tat gebahnt, und das Wegschauen hatte zur Überlebensphilosophie gehört. Weshalb hat niemand seine Absetzung gefordert? Er bekam nicht einmal eine Rüge. Die Eltern trieben ihre Kinder scharenweise zu ihm und lobten die schöne Schrift, die er ihnen beibrachte, die »Disziplin«, seine Strenge, mit der er forderte, dass der Lehrstoff beherrscht wurde, und lobten gleichzeitig damit auch seine Grausamkeit und Unerbittlichkeit. Offenbar hatten sie in ihrer eigenen Kindheit und Jugend nichts anderes erlebt, und der Nationalsozialismus war nur ein »Betriebsunfall« in einer verklärt schönen k. u. k.-Geschichte gewesen.

III.

Scherrer war ein gemeiner Mensch mit der Fassade eines Biedermanns. Er ließ sich gerne von den Eltern hofieren. Es schmeichelte ihm, wenn sie ihn als »Herr Oberlehrer« ansprachen, er blühte dann auf. Umgekehrt war er ein Speichellecker bei Akademikern und »höherrangigen Persönlichkeiten«. Er unterrichtete uns nicht, er *saß* auf uns, wie man auf einem Pferd reitet, dem man das Stallzeichen in das Fell gebrannt hat, oder wie auf einem

Lamm, bevor man es schlachtet. Sein Gewicht war so schwer, dass es kein Entrinnen gab. In einer Hand hielt er ein »Messer« – den Federhalter –, und seine Finger krallten sich in unser Fell.

IV.

Was habe ich damals geträumt? Ich möchte alle meine Träume sehen wie in einem Kino, als Zuseher eines »fremden« Träumers – erst dann wäre es mir möglich, eine größere Annäherung in meiner Lebensbeschreibung zu erreichen. Annäherung woran? An den fremden, vergangenen Menschen, der sich »ich« nennt? So angestrengt ich auch nachdenke, ich kann nur eine pauschale Aussage machen: Alle Träume waren Angstträume, alle waren bedrohlich, fremd, splitterhaft und voller Rätsel. Doch boten sie mir einen eigenartigen Anreiz, das Dasein zu bewältigen: Im Traum war es noch schlimmer als im wirklichen Leben. Und ich sagte mir, wenn ich aus meinen schrecklichen Träumen erwachte, ohne dass ich Schaden erlitten hatte, dann würde ich auch mit dem Alltag fertig. Ich sagte mir in schlimmen Situationen fortan auch, dies sei nur ein Traum. Aber ich dachte nie, wenn etwas gutging: »Das hätte ich mir nie träumen lassen.« Und allmählich bildete sich in mir die Überzeugung, dass die Geschichte der Menschheit nie wirklich erfasst werden kann, solange nicht unsere geheimen Gedanken und Träume sichtbar werden.

Versuch einer Traumbeschreibung

I.

Ich fahre in Gösting auf einem Rad bergauf bis zur Felswand, die »Jungfernsprung« heißt. Dort setze ich mich auf einen Holzbalken. Ein älterer Bub kommt auf mich zu und will mir das Fahrrad wegnehmen, ich gebe es ihm aber nicht, und er stößt mich die Felswand hinunter. Ich schwebe in der Luft, und gerade als dieses Segeln am wollüstigsten ist, erwache ich.

II.

Ich wollte jedoch wissen, ob sich der Traum weiterentwickelte, und zwang mich, ihn fortzusetzen, ein Versuch, der nur manchmal und unvollkommen gelingt. Ich sah jetzt den älteren Buben mit meinem Fahrrad die steile Straße bergab zur Endstation des 3ers fahren und von dort zum »Jungfernsprung«. Ich musste ihn unter allen Umständen aufhalten, unsichtbar schwebte ich über und neben ihm – aber es gelang mir nicht, ihn zu beeinflussen. Ein starker Wind setzte ein, der zum Sturm wurde. Hinter mir trieb der braune Fluss, die Mur, vorüber, Gebüsche und Blätter waren in heftiger Bewegung. Der Bub stieg vom Rad, lehnte es an den Felsen und suchte etwas im ungemähten Gras. Ich konnte nicht erkennen, was es war, denn ich hatte mich hinter einem Baumstamm versteckt. Ich sah, wie der Bub sich bückte, und als er mit dem Kopf in den großen Grashalmen verschwand, war es plötzlich still. Diese Stille fasste ich als Ausweglosigkeit auf. Ich wusste, dass ich jetzt dem Buben wehrlos ausgeliefert war, sobald er mich entdeckte. Auf einmal aber konnte ich wieder fliegen, und auch die Geräusche setzten wieder ein. Ich schwebte durch das Geäst des Baums auf die Stelle zu, an der sich der fremde Bub befunden hatte. Er war verschwunden, aber ich sah mich selbst mit gebrochenem Genick und verdrehten Gliedmaßen im Gras liegen. Meine Augen waren geöffnet, zwei Fliegen saßen auf meinen Lippen, und ein getrockneter Blutfaden klebte an meinem Mundwinkel. Ich trug ein weißes Hemd und kurze Hosen aus Schnürlsamt und Sandalen mit Socken an den Füßen.

Obwohl der Tote zweifellos ich selbst war, war ich mir fremd. Ich dachte, dass es ein Zeichen des Todes sei – dass man ein anderer geworden ist. Ich machte mich in den Kleidern des Toten auf den Weg und klopfte an die Tür eines einsamen Bauernhauses. Als eine dicke Frau in einem gelben Hauskleid öffnete, fragte ich, ob ich bleiben dürfe. Sie nickte und ließ mich in einen hellen Flur treten.

III.

Ich habe diesen Traum immer wieder geträumt. Warum er irgendwann so plötzlich verschwand, wie er gekommen war, weiß ich nicht.

IV.

Fünfzig Jahre später beschäftigte ein merkwürdiger Todesfall – ein ungeklärtes Verbrechen – die Grazer Zeitungen. Ein Bub war in Gösting verschwunden, die Eltern wussten nicht, wohin, und erstatteten Vermisstenanzeige. Man fand sein Fahrrad am Fuße des »Jungfernsprunges« an den Felsen gelehnt. Tage später entdeckte man seine Leiche mit gebrochenem Genick in einem Fangnetz aus Eisendraht, das am Felsen befestigt war. Der Fall wurde nie aufgeklärt. War der Bub hinuntergesprungen oder gestoßen worden? Angeblich hatte man ihn vorher mit einem anderen Buben gesehen … Es beunruhigte und berührte mich sehr, Tag für Tag von dem rätselhaften Vorfall zu lesen und mich an meinen Traum zu erinnern.

Das Hemd

I.

Der Gedanke, mich vor ein Auto zu werfen, war so stark geworden, dass meine Schritte immer schneller wurden, sobald ich mich auf den Weg zur Elisabethstraße machte. Ich wusste tatsächlich nie, ob ich lebend auf der anderen Seite ankommen würde, aber ich merkte, dass mir leichter ums Herz wurde, wenn ich an den Ausweg des »Unfalls« dachte.

II.

Hinter der Schule befand sich ein Fußballplatz, auf dem die Hauptschüler auch in ihrer Freizeit spielten. Wir schauten ihnen gerne zu und benahmen uns wie das Publikum bei einem Staatsliga-A-Spiel, applaudierten, feuerten an, pfiffen auf zwei Fingern und schimpften. Nicht selten mussten wir davonlaufen, um nicht verprügelt zu werden. Warum der Zwischenfall sich ereignete, bei dem ich einen Schlag ins Gesicht erhielt, weiß ich nicht, es muss sich aber um eine Verwechslung gehandelt haben, denn ich hatte gerade einem Hund nachgesehen, der vorübergelaufen war, als ich den Faustschlag auf die Nase verspürte. Blut beschmutzte mein weißes Hemd, der Hauptschüler schlug jedoch weiter auf mich ein, bis ich das Gleichgewicht verlor und stürzte. Der Schläger verfolgte mich in die Elisabethstraße, die ich benommen überquerte, ohne vorher nach rechts oder links zu schauen. Beinahe wäre ein Auto, das mir auswich, mit einem anderen zusammengestoßen, und im allgemeinen Gehupe und Geschrei machte mein Verfolger auf der anderen Straßenseite kehrt und lief davon. Umstehende Fußgänger riefen entrüstet, dass ich »schauen« müsse, andere boten sich angesichts meines blutbeschmierten Hemdes an, mich nach Hause zu bringen. Ich reagierte nicht darauf. Auch die Leechgasse überquerte ich, ohne nach rechts und links zu schauen, und diesmal war es ein Radfahrer, der mit mir beinahe zusammengestoßen wäre, er wich mir gerade noch über den Gehsteig aus und kam dabei selbst zu Fall.

III.

Meine Mutter glaubte, ich würde aus Trotz und schlechtem Gewissen nicht über den Vorfall sprechen, ich schwieg jedoch, weil ich das Schicksal herausgefordert hatte. Zum ersten Mal fühlte ich mich stark und wollte mein neugewonnenes Selbstbewusstsein nicht durch Klagen zerstören. Aber meine Mutter, an deren Hartnäckigkeit mein Vater oft genug scheiterte, drang so lange in mich, bis ich »mit allem herausrückte«, wie sie es nannte. Sie ließ sich nicht abweisen, ein »Nein« war für sie grundsätzlich ein »Vielleicht«, ein »Vielleicht« ein »Ja«. Das ist auch der Grund dafür, weshalb ich selbst heute schwer umzustimmen bin, denn auf jeden Überredungsversuch reagiere ich mit Abwehr und Fluchtgedanken.

IV.

Am anderen Tag begleitete meine Mutter mich zur Schule. Es kam zu einer Szene, bei der ich vor Scham am liebsten tot umgefallen wäre. Meine Nase hatte längst aufgehört zu schmerzen, aber meine Mutter hatte das blutige Hemd in einer Tasche mitgebracht und breitete es vor dem Hauptschuldirektor aus, der sich angewidert zur Seite drehte und den Übeltäter ausfindig machen ließ. In der Zwischenzeit warteten wir – das blutige Hemd auf dem Schreibtisch des Direktors vor Augen – auf die Gegenüberstellung.

V.

Als der Schüler hereingeführt wurde, ein dunkelhaariger, störrischer Jugendlicher mit »Rebellenfrisur« und einem Silberring, von dem mir ein blauer Fleck auf der Nase zurückgeblieben war, drehte er den Spieß um und behauptete, dass ich ihn beleidigt und er lediglich zurückgeschlagen hätte. Der Schuldirektor wirkte hilflos und versuchte den Vorfall hinunterzuspielen, aber meine Mutter verlangte empört eine Bestrafung. Mir war alles so unerträglich peinlich, dass ich kein Wort über die Lippen brachte.

VI.

Von diesem Tag an holte mich meine Mutter regelmäßig bei Schulschluss ab. Merkwürdigerweise aber war mein Wunsch, mich vor ein Auto zu werfen, verschwunden. Selbst die Angst vor dem Oberlehrer ließ nach, denn er konnte ja damit rechnen, dass er sich nach einem Übergriff vor meiner Mutter rechtfertigen musste.

Die Glasfabrik

I.

Vor den Sommerferien machten wir Betriebsbesichtigungen in großen Werkstätten und Fabriken, auch in einer Gerberei, die mir wegen des fürchterlichen Gestanks in Erinnerung geblieben ist und wegen des Unbehagens, das ich beim Anblick der Tierhäute empfand. Ohne Großvater vorher zu fragen, schlug ich, um mich bei Scherrer einzuschmeicheln, vor, die Glasfabrik Gösting zu besuchen. Er stimmte begeistert zu und erinnerte mich von nun an täglich an den fälligen Termin.

II.

Wir wurden durch die dunklen Werkshallen der Fabrik geführt, in denen die lärmenden Kolosse der Owens-Maschinen am Fließband rotglühende Flaschen produzierten, die aussahen wie leuchtende Morandi-Bilder. Die Arbeiter waren die Handlanger der Maschinen, und ich verstand nicht, weshalb sie trotzdem so fröhlich waren. Einer von ihnen fertigte auf Geheiß von Großvater einen Fünfzehn-Liter-Blutzer an, eine mir sinnlos scheinende, unmenschliche Anstrengung, denn als ich nach dem Wert des Behälters fragte, nannte man nur eine niedrige Summe. Ich fand, dass ein Mann, der eine solche Begabung hatte, reich sein und im Zirkus auftreten müsse. Mein Großvater schenkte dem Oberlehrer zum Abschluss eine Glaspfeife für die Lehrmittelsammlung, und Scherrer ließ sie bis zum Ende des Schuljahrs in der Ecke neben dem Katheder stehen.

III.

Ich war stolz auf meinen Großvater, aber es ging mir nicht aus dem Kopf, dass er seinen Beruf in den dunklen Hallen ausübte, wo die schwitzenden Arbeiter in großer Hitze und unter Zeitdruck ihr Geld verdienten. Ich fand und hatte erwartet, dass Großvaters Umgebung einem Paradies ähneln müsste, aber augenscheinlich war das Gegenteil der Fall – die Fabrik erinnerte mich eher an das, was wir im Religionsunterricht von der Hölle gehört hatten.

Gullivers Reisen

I.

Als ich das Abschlusszeugnis erhielt, war ich schwindlig vor Glück, die Schule in der Elisabethstraße nie mehr betreten zu müssen. Ich ging wieder gerne in den Hof neben unserem Haus spielen, wo ich langsam mit den anderen Kindern vertraut wurde, mit Hans und Herbert Schullin, den Söhnen eines Juweliers, und Manfred Herzl, dessen Vater die Schuhhäuser »Stiefelkönig« und jetzt auch »Spitz« gehörten, Geri Scheikl und Heinz Wratschko. Es gab außerdem zwei Mädchen am Geidorfgürtel, »Bunki« und »Bauxi« Ulz, die sehr zurückgezogen lebten und selten in den Hof kamen.

II.

Mein liebster Platz war unter einem der alten Kastanienbäume, zu dem ein paar Stufen hinaufführten. Ich setzte mich oft auf den kühlen Stein, wenn ich allein war, und schaute in die Baumkrone, bis mir schwindlig wurde. Sieben Jahre zuvor, im Februar 1945, hatte sich an dieser Stelle, wie mir Mutter erzählte, der Splittergraben der Hausanlage befunden, der durch eine Bombe zerstört worden war. Dabei waren elf Bewohner getötet worden und wir nur deshalb mit dem Leben davongekommen, weil wir um diese Zeit schon in der Nähe von Würzburg lebten. Meine Mutter erklärte mir, dass sie bei »Fliegeralarm« immer die vorderen Sitze neben dem Eingang mit uns belegt hatte – und gerade die dort Sitzenden seien damals durch den Volltreffer getötet worden. Die Stufen, auf denen ich saß, hatten direkt zum Splittergraben hinuntergeführt. Natürlich dachten wir beim Spielen nicht daran, aber ich hatte, noch bevor ich erfuhr, was dort geschehen war, mehrmals unerwartet auftauchende und wieder verschwindende Bilder im Kopf, »flashes«, die Tote und Verwundete auf der Wiese zeigten. Erst nach Jahren sah ich die Bilder nicht mehr. Ich wusste mit ihnen zunächst nichts anzufangen, da ich ihre Geschichte nicht kannte. Es waren Erscheinungen ähnlich Schwarz-Weiß-Dias, die das farbige Bild der gewohnten Umgebung überlagerten.

III.

Ein Stück weiter vorne standen zwei Bänke, auf denen ich manchmal unentschlossen in »Gullivers Reisen« blätterte. Paul kannte den Inhalt schon und drängte mich, es zu lesen. Erst als ich an Mandelentzündung und Fieber erkrankte, betrat ich Swifts Fantasiewelt und verlor mich von der ersten Zeile an in ihr. Nachträglich wundere ich mich, weshalb ich jemals wieder aus ihr auftauchte, wo doch kein offensichtlicher Grund dafür bestand.

IV.

Robinson Crusoe, Doktor Dolittle und Gulliver ersetzten mir die Bibel. Robinson strandete im verlorenen Paradies und musste mühsam lernen, sich in ihm zurechtzufinden. Ein Kannibale von einer benachbarten Insel, Freitag, wurde sein Bruder. Doktor Dolittle verkörperte den Paradiesbewohner, der mit allen Wesen sprechen konnte und ein Ghetto der Liebe errichtete. Gulliver durchlebte auf seinen Reisen das Fegefeuer der Menschenwelt und fand erst bei den Houyhnhnms, den Pferdewesen, den Garten Eden. Aber ich las die Geschichten nicht als religiöse Erbauungsschriften. Mir fiel auf, dass Robinson und Gulliver zuerst Schiffbruch erlitten hatten. Robinson war zur Einsamkeit auf einer von Menschen unbewohnten Insel verurteilt und zur Entdeckung der Einsamkeit in sich selbst. Gulliver unternahm insgesamt sogar vier Reisen, bei denen er sein Ziel nicht erreichte. Auf der Fahrt nach Lilliput sank das Schiff, auf der Reise nach Brobdingnag wurde er beim Wasserholen auf einer Insel zurückgelassen, vor Laputa fiel er in die Hände von Piraten, und zuletzt wurde er von Meuterern an der Küste der Yahoos – tierähnlicher Menschenwesen – ausgesetzt und von den menschenähnlichen Pferdewesen, den Houyhnhnms, gerettet. Nirgendwo entkam er der Schlechtigkeit und Dummheit der Welt, sie war überall und sogar in ihm selbst. Darum löste er auch, ohne dass ich es zunächst bemerkte, Robinson Crusoe und Doktor Dolittle als die literarischen Figuren ab, die in meinem Leben die Rolle eines Freundes spielten oder die ich sogar selbst war. Ich verstand damals zwar die Satire nicht, die in den Geschichten verborgen ist, aber ich begriff, dass alle darin vorkommenden Gestalten mit meinem Alltag zu tun hatten und nicht nur exotische Fantasiefiguren waren. Und ich verstand vor allem – und dies war die größte Entdeckung – das Ausgeliefert-Sein.

Ich erlebte beim Lesen noch einmal Gefühle, die ich am Weidweg gehabt, und die Verzweiflung, die ich in der Elisabeth-Volksschule kennengelernt hatte. Das Nichtverstehen Gullivers, seine Ahnungslosigkeit, sein Bemühen spiegelten meine eigenen Erfahrungen wider, und selbst das Lesen des Buches bestätigte den Befund, denn ich fand mich nur schwer darin zurecht. Vieles verstand ich beim ersten Mal Lesen falsch oder gar nicht, und nach Gullivers Reise zu den Riesen in Brobdingnag erlitt ich als Leser vollends Schiffbruch. Ich überflog die folgenden Seiten nur und suchte das glückliche Ende. Doch wusste ich, dass weitere Abenteuer in dem Buch verborgen waren, die ich eines Tages kennenlernen würde.

Ich machte mir keine analytischen Gedanken über die Lektüre, ich nahm den Text in mich auf, um in das Paradies der Selbstvergessenheit zu gelangen und entdeckte es, ohne dass es mir bewusst geworden wäre: nicht durch Einsamkeit oder gütige Pferde wie Gulliver, sondern durch das Lesen. In großer Bedrängnis griff ich von da an automatisch nach einem Buch. Ich hielt mich an ihm fest wie der sprichwörtlich Ertrinkende an seinem Strohhalm und spürte, wie es mir Kraft gab, das rettende Ufer zu erreichen.

V.

Was mir an den Büchern, die ich bisher gelesen hatte, auffiel, war, dass sie – im Unterschied zu meinem Leben – einen roten Faden hatten. Darum interessierten mich auch Karl-May-Romane nicht, denn die vielen Personen und Handlungsstränge verwirrten mich in meiner Einfältigkeit, wohingegen Pinocchio, Robinson und Gulliver mir halfen, meine eigene Identität zu entdecken. Zwar widerfuhr den Helden meiner Kopfwelt etwas anderes als mir, doch gelang es mir über sie, mich abwechselnd selbst zu vergessen und wahrzunehmen.

VI.

Noch in anderer Hinsicht waren die Bücher für mich das Paradies – ich verließ die Welt, ohne dass ich starb, und trat in das geschriebene Universum ein. Nach langen und zahlreichen Expeditionen in das Reich der Schrift denke ich heute, dass es ebenso wirklich ist wie die reale Welt. Für mich war es oft sogar realer und greifbarer. Ich verglich den Wahnwitz beider und fand die Literatur doppelbödiger. Wäre es mir seinerzeit möglich gewesen, wirklich in ein Buch hineinzugehen und in ihm zu verschwinden, hätte ich es ohne zu zögern getan. Von den Büchern ging ein Sog aus, der mich den Alltag als kümmerlich und arm erkennen ließ und den Wunsch nur noch verstärkte, in das Buchstaben-, Wörter-, Sätze- und Kapiteluniversum auszuwandern.

Die Amsel

I.

Ein kleines Erlebnis von damals habe ich nie vergessen, weil es meine Abneigung gegen das Töten zur Folge hatte:

Ich war allein im Hof und spielte mit Hans Schullins amerikanischer Schleuder aus gelbem durchsichtigem

Kunststoff, die er auf einer Bank vergessen hatte. Die Schleuder war innen hohl und mit Kugeln gefüllt. Es war ein Sonntagmittag. Aus geöffneten Fenstern hörte ich gedämpfte Küchengeräusche. Sonst schien alles zu schlafen. Nur eine Amsel sang auf einem Ast des Kastanienbaums. Ich kann nicht sagen, warum ich eine Bleikugel nahm und auf den schwarzen Vogel zielte, der die schönsten Laute von sich gab. Ich visierte ihn langsam und sorgfältig an, zunächst ohne Absicht, die Kugel loszulassen, dann aber verspürte ich plötzlich einen unwiderstehlichen Drang, es zu tun. Ich dachte dabei nicht an Doktor Dolittle und die Sprache der Tiere, ich sah nur die bewegungslose Amsel, öffnete Daumen und Zeigefinger, und im selben Augenblick verstummte der Vogel und fiel auf die Wiese.

II.

Ich sprang auf und beugte mich über ihn. Seine Augen und sein Schnabel waren geschlossen, und tiefe Reue überkam mich. Ich nahm ihn in die Hand, betrachtete die Federn, drückte den kleinen, noch warmen Körper ans Ohr und lauschte vergeblich nach einem Herzton. Mit bloßen Händen begrub ich ihn in der weichen Erde vor dem Zaun zur Nachbarvilla und wischte die Finger im Gras ab – niemand hatte etwas bemerkt, bis auf einen Hund, der herbeilief und mich bellend vom Zaun vertrieb.

Die enge Welt

I.

Ich ahnte zum ersten Mal, dass wir in einer »engen« Welt lebten. Siebzig Kilometer südlich der Stadt befand sich der »Eiserne Vorhang«, der Stacheldrahtzaun, der uns vom kommunistischen Jugoslawien trennte, von den Kroaten, den Slowenen, Bosniern und Montenegrinern und Serben. Und von den Ungarn und den Tschechoslowaken, die Kaiser Franz Joseph regiert hatte, genauso wie von den Siebenbürgern. »Wir« hingegen waren von den Engländern »besetzt«. Ich habe sie als Bub am Glacis und in der Elisabethstraße aufmarschieren sehen. Immer wieder begegneten mir Soldaten in Uniform auf der Straße, manchmal fuhren sie auch gelangweilt in Jeeps vorbei.

II.

Die Engländer waren in der Stadt beliebt, sie gehörten zu den »Westmächten« – Russen und Kommunisten hingegen waren »unsere Feinde«, obwohl ich an Onkel Sepp nichts Böses entdecken konnte. Aber Stalin, der immer mit Hitler in einem Atemzug genannt wurde, war der »blutige Herrscher der Russen«. Fiel sein Name, machte nur Onkel Sepp ein freundliches Gesicht. Über die Amerikaner hörte ich Gutes und Schlechtes zugleich. Sie waren reich und großzügig, hatten aber über Hiroshima und Nagasaki Atombomben abgeworfen und dadurch »Tausende Menschen umgebracht«. Dabei fielen auch die Namen des englischen Premierministers Churchill und der Stadt Dresden. Man hörte außerdem, dass die Amerikaner Feiglinge seien, die den Krieg nur dank ihrer »materiellen Überlegenheit« gewonnen hätten. Über die Franzosen fiel kaum ein Wort, und über Italien sprach bei uns niemand abwertend, denn mein Vater, der in Bologna das erste Rigorosum für sein Medizinstudium abgelegt hatte und im Krieg in Sizilien stationiert gewesen war, liebte das Land.

III.

Großvater stellte das Bild, das wir uns von »den« Russen machten, auf den Kopf. Er lehnte zwar Stalin und den Kommunismus ab, schwärmte aber nach wie vor von den russischen Schachweltmeistern, zunächst von Botwinik, Smyslow und später von Tal. Er wies uns auf Tschaikowski hin, auf Tolstoi, Dostojewski und Gogol und erzählte uns seinen Lieblingsfilm nach Puschkins »Postmeister« mit Heinrich George.

IV.

Die österreichischen Bundeskanzler und Bundespräsidenten waren Volkshelden: Renner, Körner, Schärf, Raab und Figl. Höchstens in Wahlkampfzeiten gab es kritische Bemerkungen über sie. Die katholische Kirche und Papst Pius XII. spielten hingegen kaum eine Rolle, Religion war nach wie vor kein Gesprächsstoff in unserer Familie, und alle Gebete vom »Vater unser« bis zum »Gegrüßet seist du Maria« habe ich nur bei den Bauern auf dem Land gehört und erst in der Volksschule gelernt.

V.

Nach jedem Besuch in der Wohnung eines Spielkameraden am Geidorfgürtel 16 fielen mir die schlechte Ausstattung unserer Wohnung und die billigen Teppiche auf: Bei anderen gab es Einbauschränke, versiegelte Parkettböden, Lederfauteuils, ein Klavier, amerikanische Küchen, Musiktruhen und »komplette« Schlafzimmer, bei uns nur einen Haufen abgestoßener, billiger Einrichtungsgegenstände. Ich verstand es nicht, war doch unser Vater, wie Mutter mir immer wieder erklärte, als Arzt etwas Besonderes. Als ich ihr von der Wohnung der Schullins erzählte, antwortete sie mit einem Vortrag über Großmutters Vermögen, das sich in nichts aufgelöst hatte, aber nachdem ich von Manfred Herzl und Geri Scheikl berichtet hatte, fing sie plötzlich über die »Nazi-Zeit« zu sprechen an, die für unser Unglück verantwortlich sei. Dass sie, als sie »das wahre Gesicht der Nazis« erkannt habe, mit ihnen habe brechen wollen, aber »den Mund habe halten« müssen, da es ihr sonst schlecht ergangen wäre. Sie habe, fuhr sie fort, das Kriegsende herbeigesehnt. Unser Vater wiederum, betonte sie, habe keinem Menschen im Krieg etwas zuleide getan, im Gegenteil habe er jedem ohne Unterschied ärztliche Hilfe geleistet. Aber nach dem Krieg habe man die Kleinen bestraft, die Großen hingegen hätten es alle wieder »zu etwas gebracht« und es sich »gerichtet«. Ich war erleichtert über ihre Erklärung und glaubte ihr.

VI.

Ich war jetzt jedoch hellhöriger als früher, wenn die Namen Hitler, Eva Braun, Goebbels, Himmler, Hess, Göring fielen – zumeist in Form von Klatsch, Zitaten oder abwertenden Bemerkungen. Man sprach über sie anders als über die gegenwärtigen Politiker, eher wie über heimtückische Verbrecher.

Und doch waren meine Eltern offenbar noch viel empörter über das, was ihnen selbst widerfahren war, als über das Unglück, das die Nazis über andere gebracht hatten. Ich hörte häufig Klagen darüber, »was uns angetan wurde«, aber kaum eine Bemerkung über das Leid der Widerstandskämpfer, Juden und überfallenen Völker.

VII.

Am Geidorfgürtel waren die Trachten fast zur Gänze verschwunden, jedenfalls sah ich die Hausbewohner und ihre Kinder nur elegant oder sportlich gekleidet, nie in Tracht wie uns. Heute denke ich, dass mein Vater beschlossen hatte, der beste Österreicher zu sein, den es je gab. Er musste sich nicht einmal bemühen, er war es. Ebenso meine Mutter, die ihn noch übertraf, und auch wir Kinder wurden im Österreichertum unterwiesen, das darin bestand, mit »Grüß Gott« zu grüßen, freundlich zu sein, Erwachsenen nicht zu widersprechen, nicht mit vollem Mund zu reden, in der Straßenbahn aufzustehen und alten Leuten den Sitzplatz anzubieten, artig zu sein, sauber zu sein, nichts Abfälliges zu sagen, das Alter zu ehren, fleißig zu lernen, gegen »Schmutz und Schund« zu sein, gegen den Kommunismus zu sein und die katholische Kirche nicht zu kritisieren. All das entsprang der Sehnsucht, wie in der Monarchie zu leben, ohne dass es sie noch gab. Die Monarchie war das fotografische Negativ, auf dem festgehalten war, wie das richtige Leben angeblich gewesen war, und wir waren die mühsam entwickelten Abzüge davon, auf denen – wie wir erkennen sollten – jetzt alles verwackelt und falsch belichtet zum Vorschein kam. Der Versuch, an alten Zeiten Maß zu nehmen, war eine Form des Nicht-Lebens in der Öffentlichkeit, und die Familie war das für die Kinder ausersehene Trainingscamp.

VIII.

»Pinocchio«, »Purzel der Hampelmann« – was für eine wahre Geschichte, wenn man das Buch in unserer verkehrten Welt von hinten nach vorne las: wie aus einem Kind durch verschiedene Abenteuer eine Marionette und aus einer Marionette ein Stück Holz wird. Bedingt durch den Krieg gab es einen großen Purzel-Nachwuchs, die Kinder purzelten nur so ins Leben, wurden zu Marionetten abgerichtet und zuletzt als Holztrümmer verarbeitet, die man in der Schule verheizen konnte, in den Lehrlingsausbildungsstätten, auf den Bauernhöfen. Manche wurden zu Trachtenpuppen, manche schwangen die Peitsche wie im Buch der böse Kutscher, manch einer wurde zum Zirkusdirektor, der die ihm ausgelieferten Kinder in einen Käfig sperrte. Und fast alle wurden im Laufe ihrer Verwandlung zu Eseln, jedem wuchs eine lange Nase vom Lügen, und nur weil alle Riesennasen hatten, fielen sie niemandem auf.

IX.

Meine Eltern, entdeckte ich, waren unterwürfig, aber noch öfter dünkelhaft. Zu Hause bestätigten sie sich gegenseitig, etwas Besonderes zu sein. Vor jenen aber, die ihnen übergeordnet waren, machten sie sich putzig klein. Mein Vater schmolz in übergroßer Höflichkeit dahin, meine Mutter strahlte vor Herzigkeit. Unter ihresgleichen aber waren sie vollmundig und selbstbewusst. Wir sollten genauso werden wie sie, das wünschten sie sich. Ängstlich registrierten sie jede Abweichung und ermahnten uns, ihre Ratschläge und Anweisungen zu befolgen. Ich war bereits dabei, die »Purzel-«, die »Pinocchio-Verwandlung« von hinten nach vorne durchzumachen.

x.

Wenn Großmutter jetzt auf Besuch kam, ging ich ihr zunehmend aus dem Weg. Sie saß schwermütig in der Küche, schnalzte, schnitt Gesichter und trank mit dem Schöpfer Wasser. Wir schrieben und zeichneten nicht mehr.

Indianerspiel

I.

Anfangs war das Indianerspielen das Wichtigste, doch endete es zumeist im Streit, da Hans Schullin immer Häuptling sein musste, was uns jedoch bald langweilte, denn Hans war es gewohnt zu bestimmen, wir aber nicht, von Gleichaltrigen bestimmt zu werden. Hans gehörten ein aufpumpbares Zelt und eine prächtige Indianerausrüstung mit bunter Federkrone, die ihm bis zum Rücken reichte. Niemand durfte das Zelt ohne seine Erlaubnis betreten, und die Genehmigung wurde selten – und wenn, dann huldvoll – erteilt. Meine Brüder und ich hatten nur antiquarische Fragmente im Indianerfundus, aber anfangs spielten wir widerspruchslos mit, weil wir zur Hausgemeinschaft gehören wollten. Dafür wurden wir mit Senfbroten belohnt, die das Dienstmädchen der Schullins, Frau Grete, mit Zitronenwasser in den Hof brachte. Hans Schullins Bruder Herbert hingegen war sanftmütig, wenn auch eigensinnig. Er hätte einem Wechsel in der Häuptlingsfrage ohne weiteres zugestimmt. Dazu kam es aber nicht, es bestand im Gegenteil schon längere Zeit ein Verbot, das im Hof errichtete Zelt zu betreten. Deshalb bedeutete mir auch das Indianerspielen nichts mehr, und Helmut ging das Tam-tam, das der Häuptling machte, ohnedies auf die Nerven. Paul und Hans hielten jedoch lieber Hof, als Krieg zu führen und unsichtbare Feinde zu vertreiben. Wir bekamen von den feindlichen Sioux zwar immer wieder besorgniserregende Kunde – Heinz Wratschko und ich meldeten fortwährend Überfälle –, davon wollten Hans und Paul aber nichts wissen, sie zogen es vor, ihre Karl-May-Gespräche weiterzuführen. Allerdings erhob Paul, je länger die Indianerphase dauerte, immer drängender den Anspruch, selbst einmal Häuptling zu sein. Wir unterstützten ihn dabei in der Hoffnung, dass es dadurch etwas weniger langweilig würde. Nach langem Palaver führten wir eine demokratische Abstimmung durch, und als Paul sich freudig die Häuptlingskrone aufsetzte und ans Regieren ging, ließ Hans erbost die Luft aus dem Zelt und verlangte seinen Federschmuck zurück.

II.

Nach dem Mittagessen, bei dem alle Kriegsrat hielten, wollte Hans dann vom Indianerspielen nichts mehr wissen und Musik machen. Er besaß alle möglichen Rhythmus-Instrumente: Rumbakugeln, Schlagstöcke, eine Trommel und sogar ein Raspahorn, das aussah wie die Trophäe einer Antilope. Das Horn war gerippt, und mit einem Stäbchen konnte man ein Sirr-Geräusch erzeugen, es klang, als würde man mit einem Korkenzieher an einer Gipswand wetzen. Paul, der noch immer glaubte, Häuptling zu sein und regieren zu dürfen, erteilte Hans einen Befehl, und dieser, zornig über die Zumutung, gehorchen zu sollen, schlug ihm mit dem Raspahorn gegen den Hinterkopf. Mein Bruder griff sich an die Wunde, sah das

Blut an seinen Fingern, die er vor die Augen hielt, als könne er aus ihnen erfahren, was geschehen war, brach dann zusammen und blieb besinnungslos liegen.

III.

Ich dachte, er sei tot, und stürzte mich auf Hans, der größer und kräftiger war als ich, warf ihn zu Boden und schlug auf sein Gesicht ein, bis das Dienstmädchen Grete und meine Mutter durch die Schreie herbeigeeilt kamen und mich von ihm wegrissen.

IV.

Paul wurde mit mehreren Stichen genäht und kam mit einem Kopfverband aus dem Krankenhaus zurück, um den ich ihn beneidete. Abends gab es eine Versöhnungsfeier mit Hans, die Frau Schullin arrangiert hatte. Helmut wollte nicht mitgehen, ich war nicht eingeladen, und Paul kehrte nach zwei Stunden mit einer Armbanduhr zurück.

Soucek

I.

Im September bestand ich die Aufnahmeprüfung in das Kepler-Realgymnasium. Da Paul dort schon die erste Klasse absolviert hatte und nicht die Schule wechseln wollte, fuhren wir jetzt gemeinsam jeden Morgen mit dem 2er bis zur Keplerbrücke.

II.

Ich fühlte mich in dem Gymnasium ebenso wenig wohl wie in der Volksschule, es gab jedoch zu meiner Erleichterung keine Gewalt, wie sie Oberlehrer Scherrer ausgeübt hatte. Die Professoren blieben anonym, ebenso die Schulkameraden. Ich kann mich nur an Werner Soucek erinnern.

III.

An einem der öden Schultage erklärte uns der Klassenvorstand, dass, wie wir ja wüssten, der Vater unseres Mitschülers Soucek zu einer mehrjährigen Gefängnisstrafe verurteilt worden sei und wir unserem Klassenkameraden beistehen sollten. Ich begleitete Werner zu Mittag nach Hause in eine altdeutsch eingerichtete Wohnung in der Humboldtstraße und versuchte vergeblich, aus ihm herauszubekommen, was sein Vater angestellt hatte. Werner stotterte und sprach anstelle eines S ein Wangen-Sch, was allgemein als »hölzeln« bezeichnet wurde. Er war hilflos und nicht einmal imstande, um etwas zu bitten. Außerdem lernte er noch schlechter als ich. Wurde er an die Tafel gerufen, verhedderte sich seine Aussprache fürchterlich im S-Sch-Gestrüpp, sodass man sich anstrengen musste, ihm zu folgen. Anfangs war diese seltsame Sprechweise für uns Mitschüler erheiternd, aber bald gewöhnten wir uns daran. Ich begleitete ihn jetzt öfter nach Hause. Seine Mutter, eine Schwester und die Großmutter überwachten bei meinem Besuch in der Wohnung alles, was wir taten. Außer den Möbeln habe ich noch ein weißes, in sich gemustertes Tischtuch mit langen Fransen in Erinnerung und die darüber hängende weiße Lampe mit gläsernem Schirm. Vor allem seine Großmutter hielt mich dazu an, mit ihrem Enkel zu lernen, aber Werner war ein seltsam willenloser, weicher Mensch und schon für die geringste Ablenkung anfällig. Als meine Mutter erfuhr, bei wem ich »verkehrte«, unterband sie weitere Kontakte mit dem Hinweis, dass ich mich auf die Schule konzentrieren solle. Von da an verblasst meine Erinnerung an Werner Soucek. Wie er aussah, weiß ich nicht mehr, nur dass er einen Scheitel trug und alles, was er tat, von einer gewissen Hast begleitet war.

IV.

Sein Vater, Theodor Soucek, war ein ehemaliger Gauredner gewesen, erfuhr ich von Großvater erst viel später, und einer der Organisatoren der »Werwolf«-Bewegung, die nach dem Ende des Dritten Reiches in der Illegalität weiter für die NS-Ziele kämpfen sollte. Er hatte nach 1945 in Österreich ein Netz von neonazistischen Verbindungen aufgebaut, das ihm schließlich zum Verderben wurde.

Kepler-Realgymnasium

I.

Anfangs hatte ich durch die Erzählungen meines Bruders über »das Gymnasium« hohe Erwartungen gehabt, aber schon nach einer Woche waren diese einem Gefühl der Enttäuschung gewichen. Während Paul sich in der zweiten Klasse wohl fühlte, war ich in der ersten Klasse geistig nicht anwesend. Ich dachte wie schon in der Volksschule an andere Dinge, als die Professoren vortrugen und mit Kreide an die Tafel schrieben. Ich brauchte nur aus dem Fenster zu schauen, um vom Wunsch, »draußen« zu sein, überwältigt zu werden. Ich lernte jedoch rasch, meinen Blick aufmerksam auf den Professor oder die Tafel zu richten und in Gedanken hinauszuflüchten.

Meine Vorstellungskraft war dabei so stark, dass ich ganze Szenen deutlich vor mir sah. Ich spielte heimlich durch, Großmutter am Weidweg zu treffen oder bei einem Fußballspiel von Sturm Graz als Mittelstürmer Tore zu schießen, oder ich sah mich als Helden der Österreich-Rad-Rundfahrt, der die Glockner-Etappe gewann.

Ich erträumte mir eine Welt, in der alles möglich war, was ich wollte. Wurde ich aufgerufen, hatte ich oft nicht gehört, was gefragt worden war und blickte den Professor ratlos an. Und bald verstand ich wirklich nicht mehr, worum es ging. Hatte ich es je verstanden? Ich ahnte, dass ich von den meisten Dingen ein falsches Bild hatte, eigentlich hätte ich den ganzen Tag sagen müssen: »Entschuldigen Sie das Missverständnis.« Es leuchtete mir vor allem nicht ein, weshalb ich den Schulstoff beherrschen musste. Um ein Missverständnis gegen ein anderes auszutauschen? Ich kapselte mich in der Nussschale meiner Innenwelt ab, nur von dem Bestreben erfüllt, übersehen zu werden. Es schien mir aussichtslos, auf die Dauer meine Unkenntnis zu verbergen, trotzdem machte ich weiter. Irgendetwas würde auch *hinter* der Schule sein, davon war ich überzeugt, eine Wahrheit und eine Wirklichkeit, die vermutlich nur verdeckt war.

II.

Nur zu meinem Turnlehrer hatte ich im Gymnasium Kontakt, da ihm meine sportlichen Leistungen auffielen, vor allem, dass ich beim Laufen der Schnellste war. Das änderte aber nichts an meinem Unbehagen und meiner wachsenden Verzweiflung, die ich – so gut es ging – zu verbergen trachtete.

Das Mädchen mit der weißen Mütze

I.

Was mich an der Schule, am Gymnasium, am meisten beschäftigte, hatte mit ihr nur am Rande zu tun. Es war die Frage, ob ich im 2er das Mädchen mit der weißen Mütze sehen würde. Ich hatte mich, wie man sagt, auf den ersten Blick in sie verliebt.

II.

Sie hatte ein altmodisches Gesicht wie ein Mädchen, das zur Christmette geht und eine Kerze trägt. Ich stellte mir vor, dass ihre Eltern Beamte wären oder etwas Ähnliches und sie das einzige, behütete Kind, vielleicht, weil auch ich mir behütet vorkam. Sie hatte blondes lockiges Haar, grüne Augen und trug einen dunkelblauen Mantel mit einem hellen kleinen Pelzkragen, flache Sportschuhe oder Stiefeletten. Ab und zu wartete sie mit mir auf die Straßenbahn.

III.

Die Haltestelle befand sich vor der Keplerbrücke, wo der Mühlgang in einem tiefen, gemauerten Flussbett zu einem Wehr floss und dahinter weiß schäumend zur Mur hinuntertoste.

Zumeist stand ich allein auf der Brücke, tauchte in Gedanken in das Wasser oder in die wüst spritzende Flut hinter dem Wehr und stellte mir vor, ein Tropfen zu sein. Ich kann nicht mehr sagen, wie oft ich in Gedanken in das Wasser gesprungen bin, das mich seltsam anzog.

Einmal sah ich aus einiger Entfernung einen roten Feuerwehrwagen und Polizei vor dem Wehr und wie mit einem langen Enterhaken eine Leiche ans Ufer gezogen wurde, ein alter Mann mit weißen Haaren in einem Staubmantel. Das Kinn fiel ihm auf die Brust, der Mund stand weit offen, ein schwarzes Loch … Man beugte sich über ihn, ein Fotograf machte Blitzlichtaufnahmen. Ich ließ die Straßenbahn vorbeifahren und starrte gedankenverloren zur Unglücksstelle hinunter, bis der Leichenwagen eintraf.

IV.

Vor diesem Wehr stand ich hin und wieder mit dem Mädchen. Ich sehe mich heute selbst wie damals an der Haltestelle warten. Seitlich und am Hinterkopf ist mein Haar kurzgeschoren, die Arbeit des Friseurs Süß in der Zinzendorfgasse, der uns jetzt regelmäßig einen »Schnitt« verpasste. Ich trage einen langen hellgrauen Trachtenanzug mit grünen Aufschlägen und Borten und Hirschknöpfen, den abgelegten Lodenmantel von Paul und den schwarzen Hut mit grünen Bändern, der mir zu groß ist. Ich wich jedem Spiegel aus, ich schaute in keine Schaufensterscheibe, ich wusste, dass ich die Lächerlichkeit in Person war. Aber dagegen half kein Protest. Ich war allein. Ich hätte das Mädchen ansprechen können, doch es war um zwei oder drei Jahre älter als ich, weshalb ich nicht wusste, wie ich es anstellen sollte. Warf die Schöne mir einen verstohlenen Blick zu, gab ich vor, ihn nicht zu bemerken und schaute gelangweilt weg. Die Straßenbahn hielt, und ich wartete, ob sie die vordere oder hintere Plattform nehmen würde und folgte ihr dann wie zufällig. Auf der Fahrt warfen wir uns, wie gesagt, abwechselnd heimliche Blicke zu. Ich beobachtete ihr Spiegelbild zumeist in der halb verglasten Schiebetür vor der Fahrerkabine und entdeckte, dass dort unsere Blicke zusammentrafen. Einige atemlose Augenblicke lang starrten wir uns in die durchsichtigen Gesichter, als seien wir okkulte Phänomene.

V.

Je mehr Menschen einstiegen, desto schwieriger wurde es, sie sehen zu können und umso weniger verbarg ich meine Neugier. Wenn ich an der Station Zinzendorfgasse ausstieg, schaute ich ihr offen ins Gesicht, und auch sie blickte mich ernst an und wir ließen uns nicht aus den Augen, bis die Straßenbahn weitergefahren war. Mit einem brennenden Gefühl in der Brust lief ich dann nach Hause, und wenn ich einschlief, umarmten wir uns in meinen Gedanken und gestanden uns unsere Liebe. Manchmal blieb sie tagelang aus, um dann plötzlich wieder zu erscheinen und vor mir auf eine der beiden Plattformen der Straßenbahn zu steigen.

VI.

Paul, mit dem ich zumeist gemeinsam fuhr, entdeckte bald das Augenspiel und fing selbst an, das Mädchen zu beobachten. Bald starrten auch sie sich an. Ich fürchtete schon, sie würden miteinander ins Gespräch kommen, aber es blieb – wie mit mir – beim Austausch von Blicken. Fuhr ich allein, weil Paul länger Schule hatte als ich, begann das Spiel der Blicke zwischen dem Mädchen und mir wieder von neuem. Nie haben wir ein Wort miteinander gewechselt, nie uns irgendwo verabredet.

Bücher

I.

Professor Hofmann, ein pensionierter Deutschlehrer, der im gleichen Stockwerk wohnte wie wir, sprach mich, als ich von der Schule kam, vor dem Lift an und lud mich ein, mir seine Bibliothek anzusehen. Er habe von meiner Mutter gehört, sagte er, dass ich Bücher läse, ich könne mich gerne umschauen. Seine temperamentvolle kleine Frau lachte jedes Mal, wenn Unerwartetes geschah, so auch, als ich unsicher eintrat. Ihre Stimme war oft im Gang zu hören, wo sie mit den Hausparteien schwatzte und sich über Neuigkeiten amüsierte.

II.

Die Wohnung roch nach altem, vergilbtem Papier, und der Geruch ist mir in der Nase geblieben, weshalb ich jedes Mal, wenn ich ihn wieder wahrnehme, an den Professor und seine Bibliothek denke. Die Bücher in den schwarzen Regalen hatten keinen Umschlag mehr, das Leinen war ausgebleicht, und die Seiten hatten die Farbe von Sägespänen. Ich kannte keinen der Hunderte Titel und fragte daher nach einem Lexikon.

»Was willst du mit einem Lexikon?«, fragte der Professor. »Geh nach Hause und komm nach dem Essen wieder.« Er war groß, glatzköpfig, und die Haut war auf seinem Kopf und an den Händen übersät mit braunen Flecken. Er trug zumeist einen grauen Anzug mit Krawatte und dunkelbraune »englische« Schuhe. Ich begriff nicht, was er von mir wollte, als Gesprächspartner war ich sicher zu dumm für ihn, und ich fürchtete, dass er dahinterkommen könnte.

III.

In dieser Bibliothek, die meiner Vorstellung davon gänzlich widersprach, weil sie mir wie ein Altersheim für ausgediente Bücher vorkam, fühlte ich mich anfangs verloren. Ohne das Angebot von Professor Hofmann hätte ich vermutlich keines der Exemplare gelesen. Er dachte zuerst lange nach und verfiel dann auf den Titel »Till Ulenspiegel« von de Coster, mit dem ich allerdings nichts anfangen konnte. Ich ließ das Buch wochenlang zu Hause liegen und bat dann meine Mutter, es zurückzugeben. Hierauf versuchte er es mit anderen Werken, aber ich hatte mir inzwischen angewöhnt, die Bücher, die Paul sich in der Schule ausborgte, im Anschluss an seine Lektüre zu lesen. Es waren vor allem Werke von Arthur Conan Doyle und Jules Verne, »Der Hund von Baskerville« und »Zwanzigtausend Meilen unter dem Meer«. Sie regten meine Fantasie an, obwohl ich mich in ihnen schwer zurechtfand – bis ich mich entschloss, einfach weiterzulesen, wenn ich etwas nicht begriff.

IV.

Ich las wenig und langsam. Ich las »meine« Bücher, »Gullivers Reisen«, »Robinson Crusoe« und »Doktor Dolittles Zirkus« mehrmals. Ich liebte die Wiederholung. Nicht nur begriff ich ein Buch mit jedem neuen Lesen besser, ich wusste auch im Voraus, was geschehen würde, und daran war für mich nichts »Absonderliches«. Es bestätigte vielmehr meine trostlose Eigenschaft, den Verlauf von Ereignissen manchmal voraussehen zu können. Und als meine Mutter mir die Geschichte unserer Eisenbahnfahrt zu Kriegsende erzählte und ihre Intuition dafür verantwortlich machte, dass sie sich in Mautern plötzlich geweigert hatte, die vorgegebene Strecke einzuhalten, was möglicherweise unser Leben rettete, fühlte ich mich erleichtert und verstanden.

V.

Wenn ich mich recht erinnere, wollte ich eine Zeitlang immer nur dieselben Bücher lesen. Nicht, weil andere ihnen nicht gleichgekommen wären – das Beurteilen begann erst später –, sondern weil ich mir mit ihnen eine Gegenwelt aufbaute, in der ich mich besser zurechtfand als in der Schule. Ich konnte auf das Schicksal der Figuren keinen Einfluss nehmen, musste es vielmehr als Leser des Buches mit ihnen teilen, aber ich konnte Ereignisse, wenn sie mir missfielen, einfach überblättern. Zwischen den einzelnen Kapiteln, die ich für das wiederholte Lesen aussuchte, war ein Blackout. Bald las ich die Abschnitte, in denen Übles geschah, Gewalt und Unglück triumphierten, öfter als jene, in denen das Gute siegte. Mehr und mehr bewiesen mir die Bücher, was man mir immer verschwieg: den Sieg des Bösen über das Gute in der wirklichen Welt.

VI.

Gleichzeitig machte mich das Lesen auf eine spielerische Weise freier, weil alles, was mir damals Gewissensbisse verursachte, auch in den Büchern zu finden war – oft sogar bis ins Groteske vergrößert. Ich entdeckte im Denken der anderen auch mein eigenes. Solange ich lese, ist mir das Interesse an Selbstvergessenheit oder Selbstentdeckung und Selbsterfahrung nicht abhanden gekommen – ähnlich wohl den meisten Lesern –, vielleicht ein

Indiz dafür, dass auch andere sich vergessen wollen oder sich nicht begreifen können. Noch in den schwärzesten Abgründen erkannte ich Facetten meines eigenen Wesens. Langsam ging mir auf, wie sehr ein Buch von der Sprache abhing, vom Stil, in dem es abgefasst war, manche Formulierungen riefen sogar eine Art Kitzel in meinem Kopf hervor. Andere entzückten mich, weil aus dem Zusammenprall verschiedener Wörter eine Erkenntnis aufleuchtete, wie Funken, die beim Zusammenschlagen von Feuersteinen entstehen.

VII.

Von der Welt in meinem Kopf, meinem Unverstand und meinen geheimen Wünschen und Entdeckungen wusste niemand etwas, genauso wenig von meiner Affinität zum Selbstmord, meinem Unglück und meinen Momenten der Hellsicht.

VIII.

Ich entdeckte, dass sich die Menschen im Geheimen hassen, und das Wissen darum verstörte mich. Sie hassten sich, auch wenn sie vorgaben, sich zu lieben. Ich erkannte das an meinen Eltern, die sich gegenseitig ihre Liebe beteuerten und sich doch mit Worten verletzten, bis meine Mutter weinend die Küche verließ oder Vater erzürnt davonlief.

IX.

Als Paul von Hans Schullins Mutter nach der Armbanduhr noch einen Karl-May-Band, »Durch die Wüste«, geschenkt bekam, geschah es zum ersten Mal, dass ein nicht gelesenes Buch eine Fülle von Gedanken in mir auslöste, denn ich stellte mir die großartigsten und ungeheuerlichsten Abenteuer vor, die sich hinter dem Einband verbargen. Mein Kopf erfand nicht nur Geschichten, sondern auch Bilder, meine Fantasie fing sofort zu arbeiten an, wenn ich es nur in die Hände nahm. Die Energie, die bei der bloßen Betrachtung von ihm ausging, war so stark, dass sie die Lust, es zu lesen, übertraf. Es genügte mir, es anzusehen und träumerisch an die Offenbarung zu denken, die es mir zuteil werden lassen würde. In meinen Gedanken wurde das Buch mit der Zeit immer einzigartiger, sodass es mir nicht mehr möglich war, auch nur darin zu blättern, ohne enttäuscht zu sein. Das Buch hatte eine Aura, die erst im Laufe von Wochen oder Monaten verglomm, wie Blumen welken. Von da an wiederholte sich dieses Phänomen immer wieder (es kommt vor, dass ich Bücher erst nach Jahren lese, wenn sie diese Aura eingebüßt und wie eine Pflanze in einem Herbarium in meiner Bibliothek eine andere Identität angenommen haben).

X.

Ich werde es mein ganzes Leben lieben, mich in Büchern zu verlieren. Es ist wunderbar, die innere Orientierung nicht mehr zu spüren, zu sehen, wie die Kompassnadel unserer Vorstellungswelt sich nicht mehr nach dem Pol orientiert und Prinzipien sich in nichts auflösen. Auch wenn ich weiß, dass es nur ein elektromagnetischer Lesesturm ist, der sich irgendwann legt, und dass die alte Vorstellungswelt dann wieder zum Vorschein kommt.

XI.

Auch im so genannten wirklichen Leben gebe ich manchmal der Lust am Michverirren nach, obwohl ich gleichzeitig eine Scheu davor habe. Ich wünsche mir dann nichts so sehr, wie aufzubrechen und nicht mehr zurückzufinden, und fürchte auch gleichzeitig nichts so sehr, weil ich alles schon im Voraus in Gedanken durchlebt habe. Diese Eigenschaft ist mir aus meiner Kindheit geblieben. Wenn ich mich wirklich treiben lasse, ist es wie ein Rausch, der über mich kommt, und gerate ich in Panik, beginne ich mich zu orientieren, eine Karte zu befragen oder mich an einen Menschen zu wenden, der mir vertrauenswürdig erscheint.

XII.

Beim Lesen habe ich alle Schauer und Abenteuer des Mich-Verirrens erlebt, weil ich Wörter, Anspielungen und ganze Absätze nicht verstand und das fehlende Verständnis durch Fantasie ergänzte – so wie ich es als Kind im wirklichen Leben gelernt hatte und nicht wenige Erwachsene es ihr ganzes Leben lang tun. Das Reisen und das Lesen haben sich häufig ergänzt, denn zahlreiche fremde Länder habe ich erst anhand ihrer Literatur kennengelernt, und auch mit Hilfe von Reiseführern oder Reisebeschreibungen, angefangen von Swifts Gulliver bis Cees Nooteboom, Bruce Chatwin, Paul Theroux, einem Baedeker von Indien oder einem Stadtführer von Granada.

XIII.

Um mir Bücher zu beschaffen, läutete ich im Laufe der Jahre immer häufiger bei Professor Hofmann und seiner Frau an. Dort hatte das Wohnzimmer, das zugleich die Bibliothek war, die Atmosphäre eines literarischen Reisebüros. In einer Bibliothek ist man zugleich auf einem Bahnhof oder Flugplatz. Wenn der alte Mann in seinen alten Möbeln mit seinen alten Büchern dasaß, kam er mir vor wie ein Forschungsreisender, der auf ein langes, abenteuerliches Leben zurückblickt, ein Humboldt, der Bücher erkundet und Sätze und Wörter gesammelt hat. Er war ein vornehmer und zurückhaltender Herr. Seine weißhaarige Frau war das aktive Element in diesem Haushalt. Immer unternahm sie etwas, kaufte ein, backte, kochte, machte Besuche, während er wie ein chinesischer Mandarin Zeitung las und Radio hörte oder ein Buch auf seinem Schoß liegen hatte.

XIV.

Seltsamerweise spürte ich wenn er nicht da war: Ging ich dann an der Wohnungstür vorbei und er war mit seiner Frau für Tage oder Wochen auf Sommerfrische, kam mir die Wohnung vor wie ein Schwarzes Loch, als gähnte hinter der Tür eine riesige Leere. Ich sah das unbelebte Wohnzimmer vor mir, die stummen Bücher. Der Eindruck von Sinnlosigkeit vermischte sich mit meinem Innenbild, ich wurde unruhig und fühlte mich niedergeschlagen. War er jedoch anwesend, hatte ich das Gefühl, als sei ein Familienmitglied in meiner Nähe, dem ich in einer Art wortloser Kommunikation verbunden war.

XV.

Ich sehe Professor Hofmann heute noch in seiner Bibliothek sitzen, ein Wächter über die Zeit, der verhinderte, dass ich mich in ihr verirrte. Zugleich verfügte er mit seiner Bibliothek über die wirksamsten Mittel, den chronologischen Ablauf der Zeit zu durchbrechen.

Gab ich ihm einen Band zurück, stellte er eine knappe

Frage. Er hörte schweigend meine Antwort und lächelte manchmal. Äußerte ich einen Wunsch, brauchte er für gewöhnlich einige Sekunden, bis ihm einfiel, in welchem Regal sich das betreffende Buch befand oder ob er es überhaupt besaß. Am meisten irritierte ihn, wenn ich mir ein einmal gelesenes Werk noch einmal und noch einmal auslieh. Er hob anfangs die Augenbrauen und sagte: »Das hast du doch schon gelesen.«

Ich nickte.

Unwillig händigte er mir dann zum vierten Mal »Tausend und eine Nacht« aus. Aber als ich zum dritten Mal nach Jules Vernes »Reise zum Mittelpunkt der Erde« verlangte, fing er an, sich an meinen Wiederholungswahn zu gewöhnen.

XVI.

Fünfundzwanzig Jahre später zog ich selbst in seine Wohnung ein. Er und seine Frau waren gestorben, und ich sah in den leeren, frisch geweißten Räumen in Gedanken noch die schwarzen Bücherregale und stellte mir vor, wie er als ein durchsichtiges Gespenst in seinen durchsichtigen alten Möbeln darin hauste.

XVII.

Weitere zwanzig Jahre später fanden Handwerker bei Renovierungsarbeiten unter der Wanne im Badezimmer einen verrosteten Trommelrevolver mit abgesägtem Lauf und eine Schachtel Munition, die ich heute noch besitze. Die Waffe stammte von einem SS-Sturmbannführer Lindner, der mit seiner Frau in der Zeit des Nationalsozialismus dort gewohnt hatte. Nach dem Krieg sei er spurlos verschwunden und seine Frau habe ihn für tot erklären lassen, bevor auch sie untertauchte, erfuhr ich bei meinen Nachforschungen. Lindner hatte die Waffe vermutlich für den Fall seiner Verhaftung dort deponiert. Sie könnte aber auch aus dem Besitz eines Staatspolizisten stammen, der, nachdem Lindner verschwunden war, neun Monate in der verlassenen Wohnung auf dessen Rückkehr gewartet hatte und von ihm nicht wehrlos überrascht werden wollte. Den Namen »Lindner« aber hatte ich, ohne diese Umstände zu kennen, ein Jahrzehnt zuvor der Hauptfigur meines Romans »Landläufiger Tod« gegeben.

Briefmarken

I.

Neben dem Lebensmittelgeschäft Egger befand sich das Büro des freien Journalisten Makaritzer, eines Pfeifenrauchers. Er sei ein Homosexueller und vergreife sich an Kindern, wurde uns eingeschärft. Wegen dieses Delikts sei er mehrfach vorbestraft. Auf keinen Fall dürften wir ihm in sein Büro folgen. »Wenn ihr allein mit ihm seid«, sagte meine Mutter, »und er will etwas von euch, lauft einfach davon!« Außerdem wurde uns verboten, von ihm Schokolade oder »Zuckerln« zu nehmen oder mit ihm länger zu sprechen.

II.

Nie trat uns Herr Makaritzer näher, nie durchbrach er die selbst gewählte Distanz, es stellte sich sogar heraus, dass er mit uns gar nicht reden wollte. Das Büro war eigentlich ein Geschäft mit einem Schaufenster, nur verhinderte eine Milchglasscheibe den Blick nach innen. Man sah

Herrn Makaritzer nur als Schatten, wenn er die Tischlampe einschaltete, und hörte gedämpft den Anschlag von Schreibmaschinentasten bis auf den Gehsteig.

III.

Eines Tages kam er mit einem Karton aus dem Büro und bot uns die darin gesammelten Briefmarken an. Sie waren gestempelt und aus den Umschlägen geschnitten. Er erklärte uns, wie man sie über Wasserdampf ablöste, ohne sie zu beschädigen. Hierauf ging er in sein Büro zurück, holte ein Steckalbum aus dem Schreibtisch und schenkte es Paul. Das war der Beginn unserer Leidenschaft für das Briefmarkensammeln. Ohne dass es Paul und mir damals bewusst wurde, vollzog sich der umgekehrte Vorgang wie beim Zerlegen der Taschenuhr. Aus den farbig bedruckten, gezahnten Papierstückchen erfuhren wir von Ländern, Personen und Ereignissen. Mit ihnen kam Welt ins Haus, Gegenwart und Vergangenheit. Wir bekamen von Herrn Makaritzer zur Besorgnis unserer Mutter auch eine Pinzette, eine Lupe und einen nicht mehr ganz aktuellen Katalog, durch den wir uns aber wie Experten fühlten. Paul verlor jedoch bald das Interesse daran und wandte sich dem Sammeln von Münzen zu, Helmut und ich hingegen liebten es, im Album zu blättern und uns in die Bilder auf den Marken hineinzuträumen.

IV.

Ohne dass es jemand erwartet hätte, wurde Herr Makaritzer eines Tages tot in seinem Büro aufgefunden.

Frau Hofer

I.

Tür an Tür mit uns wohnte Frau Hofer, eine alte Frau mit vorstehendem Gebiss, grauen, verschwommenen Basedowaugen und dünnen Haaren. Sie hatte etwas Geziertes, etwas künstlich Vornehmes, das in einem krassen Gegensatz zu ihrer gewöhnlichen und triebhaften Bösartigkeit stand. Sie tratschte – um es mit einer von ihr selbst gebrauchten Floskel auszudrücken – »für ihr Leben gern« und immer nur das Abträglichste über andere. Sie war es auch, die sich »das Maul zerriss« über Herrn Makaritzer und dabei lüstern auf unsere Hosen schaute. Flüsternd, zischend und raunend haspelte sie ihre halb erfundenen Skandalgeschichten herunter, von denen ich nur einen Teil erfasste, denn zumeist erging sie sich in kryptischen Anspielungen. Besonders gerne machte sie sich mit lautstarken Bemerkungen im Hof wichtig, aber so, dass nur »Eingeweihte« sie verstehen konnten.

»Die Vorhänge sind nicht gewaschen, hahaha!« oder »Knopflöcher und Pumps, Achtung!« oder »Englischer Kaviar, hihihi« und »Der Vogelkäfig im Kastanienbaum«. Großvater verabscheute die Nachbarin so sehr, dass er sich konsequent weigerte, über sie zu sprechen. Kam die Rede auf sie, stieß er nur einen unwilligen Laut aus und wandte sich ab.

II.

Sie war in der Nazizeit die Frau des Blockwarts gewesen, eines Friseurs, der inzwischen verstorben war. Während ihr Mann Haare schnitt, übernahm sie die Funktion eines parteitreuen Wachhundes, der darauf achtete, dass nichts

Verdächtiges unentdeckt blieb. Sie sei gefürchteter gewesen als ihr Mann, begründete Großvater mir gegenüber später seine Abscheu, da sie ihrer Fantasie freien Lauf ließ und, wie er betonte, »das Gras wachsen hörte«. Sie sei bekannt gewesen für ihre Frage »Und wo bleibt der deutsche Gruß?« – sobald sie zufällig wahrgenommen habe, wie sich zwei Hausparteien begegneten. Er sei ihr, wenn er auf Besuch zu meiner Mutter gekommen sei, immer ausgewichen, und wenn eine Begegnung unvermeidbar gewesen war, habe er Abwesenheit vorgetäuscht.

»Warum so ernst, Herr Druschitz?«, habe Frau Hofer ihn dann gefragt, »wo doch die Deutsche Armee in Paris einmarschiert ist?« Oder: »... wo Rommel in Afrika siegt?«

Er habe dann nur kurz genickt, gelächelt und ihr insgeheim alles Mögliche an den Hals gewünscht. Einmal habe sie ihn in Gegenwart anderer Parteimitglieder, als er sie wieder einmal vor dem Haus am Geidorfgürtel getroffen habe, mit »Heil Hitler, Herr Druschitz« gegrüßt, wobei sie wie immer absichtlich das »n« in seinem Namen ausgelassen habe, denn sie habe gewusst, dass er mit ihr nichts zu tun haben wollte und deshalb schon aus Bosheit »Herr Druschitz« anstelle von »Druschnitz« gesagt.

Daraufhin habe er aus Ärger ihren Gruß mit »Heil Hofer, Frau Hitler« erwidert.

III.

Zwei Tage nach diesem Zwischenfall sei er aufgefordert worden, bei der Gestapo in der Paulustorgasse zu erscheinen. Man habe ihn in einem kleinen Zimmer wegen des Vorfalls verhört und wissen wollen, ob er sich »zum Geist des Nationalsozialismus« bekenne. Die Geheime Staatspolizei habe er immer verabscheut und sogleich gespürt, dass er sich auf dünnem Eis bewege. Das Verhör sei schlimmer gewesen, als er es erwartet hätte. Er habe sich jedes Wort, bevor er es ausgesprochen habe, aus Angst stumm in seinem Kopf vorgesagt oder geschrieben vorgestellt. Unentwegt habe man ihn beobachtet und ihn das Misstrauen, das man ihm entgegenbrachte, fühlen lassen. Mit keiner seiner Antworten sei man zufrieden gewesen – einzig, dass seine Tochter und der Schwiegersohn Mitglieder der NSDAP gewesen seien, wie er später erst erfuhr, habe ihn gerettet. Mehrmals habe man ihn auf seine »Verhöhnung des Führers« angesprochen und ihn aufgefordert, sich so zu verhalten, dass sich »seine Nachkommenschaft nicht seinetwegen schämen« müsse. »Sie verstehen uns doch?«, hätte man ihn in einem fort gefragt. Dieser Satz sei ihm beim Verhör schließlich wie eine furchtbare Drohung vorgekommen. Unter »schämen müssen« habe er verstanden, dass er von der Gestapo verhaftet und in ein Konzentrationslager geschickt würde. Nur das könne damit gemeint gewesen sein, habe er begriffen. Frau Hofer habe Kenntnis von seiner politischen Einstellung gehabt, dass er seit seinem 18. Lebensjahr Mitglied der Sozialdemokratischen Partei gewesen und nie einer Organisation der NSDAP beigetreten sei. Daher habe er sich keine Illusionen gemacht. Man wolle ihm, habe man ihm beim Verhör gesagt, »einmal auf den Zahn« fühlen, eine weitere Drohung, denn darunter habe man damals eine genaue Überprüfung seiner politischen Überzeugung verstanden. Die Nazis hätten eine Reihe von Ausdrücken verwendet, die später zu allgemeinen Redensarten wurden, wie »Sonderbehandlung« für Folter, »Drückeberger« für Wehrdienstverweigerer oder

»Volksschädling«. Er sei kein Held gewesen, sagte mein Großvater, aber er habe sich andererseits auch nicht selbst erniedrigt, er sei mehrmals »am Rande des Abgrunds« gestanden, sei schließlich aber mit Ermahnungen und versteckten Drohungen entlassen worden. Von da an sei er während des Krieges nie mehr zum Geidorfgürtel gegangen, und als wir dort wieder einzogen, habe er sich gewundert, dass meine Eltern erneut Kontakt mit Frau Hofer aufgenommen hätten.

IV.

Auch meinem Vater verschaffte Frau Hofer einen Auftritt bei der Gestapo. Auf Urlaub von der Front hatte er vor ihr die Bemerkung fallenlassen, dass die Italiener, die mit Nazideutschland verbündet waren, bald abtrünnig werden könnten: Sie würden schon mit Steinen nach deutschen Soldaten werfen. Am nächsten Tag wurde er in die Paulustorgasse zitiert und wegen seiner »defätistischen Bemerkung« verwarnt.

V.

Schon bevor ich diese Geschichten erfuhr, mochte ich Frau Hofer nicht. Ihre Kleider rochen nach Mottenkugeln, und ihre hässlichen Hände klaubten und zupften ununterbrochen an ihren Kleidern oder sie griffen ohne Vorwarnung nach mir und übertrugen die Eiseskälte ihres Körpers auf meine Haut.

Ein schlimmes Ereignis

I.

Eines Abends teilte meine Mutter uns mit, dass sie mit Vater ins Kino gehen und anschließend noch etwas »unternehmen« wolle. Sie wusch uns den Kopf, setzte uns Haarnetze aus abgeschnittenen und oben zusammengeknüpften Nylonstrümpfen auf, gegen die wir vergeblich protestierten, und bekleidete uns mit Nachthemden, wie wir sie als Kinder immer trugen. In der Zeit, bis die Eltern zurückkehrten, sollte Frau Hofer bei uns bleiben.

II.

Frau Hofer warf, nachdem die Eltern aufgebrochen waren, nur einen kurzen Blick in unser Zimmer und ermahnte uns zu schlafen. Dann hörten wir sie in der Wohnung rumoren, einmal in der Küche, anschließend im Bad, als ob sie etwas suchte und nicht fand. Wir unterhielten uns im Flüsterton, damit sie glaubte, wir schliefen schon, und langsam wurden wir wirklich müde. Gerade als uns die Augen zufielen, wurden wir durch ein lautes Geräusch, das klang, als sei ein Schrank umgefallen, aufgeweckt. Sofort wussten wir, dass ein Unglück geschehen war.

III.

Wir sprangen aus dem Bett, aber bevor wir noch bei der Tür angelangt waren und Licht machen konnten, hörten wir ein entsetzliches Schnarchen und Röcheln aus dem Vorzimmer. Auf unsere ängstlichen Rufe erhielten wir keine Antwort. Es war uns klar, dass etwas mit Frau Hofer geschehen sein musste. Wir versuchten die Tür zu öffnen, es gelang uns jedoch nicht, so sehr wir uns auch dagegenstemmten. Durch einen kleinen Spalt erkannten wir nur, dass Frau Hofer ohnmächtig vor der Tür lag und ihr Körper wie unter Stromstößen zuckte. Im ersten Augenblick war ich davon überzeugt, dass sie, mit dem Kopf und den Schultern an die Tür gelehnt, sterben würde. Aufgeregt versuchten wir über das Schlafzimmer der Eltern in das Vorzimmer zu gelangen, aber die Verbindungstür war abgesperrt. Wir liefen daher zurück zur Tür, hinter der wir unsere Nachbarin jetzt stöhnen und unverständlich lallen hörten. (Es kam uns vor, als wollte sie uns etwas mitteilen.) In unserer Verzweiflung riefen wir laut um Hilfe, und als uns niemand hörte, stemmten wir uns noch einmal gegen die Tür und riefen dabei so laut ihren Namen, dass sie sich ein wenig zur Seite drehte und wir durch den sich öffnenden Spalt hinausschlüpfen konnten. Barfuß stiegen wir über ihren Arm und sahen sie jetzt auf dem Boden liegen – aus einer Wunde an der Schläfe blutend und mit Schaum vor dem Mund. Arme und Beine waren weggespreizt wie bei einer Schaufensterpuppe und die Augen überdreht, sodass nur das Weiße sichtbar war. Mir fiel als Erstes ein, dass ein Fremder in der Wohnung sein konnte, der sie niedergeschlagen und beraubt hatte und jetzt nach unserem Leben trachtete. Gleichzeitig kamen mir für einen flüchtigen Moment die Bilder aus dem gerichtsmedizinischen Lehrbuch meines Vaters in den Sinn, während mir die Zuckungen ihres Körpers wie untrügliche Vorzeichen des Todes erschienen.

IV.

Laut um Hilfe flehend liefen wir aus der Wohnung und – den Lift außer Acht lassend – das Treppenhaus hinunter … Im Erdgeschoss endlich öffnete sich die Tür zu Frau

Teichmann, Krankenschwester und Tochter des Ehepaars Hofmann. Als ich längst schon erwachsen war, berichtete sie mir noch von dem erbärmlichen Anblick, den wir, barfuß in Nachthemden und mit den Haarnetzen auf den Köpfen, boten. Sie begleitete uns mit dem Lift wieder zurück in den dritten Stock und läutete ihre Eltern heraus, da wir uns weigerten, in die Wohnung zurückzukehren.

V.

Der Professor in seinem weinroten Schlafmantel und das Regal mit den Büchern beruhigten mich allmählich. Inzwischen begaben sich Frau Teichmann und ihre Mutter in unsere Wohnung, und nach einiger Zeit kehrte Frau Hofmann, die sonst über alles Scherze machte, mit ernstem Gesicht zurück. Sie sagte, Frau Hofer habe einen epileptischen Anfall erlitten, und fragte uns, weshalb wir mit ihr allein in der Wohnung gewesen waren, wo doch ihre Krankheit allgemein bekannt und sie noch dazu die Patientin meines Vaters sei. Sie beruhigte uns aber, dass die Nachbarin nicht sterben würde, während ihr Mann inzwischen seinen Sohn, einen Zahnarzt, verständigte.

VI.

In unserer Wohnung zurück, zeigten uns die beiden Frauen zuerst Frau Hofer, die im Schlafzimmer unserer Eltern auf einer Couch lag, auf der sonst Helmut schlief, und uns aus tiefer Benommenheit anglotzte. Die Wunde am Kopf war angeschwollen, und ein blutiges Handtuch hing über einer Sessellehne. Sie sah aus wie ein Gespenst und wir glaubten den Erwachsenen nicht, dass sie nicht sterben würde.

VII.

Als der Zahnarzt eintraf und Frau Hofer untersuchte, saß Frau Teichmann schon mit uns in unserem Zimmer und ermunterte uns, die Strumpfhauben abzunehmen. Wie es ihr entsprach, machte sie über die grotesken Details des Vorfalls ironische Bemerkungen, über die sie sich selbst am meisten amüsierte. Vermutlich war sie als Krankenschwester Zwischenfälle dieser Art gewohnt. Wir kamen uns aber ausgelacht vor und fühlten uns elend.

VIII.

Am nächsten Tag huschte Frau Hofer mit einem Leukoplast an der Schläfe schon wieder in Mutters Küche, wo sie raunte, zischte und flüsterte, als sei nichts geschehen.

Epilepsie

I.

Mein Vater schlug den anatomischen Atlas auf und zeigte mir die Abbildungen, die das menschliche Gehirn darstellten. Er begann mich über die Funktion der einzelnen Regionen zu unterrichten, und da ich mit meinen Gedanken nicht bei der Sache war, fragte er unvermittelt: »Hörst du mir überhaupt zu?« – Ungeduldig fuhr er fort zu erklären, wo sich das Sprachzentrum befände, welche Funktion die beiden Gehirnhälften und die Gehirnfalten hätten und kam schließlich zur Sache: was ein epileptischer Anfall sei.

II.

Auf dem Papier war das, woran Frau Hofer erkrankt war, nicht angsterregend, in Wirklichkeit aber verstörte es mich. Ich durfte mir allerdings nichts anmerken lassen, da mein Vater mir ja erklärt hatte, was die Ursache für die Krankheit war und dass das Zucken nichts bedeutete.

III.

Am häufigsten hatte Frau Hofer kleine Anfälle. Mitten im Gespräch fing sie an, mit dem Schlüssel zu spielen oder rührte endlos lange in einer Tasse Tee ohne zu sprechen, scheinbar aufmerksam zuhörend, tatsächlich aber vollkommen abwesend. Hatte sie keinen Gegenstand zur Hand, fing sie an, an ihren Kleidern zu zupfen, der Blick wurde verschleiert, und wenn sie nicht ganz verstummte, wiederholte sie mehrfach, was sie gerade gesagt hatte. Dadurch aufmerksam geworden, führte meine Mutter sie dann endlich in ihre Wohnung.

IV.

Nie hatte Frau Hofer nachträglich eine Erinnerung daran, immer war sie erstaunt, dass sie sich gerade an diesem oder jenem Ort befand und fragte sich, was vorher geschehen war. Allerdings schilderte sie, dass sich häufig vor einem Anfall Übelkeit einstelle, es vor ihren Augen flimmere und das Flimmern schließlich die gesamte Wahrnehmung überflute, sodass Bäume, Möbel, Gesichter von Millionen winziger Impulse zuckten oder grelle gelbe Lichtflecken über die Bilder, die sie sah, liefen und ein leichter Schwindel sie erfasste, von dem sie behauptete, dass er angenehm sei. Es kam auch vor, dass sie dann plötzlich sagte, sie müsse »sich jetzt niederlegen«, aufstand und irgendwohin taumelte und sich sogar im Haus, im Garten verirrte und stürzte, wenn ihr niemand zu Hilfe eilte. Auf den Bänken im Hof erlitt sie mehrere schwere Anfälle. Sie begann, sich ihrer Kleider zu entledigen, als gehe sie zu Bett, ihr Oberkörper fiel nach hinten wie auch ihr Kopf, und während Krämpfe ihre Muskeln erbeben ließen, nässte sie sich ein wie ein Kind.

Berge

I.

Meine Mutter liebte es, von ihrer »Schwesternzeit« zu erzählen, als sie sich von 1938 bis 1939 zur Krankenschwester ausbilden ließ. Zuvor war sie Verkäuferin im Schuhsalon des jüdischen Kaufmanns Spitz gewesen. Sie betonte immer, wie gerne sie dort gearbeitet und wie gut sie verdient hätte. Auf ihren Jugendfotografien ist sie braungebrannt und sportlich gekleidet. Bis in ihr Alter war sie auf die Selbständigkeit stolz, die sie sich damals erkämpft hatte. Sie unterstützte in den dreißiger Jahren ihre Eltern – Großvater und Omi –, denn ihr Vater war arbeitslos und erhielt keine staatliche Unterstützung, während ihre Mutter als Putzfrau zuerst in der Bleistiftfabrik Brevillier-Urban und dann in der Grazer Gebietskrankenkasse arbeitete.

II.

Mit Freundinnen und Freunden unternahm sie Fahrradtouren und Bergausflüge und wurde später nicht müde, mir zu erzählen, wie sie den Dachstein, den höchsten

Berg der Steiermark, bestiegen und die berühmten Eishöhlen durchwandert hatte. Die Schönheit und Großartigkeit der Natur und die Angst, die sie beim Gipfelanstieg und unter der Erde empfunden hatte, gehörten für sie zusammen. Sie schilderte sie immer in einem Atemzug: manchmal zuerst ihre Ängste und dann die Schönheiten, dann wieder zuerst die Schönheiten und hierauf ihre Ängste. Dabei lächelte sie, ihr Gesicht wurde heiter, sie warf ihren Kopf in den Nacken und schaute zur Decke, als könne sie dort die vergangene Zeit sehen. Immer wieder bat ich sie, dass sie mir vom Dachstein und den Bergen erzählte, den Schneefeldern und Gletschern, den Blumenwiesen und Wolken und dem blauen Schimmer der Eishöhlen. Gerne kam sie meinem Wunsch nach und geriet über die Unabhängigkeit, die sie in ihrer Jugend genossen hatte, ins Schwärmen.

III.

Nie sprach sie über einen Freund, einen Geliebten, sie ließ nur durchblicken, dass sie auf Vater nicht »angewiesen« gewesen sei. Sie hatte in ihrer Jugend viel gelesen und erwähnte einige Bücher, die sie am meisten beeindruckt hatten: Margaret Mitchells »Vom Winde verweht«, ihr Lieblingsbuch, Vicky Baums »Menschen im Hotel«, »Schnee auf dem Kilimandscharo« und »Wem die Stunde schlägt« von Ernest Hemingway, »Rebecca« von Daphne du Maurier, Lernet-Holenias »Ich war Jack Mortimer«, Graham Greenes »Das Ende einer Affäre«, Cronins »Zitadelle«, außerdem »Hunger«, »Mysterien« und »Segen der Erde« von Knut Hamsun, »Und ewig singen die Wälder« von Gulbranssen, Dostojewskis »Schuld und Sühne« und Tolstois »Kreuzersonate«. Sie begeisterte sich ihr Leben lang für Auguste Renoir und liebte Opernarien. Besonders bewunderte sie Beniamino Gigli und Maria Callas. Zum Lesen war sie jedoch nur einige Jahre gekommen, als die Anforderungen des Lebens immer größer wurden, verzichtete sie darauf und begnügte sich mit Tageszeitungen und Illustrierten, die mein Vater anschließend im Wartezimmer des Arbeitsamtes auslegte.

IV.

Immer sprach sie aber von ihrer Liebe zur Natur und den Bergen, auch wenn es nur mehr für kleine Ausflüge reichte, nach St. Radegund, auf den Hausberg Schöckl und in den letzten Jahren nach Schladming, von wo aus sie den Dachstein noch einmal sehen konnte.

Fliegen

I.

An einem Sonntag fand ein kleiner Flugtag am Thalerhof statt, bei dem mein Vater zu unserer Überraschung in ein Segelflugzeug kletterte und von einer Motorwinde in die Luft katapultiert wurde. Atemlos sahen wir das Flugzeug am Himmel immer kleiner werden und schließlich ganz aus unserem Blickfeld verschwinden.

II.

Ich versuchte mich in Vater hineinzuversetzen, mir vorzustellen, wie ich selbst das Steuerruder bediente und die Erde, wie ein Vogel, von oben sah, und ich hatte dabei so starke Fantasiebilder im Kopf, dass ich alle Angst um ihn verlor.

III.

Er kam lange nicht zurück. Wir warteten hinter der Absperrung und sahen den Segelfliegern beim Starten und Landen zu. Ich durfte auch einen Blick in eine Pilotenkanzel werfen und war erstaunt, wie wenig es dort zu sehen gab. Am liebsten wäre ich der nur scherzhaft gemeinten Einladung eines der Piloten gefolgt und mit ihm aufgestiegen, doch ich wusste, dass meine Mutter es mir nicht erlaubt hätte.

IV.

Der Hang zum Fliegen steht auf paradoxe Weise im Widerspruch zu meinen Schwindelgefühlen. Meine Höhenangst ist so ausgeprägt, dass ich jahrelang träumte, Abgründe oder Gebäude hinunterzustürzen, bis ich lernte, mich im Traum zu zwingen aufzuwachen oder loszulassen. Auf diese Weise veränderten sich meine Angstvorstellungen in lustvolle Empfindungen. Ich flog wie Superman. Auch wenn der jähe Verlust meiner Fähigkeit zu fliegen ein Teil der Träume war, schlug ich beim Fallen doch nie hart auf dem Boden auf, sondern stürzte in die nächste Situation hinein.

V.

Als mein Vater wieder gelandet war, sah ich ihn – mit seiner Sonnenbrille im Cockpit sitzend, fröhlich lachend –, und dieses Bild hat sich mir eingeprägt.

Immer, wenn ich nach seinem Tod an ihn dachte, fiel mir dieser Augenblick ein, als er vor Glück strahlend über den langen, stillen Flug auf dem Rasen neben der Landebahn aus dem Segelflugzeug stieg.

VI.

Meine Mutter machte ihm auf der Heimfahrt Vorwürfe, dass er bei einem Absturz eine vierköpfige Familie hinterlassen hätte, und sie erreichte durch ihre hartnäckigen Vorhaltungen, dass er keine weiteren Flüge mehr unternahm.

VII.

Er hatte als Stabsarzt bei der Luftwaffe eine Ausbildung zum Segelflugpiloten gemacht, jedoch niemandem etwas davon erzählt. Jetzt sprach er nur noch über das Fliegen. Ich wollte immer wissen, welche Heldentaten er im Krieg vollbracht hatte, konnte ihm jedoch nicht einmal eine Andeutung darüber entlocken.

VIII.

Im Alter entdeckte er, der kein Leser war, Saint-Exupérys »Nachtflug« und »Flug nach Arras«, Gerd Gaisers »Sterbende Jagd« und Peter Bamms »Die unsichtbare Flagge«. Er schlief viel, hörte nie Musik und nahm mit Fliegern aus dem Geschwader »Pik As«, dem er angehört hatte, Kontakt auf.

Kino, Filme

I.

Höhepunkt meiner ersten Gymnasialzeit war das Kino. Seit ich im Göstinger Lichtspielhaus »Buffalo Bill« gesehen hatte, waren Jahre vergangen. Ich verstand inzwischen einen Film als Imagination und entdeckte ihn als eine zweite Traumwelt neben dem Lesen. Meinem Bedürfnis nach Verschmelzung von Wirklichkeit und Erfindung entsprach das Kino auf vollendete Weise, es steigerte sogar meine Tagträume, die – wann immer ich es zuließ – meinen Alltag überschwemmten. Nicht nur meine eigenen Fantasien und Erinnerungssplitter gingen mir dabei durch den Kopf, nicht nur die in Buchstaben, Wörtern und Sätzen verborgenen Bilder und Gedanken der Leseabenteuer, sondern auch – und zunächst vor allem – Sequenzen aus Filmen, die ich gesehen hatte. Ich nahm sogar das Ego einer Kinofigur an oder eines Schauspielers, der eine Rolle gespielt hatte, und imitierte seine Sprechweise, seine Bewegungen und seinen Blick.

II.

Anstelle des Nonstop-Kinos in der Herrengasse gab es zuvor das Panoptikum, das Großvater mit meinen Brüdern und mir besuchte. Es handelte sich um einen dämmrigen Raum, in dessen Mitte eine runde schwarze Konstruktion aufgebaut war, die mich an einen großen Kanonenofen denken ließ. Eine Platzanweiserin führte uns zu den Sitzplätzen, von denen aus man wie in einer Peep-Show hinter die schwarze Wand sehen konnte. Die Okulare waren allerdings so hoch montiert, dass ich sie nicht erreichen konnte – nicht einmal, wenn ich mich auf den Schoß von Großvater setzte. Daher musste ich auf dem Stuhl knien und endlich – wie vor einer übernatürlichen Erscheinung betend – konnte ich sehen: Gleich zu Beginn stürzte mein Blick unvorbereitet in dreidimensionale Tiefen, und als gleichsam eingefrorene Bewegung dauerte der Sturz weiter an. Der Blick fiel auf ein Nashorn in der Steppe, auf einen von Blättern halb verdeckten Tiger, auf Eisbären am Pol und Kamele in der Wüste. Die Landschaften waren der farbige Hintergrund, der den plastischen Effekt erst hervorrief, sodass ich glaubte, den unbekannten Tieren Auge in Auge gegenüberzustehen. Ich stellte mir vor, in die Bilder hineinzulaufen, und versuchte anfangs auch meine Hand nach ihnen auszustrecken. Dabei empfand ich ein Gemisch aus Staunen, Bewunderung und argwöhnischer Angst. Großvater bediente die Vorrichtung, die die Bilderfolge auslöste, und wartete geduldig, bis wir »weiter!« riefen. Ich bestaunte Giraffen, Zebras und Elefanten, Paradiesvögel, Schimpansen, Nashörner und die Brillenschlange. Durch jedes der Okulare gab es anderes zu sehen: neben den Tieren vor allem biblische Szenen, darunter eine »Mariä Verkündigung«, die einem Fresko Tintorettos nachgebildet war, vor dem ich fast fünfzig Jahre später in Venedig stand. Ich fragte meinen Großvater damals, was das Bild darstellte – aber er verwies mich an meine Mutter. Es gab außerdem »Berühmte Orte«, »Erstbesteigungen hoher Gipfel« und »Flugpioniere« sowie ein Kinderbilderbuch, an das ich mich nur vage erinnere. Erschöpft lief ich – noch bevor ich alles gesehen hatte – hinaus. Im blendend hellen Tageslicht war ich von den nachwirkenden Bildern wie betäubt. Sie verblassten in meinem Kopf und tauchten ungefragt wieder auf, verschwanden, legten sich über die Wahrnehmungen und beschäftigten mich noch tagelang.

III.

Allmählich vergaß ich aber das Panoptikum. Jetzt, als ich zum ersten Mal das Non-Stop-Kino betrat, fiel es mir wieder ein, jedoch als verschwommenes Bewusstsein.

Ich nahm im Zuschauerraum mit den höchsten Erwartungen Platz. Verglichen mit meinem Erlebnis im Panoptikum beeindruckte es mich jedoch anfangs kaum. Was ich vor allem wahrnahm oder worauf ich mir etwas einbildete, war eine Art Erhöhung vom Kind zum verständigen jungen Menschen. Meine Begeisterung wuchs mit dem Stan-Laurel-&-Oliver-Hardy-Kurzfilm. Es handelte sich um »Der zermürbende Klaviertransport«, in dem die beiden versuchen, einem Kunden ein mechanisches Piano zuzustellen. Die Kiste mit dem Instrument sollte eine steile Treppe bis zu einem noblen Bungalow hinaufgeschafft werden, was jedoch im unvermeidlichen Desaster des Slapstick-Existenzialismus unterging, einem Chaos, das nur von meinem Lieblingsfilm »Two Tars« übertroffen wird, in dem Stan und Olli als zwei Matrosen Selbstjustiz üben und mit braven Bürgern im gegenseitigen Zerstören von Automobilen wetteifern.

IV.

Ich litt damals gerade unter der Bastelstunde im Realgymnasium und brachte als Einziger in der Klasse das Kunststück zuwege, einen Holzständer anzufertigen, an dem der Adventkranz schief hing. Als die Aufgabenstellung lautete, in ein Modellhäuschen eine kleine Glühbirne einzubauen, ging beim Einschalten meiner Elektrifizierung im gesamten Stockwerk das Licht aus. Ich hatte also einen sehr persönlichen Zugang zum Slapstick-Humor.

V.

Neben Stan Laurel und Oliver Hardy waren vor allem Buster Keaton und Charlie Chaplin meine Favoriten. Von Buster Keaton sah ich unter anderem »Der General« und von Charlie Chaplin »The Kid« und »Goldrausch«.

VI.

Solange es mir möglich war, bin ich im Non-Stop-Kino sitzen geblieben und habe mir immer wieder angesehen, wie Stan und Olli vergeblich versuchten, das Klavier über die steile Treppe zum Haus hinaufzuschaffen. Ohne Sisyphos zu kennen, wurde ich so in den Mythos eingeweiht, der auch der meine ist. Vor allem, als sich herausstellte, dass sich die beiden ihre Mühen hätten sparen können, weil die Straße ohnedies bis hinter den Bungalow führte.

VII.

Die Vorstellung beendete in der Regel ein Zeichentrickfilm mit Tom & Jerry als Helden. Der atemlose Ablauf der Ereignisse überrumpelte mich anfangs, und ich wusste nicht, ob ich lachen oder mich um das Schicksal der Maus sorgen sollte. Ich wusste auch noch nicht, dass die irdischen Gesetze im Trickfilm aufgehoben sind: Tom, der Kater, konnte vom Dach fallen, viereckig werden, einen elektrischen Stromstoß erhalten, zerhackt und aufgeblasen werden, er konnte zerplatzen, zu einem Pfannkuchen zusammengedrückt werden und brennen – im nächsten Augenblick und zuletzt hatte er immer wieder seine ursprüngliche Gestalt angenommen.

VIII.

Anfang und Ende der Vorstellung im Non-Stop-Kino waren nur eine Fiktion, denn es kam darauf an, wann man den dunklen Saal betreten hatte. Daher ließ ich mich von der Bilderzentrifuge so lange wie möglich im Kreis drehen. Es wurde hell, und ich sah die mit rotem Samt tapezierten Kinositze, die Leinwand, die Vorhänge und die in einen braunen Arbeitsmantel gekleidete Kontrolleurin, die mit einer Taschenlampe im Dunkeln lauerte, um anhand der Uhrzeit auf der Eintrittskarte festzustellen, ob man schon länger als die vorgesehene Stunde im Kino saß. War das der Fall, wurde man zum Gehen aufgefordert. In der Pause wanderte sie mit einer verchromten Parfümspritze durch den Saal und sprayte Tannenduft aus, der allergische Hustenanfälle auslöste. Nachdem es wieder dunkel geworden war, wurden die Fox-Tönende- und die Austria-Wochenschau vorgeführt. Die Fox-Tönende-Wochenschau zeigte das Weltgeschehen – die Austria-Wochenschau hingegen das Weltgeschehen aus österreichischer Sicht. Die Reporter bedienten sich einer aufgeregten oder pseudolustigen Sprache, waren pathetisch und spießig, ich hielt es jedoch für Radiojargon, ohne zu wissen, dass es das Echo einer noch nicht sehr lange zurückliegenden Zeit war. Mich fesselten vor allem die riesengroßen Menschen auf der Leinwand. Zum ersten Mal sah ich Politiker, Fußballstars und Schirennläufer, von denen ich bisher nur die Stimmen aus dem Radio kannte. Sie waren älter und hässlicher, als ich sie mir vorgestellt hatte. Die Fußballländerspiele und Schirennen machten auf der Leinwand einen harmlosen Eindruck, und ich suchte vergebens nach der Dramatik, die die Radioreporter bei den Übertragungen vermittelt hatten. Erst als Toni Sailer bei den Olympischen Winterspielen in Cortina d'Ampezzo 1956 alle alpinen Rennen gewann, wurde ich zum Gedankenschifahrer, ohne jemals selbst die Bretter angeschnallt zu haben.

Ordnung, Disziplin, Kritik, Freundschaft – ein Selbstporträt

I.

Mein Vater lehrte uns, die Hose entlang der Bügelfalten »sauber« über die Sessellehne zu hängen, bis es uns, wie er sagte, »in Fleisch und Blut übergehen würde«, wie wir Hemden, Pullover, Socken und Unterwäsche aufeinanderzulegen und unsere Schuhe nach dem Ausziehen hinzustellen hätten. Außerdem machte er »Stichproben«, ob im Nachtkästchen, in dem wir die Hefte für die Schule aufbewahrten, der Stapel der Größe nach sortiert und die Schultasche übersichtlich gepackt war. Die Inspektionen waren mitunter mit großer Aufgeregtheit verbunden, die ansteckend wirkte. Versuchte ich zu protestieren, befahl mir Vater, den Mund zu halten. Er verlangte, wie er es nannte, »preußische Ordnung«.

II.

Noch immer wurden uns die Haare seitlich und am Hinterkopf kurzgeschoren. Wir erkannten, dass die anderen besser aussahen als wir, aber der Besuch bei einem guten Friseur war zu teuer, weshalb wir den billigsten nehmen mussten. Mit unserer Kleidung und den Frisuren entsprachen wir der allgemeinen Vorstellung des »Waserls«, des »Muttersöhnchens«, über das man sich lustig machte. Einmal zog mir meine Mutter in Ermangelung eines passenden Pullovers einen ihrer Damen-»Sweater« an. Dabei übersah ich, dass das rosa Kleidungsstück im Nacken durch Kunstperlenknöpfe geschlossen wurde. Es war unvermeidlich, dass ich deshalb von meinen Schulkameraden verspottet wurde. Da ich dazu noch immer schlecht lernte, galt ich nicht nur als faul, sondern auch als dumm, was ja den Tatsachen entsprach.

III.

Fast täglich wiederholte sich die Aufregung über mein Versagen in der Schule. Nach dem Essen wurde ich an den Schreibtisch geschickt und dachte dort, während ich vorgab zu lernen, stundenlang an andere Dinge. Mein Vater warf mir vor, dass ich »alles andere im Kopf« hätte, nur nicht das Lernen. Wie schon so oft fühlte ich mich von ihm durchschaut.

IV.

Ich hatte keinen Freund – ausgenommen die Spielgefährten im Hof. Es gab auch keine gemeinsamen Unternehmungen mit anderen Schülern, von denen ich mir »fälschlicherweise« etwas erhofft hätte. Erst allmählich erkannte ich, dass es an meiner Person lag. Mein ganzes Leben hatte ich Schwierigkeiten, anderen Menschen meine Zuneigung zu zeigen. Versuchte ich es, war es zumeist zu viel des Guten, und die Betreffenden wandten sich von mir ab oder machten sich über mich lustig. War ich zurückhaltend, übertrieb ich auch darin, und man nahm von mir keine Notiz. Wurde mir hingegen Aufmerksamkeit zuteil, ließ ich mich zu Monologen hinreißen wie meine Mutter, oder ich errötete vor Scham und war »wie gelähmt«. Empfand ich Vertrauen, kam meine Fantasie in Schwung, und ich vermischte im Eifer meine Einfälle mit der Wirklichkeit, das heißt, ich »schwindelte«, was ich wiederum mit meinem Vater gemein hatte, der seine »persönlichen« Erlebnisse entweder verschwieg, ausschmückte oder ganz erfand. Da ich so naiv war, mich anfangs, um geliebt zu werden, unverstellt zu geben, lernte ich bald in der Schule den Spott kennen, und wie immer in solchen Fällen entstand Leere in meinem Kopf, und ich wurde schwerfällig und ungeschickt. Die Zusammenhänge begriff ich allerdings erst viel später. Am meisten behinderte mich die Erkenntnis meiner eigenen Lächerlichkeit. Ich schämte mich für mich selbst und fing an, mich zu hassen. Eine Zeitlang stach ich mich mit der Zirkelspitze oder einem Bleistift in die Hand, bis die Haut mit schwarzen und roten Punkten übersät war wie mit Sommersprossen. Ich wurde vorsichtig und war lieber mit meinen Brüdern zusammen als mit anderen Kindern.

V.

Zu Hause wurde die Atmosphäre immer drückender, denn meine Eltern duldeten »keinen Widerspruch«, wie sie selbst sagten, und waren nicht bereit, sich mit uns auseinanderzusetzen. Dass sie einen »Fehler« gemacht hatten, kam nicht in Frage. Stand eine kritische Bemerkung im Raum, war es gleich eine »Beschuldigung«, gegen die sie sich zur Wehr setzten. Sie antworteten dann voller Empörung und drehten den Spieß um, indem sie etwas aufgriffen, was Tage, Monate oder Jahre zurücklag und mit der Sache nur am Rande zu tun hatte. Gelang dieses Vom-Thema-Ablenken einmal nicht, argumentierten sie die Tatsachen in ihr Gegenteil um. Diese Art der Debatte, sich durch einen Gegenangriff selbst zu rechtfertigen, trieb mich oft zur Verzweiflung. Die Methode wurde übrigens auch in der Schule angewandt, wenn Unliebsames zur Sprache kam, und ich habe sie als Eltern- und Lehrermentalität in Erinnerung.

VI.

Eine weitere Besonderheit meiner Eltern war, dass sie »alles in bester Absicht« taten, was ich ihnen merkwürdigerweise sogar glaube. Das brachte mir eine Menge Schuldgefühle ein, denn wenn jemand nie einen Fehler und alles in bester Absicht macht, was könnte man ihm dann vorwerfen? Es blieb mir nichts übrig, als nach anderen Ursachen für mein Unbehagen zu suchen, und immer stieß ich dabei unweigerlich auf mich selbst. Das Schwierige war gerade ihre Liebe, ihre Zuneigung zu mir, die mich gleichzeitig in ihre Welt einschloss wie eine künstliche Blume in Großvaters gläsernen Briefbeschwerern.

VII.

Entweder musste ich in ihrer Welt leben oder ich wurde – wenn der Briefbeschwerer zerbrach – zu Müll. Denn dass die Welt *außerhalb* schrecklich war, darüber ließen sie keinen Zweifel, und ich war ja lange schon dieser Meinung. Es gab nur einen Ausweg, um die Dämonen zu bannen: Medizin zu studieren und Arzt zu werden. Aber wie, wenn in der Schule alles schieflief?

VIII.

Meine Mutter ging von nun an so oft wie möglich in die Sprechstunde der Professoren, um *nachzufragen*. Zumeist brachte sie »Katastrophenmeldungen«, so nannte sie es, nach Hause. Da sie mit mir nicht alles lernen konnte, weil sie den Stoff in Englisch oder Mathematik nicht beherrschte, fing sie an, Nachhilfelehrer ausfindig zu machen. Ich suchte diese in ihren Wohnungen auf und genoss die Wege mit der Straßenbahn oder zu Fuß, weil ich dann ungestört meinen Gedanken nachhängen konnte. In den Stunden selbst verhielt ich mich jedoch wie in der Schule oder am Schreibtisch zu Hause: Ich dachte an etwas anderes. Damit brachte ich nicht nur meine Eltern zur Verzweiflung, sondern auch die Nachhilfelehrer und nicht zuletzt mich selbst – aber ich konnte nicht anders.

IX.

Zwar hatte ich jetzt Bücher, aber ich las sie eine Zeitlang nicht. Ich konnte auch keine Bilder betrachten, denn weder besaßen meine Eltern ein Kunstbuch, noch besuchten sie mit uns eine Ausstellung, und wie das meiste verstand ich damals auch die klassische Musik nicht. Ich konnte mich in ihr nicht orientieren. Sie flutete dahin und erschlug mich wie eine schwierige Turmrechnung oder ein Satz in einem Buch, der sich über mehr als eine Seite erstreckte. Es drang nichts zu mir durch, bis auf Zuneigung und Liebe. Aber ich hatte niemanden außerhalb meiner Familie, der sie mir entgegengebracht hätte.

X.

Nebenbei erlernte und vervollkommnete ich dadurch die Eigenschaft, mir nichts anmerken zu lassen. Ich versuchte immer, den Schwierigkeiten mit Freundlichkeit aus dem Wege zu gehen. Ich war freundlich mit und ohne Schmerzen, freundlich, ob traurig oder fröhlich, freundlich, ob ich Zeit hatte oder nicht, freundlich zu Unfreundlichen und Freundlichen, freundlich zu Aufsässigen und Nachsichtigen, freundlich hungrig oder satt, freundlich mit gutem und schlechtem Gewissen. Meine Freundlichkeit, die anerzogene und vorgetäuschte, ergab zusammen mit meinen Kleidern, dem Haarschnitt, der Ordentlichkeit und den schlechten Leistungen in der Schule etwas, das von den Gleichaltrigen verachtet wurde.

XI.

Der Religionsunterricht bedeutete mir trotz meiner Bedrängnis nichts, ebenso langweilte ich mich in der Kirche bei der Sonntagsmesse, zu der mich meine Mutter mit Paul und Helmut schickte. Paul war während des Gottesdienstes zu mir und meinem Bruder streng und verlangte von uns »gutes Benehmen«, sonst, drohte er uns weiter, würde er zu Hause erzählen, was wir angestellt hätten. Wir kicherten daher höchstens in unsere gefalteten Hände hinein. Diese seltsame Fröhlichkeit hielt noch auf dem Heimweg vom Grazer Dom oder der Leechkirche an. Und wie in der Schule begriff ich auch in der Kirche nichts. Ich fühlte mich mehr und mehr ausgeschlossen aus einer Welt, in der alle Verabredungen trafen und die anderen Kinder und Erwachsenen scheinbar mühelos verstanden, was mir verschlossen blieb.

XII.

Eltern und Professoren im Gymnasium setzten jetzt alles daran, meine »Sturheit« und damit meinen Willen zu brechen, obwohl es nichts zu brechen gab. Ich wurde geschlagen, angeschrien, bestraft, aber es half nichts, weil ich, sobald ich vor einem Heft oder Schulbuch saß, davonlaufen wollte. Ich fühlte mich gepeinigt und genötigt, den Stoff »aufnehmen« zu müssen, wie es hieß, einem appetitlosen Kind gleich, das nicht essen will, weil es keinen Hunger verspürt, und das man daher zur Nahrungsaufnahme zwingt. Und je weniger es essen will, desto mehr wird in es hineingestopft.

Natürlich hatte ich auch tatsächliche Essschwierigkeiten, und dass ich nichts zu mir nehmen wollte, wurde mir ebenso zum Vorwurf gemacht wie meine schlechten Leistungen.

Ich lernte nun auswendig, was ich nicht verstand, und lächelte weiter freundlich.

XIII.

Das Einzige, was mich schützte, waren meine Schnelligkeit beim Laufen, meine Geschicklichkeit beim Fußballspielen und mein Mut, wenn ich mich selbst beweisen musste. Ich gab im Turnunterricht alles, da ich daraus den Rest an Achtung bezog, den mir die anderen Schüler entgegenbrachten. Ich kümmerte mich nicht um blaue Flecken beim Geräteturnen und verausgabte mich in der Leichtathletik und beim Fußballspielen, bis ich erschöpft auf den Rasen fiel.

Sturm Graz

I.

Seit der vierten Klasse Volksschule ging ich mit Paul und Vater zu den Fußballmatches von Sturm Graz. Die Schwarz-Weißen gaben meinem Leben so etwas wie Sinn. Zwar rangierte die Mannschaft im unteren Tabellendrittel der Staatsliga-A, aber das verstärkte nur meine Identifikation, denn Sturm ging zumeist als Außenseiter in ein Spiel, und es gelang dem Team »in der Gruabn« trotzdem, große Gegner zu schlagen. Die Spieler waren für ihr »englisches Spiel«, ihren Kampfgeist bekannt und dafür, dass sie ein Match erst mit dem Schlusspfiff verloren gaben. Nach jeder der dennoch zahlreichen Niederlagen ging ich bedrückt nach Hause und dachte tagelang darüber nach, was sie falsch gemacht hatten, bis ich dem nächsten Match entgegenfieberte. Ich empfand die Niederlagen als eine Art Kollektivschuld. Hingegen habe ich damals einen Sieg nicht als Kollektivsieg empfunden, sondern als meinen eigenen.

II.

Immer standen wir auf dem Stehplatz-Tribüne-Nord gegenüber dem Clubhaus und waren dadurch bei Regen geschützt. Manche Spielszenen sind mir bis heute im Gedächtnis geblieben, wie ein 3:2-Auswärtssieg gegen Kapfenberg, zu dem wir mit dem Fanbus angereist waren und bei dem der großgewachsene Verteidiger von Sturm Graz, Gigerl, von der Mittellinie aus einen Freistoß im Tor unterbrachte, und der 2:1-Heimsieg gegen den GAK, den anderen Grazer Club. Auch ein Spiel gegen die Wiener Admira war darunter. Sturm hatte bei Regen 2:0 geführt und war dann bis zur neunzigsten Minute 2:3 in Rückstand geraten – aber in letzter Sekunde gelang dem Verteidiger Lobenhofer mit einem Weitschuss noch der Ausgleich. Schließlich das Spiel gegen den legendären S. K. Rapid aus Wien: Sturm führte durch Tore von Gapp und Niederkirchner nach dreizehn Minuten schon mit 3:0, musste sich aber bis zum Schlusspfiff mit einem 3:3-Unentschieden zufrieden geben. Jede einzelne Szene besprachen mein Vater und ich dann auf dem Heimweg, jeden entscheidenden Pass analysierten wir, jeden Fehler hoben wir hervor, und jede Aktion, die bemerkenswert war, vergegenwärtigten wir uns noch einmal. So wurden die Fußballmatches für uns auch zu einer Art lebendigem

Schach. Wir zerlegten sie in einzelne Spielzüge, bewerteten die Leistungen, die jeder Spieler geboten hatte, und die Chancen, die vergeben worden waren. Dieses unberechenbare und offene Spiel interessierte mich mehr als jenes mit den hölzernen Figuren.

III.

Manchmal überfiel mich mitten in einem Match, wenn noch nichts entschieden war, die Erkenntnis, dass es verloren gehen würde. Und nicht selten »spürte« ich dann auch das Resultat, das ja erst eine Stunde später feststand. Ich konnte dieses »Wissen« aber nie verwenden, denn sobald ich es laut aussprach, verlief alles anders. Hin und wieder kam es sogar vor, dass ich das Ergebnis schon auf dem Weg zum Stadion »im Voraus wusste«. Ich trug dieses intuitive »Wissen« dann wie ein Staubkörnchen im Auge mit mir herum, da ich ja nicht aussprechen konnte, was ich ahnte.

IV.

Zumeist war ich von den Matches so beeindruckt, dass ich die Begegnungen in meiner Fantasie auf dem Schulweg nachspielte und ihnen dadurch, dass ich im Geist selbst mitwirkte, eine andere Wendung gab. Ich sprach dazu halblaut vor mich hin, ahmte die Stimmen der bekannten Sportreporter nach und imitierte sogar die Publikumsreaktionen, vor allem Pfeifkonzerte. Nicht selten bemerkte ich, dass mir jemand auf der Straße einen erstaunten oder amüsierten Blick zuwarf, dann versuchte ich die Fantasiematches in meinem Inneren weiterzuspielen. Dabei eignete ich mir die Fertigkeit an, alles tatsächlich vor mir zu sehen und die Spiele still ablaufen zu lassen, sodass mir niemand mehr anmerkte, was in mir vorging. Selbst zu Hause am Schreibtisch, wenn ich gezwungen worden war zu lernen, konnte ich mich mit dem Spiel im Kopf ablenken und gleichzeitig den Eindruck erwecken, dass ich mit größter Konzentration meine Aufgaben erledigte.

V.

Ich erfand später auch Szenen und Dialoge, in denen ich mit Filmschauspielerinnen, die mir gefielen, und erwachsenen Frauen, in die ich mich aus der Ferne verliebt hatte, ins Gespräch kam und sie in Gedanken verführte, sodass ich meine Verlassenheit weniger spürte. Schließlich gelang es mir, mehr und mehr auf die Wirklichkeit zu verzichten.

Fronleichnam

I.

Jedes Jahr zog in der Leechgasse, auf die unsere Fenster hinausgingen, die Fronleichnamsprozession der St. Leonhard-Kirche vorbei, ein mächtiger Aufmarsch mit goldbesticktem Baldachin, dem »Himmel«, Musikkapelle, weiß gekleideten Mädchen, Gläubigen mit Gesangsbüchern – ein katholisches Heer, das ich, da ich das Rätsel des Glaubens für mich nicht gelöst hatte und mich ausgeschlossen fühlte, mit einer Mischung aus Verwunderung und Neugier vom dritten Stock aus betrachtete.

II.

Die kleine helle Altarglocke läutete, die rot und weiß gekleideten Ministranten knieten hinter dem Priester nieder, und nach einem Gebet wurde die goldene Monstranz gezeigt. Obwohl es für mich sinnlose Rituale waren, die ich beobachtete, musste ich doch jedes Mal zusehen. Jahr für Jahr, solange ich am Geidorfgürtel wohnte, ließ ich mir den Anblick nicht entgehen.

III.

Einmal jedoch lief ich mit dem Reklameluftballon eines Schuhhauses in das Badezimmer, ließ Wasser hinein und verschloss ihn mit einem Gummiring, dann wartete ich auf einen günstigen Moment und warf die »Wasserbombe« durch das geöffnete Fenster auf die Straße, wobei ich mich zu Boden fallen ließ. Lange wagte ich es nicht, hinauszuschauen, denn ich hatte nicht nur den Aufprall des Ballons und das Klatschen des Wassers auf dem Asphalt gehört, sondern auch die Unruhe, die der Wurf hervorgerufen hatte. Empörte Rufe drangen zu mir herauf, und nur das unablässig fortschreitende Ritual verhinderten eine Ausweitung des Zwischenfalls. Ich wusste, dass in der Regel ein Polizeibeamter am Ende des Zugs die Prozession begleitete und fürchtete ein Nachspiel.

IV.

Als ich, geschützt durch den Vorhang, endlich einen Blick hinunterwarf, sah ich den großen Wasserfleck auf der Straße und eine Frau, die unsere Fenster beobachtete. Ich war starr vor Angst, aber nichts geschah.

Schloss Limberg

I.

Meine schulischen Leistungen reichten gerade so weit, dass ich hoffen durfte, mit einer Nachprüfung in Englisch aufzusteigen. Selbst im Turnunterricht hatte ich kein Glück gehabt. Zwar erfüllte ich die geforderten Aufgaben für die Jugendsportnadel, aber, da ich nicht schwimmen konnte, verschob der Professor die Verleihung des Abzeichens auf den Herbst, sofern ich dann die fehlende Übung erbringen würde.

II.

Unsere Eltern hatten Paul und mich für drei Wochen auf Schloss Limberg angemeldet, in dem das Kepler-Realgymnasium für seine Schüler ein Ferienheim betrieb, und ich fand dort alles hassenswert. Die Betten mussten militärisch korrekt gemacht, die Schuhe blitzblank geputzt sein, abends wurde Nachtruhe befohlen, wenn es draußen noch hell war, und am Morgen erscholl um sieben Uhr der Weckruf. Wir schliefen in einem Saal mit zwanzig Eisenbetten, die aussahen, als wären sie von einem Krankenhaus auf den Müll geworfen worden, nachdem in jedem von ihnen hundert Patienten gestorben waren. Die Matratzen bildeten eine Grube, die nur eine begrenzte Bewegungsfreiheit zuließ. Der Steinboden war eiskalt und erinnerte an Winter und Tod.

III.

Einmal legten unsere Zimmerkameraden meinem Bettnachbarn eine erschlagene Blindschleiche unter die Decke und schrien vor Begeisterung, als er entsetzt aus dem

Bett fuhr und sich vor Ekel auf dem Boden übergab. Der Aufsichtsprofessor kam aus seinem Zimmer geschlurft und befahl den Buben, das Erbrochene aufzuwischen und den Schlangenkadaver wegzuwerfen. Ich war nur froh, dass der Streich nicht mir gegolten hatte.

IV.

Die Verpflegung war ein Hohn. Das Fleisch von der schlechtesten Qualität und mit Sehnen, den »Flachsen« durchzogen, dass einem der Bissen wieder hochkam, das Gemüse zerkocht, die Suppe eine Wasserbrühe, die Marmelade von Schimmel befallen, das Brot bretterhart, das Wasser lauwarm, der Tee zu schwach gesüßt oder verzuckert.

V.

Nur auf dem Fußballplatz war ich gerne. Ich spielte abwechselnd im Tor und auf dem Feld als Stürmer mit den drei bis vier Jahre älteren Schülern, die uns akzeptierten. Paul und ich hatten unseren Lederfußball mitgenommen, mit dem wir notfalls auch allein spielen konnten.

VI.

Nach den ersten Tagen fragte mich der Turnprofessor, ob ich schon schwimmen könne. Ich log schamerfüllt. Gegenüber dem Fußballplatz war ein Teich mit trübem Wasser und einem Sprungbrett. Er war von einem Bretterzaun umgeben, und man musste eine Holztür öffnen, um hineinzugelangen. Wegen der Nichtschwimmer wurde streng darauf geachtet, dass sie hernach auch immer zugemacht wurde.

»Dann zeig' es mir«, sagte der Professor, »ich kann dir dann heute noch die Jugendsportnadel geben.«

Ich lief in der Turnhose zum Teich und sprang vom Brett ins Wasser. Es war an dieser Stelle vier Meter tief. Mit offenen Augen tauchte ich bis zum Ufer, an dem er stand und – nachdem ich Luft geholt hatte – wieder zurück auf die andere Seite. Jedes Mal, wenn ich wieder Luft holte, schrie der Professor: »Schwimmen! Schwimmen!« Ich tauchte zweimal hin und her, doch der Professor war damit nicht zufrieden und forderte mich, obwohl ich mich in Lebensgefahr begeben hatte, auf, endlich schwimmen zu lernen.

VII.

Anderntags brachte er Boxhandschuhe mit, zeigte uns die Grundstellung und die wichtigsten Schläge und fragte dann, ob jemand den Mut habe, gegen ihn anzutreten. Da sich niemand meldete, zeigte ich auf, und die Handschuhe wurden mir übergestreift – jeder so groß wie ein Luftballon. Man konnte sich gut hinter den wuchtigen Lederpolstern verstecken. Ich hob die Hände vors Gesicht, bis ich nichts mehr sehen konnte, und wartete. Unvermutet traf mich ein Schlag in die Magengegend, ich senkte reflexartig die Fäuste, und der nächste traf meinen Kopf und warf ihn nach hinten. Hierauf ließ der Turnprofessor seine Fäuste fallen und wandte sich an die umstehenden Schüler, wahrscheinlich um ihnen zu sagen, was ich falsch gemacht hätte. Ich sah jedoch sein freies Gesicht und schlug aufgeregt zu.

»Bist du verrückt?«, schrie mich der Professor an. Er nahm die Brille herunter, und als er sah, dass das Glas einen Sprung hatte, schrie er weiter, ob ich wisse, was mich das kosten würde. Die umstehenden Schüler konnten ihre Schadenfreude nicht verbergen, und ich war glücklich, weil ich sie zum Lachen gebracht hatte.

VIII.

Am Sonntag kamen die Eltern auf Besuch. Ich bat sie, mich nach Hause mitzunehmen, aber sie redeten mir zu, dazubleiben. Sie machten mir Hoffnungen, dass das Essen besser werden würde, die Kameradschaft, die Nachtruhe, aber es änderte sich nichts. Beim Einschlafen träumte ich davon, zu flüchten und ein Auto aufzuhalten, das mich mit nach Graz nehmen würde. Ich dachte voll Sehnsucht an die »Stadt«. Der militärische Tagesablauf quälte mich jetzt noch mehr als zu Beginn des Aufenthalts, denn anfangs hatte ich noch Neugier empfunden und mir ausgemalt, dass ich Erfahrungen machen würde, auf die ich immer schon gewartet hatte. Nun aber bedrückte mich die Trostlosigkeit des kasernenhaften Internats, die alle Gedanken in meinem Kopf ausmerzte.

IX.

Paul hatte sich besser angepasst, er hatte Freundschaften geschlossen und liebte es nicht sehr, wenn ich mich zu eng an ihn anschloss. Zwar fühlte er sich für mich verantwortlich, aber er wich dieser Verantwortung auch nach Möglichkeit aus.

X.

Ich aß so wenig, dass mir schwarz vor Augen wurde, wenn ich den Kopf hob und zu den alten Ziegeln auf dem Dach hinaufblickte, und ich nahm mir wieder einmal vor, krank zu werden.

XI.

Am Nachmittag spielten wir gegen die Buben eines anderen Zimmers Fußball. Ich stand im Tor, die Sonne stach herunter. Mehrmals konnte ich Schüsse abwehren, indem ich mich nach dem Ball warf und Blessuren auf dem graslosen Boden nicht scheute. Ich spielte, als ob es um alles ginge, denn nur im Spiel vergaß ich, was mich bedrückte. Dann aber sprang der Ball – unser Lederball – von der Latte weg und auf den Bretterzaun vor dem Teich zu, und ich krachte mit dem Kopf gegen die Holztür, die von der anderen Seite gerade zugeworfen wurde, als ich nach dem Ball hechtete. Benommen blieb ich liegen.

XII.

Als ich wieder auf den Beinen stand, verspürte ich Schmerzen im Genick, und ich hörte jemanden sagen, ich hätte das Bewusstsein verloren gehabt. Instinktiv begriff ich, dass ich mich wieder auf den Rasen legen musste, um glaubwürdig »verletzt« zu sein. Der Turnprofessor wurde gerufen, man begleitete mich in den Schlafsaal und brachte mich zu Bett. Der Doktor mit der Arzttasche und dem Stethoskop traf ein, und ich wusste, was ich zu antworten hatte, denn ich kannte aus den Gesprächen meiner Eltern die Symptome einer Gehirnerschütterung.

XIII.

Man trug mich mit der Krankenbahre zum Rettungswagen. Langsam rollten wir vom Schloss weg, talwärts. Eine Schar von Schülern und Paul liefen uns winkend nach, bis wir um eine Kurve bogen.

Der Fahrer hatte die Anweisung erhalten, mich in das Landeskrankenhaus Graz einzuliefern, wo man ein Schädelröntgen durchführen sollte, aber ich konnte ihn mit dem Hinweis, dass mein Vater Arzt sei, überreden, am Geidorfgürtel anzuhalten. Ich musste auf der Bahre liegen bleiben, und der Helfer stieg aus und kam nach einiger Zeit mit meinem Vater zurück. Dieser warf mir einen prüfenden Blick zu, unterdrückte seinen Ärger und verlangte, dass er mich aussteigen ließe, er werde sich um mich kümmern.

XIV.

Wir waren über das Schachbrettmuster des Vorraums in das Haus gegangen.

»Du wolltest letzten Sonntag mit uns fahren, stimmt's?«, fragte mein Vater im Lift. Als ich keine Antwort gab, brach sein Unmut aus ihm heraus, und er schickte mich für drei Tage ins Bett und am vierten Tag zur Nachhilfelehrerin, mit der ich den Rest des Sommers Englisch paukte.

XV.

Die Nachprüfung fiel mir nicht schwer. Und als Trostpflaster für meine Gehirnerschütterung verlieh mir der Turnprofessor die Jugendsportnadel ohne weitere Schwimmprüfung, und vom zerbrochenen Brillenglas war auch nicht mehr die Rede.

Der Betriebsausflug

I.

Im Herbst lud uns Großvater zu einem Betriebsausflug der Glasfabrik Gösting auf das Alpl ein. Dort sollte ich das in der ganzen Steiermark berühmte Geburtshaus Peter Roseggers und die nicht weniger berühmte Waldschule sehen. Meine Abneigung gegen den Betriebsausflug war aber mit jedem Tag, an dem der Abfahrtstermin näherrückte, größer geworden. Schließlich sagte ich meiner Mutter, einer Eingebung folgend, ich hätte Angst, dass etwas passieren würde, und wolle zu Hause bleiben. Meine Mutter tadelte mich daraufhin, ich würde »den Teufel an die Wand malen«, aber ich versteifte mich auf meine Behauptung und war davon nicht abzubringen. Meine Mutter rief daraufhin bei Vater im Arbeitsamt an, um sich über mich zu beschweren. (Wir hatten soeben ein »Vierteltelefon« erhalten, bei dem wir den Anschluss mit drei weiteren Kunden teilten, und also nur telefonieren konnten, wenn keiner von ihnen die Leitung besetzte.) Wütend, dass sie ihn wegen einer Familienangelegenheit in der Ordination gestört hatte, stellte mich Vater abends zur Rede und ohrfeigte mich, aber ich blieb dabei, nicht mitfahren zu wollen.

II.

Deprimiert stieg ich am nächsten Morgen in einen der ramponierten Busse ein, die auf dem Platz vor der Glasfabrik warteten. Während der Fahrt in der letzten Sitzreihe des schaukelnden, ruckenden und ächzenden Ungetüms wurde mir übel. Meine Eltern, Helmut und die Großeltern saßen vor uns und ich neben Paul. Die Straße führte über

S-Kurven steil bergauf in einen Fichtenwald. Der Bus gab jetzt stockende Motorengeräusche von sich, und wenn der Fahrer schaltete, krachte es laut im Getriebe, dass wir uns gegenseitig mit aufgerissenen Augen anschauten und Großvater den Kopf schüttelte. Als der Fahrer vor einer längeren Steigung zurückschalten wollte, brachte er den Gang nicht hinein, der Bus stand kurz still und rollte zuerst langsam, dann aber immer schneller zurück. Fahrgäste sprangen auf, schrien und gestikulierten, und Panik brach aus. Alle drängten nach vorne, wurden aber sofort wieder nach hinten geworfen, als der Bus in den Wald kippte. Jählings, mit einem Ruck hielt das Fahrzeug an. Wir befanden uns in einer Schieflage über einem steilen Hang, der uns zum Verhängnis geworden wäre, wäre der Bus nicht mit dem Heck gegen einen Baum geprallt.

III.

Noch immer in Panik krochen die Passagiere nach vorne und kletterten aus dem Fahrzeug. Da wir ganz hinten hockten, dauerte es endlos lange, bis die Reihe an uns war. In den Sitzen des schaukelnden Busses, durch den ein Ächzen ging, sobald jemand hinaussprang, warteten wir, wehrlos unserer Angst ausgeliefert, dass das Fahrzeug mit uns in den Abgrund stürzen würde, den wir zwischen den Bäumen sahen. Endlich krochen auch wir nach vorne und standen, nachdem wir den Bus verlassen hatten, auf der Straße, wo wir auf eine Frau mit gebrochenem Arm stießen, die dasaß und weinte.

IV.

Manche Passagiere standen unter Schock und starrten wie abwesend auf das Buswrack. Mein Vater kümmerte sich um die Verletzten, und meine Brüder und ich ließen uns im Wald auf einem Hügel nieder. Zwischen den Fichten sahen wir den Rettungswagen kommen, der die Verunglückten und einen Rentner, der einen Herzanfall erlitten hatte, wegbrachte.

V.

Mehr als zwei Stunden warteten wir auf den Ersatzbus. In der Zwischenzeit beruhigten wir uns wieder und gingen Pilze suchen. Die Stille des Waldes tat mir gut und das Denken an etwas anderes. Auf der Weiterfahrt schlief ich vor Erschöpfung ein.

VI.

Von der Waldheimat Peter Roseggers sind mir nur Splitter im Gedächtnis geblieben, es ist, als hätte der Unfall die Erinnerung daran zerbrochen wie eine Fensterscheibe mit allen sich in ihr spiegelnden Bildern.

Jugendverbot

I.

Das Radioprogramm war damals grauenvoll, besonders wenn ich an die beliebtesten Sendungen wie »Ein Gruß an Dich« denke, in denen peinliche Geburtstagswünsche und Grußbotschaften mit den unsäglichsten Liedern »über den Äther geschickt« wurden. Überall triumphierte das Hausbackene, die Harmlosigkeit, die mit dem Sacharin einer scheinbaren Anständigkeit gesüßt waren. Besonders vor dem »gefährlichen« Kino wurden die Jugendlichen argwöhnisch beschützt. Ex-Nazis und katholischer Filmdienst gingen rigoros gegen »Schmutz und Schund« vor und alles, was sie darunter verstanden.

II.

Für jeden Film gab es die Bewertungen: jugendfrei, jugendfrei ab 14, ab 16 und ab 18 Jahren. Natürlich gehörte es zu den Abenteuern des Alltags, sich einen verbotenen Film anzusehen – als 12-Jähriger einen ab 14, als 14-Jähriger einen ab 16 zugelassenen. Das größte Problem dabei war, in den Kinosaal hineinzukommen. Zumeist verkauften die ältlichen Damen hinter der Kassa die Eintrittskarte zwar auch an Jugendliche, die das geforderte Alter sichtlich noch nicht erreicht hatten, beim Einlass wartete dann jedoch oft neben dem Billeteur ein Polizist in Zivil und verlangte einen Ausweis. Wir konnten, wenn wir »gestemmt« worden waren, wie der Fachausdruck dafür lautete, zwar versuchen, die Eintrittskarte zu verkaufen, aber das gelang nur selten. An der Kassa wurde sie zumeist nicht mehr zurückgenommen. Manchmal nur kam es vor, dass man beim Kauf eines Billetts vor einer Alterskontrolle gewarnt wurde, das schreckte jedoch niemanden, denn wir fahndeten ohnedies schon im Foyer nach verdächtigen Erwachsenen, die den Eindruck von Polizeibeamten erweckten. Wir erkannten sie sofort an ihrer auffälligen Unauffälligkeit. Ihre Kleidung war schlecht, und ihren Gesichtern war zumeist anzusehen, dass sie nur vorgaben, auf den Film zu warten. Besonders raffinierte Polizisten erschienen allerdings erst fünf Minuten vor Beginn der Vorstellung, wenn der Einlass begann. Das sprach sich rasch herum, und wir kauften von da an die Billetts erst, wenn die Wochenschau anfing.

III.

Am unangenehmsten war eine Kontrolle im Kinosaal selbst. Es war keine Seltenheit, dass es nach der Wochenschau plötzlich wieder hell wurde. Unvermittelt ging dann der Polizeibeamte in Zivil durch die Mittelreihe und »fischte«, wie es hieß, links und rechts Jugendliche heraus, die er in das nun leere Foyer zur Ausweiskontrolle mitnahm. Dort halfen kein Schwindeln, kein Bitten, keine Beschwörung. Der Kinobesuch war verdorben und überdies die Eintrittskarte unverkäuflich, weil niemand mehr zur Vorstellung kam und die Kassierinnen logen, dass man beim Kauf ohnedies gewarnt worden sei. Sie hatten ihr schadenfrohes Vergnügen daran, wenn wir unser Taschengeld »zum Fenster hinausgeworfen« hatten und »wie geprügelte Hunde« hinausschlichen. Ich kann mich nicht erinnern, jemals das Eintrittsgeld zurückerhalten zu haben, wenn ich »gestemmt« worden war. Häufig hingegen fragten die Polizeibeamten nach unseren Namen und Adressen, es kam jedoch nie vor, dass unsere Eltern benachrichtigt wurden.

IV.

Nach heutigen Maßstäben waren die Filme harmlos. Ihre Gefahr wurde auf lächerliche Weise übertrieben, vermutlich weil die meisten Filme aus Amerika kamen. Am rigorosesten war die Kontrolle wegen angeblicher Sexszenen, ein nackter Busen (wenn er überhaupt vorkam) bedeutete »ab 18«, und Beischlaf wurde nicht einmal angedeutet. Auch vor sogenannten Gangsterfilmen, in denen der Held ein Verbrecher war – ein Genre, in dem Humphrey Bogart oder James Cagney glänzten –, wurde die »heranwachsende Jugend« besonders geschützt, und von »den Brutalitäten des amerikanischen Films« sprachen zumeist gerade jene, denen im Zweiten Weltkrieg nicht genug Blut hatte fließen können und die es mit Gleichgesinnten in ihrer Erinnerung noch immer fließen ließen. Auch der christliche Glaube scheut bekanntlich vor Blut nicht zurück.

V.

Erst als wir das Kroisbachkino in der Nähe des Grazer Hilmteichs entdeckten, in dem die Filme ein halbes Jahr später wiederholt wurden, verbesserte sich unsere Lage. Das Lichtspielhaus wurde nie kontrolliert, und niemand verlangte am Eingang einen Ausweis. Die Jugendlichen trafen sich dort am Wochenende – und obwohl das erwartete Filmerlebnis sicher schien, waren alle auf »älter« getrimmt. Die Haare waren mit »Brisk«- oder »Fit«-Frisiercreme zurückgekämmt, Hüte, aufgestellte Mantelkragen und Sonnenbrillen die gängigsten Verkleidungen. Nie mehr war später mein Wunsch, älter zu sein, so stark wie damals.

VI.

Jugendfrei waren nur die Schwarz-Weiß-»Lustspiele« aus der Nazizeit, die während des Krieges für gute Laune gesorgt hatten, genau wie die beliebten k. u. k. Komödien, die die Monarchie wieder aufleben ließen. Der mit den Ohren wackelnde Gunther Philipp mit blauer Soldatenmütze und der immer melancholische Rudolf Prack, den ich als k. u. k. Major mit Winnie Markus sehnsüchtige Blicke tauschen und endlose Walzer tanzen sehe, beherrschten die Leinwand ebenso wie die »Schlagerstars« Vico Torriani, Bully Buhlan, Caterina Valente oder Bibi Johns.

VII.

Ich liebte allerdings die Hans-Moser-»Lustspiele«. Ich weiß nicht mehr, wie oft ich die »Dreizehn Stühle« mit ihm und Theo Lingen gesehen habe, und ich begegne dem seltsamen Paar, das auf der Suche nach einer Erbschaft gepolsterte Stühle aufschlitzt, heute noch gern im Fernsehen – als lebendige Erinnerung an meine erste Kinozeit.

VIII.

Ein Film, den ich hingegen gar nicht mochte, war Walt Disneys »Die Wüste lebt«. Die auf der Leinwand vergrößert dargestellten Tiere sahen aus wie Monster. Die hässlichen Schlangen- und Spinnenungeheuer und die süßen, friedlichen Kuscheltiere der Sierra Nevada stellten einander nach, fraßen sich gegenseitig auf, verendeten, pflanzten sich fort und warfen hässliche, glitschige Junge in die Welt. Ich fand die Natur ekelerregend und abstoßend. Was ich gesehen hatte, war ein Ausschnitt der »anderen« Welt, wusste ich, und je mehr ich davon vorgesetzt bekam, desto widerlicher wurde sie mir. Andererseits aber wollte ich alles von ihr sehen und wissen. Nach dem Film träumte ich nächtelang vom Auffressen und Aufgefressenwerden, vom Auflauern und Töten, und die Welt des »Doktor Dolittle« und seines »Zirkus« verschwanden aus meiner Vorstellung.

IX.

Oberlehrer Scherrer fiel mir stattdessen ein, der Schlund der Mülldeponie und die Schläge, die ich erhalten hatte. Ohne es bemerkt zu haben, lebte ich längst selbst in der

»anderen Welt«. Heute erst wird mir klar, dass ich sie so lange nicht gesehen, weil ich sie nicht erkannt hatte. Die Frage »Was habe ich getan?«, die ich oft gestellt hatte, wenn ich eine Ohrfeige oder Schläge erhielt, bedeutete ja nur, dass ich nicht verstanden hatte, weshalb ich Ärger hervorrief. Das hilflose »Ich mache alles falsch« war ein weiterer Ausdruck meiner Desorientierung.

X.

Die Wüste war für mich die Welt und das Leben in ihr, vor allem mein Dasein. Zunächst hatte ich das nur als diffuses Misstrauen gegenüber fremden Menschen wahrgenommen. Im Religionsunterricht erst, als wieder einmal von der Kreuzigung die Rede war, fuhr mir ein Geistesblitz durch den Kopf: Alle Menschen waren schlecht, war mir mit einem Schlag klar.

XI.

Die bevorzugten Kinos waren das Annenhof-, das Ring-, das Girardi-, das Opern-, das Schubert-, das Rechbauer- und das Kroisbach-Kino, also eigentlich alle bis auf die verrufenen: das Union-, das Apollo- und das Tonkino, in denen schlechte Western und B-Movies liefen. Eine Zeitlang gab ich mein gesamtes, spärliches Geld für das Kino aus, und sowohl von meinen Eltern als auch von Großvater ließ ich mich zu Vorstellungen der schwachsinnigsten Filme einladen. Ich genoss es allein schon, im dunklen Kinosaal wie in einer Taucherkugel am Meeresgrund von der Wirklichkeit abgekapselt zu sein und gleichsam durch eine Luke die riesigen, beweglichen Menschenfiguren auf der Leinwand zu beobachten.

XII.

Viele Jahre waren mir Küsse in Filmen unangenehm, ich fand sie abstoßend und überflüssig. Bevor noch eine Umarmung – die ich längst schon vorausgeahnt hatte – mit einem Kuss besiegelt wurde, starrte ich in der Dunkelheit schon hinunter zu meinen Füßen und hob den Kopf erst wieder, wenn ein Lichtwechsel eine neue Szene signalisierte oder der Dialog von etwas anderem handelte. Küsse auf der Leinwand machten mich sogar wütend. Ungeduldig wartete ich immer darauf, dass der Film endlich weiterging.

Das Geheimnis

I.

Wir hatten uns über einen Film und eine Kussszene unterhalten, über die wir beide gelacht hatten, und dann sagte mir ein Schulkamerad, dass »die Nudel und die Fut« sich gut verstünden. Ich starrte ihn verständnislos an, und er fuhr fort, dass »die Nudel steif« würde und in der »Fut« hin- und herfahre, bis der »Saft« herausspritze. Er machte mit der linken Hand eine Faust, streckte den rechten Zeigefinger aus und schob ihn in der hohlen Hand hin und her. Inzwischen hatte er Speichel im Mund gesammelt und spuckte ihn drastisch aus. Die Frau, fuhr er lachend fort, müsse die Schenkel spreizen, der Mann alles »hineinlassen«. Das heiße »pudern«. Er nahm einen Zettel und fertigte eine Zeichnung an, die ich noch oft auf verschmierten Herrentoiletten zu Gesicht bekommen sollte:

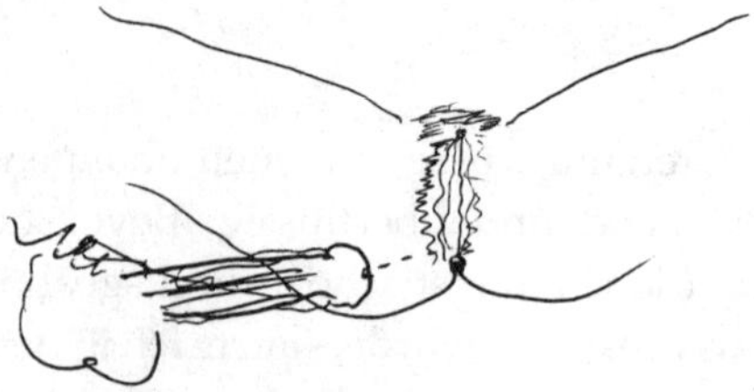

Ich schaute sie an und bekam Lustgefühle und war doch zugleich entsetzt.

»So haben sie dich gemacht!«, rief er lachend. »Dein Vati und deine Mutti!«

Ich schluckte und log: »Das weiß ich schon«, und zerriss die Zeichnung in winzige Schnipsel, die ich in den Papierkorb warf. Zu Hause nahm ich meine Eltern in Augenschein, konnte aber das, was ich gehört hatte, mit ihrem Anblick nicht vereinbaren.

Als ich Paul danach fragte, erfuhr ich, dass auch er es wusste. Und er ließ noch ein paar zusätzliche Details fallen.

»Das haben unsere Eltern gemacht?«, fragte ich atemlos.

Er antwortete: »Wahrscheinlich, aber ich glaube es nicht.« Es entsprach ganz meiner Überzeugung.

II.

Natürlich fragte ich mich, weshalb Vater, der mir voller Freude den menschlichen Körper erklärt hatte und sich in anatomischen Einzelheiten des Schweineherzens ergangen war, mir nie etwas von den Geschlechtsteilen erzählt hatte. Er hatte darüber auch zu meinen Brüdern nie ein Wort verloren. Ich nahm es als Beweis, dass mein Schulkamerad die Wahrheit gesagt hatte.

III.

Das neue Wissen kam im Kino bei den ungeliebten Kussszenen zum Tragen, aber auch bei hübschen Frauen, besonders wenn sie lackierte Finger- und Zehennägel hatten, nach Parfüm dufteten oder hochhackige Pumps trugen. Dann spürte ich nicht nur die Erregung, die ich noch von Frau Prangl her kannte, sondern auch einen unbekannten Trieb, »die Fut« zu sehen oder zumindest die Brüste, die bald nur noch »Tutteln« hießen.

Wir bekamen aber nur Familien-, Verwechslungs- und Liebeskomödien mit harmlosen Stars wie Adrian Hoven und Erika Remberg zu sehen, mit denen ich mich nicht identifizierte.

Der Unfall in der Herrengasse

I.

In diesem Jahr sollte ich mit Paul und den beiden Schullin-Brüdern eine Erfahrung machen, die alles, was ich bisher erlebt hatte, an Schrecken übertraf. Ich hatte eine Leidenschaft für das Sammeln von Karl-May-Bildern entwickelt, die der Verpackung einer Kaugummisorte beigelegt waren. Die farbig bedruckten Zettel regten meine Fantasie an, gerade weil sie Szenen aus Büchern darstellten, die ich nie gelesen hatte. Ich dachte mir einfach meine eigenen Geschichten dazu aus.

Es war schwierig, sich eine Sammlung zuzulegen, weil die vielen Kaugummipackungen angesichts der Höhe meines Taschengelds unerschwinglich waren, aber ich bekam die Bildchen von meinen Brüdern und Spielkameraden in größerer Anzahl geschenkt.

II.

Hans Schullin sammelte ebenfalls und besaß sogar das dazugehörige Album, und da ich ihm mit Doubletten aushalf, lud er mich zusammen mit Herbert und Paul ins Schubert-Kino ein, wo der Heinz-Rühmann-Film »Quax, der Bruchpilot« gespielt wurde. Ich freute mich schon darauf, weil er, wie wir wussten, vom Fliegen handelte und ich daher auch hoffte, etwas über jene Zeit aus dem Leben meines Vaters zu erfahren, als er im Zweiten Weltkrieg Arzt bei der Luftwaffe gewesen war.

III.

Nach der Vorstellung waren wir so aufgekratzt, dass wir beschlossen, noch in das nahe gelegene Non-Stop-Kino in der Herrengasse zu gehen. Dabei hatte ich aber ein schlechtes Gewissen, da ich meine Schulaufgaben nicht gemacht hatte. Wir blieben nur eine Stunde, und die Geschäfte hatten noch geöffnet, als wir wieder auf die Straße heraustraten – also musste es vor sechs Uhr abends gewesen sein. Mein Blick fiel gerade auf zwei Radfahrerinnen, die aus der Neutorgasse kamen und in die Herrengasse einbogen. Beide trugen eine Bluse und einen Rock und fuhren auf Damenrädern, die keine Verbindungsstangen vom Sattel zum Lenker hatten und an den Hinterrädern mit straffen Netzen versehen waren, damit sich die im Fahrtwind flatternden Kleider darin nicht verfangen konnten.

IV.

Eine der beiden Frauen scherte mit ihrem Fahrrad plötzlich aus und blieb dabei mit einem Pedal im Netz des Hinterrades der anderen hängen, die dadurch das Gleichgewicht verlor. Auf unglückliche Weise miteinander verbunden wie siamesische Zwillinge rollten sie im Zeitlupentempo vorwärts, während sich zu gleicher Zeit der Straßenbahnzug der Linie 7 näherte und ich bereits befürchtete, dass nicht mehr rückgängig zu machen sein würde, was sich drohend ankündigte. Ich konnte den Fahrer im Führerstand erkennen, wie er hektisch an Hebeln hantierte, hörte die schnalzenden, im Stakkato läutenden Warnsignale und sah den Sand der Notbremsung aufwirbeln. Die Fahrräder waren jedoch so ineinander verkeilt, dass die Frauen im nächsten Augenblick stürzten, wobei eine von ihnen auf die Schienen rollte, die Fangvorrichtung der Straßenbahn, eine Art Rechen, aber erst hinter ihr auf den Asphalt krachte. Beim Aufprall wurden die Vorderräder kurz aus den Schienen gehoben. Die Frau hatte braunes, halblanges Haar, das so ordentlich aussah, als sei sie soeben erst beim Friseur gewesen, die weiße Tasche, die am Lenker gehangen hatte, war auf unerklärliche Weise in eine ihrer Hände gelangt, und für Sekundenbruchteile sah ich ihr Gesicht – den Mund aufgerissen, die Augen vor Entsetzen geweitet – dann verschwand der abgeknickte Oberkörper unter der Straßenbahn. Gleichzeitig hatte der Puffer die zweite Frau, die auf dem Pflaster kniete und vergebens versuchte sich aufzurichten, am Kopf getroffen und sie mit aller Wucht zur Seite geschleudert. Wie eine Puppe flog sie auf den gegenüberliegenden Gehsteig und blieb dort liegen.

V.

Ich stand nur wenige Schritte von der Unfallstelle entfernt. Alles hatte sich so unglaublich schnell ereignet, dass ich noch immer gebannt auf die Straßenbahn schaute, aus der jetzt hektisch Gestalten ins Freie sprangen. In die Stille hinein ertönten dann die Entsetzensschreie der Passanten, die in Panik davonliefen. Auch aus den Geschäften flohen Menschen, und in wenigen Sekunden entstand ein Tumult, ein Geschrei, ein Getöse, als ginge es auch für die Augenzeugen ums Überleben. Im allgemeinen Chaos liefen wir gleichfalls »kopflos« davon, die Herrengasse hinauf bis zum Hauptplatz, von wo aus wir atemlos zurückschauten. Der aufgewühlte Ameisenhaufen wimmelte nicht mehr, langsam bildete sich eine größer und größer werdende Menschenansammlung um die Straßenbahn, ein Einsatzwagen der Polizei erschien, ein Rettungswagen, die Feuerwehr und zuletzt, als die Passanten schon gleichgültig auf nichts mehr warteten, ein Leichenwagen.

VI.

Ängstlich schlichen wir näher und schnappten aus den Gesprächen der Herumstehenden auf, dass die eine der beiden Frauen von der Straßenbahn in zwei Teile getrennt worden war – weder ihr Rumpf noch die Füße schauten unter dem wuchtigen Triebwagen hervor, nur ein schwarzer Lackschuh lag umgeworfen auf der Straße, der zweite war weiter weg gekollert und stand auf dem Absatz da, als warte er auf seine Besitzerin. Die andere Frau, die vom Puffer erfasst worden war, wurde in den Rettungswagen geschafft – ich sah die ausgetretene Gehirnmasse auf dem Eckstein kleben und die Blutpfütze auf dem Trottoir.

VII.

»Geht's weiter!«, rief ein Polizist uns zu, »geht's nach Hause!« – aber wir konnten den Schauplatz nicht verlassen, denn wir hatten das Unfassbare mit eigenen Augen gesehen und mussten uns den Vorfall jetzt gegenseitig bestätigen, als befürchteten wir, für kurze Zeit den Verstand verloren zu haben. Staunend versuchten wir der Realität auf den Grund zu kommen, denn obwohl wir den Unfall in allen Einzelheiten wahrgenommen hatten, konnten wir ihn nicht begreifen.

VIII.

Aus den Kommentaren der Umstehenden erfuhren wir dann, dass die Feuerwehr daranging, den Straßenbahnwagen anzuheben – und wir entfernten uns ängstlich. Wir sahen, wie einer der Männer mit Gummihandschuhen, die bis zu seinen Achseln reichten, unter den Wagen kroch, wir sahen die Menschen zurückweichen und schlossen aus den Bemerkungen, dass die beiden Körperhälften der Verunglückten in einen Sarg gelegt werden sollten.

IX.

Als die Körperteile über den Asphalt geschleift wurden, flüchtete ein Teil der Menge und kehrte nicht wieder zurück. Und während der Leichenwagen sich in Bewegung setzte, begann die Feuerwehr mit einem Schlauch die Straße abzuspritzen, und wir liefen wie betäubt nach Hause.

X.

Mit offenen Augen lag ich im Dunkeln, wehrlos den Bildern ausgeliefert, die mir immer wieder durch den Kopf gingen. Paul war ebenso geschockt wie ich. Bis zum Anbruch des Tages fragten wir uns gegenseitig, ob wir schliefen, und flüsterten uns zu, wie der Unfall seinen Lauf genommen hatte, rätselten über das, was uns entgangen war, verglichen Details und ergänzten so das Geschehen, wie wir es in Erinnerung hatten.

XI.

In aller Früh hörte ich die Zeitung durch den Briefschlitz in das Vorzimmer fallen, ich sprang sofort auf, um sie zu holen. Das Papier hatte noch die Kälte des anbrechenden Morgens, ich machte Licht, Paul schlüpfte zu mir ins Bett, und wir lasen jede Zeile des Berichts, und als wir damit fertig waren, fingen wir wieder von vorne an.

XII.

Ich weiß nicht, weshalb ich, nachdem ich mehrmals den Bericht gelesen hatte, endlich das Gefühl bekam, die Wahrheit gesagt zu haben, so als hätte ich mir bis dahin selbst keinen Glauben geschenkt.

XIII.

Noch oft dachte ich an die verunglückte Frau zurück, an die letzten Sekunden ihres Lebens, als sie wehrlos auf den Schienen lag und die Straßenbahn auf sich zukommen sah, wie sie zwischen die Fangvorrichtung und die Räder geriet und an die Angst und den Schmerz, bevor sie starb.

Fußball: Auf und ab

I.

Bei den Fußballspielen von Sturm Graz, die wir gemeinsam besuchten, fiel mir auf, dass mein Vater zurückhaltend war. Er brüllte nicht, er pfiff nicht, und seine Bemerkungen über Spieler, Schiedsrichter und das Match machte er nur halblaut. Wenn er überhaupt einmal etwas ausrief, dann höchstens: »Laufen!« – ansonsten lächelte er nur, sobald ein Tor für die »eigene« Mannschaft fiel. Auf dem Fußballplatz war er der angenehmste Mensch. Ein »Sir«, wie man sagte. Bei Pfeifkonzerten hielt er sich die Ohren zu und bei Hasstiraden aus dem Publikum raunte er mir zu, ich solle nicht hinhören, das sei nichts für mich. Er bemühte sich, mit eigenen Augen zu sehen, auch wenn ihm dabei ein Irrtum unterlief, und er las zur Überprüfung seiner Meinung jeden Montag die Kolumne des Sportjournalisten Othmar Behr »Erlebt, gesehen, gehört«, dabei trug er laut vor, was er besonders treffend fand. Er hatte den Ehrgeiz, ein gutes Urteil zu haben, und erklärte dann befriedigt: »Siehst du, es war kein Elfmeter!« Ich weiß bis heute, was er mir sagte, wenn das Publikum den Schiedsrichter oder die Gegner mit Pfeifen unter Druck setzte: »Du hast selbst Augen und Ohren. Hör nicht darauf, was die anderen sagen! Lass dich nicht von der Menge beeinflussen. Du siehst, was du siehst, und du hörst, was du hörst.«

II.

Am meisten beschäftigte mich in diesem Jahr die Fußballweltmeisterschaft in der Schweiz, bei der Österreich den dritten Platz belegte, aber gegen Deutschland, den späteren Weltmeister, im Semifinale 1:6 unterlag. Wir stürzten nach jeder Radio-Übertragung in den Hof und bildeten uns ein, einer unserer Helden zu sein. Das war für die Söhne eines Arztes eher ungewöhnlich, denn Fußballer hatten damals in den sogenannten besseren Kreisen kein Ansehen, man lachte über ihr fehlerhaftes Deutsch, die

»Schlurf-Frisuren« und ihre angebliche Primitivität, aber mein Vater und Großvater liebten den Sport und das Milieu und zogen Zuschauer, die enthemmt und einfach waren, einem Publikum vor, das ausfallend war, aber sich vornehm gab.

III.

Es war ein schlechtes Jahr für Sturm Graz. Wir gingen vergeblich in die »Gruabn«, der Fußballclub musste absteigen.

IV.

Auf dem Heimweg nach dem letzten Spiel fragte mich mein Vater plötzlich, weshalb ich nicht lernen wolle.

Was hätte ich ihm antworten sollen? Ich wagte nicht, ihm zu gestehen, dass ich es hasste, auswendig zu lernen, was ich nicht verstand, dass mir der Sinn von allem verschlossen blieb und dass etwas Großes, Festes sich in mir gebildet hatte, eine Mauer, die ich auch beim besten Willen mit dem Kopf nicht durchdringen konnte. Sobald ich etwas Neues aufnehmen sollte, kam ich mir wie ein Verurteilter vor, der eine Strafe erhalten hatte. Ich fühlte mich unter Druck gesetzt von einer Last, die täglich schwerer wurde und von der ich glaubte, dass sie mich unter sich begraben würde. Deshalb sagte ich nichts, auch als er mir vorhielt, meinen Fantasien nachzuhängen, die mir nichts »bringen« würden, und mir eine düstere Zukunft prophezeite. Weil mir auch dazu nichts einfiel, erinnerte er mich zum tausendsten Mal daran, dass ich den Arztberuf ergreifen sollte, was aber nur unter großen Lernanstrengungen möglich sei. Er malte mir eine leuchtende Zukunft aus, wenn ich mich endlich »zusammennehmen« würde.

Immer, wenn mein Vater es im Guten versuchen wollte, riss ihm aber der Geduldsfaden. Er erwartete, dass ich dahinschmolz, und nahm es als persönliche Kränkung, wenn ich zögerte. Ohne Ankündigung änderte sich dann seine Gemütslage, er fing an zu schimpfen und steigerte sich durch mein Schweigen immer weiter in seine Wut hinein, bis aus dem Gespräch ein böses Verhör wurde. Ich versuchte ihn durch zaghafte Antworten zu besänftigen, fachte dadurch aber seine Wut nur noch weiter an. Erst als wir begannen Aufsehen zu erregen, verstummte er und ging daraufhin so schnell weiter, dass ich ihm kaum folgen konnte.

Lachtalhaus

I.

In den Sommerferien fuhren wir mit der Eisenbahn nach Oberwölz und wurden von dort mit einem Jeep zum Lachtalhaus gebracht – einem schwarz imprägnierten Holzgebäude, in dem ich mit Paul in einem Zimmer schlief. Bald hingen in unseren Zimmern von einer Wand zur anderen Zwirnsfäden, auf denen Scheiben von Herren- und Steinpilzen zum Trocknen aufgefädelt waren und mit ihrem Duft den Eindruck erweckten, dass wir in einem Wald nächtigten.

II.

Ich las wieder »Gullivers Reisen« und »Robinson Crusoe«, saß an einem kleinen Bach und warf Steinchen hinein, schaute lange zu den Wolken hinauf und träumte von den Kinos in Graz, der Stadt. Ich konnte nicht nachvollziehen, weshalb meine Mutter ins Schwärmen geriet, wenn wir zu einer kleinen Wanderung aufbrachen und die umliegenden Berge sahen.

III.

Bei den schauerlichen Unwettern, die mit grellen Blitzen und Getöse über die Gegend hereinbrachen, fürchtete sie sich jedoch wie ein kleines Mädchen, und ich schämte mich deshalb für sie. Sie sprach fortwährend von ihrer Angst, ein Kugelblitz könne in das Lachtalhaus einschlagen und einen Brand verursachen, und ich fing an, es mir heimlich zu wünschen. Die Feuerwehr würde das große hölzerne Gebäude löschen, stellte ich mir vor, und wir wären gezwungen, aus dem Fenster zu springen – und alle Mühen um die Hunderten gesammelten Pilze wären umsonst gewesen.

IV.

Im Lachtalhaus machten außer uns einige Wiener und deutsche Familien Urlaub, und in der letzten Woche unseres Aufenthalts wurden wir nach dem Abendessen eingeladen, auf der Wiese hinter dem Gebäude einer Kindertheateraufführung beizuwohnen.

V.

In der Woche zuvor war mir ein blondes Mädchen aufgefallen, das mich bei zufälligen Begegnungen anlächelte. Sie entsprach nicht meinen Vorstellungen, ich dachte an Frauen, nicht an Kinder, und sie war in allem, was sie tat, anders als ich. Sie half beim Servieren aus, begleitete den Hüttenwirt, wenn er mit dem Jeep nach Oberwölz fuhr, um Besorgungen zu machen, und badete in einem eiskalten Teich, in den ich mich nur bis zu den Knien hineinwagte. Es war ihre Selbständigkeit, die ich bewunderte, und ich stellte mir vor, sie würde mich beschützen und mit mir irgendwohin durchbrennen, wo uns niemand fand.

VI.

Sie spielte in dem Theaterstück so reizend eine kleine Fee, dass ich mich in sie verliebte. Wir warfen uns nun, wenn wir einander begegneten – beim Essen oder vor dem Lachtalhaus – lange Blicke zu, und ich träumte davon, sie aus allen möglichen Situationen zu retten: aus einer Feuersbrunst nach einem Gewitter, nachdem sie sich im Wald verlaufen hatte (meine Lieblingsszene) oder bei einem Verkehrsunfall, dem ihre Eltern zum Opfer gefallen waren.

VII.

Ich war den Tränen nahe, als wir abreisten. Das Mädchen spielte mit anderen Kindern gerade Ball vor dem Haus, als wir in den Jeep stiegen und losfuhren. Sie lächelte mir so liebevoll zu, dass ich am liebsten ausgestiegen und bei ihr geblieben wäre. Ich hoffte auf ein Wunder, vielleicht, dass sie den Hüttenwirt bitten würde, mitfahren zu dürfen oder meine Eltern, mich noch eine Woche bei ihr im Lachtalhaus bleiben zu lassen. Aber ich ahnte schon damals, dass ich nicht geboren worden war, um Wunder zu erfahren.

VIII.

Auf der Fahrt in das Tal hatte ich böse Vorahnungen, ich fürchtete mich vor nichts Konkretem, sondern fühlte mich ganz allgemein von der Zukunft bedroht. Die steinige Straße eröffnete immer wieder neue Aussichten auf umliegende Anhöhen, Almwiesen, Wälder. Ich konnte meinen Blick nicht abwenden. Es war die eigentümliche Tiefe hinter den großen und kleinen Bergen, die mich anzog, eine Landschaft, wie ich sie früher im Panoptikum gesehen hatte – irgendetwas war verborgen dort – ich?

IX.

Wie immer unterdrückte ich meine bösen Vorahnungen, weil sie mich verwirrten und belasteten. Erst jetzt, da ich nur noch selten von ihnen heimgesucht werde, finde ich den Mut, darüber zu schreiben.

Ausgeliefert

I.

Meine Nachprüfung in Mathematik verlief erfolgreich, wenn auch nicht glanzvoll. Aber Paul, der ein guter Schüler und ehrgeizig war, stolperte über die Fragen des Physikprofessors und musste die Klasse wiederholen. Aufregung herrschte in den nächsten Tagen, und unsere Eltern beschlossen, uns aus der Schule zu nehmen und in das nahe gelegene Lichtenfelsgymnasium einzuschreiben.

II.

Ich betrat mit pochendem Herzen das Klassenzimmer und stellte fest, dass ich in Pauls ehemaligem Steireranzug der Einzige war, der Tracht trug.

III.

Wir bekamen einen Platz zugewiesen, und ich bemühte mich die nächsten Tage Anschluss zu gewinnen, doch gelang es mir nicht, egal, ob ich es mit Hilfsbereitschaft und Freundlichkeit versuchte oder durch ordentliches Verhalten, wie ich es zu Hause gelernt hatte. Stattdessen bekam ich Ablehnung zu spüren, die rasch in Gehässigkeiten überging: Ich versuchte daraufhin so unauffällig wie möglich zu sein, doch ich löste schon schadenfrohes Gelächter aus, wenn ich nur eine falsche Antwort gab.

IV.

Ich muss in meinem Wesen etwas haben, das den Hass auf sich zieht, dachte ich. Was ich anfangs noch nicht verstand, war, dass ich mich in der Schule nicht so verhalten durfte wie zu Hause, es gab andere Spielregeln. Guter Wille, Gehorsam, Höflichkeit, Ordnungsliebe waren für meine Mitschüler ein rotes Tuch. Ich hatte mir geschworen, neu anzufangen, ein besserer Schüler zu werden, beliebt zu sein, Freunde zu gewinnen, aber das Gegenteil trat ein. Vielleicht weil ich, wenn ich etwas erzählte, meiner Fantasie freien Lauf ließ, bis ich selbst nicht mehr wusste, was wahr und was Erfindung war – nur begriff ich meine Lügen nicht als solche, sondern als eine Art Geschenk, als besondere Freundschaftsbeweise und Ausdruck von Zuneigung. Dieser Gedanke war mir damals jedoch nicht klar, es war eher eine dunkle Ahnung, ich erinnerte mich nicht einmal mehr daran, dass Großmutter mich für meine erfundenen Geschichten gelobt hatte, so selbstverständlich war mir die Flucht in die Einbildung geworden. Und dass sie Lügen waren, hätte mich, wenn mich jemand darauf aufmerksam gemacht hätte, nur erschreckt. Ich glaubte ja beim Erzählen fest daran.

V.

Im Kepler-Realgymnasium waren die Familien, aus denen die Mitschüler stammten, größer und weniger wohlhabend gewesen, und die meisten waren es daher von zu Hause gewohnt gewesen, Rücksicht zu nehmen. Die Kleidung hatte kaum eine Rolle gespielt, und es hatte auch keinen ungeschriebenen Verhaltenskodex gegeben. Im Lichtenfelsgymnasium hingegen traf ich auf Schüler mit ausgeprägterem Selbstbewusstsein, die ihre Unabhängigkeit vom Elternhaus betonten und Distanz zu den Professoren hielten, auch wenn diese nur zum Schein existierte. Die meisten wollten kleine Erwachsene sein, während ich noch das gut erzogene Kind war. Ich wurde als »Waserl« verhöhnt, mein Hang zum Fabulieren als »aufschneiden« betrachtet, und selbst Paul, der von Natur aus nüchterner und anpassungsfähiger war als ich, fand nicht den richtigen Umgangston den neuen Mitschülern gegenüber. Als es immer schwieriger wurde, einen Tag ohne Verletzung durchzustehen, besprach er unser Unglück mit den Eltern. Meine Mutter suchte den Schuldirektor auf, der, nachdem er meinen Bruder und mich befragt hatte, uns in das Klassenzimmer begleitete und dort eine zornige Ansprache hielt. Paul versteckte sich noch mehr hinter seiner Unauffälligkeit, während ich mich bemühte, zu werden wie die anderen – ein Fehler, da ich einerseits Selbstsicherheit und Gleichmut vortäuschen musste, die ich aber nicht besaß, und es andererseits nicht abstellen konnte, dass sich Wirklichkeit und Fantasie in meinen Gedanken vermischten. Aber warum dämmerte mir das erst jetzt langsam? In meinem Kopf entstand ein noch größeres Vakuum als im Kepler-Realgymnasium, eines, in das keine Worte mehr drangen, keine Erläuterungen von der schwarzen Schultafel, keine Botschaften aus den Büchern, denn was mich jetzt beschäftigte, war, das richtige Verhalten im Umgang mit den Mitschülern zu lernen.

VI.

Paul, der zu mir hielt und mich beschützte, war gleichzeitig auch wütend auf mich, weil ich den Spott der Klasse auf mich zog, sobald ich den Mund aufmachte. Mir fiel nun als peinliche Entdeckung auf, dass ich mich häufig selbst lobte. Allmählich fing ich daher an zu hassen, dass ich so war, wie ich war. Die anderen lasen Comic-Hefte, sprachen vom Urlaub, den sie mit ihren Eltern in Italien oder an einem Kärntner See verbracht hatten – und natürlich waren fast alle Filme, die ich bisher gesehen hatte, verpönt –, man begeisterte sich stattdessen nur für solche, die jugendfrei ab 14 waren. Das alles verwirrte mich.

VII.

Ich beging den gleichen Fehler, den meine Eltern gemacht hatten: am wichtigsten zu nehmen, was die *anderen* über etwas dachten. Die Trachtenkleidung war ein Teil ihrer Anpassung, ein Signal, zu den »Einheimischen« zu gehören, wie ihr gesamtes Leben von dem Bestreben bestimmt war, nicht anders zu sein als die anderen, weil sie befürchteten, sonst ausgeschlossen und missachtet zu werden oder auf Ablehnung zu stoßen und sogar Spott auf sich zu ziehen.

VIII.

Ich versuchte hingegen zu akzeptieren, dass ich gehasst wurde. Meine Sucht, mit Übertreibungen und Fantasiegeschichten Eindruck zu schinden und aus mir eine erfundene Figur zu machen, war mir als Grund dafür ja nicht vollständig bewusst. Zu Hause umsorgt, war ich, kaum, dass ich die Schule betrat, das Niedrigste. Ich hatte noch keinen Abstand zu den Eltern gewonnen, ihr Tadel, der Druck, den sie auf mich ausübten, kränkte mich, dadurch war ich auch in der Schule leichter verletzlich. Ich hatte wenig Selbstvertrauen. In meiner Erziehung war dessen Entwicklung nicht vorgesehen. Statt mich zu wehren, versuchte ich die Demütigungen zu ignorieren. Das hatte jedoch zur Folge, dass selbst die Schwächsten begannen, mich zu verachten. Bald gehörte ich zu den schlechtesten Schülern der Klasse. Selbst im Turnunterricht konnte ich die Achtung der anderen nicht mehr erringen, denn beim Ballspiel wurde ich nicht miteinbezogen und an den Geräten war ich nur durchschnittlich. Lief ich besonders schnell, galt ich als Hasenfuß. In der Klassenauswahl für Fußballspiele wurde ich nur als Ersatzmann aufgestellt, die Positionen waren alle schon in den vergangenen Schuljahren vergeben worden, hieß es. Das kränkte mich, besonders weil Paul, der sich schon eingelebt hatte, berücksichtigt wurde. Er war realistischer und aufrichtiger als ich und auch besser angezogen, weil er beim Kleiderkauf jetzt auf der Mode bestand, die auch von den anderen getragen wurde, und es ihm gelang, ohne Schwierigkeiten verbotene Filme zu sehen. Er las Comic-Hefte und fing an, sich für New-Orleans-Jazz zu interessieren. Ich war darüber enttäuscht, denn ich verspürte keine Verwandlung in meinem Inneren, wenn ich es ihm nachmachte. Wie bei der Erstkommunion war es in mir taub und stumm geblieben, wo andere Gefühle der Begeisterung empfanden. Alles, woran ich bisher gehangen hatte, löste sich in nichts auf, alle meine Geheimnisse waren zerstört, doch ich war gefangen in meinem zwanghaften Stolz, mir nichts anmerken zu lassen.

IX.

Ich lächelte und versuchte, einen unbekümmerten Eindruck zu erwecken. In meiner Fantasie probierte ich jedoch verschiedene Todesarten aus. Ich dachte, dass ich mit Hilfe von Gedanken meinen Herzschlag aussetzen lassen konnte. Wenn ich mich unbeobachtet fühlte, bemühte ich mich daher oft, mit dem Atmen aufzuhören. Immer wieder lag ich da, atmete aus und wartete darauf, dass ich ohnmächtig würde, aber zu meiner Verzweiflung gelang es mir nicht. Natürlich sprach ich mit niemandem darüber, denn keiner hätte mir geglaubt oder mich verstanden.

X.

Beim Sport und bei anderen Gelegenheiten zog ich mir indessen Verletzungen zu, Schnitt- und Schürfwunden, Verstauchungen und Prellungen – sie boten eine kurze Entlastung, ein Verband oder eine Wunde bedeuteten Schonzeit.

Mit verschiedenen Tricks gelang es mir auch vorzugeben, es berührte mich nichts, was um mich herum vorging, weshalb weder Paul noch meine Eltern meinen Zustand erfassten. Ich bin mir sicher, dass keiner meiner Peiniger darüber nachdachte, ob er mich zur Verzweiflung trieb – ein Phänomen, das vermutlich überall und zu jeder Zeit existiert.

XI.

Jeder hatte es gesehen und niemand etwas dabei gefunden. Die Demütigungen passierten immer unerwartet und wie nebenbei. Es waren ja nur Scherze, das Ganze war nicht so gemeint gewesen, der Betreffende – in diesem Falle ich – hatte es selbst durch seine Lügen, sein Selbstlob, sein »Eindruckschinden«, mit einem Wort: durch sein ganzes Wesen herausgefordert. Diejenigen, die sich im Quälen am meisten auszeichneten, stellte ich fest, waren intelligent und hatten eine Schar eifriger Nachahmer um sich. Durch irgendeinen Umstand zog der Anführer die anderen mit sich. Die Großredner waren dabei die Übelsten, die Unerbittlichsten. Schnell waren sie wegen etwas beleidigt, und noch schneller überschritten sie die Grenzen und fanden ein Opfer, das sie demütigten. Sie benötigten dafür immer ein Publikum. Allein waren sie Niemande wie ich, erst in der Schar ihrer Bewunderer blühten sie auf. Ihr gesamtes Denken konzentrierte sich auf »Schwachstellen«, instinktiv und wie besessen fahndeten sie danach, bis sie endlich den Punkt ausgemacht hatten, an dem sie jemanden oder eine Sache der Lächerlichkeit preisgeben konnten. Sie hatten keine Hemmungen, Wörter auszusprechen, die andere erniedrigten. Immer handelte es sich bei den Anführern um Besserwisser, die selbst Mängel aufwiesen. Eine mimosenhafte Empfindlichkeit zeichnete sie aus, wenn es um sie selbst ging, sie waren voll Neid und Eifersucht, und jeder Scherz, der mit ihnen getrieben wurde, hatte Wutanfälle zur Folge. In einem fort wollten sie von sich selbst ablenken oder sich für etwas rächen, aber das zu verstehen war ich noch zu jung, und es hätte mir auch nicht geholfen. Ich war erschrocken darüber, mit welcher

Begeisterung sich meine Mitschüler, wenn sie Lust auf Abwechslung überkam, am Quälen weideten. Doch für sie galt das Gleiche wie für mich: dass sie so sein wollten, wie sie glaubten, dass die anderen waren.

XII.

Wäre ich unter anderen Umständen selbst einer meiner Peiniger gewesen? Jedenfalls wünschte ich mir nie, einer von ihnen zu sein. Stattdessen fuhr ich in meinen Versuchen fort, mit dem Atmen aufzuhören, um meine Niederlagen nicht mehr einstecken zu müssen. Ich hatte es schon zu einiger Fertigkeit gebracht und war imstande, die Luft so lange anzuhalten, bis mir der Schweiß ausbrach, mein Gaumen trocken wurde und ich den Herzschlag in meinen Ohren pochen hörte – aber zuletzt rang ich doch immer nach Luft und verachtete mich dafür. Ich konnte der Erkenntnis nicht ausweichen, dass ich ein Feigling war.

XIII.

Mein Zustand verbesserte sich auch nicht mit der Zeit, denn man gewöhnt sich nur langsam an die Qual, an die Erniedrigung, an den Schmerz. Wer nie davon betroffen war, kann den Angegriffenen nicht verstehen, es übersteigt seine Vorstellungskraft – und selbst wer irgendwann Opfer war, unterliegt einem merkwürdigen Prozess des Vergessens und Herunterspielens – hat doch auch für ihn niemand Mitgefühl empfunden.

XIV.

Die Spiele, denen ich ausgeliefert war, waren jedes Mal neu: Bei einer Redeübung und später einem Gedichtvortrag, für die ich mich sorgfältig vorbereitet hatte und mit denen ich mich rehabilitieren wollte, erntete ich abwechselnd Gelächter und Desinteresse. In der Pause war mein Übungsheft plötzlich verschwunden gewesen und lag nach der Unterrichtsstunde mit einem über die ganze Seite gezeichneten Arsch wieder da. Beliebt war das Stechen mit der Zirkelspitze in das Gesäß und das Reißen an den Haaren. Allmählich gingen auch die Professoren, als spürten sie, dass es ein Opfer gab, zu Gehässigkeiten über. Ein Absatz aus meiner Schularbeit wurde vom Deutschprofessor Polheim, der mich mit Vierern und Fünfern eindeckte, zur Unterhaltung der Mitschüler wegen meiner offenkundig übertriebenen Einfälle vorgelesen oder genüsslich zerpflückt. Mangelte es mir an Aufmerksamkeit, was in der Regel der Fall war, wurde ich zur Tafel gerufen und der allgemeinen Häme preisgegeben. Beantwortete ich aber in irgendeinem Fach eine schwierige Frage, zischte ein Mitschüler: »Angeber!« Überhaupt hielten mich alle für einen »Angeber«. Aber weshalb?, fragte ich mich in jeder Minute. Ich wusste ja, dass ich beim Erzählen übertrieb und Ereignisse erfand, aber war es für die Zuhörer nicht auch ein Vergnügen, in Erstaunen versetzt zu werden? Es fiel mir schwer, mein Konfabulieren mit der Abneigung gegen mich in Verbindung zu bringen. Und dass ich mich selbst erhöhte, war auch eine Folge meiner Erniedrigung. Ich sprach doch mit niemandem, meldete mich kaum zu Wort und tat mich auch sonst kaum hervor. »Angeber« war damals Ausdruck allgemeiner Verachtung – heute verwendet man andere Wörter dafür.

XV.

»Angeber« war jedoch die tödlichste Beschimpfung. Gegen sie gab es keinen Widerspruch und keinen Gegenbeweis. Ich war nicht nur ein »Angeber«, wenn ich flunkerte, sondern auch, wenn ich eine Lateinprüfung an der Tafel bestand, nach einem Stoß stürzte und rasch wieder auf den Beinen war. Ich wurde ausgelacht, wenn mir am Morgen die Haare abstanden, wenn ich beim Fußballspiel den Ball nicht traf oder in der Klasse eine Situation missverstand. Forderte mich der Geographieprofessor auf, mit einem zweiten Schüler eine Landkarte aus dem Lehrmittelzimmer zu holen, war ich ein »Angeber«, der sich »eingehaut« hatte, rutschte ich im Stadtpark bei Glatteis aus, ein Idiot.

XVI.

Mein Peiniger, Wesker, saß zwei Bänke vor mir und ließ sich immer neue Schikanen einfallen. Es verging kein Tag mehr, an dem ich nicht gedemütigt wurde, und kein Tag, an dem ich nicht auf dem Bett liegend versuchte, mit dem Atmen aufzuhören. Ich verabscheute nichts mehr als die Vorstellung zu weinen, obwohl ich nur noch gegen das Weinen ankämpfte – aber ich wollte meinen Widersachern diesen Triumph nicht gönnen.

XVII.

Wenn Paul in meiner Nähe war, verhinderte er zwar noch immer, dass ich angegriffen wurde, aber ich hatte den Eindruck, dass er die Situation auf die Dauer nicht ertrug und daher immer öfter wegschaute und in der Pause in ein anderes Stockwerk auswich, um mich nicht beschützen zu müssen. Auch fing er an, mich auf dem Heimweg offen zu tadeln, wenn ich wieder einmal, wie er sagte, »übertrieben« hatte. Beim Erzählen aber war ich noch immer vom Wunsch beseelt gewesen, andere zu beeindrucken.

XVIII.

Die Ablehnung, auf die ich stieß, war keine Mauer, sondern eine Gummiwand. Auf ein weniger aggressives Verhalten der Schulkameraden folgte ohne Grund eine Attacke, und ohne Anlass hörten die Demütigungen wieder auf. Manchmal übersah man mich, weil irgendetwas anderes gerade die Klasse beschäftigte, dann war ich für kurze Zeit »aus dem Spiel«. Gab es hingegen einen ungeklärten Zwischenfall, wurde ich automatisch als Schuldiger verdächtigt. Egal, ob jemand das Klassenbuch versteckt oder ein anderer während des Unterrichts einen Radiergummi gegen die Tafel geworfen hatte, immer rief einer der Mitschüler meinen Namen, worauf Gelächter ausbrach, bis auch die Professoren begannen, mich automatisch als Ersten zur Rede zu stellen. Und selbst wenn den Mitschülern etwas widerfuhr, sei es, dass jemandem etwas zerbrochen oder zerrissen wurde oder jemand etwas verloren hatte – sofort fiel mein Name. Wies ich, wenn sich etwas aufgeklärt hatte, auf die falschen Verdächtigungen hin, wurden sie abgestritten. Abgestritten wurde auch, dass man mir Schnee in den Kragen gesteckt und in das Gesicht gerieben hatte, dass man mich denunziert oder mir ein Bein gestellt hatte. Die Peinigungen setzten sich nach meinen Protesten sogar noch verstärkt fort.

XIX.

Während ich eines Tages wieder einmal versuchte, durch Ausatmen und Nicht-mehr-Einatmen mein Herz stillstehen zu lassen, fiel mir, ohne dass ich sagen konnte weshalb, Onkel Fritzl im Feldhof ein. Er war ein Idiot – ich war ein Idiot. Lebte nicht auch ich zum Teil in einer erfundenen, eingebildeten Welt, die für mich aber real war? Ich hatte diese Tatsache nicht ernst genug in Betracht gezogen, obwohl doch im Lehrbuch für Psychiatrie, das mir zu Hause wieder in die Hände gefallen war, Symptome beschrieben wurden, die auf mich zutrafen. Oder täuschte ich mich?

XX.

Einmal hielt ich sogar die Luft an, bis mir schwarz vor Augen wurde, und ich schöpfte Kraft aus dem Gefühl, auf dem richtigen Weg zu sein. Irgendwann würde es mir gelingen, dass mein Herz zu schlagen aufhörte. Meine Situation änderte sich jedoch erst, als der Schüler Buchmüller durch einen besonders lächerlichen Gedichtvortrag und kurz darauf eine unsinnige Redeübung die Aufmerksamkeit der Mitschüler erregte. Plötzlich konzentrierte sich die Lust am Peinigen auf ihn. Und ich hatte Zeit nachzudenken.

Begegnung mit dem Religiösen

I.

In den Momenten der tiefsten Verzweiflung hatte ich stumm um Hilfe gebetet. Unter Gott hatte ich mir Jesus vorgestellt, aber nicht den leidenden mit Dornenkrone am Kreuz, sondern den strahlend-schönen, der nach der Auferstehung in den Himmel schwebte und auf Beichtstuhlbildern dargestellt war. Ich flehte ihn an wie einen Zauberer, der, wenn er wollte, jedes Unglück abwenden konnte – hatte man uns das nicht so eingetrichtert? Den Blinden hatte er sehend gemacht, die Hungrigen gespeist, den Tauben die Ohren geöffnet.

II.

Gerade hatte der Religionsprofessor von den Jünglingen im Feuerofen erzählt, die der König von Babylon, Nebukadnezar, zum Tode verurteilt hatte, weil sie sich weigerten, eine goldene Statue anzubeten. Der Ofen war so stark eingeheizt worden, dass die herausschlagenden Flammen zwei Männer, die ihnen zu nahe gekommen waren, töteten. Ein Engel rettete die Jünglinge jedoch, sodass sie unversehrt wieder aus dem Ofen stiegen. Diese Geschichte machte auf mich den größten Eindruck. Sie erschien mir rätselhaft, und ihre Logik setzte alles außer Kraft, was man mich gelehrt hatte. Ich stellte mir vor, selbst in dem Feuerofen zu stehen und dass die Flammen an mir leckten – wo aber blieb der Engel?

III.

Mit meinem Verstand gelang es mir nur, dass meine Gedanken sich im Kreis drehten. Mich konnte daher nur etwas retten, das stärker war als mein Denken – also musste ich lernen zu glauben – doch es gelang mir nicht. Ich versuchte mich zu zwingen, religiös zu sein, die Sonntagsmesse zu besuchen, die vorgeschriebenen Gebete zu verrichten – dadurch aber wurde ich mir noch fremder. Einzig die Sekundengebete, die Verzweiflungsseufzer ließen mich für kurze Momente hoffen und mich in einer eingebildeten Sicherheit wähnen. Schließlich betete ich darum, dass mein Herz zu schlagen aufhören möge. Dieser Wunsch ging jedoch nicht in Erfüllung. Weshalb nicht?

Die Entdeckung

I.

In dieser Zeit flüchtete ich während des Unterrichts einmal auf die Toilette und vernahm, als ich sie betrat, aus einer der Kabinen Geräusche. Ich wusste, dass der Schüler Buchmüller, der mich in der Klasse als Opfer abgelöst hatte, vor mir hinausgegangen und nicht mehr zurückgekommen war, daher rief ich seinen Namen, aber niemand antwortete.

II.

In die grauen Holzwände der Kabinen waren Löcher gebohrt, und als ich neugierig durch eines spähte, sah ich den erigierten Penis meines Klassenkameraden und seine Hand, die die Vorhaut hin- und herschob, ganz nahe vor mir. Er musste bemerkt haben, dass er beobachtet wurde, vielleicht sah er auch mein Auge, denn er zeigte mir sein heftig zuckendes Geschlechtsteil und die vor Erregung pralle Eichel – gleichzeitig bemerkte ich, dass er in der anderen Hand eine Fotografie hielt, die in seinen Fingern zitterte, sodass ich nicht gleich erkennen konnte, was darauf dargestellt war. Es war, wie sich herausstellte, das Schwarz-Weiß-Bild einer nackten Frau, und fast im selben Augenblick, als ich die Situation erfasste, sah ich, wie der Samen aus seinem Penis in die Klomuschel spritzte. Buchmüller stöhnte dabei auf und wippte mit dem Becken, dann riss er einen Streifen von der Klopapierrolle ab, kehrte mir den Rücken zu und reinigte sich. Mir war nicht klar, was der weiße Schleim bedeutete, erst schon wieder in der Klasse fiel mir ein, dass mein Schulkamerad im Kepler-Realgymnasium vom »Wichsen« gesprochen hatte. Buchmüller saß inzwischen in seiner Bank und ließ sich nichts anmerken. Auch später verhielt er sich mir gegenüber, als sei nichts vorgefallen, das erleichterte mich.

III.

Das Erlebnis ging mir aber nicht aus dem Kopf und schließlich fand ich heraus, dass ein anderer Schüler, Wehner, im Geheimen Nacktfotos verkaufte. Ich überraschte ihn, wie er gerade einen Packen zurück in die Schultasche steckte. Auf meinen fragenden Blick flüsterte er mir zu, ich solle in der nächsten Pause auf die Toilette kommen, dort werde er mir ein in einzelne Seiten zerlegtes schwedisches Magazin mit nackten Frauen zeigen.

IV.

Ich wollte unbedingt ein Blatt kaufen, hatte aber kein Geld, doch schlug mir Wehner vor, mir die Fotografie zu leihen, bis ich bezahlen könne. Inzwischen traten weitere Interessenten ein, die uns umringten, und Wehner zog plötzlich ein Bild aus seiner Mappe, das ein nacktes Paar zeigte. Die Frau hatte ein Bein um den Hals des Mannes gelegt und hing – von seinen Händen gehalten – mit dem Kopf nach unten wie eine Artistin am Hängeseil. Die Darstellung verwirrte mich so sehr, dass ich nach dem Bild griff und es unter meinen Pullover steckte. Misstrauisch nannte mir Wehner eine horrende Summe, von der ich wusste, dass ich sie nicht würde aufbringen können, und knurrte: »Morgen!« Ich erklärte mich einverstanden und verstaute die Fotografie rasch an der nackten Brust unter meinem Hemd. Den gesamten Unterricht beließ ich sie dort. Ich begehrte sie so sehr, dass ich dafür jede Gefahr in Kauf genommen hätte. Natürlich sprach ich auch darüber mit niemandem, nicht einmal mit Paul.

V.

Zu Hause erklärte ich mich zur Freude meiner Mutter bereit, Kohlen aus dem Keller zu holen, versperrte unten die Tür hinter mir und masturbierte, wie ich es bei Buchmüller gesehen hatte. Es berauschte mich. Mein ganzes Unglück war wie weggezaubert, endlich hatte ich etwas Neues für mich entdeckt, das mir helfen würde, alles zu ertragen. Ich wagte es aber nicht, die Fotografie wieder in die Wohnung mitzunehmen und versteckte sie hinter dem Hackstock.

VI.

»Du hast lange gebraucht, ich wollte schon nachschauen kommen, ob dir etwas zugestoßen ist«, sagte meine Mutter, als ich wieder die Wohnung betrat. Großmutter war gerade auf Besuch gekommen, und ich hoffte, das Geld für die Fotografie von ihr zu erhalten. Sie hatte aber nur zwei Münzen für mich, und als ich sie bedrängte, fragte meine Mutter, wozu ich das Geld brauchte … Ich antwortete »Für einen Kinobesuch«, aber sie wollte, wie sie sagte, zuerst einen Erfolg in der Schule sehen.

VII.

Ich behielt die Fotografie drei Tage lang, obwohl Wehner mich immer ungeduldiger aufforderte, sie zurückzugeben, und mir sogar drohte, mich verprügeln zu lassen, aber sein Ansehen in der Klasse war nicht besonders hoch, weshalb ich das Risiko einging und ihn warten ließ. Ich holte jetzt zweimal täglich Kohle und leerte auch freiwillig die Asche aus.

VIII.

Nachdem ich das Blatt schließlich doch zurückgeben musste, verließ ich mich auf meine Vorstellungskraft. Ich sperrte mich auf dem Klosett ein und malte mir etwas aus, das mich in Fahrt brachte. Die Selbstbefriedigung nahm inzwischen einen fixen Platz in meinem Alltag ein: Ich war davon überzeugt, etwas Verbotenes, vielleicht sogar Verbrecherisches zu tun, denn besonders im Religionsunterricht hatte man uns »unsittliche Berührungen« verboten. Die Religion verschwand zwar aus meinem Leben – aber auch mein reines Gewissen existierte nicht mehr. Ich war schlecht und wusste es. Es war mein Geheimnis. Und mein Schuldbewusstsein machte mich noch wehrloser, denn ich fasste es nun als Strafe für mein zweites Leben auf.

IX.

Nachdem ich mein Taschengeld zusammengespart hatte, kaufte ich eine Fotografie, die eine unbekleidete Frau in hochhackigen Schuhen zeigte. Ich habe in Gedanken unzählige Male mit ihr geschlafen und alles Mögliche mit ihr erlebt. Sie lag in einem zerschlissenen Atlas, den ich noch aus dem Kepler-Realgymnasium besaß und aufbewahrt hatte. Ich versteckte sie vor der Karte von Südamerika, und so kam sie für mich immer aus einem fantastischen, fernen Land wie ein Engel, der mich aus dem Feuerofen meines Leids erlöste – um mich dann voller Selbstvorwürfe zurückzulassen.

Die Comic-Hefte im Feuerofen

I.

Mit meinem Taschengeld kaufte ich jetzt auch Comic-Hefte, die meine Großmutter, wenn sie gerade auf Besuch war, abscheulich fand. Sie riefen ebenso das Missfallen von Großvater und meinen Eltern hervor, wodurch ich aber nur noch stärker das Gefühl bekam, dass sie etwas waren, das mir alleine gehörte. Sie stellten meine Welt und die meiner Brüder dar, abseits von dem, was wir mit den Erwachsenen teilten. Ich hatte mir zunächst nur eingeredet, dass sie etwas Besonderes seien, aber plötzlich fand ich sie wirklich großartig. Zuerst waren es nur Donald-Duck-Hefte. Uns entzückten die Geldbäder, die Dagobert nahm, sein Geiz, der Triumph des Reichtums und der Besitzgier, die auch immer etwas von Besessenheit und Lächerlichkeit hatten, der unglückliche Donald, für den alles schieflief wie für uns selbst, seine vifen Neffen Tick, Trick und Track, der Glückspilz Gustav Gans, der skurrile Erfinder Daniel Düsentrieb, die drögen Panzerknacker, die nur im Sinn hatten, an Dagoberts Geld heranzukommen, und vor allem die Abenteuer, die die Ducks in exotischen Ländern mit unbekannten Mythen, in Asien, Indien und Südamerika erlebten: als Schatzsucher, Seeleute, Expeditionsleiter und Archäologen, bei Waldbränden und Erdbeben, Seestürmen und Vulkanausbrüchen. Immer war ein Hauch »American Way of Life« zu spüren, den wir damals bewunderten. Donald verwandelte sich in allen diesen Geschichten und trat wie ein Schauspieler in verschiedenen Rollen auf. Verbrechen, Betrug, Täuschung gehörten zu den Bildstorys als fixe Elemente, und wir sahen in den Ducks natürlich keine Tiere, sondern Menschen.

II.

Dann entdeckte Paul ein neues Comic-Heft, »Tarzan, der König des Dschungels«, und wir weiteten unser Staunen aus. Die Welt war versunken, und ein muskulöser Riese gründete mit Tieren im Urwald sein Reich, indem er die bösen Mächte der Zivilisation, die gekommen waren, um zu morden, zu plündern und auszubeuten, vernichtete. Es waren weniger die realistisch gezeichneten Storys als die suggestive Gegenwelt, die uns fesselte und bestätigte, dass das Denken der Erwachsenen von Gewalt, Machtgier und Tod beherrscht war. Auch im Dschungel lauerten überall Gefahren, jedoch war das fremde Territorium für uns eine Art Drogenerfahrung ohne Rauschgift. Was in den Heften passierte, war verrückt, die Handlung verzichtete auf Wahrscheinlichkeit, und gerade das machte die Lektüre so reizvoll. In der knallbunten, von Pflanzen überwucherten Kulissenwelt gerieten die Jahrhunderte durcheinander, Flugzeuge stürzten ab, Wikinger und Ritter in römischen Rüstungen tauchten auf und kämpften gegen Riesenaffen und -alligatoren. Wir identifizierten uns vor allem mit der üppigen Erzählweise, weil sie unserer Fantasie entsprach, einer kindlich-fantastischen, in der jederzeit alles möglich war.

III.

Nicht weniger Begeisterung lösten in uns die »Prinz Eisenherz«-Comics aus. Der schöne, edle Ritter mit dem schwarzen Haar und der Pagenfrisur kämpfte mit Riesen, Ungeheuern, Drachen und Tyrannen, und seine Abenteuer führten ihn um die halbe Welt bis zur chinesischen Mauer. Sein unbesiegbares »singendes« Schwert war vom gleichen Magier geschmiedet worden wie König Artus' »Excalibur«. Eisenherz begegnete auf seinen Abenteuern den Rittern Lanzelot und Gawain und gelangte schließlich an König Artus' Hof. Wir flüchteten mit ihm aus der Gegenwart in die Sagenwelt, die für uns nicht weniger wirklich war als das, was wir im Religionsunterricht hörten.

IV.

Daneben gab es Querformate in Schwarz-Weiß, das »Tarzan«-Plagiat »Akim« und das »Eisenherz«-Imitat »Sigurd«. Die Comic-Hefte liefen unter den Schlagwörtern »Schmutz und Schund« und »Jugendgefährdung«. Rückblickend erscheint mir das noch grotesker, als ich es damals schon empfand.

V.

Paul las außerdem »Rolf Torrings Abenteuer« und »Perry Rhodan«-Sciencefiction-Magazine, die ein knalliges Titelbild, aber keine Illustrationen aufwiesen. Wir tauschten untereinander und mit Mitschülern die Hefte aus, und nachdem ich vieles überstanden hatte, war jetzt eine Phase der Beruhigung eingetreten, vielleicht weil immer mehr Schüler ihre Sexualität entdeckten.

VI.

An einem Wintertag, nachdem meine Mutter in den Sprechstunden nur Kritik über mich gehört und einer der Professoren ihr geraten hatte, mich in die Hauptschule zu »geben« und Handwerker werden zu lassen, was in Anbetracht meiner Geschicklichkeit eher eine Überschätzung meiner Fähigkeiten war, warf mein Vater nicht nur meinen Stapel Comic-Hefte, sondern auch Pauls Sciencefiction-Magazine in den Ofen. Es war das erste Mal seit langem, dass ich weinte. Aber es war ein anderes Weinen als bisher, kein Klagen, sondern der Ausdruck von Enttäuschung, Wehrlosigkeit und Wut, es war ein Protestgeheul, mit dem ich mich von meinen Eltern entfernte.

VII.

Sogar die Besuche in der Wohnung von Professor Hofmann stellte ich von da an ein, als stummen Widerstand gegen die mir erlaubten Beschäftigungen und Dinge.

Im Zwischenreich

I.

Durch eine Lüge gedeckt, gingen wir bald darauf, wann immer es möglich war, ins Kino. Wie geblendet standen wir vor den Plakaten und den beleuchteten Aushängekästen mit Szenenfotos. Sehnsüchtig ließen wir jetzt auf diese Weise die »andere Welt« in unsere Köpfe fließen, die uns das eigene Jammertal vergessen ließ. Ich sah »König Salomons Diamanten« mit Stewart Granger als Schatzsucher in Afrika, die Jules-Verne-Verfilmung

»Zwanzigtausend Meilen unter dem Meer« mit James Mason, Peter Lorre und Kirk Douglas und meinen damaligen Lieblingsfilm »Scaramouche« mit Janet Leigh, Stewart Granger und Mel Ferrer, einen Mantel- und Degenstreifen aus der Zeit der Französischen Revolution. Außerdem war ich mehrmals in »Der Graf von Monte Christo« mit Jean Marais, und ich erinnere mich an die Begeisterung, die »Die drei Musketiere«, der Western »12 Uhr mittags« und der Korea-Kriegsfilm »Die Brücken von Toko-Ri« in mir auslösten. Von manchen dieser Filme habe ich die Plakate und einzelne Szenen noch bis ins Detail im Kopf.

II.

Am liebsten ging ich allein ins Kino. Im Foyer spürte ich schon, wie die Wirklichkeit draußen verblasste und verging, ein Abschied wie für immer. Der Kinosaal war dann das Zwischenreich, in dem ich mich bereits gerettet fühlte, noch bevor ich über den Korridor des Lichts die Zeit verließ. In der Dunkelkammer des Kinos entwickelte und verwandelte ich mich selbst, ohne dass es jemandem auffiel.

III.

Alles, was auf der Leinwand geschah, handelte von mir selbst. Immer wurde ich zu einem anderen, zu jemandem, den ich von außen sah. Diese Erfahrung war es, die mich süchtig nach dem Kino machte, nach der fiktiven Wirklichkeit, in der mein zweites Ich existierte. Manche Filme machten mir auch Mut, weil sich die Helden aus der Demütigung befreiten und sich dem Unglück des Alltags stellten.

Karl-May-Sammelbilder

I.

War ich nicht in einem der Lichtspielhäuser, floh ich in meine Sammlung bunter Karl-May-Bilder. Ich nahm sie sogar in die Schule mit und betrachtete sie verstohlen während des Unterrichts. Das hatte den Vorteil, dass ich mich weniger langweilte, und die Gefahr, entdeckt zu werden, übte einen zusätzlichen Reiz aus. Ich legte in meiner Fantasie Karl-May-Patiencen über mathematische Gleichungen und geometrische Körper, über lateinische Deklinationen und physikalische Experimente und spürte, wie die Qual des Lernstoffes nachließ und sich wie eine Wolke auflöste.

II.

Wenn es uns die Schule erlaubte, spielten wir auf dem Grund eines abgerissenen Mietshauses mit fremden Buben Fußball. Es waren wilde Knaben voller Schadenfreude, die in der Barackensiedlung neben dem Universitätssportplatz wohnten. Ich hatte den Eindruck, sie trafen sich dort auch, um ihre Gewaltbereitschaft zu befriedigen. Doch meine Brüder und ich, die wir die gegnerische Mannschaft verstärkten, kümmerten uns nicht darum. Schon nach einer Viertelstunde hatten wir sie zumeist im Griff, und irgendwann erschienen sie mit einem größeren Buben und eine Woche darauf mit einem noch größeren, einem mondgesichtigen. Die Neuen waren genauso durchdrungen von Schadenfreude wie die anderen. Wir gingen anfangs noch häufig als Sieger vom Platz, aber langsam wendete sich das Blatt. Ich spielte besonders gerne auf dem nackten, dunklen, festgetretenen Erdboden, der tiefer als die Straße lag, und schaute oft nach der Schule – noch bevor ich nach Hause ging – in die Baugrube, um zu sehen, ob jemand dort war, und zumeist war ein Match im Gange, an dem ich mich dann beteiligte.

III.

Als ich wieder einmal den Platz aufsuchte, fand ich mich zunächst allein und spazierte ziellos herum. Nach einer Weile sprach mich der Bub mit dem Mondgesicht an, den ich am wenigsten mochte. Er war zwei oder drei Jahre älter als ich, trug eine Lederjacke und blickte finster drein. Ich erzählte ihm von meinen Karl-May-Bildchen, und dass ich Tauschpartner suchte. Er antwortete nachdenklich, dass auch er einen großen Stapel besitze und gerne tauschen würde. Ich schlug ihm daher vor, mich nach Hause zu begleiten, damit ich ihm meine Sammlung und die Doubletten zeigen könne.

IV.

Meine Mutter wollte mich nicht wieder hinuntergehen lassen, da sie schon das Essen angerichtet hatte, aber ich eilte mit meinem kleinen Paket zurück auf die wie ausgestorben daliegende Leechgasse. Ich begann, meine Karl-May-Bilder dem Mondgesichtigen zu zeigen, doch plötzlich entriss er sie mir und rannte wortlos davon. Ich versuchte ihm zu folgen, aber er war schneller als ich, und alle meine verzweifelten Rufe ließen ihn nur noch eiliger fliehen.

V.

Den Mondgesichtigen sah ich nie wieder. Ich suchte auch die Baugrube nicht mehr auf, denn was hätte ich dort gegen ihn und seine Freunde ausrichten können?

VI.

Lange trauerte ich dem Verlust nach, doch ich behielt auch diesen Vorfall für mich, denn die farbigen Bildchen waren für immer verloren, und ich hätte mir nur Spott oder Tadel eingehandelt, wenn ich jemanden ins Vertrauen gezogen hätte.

Charlie Rivel

I.

Im Frühjahr gastierte der Zirkus Apollo in Graz, und unsere Schulklasse besuchte mit dem Klassenvorstand Jäger eine Nachmittagsvorstellung. Paul war krank, und ich erwartete einen Spießrutenlauf, außerdem war ich schon ein- oder zweimal im Zirkus gewesen und hatte ohne Begeisterung dem Dompteur im Löwenkäfig und den Artisten am Trapez zugesehen. Es war für mich unbegreiflich, weshalb sie sich freiwillig in Todesgefahr begaben. Bei den Nummern, die als gefährlich galten, fühlte ich nur Unbehagen, befürchtete ich doch, dass ich Augenzeuge eines Unglücks werden könnte.

II.

Wir streiften zuerst zwischen den Käfigwagen der Tierschau umher, die mich unglücklich machte, da ich mich in die eingesperrten Affen, Raubkatzen und Bären versetzte und sie, eingedenk der Lektüre von »Doktor Dolittle«, am liebsten freigelassen oder mit ihnen wenigstens Kontakt aufgenommen hätte. Ich zweifelte jetzt allerdings daran, während ich ihnen Auge in Auge gegenüberstand, dass es mir jemals gelingen könnte, sie zu verstehen und zu wissen, was in ihnen wirklich vorging, denn sie kümmerten sich nicht um mich oder glotzten mich nur unbeteiligt an. Und obwohl ich lange davon überzeugt gewesen war, dass in jedem Tier eine Art verzaubertes Pinocchio-Wesen steckte, suchte ich es nun vergebens in ihrem Gehabe. Trotzdem waren sie mir nahe. Die Existenz der Schlachthöfe und die Tatsache, dass ich selbst Tiere aß, waren mir merkwürdigerweise nicht bewusst. Und auch wenn mich jemand darauf aufmerksam gemacht hätte, hätte ich damals keinen Widerspruch darin bemerkt.

III.

Das Zirkuszelt war fast leer. Ich erinnere mich an das gelbe Licht, die Musik, den warmen Geruch von Tierkörpern und den scharfen Gestank von Fäkalien. Keine der Nummern begeisterte mich, alles, was ich sah, war nur für die anderen gemacht. Ab dem Augenblick aber, in dem der Clown Charlie Rivel auftrat, änderte sich für mich die Zirkusvorstellung und dann mein Bild von der Welt.

IV.

Rivel hatte das klassische Clownsgesicht mit Halbglatze, roter Nase und einem weiß und rot geschminkten Mund und trug ein rotes, langes und enges Kleid und Schuhe, die wegstanden wie Flossen. Er watschelte in die Arena, rauchte eine Zigarre, schwang sich aufs Trapez, versuchte sich als Seiltänzer und rief sein berühmtes: »Akrobat schöööön!« – ich liebte ihn vom ersten Moment an. Bei seiner Erscheinung löste sich die Erdenschwere meiner Existenz auf. Der Wirbel in meinem Kopf, der meine Gedanken und Erinnerungen durcheinanderbrachte, kam zum Stillstand. In der entstehenden Ruhe breitete sich meine Erkenntnis der eigenen Lächerlichkeit aus. Sie begann damit, verstand ich plötzlich, dass ich mich selbst und die anderen zu ernst nahm. Rivel war für mich nicht der Ausdruck menschlicher Dummheit, sondern der erste Philosoph, den ich kennenlernte, ohne überhaupt zu wissen, was das ist. Er schien nur zu machen, was ihm beliebte, und benutzte dafür die Logik einer Wendeltreppe, die er mit seinen Gedanken abwechselnd eine Stufe hinauf- und zwei hinunterkletterte. Ich sah, wie er jedes Streben ad absurdum führte, indem er sich spiegelverkehrt zu den Erwartungen verhielt. Alles durchlief zuerst seine Einbildung, wurde von ihr verpackt und mit einer verrückt-großen Schleife versehen. Sobald Rivel das Paket aber öffnete, war der Inhalt zu seinem eigenen (gespielten) Erstaunen verschwunden. Ich hatte noch nie so glücklich gelacht wie beim großen Rivel. Augenblicklich begriff ich ihn als den Spaßmacher, der jeder Situation ein Bein stellte und mehr verstand als alle anderen Menschen. Er kannte den Zauberspruch, mit dem man das Lachen hervorruft. (Dieser Zauberspruch ist weniger geläufig als der, mit dem man durch Wände schauen oder sich unsichtbar machen kann.) Ich hoffte nur, dass seine Nummer nie zu Ende ginge.

Rivel kam auch noch ein zweites Mal in die Arena, und als die Vorstellung zu Ende war, trennte ich mich unbemerkt von meinen Klassenkameraden und begab mich auf die Suche nach dem großen Clown.

V.

Die Zirkuswagen standen eng beisammen, ich verlief mich und fragte einen vorbeikommenden Mann nach der Behausung Rivels. Ohne anzuhalten, wies er mit ausgestreckter Hand in eine Richtung.

Die Tür war geschlossen, ich klopfte an und hörte von innen ein gedämpftes: »Oui?«

VI.

Im Wagen war es dämmrig, denn draußen war es Nacht geworden und Rivel hatte kein Licht eingeschaltet. Er saß vor einem kleinen Spiegel, das Gesicht glänzte vom Fett der Abschminke. Seine Halbglatze war verschwunden, stattdessen bedeckte steifes, dichtes, ergrautes Haar den Kopf. Das Gesicht war fleischig und dem unseres Schusters, Herrn Hasenhüttl aus der Merangasse, ähnlich. (Zuerst hatte ich mir überhaupt gesagt: »Der Bruder des Schusters.«) Er hätte auch ein Beamter der Landesregierung sein können, ein Gastronom oder ein Geographieprofessor, jedenfalls stand ich vor jemand anderem als dem Clown Rivel, jemandem, der sich Charlie Rivel als Puppe angezogen gehabt hatte. Wie ein Insekt bei der Metamorphose war er aus sich selbst herausgeschlüpft, nur sein Kleid hing noch an ihm.

VII.

»Was willst du?«, fragte er mich in nicht akzentfreiem Deutsch. Er war weder unfreundlich, noch kam er mir entgegen. Ich war vom Eindruck des Zirkuswagens, der sogar Vorhänge hatte und auf kleinstem Raum luxuriös möbliert war, überwältigt und starrte Rivel nur an.

Daraufhin griff er in eine Schachtel, holte eine Autogrammkarte heraus, die ihn als Clown zeigte, nahm einen Stift und fragte mich nach meinem Namen.

»Gerard?«, fragte er nach. Und: »Wie die Farbe?«

»Nein, mit einem ›H‹ am Ende.«

Er sprach meinen Namen laut aus, als ob er mit zwei harten »t« geschrieben würde, Rott, aber es war mir, als hörte ich ihn zum ersten Mal. Von Glücksgefühlen übermannt, dachte ich mir, er würde ihn sich merken und wir seien ab jetzt Freunde. Er streckte mir die Karte hin, und da ich ihn nur weiter anstarrte, schrieb er seinen noch auf eine weitere Karte und mein Programmheft.

»Gehst du ins Gymnasium?«, fragte er.

Ich nickte.

»Und? Bist du gerne in der Schule?«

Ich schüttelte den Kopf.

»Weißt du, was du werden willst? – Nicht? – Nein? – Ein Forscher?« Er blieb ernst.

»Wie du!«, stieß ich von heftigen Gefühlsaufwallungen bedrängt hervor –, denn ich war vor Aufregung den Tränen nahe. Gerade in diesem Augenblick kletterte eine Frau in den Wohnwagen. Sie schaltete das Licht ein, übersah mich und fing an mit dem Clown auf Französisch zu sprechen. Es entwickelte sich ein intensiver Disput, bei dem ich mich unbeachtet davonmachte. Wie in Trance traf ich meine Schulkameraden vor dem Eingang des Zeltes, stolz zeigte ich dem Professor meine Autogramme, aber weder er noch meine Mitschüler interessierten sich dafür.

VIII.

An den abgeschminkten Charlie Rivel in seinem Wohnwagen musste ich noch lange denken, denn ich wusste nicht, ob ich den Clown liebte oder den Mann im Wohnwagen oder beide.

Professor Binder

I.

Ich hatte zu Hause lange schon bemerkt, dass ich eine gewisse Begabung hatte, die Stimmen anderer Menschen zu imitieren, und schlüpfte zur Unterhaltung meiner Brüder öfter in das Gehabe eines Sportreporters, eines Professors oder eines Bekannten und nahm deren Sprechweisen an. In einer Pause zwischen zwei Schulstunden rief ich einmal als Lateinprofessor Binder laut: »Was macht ihr denn da?«, und die Irritation meiner Mitschüler und das folgende Gelächter kamen mir wie ein Geschenk vor. Auf ihr Drängen imitierte ich dann auch andere Professoren und genoss es, mir wenigstens für kurze Zeit Ruhe und Ansehen zu verschaffen. Aber ich spürte, dass es kein Fundament war, auf dem ich stand, ich hörte noch immer das feine Knistern zerbrechenden Eises in meinem Kopf.

II.

Professor Binder war ein zwergenhafter, glatzköpfiger Altphilologe mit einer großen Nase, der starken Stimmungsschwankungen unterworfen war. Im Zorn rief er die Schüler der Reihe nach an die Tafel und »deckte« sie mit »Nicht genügend« ein, ebenso konnte er aber einer schlechten Note mit einem Klaps auf die Schulter oder einem Streicheln über den Kopf des Betreffenden den Giftstachel nehmen. Er sagte dann: »Das nächste Mal kannst du es besser.« Ich kam mir in seiner Stunde beschützt vor, obwohl ich in Latein zu den Schlechtesten der Klasse gehörte.

III.

Professor Binder versuchte damals als einziger Lehrer der Schule, mich zu motivieren. Als wir über die Römer und ihr Heer sprachen, griff er nach einer auf einem Pult liegenden Reißschiene und forderte mich auf, mit ihm zu kämpfen. Vermutlich wusste er, wie schwierig mein Verhältnis zur Klasse war, und wollte mir helfen. Als ich mich nicht rührte, nahm er das Lineal eines anderen Schülers und reichte es mir. Temperamentvoll focht er mit mir dann zwischen den Bänken und ließ sich von mir sogar bis zum Katheder treiben, um mich zuletzt zu umarmen.

IV.

Ich hatte Professor Binder noch ein weiteres Jahr als Lehrer. Ich wusste nicht, dass er sehr gläubig war, jedenfalls war das bizarrerweise die Ursache für seinen frühen Tod: Als ein französischer Bischof zu Gast in der Herz-Jesu-Kirche war, war Binder nämlich unter den Neugierigen, die dort ein Spalier bildeten. Von der damals nicht baufällig wirkenden Kirche fiel plötzlich ein Ziegel herab und traf ihn am Kopf. Wenige Tage später starb er im Krankenhaus.

Insekten, Fußball

I.

Wenn ich mich langweilte, zeichnete ich Insekten aus einem Buch ab, das Großvater mir mitgebracht hatte: Maulwurfsgrillen, Heuschrecken, verschiedene Käfer, Spinnen und Schmetterlinge und die drei Stadien der Metamorphose, der Verwandlung vom Ei zur Larve und Puppe, aus der die Imago schlüpfte. Dieser Naturvorgang erschien mir wie ein Schlüssel zu irgendetwas, das ich nur erahnte. Würde ich es eines Tages erkennen, hoffte ich, dass mir vieles klarer werden würde.

II.

Die Zeichnungen schnitt ich dann mit einer Schere aus und stellte mir ein Spiel zusammen, bei dem ich jedem Tier den Namen eines meiner Peiniger oder mir feindlichen Professors gab. Setzte mir einer von ihnen in der Schule wieder zu, zerriss ich das Papier oder ich malte es schwarz an, und niemand ahnte, dass ich soeben einen Mitschüler oder Professor getötet hatte.

III.

Inzwischen hatte ich mich beim Fußballspielen ins Tor gestellt und war durch meinen Mut aufgefallen. Ich erlebte dabei selbst die Redensart vom Mut der Verzweiflung. Als ich feststellte, wie verwundert die Schulkameraden über meine Fähigkeiten waren, gab ich mich dem Spiel erst recht ohne Rückhalt hin. In unserem Gymnasium wurden die Buben und Mädchen abwechselnd unterrichtet. Wenn wir in der Freizeit am gegenüberliegenden Thalhammerplatz Fußball spielten, sahen daher zur Pause die Mädchen aus den Fenstern der Schule zu. Jedes Mal, wenn ich einen platzierten Schuss abwehrte und mir vorstellte, dass die kichernden Schülerinnen Bemerkungen über mich machten, überkamen mich Glücksempfindungen.

Staatsvertrag

I.

An das größte österreichische Ereignis des Jahres 1955, den Staatsvertrag, habe ich kaum noch Erinnerungen. Meine Eltern verfolgten mit Eifer und Spannung die Verhandlungen mit Russland, Frankreich, England und Amerika, die zehn Jahre nach dem Ende des Zweiten Weltkriegs Freiheit und Unabhängigkeit bringen sollten. Vielleicht fühlten sie sich durch den Abzug der Alliierten selbst rehabilitiert, aber ich hatte damals nicht den Eindruck, dass es auch mich betraf, ich empfand im Gegenteil Wehmut bei dem Gedanken, dass die englischen Soldaten uns verließen. Die österreichischen Helden, die Politiker Figl und Raab, Schärf und die anderen überstrahlten alles, ob Schauspieler, Schifahrer, Fußballer oder Schlagersänger – und sogar die alliierten Außenminister Dulles, Macmillan, Molotow und Pinay, die den Staatsvertrag schließlich unterzeichneten.

II.

Meine Gedanken waren ja zumeist mit dem Leben in der Schule beschäftigt, in der ich alles vermisste, worüber ich hätte Freude empfinden können. Zwar hörte ich zwischendurch aus dem Nebenzimmer die Worte des österreichischen Außenministers Figl im Radio: »Österreich ist frei!«, aber meine eigene Situation blieb davon unberührt. Meine Mutter, erinnere ich mich jetzt, unterbrach das Kochen und lauschte bewegungslos – ebenso wie mein Vater – der Stimme des Reporters, und in den aufbrandenden Jubel der Menge vor dem Belvedere hinein rief sie: »Hört zu! Diesen Tag werdet ihr euch merken, solange ihr lebt!«

»Und wann essen wir?«, fragte Paul.

Großglockner

I.

Im Sommer machten wir mit dem Gebrauchtwagen, den mein Vater gekauft hatte, einem englischen Vauxhall Cresta, eine Reise durch das westliche Österreich, nach Innsbruck, auf die Zugspitze, von dort bis zum Bodensee und zurück über den höchsten Berg des Landes, den fast viertausend Meter hohen Großglockner.

II.

Es war ein heißer Tag, als wir von Heiligenblut aus die endlose, steile »Hochalpenstraße« hinauffuhren und dabei von Vater hörten, was wir ohnedies wussten, dass nämlich die Radrennfahrer der Österreich-Rundfahrt die Strecke, die wir mit dem Auto nur mühsam hochkrochen, aus eigener Kraft bewältigten.

III.

Andächtig wie auf einem Kreuzweg bestaunten wir jede Kehre. Zweimal mussten wir haltmachen, mitgebrachtes Wasser aus Flaschen in den kochenden Kühler füllen und uns dabei in der kalten Gebirgsluft die Füße vertreten. An allen auf der Straße hängengebliebenen Fahrzeugen vorbei erreichten wir den Aussichtspunkt, von dem aus wir auf den schmutziggrauen Pasterzengletscher hinuntersehen konnten. Der vom Schnee weiße Gipfel des Großglockners machte auf mich keinen besonderen Eindruck, und ich wusste schon damals, dass die Berge nichts für mich waren. (Nur vom Kabinenfenster eines klimatisierten Flugzeugs aus erkenne ich ihre Schönheit, denn die Berge bedrücken mich, sie nehmen mir die Luft und rufen in mir den Wunsch hervor, so schnell wie möglich abzureisen.)

IV.

In einem Tal zu hausen erschien mir noch schlimmer, da ich mich dort durch die Enge und Nähe des Horizonts wie ein Ertrinkender in den Tiefen des Meeres fühle. Bis heute habe ich auch kein großes Interesse an Aussichten und Gipfelblicken, an Sonnenauf- und -untergängen. Eine Alm und Kuhglockengeläute reichen aus, um meine alpinen Sehnsüchte zu befriedigen.

V.

Stolz, als ob er ihn selbst bestiegen hätte, klebte Vater das Abziehbild mit dem großen, patriotisch-rotweißroten G für »Groß-Glockner« – das ferner eine amerikanische Limousine aus den dreißiger Jahren zeigte, die durch den Buchstaben hindurchfuhr, und darüber den schneebedeckten Gipfel des höchsten Berges – in eine Ecke der Windschutzscheibe, wo wir es jetzt, wenn auch nur von hinten und seitenverkehrt durchscheinend, sehen konnten.

Schwimmen

I.

Als wir zurückkamen, lud mich Manfred Herzl, einer meiner Spielkameraden am Geidorfgürtel, in den Garten seines Großvaters zum Baden ein. (Die Herzls waren, wie gesagt, eine jüdische Familie mit Schuhgeschäften in Wien und Graz.) Ich lernte auf diese Weise den Alten kennen, der einen schwarzen Chevrolet in der Garage stehen hatte, in den ich mich setzen durfte und – das Lenkrad umklammernd – mir vorstellte, ein reicher Mann zu sein, der mit seinem amerikanischen Wagen eine Reise machte. Die Autostraße projizierte ich aus dem Kopf auf die graue Betonwand vor mir, die ich dabei unentwegt anstarrte.

II.

Der Alte und Manfreds Vater brachten mich durch gutes Zureden, das mein Selbstvertrauen stärkte, so weit, dass ich im Becken nicht mehr nur tauchte, sondern auch den Kopf aus dem Wasser hob, atmete und Arm- und Beinbewegungen machte. Von da an begleitete mich die Schwimmleidenschaft mein ganzes Leben lang.

III.

Ich träumte jetzt oft, dass ich auf das offene Meer hinausschwamm. Es wurde Nacht. Himmel und Wasser verfärbten sich dunkel. Der schmale Lichtstreifen am Horizont verblasste, und ich spürte die Kälte des Todes, die von mir Besitz ergriff. Ich musste nicht mehr meinen Atem anhalten, damit mein Herz zu schlagen aufhörte, sondern nur weiterschwimmen in die unendliche Schwärze hinein, die mich umgab.

IV.

Im Sommer besuchte ich jetzt, wann immer es nur möglich war, das Margarethenbad. Ich genoss es, mit einem Kopfsprung in das Wasser zu tauchen und längere Strecken zurückzulegen, doch wenn ich lange geschwommen war, kam es vor, dass ich an meinen Traum dachte. Der Gedanke kam mir auch, als ich mich mit nassen Haaren umzog und mir einfiel, dass ich in drei Tagen zur Nachprüfung antreten musste. Ich kämmte mein Haar und sah mich dabei im abgeblätterten Spiegel an der Kabinenwand.

Niemand, dachte ich, konnte ahnen, was mir gerade durch den Kopf ging.

V.

Ich hatte soeben einen Ausweg gefunden, und das Wissen darum machte mich frei.

VI.

Nachdem ich die Englisch-Nachprüfung bestanden hatte, nahm ich mir vor, in der Klasse zu verschwinden, mich an nichts mehr zu beteiligen und allem auszuweichen. Stattdessen würde ich alles für mich behalten, meine Gedanken, meine Gefühle und Träume. Aber mein Vorsatz scheiterte an der Unmöglichkeit, es auf längere Zeit durchzuhalten.

Alte Hüte

I.

Einmal beschlossen Paul und ich, da wir von unseren breitkrempigen Trachtenhüten genug hatten, sie unter den Klappsitzen eines Kinos zu »vergessen«. Befreit kehrten wir ohne sie heim. Erst am nächsten Morgen bemerkte unsere Mutter, dass sie fehlten, aber da wir zum Unterricht mussten, konnten wir ihren Fragen ausweichen.

II.

Zu Mittag überrumpelten wir sie mit der Aussage, dass wir die Hüte nicht mehr tragen würden, und wir hatten das Glück, dass ihr beim Anruf an der Kinokasse die Auskunft erteilt wurde, sie seien nicht gefunden worden.

III.

Wir trugen jedoch immer noch die Lodenmäntel und ich darüber hinaus Pauls Steireranzug. Alle Proteste halfen nichts, die Eltern hatten kein Geld.

Ein neues Schuljahr

I.

Ich fing jetzt an, den Professoren, wenn sie mich schikanierten, freche Antworten zu geben, erreichte aber nur, dass ich es mir auf diese Weise auch mit den Lehrern endgültig verdarb. Selbst Paul begann sich von mir zu distanzieren, war er ja schon im Vorjahr ein Liebling des Klassenvorstandes und Mathematikprofessors Jäger gewesen, den ich in seiner ironisch-strengen Art nicht ausstehen konnte, während er von anderen gerade wegen dieser Eigenschaft geschätzt wurde. Wie viele Professoren hatte Jäger in jeder Klasse seine Lieblingsschüler und solche, die er seine Abneigung spüren ließ. Er wusste nicht mit meinen Schwächen umzugehen und war zu mir weder herzlich noch verständnisvoll.

»Er kann nichts und ist auch noch frech«, sagte er zu meiner Mutter in der Sprechstunde, während er Paul wie immer lobte.

II.

Jäger saß auf dem längeren Ast und ließ es mich spüren. Die anderen Professoren standen mir noch misstrauischer als er gegenüber und warteten nur darauf, dass ich »zurückredete«. Ich musste mir aber Luft verschaffen, und bald darauf hieß es, dass ich mich nicht anpassen, nicht unterordnen, nicht in eine Gemeinschaft einfügen, nicht benehmen könne, dass ich nicht zuhöre, nicht aufmerksam sei, nicht den Ernst der Lage begriffen habe, nicht in die Klasse passe, also nicht mehr das Gymnasium besuchen solle. Vor jeder dieser Aussagen stand das »nicht«, natürlich auch vor dem »Genügend« in den Schularbeitenheften. Und durch die Abneigung, die mir die Professoren entgegenbrachten, fühlten sich auch meine Klassenkameraden wieder ermuntert, dort anzuknüpfen, wo sie im Vorjahr aufgehört hatten.

Ein Autounfall

I.

Auf dem Heimweg von einer Nachhilfestunde hörte ich schon in der Leonhardstraße den Unfalllärm aus Motoren- und Bremsgeräuschen, splitterndem Glas, dem dumpfen Aufeinanderprallen von Metall und dem Geschrei von Menschen. Ich überlegte, einen Umweg zu machen, aber die Neugier trieb mich zur Unfallstelle.

II.

Erst wenige Menschen waren zusammengelaufen, die ratlos neben zwei Autowracks standen. Eine ältere Frau lag auf den Stufen eines Feinkostladens. Die Tür zum Beifahrersitz des alten DKWs war aufgerissen und hing schief in den Angeln, die Windschutzscheibe war zerbrochen. Der Fahrer des anderen Wagens, eines Mercedes, hing zusammengesackt im Sitz, den Kopf auf dem Lenkrad. Ein jüngerer Mann – offenbar der Fahrer des DKWs – irrte, Platzwunden auf der Stirn und der Nase, umher und schwenkte ein blutiges Taschentuch. Es war damals nicht selbstverständlich, dass Passanten Erste Hilfe leisteten. Mein Blick fiel wieder auf die Frau, deren Kopfwunde auf den Stufen des Feinkostladens eine Blutpfütze hinterließ. Die Frau röchelte mit geschlossenen Augen, und ihre Lippen verfärbten sich blau. Ich wusste, dass sie ersticken würde, wenn man sich nicht um sie kümmerte, und gemeinsam mit einem Burschen, der gerade vom Fahrrad gestiegen war, legten wir die Verunglückte mit dem Kopf zur Seite auf den Gehsteig. Ein Schwall Blut kam aus ihrem Mund, als wir sie bewegten.

III.

Der Unfall schockierte mich nicht auf die gleiche Weise wie das Straßenbahnunglück in der Herrengasse, obwohl die Frau aus dem Auto schließlich vor meinen Augen starb. Ich merkte es nicht gleich, erst als ein Passant den Verdacht äußerte, dass sie nicht mehr atmete, stellte ich fest, dass sie bereits tot war.

Omis Krankheit

I.

Omi litt an Zysten im Bauch und war in den letzten beiden Jahren zweimal operiert und mehrfach punktiert worden.

II.

Sie ruhte, als ich sie besuchte, blass in ihrem Bett, ihr Gesicht aufgeschwemmt, die blauen Augen eingetrübt, das Haar zerzaust, und sie fing, als ich das Schlafzimmer betrat, sofort zu weinen an. Ich wusste plötzlich, dass sie nicht mehr lange leben würde, und erschrak darüber. Vorsichtig nahm ich neben ihr Platz, umarmte und streichelte sie und machte aus Angst einen Witz. Sie lachte daraufhin mit nassen Augen, und ich fing an, alle möglichen Leute zu imitieren und ihr Szenen vorzuspielen, die mir gerade durch den Kopf gingen. Wieder lachte sie, ich spürte aber, dass ich sie auf diese Weise nicht lange würde unterhalten können, und erzählte ihr übergangslos von unserer Reise im letzten Sommer, von der verschneiten Zugspitze, vom Pasterzengletscher, dem Großglockner und dem Abziehbild, das jetzt zum Zeichen, dass wir die »Hochalpenstraße« erfolgreich bewältigt hatten, auf der Windschutzscheibe von Vaters Auto klebte.

III.

Bevor ich sie verließ, bat ich sie, obwohl ich Angst davor hatte und es gar nicht wollte, mir ihren Bauch zu zeigen. Ich dachte, dass sie das beruhigen würde, und hoffte gleichzeitig, sie würde mir die Bitte abschlagen. Sie zögerte einen Augenblick, sagte dann, dass ich ohnedies ein

»halber Arzt« sei, und streifte die Decke ab. Als sie das Nachthemd hinaufschob, kämpfte ich gegen ein klammes Gefühl im Magen an, mir wurde schwindlig und ich wollte mich wegdrehen und das Zimmer verlassen. Ich sah den mit Wasser prall gefüllten Bauch mit den tiefen roten Operationsnarben. Die Striche und Punkte, die sie unterteilten, stammten von den Nähten – es sah aus, als habe jemand versucht, aus ihrem Bauch einen Schnürschuh zu machen. Ich überwand mich und berührte ihre weiße Haut mit den Fingerspitzen, und als ich mich daran gewöhnt hatte, streichelte ich sie sanft. Sie fing daraufhin erneut zu weinen an, aber es dauerte nicht lange, bis ich sie durch mein Stimmenimitieren wieder zum Lachen brachte.

Buchmüller

I.

Während des Unterrichts wurde ich vom Klassenvorstand in sein Sprechstundenzimmer gerufen, in dem bereits der Schüler Buchmüller saß, inzwischen das bevorzugte Opfer, neben ihm eine ältere, grell geschminkte Frau im Mantel mit einem violetten Hut auf dem Kopf, die seine Mutter war. Buchmüller schuldete mir seit Wochen einen Geldbetrag und nannte, als ich ihm gegenüber auf einem Stuhl Platz genommen hatte, die Summe. Dabei vermied er es, mich anzusehen. Ich wunderte mich, wieso Professor Jäger davon Kenntnis hatte, und es stellte sich heraus, dass Buchmüller die Schule wechselte und beim Gespräch mit dem Klassenvorstand an mich und das Geld gedacht und seine Mutter veranlasst hatte, es mir zurückzugeben.

II.

Die Frau mit dem violetten Hut öffnete ihre Handtasche, nahm die Geldbörse heraus und hielt mir einen Schein hin, der das Doppelte der Schuld ausmachte. Sie würdigte mich nur eines verachtungsvollen Blicks, während Buchmüller durch mich hindurchschaute. Er fixierte einen Punkt hinter mir im Raum, und seine glasigen Augen verliehen ihm etwas Entrücktes. Ich sagte, dass der Betrag weniger ausmachte, aber die Frau entgegnete ungeduldig, sie hätte es »nicht kleiner«. Ich machte jedoch keine Anstalten, das Geld zu nehmen, und sie bat daher den Klassenvorstand, den Schein zu wechseln. Anschließend hielt sie mir die Summe mit ausgestreckter Hand hin, wobei sie den Kopf zur Seite drehte. Ich verstand nicht, weshalb sie mich so behandelte. Ich nahm das Geld, und mir kam der Gedanke, dass Buchmüllers Mutter ihren Sohn zerstört hatte. Ich sah ihn nicht wieder. Als ich das Sprechzimmer verließ, ahnte ich, dass ich nun wieder als Opfer an der Reihe war.

Schläge

I.

In der Klasse hatte mein Peiniger Wesker inzwischen damit begonnen, seinen Mitschülern an das Geschlechtsteil zu greifen und es in der Faust zusammenzudrücken, bis sie aufschrien. Zunächst hatte er es »nur zum Spaß« mit Freunden gemacht, die es dann auch bei anderen versucht hatten, sodass sich in der Pause das Gekreisch der Betroffenen mit dem Gelächter der Umstehenden zu einem »fröhlichen« Lärm vermischte. Wesker, fett mit weißer Haut und Sommersprossen, befand sich mitten im Geschehen und genoss das Schauspiel, das er inszenierte. Er war zugleich der Eifrigste und Aufmerksamste. Je größer das Durcheinander wurde, desto weniger »griff« er selbst ein, sondern verlegte sich darauf, Hinweise auszurufen oder durch die Nennung von Namen weitere Schüler in das Handgemenge mit einzubeziehen.

II.

Wesker hatte eine Garde um sich, einfallslose Knaben, die er kalt für seine Zwecke gebrauchte. Sie waren noch unangenehmer als er selbst, denn sie verließen sich ganz auf ihren Anführer und ordneten sich willig seinen »Späßen« unter. Schon als sie mit ihren Nachstellungen begannen, überlegte ich, was ich dagegen tun könnte. In den Pausen versuchte ich ihnen aus dem Weg zu gehen, oder ich blieb in meiner Bank sitzen, denn Wesker genoss es besonders, wenn er seine Opfer von hinten überraschen konnte. Zumeist machte er eine kleine komische Nummer daraus: Unauffällig näherte er sich, griff zu, ließ los und stürmte unter dem Gelächter seiner Kumpane davon. Diese ließen in der Regel Außenstehende aus dem Spiel, im Übermut jedoch fassten sie sich auch gegenseitig an die Hoden, die »Eier« hießen. Das geschah unter Gejohle, Geschubse und aufgeregtem Herumtrampeln.

III.

Bis zum Winter war es mir gelungen, Wesker auszuweichen, denn ich war schneller als er und ließ ihn nie aus den Augen. Zu meiner Verwunderung aber stellte ich fest, dass er feige war. Nie legte er sich mit Größeren oder

Stärkeren an oder einem, der Ansehen genoss. Wurde ihm eine Ohrfeige angedroht, zog er sich zurück und entschuldigte sich stotternd. Nur wenn er glaubte, auf einen Schwächeren zu treffen, trat er rücksichtslos auf. Ich sehe heute noch seinen Hinterkopf, den Hemdkragen, den Pullover vor mir, wie er mit gekrümmtem Rücken über dem Heft saß und etwas schrieb. In diesen Augenblicken erschien er mir weich und bemitleidenswert, da auch er kein guter Schüler war. Ich verstand dann nicht, weshalb uns ein so tiefer Graben trennte, wir waren uns doch ganz nahe. Kaum drehte er mir aber sein Gesicht zu, wurde mir das Unberechenbare an seinem Charakter bewusst. Er hatte das breite, klobige Gesicht eines Landbewohners, der sich an derben Späßen ergötzt, aber ihm fehlten Einfalt und Schläue. Stattdessen kam etwas Unsicheres, Gekränktes, Wehleidiges in seinen Zügen zum Vorschein, das er sofort hinter einer hechelnd-fröhlichen Maske versteckte, als ob er ständig Zeuge von etwas sei, das in Österreich mit »eine Hetz haben« umschrieben wird, womit eine besonders heitere und anregende Unterhaltung gemeint ist. Die Redewendung leitet sich allerdings von den Hetztheatern des 18. Jahrhunderts her, in denen sich Tiere zum Gaudium des Publikums gegenseitig zerfleischten.

IV.

An diesem Tag – Paul war krank – ging ich wie alle anderen in die Landesturnhalle, mit dem Gedanken beschäftigt, mein Geld in meiner Tasche so zu verstecken, dass es niemand finden konnte. Auch wenn es noch nie Diebstähle gegeben hatte, war es eine Vorsichtsmaßnahme, die fast jeder wegen der Kostbarkeit seines kleinen Besitzes ergriff. Beim Umziehen mit dem Gesicht zur Wand spürte ich plötzlich einen heftigen Schmerz zwischen den Beinen und hörte fast gleichzeitig das schadenfrohe Gelächter der Schulkameraden. Ehe ich mich gefasst hatte, wiederholte sich der Vorgang, und ich sah Wesker gerade noch weglaufen. Trotz der Angst, die ich dabei empfand, wollte ich ihn stellen, als der Turnlehrer auftauchte und uns in die Halle wies. Ich brachte kein Wort über die Lippen und hörte auch die Anweisungen des Professors nicht mehr, sondern empfand nur Wut, Wehrlosigkeit, Furcht und Resignation. Je länger die Turnstunde dauerte, desto unglücklicher wurde ich, denn mein Zorn schwand allmählich und mir wurde klar, dass ich es bei einer Auseinandersetzung mit Wesker auch mit seinen Kumpanen zu tun bekommen würde. Aus Feigheit zog ich mich daher nach Beendigung des Unterrichts in eine Ecke des Umkleideraums zurück, aber gerade als ich die Turnschuhe in meine Tasche packte, wurde ich von Wesker abermals attackiert. Ich stürzte angsterfüllt und mit Tränen in den Augen hinaus in den Stadtpark.

V.

Unterwegs hörte ich – hinter verschneiten Bäumen hervor und aus einzelnen Gruppen heraus – »Angeber! Angeber!«-Rufe, die sich zum Chor steigerten. Schließlich, wir hatten das Glacis überquert und waren die Zinzendorfgasse hinaufgeeilt – ich auf dem Gehsteig der einen Straßenseite, Wesker und seine Kumpane auf dem gegenüberliegenden –, rief ich erschöpft: »Ich verachte euch!«, worauf sie mir im Chor höhnisch »Ich verachte euch! Ich verachte euch!« antworteten.

VI.

Kaum hatten wir uns im Klassenzimmer niedergelassen, griff Wesker mich erneut an, aber ich schlug ihn in einer Aufwallung von Zorn mit der Faust auf die Nase und trommelte hierauf wütend auf ihn ein. Seine Hände vor das Gesicht haltend, kletterte er mühsam auf eine Bank, um sich auf mich zu stürzen, doch ich sprang zur Seite, und er krachte auf den Boden – ein Stuhl fiel um, und während er sich mit weinerlichem Gesicht erhob, hieb ich ohne Unterbrechung weiter auf ihn ein. Mein Zorn war nach den ersten Schlägen, die ihn im Gesicht trafen, verflogen, an seine Stelle war eine merkwürdige Abwesenheit getreten. Ich spürte Weskers Nasen- und Wangenknochen und seine Haut auf meinen zur Faust geballten Fingern. Zwar erschrak ich darüber, aber ich überwand meine Scheu und setzte meine Attacken fort, ohne den Lärm, der um mich tobte, zu hören oder die Gesichter seiner Kumpane zu sehen. Ich nahm bloß wahr, dass meine Mitschüler uns zuerst umringten und dann erschrocken zurückwichen und sich schließlich in eine schwarz-weiße Stummfilmabbildung verwandelten, während mein Widersacher nur noch aus seinem großen, weißen Gesicht bestand. Ich hatte keine Empfindungen mehr, selbst wenn mich seine Faust traf, verspürte ich nur einen dumpfen Anprall. Wesker taumelte zurück und verschwand hinter den Wintermänteln, die an Haken hingen. Ungeschickt versuchte er sich zu befreien und mich im Gesicht zu treffen, aber er war gegen meine ungestümen Angriffe wehrlos. Eingeschüchtert durch die unerwartete Gegenwehr, trat plötzlich Angst in seine Augen, und er versuchte zu fliehen – ich schnitt ihm jedoch den

Weg ab. Es kümmerte mich nicht, dass er aus der Nase blutete. Ich registrierte nur, dass Feigheit und Trauer von mir abgefallen waren und ich keine Furcht mehr vor ihm empfand. Erst als der Klassenvorstand den Raum betrat, ließ ich von meinem Gegner ab.

VII.

Es war das letzte Mal, dass ich gedemütigt worden war, doch mit meiner Befreiung war ich zugleich auch ein Niemand in der Klasse geworden. Keiner sprach jetzt mit mir. Das Schweigen war nicht feindlich, und der Umgang mit mir nicht mehr verachtungsvoll, aber ich merkte auch, dass ich trotzdem nicht in die Gemeinschaft aufgenommen wurde. Ich war jetzt für »die anderen« nicht der, der ich gewesen war, sondern ein Fremder geworden, von dem man nicht wusste, wer er war. Wesker hatte aus Angst, dass ich den Grund für unsere Auseinandersetzung verraten würde, nur angegeben, dass wir zuvor Streit gehabt hätten und dass auch er schuld daran gewesen sei. An einem seiner Vorderzähne fehlte ein kleines Stück, und er behauptete jetzt, dass ich es ihm ausgeschlagen hätte. Auch er sprach nicht mehr mit mir. Er blickte weg, wenn er mich sah. Aus dem Peiniger war ein Beleidigter geworden, ein tief Gekränkter. Er log, dass seine Aufsässigkeit nur Spaß gewesen sei, und ich ihm Unrecht getan hätte. Das hörte ich später auch von seinen Kumpanen, und ich fand wieder, dass es noch übler war, »den Spieß umzudrehen«, als jemandem etwas anzutun.

Zeit der Bedrängnis

I.

Ich saß ab nun in der Klasse wie in einem leeren Zimmer. Meine Mitschüler und Professoren waren für mich zu Phantomen geworden, gleich den Bösewichten und Nebendarstellern, die im Dunkel des Kinos ihr Leben der Wiederholung fristeten, das auf endlosen Zelluloidbändern festgehalten war. Ich maß jetzt die Phantome in der Schule an denen aus meinen Büchern und dem Kino. Doch sah ich mich auch selbst als jemand, der nur vorgab, ich zu sein. Ich war jedoch nicht ich.

II.

Ich schaute damals selten in den Spiegel, und immer war ich dann erschrocken über die Banalität meines Gesichts und mein Aussehen. Beim Zähneputzen starrte ich in das Waschbecken, und ich frisierte mir selten die Haare. Nur wenn ich vom Friseur kam, hatte ich einen geraden Scheitel, der aus mir tatsächlich ein »Muttersöhnchen« machte. Ich war mager und fing an, »in die Höhe zu schießen«. Noch immer war ich höflich und lachte automatisch, wenn mich jemand ansprach. War das wirklich ich?

III.

Das Gehen, das Laufen waren mir inzwischen zum Bedürfnis geworden. Ich geriet selten außer Atem. Ich lief von zu Hause auf den Rosenberg und wieder zurück. Ich lief auf den Ruckerlberg zu meinem Lateinnachhilfelehrer und nach der Stunde über den Schillerplatz und die Merangasse nach Hause. Ich lief zum Hilmteich und mietete mir für eine Stunde eines der bunten Ruderboote. Ich ruderte oder saß still und starrte in die Lichtreflexe auf dem Wasser. Oder ich lief den Leechwald hinauf bis zu einer Wiese, auf der ich mit meinen Brüdern oder Gleichaltrigen Fußball spielte, lief dann dem Ball nach und genoss es, schnell und ausdauernd zu sein. Die vier Stockwerke bis zu unserer Wohnung, die ich mit dem Lift um die Wette hinauflief, nahm ich mit großen Schritten – zwei Stufen auf einmal. Und immer war ich schneller. Auch in die Straßenbahn stieg ich selten, ich war zu ungeduldig, um zu warten, bis sie eintraf.

IV.

Die Gedanken, die mir beim Laufen kamen, sind mir noch heute gegenwärtig. Mein Laufen war der unbeholfene Versuch zu meditieren. Ich fragte mich, weshalb ich unglücklich sei, was ich falsch gemacht hätte, aber auch, was Gott mit mir vorhätte, und je länger ich lief und je erschöpfter ich wurde, desto besser fühlte ich mich. Meine Gedanken verschwanden fast unmerklich hinter den Bildern, die ich wahrnahm, so unauffällig und langsam, wie die Sonne untergeht. Ich sah dann nur mehr meine Schuhe, die Steine, ein Grasbüschel oder den Asphalt, und wenn ich aufhörte zu laufen, war mir, als sei ich der Lösung meiner Probleme nähergekommen, ohne dass ich aber hätte sagen können, wie sie aussah. Ich versuchte an einen Schöpfer, der mir zuhörte, zu glauben, und ich zwang mich, mich ihm zu überlassen, doch war ich damit nicht zufrieden, denn es ereignete sich nichts. Kein Deus ex Machina schwebte herab. Durch die Gespräche mit einem fiktiven Gott, dem Unbekannten, vielleicht auch Nicht-Existenten wurden meine Gedanken zu etwas anderem als zu Selbstgesprächen. Das Schweigen, das ich als Antwort erhielt, bewirkte bei mir eine immer größere Aufrichtigkeit, und je aufrichtiger ich war, desto fremder wurde ich mir. Es war eine Fremdheit, die mich frei machte, vielleicht begann ich so, mich zu entdecken. Das Schweigen füllte mich aus, auch wenn mir die Umwelt tot erschien. Ich machte vielleicht eine Sterbeerfahrung, die Wochen, wenn nicht Monate dauerte. Das Schweigen des Unbekannten, das anfangs meine Verzweiflung noch verstärkt hatte und das ich als Erwachsener hasste, wurde mir allmählich vertrauter. Ich sah jetzt kein Gesicht mehr dahinter, zu dem ich sprach, keine Person – es war das Nichts und zugleich das All, vor dem ich mich entblößte.

V.

Da ich am Geidorfgürtel nie allein war, denn in der Wohnung konnte ich meiner Familie nicht ausweichen, war das Laufen die einzige Möglichkeit, mit dem Schweigen Kontakt aufzunehmen. Je länger aber mein Zustand andauerte, desto süchtiger wurde ich nach den stummen und einseitigen Gesprächen.

VI.

Allmählich verlor auch die Schule an Wichtigkeit: Wenn ich nicht verstand, was vorgetragen wurde, war es sinnlos, dass ich mich bemühte, sagte ich mir. Ich hatte das meiste vom Lernstoff durch Unvermögen, Desinteresse und Unaufmerksamkeit versäumt, und jede Anstrengung, daran etwas zu ändern, war aussichtslos. Ich war selbst schuld. Dass ich ungeliebt war, hieß, dass ich alles falsch machte. In meinem Kopf hing es nicht nur mit meiner Selbstbezogenheit und meinem Hang zum Großsprecherischen, sondern auch mit meiner Mutter zusammen, von der ich nur wusste, dass sie mich liebte. Ich warf ihr vor, dass sie mich nicht darauf vorbereitet hatte, was mich »draußen« erwartete. Ich hatte mich immer so verhalten, wie *sie* es für richtig befunden hatte, und ich wusste gar nicht, was ich selbst wollte. Das traf auch für meinen Bruder Helmut zu, der ebenfalls Schwierigkeiten in der Schule hatte.

VII.

Ich erkannte in einer Eingebung, dass niemand meinen Drang, geliebt zu werden, stillen konnte. Und wenn ich selbst jemanden liebte, war es besser für mich, es mir nicht anmerken zu lassen, denn meine damit verbundene Besessenheit war für mich selbst und die Betreffenden quälend.

VIII.

Das alles konnte ich dem Schweigen anvertrauen und erfuhr es zugleich erst dadurch wirklich.

IX.

Ich wollte jetzt in keine Kirche mehr gehen, ich fühlte mich in sogenannten Gotteshäusern wie in einem großen Sarg. Der Tod war dort gegenwärtig und die Angst vor dem Sterben, ohne dass ich daraus jedoch Kraft schöpfen konnte. Im Winter durch den verschneiten Park zu laufen, in dem die Vögel aufflogen, und im Sommer durch das filigrane Gewebe von Licht und Schatten der Bäume oder nur in das fließende Wasser der Mur zu schauen oder eine Wolke am Himmel zu betrachten – das alles war für mich besser als ein Gotteshaus mit seinem lebensfernen Priester und den engherzigen Gläubigen.

X.

Wo immer ich war, war ich Vorschriften ausgeliefert: in der Schule, der Kirche, zu Hause. Nur beim Laufen entfalteten sich andere Möglichkeiten. Sie fielen mir entgegen wie Pop-up-Figuren in heutigen Kinderbüchern. Verwundert fing ich an zu begreifen, dass ich ein Nichts war und dass es ohne Bedeutung war, was mit mir geschah. Ein nächster Augenblick wartete, sobald einer vergangen war, ein nächster Tag, sobald es Nacht wurde. Dass die Zeit ungerührt weiterging, war jetzt kein Trost, aber auch keine Bedrohung mehr.

XI.

Ich setzte das Schweigen, zu dem ich meine Gedanken sandte, Gott gleich. Ich gewöhnte mich daran, dass er keine Antwort gab, und erwartete auch keine mehr. Der Schweigegott war jetzt nicht mehr die Leere, das Nichts – sondern eine Kraft. Ich lieferte mich ihr aus und vermeinte zu spüren, dass sie etwas auf mich übertrug. Ohne es zu wissen, machte ich religiöse Erfahrungen und überwand dadurch den Zustand der Bodenlosigkeit. Hielt ich beim Laufen an und dachte nach, verschwand die Kraft, und es dauerte einige Zeit, bis ich sie wieder spürte. Deshalb lief ich, wenn es möglich war, lange Strecken. Zumeist blieb mir nur die Zeit, in den Leechwald zu laufen, aber einige Male lief ich weiter bis zum »Häuserl im Wald« und sogar bis Mariatrost, wo ich kehrtmachte und wieder zurücklief. (Fast fünfzig Jahre später in der libyschen Wüste überkamen mich beim Anblick der sich bis zum Horizont ausdehnenden Dünen ähnlich religiöse Gefühle wie damals.)

XII.

Ich sprach in der Zeit meiner Bedrängnis kein »Vater unser«, kein »Gegrüßet seist du Maria«, kein »Glaubensbekenntnis« – Gebete, die ich vom Religionsunterricht her kannte. Ich spürte, dass mein Laufen und Denken damit nichts zu tun hatten, denn ich hatte erfahren, dass es etwas anderes war, etwas Intimes, das ich für mich selbst entdeckt hatte.

Die Taubstummenanstalt

I.

Gerade lief ich die Rosenhainallee hinunter, als mir der Einfall kam, dass ich froh darüber sein sollte, wenn ich die vierte Klasse wiederholen müsste. Ich blieb stehen und schaute auf das Gebäude der IV. Chirurgie, in dem die Taubstummenanstalt untergebracht war. Weshalb wehrte ich mich dagegen zu repetieren? Die zukünftigen Schulkameraden wären um ein Jahr jünger und daher körperlich schwächer als ich, und ich müsste mich weder quälen noch verachten lassen, sagte ich mir. Auch war ein Neubeginn mit Lehrern, die ich nicht kannte und die nichts von mir wussten, am einfachsten. Und da der Lernstoff wiederholt wurde, würde ich ihn leichter verstehen und nicht zuletzt von Paul getrennt und damit endlich wieder frei sein, denn mein Bruder hatte, was in der Schule vorfiel, immer meinen Eltern hinterbracht und bei Problemen stets mir die Schuld zugeschrieben, denn er hasste damals schon jede Unannehmlichkeit und wollte nicht meinetwegen seine guten Beziehungen zur Klasse gefährden.

II.

Ich lief hinunter zur IV. Chirurgie und, ohne es wirklich zu wollen, in den Anstaltsgarten und von dort in das Gebäude hinein. Ich wusste nicht, warum ich vor der Ambulanz stehenblieb und die Eingelieferten und Kranken auf den Liegen betrachtete. Ich schaute in die offenen Zimmer hinein. Geistliche Schwestern mit weißen Flügelhauben, die aussahen wie Zyklamenblüten, schwebten vorbei, in ihren langen Gewändern halb Pflanzen-, halb Vogelwesen. Die Flügelhauben wippten und zitterten, die weißen Kleider wallten. Ich hörte das Trippeln der Schritte auf dem langen Gang mit den hohen Fenstern. Ärzte mit Stethoskopen eilten vorüber, niemand beachtete mich, solange ich vorgab zu wissen, was ich tat.

III.

Im Gebäude des Krankenhauses war auch die sogenannte Taubstummenanstalt untergebracht. Ich mischte mich unter die Kinder, die sich in der Gebärdensprache unterhielten und diese mit Ausrufen und Geräuschen untermalten. Neugierig blieb ich stehen. Was bedeutete es, dass ich diese Kinder sah? Was bedeutete es, dass ich das Gebäude betreten hatte, obwohl es keinen Grund dafür gab? Die Kinder strömten wieder in die Klasse, ein kleiner Bub stellte mir, mit seinen Händen gestikulierend, eine Frage, und ich bedeutete ihm durch das Heben meiner Schultern, dass ich ihn nicht verstand. Enttäuscht lief er davon, vielleicht dachte er, dass ich ihm keine Antwort geben wollte. Es wurde still auf den Gängen, ich verließ jedoch nicht das Gebäude, sondern suchte nach den Unterrichtszimmern und spähte durch ein Schlüsselloch. In der Klasse übten sich die Schüler im Schreiben, in einer anderen im Lippenlesen. Die Taubstummenlehrerin malte ein »a« an die Tafel und bildete es mit dem Mund nach, und die Kinder versuchten es ihr gleichzutun und stießen unartikulierte Laute aus, da sie ja nicht hörten, was die Lehrerin vormachte. Eifrig übten sie sich darin, den Vokal nachzuformen. Ich blieb so lange, bis ich mir selbst wie ein Taubstummer vorkam, wenn auch auf eine metaphorische Weise. Eine seltsame Ruhe überkam mich. Ich ging aus der Taubstummenanstalt hinaus und sah eine gelbe Stoffkatze auf dem Steinboden liegen. Ihr Bauch war aufgerissen, und die Sägespäne bildeten ein bleiches Häufchen. Die Stoffkatze sah tot aus, dachte ich, und sie erinnerte mich zugleich auch an den Teddybären. aus dem ich am Weidweg die Brummkapsel gekratzt hatte. Eine seltsame Lautlosigkeit umgab mich. Nur manchmal hörte ich schreckliche Geräusche aus einem der Unterrichtszimmer, zunächst die Stimme der Lehrerin: AAA! – OOO! – AAA!, und dann die Schar der Lämmer, die wild durcheinanderblökten.

Eislaufen

I.

Im Winter liefen wir mit Schlittschuhen auf dem Eis: am Hilmteich, beim »Schweinzer« und in der Landesturnhalle. Ich war verrückt genug, stundenlang allein Runden auf dem Platz zu drehen und zu glauben, der Schweigegott höre meine Gedanken. Ich war sogar überzeugt davon, dass ich Antworten auf meine Fragen erhielt, auch wenn sie rätselhaft waren. Ich lief so lange, bis ich am Hilmteich über einen Eisspalt stürzte und einen Kreuzbandriss im Knie erlitt. Unter Schmerzen humpelte ich nach Hause, und mein Vater zog mich mit dem Schlitten zur IV. Chirurgie, wo mir ein Gips angelegt wurde. Bei der Kontrolle sah ich einige Tage später wieder die Schüler der Taubstummenanstalt – sie waren in eine fröhliche Schneeballschlacht vertieft. Mit ihren Gesten und Lauten unterhielten sie sich prächtig und stürmten nach dem Ende der Pause ausgelassen wieder in das Gebäude zurück.

II.

An einem bleigrauen Sonntagnachmittag fuhren meine Eltern mit uns zum Thalersee, der zugefroren war. Ich blieb wegen meines Gipsbeins im Gasthaus und sah meinen Brüdern vom Fenster aus beim Schlittschuhlaufen zu. In der Mitte des Sees waren Warnschilder aufgestellt, da dort die Eisdecke dünner war. Zwei um die Wette feixende Jugendliche beachteten die Hinweise nicht und lagen gleich darauf im kalten Wasser. Wie sehr sie auch versuchten sich an den Rand des Eises zu klammern und hochzuziehen, so wenig gelang es ihnen, denn kaum hatten sie Halt gefunden, brach die Decke ab. Bald erlahmten ihre Kräfte. Mehrere Männer liefen mit einem Seil in der Hand zur Unfallstelle und warfen es einem der beiden zu. Nur mühsam zogen sie ihn heraus, während der zweite ertrunken wäre, wenn nicht ein Bursche auf dem Bauch zu ihm hingekrochen wäre. Er streckte einen Ast hin, an dem sich der Ermattete festhielt, bis man ihn rettete.

III.

Ich dachte jetzt häufig an den Tod, an das Sterben.

IV.

Ich machte in meinen Gedanken weite Reisen, besonders während ich noch den Gips tragen musste. In meiner ersten Welt hinkte ich zum Hilmteich und sah meinen Brüdern beim Schlittschuhlaufen zu, dort aber gelang es mir, gleichzeitig in meine Fantasien zu flüchten. Einmal, als ich lange genug alleine stand, fiel mir auch mein erster Gips ein, als ich mir in der Laube mit dem Schaukelpferd vom Tisch stürzend den Arm ausgekugelt hatte. Ich glaubte die Chiffre, die mir damals ein Rätsel gewesen war, nun entziffern zu können. Ich war ein Idiot, begriff ich endlich, und fing an, es zu akzeptieren.

Das Tagebuch

I.

Das Tagebuch, das ich mir ohne Grund kaufte, war in rotes Kunstleder gebunden und mit einem scheußlichen silbernen Muster verziert, also eher ein sogenanntes »Stammbuch«, ein Poesiealbum, wie es junge Mädchen führten, die sich Kalendersprüche von ihren Verwandten hineinschreiben ließen. Ich versuchte gerade die Taubstummensprache zu erlernen, doch fand ich anfangs weder eine Anleitung noch einen Kundigen, an den ich mich wenden konnte. Endlich fiel mir eine Seite mit dem Alphabet in die Hände. Die Gebärden erinnerten mich an die Schattenspiele meines Vaters am Kirchweg, seine Hände und die

Figuren an der Wand. Mein Herz pochte, als ich die Fingerstellungen in mein Tagebuch zeichnete und die dazugehörigen Buchstaben schrieb. Das A war eine Boxerfaust, das B die zum Schütteln ausgestreckte Hand, das U waren Schwurfinger und so weiter. Bei diesen Kenntnissen blieb es allerdings, denn es war mir zu mühsam, auf diese Weise Wörter und ganze Sätze zu bilden, und ich begeisterte mich mehr an der Ästhetik der Gebärdensprache – an dem stillen Klavierspielen mit Wörtern, an dem »Auf-die-Welt-Zaubern« von Sprache aus der Luft, als an der Möglichkeit, so zu kommunizieren.

II.

Mein Bruder Paul, mit dem ich über meine Fantasiereisen sprach, wusste einiges über Indien, China und Afrika, und nachdem ich mich lange genug mit der Taubstummensprache beschäftigt hatte, begann ich, meine Expeditionen, die ich im Kopf machte, aufzuzeichnen.

III.

Die Hauptfiguren waren ein Dr. Hasenscharter und ein Affe, Herr Lufthaus, die in der Gebärdensprache miteinander verkehrten, weshalb niemand verstand, worüber sie sich unterhielten. Beide waren ich selbst. Da ich keinen eigenen Schreibtisch besaß und keine versperrbaren Schubladen – nur das Nachtkästchen, in dem ich alles verstaute –, fiel das Tagebuch in die Hände meiner Mutter, die mich fragte, weshalb ich meine Zeit mit solchen Dingen verschwendete. Sie bezahle ein Vermögen an Nachhilfelehrer, während ich nur Unsinn im Kopf hätte. Ich gab ihr von ihrer Perspektive aus recht, und ich konnte ihr meinen Standpunkt nicht erklären, weil er mir selbst unklar war. Um weitere Nachforschungen zu vermeiden, verstaute ich daraufhin das Tagebuch in der Schultasche zwischen den Heften oder im Kohlenkeller hinter dem Hackstock, wo ich früher schon die pornographischen Fotografien versteckt hatte.

IV.

Kurz darauf reisten Dr. Hasenscharter und Herr Lufthaus zum Nordpol, wo sie auf das Schiffswrack eines verschollenen Forschers, John Seamy, stießen, den einzigen Überlebenden einer englischen Atlantisexpedition. (Großmutter hatte mir einige Male von der untergegangenen Stadt erzählt.) Im Wrack fanden sie Seamys Tagebuch, in dem dieser die Ermordung des Kapitäns und des Ersten Steuermanns schilderte, und wie er sich monatelang von ihrem Fleisch ernährt hatte. Mit einem Ring, den er im Eis gefunden hatte und den er als Beweisstück auffasste, dass Atlantis durch einen Vulkanausbruch mit dem Magnetberg des Pols verschmolzen sei, war Seamy zum Ausgangspunkt der Expedition aufgebrochen. Eine Zeichnung des Schmuckstücks im Tagebuch war für Dr. Hasenscharter der Beweis, dass der Forscher nicht verrückt geworden war, sondern tatsächlich eine unbekannte Kultur entdeckt hatte. Damit begann die Suche nach dem verschwundenen Mann. Im Laufe der Verfolgungsjagd stürzte der Pariser Eiffelturm bei einem Erdbeben um und verschwand über Nacht der Petersdom in Rom. An den Rand der Aufzeichnungen machte ich hin und wieder – um ein Tabu zu zerstören, das mich bedrückte – Zeichnungen von männlichen und weiblichen Geschlechtsteilen, die ich aber sofort mit Kugelschreiber und schwarzer Farbe wieder unkenntlich machte.

Omis Tod

I.

Am Karfreitag starb Omi im Grazer Merkur-Sanatorium, wo sie zum wiederholten Male operiert worden war. Meine Mutter, die in den letzten Tagen innig gebetet hatte, machte Gott jetzt Vorwürfe. Es war das erste Mal, dass ich mich ihr überlegen fühlte, denn mir war klar, dass Gott den Menschen nicht half, jedenfalls nicht so, wie sie es von ihm erwartete.

II.

Während meine Mutter vor Verzweiflung Tag und Nacht weinte, spürte ich nichts. Ich fühlte mich deshalb zwar schuldig, war jedoch nicht bedrückt, im Gegenteil, ich fühlte mich erleichtert, dass die Sache zu Ende gegangen war.

III.

Es war auch das erste Begräbnis, an dem ich teilnahm, und auf einer Fotografie, die mir mein Bruder Helmut überlassen hat, sehe ich mich in den verhassten Steireranzug gesperrt. Alle übrigen tragen Mäntel, nur ich nicht, obwohl ich doch immer fror. Meine Mutter hat einen Hut auf dem Kopf mit einem Schleier, der ihre Trauer nicht verbirgt. Mein Vater sieht aus, als ob er sich am Vortag die Haare habe schneiden lassen, ebenso Großvater. Es war üblich, dass man vor »besonderen Anlässen« zum Friseur ging.

IV.

Auch während des Begräbnisses fühlte ich weder Trauer noch Verzweiflung oder sonst etwas, obwohl ich Omi sehr geliebt hatte.

V.

Am Friedhof wartete eine große Menschenmenge. Es waren vor allem Arme, Ausgezehrte, und ich fragte mich, woher sie kamen und weshalb ich ihnen nie begegnet war. Mein Großvater erklärte mir später, dass es sozialdemokratische Arbeiterinnen und Arbeiter gewesen seien, die Omi von Parteiveranstaltungen und aus ihrer Jugend gekannt habe.

VI.

Ohne Priester gingen wir stumm hinter dem Sarg her eine Runde um den Friedhof, und unerwartet, da Omi keine Katholikin war, fingen die Glocken der Kalvarienbergkirche zu läuten an.

Ich fragte mich die ganze Zeit über, wo meine Trauer blieb. Ich spürte auch nichts in mir, als ich die Menschen am Straßenrand sah, Männer, die ihre Hüte abgenommen hatten, und Frauen, die sich bekreuzigten. Vor dem Kaufhaus, den Wirtsstuben, den niedrigen Gebäuden waren die Bewohner auf den Gehsteig getreten und hatten ein Spalier gebildet. Das machte mich seltsam stolz, und ich dachte, dass sie alle auf mich, den geliebten Enkel, schauten. Gleichzeitig klagte ich mich für diesen Gedanken an und warf mir noch mehr vor, dass ich ein schlechter Mensch sei.

VII.

Großmutter war zum Begräbnis wie immer im schwarzen Mantel mit Baskenmütze erschienen, sie sprach wenig, und nur ab und zu huschte ein Zucken über ihr Gesicht. Aber als wir an das offene Grab traten, in das Omis

Sarg hinuntergelassen wurde, hörte ich Großmutter laut schnalzen und sah, als ich mich umdrehte, so heftige Zuckungen in ihrem Gesicht, dass ich befürchtete, alle würden sich ihr statt der Verabschiedung zuwenden. Heute glaube ich, dass sie beim Begräbnis an ihren Mann, an Großvater in Kronstadt, gedacht hatte, dessen Grab sie nie mehr wiedersehen sollte.

VIII.

Obwohl es Großvater untersagt hatte, stimmte sein Bruder mit dem Arbeiterchor einen Trauergesang an, von dem mir nur eine Zeile im Gedächtnis geblieben ist, die ich nicht verstehen konnte: »Dort unten ist Frieden.« Ich sah den braunen Sarg in der steinigen tiefen Aushebung und wusste, dass der Erdhaufen neben dem Grab ihn bald bedecken würde. Wenn Omi noch etwas spürte, folgerte ich, war es wohl Angst vor der Dunkelheit und Entsetzen darüber, allein im Sarg zu liegen, ohne sich bewegen zu können.

IX.

In diesem Augenblick fing ich so heftig zu weinen an wie nie zuvor. Meine Mutter, die gänzlich in ihre Trauer versunken gewesen war, blickte mitleidig auf und legte mir einen Arm um die Schulter. Sie tröstete mich, bis wir im Auto saßen, und da ich immer noch laut heulte, begann sie von anderen Dingen zu sprechen, sie versuchte mich aufzumuntern und erstarkte zugleich an meiner Schwäche. Ich bemerkte, wie sehr ich ihr mit meinen Tränen half, und gab mich weiter der endlich empfundenen Trauer hin, bis wir zu Hause waren und der Alltag über uns wieder zusammenschlug.

Die Tücke der Dinge

Schon als ich ein Kind war, spielten mir die Dinge Streiche. Heimtückisch zerbrach ein Teller. Ohne Anlass begann ein Wasserhahn zu tropfen. Ich fand den Ball nicht mehr oder nur eine der beiden Socken. Ein Knopf war abgerissen, die Füllfeder fing zu rinnen an. Der Schlüssel war verlegt. Eine Fensterscheibe hatte einen Sprung. Die Buntstiftmine brach ab. Eines meiner Hefte wurde nass, und die Schrift verwischte. Mein ganzes Leben plagten mich die Dinge. Als ich älter wurde, setzten sie mir auf andere Weise zu. Die Haarcreme war zu fett. Das begehrte Fahrrad zu teuer. Die Dusche funktionierte nicht, oder der Abfluss war verstopft. Ein Schuhband riss, die Seite in einem Buch fehlte. Das Taschenmesser war nicht zur Hand. Das Telefon läutete ohne Unterlass. Der Hammer fiel mir auf den Fuß. Der Schuh drückte. Der Regenschirm klemmte. Die Batterie des Fotoapparates war leer. Der Fernsehapparat gab seinen Geist auf. Die Schallplatte hatte einen Kratzer. Die Uhr blieb stehen. Wenn ich all die Dramolette und Tragödien, die damit verbunden waren, die Slapstick-Einlagen und Umständlichkeiten, die Telefonate und sich daraus ergebenden Wege zusammenrechne, frage ich mich, wie viele Lebensjahre ich dafür aufgewendet habe.

Wiedersehen mit Onkel Fritzl

I.

Einige Wochen, nachdem Omi gestorben war, setzte sich meine Mutter zu mir und sagte: »An jedem ersten Samstag im Monat hat Omi ihren Bruder, deinen Onkel Fritzl, am Feldhof besucht und ihm etwas zu essen und trinken mitgebracht. Nun, da sie tot ist, möchte ich nicht, dass er umsonst wartet. Ich werde heute Nachmittag zu ihm fahren. Du hast mich schon einmal begleitet, würdest du es wieder tun?«

II.

Onkel Fritzl sah uns schon von weitem, als wir den Anstaltspark betraten, und eilte uns entgegen. Er trug eine ähnliche Trachtenjacke wie ich, stellte ich schamerfüllt fest. Ich hatte erwartet, dass er uns freudig begrüßen würde, stattdessen machte er ein betrübtes Gesicht und fragte vorwurfsvoll, wo die »Mizzerl«, seine Schwester, sei. Meine Mutter antwortete, Omi habe keine Zeit gehabt, und deshalb sei sie selbst gekommen. Als Onkel Fritzl argwöhnisch den Kopf schüttelte, fuhr meine Mutter rasch fort, sie habe ihm etwas mitgebracht.

»Was denn?«, wurde Onkel Fritzl plötzlich neugierig.

Meine Mutter zählte auf, was sie eingepackt hatte, und er nickte, als sie ihm das Paket gab.

»Wann komme ich heraus?«, fragte er dann. Er habe nichts angestellt und niemandem etwas getan, setzte er dort fort, wo er vor acht Jahren aufgehört hatte. Mehrfach sagte er, um den Wahrheitsgehalt einer Feststellung zu beschwören: »Meiner Seel!«

Und wie vor acht Jahren kam er mir auch diesmal nicht außergewöhnlich vor, abgesehen davon, dass mir jetzt sein einfaches Gemüt auffiel. Ich hatte viele Menschen wie ihn gesehen, dachte ich wie schon damals, die in Freiheit lebten. Warum war er wirklich im Feldhof eingesperrt.

Als meine Mutter beteuerte, sie wisse nicht, wann er

herauskommen dürfe, weinte er wie bei unserer ersten Begegnung.

Ich überwand meine Scheu und fragte ihn: »Warum sind Sie eigentlich hier?«

»Du wirst doch nicht *Sie* zu ihm sagen, er ist dein Verwandter, nicht wahr, Fritzl?«, versuchte meine Mutter, wie es ihre Gewohnheit war, abzulenken, aber er hörte ihr nicht zu.

»Warum bin ich da?«, grübelte er laut vor sich hin und richtete dann die Frage aufgebracht an meine Mutter. Diese versuchte ihn zu beruhigen und es ihm zu erklären, aber er hatte schon das Paket geöffnet und fing an, sich den mitgebrachten Apfelstrudel in den Mund zu stopfen.

»Warum bin ich da?«, unterbrach er meine Mutter. »Warum bin ich da?«

Meine Mutter warf mir einen tadelnden Blick zu und erklärte ihm, dass er nervenkrank sei, aber er wiederholte jetzt in einem fort die Frage und mampfte dabei ein hart gekochtes Ei, eine Trockenwurst und ein Stück Brot in sich hinein. Mit vollem Mund hörte er plötzlich zu kauen auf und begann erneut laut zu weinen.

Plötzlich wollte er wissen: »Wo ist die Mizzerl?«, und bevor meine Mutter noch antworten konnte, kramte er eine aus der Zeitung herausgerissene Todesanzeige aus der Jackentasche und reichte sie meiner Mutter. Er würgte den großen Bissen, den er im Mund hatte, hinunter und sagte voller Trauer: »Die Mizzerl ist tot. Da steht's.«

»Wo hast du das her?«, fragte meine Mutter betreten und erfuhr, dass auf der Toilette zusammengeschnittenes Zeitungspapier lag und dass er die Anzeige zufällig entdeckt hatte.

»Du liest?«, fragte meine Mutter erstaunt.

»Ja«, antwortete Fritz und trug uns mühsam und stockend vor, was auf dem Stück Papier stand. Wir staunten, denn Fritz war nie zur Schule gegangen. Mir wurde schwindlig. Ich wollte zuerst lachen, doch das Lachen gefror mir angesichts der Erbärmlichkeit der Situation. Der Drang zu lachen blieb jedoch, und ich kämpfte dagegen an, er wurde allerdings nur noch schlimmer, und als Onkel Fritzl mit dem Essen fertig war und mit Tränen in den Augen aufblickte, platzte ich laut los.

»Weshalb lachst du?«, fragte mich meine Mutter irritiert, Onkel Fritzl blickte mir erschrocken ins Gesicht wie ein Schüler, der etwas falsch gemacht hat, und ich rief: »Weil ich muss!«

III.

»Dich nehme ich nicht mehr mit!«, sagte meine Mutter, als wir wieder zum Bus gingen, nachdem wir uns von einem unglücklichen und selbstkritischen Onkel Fritzl verabschiedet hatten, der immer wieder gestammelt hatte: »Ich mach lauter Sachen, die ich nicht will. Immer mache ich Sachen, die ich nicht will.«

Die Befreiung

I.

Der Religionsprofessor, der zugleich Pfarrer in der Leechkirche war, sprach mich nach dem Begräbnis von Omi im Schulhof an, kondolierte, da ich das damals übliche Zeichen der Trauer – eine schwarze Stoffbinde am Ärmel – trug, und fragte mich, ob ich mich nicht firmen lassen wolle. Alle anderen Schüler hätten sich schon angemeldet. Ich dachte, dass die Firmung ähnlich sein würde wie die Erstkommunion, und antwortete, ich wisse nicht, ob mich das weiterbrächte.

»Wie meinst du das?«, fragte der Religionsprofessor interessiert.

Ich ergänzte unsicher, dass ich nicht verstünde, was dann mit mir geschehe.

»Das haben wir doch im Unterricht durchgenommen –«, unterbrach er mich enttäuscht. »Hast du nicht aufgepasst?«

»Doch«, log ich.

»Also – fürchtest du dich davor?«

Da ich wusste, dass die Firmung mit einem schönen Geschenk – zumeist einer Uhr oder sogar einem Fahrrad – verbunden war, meldete ich mich bei ihm an.

II.

Von da an befragte der Religionslehrer zu Wochenbeginn alle Schüler in alphabetischer Reihenfolge, ob sie am Gottesdienst teilgenommen hätten und trug die Antworten in sein Notizbuch ein. Dabei machte er Stichproben, indem er nach dem Inhalt des gepredigten Evangeliums oder der Farbe des sonntäglichen Messgewands fragte. Wenn ich auf seine Frage mit »nein« antwortete, verdüsterte sich sein Antlitz, und da er Paul jeden Sonntag in der Messe sah, nannte er mich verstockt und bat meine Mutter zu sich. Diese drängte mich daraufhin zum Kirchenbesuch, doch ich lief gleich nach Beginn des Gottesdienstes ins Freie hinaus – in den Stadtpark über den Schanzelgraben bis zum Geidorfplatz, wobei ich mich wie von einem Albtraum befreit fühlte.

Die Firmung

I.

Zu Pfingsten war für alle klar, was ich schon längst wusste: dass ich die vierte Klasse wiederholen würde. Nach einigen lauten Tagen hatte sich auch mein Vater abgefunden und angefangen, Reisepläne zu schmieden. Diesmal wollte er mit uns weiter wegfahren, um uns »etwas zu zeigen«, wie uns meine Mutter verriet. Nebenbei hatte er auch einen Firmpaten für mich gefunden, den Glasermeister Freidl, einen Patienten, dem er nach einem Herzinfarkt das Leben gerettet hatte.

II.

Die Firmung langweilte Herrn Freidl, er gähnte und fragte mich, wie lange es noch dauern würde. Als mir der Bischof in der Herz-Jesu-Kirche schließlich die Hand auflegte und mich salbte, seufzte mein Firmpate erleichtert auf. Wir waren in einer langen Reihe angetreten und kehrten strahlend und andächtig in die Kirchenbänke zurück, während ich mich wie erwartet ausgeschlossen fühlte, da auch der winzige Funken Hoffnung auf das Wunder, durch die Firmung neue Erkenntnisse zu erlangen, erloschen war.

III.

Herr Freidl führte mich anschließend mit seinem Lieferwagen zum sonntäglichen Südtiroler Platz, der menschenleer war. Dort hatte ein Freund von ihm in einem Keller eine versteckte Uhrmacherwerkstätte. Der Meister öffnete die Tür, als wir die Treppe hinunterstiegen. Er führte uns zu einem verglasten Pult und zeigte mir die hässlichsten Armbanduhren, von denen ich mir eine aussuchen durfte. Ich hätte am liebsten keine genommen, entdeckte dann aber doch eine mit Kunststoffgehäuse, durch das ich das kleine Uhrwerk bei der Arbeit sehen konnte. Es war vermutlich nur billige Ausschussware. Nachdem ich sie angelegt hatte, fragte ich den alten Mann, ob er eine zerlegte Taschenuhr wieder zusammenbauen könne, deren einzelne Bestandteile ihm in einem Papiersäckchen ins Geschäft gebracht würden. Er antwortete misstrauisch, das käme darauf an, und wollte das Fabrikat wissen … Ich sprach daraufhin von Pauls sogenannter Eisenbahneruhr, die einmal sein ganzer Stolz gewesen war. Der Mann lachte daraufhin nur und meinte, dass man solche auf Jahrmärkten zu kaufen bekäme. Ich dachte plötzlich, dass ich den »Meister der Zeit« vor mir hätte. Er trug einen grauen Geschäftsmantel, eine Brille mit runden Gläsern und hatte einen Schnurrbart. Sein filigranes Werkzeug lag neben einer Lupe auf einem Tischchen.

»Kennen Sie Herrn Maas?«, fragte ich nebenbei, »meinen Onkel Sepp?«

»Herrn Maas? Nein … warum soll ich ihn kennen?« In sein Gesicht war tiefes Misstrauen geschrieben.

IV.

Anschließend fuhren wir nach Mürzzuschlag weiter, weil der Glasermeister dort ein zweites Geschäft besaß, das er überprüfen wollte, wie er mir sagte. Er setzte mich in einem Wirtshaus ab, in dem ich der einzige Gast war und das bis auf Gulasch und Frankfurter Würstchen mit Senf nichts auf der Speisekarte hatte. Da mein Firmpate mir versicherte, er würde ohnedies nur »auf einen Sprung« in seine Filiale schauen, machte ich meine Bestellung und las die alten Lesezirkel-Illustrierten, die mit Eselsohren und fehlenden Seiten auf Zeitungshaltern an den Kleiderhaken hingen.

V.

Als ich nach vier Stunden noch immer alleine war und die alte Wirtin schon die Stühle mit den Beinen nach oben auf die Tische gelegt und den Boden aufgewaschen und mich zum dritten Mal gefragt hatte, ob ich ein Bier wolle, bat sie mich zu bezahlen. Ich antwortete, dass ich auf Herrn Freidl wartete, worauf sie in ihr Stübchen verschwand, von wo aus sie die Filiale anrief.

VI.

Kaum hatte sie das Gespräch beendet, stieß mein Firmpate die Tür auf, warf einen Schein und Münzen auf die Theke und schob mich die ausgestorbene Straße hinunter in einen traurigen Laden, der so gottverlassen dalag, wie nur ein Spiegel- und Fensterscheibengeschäft in der Provinz aussehen kann. Im Hinterzimmer war die Buchhaltung ausgebreitet: ein Foliant, Zettel, Abrechnungen. Davor saßen ein glatzköpfiger Mann und eine verhärmte Frau. Freidl schrie sie an, dass sie mit der Buchhaltung »Scheiße gebaut« und mir den Firmungstag verhaut hätten. Ich durfte auf einem altmodischen Polsterstuhl Platz nehmen. Der Glasermeister entledigte sich wütend seines Sakkos und ging mit den beiden weiter die Buchhaltung durch.

VII.

Sie brüteten lange über den Zahlen, inzwischen schrie mein Firmpate, er werde alle entlassen, es sei kein »Verlass'« auf sie! »Seid's froh, dass der Bub da ist, sonst könntets was anderes von mir hören! Gsindel!«

Als er sich mürrisch verabschiedete, wollte ihm die Frau unterwürfig die Hand küssen, aber er stieß sie von sich.

»Wir telefonieren morgen!«, fuhr er sie in einem drohenden Tonfall an.

VIII.

Inzwischen war es dunkel geworden. Unterwegs hielten wir vor einem Gasthaus mit Tankstelle, in dem mich Herr Freidl auf ein Paar Frankfurter Würstchen einlud. Der Wirt habe die besten in der ganzen Umgebung, machte er mir die Mahlzeit schmackhaft.

IX.

Als mein Vater die Uhr sah, rief er noch am selben Abend den Glasermeister an und verlangte ein anderes Firmungsgeschenk für mich. Herr Freidl entschuldigte sich damit, dass ich die Uhr selbst ausgesucht hätte.

X.

Schließlich durfte ich noch einmal den »Meister der Zeit« aufsuchen. Er nahm die Ware misstrauisch zurück und fragte mich, weshalb ich sie nicht mehr wolle. In Wirklichkeit hatte ich mich jedoch dagegen gewehrt, sie umzutauschen, denn der Umstand, dass ich das kleine Werk sozusagen in Funktion sehen konnte, faszinierte mich nach wie vor. Als ich verlegen schwieg, legte der ungeduldig hüstelnde Herr Freidl eine vergoldete, weitaus hässlichere Uhr, die er unter dem Glaspult entdeckt hatte, vor mich hin. Ich war mit allem einverstanden, denn ich wollte die peinliche Angelegenheit endlich hinter mich bringen.

Großvater

I.

Allmählich, ohne dass es mir zunächst bewusst war, geriet ich wieder in den Sog negativer Gedanken. Sie verwandelten mein trostloses, lähmendes, eintöniges, banales Dasein jedoch auch in etwas Unberechenbares und gaben meinem Leben sein Geheimnis zurück. Der Gedanke an Selbstmord, der mich immer noch beschäftigte, erteilte dem Streben nach Erfolg, nach Liebe und Schönheit eine Absage. Das Nichts anstelle der Mühsal wählen zu können, rief in mir rauschhafte Gefühle hervor. Zumeist aber lächelte ich.

II.

Mein Großvater arbeitete nach dem Tod von Omi nur noch einige Monate in der Glasfabrik Gösting. Er war jetzt Oberhüttenmeister, aber »es freute« ihn nicht mehr, wie er sagte. Er ging in Pension und zog von der Josef-Pock-Straße zu seiner Schwester Luise in ein Zimmer am Südtiroler Platz 9. Auch er war damals von einem starken Gefühl der Sinnlosigkeit durchdrungen.

III.

Mit seinem Stock kam er jetzt Tag für Tag (das war auch der Grund, weshalb ich ihn nur selten bei seiner Schwester besuchte) bei uns hereingehumpelt und entledigte sich im Vorzimmer ächzend seines Mantels, des Hutes und der Schuhe. Hierauf setzte er sich in das »kleine Zimmer«, packte die Kreuzworträtselhefte aus, las die Zeitung und spielte gegen sich selbst Schach. Außerdem ging er zweimal in der Woche ins Kino. Er war schweigsam und mischte sich in nichts ein. Jedes Überreden war ihm fremd. Ich sah ihm an, dass er mit dem Leben abgeschlossen hatte, obwohl er hypochondrisch an ihm hing. Er verstand nicht, was wir in der Schule lernten, dazu fehlte es ihm an Bildung, aber er verstand uns. Er spürte, worauf wir hinauswollten, was wir für uns behielten und worunter wir litten. Nur schwer war ihm eine Bemerkung zu entlocken, und doch wandten wir uns gerade an ihn, wenn uns etwas bedrückte. Er richtete dann seinen Blick auf das Kreuzworträtselheft, das Schachfeld, die aufgeschlagene Zeitung und schien sich zu sammeln. Die Konzentration, mit der er unseren Worten lauschte, hatte zur Folge, dass wir uns selbst um Klarheit bemühten und oft, bereits während wir etwas aussprachen, schon eine Antwort auf unsere Probleme wussten. Es kam mitunter auch vor, dass er nichts sagte und sich wieder seiner Beschäftigung zuwandte. Und es kam weiter vor, dass seine Worte ausweichend waren. Es kam aber auch vor, dass er deutlich wurde. Nie waren es mehr als ein, zwei Sätze, die er nach kurzem Nachdenken sprach. Dieser kleine alte Mann mit seinem Bauch und den struppigen Haaren verhielt sich zu den Menschen, Tieren und Dingen so natürlich und respektvoll, dass man auch ihn auf die gleiche Art behandelte. Er verzichtete darauf, jemanden, der etwas Fragwürdiges behauptete, zu widerlegen, und wies ihn stattdessen auf die Möglichkeit einer anderen Perspektive hin. Er vermied Streit, schloss aber einen Konflikt nicht aus. Er beherrschte die Kunst, zum richtigen Zeitpunkt aufzustehen und zu gehen, wenn ihm etwas nicht passte. Und er vermied im Unterschied zu mir alles, was er für übertrieben hielt.

IV.

Er brachte es sogar zuwege, dass unsere Mutter einen Plattenspieler kaufte, den sie in Pauls und mein Zimmer stellte, und kurz darauf überraschte er uns wöchentlich mit einem Schallplattengeschenk: Arien aus italienischen Opern mit Maria Callas und Renata Tebaldi, Beniamino Gigli, Enrico Caruso, Leo Slezak, Fritz Wunderlich und Joseph Schmidt. Er brachte uns Querschnitte von Opern Mozarts, Bellinis und Rossinis, Donizettis und Verdis, Puccinis und Tschaikowskis, er machte uns mit der »Moldau« Smetanas bekannt, dem Doppelkonzert von J. S. Bach, gespielt von David und Igor Oistrach, Vivaldis »Vier Jahreszeiten«, der »Finlandia« von Sibelius und Beethoven- und Brucknersymphonien. Und ich, der ich bis dahin kaum klassische Musik gehört hatte, war anfangs davon ebenso irritiert wie vom Unterricht in der Schule. Mein allererster Zugang, erinnere ich mich, war Beethovens »Mondscheinsonate« mit Wilhelm Backhaus gewesen. Erst allmählich verlangte ich nach Symphonien und Kammermusik. Jedes Mal aber, wenn ich ein neues Stück hörte, empfand ich es als eine Bereicherung meines Daseins, mir war, als begriffe ich wie aus der Vogelperspektive etwas, das mir bisher verschlossen war.

V.

Es war immer schon Großvater gewesen, der Abwechslung ins Haus gebracht hatte. Er hatte die Schachfiguren aufgestellt und mit jedem von uns ein paar Partien gespielt. Ich verspürte damals jedoch keine Lust darauf, mir fehlte es an Geduld, und so verlor ich oft gegen meine

Brüder – auch weil ich zu abgelenkt war. Am meisten Talent hatte Helmut. Ich hingegen zog mich zurück und hatte endlich Zeit, nichts zu tun.

Großvater hatte früher am ersten oder zweiten Brett der Schachvereine Graz Nord und Merkur gespielt und es hatten ihn regelmäßig Spieler anderer Vereine in seiner Wohnung besucht, um sich mit ihm zu messen und von ihm zu lernen. Aber Helmut war bald sein bevorzugter Gegner gewesen.

VI.

Großvater hatte uns auch schon früh ein Opernquartett und ein Dramatikerquartett mitgebracht und es von da an mit uns jedes Mal, wenn er auf Besuch war, gespielt. Verschiedene Komponisten und Dichter waren dabei mit jeweils drei Werken und ihrem Porträt vertreten gewesen, und ohne ein bewusstes Interesse dafür zu haben, welche Namen und Titel wir uns da einprägten, hatten wir einen ersten Schritt auf einen unbekannten Kontinent zu gemacht.

VII.

Wir sahen in Großvater ein Geschenk für unser Leben. Alle drei hatten wir Schwierigkeiten mit der Pubertät. Als Erster wurde Paul von einem Psychiater angewiesen, mit dem Florettfechten zu beginnen, Helmut musste zur Beruhigung Medikamente nehmen, und ich wurde körperlich krank. Großvater half uns allein durch seine Anwesenheit, seine Nachdenklichkeit und die vorsichtigen Hinweise, die er uns gab.

VIII.

Ich fasste langsam wieder Mut. Zwar waren mir meine Gedankenspiele mit der Sinnlosigkeit des Lebens zur fixen Idee geworden, in die ich mich flüchtete, sobald mich etwas bedrückte, aber ich spürte jetzt wenigstens das Bedürfnis, meine Überlegungen »festzuhalten«. Ich machte in mein Tagebuch Eintragungen darüber, die ich aber durchstrich, sobald ich sie wieder gelesen hatte. Daneben führte ich über meine Masturbationen Buch und verwendete als Geheimzeichen das Kreuz, das ich zwischen den Wörtern versteckte. Am Wochenende überprüfte ich neugierig, wie oft ich »gesündigt« hatte, denn ich hatte nachträglich immer ein schlechtes Gewissen. Natürlich zog ich keinen Erwachsenen ins Vertrauen, ich hätte nur Bestürzung ausgelöst.

Genua 1956

I.

Im Sommer fuhren wir mit Vaters neuem Auto, einem Vauxhall Velox, zusammen mit Großvater über Italien und Frankreich nach Spanien. Im Hafen von Genua sah ich zum ersten Mal das Meer. Durch einen schmalen, hohen Spalt zwischen den Häusern konnte ich die bewegte graugrüne und von Gischt durchzogene Fläche, die sich bis zum Horizont erstreckte, erkennen.

II.

Wir hielten am Rand der Stadt. Es war ein trüber, kalter Abend, die Luft roch nach Salz und Fäulnis, und wir liefen eine Treppe hinunter zu einem steinigen Strand. Es war niemand außer uns zu sehen, nur auf dem Hang floss der Verkehr dahin. Das helle Kleid meiner Mutter flatterte im Wind, und ihre Haare waren zerzaust, während Großvater stumm zum Horizont blickte. Ich sehe dieses Bild deutlich vor mir, und immer, wenn ich daran denke, ist es mit der Schwermut des Abschieds verbunden.

III.

Ich zog mich aus und lief in das kalte Meer, dessen Wellen in mein Gesicht schlugen. Die dunkelgrauen Wolken am Himmel färbten die unruhige Oberfläche düster, und ich schwamm nach wenigen Schritten auf den Horizont zu. Beglückt spürte ich das Salz auf den Lippen. Als ich zu stehen versuchte, merkte ich erstaunt, wie das aufgewirbelte Wasser die kleinen Steine unter meinen Füßen wegsaugte. Ich hatte jedoch keine Zeit, mir darüber Gedanken zu machen, denn schon rollte die nächste Welle heran und schlug über mir zusammen. Ich tauchte daraufhin bis zum Boden hinunter, wo die Strömung nicht fühlbar war, stieß mich wieder ab und erblickte, als ich die Augen öffnete, über meinem Kopf eine Möwe, gleichzeitig aber spürte ich, wie eine weitere Welle mich erfasste und ein Stück zum Strand trug. Hilflos musste ich aber zusehen, wie ich durch den darauffolgenden Sog wieder zurück aufs offene Meer hinausgetrieben wurde. Ich versuchte energisch mit den nächsten Wellen das Ufer zu erreichen, es gelang mir jedoch trotz größter Anstrengung nicht. Auch auf dem Boden zu stehen war mir nicht mehr möglich, weil das Wasser bereits zu tief war. Als ich mich entgegen meinen verzweifelten Bemühungen immer weiter vom Land entfernte, wurde mir erst bewusst, in welcher Gefahr ich mich befand. Ich versuchte nun verzweifelt zu tauchen, kam aber an der gleichen Stelle, wie mir schien, und außer Atem wieder an die Oberfläche. Neuerlich trug mich eine große Welle in Richtung Ufer, aber der Sog nahm mich sogleich wieder mit hinaus, und mir wurde jetzt klar, dass ich es nicht mehr allein schaffen würde, zurückzukommen.

IV.

Am Strand sah ich wie in einer kurz belichteten Momentaufnahme die kleinen Gestalten von Großvater, Helmut und Mutter, der Wind riss an ihren Kleidern und wühlte in ihren Haaren, und sie starrten auf die Wellen, ohne mich zu sehen. Sie schienen jedoch nicht beunruhigt, denn sie standen bewegungslos da, als seien sie vom Meer hypnotisiert. Ich machte panisch Schwimmbewegungen, rang nach Luft und wollte um Hilfe rufen, aber schon wurde ich abermals unter das Wasser gewirbelt und tauchte erst wieder ein Stück weiter vom Ufer entfernt auf. Es war, als ob ich in ein riesiges Abflussrohr am Horizont gezogen würde, und mir fiel ein, wie ich früher mit dem Gedanken gespielt hatte, zu ertrinken. Jetzt aber wollte ich nicht sterben, denn mein Tod würde unfreiwillig sein, dachte ich. Das Salzwasser brannte mir in der Nase, auch meine weit aufgerissenen Augen schmerzten, und im Mund breitete sich ein bitterer Geschmack aus und verursachte mir Übelkeit. Wo waren mein Bruder Paul und mein Vater? Verzweifelt sah ich das Ufer meinen Augen immer weiter entrücken. Mein letzter Gedanke war, dass man mich nicht mehr finden würde, ich würde einfach von der Dunkelheit aufgesogen werden. Ich spürte, wie ich ertrank, als mir eine Hand einen kräftigen Stoß in den Rücken versetzte und ich von einer Welle so nah zum Strand getragen wurde, dass ein weiterer Stoß genügte, um wieder festen Boden unter den Füßen zu haben. Erschöpft taumelte ich an Land, meine Mutter eilte herbei, und ich hatte gerade noch so viel Kraft, um zu schauspielern, dass es mir gutgehe, bevor ich mich zu Boden fallen ließ. Mein Vater, der mich gerettet hatte, lief fröstelnd und mit nassen Haaren herbei und beugte sich über mich.

»Bist du in Ordnung?«, fragte er besorgt.

Schamerfüllt nickte ich.

»Du sollst nicht so weit hinausschwimmen«, sagte er dann ernst und riet mir liegen zu bleiben. Aber ich erhob mich und ging schuldbewusst zum Wagen zurück.

V.

Im letzten Jahr vor seinem Tod sprach ich Vater darauf an und gestand ihm, dass er mich damals vor dem Ertrinken bewahrt habe.

Er nickte nur und antwortete: »Ich weiß.«

Reisetagebuch

I.

Denke ich an die weitere Reise, habe ich seltsam verblasste Bilder im Kopf:

Eine Nacht in einem Hotel in Spotorno mit einer Palme im Garten. Wir sind die letzten Gäste und fühlen uns durch die aufmerksame Bedienung der Kellner belästigt, weil Mutter argwöhnt, sie wollten uns ausnehmen. Daher lehnt sie alles ab, was diese uns anbieten.

Ein kleines Zimmer mit Meerblick, in dem ich Eintragungen in mein Tagebuch mache.

(Dr. Hasenscharter und Herr Lufthaus kommen mir angesichts meiner Reiseimpressionen wie ein Echo aus meiner Kindheit vor.)

Monte Carlo ist eine noble Kulisse, die mich langweilt.

In Frankreich halten wir auf offener Landstraße an, essen wundervollen Camembert und Baguette im Schatten eines Alleebaums. Das Zirpen der Grillen während des Picknicks bleibt mir im Ohr.

Hinter dem Schlagbaum nach Spanien die finsteren Grenzsoldaten mit ihren schwarzen Kopfbedeckungen, die entfernt an den Hut Napoleons erinnern.

Auf der Rückfahrt halten wir in Aix-en-Provence. Zwei Jahre später erfahre ich, wer Vincent van Gogh und Paul Gauguin waren. Das Zimmer im Hotel d'Angleterre ist schief wie die Kajüte eines sinkenden Schiffs. Der Kleiderschrank ist mit Drähten und Nägeln an der Wand befestigt.

Beim Erwachen am Morgen denke ich als Erstes, wie weit wir schon vom Meer entfernt sind.

In Cortina d'Ampezzo höre ich durch die Wand ein Paar flüstern. Die Frau, eine Deutsche, verführt einen Italiener, der ihre Sprache nicht versteht. Später stöhnt die Frau laut JAJAJAJA. Ich kann vor Erregung nicht einschlafen.

Ich sehe den Vierwaldstätter See, auf dem ein weißes Schiff fährt, und träume davon, nicht mehr nach Hause zurückzukehren.

II.

Schon nach kurzem Durchlesen meiner Aufzeichnungen hörte ich damals auf, mir weiter Notizen zu machen. Ich hasste mich und verspürte den Drang, mich vor Scham zu verkriechen. Hingegen gefielen mir jetzt wieder die Abenteuer von Dr. Hasenscharter und Herrn Lufthaus und dem kannibalischen Polarforscher Seamy. Ich bildete mir ein, dass sich Erfundenes, Erlogenes, Eingebildetes besser las als die Wahrheit. (Ich musste erst lernen, sie zu erfinden.) Andererseits notierte ich in meinem roten Tagebuch nie die Wahrheit. Wenn ich über meine Lügengeschichten, meine Selbstmordgedanken, über mein Gefühl der Sinnlosigkeit, meine Erfahrungen mit dem Schweigen oder meine Selbstbefriedigung geschrieben hatte, hatte ich es gleich wieder durchgestrichen. Langsam erst begann ich zu verstehen, dass ich nur dann zur Wahrheit vordringen konnte, wenn ich mich selbst preisgab.

Das Kino wird meine wirkliche Welt

I.

Als ich die vierte Klasse wiederholte, spielten die Kinos »Rashomon«, »Der dritte Mann«, »Wem die Stunde schlägt«, »Der Schatz der Sierra Madre«, »Moby Dick«, »Die zwölf Geschworenen«, »Die Brücke am Kwai«, »Die Nacht des Jägers« und »Die Caine war ihr Schicksal«. Ich habe alle diese Filme gesehen, doch kann ich mich nicht erinnern wann; die meisten waren mit dem Prädikat »Jugendverbot« versehen.

II.

Ich las die Jugendillustrierte »Bravo« mit Berichten über Schauspieler und Sänger, dem Branchenklatsch, den Hitparaden und Vorschauen. Damals fing ich an, Filme, die ich gesehen hatte, in mein rotes Tagebuch einzutragen. Ich klebte die Eintrittskarte auf eine Seite und schrieb darunter meine Bewertung nach einem Punktesystem. Die besten übertrugen ihre Energie auf mich und verwandelten mich in einen Tagträumer. Zumeist lief ich dann über einen Umweg nach Hause, um möglichst lange und intensiv mit meinen geheimen Gedanken allein zu sein.

III.

Zwar lösten meine Klassenkameraden keine Ängste mehr in mir aus und ich schloss sogar mit einem älteren Repetenten, Otto Robanser, Freundschaft, aber der Stoff, den ich nun zum zweiten Mal hörte, war mir wieder fremd. Meine Eltern kontrollierten mich nicht mehr, da sie annahmen, dass die Wiederholung problemlos verlaufen würde, ich brachte jedoch noch immer nicht den Willen auf, dem Unterricht zu folgen. Das Imaginäre gewann in mir erneut die Oberhand, und ich flüchtete wie gewohnt in meine Kopfwelt und lief noch längere Strecken auf der Suche nach mir selbst.

IV.

Bevor ich James Dean auf der Leinwand sah, hatte ich von seinem tödlichen Unfall in Amerika gelesen. Seinen ersten Film »... denn sie wissen nicht, was sie tun« hatte ich nicht gesehen, aber »Jenseits von Eden«, den zweiten, wollte ich mir nicht entgehen lassen.

V.

Selbstvergessen saß ich im Ringkino und sah mich, wie ich sein wollte. Augenblicklich nahm ich die Identität des

Scheinbildes an, eines fremden Toten, den ich nachträglich betrauerte, als sei er mein Freund gewesen.

VI.

Nach der Vorstellung lief ich zurück in den Kassenraum und kaufte mir noch eine Karte, um den Film ein zweites Mal zu sehen. Zu Hause sprach ich dann tagelang nur das Notwendigste, und meine Mutter glaubte, ich sei krank.

VII.

Auch schwänzte ich die Schule, ich lief auf den Rosenberg und fing an, mir die Haare zu einem Schopf zu frisieren, um meinem Vorbild zu gleichen. Ich nahm eine Tube Frisiercreme der Marke »Brisk« heraus, die ich unterwegs gekauft hatte, schmierte mir eine Hand voll in die Haare und griff den ganzen Vormittag über immer wieder an der Frisur herum, bis sie das gewünschte Aussehen annahm.

VIII.

Beim Mittagessen verlangte meine Mutter, dass ich meine Haare wieder richtete, wie sie vorher ausgesehen hatten, ich weigerte mich aber und erwiderte, dass ich eine andere Jacke und eine neue Hose wolle. Um mich durchzusetzen, kündigte ich an, sonst nicht mehr in die Schule zu gehen. Selbst die Androhung von Ohrfeigen durch meinen Vater half nichts, ich ließ mich nicht dadurch beeindrucken.

Die Metamorphose

I.

Es war einer der schönsten Tage in meinem Leben, als ich mich mit den neuen Kleidern und der modischen Frisur im Spiegel sah. Ich war mir ähnlicher geworden, fand ich. Zwar änderte ich mein Äußeres noch mehrmals, vor allem nachdem ich Anthony Perkins in »Psycho« gesehen hatte, aber ich achtete von da an nicht mehr darauf, was meine Eltern dazu sagten. Ich bewunderte Montgomery Clift, Marlon Brando, Spencer Tracy, Gary Cooper, Alain Delon, Humphrey Bogart und Paul Newman, hingegen missfielen mir Glenn Ford, John Wayne und Stewart Granger – auch wenn es Filme mit ihnen gab, die ich mochte. Von den weiblichen Stars war ich besonders von Audrey und Katharine Hepburn, Olivia de Havilland und Bette Davis angetan, während ich Doris Day, June Allyson oder Lana Turner und Brigitte Bardot weniger schätzte.

II.

Natürlich reichte das Taschengeld nicht für meine Kino-Leidenschaft und auch nicht die Spenden der Großeltern, daher überredete mich mein Freund Otto Robanser zur Anwendung eines Tricks, den er, wie er versicherte, schon mehrfach ausprobiert hätte. Wir sollten uns, wenn beim Einlass der größte Andrang herrschte, mit einer entwerteten Eintrittskarte – auf die zwar die gleiche Anfangszeit wie für unsere Vorstellung gestempelt war, die aber vom Vortag stammte – und einem ebenfalls aufgelesenen Abriss in den Kinosaal drängen und in einer Reihe mit freien Sitzen Platz nehmen. Sobald das Licht verlöscht wäre, sei der Coup geglückt. Wir wählten uns als ersten Film, bei dem wir die Methode anwendeten, John Fords »Der schwarze Falke« im Ringkino.

Der schwarze Falke

I.

Ich traf Otto Robanser und Gerd Holz – Schulhasser wie ich – vor dem Spielzeuggeschäft Koch, das nur ein paar Schritte vom Kino entfernt war. Otto hatte die entwerteten Karten und die Abrisse schon gefunden, und wir warteten auf der Straße, bis der Einlass begann. Die Gefahr, entdeckt oder »gestemmt« zu werden – der Film war jugendfrei ab 16 Jahren –, verlieh dem Unternehmen einen zusätzlichen Reiz.

II.

Zu meiner Überraschung lief alles ohne Komplikationen ab. Ich kannte den Billeteur vom Sehen her. Es war ein älterer Mann, vermutlich Rentner, mit schütteren, gescheitelten Haaren und dunkler Hornbrille, der immer einen hellbraunen Geschäftsmantel trug und eine Taschenlampe in der Hand hatte. Ich kannte auch seine Ungeduld gegenüber Jugendlichen. Wie Otto es vorausgesagt hatte, bemerkte er jedoch nicht, dass er mit den alten Abrissen, die mein Freund ihm mit der entwerteten Eintrittskarte zwischen Daumen und Zeigefinger hinstreckte, getäuscht wurde.

III.

Wir eilten in die erste Reihe, und im selben Moment, als wir uns setzten, erkannten wir, dass wir einen Fehler begangen hatten – wir waren ganz alleine und wie auf einem Präsentierteller dort. Daher beschlossen wir verängstigt, die Sitzplätze zu wechseln, sobald es dunkel würde.

IV.

Als die Wochenschau lief, begannen wir uns jedoch sicherer zu fühlen. Wir bemühten uns zwar noch mehr, unauffällig zu bleiben, aber wir fingen auch langsam an, unseren Mut zu genießen.

V.

Doch beim Vorspann zum Hauptfilm hielt uns plötzlich der Billeteur die Taschenlampe ins Gesicht und verlangte aufgebracht, unsere Eintrittskarte zu sehen. Otto reichte sie ihm und erhielt im selben Augenblick zwei rohe Schläge ins Gesicht. Ich sprang von meinem Sitz auf, rief Otto zu, er solle davonrennen, und stürzte dann auf den Notausgang zu.

VI.

Ich rannte, so schnell ich konnte, über die Kaiserfeldgasse zum Hauptplatz, drehte mich dort zwischen den Marktständen um und sah, dass nur Gerd Holz mir folgte. Wo war Otto geblieben? Ich lief in Panik weiter in die Sackgasse und von dort die Treppen zum Schlossberg hinauf, bis ich atemlos eine Mauer erreichte, von der aus ich über die Dächer der Altstadt sehen konnte. Gerd Holz hatte gerade erst die Stufen erreicht und blickte zu mir herauf. Ich wartete, bis er oben angekommen war, und erfuhr, dass Otto vom Billeteur festgehalten und aus dem Kinosaal gebracht worden war, während die Kassierin die Polizei verständigt hatte.

VII.

Sobald ich allein war, eilte ich den Schlossberg auf der anderen Seite wieder hinunter zur Paulustorgasse, weiter durch den Stadtpark zum Glacis, von dort zum Schillerplatz und dann hinauf in die Waltendorferstraße, in der sich das Haus, in dem Otto wohnte, befand.

VIII.

Die ganze Zeit über hatte ich nicht gespürt, dass ich gelaufen war, ich hatte leicht geatmet, und mein Kopf war gedankenleer geworden. Es schien mir, als sei ich geflogen oder durch den Schreck schwerelos geworden. Natürlich befürchtete ich, dass die Polizei mich verhörte, andererseits war ich zu meinem eigenen Erstaunen nicht beunruhigt. Im Gegenteil, ich scheute jetzt vor allem wegen der Ohrfeigen, die der Billeteur Otto verabreicht hatte, nicht die Konfrontation mit seinem Vater. Er, auch die Kassierin und die Polizei gehörten für mich automatisch zur Vorschriftenwelt, den Aufsichtsorganen, den Heuchlern.

IX.

Ich warf einen Kieselstein gegen Ottos Fenster, und unversehens ging die Haustür auf, und sein Vater, der Direktor der Steiermärkischen Sparkasse war, trat heraus. Er war ein kleiner, dicker, glatzköpfiger Mann, der eher komisch als Respekt einflössend wirkte. Auf der Nase hatte er eine Warze, und seine Stimme war knarrend, als er mir sagte, sein Sohn sei von der Polizei verhört worden.

Ich berichtete, dass Otto vom Billeteur geschlagen worden sei und ereiferte mich, dass der Vorfall die Polizei nichts angehe.

Er habe nicht verhindern können, fuhr Robansers Vater fort, ohne auf mich einzugehen, dass die Schule von dem Vorfall verständigt werde.

Er werde aber meinen Namen nicht nennen, sagte er nach einer Pause, denn Otto habe ihn darum gebeten, dass ich und »der andere« aus der Geschichte herausgehalten würden. Otto habe vor der Polizei abgestritten, uns zu kennen. »Er sagte, er habe euch vor dem Kino angesprochen«, fuhr er fort. »Es ist besser, du gehst jetzt nach Hause, und ihr seht euch die nächste Zeit nicht.«

X.

Es war schon dämmrig, und ich lief zuerst weiter den Ruckerlberg hinauf. Die Welt kam mir wie neu erschaffen vor und die Stadt voller Güte. Nur ich war schlecht. Ich war feige und beschränkt. Trotzdem hatte ER mir geholfen. Ich lief, bis es dunkel wurde, und dann erst zwischen Villen und Vorgärten und Zäunen zurück zum Geidorfgürtel. Als ich außer Atem die Wohnungstür öffnete, fuhr mich meine Mutter an, wo ich so lange geblieben sei.

»Du bist ganz verschwitzt und außer Atem!«

Ich sagte, ich sei im Kino gewesen, und hörte ihr nicht mehr weiter zu, da ich die Vorwürfe schon kannte.

Der Kinogeher

I.

Das Annenhofkino war das nobelste, es hatte etwas von einem Theater mit seinen rot gepolsterten Klappsitzen und seinem ausladenden Balkon, und es liefen dort auch die prominentesten Filme. Andererseits waren für uns die Wiederholungskinos wichtiger, vor allem, weil sie billiger waren – dafür war auch ihre Ausstattung bescheidener. Das abgelegenste und billigste war das erwähnte Kroisbach-Kino, ein nackter Kinosaal von der Romantik eines Versammlungsraums für Vereinsfunktionäre und dem ästhetischen Geschmack einer Bensdorp-Schokoladenverpackung. Aber ich hatte dort die intensivsten Filmerlebnisse.

II.

Am häufigsten gingen wir mit Hans und Herbert Schullin ins Kroisbach-Kino. Jeden Samstag nach dem Mittagessen spazierten wir die von einer Kastanienallee umsäumte Schubertstraße hinauf, vorbei am Botanischen Garten, zum Hilmteich und von dort, den Straßenbahnschienen des 1ers folgend, weiter nach Mariatrost. Wenn das Wetter schlecht war und der Film vielversprechend, war der Andrang groß. Nie verlangte ein Polizist den Ausweis, auch wenn es sich um einen nicht jugendfreien Film handelte, nur der Billeteur fragte die Zwölf- und Dreizehnjährigen nach ihrem Alter und begnügte sich mit der offensichtlich falschen Auskunft.

III.

Schon eine halbe Stunde vor Beginn lösten wir die Eintrittskarten, aus Angst, die Vorstellung könnte ausverkauft sein. Die Zeit bis zum Einlass verging zähflüssig, ich konnte an keiner Unterhaltung teilnehmen, das erwartete Ereignis lähmte meine Gedanken. Ich betrachtete die ausgestellten Szenenfotos in den Schaukästen und die großen, flammenden Plakate an den Wänden. In toxischen Farben waren die Gesichter der Filmstars und die signifikanten

Szenen festgehalten: Momente größter Lebensgefahr, innigster Leidenschaft, schwärzester Albträume und tränenreichster Sehnsüchte.

IV.

Im Saal richtete sich, bedingt durch die Nacktheit des Interieurs, die ganze Aufmerksamkeit auf den Moment, in dem der Vorhang langsam aufging. Sobald dann die flirrenden, flimmernden Strahlen des Projektors ihre weißen Lichtpollen durch die Dunkelheit verströmten, die zu bunten Riesenbildern auf der Leinwand wurden, spürte ich endlich das verbotene Leben. Ohne Unterlass saugten unsere Polypenaugen die Sekundendramen und -komödien in unsere schmachtenden Gehirne und befriedigten unsere grenzenlose Neugier. Am faszinierendsten waren Nahaufnahmen: Eine Zündholzschachtel, von einer Höllenflamme in Form einer roten Welle geschmückt, tauchte wie von einem Mikroskop vergrößert auf, und zwei Finger, an denen man die Papillarlinien der Haut erkennen konnte, entnahmen ihr ein fahnenmastgroßes Streichholz, entzündeten es an der schwarzen Wand der Reibefläche und entfachten mit einem Knall eine Stichflamme, die ohne Mühe das ganze Kino hätte in Brand stecken können. Oder ein gewaltiger Mund entblößte eine Reihe lattenzaunhoher Zähne und verschlang das auf einem meterlangen Gabelzinken aufgespießte Fleischstück. Plötzlich drehte sich die Mündung einer Pistole auf uns, und ein fußballgroßer Schweißtropfen bedeckte die Stirn des Bösewichts. Im Kino habe ich auch Gegenstände, Blätter, Wolken oder den menschlichen Körper wie in meiner Kindheit mit dem Opernglas meiner Mutter gesehen. Bald schwebte man gleich einem Papierdrachen über die Hausdächer, bald wurde man zum einzigen Zeugen eines Verbrechens, bald durfte man wie der Lauscher an der Wand die intimsten Geheimnisse erfahren.

V.

Die Filme stachelten meine Fantasie an und gestatteten mir, Zeit und Raum zu überwinden. In den Weihnachtsferien gingen wir so oft wie möglich in das Kroisbach-Kino. Im Unterschied zur Heiligen Messe kam ich hier von Empfindungen berauscht wieder heraus. Die Wirklichkeit, die uns umgab, offenbarte sich als jener Betrug, den wir längst vermutet hatten. Auf dem Nachhauseweg redeten wir über Menschen und Schicksale, die es nie gegeben hatte, und immer wieder vollzog sich die Verwandlung der eigenen Person in die fiktiven Gestalten auf der Leinwand, die ersehnte Transformation in eine Lichtgestalt, die uns die Kommunion vorenthalten hatte.

Mit Dr. Mabuse im Kinosaal

I.

An einem nebligen Wintertag stapften wir zum Kroisbach-Kino, um den Film »Die 1000 Augen des Dr. Mabuse« zu sehen, schon der Titel, eine Anspielung auf Verfolgung und Spionage, war vielversprechend. Unterwegs hatte es zu schneien begonnen, und vor dem Kino fiel der Schnee in dichten Flocken. Das Lichtspielhaus war, wie erwartet, gut besucht, zumeist von jungen Burschen, die gelangweilt unter den Arkaden Zigaretten rauchten und ängstlich Ausschau hielten, damit sie dabei nicht von einem Polizisten ertappt wurden. Wir mussten uns in der

Schlange vor der Kassa anstellen. Hans nahm für sich und seinen Bruder wie immer die teuersten –, wir wie immer die billigsten Karten. Es roch modrig nach feuchten Mänteln, anregend nach dem Espresso in der Kantine und erstickend süß nach dem Duftwasser, das im Saal versprüht wurde.

II.

Der Film begann mit einem Selbstmord. Der Mann war zuerst von oben als schwarze Silhouette auf der Straße zu sehen gewesen, doch gerade als die Kamera näher zoomte, erhellte ein Blitz den Kinosaal, und die darauf folgende Explosion war so heftig, dass wir glaubten, jemand habe eine Bombe geworfen. Die meisten Zuschauer waren wie gelähmt und glotzten in die Richtung, aus der der laute Knall zu hören gewesen war. Sogleich breitete sich der Gestank von ätzenden Chemikalien aus. Nach einer Schrecksekunde wurde die Vorstellung unterbrochen, und das Licht ging an. Aus unseren Träumen gerissen saßen wir mit schreckgeweiteten Augen und verdrehten Hälsen da und sahen, wie Hans Schullin – seinen zerfetzten Mantel in der Hand – vom Kontrolleur aus der Reihe gezerrt und zum Seitenausgang gestoßen wurde. Jetzt erst sprang das Publikum auf, applaudierte (weshalb?) und schrie wild durcheinander, und der Kinobesitzer beeilte sich, an die Rampe zu treten und in die erregte Menge zu rufen, dass die Vorstellung abgebrochen sei.

III.

Mehr noch als die Frage, ob die Veranstaltung weitergehen würde, interessierte mich, was mit Hans geschehen war und weshalb offenbar er die Explosion ausgelöst hatte. Ein Polizeikommando traf ein, durchsuchte das Kino nach einer Bombe, und das Letzte, was ich von unserem verstörten Freund sah, war, wie er in einen Streifenwagen geschubst wurde.

IV.

Die Vorstellung wurde nicht fortgesetzt. Wir bekamen unser Geld zurück und gingen zu Fuß durch den dichten Schneefall nach Hause.

V.

Hans hatte, wie die Zeitungen am nächsten Tag berichteten, in einer Apotheke Chemikalien für seinen Baukasten eingekauft. Die Papiertüte hatte er in seinen Mantel gesteckt, und durch die Feuchtigkeit hatten die Elemente ihr Eigenleben entwickelt, das mit einem Wintergewitter im Kinosaal geendet hatte.

Radio

I.

Der Film, den ich am dringendsten sehen wollte und doch nie zu Gesicht bekam, war »Saat der Gewalt«. Ich versuchte auf verschiedene Weise eine Vorstellung zu besuchen, aber jedes Mal schlugen meine Bemühungen fehl. Entweder wurde ich schon beim Versuch, mir eine Karte zu kaufen, abgewiesen oder von einem kontrollierenden Polizisten in Zivil am Eintritt gehindert.

Der Film zeigte nicht etwa Mord, Vergewaltigung, Raub und Diebstahl oder nackte Geschlechtsteile und Beischlafszenen, sondern – wie ich dem Filmlexikon entnehme – »den gewaltsamen Schulalltag in einer Klasse von Halbwüchsigen, die ihre Lehrer terrorisieren«, auch die sozialen Hintergründe würden dabei ausgeleuchtet.

II.

Was »Saat der Gewalt« uns aber hätte vermitteln können, war eine Botschaft, die wir von da an über das Radio hörten: Bill Haleys »Rock around the clock«, meine erste Erfahrung mit dem Rock 'n' Roll.

Die Musik stellte meine Bücher, Filme, Zeitschriften und den Sport eine Zeitlang in den Schatten, sie schlug in mein Dasein ein wie der Blitz und traf den rebellierenden James Dean in mir, der aufglühte wie eine Neon-Reklame. Es war eine Energietransfusion, wie ich sie erst Jahre später wieder durch die Literatur erfahren sollte, und gleichzeitig die Bestätigung, dass ich mit meinem Unglück nicht alleine war.

III.

Der Anfang des Songs »Rock around the clock« war der Count-up, der mich ermunterte, das von der Schule abgerichtete Ich und das des Familienlebens abzuwerfen und seine Zwänge hinter mir zu lassen. Wenn die Verwandlung auch nur wenige Minuten anhielt, so setzte sie sich doch im Kopf fest und langsam über alles hinweg. Ich fasste den Song jedenfalls als permanente Aufforderung auf, ich selbst zu sein.

IV.

Es sprach sich rasch herum, dass Radio Luxemburg Hits aus Amerika brachte, während in Österreich bei »Vergnügt um 11« noch vorwiegend deutsche Schlager zu hören waren. Nur am Samstag in der Nacht wurden die Songs, auf die wir warteten, in der Sendung »Tanzmusik auf Bestellung« gespielt, die ich heimlich und im Dunklen über Detektor und Kopfhörer im Bett empfing.

V.

Mein Favorit war Elvis Presley – vor allem wegen seines exzessiven Vortrags. Er sprach meine unterdrückten Aggressionen und meine Sehnsucht auszubrechen an. Vor ihm hatte ich mich für Johnnie Rays »Just walking in the rain« und »Yes tonight, Josephine« begeistert, und jedes Mal, wenn sich die Gelegenheit ergeben hatte, die Lieder im Radio zu hören, hatte ich meine Tätigkeit unterbrochen und mich in den Sänger, dessen Aussehen ich nicht kannte, verwandelt. Elvis hingegen sah ich zwar vor meinem inneren Auge, aber er blieb immer Elvis und ich – ich oder etwas Ähnliches. Jerry Lee Lewis fuhr aus dem Radio in meinen Kopf wie ein Lastwagen durch eine Auslage und zertrümmerte dort, einem dämonischen Derwisch gleich, meine selbstkritischen Gedanken. Ich konnte mit der Musik von Chuck Berry, Little Richard, Eddie Cochran oder Brenda Lee im Ohr auf den Ruckerlberg oder in das Rosenhain laufen und dabei stumm für mich mitsingend die Welt um mich herum vergessen.

VI.

Von meinem Taschengeld kaufte ich mir die ersten schwarzen 45er Scheiben aus Kunststoff und spielte sie anfangs so leise, dass ich sie gerade noch hören konnte, um meine Mutter nicht auf mich aufmerksam zu machen. Sie öffnete jedoch bald die Tür zu unserem Zimmer, und nach einem erregten Wortwechsel durfte ich meine Schallplatten von da an in normaler Lautstärke anhören. Neben den Elvis-Presley-Songs waren meine Favoriten »Lucille«, »Good golly, Miss Molly« von Little Richard und »I'm sorry« von Brenda Lee.

VII.

Zu Weihnachten bekam ich ein Minerva-Kofferradio und versuchte auf verschiedenen Radiostationen die neuesten Songs zu hören, noch bevor die anderen sie kannten.

Tormann

I.

Vor oder nach der Schule fuhr ich meistens mit Otto Robanser auf dem Fahrrad – ich hatte ein gebrauchtes von irgendwoher bekommen – nach Authal, weil es dort Wiesen gab, deren Böden feucht und weich waren. Wir machten uns »Tore« aus Zweigen, aus Kleidungsstücken, die wir ausgezogen hatten, aus Taschen oder Seesäcken, in denen wir unsere Sportsachen verstaut hatten, zogen uns schwarze Basketballschuhe mit weißen Gummikappen an und holten den »Rondoball« aus Kunststoff oder sogar einen Lederfußball heraus. Weltvergessen übten wir dann »einschießen«. Wir hatten mehr als fünf Jahre lang die Tormänner auf dem Platz von Sturm Graz beobachtet und versuchten es ihnen möglichst gleichzutun, indem wir ihre Eigenheiten bis zu den Schirmmützen, die sie trugen, nachahmten. Wir wehrten einen Schuss nicht nur mit einer Parade ab, sondern bemühten uns, die Bälle möglichst effektvoll in der Luft zu fangen oder wegzuschlagen. Um uns beim Aufprall auf der Erde nicht zu verletzen, trainierten wir auf den morastigen Wiesenböden. Oft warfen wir uns aus Freude am Fliegen sogar nach Bällen, die neben das Tor gegangen wären. Am Abend oder zu Mittag dann waren wir schmutzig und fühlten uns zerschlagen. Hastig, auf dem Kleiderhaufen sitzend, machten wir die Schulaufgaben, bevor wir uns in einem Bach oder Teich wuschen.

II.

Otto begeisterte sich offen für den Elektrikerberuf. Er gestand mir, nicht mehr in die Schule gehen zu wollen, schließlich war er schon im siebzehnten Lebensjahr, und die Aussicht, mit vielleicht noch jüngeren Klassenkameraden dem Unterricht folgen zu müssen, frustrierte ihn. Außerdem wollte er Geld verdienen, und es imponierte ihm, gemeinsam mit einem Handwerker ein Bier zu trinken. Obwohl ich gerne mit ihm zusammen war, ließ ich mich nicht von ihm überreden, mit der Schule aufzuhören. Ich hatte beim Friseur, bei einem Ofensetzer am Geidorfgürtel und im Lebensmittelgeschäft, wenn ich für meine Mutter einkaufen ging, Lehrlinge bei der Arbeit gesehen und beneidete sie nicht. Sie kamen mir einsam und verloren vor. Gerne spielten die Gesellen ihnen einen Streich oder machten abfällige Bemerkungen über sie, immer hatten sie zu kuschen und die angeordneten Tätigkeiten ohne Widerspruch zu verrichten: den Boden aufzukehren, das Werkzeug aus dem Lieferwagen zu holen, den Kunden die Tür zu öffnen. Die Lehrherren waren, wie ich gesehen hatte, noch unerbittlicher als die Professoren oder Eltern, von denen wir uns schon nicht verstanden fühlten.

III.

Wir verlegten das »Einschießen« nach einiger Zeit, da uns die Anfahrtsstrecke nach Authal zu lang wurde, zu den Ziegelteichen in St. Peter und trafen in der verlassenen Gegend Jugendliche unseren Alters. Manchmal, wenn sie allein oder zu zweit waren, baten sie, mitspielen zu dürfen, aber sobald sie in Gruppen auftraten und die älteren Anführer dabei waren, die Streit suchten und Prügeleien anzettelten, kannten sie uns nicht mehr. Wenn sie sich uns näherten, packten wir daher die Sachen zusammen und stiegen auf unsere Räder.

IV.

Wir beobachteten jedoch einmal, wie zwei von ihnen am Ufer eines der Ziegelteiche Kröten fingen und sie dann erschlugen oder auf abgerissene Zweige spießten. Wir stürzten empört auf sie los und entrissen ihnen die Tiere, die wir in das Wasser zurückwarfen. Die Jugendlichen liefen laut schimpfend davon, kehrten aber in Begleitung von einem Dutzend anderer zurück, die wir schon von weitem sahen. Wir hielten es daher für besser, zu verschwinden und die Wiesen und Teiche nicht mehr aufzusuchen.

V.

Schließlich meldeten wir uns beim Fußballclub Sturm Graz an, Otto als Tormann, ich als rechter Flügelstürmer. Ich gefiel dem Trainer allerdings nicht. Otto kam hingegen gut an, und seinetwegen ging ich auch zum nächsten Spiel, zu dem mein Freund jedoch nicht erschien, da er familiär verhindert war. Sein Ersatztormann griff bei den meisten Bällen daneben, und als er sich verletzte, war der Trainer ratlos. Ich bot mich an einzuspringen und wurde auf das Feld geschickt. Und wieder machte ich die Erfahrung: Je schwieriger die Schüsse waren, die auf mein Tor abgegeben wurden, desto größer waren meine Glücksempfindungen, wenn ich sie abwehrte. Schließlich versprach mir der erstaunte Trainer den Platz in der Jugendmannschaft, der eigentlich für Otto vorgesehen gewesen war. Ich bedankte mich und ging in die Umkleidekabine, in der ich feststellte, dass mein Geld für die Latein-Nachhilfestunde, die ich geschwänzt hatte, fehlte. Ich setzte mich, da ich kein Vertrauen mehr in die Mitspieler hatte, auf mein Fahrrad und fuhr niedergeschlagen zum Sportclub-Platz. Der Grazer Sportclub, die »Straßenbahner«, trugen Grün-Weiß, spielten eine Liga unter Sturm, und der Platz war in keinem besseren Zustand als die »Gruabn«. Trotzdem meldete ich mich an und wurde zum nächsten Spiel eingeladen.

VI.

Zu Hause erwähnte ich weder Sturm Graz noch den Grazer Sportclub. Immer mehr führte ich jetzt ein Leben, von dem meine Eltern nichts ahnten.

Was vorher war

I.

Wenn ich in das Rosenhain lief und an der Taubstummenanstalt vorbeikam, dachte ich daran, dass das Nichtverstehenkönnen und das Nichtverstandenwerden vielleicht die Hölle sind. Auf dem Heimweg beschloss ich eines Abends, angeregt durch das Spitalsgebäude, krank zu werden.

II.

Meine Mutter, über meine plötzliche Übelkeit beunruhigt, versuchte herauszubekommen, ob mich etwas bedrückte, aber ich antwortete auf alle Fragen nur, mir sei schlecht und ich müsse mich übergeben. Ich blieb die nächsten Tage im Bett, und Professor Hofmann aus der Nachbarwohnung schickte mir ein Buch, das ich nicht einmal aufschlug. Ich war auf der Suche nach einem Ausweg aus meinem Leben, fand aber keinen.

»Du erwartest zu viel«, sagte meine Mutter plötzlich, als wir allein waren. »Ich weiß, dass du unglücklich bist, aber auch wir haben es schwer gehabt und es trotzdem zu etwas gebracht.« Ich wollte ihr nicht mehr weiter zuhören, denn ich hatte nicht vor, ein Leben zu führen wie sie und Vater, allein der Gedanke daran erstickte mich.

III.

Meine Mutter erzählte mir zu meiner Verwunderung, wie sie Vater als Schwesternschülerin kennengelernt hatte und dass er der NSDAP beigetreten sei, weil er sonst zum rumänischen Militär hätte einrücken müssen. Von sich selbst sprach sie nicht. Vater habe sich nicht als Rumäne gefühlt, fuhr sie fort, sondern als Siebenbürger, der in der Zeit der k. u. k.-Monarchie geboren worden sei. Aus diesem Grund habe er um die österreichische Staatsbürgerschaft angesucht. Aber im März 1938 sei Hitler einmarschiert und Österreich war von der Landkarte verschwunden. Daher habe sich mein Vater um die deutsche Staatsbürgerschaft beworben, und um diese erlangen zu können, habe er die rumänische abgelegt und sei als Staatenloser der NSDAP beigetreten. »Nach dem Krieg ist dein Vater neuerlich staatenlos gewesen, und als Staatenloser und ehemaliges NSDAP-Mitglied hat er seine Stelle im Landeskrankenhaus verloren. Du siehst also«, endete sie, »deine Eltern sind keine schlechten Menschen.«

IV.

Damit begann ihre lange Geschichte aus Wahrheiten, Halbwahrheiten, Auslassungen, Ausschmückungen und Uminterpretationen ihrer Nazi-Vergangenheit. Was meine Mutter mir damals erzählte, war wahr und unwahr zugleich. Und ich glaubte ihr bis zu ihrem Tod. Ihrer beider Beitritt zur NSDAP hatte in Wirklichkeit nichts mit ihrer Liebe zu tun gehabt, da sie sich zu diesem Zeitpunkt noch gar nicht gekannt hatten. Er war, grob gesprochen, bei meinem Vater die Folge seiner Erziehung gewesen und bei meiner Mutter Folge der Gesellschaft, mit der sie verkehrte. Dazu kamen ihrer beider Leichtfertigkeit, die Worte und Drohungen der Nationalsozialisten nicht ernst zu nehmen, und die eigenen Vorurteile, über die sie sich vielleicht nicht einmal im Klaren gewesen waren.

V.

Ich hatte aber die Worte meiner Mutter als Vertrauensbeweis empfunden, und sie erzählte mir an diesem Tag noch eine weitere Geschichte, an die ich mich genau erinnere. In der Wohnung des Nachbar-Ehepaares Hofmann habe, erklärte sie mir, bis zum Kriegsende ein SS-Sturmbannführer namens Lindner mit seiner Frau gewohnt. Meine Mutter behauptete, er sei ihr und Vater unheimlich gewesen, weshalb sie ihm nach Möglichkeit ausgewichen seien. Im Herbst 1944 habe er sie und Vater, der auf Fronturlaub in Graz gewesen sei, in seine Wohnung eingeladen und mit ihnen mehrere Flaschen Sekt getrunken. Im alkoholisierten Zustand habe er dann davon gesprochen, dass sie nun »die Endlösung der Judenfrage« betrieben.

Meine Mutter hörte zu reden auf, und da sie keine Anstalten machte, weiterzusprechen, fragte ich sie, was die »Endlösung der Judenfrage« bedeutete. Sie erhob sich und sagte: »Sie haben alle umgebracht, die nicht geflohen sind« und ging hinaus.

Ich dachte natürlich an Gewalt und Erschießungen, hatte aber von dem Ausmaß und der Art der Morde keine Vorstellung. Zu oft hatte ich von Toten bei Bombardierungen durch Engländer und Amerikaner gehört, als dass diese Geschichte mir damals das monströse Verbrechen hätte begreiflich machen können. Inzwischen kam Mutter aus dem Nebenzimmer zurück und fuhr fort, dass es »Gerüchte« über die Ermordung von Juden gegeben hätte, die aber niemand geglaubt habe.

Daher verstand ich nicht, was sie wirklich meinte und was es für mich bedeutete. Ich nickte nur und dachte, dass meine Mutter mir etwas mitgeteilt habe, was sie bedrückte. Das schmeichelte mir, denn ich war davon überzeugt, dass mein Vater mich nie so weit ins Vertrauen gezogen hätte.

Der Ungarnaufstand

I.

Kaum jemand sprach damals über die Verbrechen des Nationalsozialismus. Die Menschen waren, wie ich heute weiß, noch immer vergiftet von der hasserfüllten Zeit.

Umso mehr räsonierten sie über die Verbrechen der Kommunisten und Russen.

II.

1956 erhoben sich die Ungarn als Erste gegen die kommunistische Diktatur und kämpften gegen die russischen Soldaten. In den Wochenschauen und im Non-Stop-Kino sah ich die sich wiederholenden Bilder: Flüchtlinge vor dem Eisernen Vorhang, die »österreichischen Boden betraten«, russische Panzer, die in den Budapester Straßen standen, Menschenansammlungen, die deren Weiterfahrt verhinderten, Soldaten mit Maschinengewehren, Steine werfende und weinende Ungarn.

III.

Wir eilten zu den Flüchtlingen in das Studentenhaus Leechgasse, wo Notunterkünfte bereitgestellt waren, und spendeten Lebensmittel, Spielzeug und Kleidungsstücke. Mein Vater grub seine ungarischen Sprachkenntnisse aus. Was er von den Flüchtlingen erfuhr, bewegte ihn und erinnerte ihn an seine eigene Kindheit. Er machte zwei Mal in den Notunterkünften Visite und lud mich ein, ihn zu begleiten. Manche Patienten umarmten ihn, die meisten tröstete er, dabei bewahrte er jedoch immer eine letzte Distanz. Nie sah ich ihn euphorisch eine Umarmung erwidern. Er nahm seine Untersuchungen in einem kleinen Zimmer mit Tisch und Stuhl vor. Man wickelte Babys aus, zeigte ihm Füße und Beine, ließ ihn in Hälse und Ohren schauen und sich von ihm abhören. Ich wartete vor der Tür, bis wir nach Hause gingen. Zwar sprach er auf dem Heimweg nicht über die Krankheiten der Flüchtlinge und ihr Schicksal, aber ich konnte spüren, wie bedrückt er war.

Schach und Politik

I.

Onkel Sepp war immer schon auf Besuch in unserer Wohnung, wenn wir nach Hause kamen, und spielte mit Großvater Schach. Mehrfach kam es in dieser Zeit zu Wortwechseln über den Ungarnaufstand, hinter dem Onkel Sepp als Kommunist die CIA vermutete. Er blieb hartnäckig bei seiner Linie, obwohl er auch selbst Kritik an den Russen übte. Wie jeder ideologisch denkende Mensch hatte er einen blinden Fleck in seiner Wahrnehmung, das fiel mir schon damals auf, diese Einschränkung war bei ihm jedoch nicht so groß, dass die Realität gänzlich aus seinem Gesichtskreis verschwunden wäre. Ich war von seinen Argumenten sogar beeindruckt, da ihnen Ideale zugrunde lagen, wenngleich ich diese als verrückt empfand.

II.

Großvaters Kriege fanden hingegen nur auf dem Schachbrett statt, und dort war er ein famoser Schlachtenlenker, ein undurchschaubarer Stratege, ein listiger Kombinationskünstler, während Onkel Sepp aufs Ganze ging und sich regelmäßig im Dickicht der Felder, Figuren und Züge verirrte.

III.

Mit der Zeit bekamen Großvater und Onkel Sepp aber in Helmut, der erst dreizehn Jahre alt war, einen Konkurrenten. Er war der Einzige, der sogar Großvater durch sein kompliziertes Kombinationsspiel herausfordern konnte. Immer öfter kam es so weit, dass Großvater dann aus Ärger die Figuren umwarf und abrupt aufstand oder – weniger dramatisch – mit einem resignierenden Seufzer eine Revanchepartie forderte.

Die Bande

I.

Als es wärmer wurde, fuhren Otto und ich mit unseren Rädern in das Pammerbad. Dort gab es ein Café mit einer Music-Box, und wenn wir nicht schwammen oder Fußball spielten, schaute ich nach reiferen Damen oder Studentinnen aus, denn für gleichaltrige Mädchen interessierte ich mich nicht. Ich träumte von Liebesverhältnissen mit verheirateten Frauen, es fehlte mir aber an Gelegenheit und Mut, meine Fantasien auch Wirklichkeit werden zu lassen. Dabei kam es vor, dass ich fünf- oder sechsmal hintereinander ein- und denselben Song aus dem Angebot wählte, denn auch in der Musik liebte ich die Wiederholung. Gerade als ich eine Münze eingeworfen hatte und zum x-ten Mal meine damals bevorzugte Nummer, »Moonlight Gambler« von Frankie Laine, drücken wollte, schob mich ein kräftiger Bursche zur Seite und spielte mit meinem Schilling ein anderes Musikstück. Ich versuchte zuerst dagegen zu protestieren, erkannte aber in meinem Widersacher einen Schläger der St. Peter-Ziegelteichbande, und verließ daher das Café. Aber der Bursche, der offensichtlich wusste, wer ich war, verfolgte mich durch das Bad und fragte mich in einem fort, ob ich etwas von ihm wolle. Da ich ihn aus Hilflosigkeit ignorierte, geriet er in Zorn und drohte mir, mich zusammenzuschlagen. Was ich auch unternahm, ich konnte ihn nicht abschütteln. Setzte ich mich auf eine Pritsche, hockte er sich neben mich und flegelte mich an, sprang ich ins Wasser, tauchte er meinen Kopf unter, versuchte ich davonzulaufen, folgte er mir. Schließlich drohte ich ihm mit dem Bademeister.

II.

Otto hatte in der Zwischenzeit auf einer Wiese Fußball gespielt, und als ich ihn endlich fand, berichtete ich ihm, wer mir zusetzte. Wir schlichen zu den Umkleidekabinen, packten unsere Badesachen ein, liefen auf die Straße, sperrten die Radschlösser auf und verspürten schon die ersten Steine auf unseren Rücken. Einer von ihnen prallte gegen meinen Kopf, und Blut lief aus einer Platzwunde über mein Ohr. Das machte mich unvorsichtig, und ich fuhr in die Richtung, aus der die Geschosse geflogen kamen. Zu meinem Erstaunen waren es kleine Buben, die uns angegriffen hatten, und um sie zu vertreiben, verfolgten wir sie. Sie flüchteten vor uns um eine Kurve, hinter der plötzlich ältere Burschen aus einem Bombentrichter krochen und faustgroße Steine nach uns warfen. Blindlings waren wir in eine Falle getappt. Wir zogen die Köpfe ein und flohen auf unseren Fahrrädern, so schnell wir konnten, die Straße wieder zurück zum Pammerbad. Dabei wurde auch Otto von einem Stein am Kopf getroffen und fing wie ich zu bluten an. Vor dem Eingang zum Café erwartete uns wieder der Schläger mit seinen übrigen Freunden. Sie griffen uns in die Lenker, um uns zu Fall zu bringen, aber es gelang uns gerade noch, die Sperre zu durchbrechen. Bei der weiteren Flucht ging erneut ein Geprassel von Steinen auf uns nieder, und meine Fahrradkette riss. Ich stürzte und schürfte mir beide Knie auf.

III.

Wir fragten uns, als wir in Sicherheit waren, warum sie es auf uns abgesehen hatten, und vermuteten, dass es wegen der Frösche war, die wir ihnen weggenommen und zurück ins Wasser geworfen hatten. Währenddessen verarzteten wir uns gegenseitig. Beim Abschied einigten wir uns darauf, dass wir uns die Verletzungen beim Fußballspielen zugezogen hätten, und ich schob mein Fahrrad unter Mühen nach Hause.

IV.

Einige Wochen später überredete mich Otto, ihn in das Tonkino zu begleiten, ein Abenteuer, das ich bis dahin noch nicht versucht hatte. Obwohl der Film mit einem »Jugendverbot« belegt war, ließ man, da kein Polizeibeamter in Zivil anwesend war, auch Zwölf- und Dreizehnjährige ein. Wir nahmen Platz und erkannten zu unserer Überraschung in der Reihe vor uns zwei der jüngeren Steinewerfer, die wir mit dem Fahrrad bis zum Bombentrichter verfolgt hatten. Auch sie hatten uns bemerkt und wollten eilig die Plätze wechseln, aber wir drohten ihnen mit Prügeln, wenn sie uns nicht die Namen ihrer Anführer nannten. Sie logen, dass sie diese nicht wüssten, rückten aber, als wir sie in ihre Sitze drückten, damit heraus. Wir warteten, bis die Wochenschau gezeigt wurde, und ließen sie dann laufen.

V.

Nach der Vorstellung hatten wir Angst, dass die Schläger uns wieder auflauern würden. Sie zeigten sich jedoch erst, als wir schon die Haltestelle erreicht hatten und in die Straßenbahn sprangen. Wütend drohten sie uns mit den Fäusten und schrien, dass sie uns »zusammenhauen« würden, wenn sie uns in nächster Zeit zu Gesicht bekämen. Mit dem Fußballspielen in St. Peter war es daher von da an endgültig vorbei.

Fragen tauchen auf

Ich hatte das Gespräch mit meiner Mutter noch im Kopf und erinnerte mich, dass sie im Schuhhaus Spitz gearbeitet hatte, dessen Besitzer, wie sie sagte, Jude gewesen sei. Daher fragte ich sie bei Gelegenheit nach dem Schicksal des Kaufmanns und erfuhr, dass nach der »Reichskristallnacht« SA-Männer vor dem Geschäft in der Herrengasse gewartet und die Kunden davon abgehalten hätten, beim »Juden« einzukaufen. Meine Mutter behauptete, dass sie die jungen Männer zur Rede gestellt habe, sie sei von ihnen aber ausgelacht worden. Herr Spitz habe das Geschäft kurz darauf verkaufen müssen und sei nach Palästina emigriert.

»Dann hast du also gewusst, was die Nazis machen?«, fragte ich sie, worauf es aus meiner Mutter herausbrach, dass ich es, wenn ich erst einmal erwachsen sei, besser machen solle als sie. Sie habe sich nicht vorstellen können, wohin alles führen würde, und als sie gesehen hätte, welche Katastrophe sich anbahnte, sei es schon zu spät gewesen. Die Nazis hätten mit ihren Gegnern »nicht viel Federlesens« gemacht. Selbst Verdächtige seien bereits verhaftet und eingesperrt worden, Widersachern hätte man im Landesgericht sogar auf dem Schafott den Kopf abgeschlagen. Auch von KZs sprach sie. Sie habe sich daher gehütet, »ein falsches Wort in den Mund zu nehmen«. Sie hatte sich so sehr ereifert, dass es mir vorkam, als machte sie mir wegen meines Unverständnisses Vorwürfe.

Trotzdem fragte ich sie, warum sie in die Partei eingetreten sei, und sie stellte das Ganze als eine Reihe von Irrtümern dar, sprach von der Zeit des »Austrofaschismus« unter Dollfuß und Schuschnigg, der langen Arbeitslosigkeit ihres Vaters und der Armut der Bevölkerung. Mitten in ihren Worten brauste sie wieder auf und beschuldigte mich, sie grundlos zu verdächtigen – es stünde mir nicht zu, den Richter zu spielen, und ich hätte keine Ahnung, wovon sie spräche, denn ich hätte die Zeit nicht miterlebt. Erregt ging sie in die Küche, wo ich sie Geschirr waschen hörte, und ein schlechtes Gewissen überkam mich.

Unbehagen

I.

Je mehr ich von meiner Mutter über die Begeisterung für den Nationalsozialismus in Graz erfuhr, das zu dieser Zeit den Ehrentitel einer »Stadt der Volkserhebung« trug, desto weniger mochte ich die Menschen. Ich hatte schon vorher den Wunsch verspürt, irgendwo anders zu sein, am Gardasee oder am Meer, aber mir war die Aussichtslosigkeit meiner Wünsche bald klar. Das Leben im Universitätsviertel kam mir beengter und lähmender vor als in Gösting. Ich verstand damals noch nicht die Ursachen meiner Verzweiflung. Sie wurzelten in der Eingebildetheit der kleinstädtischen Menschen, ihrem Mangel an Feingefühl, ihrer Unfähigkeit, Distanz zu halten: Entweder wühlten sie genussvoll in den Eingeweiden ihrer Mitmenschen oder sie verschworen sich hinter deren Rücken gegen sie. Die Neider bildeten mit anderen Neidern Gesinnungsgemeinschaften und strichen sich gegenseitig Honig um das Maul. Sie glaubten durchwegs, großartige Kerle, Respektspersonen zu sein, und waren zumeist doch nur arme Wichte. Es gab weder die menschenschützende Anonymität einer wirklichen Großstadt, begriff ich später, noch menschenfreundliche Nähe, dafür ein Übermaß an Gemeinheit, Rachsucht und Gier nach Anerkennung. Die Kinder lernten es von ihren Eltern und waren schon als kleine Wesen ebenso heimtückisch wie diese. Dadurch merkten sie ihre Gemeinheit erst gar nicht, wie auch den Erwachsenen ihre Niedertracht nicht bewusst war, da sie diese als normal empfanden.

II.

Als Jugendlicher begriff ich das noch nicht. Ich war nur ein liebesbedürftiger Schwachkopf, der mit jedem Freundschaft schließen wollte.

III.

Ich sagte meiner Mutter immer wieder, dass ich unglücklich in der Stadt sei, worauf sie mich jedes Mal fragte, wo ich denn hinwolle, und ich nur wortlos den Boden anstarrte. Schließlich nahm ich mir vor wegzugehen, sobald ich Gelegenheit hätte. Beides – die Selbstmord- und die Aufbruchgedanken – gab mir Kraft.

Der Halbbruder

I.

Durch ein Ereignis, das erst 45 Jahre später stattfand, erinnere ich mich an einen seltsamen Vorfall in meiner Jugend. Während wir im Hof Fußball spielten, rief eine Stimme durch das Gebüsch vor dem Zaun: »Hallo! Hallo! Schaut her! Ich kenne euch!«

Ich drehte mich um und sah durch das Grün einen Gleichaltrigen, der uns offenbar schon länger beobachtete.

»Was willst du?«, fragte ich ihn.

»Kann ich mitspielen?«, fragte er.

Ich wusste, dass es Fremden verboten war, den Hof zu betreten, sagte aber trotzdem »ja«. Da ich mir jedoch unsicher war, ob ich nicht einen Fehler beging, zögerte ich, bevor ich zur Gartentür ging. Als ich den Riegel zurückschieben wollte, eilte Onkel Sepp, der sich mit meinem Vater und Tante Paula auf einer Bank unterhalten hatte, herbei und hinderte mich daran, die Tür zu öffnen. In strengem Tonfall befahl er dem Unbekannten, weiterzugehen, gab ihm aber zu meiner Überraschung einen großen Geldschein. Der Bub rief noch ein paar Mal laut: »Ich will mit ihnen nur Fußball spielen!«, und uns zu: »Kommt's raus!« und trottete dann davon.

II.

Tante Paula erinnerte mich fast ein halbes Jahrhundert später an diese Episode. Der Bub hatte, fiel mir erst jetzt auf, Paul geähnelt – Gesicht und Haare sahen sogar aus wie von einem Zwillingsbruder, nur war er schlanker gewesen.

III.

Von Klaus' Existenz erfuhr ich aber erst nach dem Tod meiner Eltern im Jahr 1998 durch Onkel Sepp, den ich in der Buchhandlung Leykam traf.

»Weißt du eigentlich, dass dein Vater noch einen Sohn hatte?«, fragte mich der schon greisenhafte Mann und erzählte mir, dass dieser, bevor er meine Mutter kennengelernt habe und auch noch am Anfang ihrer Beziehung, ein Verhältnis mit einer Zahnärztin aus Klagenfurt gehabt habe. Tatsächlich brachte sie 1940 einen gemeinsamen Sohn zur Welt, allerdings bestritt er, wie ich hörte, die Vaterschaft. Ein Gericht verurteilte ihn jedoch zur Alimentenzahlung. Meine Mutter, die ebenfalls von ihm schwanger war, erlitt, als sie davon erfuhr, eine Fehlgeburt. Mein Vater soll zwischen den beiden Frauen, der Zahnärztin Martha aus Klagenfurt und meiner Mutter, gestanden haben, die sich später beim Spazieren im Park des Landeskrankenhauses zwangsläufig mit ihren Kinderwagen begegneten (meine Mutter war bald darauf erneut schwanger geworden). Erst während eines Besuches des siebenbürgischen Großvaters, der seinem Sohn ins Gewissen geredet habe, hat mein Vater sich dann für meine Mutter entschieden.

IV.

Einige Monate später, nach einer Lesung im Musil-Haus, fand ich das Grab meines Halbbruders Klaus auf dem Friedhof Annabichl bei Klagenfurt. Er war nur fünfzig Jahre alt geworden, auch seine Mutter war jung an Krebs gestorben. Klaus hatte mehrmals den Versuch unternommen, mit meinem Vater ins Gespräch zu kommen, er hatte ihn sogar im Landesarbeitsamt aufgesucht, mein Vater aber weigerte sich jedes Mal, ihn zu empfangen. Ich nehme an, er hatte Angst vor seinen Gefühlen. Die Erbschaft von Klaus, die recht dürftig gewesen sein muss, schlug er aus. Klaus sei zuletzt Taxifahrer gewesen und Alkoholiker, erfuhr ich von Tante Paula, die über alles Bescheid wusste.

G.

I.

Da mein Vater Betriebsarzt in der Glasfabrik Gösting war, wandte sich der Direktor an ihn mit der Bitte, nach seinem geisteskranken Neffen zu sehen, dessen Vater, sein Bruder, zwei Jahrzehnte lang Direktor einer Schweizer Glasfabrik gewesen und vor einiger Zeit nach Österreich zurückgekehrt sei, wo er in Voitsberg die dortige Glasfabrik, ein traditionelles Unternehmen, übernommen habe.

II.

Die Villa – rostrot mit grünen Fensterläden – lag abseits inmitten einer Wiese mit alten Bäumen. Die Frau des Direktors führte uns zu einem gedeckten Tisch unter einem Sonnenschirm, wo wir Platz nahmen. Sie bedankte sich für unser Kommen und berichtete, dass ihr Sohn G. seit Tagen jede Speise verweigere. Sie war eine matronenhafte Frau Mitte Fünfzig, hatte schwarz gefärbtes Haar und trug ein gelbes, geblümtes Kleid mit weißem Kragen. Wir blieben schweigend sitzen, als sie in die Küche ging, um uns eine Erfrischung zu holen. Während ich das Haus betrachtete, erblickte ich hinter einer der Fensterscheiben ein Gesicht, das im selben Augenblick wieder verschwand. Mein Vater sagte mir, das sei G., der Sohn des Direktors, gewesen. Als seine Mutter mit Kuchen zurückkam, erfuhr ich, dass G. die Bombennacht in Dresden miterlebt habe. Er sei schon immer ein scheues Kind gewesen. In der Schule habe er sich leicht getan und »spielend«, wie sie sagte, die Matura bestanden. Aber schon in der Oberstufe habe er mehr als einmal ein merkwürdiges Verhalten an den Tag gelegt. Er habe sich ohne erkennbaren Anlass zurückgezogen, wirr geredet und angefangen, die Nahrung zu verweigern. Schließlich habe ihr Mann mit G. einen Zürcher Psychiater aufgesucht, der ihren Sohn mit Medikamenten behandelt habe. Daraufhin habe sich G.s Zustand gebessert, aber die Diagnose habe »Schizophrenie« gelautet. Die Frau des Direktors hatte den Namen der Krankheit nur halblaut ausgesprochen und war daraufhin in Schweigen verfallen. Als sie sich wieder gefangen hatte, bat sie meinen Vater, er möge herausfinden, ob eine Einweisung in eine Anstalt notwendig sei.

III.

Inzwischen war der Direktor eingetreten. Er trug einen weißen Sommeranzug, war korpulent, grauhaarig und hatte ein rundes, gebräuntes Gesicht. Seine flinken Augen verrieten trotz ihrer Lebhaftigkeit, dass ihn etwas bedrückte. Er wartete, bis wir den Kuchen gegessen hatten, dann fragte er mich, ob ich auf das Zimmer seines Sohnes mitkommen wolle. Vielleicht sei es günstig, wenn nicht nur seine Eltern und Ärzte mit ihm sprächen, fügte er hinzu.

Mein Vater antwortete rasch, ich sei noch zu jung, und blickte mich dabei fragend an. Als ich jedoch aufstand, folgten wir ohne weiteres dem Direktor in den ersten Stock. Das Haus war teuer und ohne Geschmack eingerichtet. Teppiche, Ölbilder, Einbauschränke, Kommoden, die mit gehäkelten Überwürfen bedeckt waren, Polstermöbel. Mir war die Lebensart, die hier herrschte, fremd.

IV.

Das Zimmer des Sohns war verschlossen, der Direktor klopfte an, und die Tür wurde einen Spalt breit geöffnet. G., ein magerer junger Mann mit nachlässig frisierten Haaren und eingefallenem Gesicht, lugte misstrauisch heraus. Er begann abwesend zu flüstern, dass er beschäftigt sei. Nach jeder Bemerkung des Direktors entstand eine quälende Pause. Schließlich traten die beiden Männer ein, und ich wartete auf einem der mit Leintüchern bedeckten Polsterstühle. Der Raum, in dem ich mich befand, war schon länger nicht gelüftet worden. Wenn ich mir vorstellte, mit dem Patienten allein zu sein, beschlich mich ein banges Gefühl und plötzlich spürte ich, dass ich beobachtet wurde. Irgendetwas musste sich in dem Zimmer befinden, das ich nicht sehen konnte. Ich schaute mich um und bemerkte, dass sich unter dem Leintuch, das ein Sofa bedeckte, etwas bewegte. Ich stand auf und sah nach. Es war eine Katze, die dort Zuflucht gesucht hatte. Ich setzte mich wieder und mir fiel jetzt auf, dass nicht nur die Polstermöbel gegen Staub geschützt waren, sondern auch das Klavier, von dem unter dem Leintuch nur die schwarzen Füße herausragten.

V.

Endlich öffnete der Direktor die Tür und gab mir durch Gesten zu verstehen, dass ich eintreten dürfe. G. hockte auf einem Stuhl, starrte zur Wand und tat, als sei ich nicht anwesend. Mit einem Blick erfasste ich die verschiedenen

Pflanzen- und Blumenmuster im Raum: weiße Rosen auf den Tapeten, blaue Hortensien auf dem Bettüberwurf, ein zartes Blattmuster auf den Vorhängen. Das Zimmer war ansonsten spärlich möbliert. Die grünen Jalousien hochgezogen – keine Bilder. In der Ecke ein leerer Tisch, davor der Stuhl mit dem Patienten.

»Du bekommst Besuch«, rief der Direktor. »Willst du ihn nicht begrüßen?«

Er wartete darauf, ob G. etwas sagen würde.

G. betrachtete seine Uhr, als sähe er sie zum ersten Mal. Lange sprachen wir nichts.

Ich fragte ihn, wie spät es sei, und er antwortete düster: »Sechs Minuten vor vier.«

Ich wollte daraufhin wissen, was er studiere. Er dachte nach und erwiderte: »Theologie.«

Tatsächlich hatte er Theologie inskribiert, ohne aber jemals eine Vorlesung gehört zu haben, wie sich herausstellte.

Nach einer Pause fügte er hinzu: »Und Geographie.«

»Und warum diese beiden Fächer?«

Er beabsichtige, eine Landkarte von Himmel und Hölle zu zeichnen, antwortete er. Er schaute mich dabei argwöhnisch an, um aus meinem Verhalten zu schließen, was ich darüber dächte, und fiel gleich darauf wieder in brütendes Schweigen.

VI.

Im Garten dann sprachen auch wir kein Wort, nach einer längeren Pause erst wiederholten wir jede Einzelheit der Begegnung. Die Frau des Direktors wartete unterdessen bewegungslos im Schatten des Nussbaums. Ich nahm alles ernst, was G. gesagt hatte und war beeindruckt von seiner Persönlichkeit, deshalb ging mir das Gespräch in dem merkwürdigen Zimmer nicht aus dem Kopf. Er zeigte sich nicht mehr am Fenster. Irgendwann hörte ich dann, wie der Direktor meinem Vater sagte, dass sich sein Sohn schon seit Monaten verfolgt fühle. Er befürchtete, von seiner Mutter vergiftet zu werden. Hierauf berieten sie über die Einweisung in eine Anstalt.

VII.

Auf der Rückfahrt sprachen wir nur über G.s Wahn und den Wahnsinn im Allgemeinen. Mein Vater brachte allerdings nicht seine übliche Geduld auf, wenn es um medizinische Fragen ging, sondern wechselte das Thema und erklärte mir ausführlich den anatomischen Aufbau des Gehirnes. Wegen der Hartnäckigkeit aber, mit der ich auf dem Wahn beharrte, sagte er ungehalten, es sei unsinnig gewesen, dass der Direktor und er mich mit G. bekannt gemacht hätten. Als ich jedoch heftig widersprach, warf er mir einen erstaunten Blick zu.

VIII.

Was hätte ich meinem Vater sagen können? Dass ich G. interessanter fand als alle meine Professoren, interessanter als meine Schulkameraden, interessanter als meine Nachbarn, interessanter selbst als die Menschen, die ich liebte, und dass mich faszinierte, womit er sich beschäftigte. Es war für mich tausendmal großartiger, einen Plan von Himmel und Hölle zu zeichnen, als eine mathematische Gleichung im Hausaufgabenheft zu lösen. Es kam mir auch menschengemäßer vor, ein Verrückter zu sein als ein Rädchen im Uhrwerk, als blind zu funktionieren und alles richtig zu machen und damit alles nachzubeten, was einem vorgebetet wurde. G. erfand sich seine eigene Wirklichkeit, auch wenn er sie nicht einmal selbst begriff, und er erzwang sich seine eigene Freiheit, selbst wenn man ihn dafür in eine Anstalt sperrte wie Onkel Fritzl. Was bedeutete das schon? War ich nicht auch in eine »Anstalt«, die Schule, gesperrt und musste dort, was man mir an Stoff vorsetzte, in mich hineinstopfen? So merkwürdig es auch klingt, ich wünschte mir, G. wiederzusehen, um zu erfahren, was in ihm vorging. Sicher waren es außergewöhnliche Gedanken, andere Zusammenhänge und Schlussfolgerungen, als die, die mir sonst begegneten, meinetwegen Unsinnigkeiten, sie drückten aber etwas aus, das auch ich in mir fühlte, wenn ich mich in meiner wirklichen Welt, der Welt in meinem Kopf, befand.

IX.

Als ich hörte, dass Frau Teichmann, die Krankenschwester aus unserem Haus, bereit war, G. und seine Mutter für drei Tage bei sich aufzunehmen, damit mein Vater ihn noch einmal aus der Nähe beobachten könnte, bevor er ihn in die Anstalt einwies, empfand ich Neugier und Unruhe, aber auch Angst, denn ich hatte gehört, dass er seine Mutter in den letzten Tagen geschlagen hatte. Trotzdem war ich entschlossen, ihn aufzusuchen.

X.

G. kam in einem schlechten Zustand am Geidorfgürtel an. Kaum hatte er aber das kleine Zimmer bezogen und mit meiner Mutter, die von der Frau des Direktors um Hilfe gebeten worden war, ein paar Worte gewechselt, aß auch er die Speisen, die sie für uns zu Mittag gekocht hatte.

XI.

Nach dem Unterricht läutete ich an Frau Teichmanns Wohnungstür. G. lag auf einer Couch im »kleinen Zimmer« und starrte zur Decke. Ich fragte ihn nach seinem Befinden, er schaute mich jedoch nicht an und sagte nach einer längeren Pause, als ich schon nicht mehr mit einer Antwort rechnete, »gut«.

Ich sprach nichts mehr, bis seine Mutter hinausging, sah sie aber weiter durch das Glas in der Tür.

Nach längerem Schweigen fiel mir nichts Besseres ein, als zu fragen, ob alles in Ordnung sei.

Er drehte sich kurz mir zu und fing hektisch über Spione zu reden an, die ihn aushorchen und vergiften wollten.

XII.

Am Abend wurde G. in die Nervenklinik eingeliefert und später in den Feldhof. Er starb dort zwanzig Jahre später. Ich verstand nun besser, weshalb psychisch kranke Menschen in einer Anstalt leben mussten, aber dennoch war meine Begegnung mit G. etwas Außergewöhnliches für mich gewesen. Ich war einem Philosophen begegnet, den niemand verstand. Das war, wie ich von der Taubstummenanstalt wusste, seine Hölle gewesen, in der er zugrunde ging.

Abschied

I.

Am Ende des Schuljahrs hatte ich eine Fünf in Latein und musste wieder zu einer Wiederholungsprüfung antreten, die ich ohne Probleme schaffte. Mein Freund Otto aber war zum dritten Mal durchgefallen, unsere Wege trennten sich, und er wurde, wie er es ohnehin angestrebt hatte, Elektriker im Landeskrankenhaus.

II.

Hin und wieder begegneten wir einander noch, und ich machte jedes Mal darüber Eintragungen in mein rotes Tagebuch: Einmal begleitete ich ihn in den Leichenkühlraum der Pathologie, als dort der elektrische Strom ausgefallen war. Zuerst reparierte er etwas am Sicherungskasten und ging dann mit mir durch die weiß gefliesten Räume, in denen die nackten Toten auf gemauerten weißen Stufen an der Wand lagen. Es waren Greise und Greisinnen, manche mit friedlichen, manche mit empörten Gesichtern, mit weit aufgerissenen Mündern, zu Berge stehenden Haaren und weißer Haut. Viele erweckten den Eindruck, als seien sie aus dem Fenster gefallen, obwohl kein Blut zu sehen war.

Ich stand noch vor der Matura, aber Otto schenkte mir auf dem Heimweg ein Sezierbesteck in einem gelben Holzkästchen, das ein Instrumentenmacher des Landeskrankenhauses auf seinen Wunsch hin angefertigt hatte.

III.

Jahre später, als ich bereits verheiratet war, machte ich gemeinsam mit ihm, seinem Vater und seiner Schwester

Wanda noch eine Wanderung über den Hochschwab. Ich erinnere mich an den weiten Ausblick über die Berge, der mich an G.s Himmel- und Höllenlandkarte denken ließ. Es war das letzte Mal, dass ich mit Otto etwas gemeinsam unternahm.

Im Krankenhaus

I.

Gleich nach Beginn der Schulferien nahm ich an einem Trainingsspiel des Grazer Sportclubs teil, bei dem ich einen Tritt in die Nieren erhielt und verletzt ausschied. Ich fuhr im Regen mit dem Fahrrad nach Hause. Da mir gerade ein Reisepass ausgefertigt wurde, suchte ich anderntags einen Fotografen auf und stellte mich danach vor dem Amtszimmer an. Von Müdigkeit und Übelkeit übermannt, setzte ich mich auf eine Stiege, und zu Hause bemerkte mein Vater, dass meine Augen geschwollen waren. Er brachte mich ins Krankenhaus, wo ich bleiben musste, nachdem eine Nephritis festgestellt worden war.

II.

Fast sieben Wochen teilte ich ein Dreibettzimmer mit dem Versicherungsvertreter Brettschneider und dem Direktor des steiermärkischen Bauernbundes, Zechner. Um nicht den Verstand zu verlieren, unternahm ich, obwohl mir »strenge Bettruhe« verordnet worden war, Streifzüge durch die Gänge, in die Teeküche oder in das Aufenthaltszimmer. Manche Krankenschwestern erregten mich durch den intimen Umgang mit meinem Körper, doch fand ich kaum Gelegenheit zu masturbieren. Dafür stellte ich mir in Tagträumen vor, mit ihnen zu schlafen.

III.

Nicht wenigen Patienten konnte man den Tod ansehen. Ungehemmt furzten und spuckten sie und betrachteten versonnen ihren Auswurf im Papiertaschentuch. Ich hasste es, dass sie die Umwelt in ihr Sterben miteinbezogen. Andere schlurften hilflos über die Gänge, und in der Nacht schob ein Spitalsdiener die mit einem Leintuch bedeckten Verstorbenen vorüber, bei denen man die Form des Kopfes erahnte oder die nackten Füße sah. Mich ekelte vor den Toiletten, die Spuren von Fäkalien aufwiesen oder mit Urin verunreinigt waren, weil die Wasserspülung nicht betätigt worden war. Auch musste ich an G. denken, der wie ich in einer Krankenanstalt untergebracht war.

IV.

Einmal stieß ich im Badezimmer, dessen Tür ich aus Neugier öffnete, auf einen Patienten, der im Koma lag. Man hatte ihn dort abgestellt, damit er mit seinem Sterben niemanden belästigte. Seine Augen waren geschlossen und er atmete schwer. Er war vielleicht siebzig Jahre alt. Die Schwestern hatten ihm das Gebiss aus dem Mund genommen, und an den Nasenflügeln sah ich, als ich ihn näher betrachtete, die Abdrücke seiner Brille. Seine Hände ließen darauf schließen, dass er keine schwere körperliche Arbeit verrichtet hatte. Ich las seine mit Kreide geschriebenen Daten auf der schwarzen Tafel über dem Bett. Da ich der Meinung war, dass ich ihn nicht alleine sterben lassen durfte, sprach ich ihn mit seinem Namen an und fragte ihn, ob ich einen Arzt rufen solle. Plötzlich fiel sein Kopf zur Seite und sein Brustkorb hob und senkte sich nicht mehr. Seine Augen waren jetzt geöffnet, doch sein Blick war glasig – nicht wie der eines Betrunkenen, sondern als studierte er eine komplizierte Inschrift. Ich warf mir im ersten Schreck vor, seinen Tod beschleunigt zu haben. Mir war sofort klar, dass ich nicht die Stationsschwester verständigen durfte, denn wie hätte ich ihr erklären sollen, dass ich das Badezimmer betreten und den Sterbenden beobachtet hatte? Der Gang war leer. »Ich verhalte mich wie ein Mörder«, dachte ich und schlüpfte in mein Bett. Im Zimmer war es dunkel, aber ich konnte nicht einschlafen. Immer wieder sah ich den Kopf des Mannes zur Seite fallen und hörte ihn den letzten Atemzug machen. Ich sprach natürlich mit niemandem darüber, auch nicht mit meinem Vater.

V.

Die beiden Männer in meinem Zimmer litten an unterschiedlichen Krankheiten. Zechner hatte Wasser in den Lungen und musste jede Woche punktiert werden. Er röchelte und schnarchte in der Nacht so laut, dass ich erwachte und stundenlang bis zum Morgen den Atem- und Erstickungsgeräuschen lauschte. Mitunter setzte ein grässliches Ringen nach Luft ein, das in ein Keuchen überging, bis jäh Totenstille eintrat, worauf die Schnarchlaute wieder zu hören waren, als habe sich die Lähmung, die ihn befallen hatte, plötzlich aufgelöst. Brettschneider hingegen schlief ruhig. Er litt an schmerzhaften Gelenksentzündungen der Finger, Zehen, Knie und Ellenbogen. Davon war auch sein Herz angegriffen, und er klagte oft über Beschwerden in seiner Brust.

VI.

Wenn die Nachtschwester ihren Dienst angetreten hatte und der gedämpfte Lärm versickert war, unterhielten sich die beiden Männer über Frauengeschichten. Ich stellte mich schlafend und erfuhr so von Betrug und Verrat, Untreue, Gier, Leidenschaft, Enthüllung, Schadenfreude und Verzweiflung. Die Liebe verlor ihre Reinheit, mit der sie in meiner Vorstellung noch verbunden war. Ich lernte, dass man schneller im Betrügen sein musste als der Partner und dass man einen Fehltritt unter keinen Umständen gestehen durfte. Gleich zu Beginn hatte Zechner Brettschneider geschildert, wie er Verdacht geschöpft hatte, dass seine Frau ihn betrüge. Er habe ihr daraufhin gesagt, dass er auf Dienstreise gehe, und mit seinem Wagen in einer Seitengasse gewartet, bis der Liebhaber vorgefahren sei. Dann habe er seine Frau mit dem anderen »in flagranti erwischt«. Er sprach voller Bitterkeit darüber, gehetzt und ohne Pause. Hierauf schwiegen die beiden und schliefen ein. Weshalb hatte Zechner sich und seine entsetzliche Niederlage einem fremden Mann preisgegeben?, fragte ich mich. Weshalb hatte er sie nicht für sich behalten, nachdem er sich ohnedies hatte scheiden lassen? In der nächsten Nacht ergingen sich die beiden Männer erneut in Frauengeschichten. Genüsslich klärten sie sich auf, wo die betreffenden Damen, für die sie Bezeichnungen aus dem Tierreich verwendeten – Sau, Katze, läufige Hündin, Kuh, Maus – wohnten und wie ihre augenblicklichen Verhältnisse waren. Sie wussten über deren Ehemänner Bescheid und wo sie gerade arbeiteten. Sie ließen kein gutes Haar an ihren ehemaligen Geliebten und machten sich über sie lustig. Auch beschrieben sie ausführlich die körperlichen Eigenschaften der Betreffenden und deren Verhalten beim Beischlaf, welche Stellung sie am besten beherrschten und welche Laute sie in Augenblicken der höchsten Lust ausstießen. Es war, als rächten sie sich an den Frauen für erlittene Demütigungen, als hätten sie die Umarmungen nur dann genossen, wenn sie durch Lügen und Betrug zustande gekommen waren. Manchmal ging ich noch in der Nacht auf die Toilette, um zu masturbieren, und begegnete ich unterwegs der Nachtschwester, bezog ich sie in meine Fantasie mit ein.

VII.

Der Genuss von eiweißhaltigen Nahrungsmitteln, Fisch, Fleisch, Eiern oder von Gewürzen wie Salz und Pfeffer war mir verboten worden. Die erste Woche hatte ich überhaupt nichts zu essen bekommen. Jeden Tag wurden mir Penicillininjektionen verabreicht und verschiedene Untersuchungen an mir vorgenommen, wie die Zystoskopie, bei der mir ein Katheter durch den Penis eingeführt wurde. Nach dem Eingriff brannte meine Harnröhre, und mein Urin war vom Kontrastmittel methylenblau gefärbt. Ich lernte, meine Harnproben mit Sulfosalicylsäure zu versetzen und darauf zu achten, ob sie sich in Reagenzgläsern weiß verfärbten, ausflockten oder trüb wurden – je nachdem, wie viel Eiweiß meine Nieren ausschütteten. Wenn ich aufstand, überkamen mich Schwindelgefühle, denn ich war bis auf die Rippen abgemagert, gleichzeitig wuchs ich so stark, dass ich, als ich das Krankenhaus verließ, nur noch wenig kleiner war als mein Vater.

VIII.

Draußen schien die Sonne, und die heißen Tage vergingen wie ungelebte Zeit. Meine Mutter brachte mir Erich Kästners Nacherzählung des »Don Quijote« mit, und ich las das erste Kapitel über die Sucht »des wunderlichen Mannes nach Ritterromanen« und den Satz: »Bei Don Quijote lag das anders, er war beim Lesen übergeschnappt.« Das regte mich an, das Lesen als gefährliches Abenteuer zu betrachten. Ich merkte mir natürlich »Don Quijotes Kampf gegen die Windmühlen«, »Die Heimreise im Käfig« und »Der Flug auf dem hölzernen Pferd«, bei dem dem »Ritter von der traurigen Gestalt« und seinem Gefährten und Diener Sancho Pansa die Illusion vorgegaukelt wird, sie flögen. Auf eine komplizierte Weise war meine Leseerfahrung des »Don Quijote« mit der des »Struwwelpeter« verbunden, ich ortete das gleiche Gift der Schadenfreude, das dort den angeblich erzieherischen Wert des Buches überlagerte. Ich konnte über Don Quijote nicht lachen, er machte mich im Gegenteil traurig, denn ich erkannte in dem Mann, der mehr in seinen Fantasien als in der Wirklichkeit lebte, mich selbst. Ich fand, dass Cervantes und mit ihm Kästner ihn verrieten. Sie machten aus ihm die Schießbudenfigur, die ich nicht in ihm sah, und gaben ihn genussvoll der Lächerlichkeit preis. Don Quijote war keine Spottgestalt, an ihm, fand ich, stellte sich die Gemeinheit der Welt bloß. Als ich das Buch zu Ende gelesen hatte, verlangte ich von meiner Mutter, sie solle es wieder mitnehmen.

Sie fragte mich erstaunt, ob es mir nicht gefallen habe.

»Nein.«

»Warum nicht?«, wollte sie wissen und ob es an der Figur des Don Quijote liege?

»Nein, an den anderen«, gab ich zur Antwort, und dass es ein trauriges Buch sei.

»Aber ich habe es dir doch mitgebracht, damit du lachst«, rief sie aus und umarmte mich. Sie kam jeden Tag zu Beginn der Besuchszeit und ging nur schwer von mir wieder fort.

IX.

An einem regnerischen Nachmittag besuchte mich Großmutter, um mir Mut zu machen, aber als sie mich ausgezehrt, wie ich war, auf dem Bett liegen sah, kämpfte sie vergeblich gegen ihre Tränen an. Sie schnalzte so laut, und ihr Gesicht zuckte so heftig, dass die Gespräche der anderen Besucher verstummten. Ich schämte mich für die verstohlenen Blicke, die sie uns zuwarfen. Die Scham ging in Ärger über, und nachdem sie gegangen war, stellte ich mich für den Rest des Tages schlafend.

X.

Es war unübersehbar, dass der Zustand von Zechner sich verschlechterte. Schwer atmend wurde er zur Punktion hinausgeführt und kam länger als sonst nicht zurück. Brettschneider fragte daraufhin die Stationsschwester besorgt nach der Prognose für seinen Bettnachbarn. Sie antwortete kurz mit einem Seufzer, und als sie glaubte, dass ich sie nicht hörte, flüsterte sie »schlecht«. Brettschneider rührte sich nicht, und sie ergänzte leise: »Er wird bald sterben, aber sagen Sie es ihm nicht.«

XI.

Als Zechner wieder in das Zimmer geschoben wurde, dachte ich: »Ein lebender Toter.« Ich beobachtete ihn heimlich, wenn er sich am Morgen die Zähne putzte und kämmte (er hatte einen Haarwirbel, den er nicht bändigen konnte), wenn er bedächtig seine Mahlzeiten einnahm, wenn er eine Tasse Tee trank oder mit höchster Konzentration in die gläserne Leibflasche urinierte. Mir fiel pausenlos der sterbende Mann im Badezimmer ein, den ich beim Namen gerufen und so in den Tod geleitet hatte. Ich wollte nicht noch einen Menschen sterben sehen, ich wollte in das Leben zurückkehren und nicht selbst ein lebender Leichnam werden.

XII.

Ich drängte meine Mutter so lange, bis ich die Entlassung erreichte. Sie kam trotzdem überraschend. Mein Vater betrat das Krankenzimmer und sagte: »Zieh dich an, das Auto steht vor der Tür, wir fahren.« Eine Woche später starb Zechner.

Venedig, Grado

I.

Mir wurde bald klar, dass ich nur die gewöhnliche Erfahrung des Schmerzes gemacht hatte, aber ich sehnte mich nach dem »anderen« Leben, das ich mir in allen Farben ausmalte. Ich glaubte, dass die Ursache für die Unzufriedenheit meine Jugend war. Schon seit ich die Mittelschule besuchte, hegte ich den Wunsch, älter zu sein, und er hielt an, bis ich mein Studium beendet hatte und selbständig wurde. Immer dachte ich, dass ich etwas versäumte, dass mir etwas entginge, dass ich meine Zeit mit sinnlosen Dingen wie dem Unterricht vergeudete und dass ich vielleicht nie erfahren würde, was das Leben wirklich sei. Ich konnte mir damals unter dem Leben nichts Konkretes vorstellen, es war für mich all das, was mir nicht erlaubt war. Weshalb, fragte ich mich, waren mir die Dinge verboten, wenn ich mich ihnen doch gewachsen fühlte? Unruhe erfüllte mich, und der Wunsch brannte in meinem Herzen, von zu Hause aufzubrechen, irgendwohin, wo alles ganz anders sein würde.

II.

Um meine Erholung zu beschleunigen, erfüllten mir meine Eltern die Bitte, nach Italien zu fahren. Mein Vater hatte Grado als Ziel ausgewählt, aber zu meiner Überraschung nahm er ein Zimmer in Mestre und blieb mit uns einen Tag in Venedig. Ich habe den Markusplatz als riesiges Kirchenschiff mit einem hitzeblauen Himmel als Deckenfresko in Erinnerung und die goldenen Mosaiken im Markusdom als artifizielles Jenseits, das mir verschlossen blieb. Ich konnte das prunkvolle Schatzkästchen nicht öffnen und sehen, was in ihm verborgen war. Ich konnte auch nicht die Darstellungen an den Wänden und in der Kuppel entziffern, dafür reichten meine Bibelkenntnisse nicht aus. Ich erkannte – obwohl andächtig schauend – in dem verwinkelten, riesigen Gebäude nur einen Tempel sinnloser Schönheit. Die Mosaiken erschienen mir wie totes Leben, wie etwas Archäologisches, längst Vergangenes, das von einer untergegangenen Kultur Zeugnis ablegte. Das Bauwerk war erstarrte Zeit, seine Heilsbotschaft hatte sich aufgelöst, edel und ewig stand es da, einem monströsen präparierten Goldkäfer gleich, von dem nur noch der Chitinpanzer erhalten ist. Ich betrachtete den Markusdom als ein Museum, das sich selbst ausstellt, und wieder war ich daran gescheitert, mehr als das zu empfinden, weil die biblischen Gestalten, die prunkvoll verherrlicht wurden, nichts in mir ausgelöst hatten. Erst viele Jahre später konnte ich das prunkvolle Schatzkästchen öffnen und die Schönheit der Stadt und ihres Verfalls erkennen, die mich bis heute anzieht wie manche Bücher, die ich mehrmals gelesen habe. Die Fahrt mit dem Vaporetto, den Canal Grande hinauf und hinunter erlebte ich als etwas ganz und gar Unwirkliches. In meiner Erinnerung sehe ich sie gemeinsam mit den Bildern im Panoptikum, das ich als Kind mit Großvater besuchte. Nie hatte ich das Gefühl, die Palazzi und die farbigen, sich verändernden Wasserspiegelungen hätten etwas mit mir zu tun. Sie blieben mir verschlossen, Kulissen nur, ich fand, dass es mir nicht zustehe, sie in Gedanken in Besitz zu nehmen, so, als seien sie nicht für mich bestimmt. Zum ersten Mal jedoch spürte ich den Reiz der Farben am Gaumen und kam auf die Idee, dass sie hörbar sein könnten.

III.

In Grado verwöhnten mich der Koch und das Personal des Albergo Medeot, als sie erfuhren, welche Diät ich einhalten musste. Ich durfte zu meiner Enttäuschung nicht im Meer baden, da es zu kalt für mich war. Im Sand vor den Umkleidekabinen wiederum war es mir zu heiß, weshalb ich zumeist in meinem Zimmer blieb. Der Besitzer ließ mir ein Radio bringen, und ein Hausbursche stellte mir einen Sender ein, auf dem ich abwechselnd Opernarien und Diskussionen hörte, denen ich aber nicht folgen konnte. In der Einsamkeit des kahlen Raums fühlte ich mich seltsam erleichtert. Ich empfand die blaue Leere des Himmels und die Weite des flachen Meeres als befreiend, und selbst die Langeweile plagte mich nicht, sondern ich erlebte sie als Luxus. Mit meinen Eltern, Brüdern und mit Großvater spazierte ich am Abend durch die Altstadt oder auf einer der Molen ins Meer hinaus, dabei war mir, als erwachte ich aus einer tiefen Ohnmacht.

Neue Freunde

I.

Gerhard Wolffs Vater war Arzt und Trinker. Er sprach fast nichts und war, auch wenn er im Haus anwesend war, unsichtbar. Obwohl ich Gerhard jahrelang besuchte, bekam ich seinen Vater fast nie zu Gesicht. Dessen Frau, eine ländliche Schönheit, inzwischen schon mollig geworden, war noch immer lebensfroh und von einer koketten Direktheit, die mich zumeist verstummen ließ. Ich hielt sie zuerst für das Dienstmädchen, und es fiel mir schwer zu verstehen, dass sie mit dem Arzt verheiratet war. Erst als ich älter wurde, durchschaute ich die Mechanismen besser, die die Marionette Mensch bewegen.

II.

Wolff war ebenso erlebnishungrig wie ich. Schon im Unterricht fiel mir auf, dass er Musik und Dichtung liebte. Er war etwas kleiner als ich, hatte drahtiges, festes Haar, braune Augen und sprach zögernd und mitunter belehrend, dabei krümmte sich seine linke Augenbraue, während sich die rechte senkte. Es stand für ihn fest, dass er wie sein Vater Arzt werden würde. Auch Gerhard suchte das Unbekannte. Mit keiner Verrücktheit, keinem noch so verstiegenen Gedanken konnte ich ihn überraschen. Er schätzte das ausgeprägte Anderssein und legte es darauf an, Zuneigung zu gewinnen, ebenso gerne verursachte er aber Konflikte. War er von seiner Meinung überzeugt, ließ er sich durch nichts davon abbringen, selbst wenn er damit alleinestand. Alles zusammen übte damals eine große Anziehungskraft auf mich aus. Er war zumeist die treibende Kraft von uns beiden, und ich ließ mich treiben. Auch er war kein guter Schüler und an der Schule desinteressiert. Wir unterschieden uns aber durch seine Leidenschaft für Operettenarien, die er mit gepresster Stimme nachzusingen versuchte, und seine Vorliebe für deutsche Rocksänger wie Peter Kraus und Ted Herold, die ich nicht teilen konnte. Außer Elvis Presley hörten wir miteinander Louis Armstrong, Odetta, Mahalia Jackson und später Benny Goodman, Gershwin, Jelly Roll Morton und Sidney Bechet. Wir brachten uns selbst die Grundbegriffe des Gitarrespielens bei und sangen alle Rocksongs, die uns gefielen. Noch bevor er 16 Jahre alt wurde, fuhr er zu meiner Bewunderung mit dem schwarzen Puch-Moped seines Bruders in der Gegend herum. Was uns aber am innigsten verband, war die Neugier, Mädchen kennenzulernen.

III.

Sigmar Unterberger war blond, unsportlich und schon als Schüler skurril. Er wusste, dass er unfreiwillig komisch war, und ironisierte sich daher selbst. Außerdem neigte er zu kleinen Wutausbrüchen, die ihm aber insofern das Leben erleichterten, als er sich durch sie Respekt verschaffte. Er unterhielt uns mit seinen häufig grotesken und absurden Aussprüchen. Es machte für ihn dabei keinen Unterschied, ob er mit einem Professor oder einem Schulkameraden sprach. Seine Mutter war eine farblose Frau, bei der ich nie einschätzen konnte, wie sie sich ihm gegenüber verhielt, wenn sie mit ihm allein war. Kam ich auf Besuch, zog sie sich jedenfalls in ihr Schneckenhaus zurück, in das wohl niemand hineinblicken konnte.

Der Vater, ein älterer Mann, war an den Rollstuhl gefesselt. Er litt an Parkinsonscher Schüttellähmung und saß in dem kleinen Einfamilienhaus am Ruckerlberg zumeist in der Küche. Ich sah ihn nur einmal, wie er – in Weste und Hut – einen heftigen Anfall erlitt, bei dem er mich anblickte, als wollte er mir etwas sagen, und es dauerte eine Weile, bis ich erkannte, dass er durch mich hindurchschaute. Sigmar war verlässlich, rücksichtsvoll und hilfsbereit. Er erwarb sich Ansehen in der Klasse vor allem durch seine Unverwechselbarkeit und seine Aufrichtigkeit.

IV.

Durch Sigmar und Gerhard lernte ich den Grazer Poeten Herwig von Kreutzbruck kennen. Kreutzbruck war ein Räsoneur, der in die Rolle des Poeten schlüpfte und mit Schal und Spazierstock heftig gestikulierend Strafpredigten hielt oder sein Werk zum Vortrag brachte. Er beeindruckte mich durch seine Selbstsicherheit und seinen Mut, in der Öffentlichkeit Aufsehen zu erregen. Er führte zwar das große Wort, wenn sich ihm aber jemand wirklich entgegenstellte, war es gut möglich, dass er mit einem Lächeln klein beigab. Andererseits konnte er auch in die Luft gehen, denn er war unberechenbar. Nur drei

Jahre älter als ich, sah er durch seinen Bart und den hohen Haaransatz erwachsener aus. Er war belesen, religiös, eloquent und laut. Und er war ein narzisstischer Schwärmer, ein Demagoge, ein Kauz und nicht zuletzt der erste Bohemien, den ich kennenlernte. Er betrank sich, rauchte, stritt, lachte und pendelte zwischen theatralischer Pose und nicht weniger theatralischer Kumpelhaftigkeit, ich nehme an, dass er oft selbst nicht wusste, ob er gerade spielte oder es ihm ernst mit etwas war. Sein Idol war Oscar Wilde, den er gerne zitierte, besonders »Das Bildnis des Dorian Gray«. Manchmal verstieg er sich dazu, ihn zu imitieren oder zum Zeugen für eine Behauptung auszurufen. Eine Zeitlang waren er und sein um zehn Jahre älterer Freund Karl Wagner, ein Theologe, für uns Autoritäten. Sie bestimmten unsere Gespräche, sie entschieden, was gut und was schlecht war, und sie empfahlen uns die Lektüre von Villon, Verlaine, Rimbaud, Baudelaire, Mallarmé, Rilke und Weinheber und natürlich Oscar Wilde. Wie wir war auch Karl Wagner für die literarischen Ergüsse von Herwig empfänglich. Ich erinnere mich gut an Karls lachendes, wohlgenährtes Gesicht hinter der Hornbrille. Er hatte als Sechsjähriger mit eigenen Augen gesehen, wie Hitler von den Grazern umjubelt worden war, und hatte sieben Jahre darauf den Einmarsch der Russen, die er fortan sehr liebte, erlebt. Karl stand immer im Hintergrund, während Herwig Aufsehen erregte. Natürlich machten wir in Herwigs Gefolge Bekanntschaft mit Nikotin und später auch Alkohol, den er als Euphorie erzeugende Substanz pries. In den Tabaktrafiken konnten wir die billigen Sorten »C«, »Zweier«, »Dreier«, »Sport« und die preisgünstige italienische »Nationale« stückweise und in Zeitungspapier eingewickelt kaufen, und daher liefen wir auch nicht Gefahr, zu Hause entdeckt zu werden.

V.

Wolff liebte es besonders, Verbotenes zu tun, und ich zögerte nicht, es ihm nachzumachen. Ich war ihm für seine Experimente dankbar, denn er half mir damit, mich aus meiner behütenden Erziehung zu befreien. Wir diskutierten biertrinkend und rauchend über Opern, den Impressionismus, über Cézanne, Gauguin und van Gogh, über Schubert, den er mit selbstvergessener Inbrunst sang, Filme, Fußball und Mädchen.

VI.

Sigmar lieh mir ein Jahr später eine Klaus-Kinski-Schallplatte, mit der ich zuerst mich selbst und dann meine Umgebung verrückt machte: »Das große Testament« mit dem berühmten Gedicht »Ich bin so wild nach deinem Erdbeermund« von François Villon. Ich versteckte die Schallplatte zuerst und spielte sie nur, wenn ich alleine war. Aber irgendwann erzählte ich aus Begeisterung meiner Mutter alles, was ich über den französischen Dichter wusste, und überredete sie, mit mir gemeinsam die Aufnahme anzuhören. Sie verließ zwar bei Kinskis Gestöhn verlegen das Zimmer, verbot mir aber nicht, die Platte weiter aufzulegen. Allerdings riet sie mir, darauf zu verzichten, wenn Vater nach Hause kam. Ich kannte in kurzer Zeit jede Zeile von Villons Hassgesängen auswendig und war in der Lage, Kinskis Vortrag so genau zu imitieren, dass ich bei meinen Brüdern und Freunden damit Staunen und Gelächter hervorrief.

VII.

Daneben las ich Edgar Allan Poe, vor allem die Erzählungen und »Die denkwürdigen Erlebnisse des Arthur Gordon Pym aus Nantucket«, die mich in Trance versetzten. Großvater schenkte mir außerdem ein Exemplar von Melvilles »Moby Dick«. Ich las den Roman wieder und wieder. Es war mir, als hörte ich eine innere Stimme, oder als würde mir jemand beweisen, dass ich schon einmal gelebt und den Harpunier Quiqueg kennengelernt hatte. Die größte Rolle aber spielte Arthur Rimbaud für mich. Mich faszinierte besonders seine Rätselhaftigkeit. Seine entrückte Sprache eröffnete eine neue Sicht auf mein Leben. Einer Fotografie von ihm versuchte ich sogar »aufs Haar« zu gleichen. Warum floh nicht auch ich, wie der Dichter es getan hatte? Das Leben stand mir offen, ich brauchte nur den ersten Schritt zu tun. Rimbaud verwandelte mit seiner Sprache die Wirklichkeit in eine okkulte Erscheinung. Die Welt zerfiel in ihre Elementarteilchen, die sich zu irrlichternden Bildern fügten. Lange hat hierauf niemand mehr einen so großen Einfluss auf mein Denken genommen. Mit seinen »Delirien«, seinen »Illuminationen«, seinem »Eine Zeit in der Hölle« befriedigte er auch, ohne dass ich mir darüber im Klaren war, meine spirituellen Bedürfnisse. Denn vor allem das Spirituelle bot Fluchtmöglichkeiten aus dem Gefängnis der jungen Jahre.

VIII.

Trotz meiner Nöte war es mir noch immer nicht möglich, im katholischen Glauben Hilfe zu finden. Ich war den Anforderungen der Gebote einfach nicht gewachsen. Meine

Religiosität äußerte sich nur als schlechtes Gewissen, das ich nach dem Masturbieren empfand. Die Lügen, die Gebete, die ich nicht sprach, die Sonntagsmessen, die ich versäumte, die Streitigkeiten mit den Eltern empfand ich nicht als Sünde. Die Versuche zu glauben erschwerten mir mein Leben, weil ich in einem fort mit meinen Unzulänglichkeiten konfrontiert wurde. Nur das alles umfassende Schweigen, mein stummer Ansprechpartner beim Laufen, blieb mir erhalten, wenngleich ich mich jetzt seltener an ihn wandte.

Mädchen

1.

Was mich aber am innigsten mit Wolff verband, war unsere Neugier auf Mädchen. Ich suchte anfangs nur den Blickkontakt, aber es kam vor, dass mir die Augen, die auf mir geruht hatten, tagelang nicht aus dem Kopf gingen. Zu Beginn einer Bekanntschaft war ich häufig fantasielos und redete wenig. Ich verstand damals die Bedeutung einer zufälligen Bemerkung, eines belanglosen Gesprächs noch nicht. Manchmal glaubte ich eine seelische Verwandtschaft zu spüren, und mir ging dann, wie es heißt, das Herz über. Allmählich erst machte ich die Erfahrung, dass zu große Aufrichtigkeit als unangenehm empfunden wird, ebenso zu große Ernsthaftigkeit. Oft genug täuschte ich mich auch in der Einschätzung einer neuen Freundin und langweilte die eine durch mein Schweigen und die andere durch mein Reden, denn was die eine beleidigte, brachte die andere zum Lachen, und was die eine neugierig machte, langweilte die andere.

Zwar spielte ich nach wie vor mit dem Gedanken, ein Verführer zu sein, aber in Wahrheit suchte ich Wärme und Zuneigung.

II.

Besonders eine Erfahrung, die ich am Anfang machte, verunsicherte mich. Mit einer Mittelschülerin auf einer Bank im dunklen Stadtpark, hörte ich plötzlich eine Stimme im Kopf, die mir vorsprach, was ich zu sagen hatte. Willenlos überließ ich mich ihr und gab das verrückteste Zeug von mir, lachte, schwieg und verwirrte mich und sie dadurch so sehr, dass wir bei unserer Umarmung im Hausflur leidenschaftlich wurden und es nicht nur beim Küssen blieb. Ich war bei dieser Umarmung zwar ich selbst geblieben, hatte aber den Eindruck gehabt, dass ich mich zugleich von außen sah. Und derjenige, den ich als mich selbst wahrnahm, erhielt von »mir« Anweisungen, weiterzugehen in seinem Begehren, und ich erreichte dadurch, was ich zuerst gar nicht gewollt hatte. Wir begnügten uns damals nämlich üblicherweise mit Küssen und Körperkontakt, nicht selten fürchteten wir sogar eine feste Bindung und machten einen Schritt vor und einen zurück.

III.

Immer wieder spazierte ich mit Wolff den Nachmittag über durch die Straßen und versuchte erfolglos, Bekanntschaften zu machen. Das hielt so lange an, bis er durch seine Brüder herausfand, welche Mädchen aus der Umgebung sich mit Burschen trafen. Wir suchten dann bald den Kontakt und trieben uns im Rosenhain mit ihnen herum, bis es auch uns gelang, sie zu küssen.

IV.

Von allen Freundinnen war Anita die eigenwilligste. Sie war auffallend groß, hatte brünettes langes Haar, das sie zu einem Kranz frisierte, trug luftige Sommerkleider, einen Pettycoat und Sandaletten und lackierte sich, wenn sie sich verabredete, Finger- und Zehennägel. Eigentlich interessierte ich mich nicht für sie. Obwohl wir uns öfter auf der Straße sahen, hatten wir noch nie Blicke getauscht, weil ihr sprunghaftes Wesen mich irritierte: Unvermutet lachte sie laut auf oder ging starren Blicks an allen vorbei, es kam auch vor, dass sie, wenn sie sich unbeobachtet glaubte, mit sich selbst sprach. Das störte mich zwar nicht, weil ich es selbst auch tat, aber andererseits wurden mir dadurch meine eigenen Schwächen noch mehr bewusst.

IV.

Wolff und ich trafen Anita bei den Fischteichen im Rosenhain. Die beiden zogen sich bald hinter ein Gebüsch zurück, während ich aufpasste, dass niemand sie störte. Als sie wieder erschienen und Gerhard mich einlud, an seine Stelle zu treten, lehnte ich ab, obwohl ich erregt war, denn ich war nicht kaltblütig genug, »es zu tun«. Schon der Gedanke daran machte mir Angst.

VI.

Beim nächsten Mal war zuerst ich an der Reihe. Anita trug ein weiß und rosa gestreiftes Sommerkleid und blickte, während wir die Fischteiche aufsuchten, gelangweilt vor sich hin. Mit unbeteiligtem Blick legte sie sich ins Gras, schlüpfte aus dem Höschen und öffnete die Beine.

Sie sagte nichts und schaute an mir vorbei, als ob ich ein Ding wäre. Wie abwesend ließ sie meine Versuche, sie zu erregen, über sich ergehen, auch rührte sie sich nicht und gab mir auf meine Fragen oder Bitten keine Antwort. Schließlich resignierte ich und schüttelte, als ich Gerhard sah, nur den Kopf. Anita war aufgestanden, zupfte ein Blatt aus ihrem Haar und ging grußlos davon.

VII.

Bei unserem dritten Treffen spazierten wir an den Fischteichen vorbei bis zur Ruine eines ehemaligen Refektoriums, in die Wolff sich mit Anita zurückzog. Ich passte wieder auf, dass niemand kam, und als mein Freund durch eine Öffnung in der Mauer wieder heraustrat, flüsterte er mir zu, dass sie auf mich wartete. Ich trat in das Dämmerlicht der Ruine und sah Anita halb nackt an einem Stapel Holz lehnen. Es roch nach Feuchtigkeit, und zwischen Gestrüpp und Ziegelhalden ging ich auf sie zu. Ich verspürte kein Begehren, nur Angst, und ich zögerte. Aber ohne dass ich sagen konnte, warum, umarmte ich sie.

VIII.

Als wir wieder ins Freie traten, war ich so verwirrt, dass ich stumm blieb. Ich hätte mich am liebsten entschuldigt, das hätte jedoch alles noch schlimmer gemacht. Ich tat so, als sei nichts vorgefallen, aber ich empfand Ekel und Hass auf mich selbst. Vielleicht bereute auch Anita, was sie getan hatte, denn sie sagte nur, dass sie nach Hause gehen müsse, und lief davon.

IX.

Von da an sah ich sie nie mehr. In den nächsten Wochen befürchtete ich allerdings immer, sie könnte mich mit der Nachricht überraschen, schwanger zu sein. Und was dann?

Eine Rauferei

I.

Wolff kam einmal mit einer Wunde über der Augenbraue, die genäht werden musste, in die Schule, weil ihn Riedl, ein bekannter Schläger, wegen eines Mädchens verprügelt hatte. Gerhard bat uns, am Abend mit ihm zu kommen und Riedl aufzulauern. Allerdings würde sein Gegner nicht allein sein, denn er hatte ebenfalls gedroht, mit seinen Freunden zu kommen. Weil ich neugierig war und auch schlecht ablehnen konnte, sagte ich leichtfertig zu.

II.

Wir waren zu viert oder fünft, und es war schon dunkel, als wir Ecke Zinzendorfgasse, Glacis aufeinandertrafen. Riedl lief sofort, als er Wolff sah, über die Straße und schlug ihm mit der Faust ins Gesicht. Noch bevor dieser wusste, wie ihm geschehen war, rannte sein Widersacher zurück auf die Fahrbahn und schlängelte sich durch den dichten Verkehr wieder auf die andere Straßenseite. Wolff verfolgte ihn, doch sein Gegner schlug Haken, blieb unvermutet wieder stehen und verabreichte ihm weitere Faustschläge. Mit blutender Nase versuchte mein Freund vergebens ihn zu stellen. Riedls Begleiter standen nur lachend neben uns und glotzten uns höhnisch an. Wolffs jüngerer Bruder, der mit uns gekommen war, mischte sich schließlich ein und versuchte Riedl zu attackieren, fand es aber auch bald gescheiter, sich herauszuhalten. Untätig und ängstlich sahen wir zu, wie Gerhard den Kürzeren zog.

In der neuen Klasse

I.

Das Klima in der neuen Klasse war für mich angenehm, obwohl sich mein Charakter nicht entscheidend geändert hatte. Meine Fantasie schweifte noch immer ab, und ich war süchtig nach Anerkennung und kompensierte es mit Selbstlob. Aber ich war erfahrener und vorsichtiger geworden und eher bereit, Gegnerschaft anzunehmen und darauf zu reagieren. Außerdem gestand ich mir allmählich selbst ein, Lügengeschichten zu verbreiten, nicht immer aber fiel es mir schon beim Erzählen auf. Es gab allerdings in der Klasse weder Unterdrücker noch Unterdrückte, und die Aggressionen richteten sich eher gegen unsere Professoren. Je schwächer und machtloser sie waren, desto unverschämter und dreister waren wir.

II.

Wolff und ich verehrten den Naturgeschichteprofessor Freisling, der überdimensionale Querschnitte durch Spinnen und Vögel mit bunter Kreide an die Tafel zeichnete. Sein Vortrag war sachlich, sein Zynismus gefürchtet, und er gab niemandem jemals ein Nichtgenügend. Unwissenheit ignorierte er als eine Tatsache, die er nicht ändern konnte.

Er liebte es hingegen, Schmähworte aus der Biologie zu verwenden, rasch war jemand ein Fötus oder seine Intelligenz embryonal. Das kam allerdings immer mit einer aristokratischen Gelassenheit über seine Lippen. Er verteilte auch keine Strafen und blieb während seines Unterrichts ruhig. Darüber hinaus störte er niemanden, der die Hausaufgabe für die folgende Mathematikstunde machte oder Lateinvokabeln nachschrieb.

III.

Unser Klassenvorstand und Lateinprofessor Wöller andererseits war apodiktisch, autoritätsbewusst und unbeherrscht und trieb seine kleinen Scherze mit den Schülern. Er gab ihnen Spitznamen und bestrafte Unaufmerksamkeiten mit Prüfungen an der Tafel. An ihm schieden sich die Geister, und auch Wolffs und meiner, denn Gerhard schätzte ihn, während ich Schwierigkeiten mit ihm hatte. Wöller brachte seine Schüler nicht zur Entfaltung, sondern drillte sie, er bevorzugte die Besseren und ließ die Schlechteren seine Verachtung spüren. Vor ihm war niemand gleich, zumeist waren ihm die Schüler aus besseren Häusern etwas »gleicher«. Unmissverständlich und voller Selbstgerechtigkeit brachte er seine Ansichten zum Ausdruck.

IV.

Der wichtigste Lehrer meiner Mittelschulzeit war Professor Pickl, der die Fächer Deutsch und Geschichte unterrichtete. Ich entwickelte schon bald eine besondere Zuneigung für ihn, da er sich für meine Aufsätze, meine

Geschichtskenntnisse und für mich selbst interessierte. Ich gewann den Eindruck, dass er von mir etwas Außerordentliches erwartete. Er hatte eine oft kumpelhafte Art zu sprechen, die darauf verzichtete, seine Autorität hervorzuheben, aber er ließ es uns spüren, wenn er das Gefühl hatte, dass wir ihn nicht mit dem nötigen Respekt behandelten. Er war zwar konservativ, das störte mich aber nicht, da ich ihm etwas bedeutete. Ich mochte seinen erzählerischen Vortrag und sein aufmunterndes Lob. Bald wartete er darauf, dass ich mich zu Fragen, die er im Unterricht stellte, äußerte, und ich überraschte ihn gerne mit Kenntnissen, die ich mir in meiner Freizeit angeeignet hatte. Er gab mir das fehlende Selbstvertrauen, indem er mir vertraute.

V.

Bei unserem Religionsprofessor hingegen, einem kleinen, glatzköpfigen, hilflos-sanften Mann, waren wir entfesselt. Ich tat mich zu meiner eigenen Verwunderung dabei besonders hervor. Ich sprühte vor Einfällen, wie ich ihn stören, ablenken, aus dem Konzept bringen konnte, und es kam dabei etwas zum Vorschein, das mir damals nicht bewusst war: Ich genoss es, einen wehrlosen und gutmütigen Menschen zu peinigen. Lange dachte ich, ich hätte mich nur exemplarisch an einem der Lehrer gerächt, es nur einem Vorgesetzten aus der Reihe der Quäler heimgezahlt – und natürlich hätte ich mich dabei an den Schwächsten gehalten. Ich erkannte aber allmählich, dass ich ein Mensch war, der das, was er anderen vorwarf, in sich selbst trug, denn es bereitete mir Freude, böse zu sein. Ich begann jetzt auch, wenn die absehbaren Folgen nicht zu schlimm waren, Professoren und Eltern und das

Schicksal herauszufordern, anfangs mit sinnlosen Mutproben. Obwohl ich seit meiner Kindheit an Schwindelanfällen litt, sobald ich auch nur auf einem Balkon stand, stieg ich in einer Pause, in der wir uns auf dem Flachdach der Schule, fünf Stockwerke über der Ruine des Lichtenfelsbades (die wir von oben sehen konnten), befanden, über die Umfriedungsmauer auf den schmalen Sims dahinter, breitete kurz die Arme aus und stieg sodann unentdeckt wieder zurück. Im Religionsunterricht wiederholte ich die sinnlose Herausforderung, indem ich aus dem Fenster kletterte und mich wieder draußen auf den Sims stellte, zwei Stockwerke über der Straße. Nur mit Scham denke ich heute daran.

Selbstbetrachtung

1.

Als Kind schon war mir manches, wie man sagt, »spanisch vorgekommen«, und nun war ich endgültig zur Überzeugung gelangt, dass die Lüge zum Erwachsenwerden gehörte. Dadurch, dass ich selbst oft gar nicht auf die Idee gekommen war zu lügen (ich log ja in meinen Augen beim Erzählen nicht) – und wie üblich von mir auf die anderen schloss –, hatte ich mich vom äußeren Schein blenden lassen wie von einem Spiegel, in dem man nichts sieht, weil sich die Sonne in ihm reflektiert. Die Wahrheit, musste ich erfahren, war verwirrend und desillusionierend, sie ähnelte der auseinandergenommenen Taschenuhr von Paul. Ich konnte, um die Wahrheit herauszufinden, versuchen, die Wirklichkeit in ihre Bestandteile zu zerlegen, aber es war schwierig, sie wieder zusammenzusetzen. Man erkannte, begriff ich langsam, die Wahrheit besser, wenn man den Deckel der Uhr abnahm und sich in das laufende Werk hineinzudenken versuchte.

II.

Ich fand mehr Geschmack am Erfinden als am Lügen. Das Erfinden ist der Neuentwurf eines Ereignisses in Form einer spontanen, improvisierten Erzählung, während die Lüge nur eine falsche Weichenstellung ist, die den entgleisten Zug wieder zurück auf die richtigen Gleise bringt. Mit großer Begeisterung las ich jedenfalls Mark Twains »Tom Sawyer« und »Huckleberry Finn«, denn in beiden Büchern wurde erfunden, gelogen, geflunkert und umgedeutet, vorgetäuscht, gespielt, geheuchelt und hereingelegt wie im Leben.

Schwierigkeiten mit dem Vater

I.

Mein Vater unternahm sogar, um mich zu einem besseren Schüler zu machen, den Versuch, mit mir zu lernen. Er, ein akustischer Typ, begriff nie, weshalb ich mir in der Schule schwertat. In einem fort wiederholte er, ich möge im Unterricht besser aufpassen und zuhören – aber damit war es bei mir nicht getan, ich musste, um mir etwas zu merken, alles aufschreiben und wiederholt durchlesen. So verlief auch unser gemeinsames Lernen unerfreulich. Er hielt mir einen Vortrag, bei dem ich ihm in die Augen sehen musste, und verlangte hierauf, ich möge das Gesagte wiederholen. Wenn ich mich irrte oder nicht weiterwusste, geriet er in Zorn, sprang auf und fragte mich, weshalb ich mich dumm stellte, bis ich ihm zur Antwort gab, ich sei dumm, worauf er das gemeinsame Lernen abbrach und tagelang gekränkt war.

II.

Noch immer, wenn auch seltener, kam es vor, dass er mich schlug. Die Anlässe dafür waren ausschließlich meine schlechten Noten. Einmal riss er zornig seinen Gürtel aus der Hose, legte ihn zusammen und züchtigte mich, nachdem er mir schon vorher mehrere Ohrfeigen verabreicht hatte. Ich versuchte die Schläge abzuwehren oder ihnen auszuweichen – umsonst. Daraufhin ließ ich die Arme fallen und sagte ruhig, während ich die Hiebe über mich ergehen ließ, dass ich zurückschlagen würde, wenn er nicht aufhörte. Heute noch kann ich nicht glauben, dass ich selbst es war, der so gesprochen hatte. Er hielt inne, stand mit weit aufgerissenen Augen vor mir, den Gürtel in der Hand, und meine Mutter, die wie immer die Auseinandersetzung angezettelt hatte und wie immer weinte, wenn Vater mich strafte, ging dazwischen und umarmte mich. Von da an hörte er auf, mich zu schlagen.

Eine Affäre

I.

Auf dem Weg zu Wolff ging ich immer am Wohnhaus eines Mädchens, Katharina, vorbei, das ich schon mehrmals getroffen hatte. Als ich bei ihr anläutete, öffnete mir die Mutter, eine gepflegte Dame, und bat mich herein. Ihre Tochter sei nicht zu Hause, sagte sie, aber ich könne auf sie warten. Sie verschwand im Nebenzimmer und spielte dort auf einem Piano, hielt inne und brachte mir eine Erfrischung. Sie war geschieden, wusste ich, und arbeitete als Übersetzerin für einen Verlag. Mir gefiel ihr dunkles langes Haar, ich war fasziniert von ihren graublauen Augen und ihrem schlanken Körper. Sie redete mit mir über die Familie, Bücher und Musik.

Jeden Tag läutete ich an ihrer Tür, um mich mit ihr zu unterhalten, und mit jedem Tag kamen wir uns näher. Sie war oft deprimiert und hatte Mühe, die Wohnung in Ordnung zu halten. Ich ging inzwischen mit Katharina aus, küsste sie, begleitete sie ins Theater oder Kino und dachte doch nur an die Mutter. Als meine Freundin sich plötzlich einem anderen zuwandte, musste ich mir alles aus dem Kopf schlagen.

II.

Ich sah damals mehrmals hintereinander Ingmar Bergmans Film »Wilde Erdbeeren« und lernte dadurch den fremden Kontinent Erinnerung kennen. Und ich fing an Basketball zu spielen, da der Platz vor der Universität nicht versperrt war und der Sportwart es tolerierte, wenn wir uns am Wochenende dort herumtrieben. Ich schaute mir von den älteren Spielern verschiedene Würfe und das Verhalten in der »Zone« ab und spielte im Herbst in der Jugendmannschaft des BBC Graz. Jedes Wochenende hatten wir von nun an eine Begegnung mit einer anderen Mannschaft, und das Basketballspielen wurde für mich zu einer neuen Leidenschaft.

III.

Nach zwei Monaten besuchte ich wieder Katharina. Ihre Mutter war erstaunt, mich zu sehen, und sagte, ich solle morgen wiederkommen, sie hätte etwas Dringendes zu erledigen. Ich hörte dabei einen Mann in der Wohnung husten und wartete auf der Straße hinter einem Baum, bis er vor der Tür erschien und sich zärtlich von ihr verabschiedete.

IV.

Eine Woche später lief ich die Schubertstraße hinauf zum Hilmteich und blieb vor dem Botanischen Garten stehen, weil ich Seitenstechen hatte, als ein Auto neben mir hielt und Katharinas Mutter mich ansprach, ob sie mich irgendwohin bringen könne. Sie trug große goldene Ohrringe, hatte stark geschminkte Lippen und Wimpern und lächelte mir zu.

Ich sagte, ich hätte es nicht mehr weit, und bedankte mich, worauf sie mich fragte, ob ich sie besuchen kommen wolle, sie habe etwas mit mir zu besprechen, das ich für mich behalten müsse.

V.

Als ich bei ihr erschien, ließ sie sich auf der Couch nieder, schlüpfte aus den Schuhen und zog die Beine hinauf. Katharina war zu ihrem Freund gefahren und übernachtete dort. Ich spürte, worauf alles hinauslief, war aber wie gelähmt und saß nur da. Sie begann mich über alles Mögliche auszufragen, ob ich viele Freundinnen hätte und ob ich schon einmal mit einer Frau zusammen gewesen sei, aber ich argwöhnte, dass alles nur ein Missverständnis sei. Sie zog mich jedoch an sich und flüsterte, ich solle mich vor ihr nicht fürchten. Als ich sie am Abend verließ, glaubte ich, das Geheimnis des Lebens enträtselt zu haben.

VI.

Am nächsten Morgen vermisste ich sie so stark, dass ich an nichts anderes mehr denken konnte.

VII.

Es dauerte eine Weile, bis ich dahinter kam, dass sie heimlich trank. Ich bemerkte es als Erstes an ihrem Atem und fragte sie danach, aber sie stritt es ab. Ich sah sie auch nie betrunken, doch des Öfteren verkatert, und einmal fing sie grundlos an zu weinen und beschuldigte sich selbst, Alkoholikerin zu sein. Es störte mich nicht, im Gegenteil, ihre Schwäche machte mich stärker, und es schmeichelte mir, wenn sie sich mir offenbarte und mich um Rat fragte.

VIII.

Das Verhältnis dauerte vom Frühjahr bis zum Sommer. Sie habe, erklärte sie mir deprimiert, jemanden kennengelernt, einen verheirateten Mann, der sich scheiden lassen wolle. Ich antwortete, dass ich ihn schon gesehen hätte. Damals, als sie mich weggeschickt habe, hätte ich hinter einem Baum gewartet, bis er aus dem Haus getreten sei. Ich beschrieb sein Aussehen, und sie verstummte.

IX.

Bis zu unserem Abschied hatte ich mir nicht eingestanden, wie abhängig ich von ihr war, und als ich sie nach einigen Monaten wieder besuchen wollte, wies sie mich mit der Begründung ab, mit dem anderen Mann zusammenzuleben. Ich hatte wieder begonnen, lange Strecken zu laufen und meine Gespräche mit dem Schweigen zu suchen. Ich lief und lauschte, aber das Unsichtbare rief nichts mehr in mir hervor.

Wer bin ich?

I.

In vielem war ich noch ein Kind. Was mir widerfahren war, hatte meine Entwicklung eher gebremst als beschleunigt, aber vielleicht wäre ich einem rascheren Tempo nicht gewachsen gewesen; vielleicht wäre ich ohne das Nichtverstehen, ohne meine Dummheit verrückt geworden. Sobald ich in die Zentrifuge des Alltags geriet, zog ich mich in mich selbst zurück, und nur meine geheimen Fluchten in eine imaginierte Wirklichkeit ermöglichten es mir, der verordneten Anpassung zu entgehen. Ich bemühte mich, mir nie etwas von meiner Verzweiflung anmerken zu lassen, ja, sie war mir oft nicht einmal selbst bewusst – ich war wie immer freundlich und sogar zu Späßen aufgelegt. Das Seltsame war, dass mir dieser Zustand nicht außergewöhnlich vorkam. Er war vielmehr meine Normalität. Ich dachte nicht einmal darüber nach, ob die Menschen, mit denen ich zu tun hatte, ein anderes Innenleben hätten als ich. Wie wäre das auch möglich gewesen, wo mir doch nicht einmal meine eigene Gespaltenheit auffiel.

II.

Auch mein Bruder Helmut ging einen ähnlichen Weg, er schlüpfte in die Gegenwelt der klassischen Musik und des Schachspiels. Er setzte sich mit dem Rücken zu mir und warf keinen Blick auf das Brett. Ich sagte ihm meine Züge an und führte die seinen für ihn aus. Trotzdem konnte ich ihn nicht besiegen. Das gab mir Kraft, und ich nahm mir das Blindspielen, das mein Bruder beherrschte, zum Vorbild.

Picasso

Durch einen Zufall bekam ich ein Buch mit Gemälden von Picasso in die Hände. Ich war von den deformierten Menschen und Gegenständen so beeindruckt, dass ich in meinem roten Tagebuch kleine Zeichnungen anfertigte, in denen ich den Stil nachzumachen versuchte. Ich verstand Picassos Bilder als Ausdruck des Fremdseins und Sich-fremd-Empfindens, doch vertraute ich noch nicht meinen eigenen Eindrücken und Gedanken. Die moderne Kunst war damals in den Augen der meisten Betrug und jemand, der sich ernsthaft damit beschäftigte, ein Spinner. Meine Neugier wuchs jedoch gerade deshalb, und ich verspürte das Verlangen, selbst etwas ganz und gar Unverständliches und die Gemüter Erregendes zu schaffen, aber die Versuche in meinem roten Tagebuch führten alle zu nichts.

Pauls Anfall

Das Schuljahr war noch nicht zu Ende, als Paul in der Nacht einen epileptischen Anfall erlitt. Ich kannte die Symptome von Frau Hofer und weckte meinen Vater. Das Bild des von Krämpfen geschüttelten, ohnmächtigen Paul, der mir wie ein Sterbender erschien, habe ich heute noch wie damals vor Augen. Die gesamte Familie stand dem

Weinen nahe um das Bett von Paul und wartete darauf, dass er wieder erwachte. Als er endlich zu sich kam, wusste er nicht, was geschehen war, und an unseren erschrockenen Gesichtern erkannte er, dass es schlimm gewesen sein musste. Mein Vater brachte ihn in die Klinik, wo festgestellt wurde, dass seine Gehirnhaut mit der Innenhaut seines Kopfes verklebt gewesen war – vermutlich infolge der Meningitis, an der er nach der Geburt erkrankt war. Nun, in der Pubertät, hatten sich die Häute gelöst, und dabei war es zu dem Anfall gekommen, der sich aber nicht wiederholen sollte. Ich hatte jedoch erfahren, wie rasch das Unglück uns einholen und vernichten konnte.

Wortverdreher, Sinnverdreher

Eine der Waffen von Professor Wöller war das Wortverdrehen. Im absichtlichen Missverstehen war er ein Meister. Diesen Hohn merkte ich mir. Er unterschob bei Auseinandersetzungen und Meinungsverschiedenheiten dem anderen immer eine angebliche Absicht, die er aus dem Gehörten feinsinnig herausdestillierte. Mit größter Vehemenz und Entrüstung legte er dem Schüler dann etwas in den Mund, was dieser nicht gesagt hatte. Oder er übersah geflissentlich, worum es eigentlich ging, und betonte einen Nebenaspekt. Jeden Vorwurf beantwortete er mit einem Gegenvorwurf, der eine Kritik ins Lächerliche oder Bösartige verkehrte. Er machte aus allem ein anderes: aus einem Hasen eine Katze, aus der Katze ein Auge, aus dem Auge einen See, aus dem See einen Spiegel, aus dem Spiegel ein Fenster, aus dem Fenster eine Briefmarke, aus der Briefmarke ein Schiff. Doch war es kein Spiel.

Das rote Tagebuch

I.

Ich trug das rote Tagebuch jetzt immer bei mir und verstaute es zwischen den Schulbüchern in der Tasche. Jeden Nachmittag, den ich mit der Übersetzerin verbrachte hatte, hatte ich mit einem Sonnensymbol versehen. Ich hatte eine Geschichte über das Laufen geschrieben, bei der ein Jugendlicher mit sich selbst sprach, sie dann aber durchgestrichen und die Kreuze für meine Masturbationen auf dem Wörterfriedhof versteckt. Auch abfällige Bemerkungen über die Schule und Wöller hatte ich festgehalten.

II.

Eines Abends stellte mich meine Mutter zur Rede, und ich wusste sofort, dass sie mein Tagebuch gelesen hatte. Als ich es ihr sagte, antwortete sie ruhig, ja, sie müsse mich kontrollieren, denn sonst wisse sie nicht, wie es um mich stehe. Ich würde sie wegen der Schule anlügen und hätte auch schon Mädchenbekanntschaften gemacht. Ich stritt alles ab, und je mehr ich abstritt, desto mehr gab sie von dem preis, was sie von mir wusste. Sie täuschte sich aber, denn sie glaubte, dass das Sonnensymbol dafür stünde, dass es mir in der Schule gefallen habe, und die Kreuze dafür, dass ich gebetet hätte. Besorgt fragte sie mich, weshalb es mir in der neuen Klasse nicht mehr gefiele, da ich keine Sonnen mehr zeichnete und ermunterte mich, dass ich nur weiter beten solle, das würde mir Kraft geben. Ich lachte sie deshalb aus und verunsicherte sie damit. Sie gab zu, dass sie noch immer meine Hefte kontrollierte und in meinem Nachtkästchen stöberte. Ich müsse ihr dankbar sein, sagte sie, denn ohne Kontrolle und ihr regelmäßiges Nachfragen in der Schule hätte ich sicher öfter als einmal repetiert. Sie sehe, dass ich mich mit vielen anderen Dingen beschäftigte, nur nicht mit dem Unterricht. Davon habe sie auch Vater berichtet, der noch mit mir darüber sprechen würde. Über die Kritzeleien im Tagebuch und über die »schreckliche Geschichte« des Dr. Hasenscharter und seines Affen mache sie sich Sorgen. Ich sei doch ein so fröhlicher und guter Mensch gewesen, hätte mich aber in letzter Zeit verändert. Sie glaube, das liege am Einfluss von Wolff. Sie warnte mich davor, jetzt schon mit Mädchengeschichten anzufangen. Ich dürfe auf keinen Fall mit einer Frau »näher bekannt« werden, es könne dann passieren, dass sie mir ein Kind »anhänge«.

III.

Ich misstraute meiner Mutter von da an und war wütend auf sie. Gleichzeitig war das merkwürdige Gespräch für mich ein Triumph gewesen – meine Mutter ahnte zwar, was ich machte, aber sie wusste nicht, wer ich war. Abgesehen davon, dass ich es selbst nicht wusste, war ihr verborgen geblieben, was mich wirklich beschäftigte und bedrückte. Und um sie weiter in die Irre zu führen, begann ich, meine Aufzeichnungen zu fälschen. Ich trug nur noch ein, was sie wissen sollte, und fing an, Beschimpfungen einzuschieben, die an jene gerichtet waren, die mein Tagebuch lasen. Dadurch erlahmte allmählich das Interesse meiner Mutter am Kontrollieren.

Cesenatico

I.

Es war mein erster Sommer ohne Nachprüfung, und wir fuhren in den kleinen Badeort Cesenatico bei Rimini. Paul und ich schliefen mit Großvater in einem der karg möblierten Zimmer. Ich atmete auf, wenn ich das Meer und die Frauen in Badeanzügen betrachtete. Manchmal blieb sogar die Zeit stehen. Ich bestand darauf, in der Mittagshitze am menschenleeren Strand zu warten, bis es Nachmittag wurde. So lernte ich ein deutsches Mädchen kennen, das sich erlebnishungrig jeden Abend mit einem anderen traf. Ich strengte mich nicht an, ihr zu gefallen, aber sie hatte sich in den Kopf gesetzt, mit mir auszugehen. Ihre Eltern lachten darüber und ließen sie gewähren.

II.

Wir verabredeten uns nach dem Essen in der Spielhalle, aus der immer dieselben Songs von Paul Anka und Pat Boone dröhnten. Jugendliche spielten dort bis lange nach Mitternacht Tischfußball und an den Flipperautomaten. Sie schlug mir vor, mit ihr einen Spaziergang zu machen, und wusste einen Pinienhain, in dem sie mich umarmte und küsste und mit mir intim zu werden versuchte. Ich empfand jedoch nichts für sie und war auch nicht sonderlich erregt. Trotzdem liebten wir uns. Kurz darauf störte uns ein Mann auf einem Fahrrad, der stehen blieb und uns beobachtete. Er verfolgte uns in der Dunkelheit überallhin: in den Park, auf ein Feld, an den Strand, bis wir es aufgaben und in die Spielhalle zurückkehrten.

III.

Obwohl mir der Mann unheimlich gewesen war, fühlte ich später eine irritierende Verwandtschaft zu ihm, denn immer mehr entdeckte auch ich in mir eine Neigung zum Voyeurismus, die Leidenschaft, ein ungesehener Beobachter zu sein, der ich mich bei Gelegenheit dann überließ.

Theater

I.

Das Grazer Opernhaus beherbergte damals auch das Theater, nur die kleineren Produktionen wurden in den Rittersälen aufgeführt. Ich sah Verdis »Aida«, saß auf dem Balkon, hatte eine schöne Sicht und schaute abwechselnd auf die Guckkastenbühne, in die Logen und das Parkett. Was mich sofort fesselte, war die Dreidimensionalität des Geschehens. Sprache, Kulisse, Musik und Gesang schufen eine Künstlichkeit, in der ich mich besser zurechtfand als in meiner wirklichen Existenz.

II.

Zufällig kursierte in der Klasse gerade das Gerücht, es sei möglich, sich am Theater als Komparse zu bewerben. Am Abend begleitete ich daher zwei Mitschüler, die den gleichen Wunsch hatten, in das Opernhaus. Wir wussten, dass »Ein Bruderzwist in Habsburg« von Franz Grillparzer gegeben wurde, und meldeten uns beim Portier, der uns zum Inspizienten schickte. Ohne viel zu fragen führte uns der kleine, geschäftige Mann in den Garderobenraum, wo wir uns als Soldaten kostümierten. Wir erfuhren, dass mehrere Statisten ausgefallen waren und wir daher ohne Probe für sie einspringen mussten. Nach einer kurzen, eindringlichen Instruktion wurden wir um hundert Ecken hinter die Bühne gelotst, von wo aus wir – noch immer im Dunkeln – einen Teil des Zuschauerraums sehen konnten. Aus dieser ungewohnten Perspektive kam mir das Theater vor wie ein seltsamer Traum. Die Schauspieler warteten angespannt auf ihre Stichworte und verwandelten sich sogleich in erfundene Figuren. Wir konnten sie jetzt nur noch von hinten sehen und dabei den Text hören, dessen Anfang und Ende wir nicht kannten. Dazu die Kostüme und die Rückseiten der Kulissen, die alles noch mehr verfremdeten. Zehn Jahre, nachdem ich mir Gedanken über das Innere einer Kuckucksuhr gemacht hatte, stand ich nun selbst »im Inneren«, und tatsächlich entdeckte ich eine Ähnlichkeit zwischen der Vorstellung, die ich mir damals davon gemacht hatte, und dem, was ich im Augenblick erlebte. Gleichzeitig begriff ich blitzartig die Metamorphose, das Geheimnis der Verwandlung, das mich seit der Begegnung mit Charlie Rivel beschäftigt hatte.

III.

Auf ein Zeichen des Inspizienten setzten wir uns in Bewegung und liefen selbst auf die Bühne. Die Sicht auf das Publikum verkehrte die Ordnung für mich und stellte auch mein Denken auf den Kopf. Ich war zugleich Beobachter und Beobachteter. Und wie in einem schlechten Traum nahm das Stück seinen unerbittlichen Lauf, ohne dass ich darauf Einfluss nehmen konnte. Gleich darauf traten wir ab, alles Geschehen löste sich auf, und wir tappten um die hundert dunklen Ecken zurück in die Garderobe.

IV.

Zwei Tage später mussten wir wieder für ausgebliebene Komparsen einspringen, und abermals war es »Der Bruderzwist«. Diesmal spielte der Burgschauspieler Werner Krauß die Hauptrolle. Die Vorstellung war ausverkauft, und die Nervosität im ganzen Haus spürbar: in der Kantine, bei den Schminkmeistern, den Bühnenarbeitern und Beleuchtern, die es alle plötzlich eilig hatten. Auch der Inspizient wies uns eindringlich darauf hin, was wir zu tun hätten.

V.

Auf der Bühne dann, am »Lagerfeuer«, fiel mir der Helm aus Pappe vom Kopf und rollte vor die Füße des Kommandanten. Nach einer Schrecksekunde war mir klar, dass ich ihn beim Hinausgehen aufheben musste. Krauß hatte den kleinen Vorfall bemerkt und lächelte mir zu, als ich ihm in der Kantine begegnete.

VI.

Des Öfteren sprang ich auch bei Aufführungen von Schillers »Maria Stuart« ein, bei denen wir uns in der Klasse gegenseitig ablösten. Und bald gehörte das Statieren zu meiner wirklichen Wirklichkeit, in die ich regelmäßig floh.

Der Nürnberger Prozess

I.

Auf den Dokumentarfilm »Der Nürnberger Prozess« wurde ich durch das Kinoprogramm in der Zeitung hingewiesen. Ich wusste damals nichts darüber. Ich dachte, es gehe um irgendeine Gerichtsverhandlung, und da es sich, laut Ankündigung, um einen Dokumentarfilm handelte, glaubte ich, auf diese Weise zu erfahren, wie ein Prozess ablief.

II.

Die Vorstellung war nur von drei oder vier Zuschauern besucht – und einer von ihnen hustete und röchelte die ganzen zwei Stunden hindurch. Nie werde ich diesen tiefen, rasselnden, manchmal würgenden, manchmal keuchenden Husten des Unbekannten, die Aufgeregtheit seiner inneren Organe, seiner Bronchien, seiner Lungenflügel, seines Kehlkopfes vergessen.

Obwohl ich häufig ins Kino ging, waren meine Augen im Vergleich zu einem Jugendlichen, der mit dem Fernsehen aufgewachsen ist, nicht an die Präsenz und Suggestion der Bilder gewöhnt. Deshalb brachen die Leichenberge, Genickschüsse, Gaskammern und zuletzt Hinrichtungen durch den Strang mit unbekannter Wucht über mich herein. Immer wieder wollte ich wegschauen, konnte aber meinen Blick nicht abwenden. Als der Film zu Ende war, fühlte ich mich wie ein vergessenes Ding, wie ein alter Kamm ohne Zähne oder ein zerrissenes Bettlaken. Unterwegs, beim Laufen durch den Stadtpark, fing ich zu weinen an. Ich lief so lange, bis die Tränen nachließen.

III.

Tante Paula und Onkel Sepp waren gerade zu Besuch, als ich die Küche betrat. Hatte ich zuvor Hass und Ohnmacht empfunden, war die Auseinandersetzung mit den Eltern nun für mich wie eine schwärende Krankheit, die zum Ausbruch kam. Sie verteidigten weniger den Nationalsozialismus als sich selbst, aber ich hörte die vergangene Zeit verräterisch aus ihrer Sprache, die mich würgte und an mir zerrte. Mein Vater wehrte meine Frage, weshalb er der NSDAP beigetreten sei, mit der Bemerkung ab, dass er mir keine Rechenschaft schulde, und der Gegenfrage, weshalb mich das interessierte. Meine Mutter wiederum erregte sich und forderte mich stereotyp auf, ich solle nur zusehen, eines Tages alles besser zu machen, bevor ich ein Urteil über sie fällte.

Ich wollte erklären, was ich gesehen hatte, doch wurde ich bei jedem Satz unterbrochen und kam nicht dazu, das Grauen, das ich erfahren hatte, auszusprechen. Dadurch wiederholte ich mich hartnäckig und auch meine Eltern und Tante Paula sagten immer wieder das Gleiche – selbst Onkel Sepp, den die Nazis eingesperrt hatten, wandte sich gegen mich. (Sperrte nicht auch Stalin jeden ein, von dem er glaubte, er sei sein Feind, oder ließ ihn nach Sibirien bringen und ermorden, und lebte dabei nur seinen Verfolgungswahn als Diktator aus? Und vielleicht ahnte Onkel Sepp, dass auch ihm eines Tages von seinen Angehörigen angesichts der Verbrechen Stalins die gleichen Fragen gestellt werden könnten.) Wir alle wurden immer aufgebrachter und machten uns schließlich wütende Vorwürfe. Oft hörte ich von da an die gleichen Sätze aus dem unerschöpflichen Reservoir der Empörung, die mir bis heute im Ohr geblieben sind: Woher ich das Recht nähme, dieses oder jenes zu behaupten. Dass ich dies und dies nicht wissen könne, da ich nicht dabei gewesen sei. Und im Nachhinein sei leicht reden.

IV.

Meine Eltern verhielten sich auch noch nach Jahren immer gleich, wenn die Sprache auf das Thema kam. Mein Vater empfand es als Ungeheuerlichkeit, dass ich ihn durch eine Frage mit den Verbrechen des Nationalsozialismus in einen Zusammenhang brachte, und meine Mutter fing sofort an, sich aufgebracht zu rechtfertigen (und klagte sich in meinen Augen dadurch nur selbst an). Sie tat mir leid, denn sie war gefangen in ihrem aggressiven Verteidigungsreflex.

Oft genug habe ich sie verletzt und es gleich darauf wieder bereut.

Großvater spricht mit mir

I.

Ich begriff noch nicht den vollen Umfang des Schreckens, den der Film gezeigt hatte – erst im Laufe der Jahre und Jahrzehnte gewann ich mehr Klarheit. Anfangs spürte ich nur Verwirrung. Der Alltag lief zwar weiter wie bisher, und es gab auch keine neuerlichen Gespräche mit meinen Eltern, aber ihre Niedergeschlagenheit war doch spürbar. Die Geräusche versickerten. Großvater saß noch unauffälliger als sonst vor seinem Schachbrett und spielte mit sich selbst, meine Mutter arbeitete noch abwesender im Haushalt, und mein Vater kam noch wortkarger nach Hause.

II.

An einem Wochenende fragte mich Großvater, ob ich ihn auf einen Spaziergang begleiten wolle. Als ich zustimmte, wanderte er mit mir, auf seinen Stock gestützt, bis zum Hilmteich und wieder zurück, unendlich langsam, wie mir vorkam, denn normalerweise lief ich diese Strecke so leichtfüßig, als hätte sich die Schwerkraft vermindert. Nun aber, während Großvater mit mir die ansteigende Schubertstraße hinaufkroch, keuchend und außer Atem und immer wieder anhaltend, um »Luft zu schöpfen«, schien es mir, als sei nicht nur mein Inneres eingefroren, sondern auch das Leben um mich herum. Wir schleppten uns dahin, wie von einer tödlichen Krankheit befallen. Nur das Tack Tack Tack des Stockes und Großvaters singende, röchelnde Bronchien waren zu hören, sein rasselnder Husten und das hastige Spucken. Plötzlich blieb er stehen, um das Gespräch zu beginnen, und dann immer wieder, um mit dem Gespräch fortzufahren, das sich stets um das Gleiche drehte: sein Leben und das seiner Vorfahren und die politischen Katastrophen, die er mitgemacht hatte. Er entschuldigte niemanden. Er wollte mich auch nicht belehren. Und vielleicht sprach er nur Gedanken aus, mit denen er sonst allein war. Er sagte, er habe den Nationalsozialisten von Anfang an misstraut. Da er sie für kriminell gehalten habe, sei er von der Entwicklung nicht so überrascht gewesen wie andere. Nachdem aber das Dollfußregime auf die Arbeiter hätte schießen lassen und die Kirche ihren Segen dazu gegeben hätte, sei der Widerstand der Bevölkerung gegen die Nationalsozialisten gebrochen gewesen. Die Arbeiter hätten sich von der Politik abgewendet oder seien zu den Nazis übergelaufen.

In seinem Lodenmantel, den Salzburger Hut auf dem Kopf, hustend und keuchend, erzählte mir Großvater, was unsere Verwandten und Bekannten in dieser Zeit gemacht hätten. Er sagte, dass es das Gute allein im Menschen nicht gebe, ebenso wenig wie das Böse. Das hatte ich bis dahin noch nicht gehört, doch verstand ich es sofort.

Die anderen

Mit einem Schlag begriff ich auch: Für meine Eltern war immer wichtig gewesen, was die anderen sagten und über sie dachten. Die Abhängigkeit von den anderen ging so weit, dass sie ihre eigenen Gedanke und Gefühle unterdrückten, ihre Ansichten für sich behielten und zuletzt nicht ihr eigenes Leben lebten, sondern das der anderen. Ich sah darin einen Schlüssel zu ihrem Verhalten in der Zeit des Nationalsozialismus, dieser Ideologie der Idylle und des Schreckens, der Belohnung und Bestrafung. Meine Eltern hatten sich schon selbst missbraucht durch ihren Wunsch, zu sein wie die anderen, die aber auch nur sein wollten wie die anderen. Die anderen und meine Eltern konnten diesen Vorgang nicht durchschauen, weil sie die anderen für real hielten und nicht als eine Projektion erkannten.

Bis zu ihrem Tod begriffen meine Eltern nicht, dass es die anderen nicht gibt.

Religion

Im Geheimen machte ich eine religiöse Phase durch, über die ich auch nicht mit Großvater sprach, denn ich wollte nicht, dass jemand sie mir nähme. Manchmal ging ich in die Kirche oder beichtete einem fremden Pfarrer meine Masturbationen, ich kann mich aber außer an die erste an keine weitere Kommunion erinnern.

Die religiösen Phasen wechselten mit Zeiten ab, in denen ich nicht an Gott dachte – dann empfand ich meine Versuche zu glauben als peinlich. Diese Einstellung kippte wieder in ihr Gegenteil um, und der Wechsel meiner religiösen Gefühle hielt bis zum Ende meines Studiums an. Dann wurden die Fluten seltener, und es folgte eine lange Periode der Ebbe, ohne dass die Gezeiten je ganz aufgehört hätten zu wirken.

Politik

Nachdem ich »Der Nürnberger Prozess« gesehen hatte, ermahnte mich mein Vater wieder und wieder, dass ich nie einer politischen Partei beitreten solle. Er würde alles unternehmen, dass ich den Militärdienst nicht ableisten müsse. Er fügte auch hinzu, er sei nie ein Militarist gewesen, denn er habe als Arzt anderes zu tun gehabt.

Seine anfängliche Begeisterung für die Sozialdemokratie nach dem Krieg war inzwischen einer Verbitterung gewichen. Er machte nur noch abfällige Bemerkungen über die Politik und hörte schließlich auf, darüber zu reden.

Nachdem Frau Hofer vor dem Lift im Stiegenhaus bei einem epileptischen Anfall zusammengebrochen war, führten ein Hausbewohner, Herr Trost, und meine Mutter die noch Benommene in ihre Wohnung. Dort entdeckte Herr Trost zu seiner Überraschung einen alten Eichentisch, den er auf dem Dachboden aufbewahrt hatte und seit einem Jahr vermisste. Der Tisch war so schwer, dass ihn ein Mann alleine nicht über die Stiegen in die Wohnung hätte tragen können. Nachdem sich Frau Hofer erholt hatte, wies Herr Trost sie auf den Tisch hin und erklärte, dass dieser sein Eigentum sei. Frau Hofer gab daraufhin vor, sich an nichts erinnern zu können. Offenbar habe sie in einem ihrer epileptischen Anfälle, behauptete sie, das Möbelstück in ihre Wohnung geschafft und gar nicht bemerkt, was sie getan hätte. Großvater, der hinzugetreten war, machte sie jedoch darauf aufmerksam, dass ihr zumindest im Nachhinein hätte auffallen müssen, dass ein fremder Tisch in ihrem Zimmer stünde, worauf sie ihm aufbrausend vorwarf, eine schlechte Meinung über sie zu verbreiten. Da weder Herr Trost noch mein Vater den Tisch alleine heben und schon gar nicht über die Treppe tragen konnten, vermuteten sie, dass Frau Hofer zwei Handwerker – Liftmechaniker oder Dachdecker – gebeten hatte, ihr zu helfen. Sie beharrte jedoch darauf, dass sie sich an nichts erinnern könne. Sie habe selbst gerätselt, wo der Tisch herkomme. Was sei ihr also anderes übrig geblieben, als ihn stehenzulassen?

Erika

I.

Im Februar ging ich am Abend mit Schulfreunden zum Eislaufen auf den Hilmteich. Dabei lernte ich Erika Wolfgruber kennen. Sie war Schauspielschülerin, erfuhr ich bei unserem Gespräch, und besuchte regelmäßig die Oper und das Theater. Die Lampen über der Eisfläche waren eingeschaltet, und wir glitten in einer endlosen Kreisbewegung dahin, ohne zu bemerken, wie viele Runden es waren. Erika war drei Jahre älter als ich, und da ich inzwischen ein Meter neunzig groß war, glaubte sie mir, dass ich nicht so jung war, wie sie zuerst vermutet hatte. Ich mochte ihre zurückhaltende Art, die Sanftmut, die sie ausstrahlte, und ihre großen dunklen Augen. Bevor wir uns trennten, verabredeten wir uns für das Wochenende.

II.

Die meiste Zeit redeten wir über das Theater und die Oper. Sooft es ging, trafen wir uns auf dem Stehplatz im Opernhaus, zumeist war sie in Gesellschaft anderer Schauspielschüler, und wir sahen uns das gesamte Repertoire an: Opern von Wagner, Verdi, Rossini, Gluck, Mozart, Puccini und Mascagni. Anfangs standen meine Eltern dem neuen Interesse wohlwollend gegenüber, aber als ich mich mehrmals in der Woche erst um Mitternacht in unserer Wohnung einfand, bestand mein Vater darauf, dass ich schon um neun Uhr zu Hause sein müsse. Er wartete jetzt in seiner weißen Unterwäsche am Küchentisch sitzend, bis ich eintrat, und begrüßte mich jedes Mal, wenn ich zu spät kam, indem er mir die genaue Uhrzeit vorhielt. Sobald ich die Tür hinter mir geschlossen hatte, machte er mir dann Vorwürfe. Da ich noch immer leicht krank wurde, erinnerte er mich Abend für Abend mit den gleichen Worten an meine angeschlagene Gesundheit und die schlechten Leistungen in der Schule. Hatte ich früher noch versucht, mich zu rechtfertigen, schwieg ich jetzt, was ihn jedoch noch mehr reizte. Er sprach nie über Erika, sondern nur über die Schule, die Medizin, die Oper und das Theater. Schwieg ich weiter, endete es mit Beschimpfungen.

III.

Ich konnte an den Wochentagen jetzt nur bis zur Pause in der Oper bleiben und sah daher die meisten Aufführungen nur zur Hälfte. Zehnmal den halben Rigoletto, zehnmal den halben Don Giovanni, zehnmal die halbe Madame Butterfly, zehnmal die halbe Walküre und zehnmal den halben Barbier von Sevilla. Wenn Erika nicht mit mir aufbrach, lief ich in der Dunkelheit durch den Stadtpark nach Hause, wie ich auch von zu Hause durch den Stadtpark zur Oper gelaufen war. Außerdem war ich noch immer als Komparse am Theater beschäftigt, und ich schwindelte oft, für eine Aufführung eingeteilt zu sein, um mich mit Erika länger treffen zu können.

IV.

Es war von Anfang an eine Beziehung, bei der ich nicht den Wunsch verspürte, das Weite zu suchen, denn Erika ließ sich Zeit und drängte mich zu nichts. Wenn ich mich einige Tage nicht sehen ließ, ging sie wie sonst alleine in die Oper und suchte das Lokal »Zum verlorenen Sohn« auf, in dem Schauspieler und Sänger verkehrten. Aus Eifersucht ließ ich mich dort nie blicken. Manchmal gingen wir auch zu ihr in die Wohnung am Ortweinplatz, wo ihr Vater an der Kunstgewerbeschule Schulwart war. Erika teilte ihr Zimmer mit einer ihrer Schwestern, Linde, und bewohnte mit ihren Eltern und den anderen Geschwistern, Kurt und Lilo, die großen, hohen Räume. Ihre Mutter befand mich am Anfang für zu jung, aber ich belog sie wie Erika und behauptete, dass ich zwei Jahre älter sei.

V.

Es war jetzt meine Absicht, nach der Matura die Aufnahmsprüfung in das Reinhardt-Seminar zu machen. Dazu trug neben meiner Begeisterung für das Theater der Umstand bei, dass die berühmte Schule in Wien war und dass ich mir schon länger ausmalte, in einer Stadt zu leben, die größer war, offener und lebendiger und in der ich tun konnte, was ich wollte, ohne dass sich jemand darum kümmerte. Der Drang, aus Graz wegzugehen, war immer dringlicher geworden, und die Vorstellung, am Reinhardt-Seminar zu studieren, hatte mich meine Probleme leichter ertragen lassen. Erika erzählte mir, als ich ihr meine Pläne eröffnete, welchen Unterricht ich zu erwarten hätte, und machte mir Mut, es zu versuchen.

VI.

Meine Eltern hingegen bemühten sich, mir mein Vorhaben auszureden, und als es nichts nutzte, ließ meine Mutter die Bemerkung fallen, dass sie Erika nicht kennenlernen wolle. Ich müsse nicht jetzt schon »damit« anfangen, das ganze Leben liege noch vor mir. Aus Vorsicht verschwieg ich ihr daher, dass Erika älter war als ich. Vater aber ließ sich davon nicht abhalten, am Abend weiter zu kontrollieren, wann ich nach Hause kam, und er machte mir klar, dass ich mir den Schauspielerberuf aus dem Kopf schlagen könne.

Schikurs

I.

Obwohl ich sportlich war, konnte ich das Schifahren nicht leiden. Daher freute ich mich auch nicht auf den Schikurs in Saalbach-Hinterglemm. Das Matratzenlager und die groben Decken waren schmutzig, und es war kalt. Ich hasste es, mit sechs Mitschülern in ein dunkles Zimmer gesperrt zu werden, in dem um zwanzig Uhr das Licht abgedreht wurde und ich nicht einschlafen konnte. Noch dazu hatte mir mein Vater seine alten Kneissl-Schi aus den dreißiger Jahren mitgegeben, da er kein Geld für eine neue Ausrüstung hatte. Die Schi ohne Stahlkanten mit einer Uraltbindung hielt mein Turnprofessor für einen Scherz und glaubte, ich wolle ihn provozieren. Obwohl ich beim Hangschrägfahren auf der eisigen Piste sofort abrutschte und zur Liftstation hinunterraste, versuchte ich ruhig zu bleiben. Ich kannte das Bremsen vom Schlittschuhlaufen her und kam mit viel Glück ohne Sturz unten an.

II.

Trotz des schlechten Materials lernte ich rasch die Grundbegriffe. Das Matratzenlager in der Schihütte entpuppte sich inzwischen als Bakterien- und Bazillenhölle, und nach ein paar Tagen war ein Großteil der Schüler in unserem Zimmer an Grippe erkrankt. Ich fieberte, fantasierte und wurde schließlich in einer eisigen Nacht mit dem Rettungswagen nach Zell am See gebracht, wo ich mit Penicillin behandelt wurde. Am Ende der Woche traf ich meine Schulkameraden auf dem Bahnhof und fuhr mit ihnen wieder nach Hause. Aber ich schwor mir, nie wieder auf Schiern zu stehen und habe diesen Entschluss nicht bereut.

Ein treuer Diener

I.

Ohne dass ich wusste weshalb, begann ich besser zu lernen. Meine Leistungen waren zwar immer noch schlecht, aber ich verstand langsam, was vorgetragen wurde und worauf es ankam. Vielleicht lag es daran, dass ich mir vorgenommen hatte, die Schule hinter mich zu bringen und mich die Aussicht, aufs Reinhardt-Seminar zu gehen, beflügelte.

II.

In »Literaturpflege« bei Professor Pickl lasen wir Zuckmayers »Des Teufels General«, Schillers »Wallenstein«-Trilogie, Kleists »Der zerbrochene Krug« und Kellers Novelle »Kleider machen Leute«. Beim Vortragen der Stücke teilte mir mein Deutschprofessor die interessantesten Charaktere zu, so auch ein Jahr später in Goethes »Faust« den Mephisto. Ich bereitete mich zu Hause so genau darauf vor, dass ich Pickl und die Klassenkameraden jedes Mal durch meine Interpretation überraschte.

III.

Als wir allerdings Grillparzers »Ein treuer Diener seines Herrn« durchnahmen, blieb ich unbeteiligt, denn ich verachtete die bedingungslose Treue, die das Stück zum Inhalt hat. Pickl war vom Drama jedoch so angetan, dass er es zum Thema einer Schularbeit machte. Ohne zu überlegen, dass ich ihn damit verärgerte, attackierte ich Grillparzers Weltsicht und versuchte zu beweisen, dass das Werk einfältig und langweilig sei. Und wirklich bekam ich den Zorn meines Lehrers zu spüren, der mir das Heft über die Köpfe der anderen Schüler zuwarf, dass es neben mir auf den Boden klatschte. Dort blieb es die ganze Stunde über liegen, und ich übergab es in der Pause im Konferenzzimmer einem anderen Professor. Da ich mich außerdem weigerte, eine »Verbesserung« zu machen, erhielt ich im Halbjahr in Deutsch eine schlechtere Note. Einige Wochen blieb die Beziehung zwischen mir und dem Professor getrübt, dann vergaßen wir den Vorfall, und ich erfreute in der Literaturstunde Pickl wieder durch meinen Vortrag.

Abschied und Wiedersehen

I.

Am Ende des Schuljahres fuhr Erika für zwei Monate mit ihrer Schwester Linde nach Swansea in England, um in einem Hotel zu arbeiten. In der Nacht vor ihrer Abreise schlief ich mit ihr. Im Moment des Abschieds aber war ich ohne Empfindungen. Erika hatte mir Alain Fourniers »Der große Kamerad«, ihr Lieblingsbuch, geschenkt, das ich noch am selben Abend zu lesen begann.

II.

Erst in den folgenden Tagen begann es mich zu bedrücken, dass sie aus meinem Leben verschwunden war. Wir schrieben uns zwar zahlreiche Briefe, doch fühlte ich mich einsam. An einem Julimorgen packte ich meinen Seesack, um schwimmen zu gehen, aber auf der Straße überlegte ich es mir und schlug den Weg nach Gösting ein. Ich fing an zu laufen und nahm die gleiche Strecke wie vor sieben Jahren, an den GAK-Tennisplätzen vorbei zur Augasse und von dort hinter der Farbenfabrik Zankl über den Mühlgang bis zum Weidweg. Vieles hatte sich verändert, Wohnhäuser standen dort, wo sich die Au ausgedehnt hatte. Autos bevölkerten die Straßen, und die Bilder, die ich im Kopf hatte, fanden sich in der Wirklichkeit verkleinert wieder. Zwar war manches noch so, wie es sich meinem Gedächtnis eingeprägt hatte, das Wehr und die Holunderbüsche, das Dorfgasthaus an der Ecke Wiener Straße, die Unterführung und die Schule, aber es schien mir auf eine Weise entseelt, dass ich mir nicht mehr vorstellen konnte, was mich als Kind daran so beeindruckt hatte.

III.

Großmutter saß trotz der Hitze mit einer Weste in der Laube und entkernte Kirschen. Sie war so in Gedanken versunken, dass sie mich gar nicht hörte, erst als ich sie zum zweiten Mal anrief, blickte sie auf und fragte mich erschrocken, weshalb ich zu ihr gekommen sei. Ich wusste es selbst nicht und antwortete, dass mir langweilig gewesen wäre. Ihr Gesicht zuckte jetzt nicht mehr so heftig wie früher, und auch ihr Schnalzen war weniger laut. Sie wirkte müde und abwesend und unterhielt sich schleppend mit mir. Nach einer Weile kam Frau Lehmberger in den Garten und küsste mich aus Gewohnheit. Jetzt erst bemerkte ich, dass die Mülldeponie verschwunden war. Kohlweißlinge flatterten dort, und Gras wuchs kniehoch. Ich konnte es zunächst nicht glauben, denn mit der Halde war auch ein Teil meiner Kindheit verschwunden. Den Rangierbahnhof hinter dem Haus gab es allerdings noch und das Sägewerk. Ich fragte Großmutter, um sie von ihren schweren Gedanken abzulenken, nach dem siebenbürgischen Großvater, und sie nahm mich mit in ihr Zimmer, in dem jetzt unsere selbstgemachten »Kinderbücher«, die zusammengenähten Hefte, anstelle der »Weltumsegelung der Novara« in der Vitrine lagen. Ich nahm sie heraus, und wir blätterten gemeinsam in ihnen, aber während ich darüber lachte, blieb sie vollkommen ernst. Sie war durch meine gute Laune sogar irritiert, denn sie hielt, wie es ihre Art war, unsere Hefte für etwas Kostbares. Ich umarmte sie fest, und sie ließ es geschehen. Dabei entdeckte ich auf ihrem Nachtkästchen den roten Einband eines alten Baedeker-Reiseführers »Italien – von den Alpen bis Neapel«. Er gehörte Frau Lehmberger, wie ich später erfuhr, die ihn für ihre Hochzeitsreise nach Venedig erstanden hatte. Neugierig schaute ich das handliche Buch mit den Stadtplänen und Landkarten an und entdeckte zufällig die Kapitel über den Vesuv und die ausgegrabene Stadt Pompeji. Ich fand den Grundriss eines pompejianischen Hauses, den Plan mit den Straßen und Häusernamen und die ausführliche Beschreibung jedes Gebäudes vom Theater bis zur Casa dei Mysteri, vom »Haus des tragischen Dichters« bis zur Gräberstraße. Da ich nicht wollte, dass Großmutter glaubte, ich stöberte in ihren Sachen, legte ich den Baedeker rasch wieder zurück auf das Nachtkästchen. Inzwischen hatte sie gefunden, was sie gesucht hatte: eine Fotografie auf einem Stück Pappe aufgezogen, die den siebenbürgischen Großvater als jungen Mann in der Uniform eines k. u. k. Korporals zeigte. Ich hatte sie noch nie zuvor gesehen, und Großmutter schenkte sie mir, bevor ich wieder die Strecke zurück bis zum Margarethenbad lief. Noch verschwitzt vom Laufen, machte ich einen Kopfsprung in das kalte grüne Wasser und spielte dabei mit dem Gedanken, dass die Zeit bis zur Rückkehr Erikas vergangen sein würde, wenn ich wieder auftauchte, um Luft zu holen.

Schlossberg

I.

In diesem Sommer bewarb ich mich als Statist für eine Aufführung von Friedrich Schillers »Die Jungfrau von Orléans«, die in den Kasematten des Schlossbergs inszeniert wurde. Ich durfte als Herold den Herzog von Shrewsbury ausrufen und lungerte, wenn wir nicht mit Proben beschäftigt waren, im Garten des Restaurants herum und rauchte. Langsam gewöhnte ich mich daran, ohne Freundin zu sein.

II.

Nach einer Probe kam ich mit dem Schauspieler Veit Relin ins Gespräch, der gerade Dostojewskis »Der Idiot« las und voll Bewunderung über den Roman sprach. Da ich das Buch nicht auftreiben konnte, lieh mir Paul »Schuld und Sühne«. Schon nach wenigen Sätzen spürte ich, wie mich Dostojewskis Roman Wort für Wort, Seite für Seite veränderte. Ich gewann den Eindruck, dass der russische Dichter alles durchschaute und keine menschliche Regung ihm fremd war.

III.

Veit Relin erklärte mir auch, dass Dostojewski, dessen Gesicht ich mir im Rasierspiegel vorstellte, wenn ich meinen Bartwuchs kontrollierte, Epileptiker gewesen war, und wir führten daraufhin ein Gespräch über die Krankheiten großer Künstler, bei dem ich vom Selbstmord Kleists erfuhr, vom Alkoholismus Edgar Allan Poes, dem Wahn Hölderlins und der Lungentuberkulose Franz Kafkas. Dadurch fing ich an, das Kranksein mit anderen Augen zu sehen.

Ferien

Im August reisten wir mit Großvater zum verregneten Attersee nach Unterach. Ich fand den See unter den dunklen Wolken und dem hohen Gebirge bedrückend und litt daran, dass die Zeit nicht verging. Nach wie vor schrieb ich Erika Briefe nach England, und sie schrieb mir zurück und machte mich mit ihren Dates und Tanzveranstaltungen eifersüchtig. Der Regen im Salzkammergut nahm kein Ende, deshalb brachen wir nach Lignano auf, und ich war glücklich, denn ich sah endlich wieder das Meer.

Kollaps

I.

Im September statierte ich in »Turandot« von Carlo Gozzi, das in den Rittersälen zur Aufführung kam. Ich fand das Stück nicht besonders aufregend, vor allem langweilte mich meine stupide Aufgabe, mit einem Riesenhelm und einer noch riesigeren Hellebarde einen ganzen Akt lang neben einem Riesenthron Wache zu stehen. Ich war unfreiwillig zu einer leblosen Figur erstarrt und hatte keine andere Abwechslung, als die beim Sprechen spuckenden Schauspieler aus der Nähe zu betrachten. Erstaunt stellte ich fest, dass sie sich anschließend hinter der Bühne in eine Schar Kinder verwandelten.

II.

Am Abend, an dem Erika aus England zurückkam, bewachte ich gerade wieder den Thron, als ich spürte, dass mir übel wurde. Ich fing an zu schwitzen, und die spärlichen Kulissen und die Darsteller begannen sich um mich zu drehen. Ich versuchte, bereits benommen, die Bühne zu verlassen, brach jedoch, bevor ich noch einen Schritt tun konnte, ohnmächtig zusammen. Wie lange ich auf dem Bretterboden lag, konnte ich nicht mehr sagen. Als ich zu mir kam, bemerkte ich nur, dass ich unter dem Vorhang, der die Kulisse ersetzte, nach hinten gezogen wurde. Die Vorstellung lief unterdessen weiter, und ich sah in einem merkwürdigen Flackerlicht und aus der Sicht eines kleinen Hundes, wie ich mich langsam und ruckartig aus dem Stück entfernte, bis mein Kopf und dann mein ganzer Körper hinter den Vorhang verschwunden waren. Geradewegs blickte ich jetzt in das Antlitz des rothaarigen

Inspizienten, Herrn Heinrich, eines etwa fünfzigjährigen Mannes mit Brille und Halbglatze, der mich ungehalten anfuhr, dass ich die Vorstellung »geschmissen« hätte. Mir wurde wieder schwarz vor Augen, ein Schwarzfilm, der ein Ende anzeigte, denn ich hörte von da an mit dem Statieren auf.

III.

Nachdem ich gegessen und getrunken hatte, erholte ich mich langsam. Benommen lief ich auf den Ortweinplatz und dort durch den Fahrradkeller der Kunstgewerbeschule hinauf zu Erika. Wir führten ein langes Eifersuchtsgespräch und setzten dann unsere Beziehung fort.

Das blaue Heft

I.

Ich machte schon länger keine Eintragungen mehr in mein rotes Tagebuch, sondern verwendete ein blaues Schulheft der Papierhandlung Schediwy. Zuerst verfasste ich Gedichte in Reimen, aber bald entdeckte ich die Möglichkeiten, die in der Sprache lagen, vor allem wenn die Verständlichkeit nicht das oberste Gebot war. Stundenlang konnte ich in meinen Assoziationen versinken. Auch wenn meine Wortfügungen und Sinnfindungen ungelenk und pathetisch waren, so verschafften sie mir doch ein schöpferisches Gefühl.

II.

Nach einer missglückten Mathematik-Schularbeit fand ich plötzlich mein blaues Heft nicht mehr. Wie immer hatte ich es zwischen den Schulsachen versteckt gehabt. Zwei Tage lang drehte ich jeden Gegenstand um, und meine Verbitterung wuchs. Schließlich fragte ich meine Eltern, ob sie es gesehen hätten. Mein Vater war auf das Äußerste gereizt und verlangte, dass ich mich endlich auf die Schule konzentrierte. Ich sagte entschlossen, dass ich Schauspieler und Schriftsteller werden wollte und dass mich nichts davon abbringen würde.

III.

Am Tag darauf betrat mein Vater das Zimmer, warf das Heft auf den Schreibtisch und erklärte, er habe meine »Sachen« einem Psychologen und einem bekannten Journalisten zum Lesen gegeben, die beide der Meinung seien, meine »Kritzeleien« seien nichts wert. Der Psychologe habe von Pubertätsschwierigkeiten gesprochen und der Journalist von einem Durcheinander ohne Sinn. Er nannte mir die Namen der beiden und stellte es mir frei, sie anzurufen. Vom Urteil und der Indiskretion meines Vaters betroffen, sprang ich auf, zerriss das Heft und warf die Reste in den Papierkorb. In einer Mischung aus verhaltenem Zorn und unterdrückter Scham fuhr ich ihn an, er solle mich endlich in Ruhe lassen. Sein Gesicht drückte Verachtung und Fassungslosigkeit aus. Für einen Moment tat er mir sogar leid, und ich fühlte mich schuldig, aber bevor ich noch etwas sagen konnte, schloss er die Tür hinter sich.

IV.

Wie immer redete mein Vater danach nur das Notwendigste mit mir, auch zu meiner Mutter war er »kurz angebunden«. Ich aber konnte an nichts anderes mehr denken als an sein Verhalten und das Urteil des Psychologen und des Journalisten. Wahrscheinlich hatte mein Vater recht, sagte ich mir, und zweifelte gleichzeitig daran, denn ich war mir ebenso wenig sicher, dass ich selbst recht hatte. In einem der Momente, in denen ich überzeugt war, ein lächerlicher und dummer Mensch zu sein, zerstörte ich auch das rote Tagebuch, ich riss die Seiten heraus und zerschnitt sie mit einer Schere, bis nur noch kleine Schnipsel in den Papierkorb fielen. Durch die Geräusche aufmerksam geworden, fragte mich meine Mutter erschrocken, was ich machte. Sie kam auf mich zu und wollte mich wieder umarmen, aber zum ersten Mal wandte ich mich von ihr ab.

V.

Nach Wochen oder auch Monaten schrieb ich in mein orangefarbenes dickes Latein-Vokabelheft ohne abzusetzen ein Gedicht. Ich sehe noch heute die blaulinierte Seite und die roten Mittelstriche vor mir und meine Füllfeder, aus der die Worte auf das Papier fließen.

Neue Versuche

I.

Bald fand ich beim Schreiben wieder einen eigenen Rhythmus – oder bildete es mir zumindest ein – und ließ immer mehr Satzteile weg, wodurch neue, überraschende Zusammenhänge entstanden, die mich anregten, dem Magnetismus der einzelnen Wörter zu folgen.

II.

Begierig nahm ich die verschiedensten Einflüsse auf. Als wir in der »Literaturpflege« Wolfgang Borcherts Theaterstück »Draußen vor der Tür« und verschiedene seiner Kurzgeschichten lasen, versuchte ich, etwas Ähnliches zu fabrizieren, es misslang mir jedoch, da mir die persönliche Erfahrung für diese Art zu schreiben fehlte. Außerdem gerieten mir meine Versuche immer chaotischer.

III.

Aber je mehr ich aufschrieb, desto weniger wollte ich, dass mein Heft neuerlich jemandem in die Hände fiel. Ich fertigte aus einer Steiermarklandkarte einen Umschlag an und versah den Rücken mit dem Etikett »Geographie«, sodann verstaute ich meine Prosa-Versuche und Gedichte neben dem Atlas, in dem ich die Fotografie mit der nackten Frau versteckt hatte. Vor allem aber achtete ich jetzt darauf, dass mich niemand mehr beim Schreiben überraschte. Im Nachhinein erst fällt mir auf, wie sehr ich das mir damals Wichtige, meine Sexualität und meine Neigung zur Literatur, verheimlichen musste.

Die Veränderung

I.

Wir hatten nachmittags Unterricht gehabt, und ich war mit dem neuen Religionslehrer, der Papst hieß, in Streit geraten, nachdem ich ihn mit meinen Fragen aus der Fassung gebracht hatte. Schließlich hatte er mich vom Unterricht ausgeschlossen, und ich musste den Rest der Stunde auf dem Gang verbringen. Am Abend traf ich Erika in der Oper, sie schlug mir aber vor, die Vorstellung nicht zu besuchen und sie nach Hause zu begleiteten. Im dunklen Stiegenhaus der Personalwohnungen am Ortweinplatz, bevor sie das Minutenlicht drückte, sagte sie mir, dass sie schwanger sei. Ich antwortete ihr im ersten Schrecken, sie solle sich keine Sorgen machen, ich würde mit meinen Eltern darüber sprechen. Tatsächlich hatte ich jedoch keine Ahnung, was ich tun sollte. Wie sollte ich meinen Eltern beibringen, dass ich ein Kind gezeugt hatte, wo ich doch selbst erst siebzehn Jahre alt war. Logischerweise würde ich vom Gymnasium gefeuert werden. – Und dann?, schoss es mir durch den Kopf.

II.

Obwohl ich Angst hatte und auf dem Heimweg mit dem Gedanken spielte davonzulaufen, was mir als eine reale Möglichkeit erschien, ließ ich mir angesichts meines in seiner weißen Unterwäsche auf mich wartenden Vaters, der mir sogleich aus der Küche heraus die Uhrzeit zurief, nichts anmerken. Ich konnte plötzlich ihn und mich kalt beobachten und dachte mir schadenfroh, dass er noch gar nicht ahnte, was ich ihm mitzuteilen hätte. Gleich darauf tat er mir leid, aber zugleich wollte ich ihm ins Gesicht sagen, dass ich nicht mehr weiter zur Schule gehen könne, weil nun auch ich Vater sei, und dieser Gedanke ließ mich für einen Augenblick glauben, ich sei ihm gleichwertig.

III.

Vor Erschöpfung schlief ich tief und fest und ging am nächsten Tag wie immer zur Schule. Ich machte dabei die

Entdeckung, dass ich mein Problem ignorieren und einfach darauf warten konnte, was passieren würde. Irgendetwas würde in jedem Fall geschehen, und je passiver ich mich verhielt, desto weniger hatte ich damit vielleicht zu tun. Ich wusste aber gleichzeitig, dass ich die Sache nicht endlos vor mir herschieben konnte.

IV.

Mein Klassenvorstand, Lateinprofessor Wöller, rief mich auf und teilte mir mit, was ich schon wusste, dass ich nämlich im laufenden Semester vom Religionsunterricht ausgeschlossen sei. Als ich dazu schwieg, wollte er wissen, was ich davon hielte. Es war mir jedoch angesichts meiner Schwierigkeiten egal, und ich zuckte nur mit den Schultern.

»Das ist alles?«, fragte er mich erbost, und als ich wieder nichts entgegnete, weil ich nicht wollte, dass er mir die Worte verdrehte, befahl er mir, mich zu setzen.

V.

An diesem Abend wiederholte sich das Gespräch mit Erika. Ich begriff ihre Bedrängnis und versprach ihr, meine Eltern einzuweihen, aber ich kam noch später als am Vortag nach Hause, wie mir mein Vater beim Betreten der Wohnung aus der Küche zurief, und er war noch mehr außer sich als sonst, und obwohl ich mich davor fürchtete, es ihm zu gestehen, hätte ich es ihm beinahe »an den Kopf geworfen«, wie es damals allgemein noch hieß. Auch in dieser Nacht schlief ich tief und fest. In der Schule hatte ich Wolff von meinen Nöten erzählt, aber er wusste ebenso wenig einen Ausweg wie ich und bedauerte mich nur.

VI.

Das Wochenende verging, und es kam zu keinem Gespräch mit meinen Eltern. Ich hatte als Kind, erinnerte ich mich, eine seherische Gabe besessen, die aber im Laufe der Zeit verblasst war. Jetzt hätte ich gerne gewusst, was geschähe, nachdem ich den Mut gefunden haben würde, mit der Wahrheit herauszurücken. Ich erkannte meine Feigheit und Unfähigkeit, den Tatsachen ins Auge zu blicken und dafür einzustehen. Wieder gingen mir Fluchtgedanken durch den Kopf. Ich sah mich schon als Fremdenlegionär in der Sahara, obwohl mir gleichzeitig klar war, dass ich mich nur meinen Fantasien hingab. Wie immer in existenziellen Situationen begann ich an der Realität zu zweifeln und alles als Einbildung abzutun. Gleichzeitig empfand ich aber auch meine Lage in ihrer Banalität und Unveränderbarkeit, ihrer Unglaublichkeit und Alltäglichkeit als eine Lektion, die mir die Wirklichkeit erteilte, damit ich sie endlich akzeptierte.

VII.

Nach dem Vormittagsunterricht, bei dem Wolff mich gefragt hatte, ob ich meine Eltern schon »davon« in Kenntnis gesetzt hätte, ging ich nicht mehr nach Hause, sondern streifte, ohne zu wissen, was ich wollte, auf dem Rosenberg herum. Ich hatte keine Lust zu laufen, sondern dachte daran, dass meine Mutter auf mich wartete und dass ich sie, solange es mein Gewissen erlaubte, weiter würde warten lassen. Ich blickte auf die IV. Chirurgie und die Taubstummenanstalt hinunter und erhoffte mir wieder einen Hinweis. Mir fielen die Fingerstellungen der Taubstummensprache ein, doch war mir ohnedies klar, dass ich den Mut finden musste zu reden. Veit Relin, der Schauspieler, hatte recht gehabt mit seiner Sicht von Krankheit, dachte ich mir, sie war eine Befreiung aus der tödlichen Umklammerung des Alltags.

VIII.

Ich überlegte kurz, bei der Mutter Katharinas anzuläuten, aber als mir der Mann einfiel, mit dem sie wahrscheinlich zusammenlebte, ließ ich es bleiben. Schnee lag auf den Wegen, Wiesen und Dächern, und ich fror.

IX.

Als es dunkel wurde, lief ich über die Kalvarienbergbrücke zum Bahnhof. Ich schaute in das schmutzige Wasser der Mur und wunderte mich, dass ich keine Selbstmordgedanken hatte. Ich sah das Wasser fließen, die Räder der Autos sich bewegen, Menschen gehen … alles war in Bewegung, eine große Maschine. Ich war außerhalb dieses Uhrwerks und betrachtete es wie damals die zerlegte Taschenuhr von Paul.

X.

Am Bahnhof bestieg ich einen Waggon und wartete, was weiter geschehen würde. Ich war der einzige Fahrgast. Niemand kam, niemand fragte mich, was ich machte. Eine Zeitung lag auf einem der Sitze, und ich versuchte sie zu lesen, aber meine Gedanken schweiften ab. Plötzlich fuhr der Zug an, und der beleuchtete Bahnhof verschwand aus meinem Blickfeld. Ich dachte kurz an die »abenteuerliche« Fahrt mit Paul zum Schotterwerk und den schwindelerregenden Blick aus dem evakuierten Haus in die Tiefe. Nach einer kurzen Fahrt hielten wir wieder an, das Licht ging aus, und ich hörte einen Pfiff und Männerstimmen. Vorsichtig ging ich zur vorderen Plattform und stellte fest, dass der Waggon auf einem Rangiergleis abgestellt worden war. Ich sprang aus dem Waggon, überquerte die Schienen und gelangte auf die Straße. Irgendetwas trieb mich nach Hause, zurück in das große Uhrwerk, in dem sich alles bewegte.

XI.

Je näher ich dem Geidorfgürtel kam, desto übler wurde mir bei dem Gedanken, was mich erwartete. Ich fing wieder zu laufen an, bog in die Schubertstraße ein und sah, dass die ebenerdige Wohnung eines Schulkameraden, Werner Gutjahr, beleuchtet war. Er öffnete überrascht das Fenster, als ich ihn rief, und ließ mich eintreten. Ich weiß nicht mehr, ob ich ihm die Wahrheit sagte oder eine Ausrede verwendete, jedenfalls durfte ich die Nacht über bei ihm bleiben.

XII.

Am nächsten Morgen lief ich in den Leechwald, von dort weiter nach Mariatrost und dann wieder zurück. Unterwegs wich ich, wenn ich Schritte oder Worte hörte, vom Weg ab, um niemandem zu begegnen, und beschloss, da ich fror, noch einmal meinen Schulkameraden Gutjahr aufzusuchen. Ich hatte nach wie vor keinen Plan und hoffte nur, dass mir plötzlich alles gleichgültig werden würde. Als ich den Universitätssportplatz erreichte, sah ich schon von weitem Wolff mit seinem Moped, und ich überlegte mir in einer ersten Regung, mich zu verstecken. Ich ging jedoch auf ihn zu, und als er mich erkannte, winkte er aufgeregt.

XIII.

Ich erfuhr von ihm, dass ich gesucht wurde, denn mein Vater habe Vermisstenanzeige erstattet. Am frühen Morgen habe die Polizei meine Eltern verständigt, fuhr er fort, dass ein Jugendlicher tot aufgefunden worden sei, auf den meine Beschreibung passte. Mein Vater habe den Toten im Leichenschauhaus identifizieren müssen, sagte Wolff weiter. Ich hatte jetzt schon mehr als einen Tag nichts gegessen, war übernächtigt, und antwortete nur: »Hoffentlich war es nicht ich.«

Ich setzte mich müde auf den Gepäckträger und bat Wolff, mich zu begleiten und zu erklären, dass er mich gefunden und überredet habe, nach Hause zu kommen.

XIV.

Mein Vater machte mir keine Vorwürfe. Erschöpft saß er auf einem Stuhl und sah zu, wie meine Mutter mich umarmte. Beide glaubten noch immer, dass ich nicht nach Hause gekommen sei, weil ich aus dem Religionsunterricht ausgeschlossen worden war, und wollten mich trösten. Ich gestand ihnen jedoch rasch den wahren Grund meines Verschwindens. Das Warten in der vergangenen Nacht hatte sie milde gestimmt und mehr erstaunt als betroffen fragten sie mich über die näheren Umstände aus.

XV.

Anderntags traf sich meine Mutter mit Erika und begleitete sie zum Frauenarzt, der feststellte, dass sie im fünften Monat schwanger war. Eine Vaterschaft war damals für einen Jugendlichen etwas Unvorstellbares. In der Schule galten Fälle wie meiner als sittengefährdend und hatten den Ausschluss zur Folge. Daher schien es allen das Beste, darüber zu schweigen, bis ich die Matura abgelegt hätte. Sogar die Großeltern wussten nichts davon.

XVI.

Eva kam am 21. Juni 1960 zur Welt, drei Tage vor meinem 18. Geburtstag. Meine Eltern hatten – um Geheimhaltung bemüht – im Sanatorium Maier ein Bett reserviert, wo ich Erika und meine Tochter am Tag der Geburt besuchte. Ich erinnere mich, dass Eva ein schönes, schwarzhaariges Baby war. Ich konnte aber nicht glauben, dass ich es war, der sein eigenes Kind sah, vielleicht war ich irrtümlich in ein anderes Leben geraten, sagte ich mir, um zu verstehen, was ich nicht glauben konnte.

Die verlorene Erinnerung

I.

Die Zeit, die hinter mir lag, löste sich allmählich in meinem Kopf auf, und an die Stelle der Erinnerung trat Leere. Wie Onkel Sepp die Teile der Taschenuhr, die ich mit Paul zerlegt hatte, in einem Papiersäckchen verstaut und damit nicht nur Zahnräder, Schrauben, Zeiger und die Feder, den Anker und das Ziffernblatt hatte verschwinden lassen, sondern für mich auch die sichtbare Zeit, so verflüchtigten sich jetzt zugleich auch die Bestandteile meiner Erinnerung und mein bildhaftes Gedächtnis.

II.

Vier Jahrzehnte hatte ich meine Kindheit vergessen. Ich wunderte mich manchmal darüber, dass Tolstoi oder

Marcel Proust, Hemingway oder Mark Twain Geschichten über ihre Kindheit hatten schreiben können, denn in meinem Kopf waren die zwölf ersten Jahre ausgelöscht gewesen. Meine Mutter erzählte mir zwar auf meine Fragen, was sich am Weidweg ereignet hatte, Geschichten, die mir bekannt vorkamen, aber ich hörte ihr zu, als spräche sie nicht über mich, sondern über einen Unbekannten. Die meisten der kleinen Episoden, die ich von ihr erfuhr, habe ich nicht aufgeschrieben, da sie belanglos waren, aber als ich sie aus ihrem Mund hörte, waren sie für mich wie Beweise, dass ich nicht erst im Alter von zwölf Jahren erwacht war, sondern wie jeder Mensch ein eigenes Vorleben hatte. Ich war schon über fünfzig Jahre alt, als die Erinnerung zurückkehrte, fast unwirklich und stückweise, als eine Ansammlung von Partikeln, Fragmenten, Kopffotografien und automatenhaften Kurzfilmen, als Stimmen und Déjà-vus. Wie sollte ich sie jemals ordnen? Gab es den alten Uhrmacher in der Kellerwerkstatt, der die einzelnen Bestandteile der zerlegten Taschenuhr auch für mich zusammenbauen konnte? Es dauerte weitere fünf Jahre, bis sich eine Chronologie einstellte, und erst seither geht mir diese Zeit meines Lebens wieder mehr und mehr im Kopf herum. Natürlich weiß ich, dass die Erinnerung lügt und täuscht, doch war es ohnedies meine Absicht, meine eigene Wahrheit zu finden und zum Vorschein kommen zu lassen, da sie dem Literarischen mehr entspricht als die Auseinandersetzung mit sogenannten Tatsachen. Ich habe den jahrzehntelangen Verlust meiner Erinnerung übrigens nie bedauert, im Gegenteil, ich dachte, es sei völlig normal, nichts mehr über die Kindheit zu wissen. In dieser Zeit ohne meine ersten zwölf Lebensjahre habe ich wenige Male und immer erfolglos versucht, mir ein Bild über mich selbst zu machen.

III.

Erst mit fünfundfünfzig Jahren begann ich, meinem Enkel Simon von meiner Kindheit zu erzählen, anfangs erfundene Geschichten, dann – zu meinem eigenen Erstaunen – eine Mischung aus Erfundenem und Erinnertem. Auf diese Weise entwickelte sich mein Gedächtnis langsam und scheinbar mühelos wie ein Polaroidbild auf weißem Papier. Aber noch immer ist mir, als spräche ich dabei nicht über mich selbst, sondern über einen Fremden.

Turbulenzen

I.

Im Sommer nach Evas Geburt besuchte mein Vater einen ehemaligen Kriegskameraden der Luftwaffe in Hannover. Wir flogen mit einem einmotorigen Flugzeug über der Stadt, und ich erschrak über das Gefühl der Bodenlosigkeit. Den ganzen Flug über litt ich an Schwindelanfällen und Übelkeit, und doch kann ich nicht sagen, ich hätte nur Angst empfunden. Eine seltsame Irritation hatte mich erfasst, so als begänne ich, losgelöst von der Erde, ein neues Leben.

II.

Die Reise führte uns weiter nach Amsterdam. Stundenlang streifte ich mit meinen Brüdern durch die Stadt an den Grachten und alten Häusern entlang. Ich war davon überzeugt, schon einmal hier gewesen zu sein und spielte mit dem Gedanken, wie es wäre unterzutauchen. Immer wieder dachte ich an Amsterdam, und bis heute fasziniert mich die Vorstellung, es bedürfte nur eines kleinen Schrittes, um ein anderer zu sein.

Die achte Klasse

Zu Beginn des letzten Schuljahres versprach ich meinem Vater, nach der Matura mit dem Medizinstudium zu beginnen, und der Druck auf mich ließ nach. Schon vorher hatte er sich bereit erklärt, die Alimente zu zahlen, und meine Mutter kümmerte sich mehrmals in der Woche um das Enkelkind. Rasch liebte sie Eva wie auch ich. Ich sah Erika jetzt regelmäßig, und der Zwang, am Abend pünktlich nach Hause zu kommen, lockerte sich etwas. Ich führte mit meinen Eltern auch keine politischen Diskussionen mehr, ich war auf der Suche nach mir selbst und bemühte mich, es mir nicht anmerken zu lassen. Ich redete nur vom Medizinstudium, träumte aber weiter vom Reinhardt-Seminar.

Der Priester

Professor Edmund Schwarz war Altphilologe und Priester am fürstbischöflichen Knabenseminar in der Grabenstraße. Mein Vater hatte seine schwerkranke Mutter behandelt, deshalb erklärte er sich bereit, mich in Latein auf die Matura vorzubereiten, und seit er mir bei den Übersetzungen half, wurden auch meine Leistungen besser. Er trug stets den schwarzen Priesterrock und eine Baskenmütze. Bis heute weiß ich nicht, wie seine Frisur aussah, aber ich nehme an, dass sein Haarwuchs schütter war. Sein Gesicht war bäuerlich – und bauernschlau sein Lächeln. Das große und hohe Zimmer im Knabenseminar, das ich jedes Mal aufsuchte, war mit alten braunen Möbeln ausgestattet, und auf mehreren Tischen stapelten sich Bücher und Papiere. Schwarz blieb nie sitzen, immer lief er, unruhig wie das Kaninchen aus »Alice im Wunderland«, im Zimmer auf und ab, beugte sich über den Tisch, um einen Blick auf das Geschriebene zu werfen, schaute aus dem Fenster und verschwand im Nebenzimmer, aus dem sodann das Geräusch des Flaschenöffners, das Gurgeln der Flüssigkeit beim Ausschenken und das Schmatzen und Schlucken beim Trinken zu hören waren. Zum Schluss folgte ein hartes »Tack« – wenn er das Glas auf die Kommode stellte. Eilig kam er wieder herein, beugte sich über mich, um meine Übersetzungsarbeit zu kontrollieren, und gleichzeitig wehte mir eine kräftige Brise Alkohol entgegen. Er war ein gewohnheitsmäßiger Trinker, vielleicht sogar Spiegel- oder Pegeltrinker. Immer waren es Doppelliterflaschen Rotwein, und je später am Nachmittag ich erschien, desto mehr war ihm anzumerken, dass er trank. Manchmal saßen drei oder vier Schüler unterschiedlichen Alters an den verschiedenen Tischen, und er rannte dann von einem zum anderen, gab sich seinen Wutanfällen hin, flötete, schnauzte jemanden an, ermunterte ihn, und wenn ihm sonst nichts mehr an pädagogischen Mitteln einfiel, eilte er in das Nebenzimmer und rief, bevor er die Flasche öffnete: »Stucken! Stucken! Stucken!« Zu meiner Verwunderung mochte er mich. Ich kann mich nicht erinnern, dass er mich jemals getadelt hätte. Schon in den ersten Stunden lieh er mir eine Ausgabe der »Schönsten Sagen des klassischen Altertums« von Gustav Schwab mit den Illustrationen von John Flaxman und fragte mich nach jeder Stunde, was ich als Letztes gelesen hätte. Er entfachte in mir ein so großes Interesse an der Mythologie, dass ich mir eine Ausgabe von Homers »Ilias« und »Odyssee« besorgte und mühsam begann, mich in das Hexameterversmaß einzulesen.

Der Zen-Meister

Der zweite Nachhilfelehrer, Professor Heim, war ein pensionierter Mittelschulprofessor für Mathematik, ein ernster Mann mit einem sprechenden Gesicht. Seine Fingernägel waren von Pilz befallen und nur noch Ruinen, das Haar war kurz und struppig, er bewegte sich mühsam mit einem Stock und saß die meiste Zeit reglos in einem gepolsterten Sessel. Wenn er mir eine Aufgabe gestellt hatte, starrte er auf einen imaginären Punkt an der Wand, rieb sich die Augen und lauschte konzentriert den einzelnen Schritten der Lösung, die ich laut vortragen musste. Machte ich alles richtig, war sein Gesicht entspannt, begann ich mich zu irren, traten seine Augen immer weiter hervor, die Brauen hoben sich, der Blick wurde fragend, die Finger mit den verstümmelten Nägeln, die ihm das Aussehen eines Gefolterten gaben, legten sich an die Wangen und fuchtelten schließlich in der Luft, und aus seinem Mund kam zuletzt ein leises, fast gehauchtes: »Halt! Halt!« Er wartete dann mit scheinbar endloser Geduld, bis ich den Fehler entdeckt und korrigiert hatte, und zögerte Erklärungen so lange hinaus, bis er davon überzeugt war, dass ich allein nicht mehr weiterwusste. Er lehrte mich die mathematische Logik durch seine Mimik. Nie lobte er, nie tadelte er, nie fragte er mich aus, nie schüttete er meinen Verstand mit Worten zu. Seine Stunden, auf die ich mich zuletzt schon freute, waren ein Ritual, eine Art Meditation, die ich immer mehr genoss. Ich bereitete mich nicht mehr auf die Schule vor, sondern auf die Begegnung mit ihm. Er begriff rasch, dass es mir in der darstellenden Geometrie an Vorstellungsvermögen mangelte, und studierte mit mir ein schablonenhaftes Ausführen der Aufgaben ein, das weder mir noch ihm Freude bereitete. Nur durch die Nachsicht meines Professors im Lichtenfelsgymnasium, Gossler, erhielt ich schließlich den Jahresabschluss in diesem Fach, der mich berechtigte, zur Matura anzutreten.

Jonas

Auf dem Weg zu Erika erkannte ich den österreichischen Bundespräsidenten Franz Jonas vor dem Hotel Steirerhof. Ich lächelte ihn überrascht an, und er lud mich ein, ihn auf seinem Spaziergang zu begleiten. Er war größer, als ich gedacht hatte, hatte graues, gewelltes und nach hinten frisiertes Haar, eine Hornbrille und war braungebrannt. Infolge einer Zahnprothese sprach er das »S« mit einem Schatten aus, sodass es leicht nach »Sch« klang (ich kannte das aus dem Radio und der Wochenschau), aber bei unserem Gespräch konnte ich davon nichts bemerken. Er machte einen offenen und freundlichen Eindruck, sodass ich Mut fasste und ihm auf seine Frage hin erzählte, dass ich vor der Matura stünde und bereits Vater eines Kindes sei. Er nickte und wollte wissen, ob meine Schule darüber informiert sei, und als ich verneinte, dachte er kurz nach und erkundigte sich nach meinen Leistungen und dem Beruf meiner Eltern. Inzwischen hatten wir das Hotel Steirerhof wieder erreicht, das von zwei Polizisten bewacht wurde. Ohne anzuhalten, schlug er mir vor, noch »eine Runde zu drehen«. Ich hatte ihm gerade gesagt, dass ich zwischen einem Medizinstudium und dem Reinhardt-Seminar schwankte, und willigte erfreut ein, worauf er mir erzählte, wie schön Wien und das Leben dort seien. Ich erwiderte wahrheitsgemäß, dass ich noch nie in Wien gewesen sei, und er gab mir seine Telefonnummer, damit ich ihn anrufen könne, falls ich mich entschließen würde, zur Aufnahmsprüfung am Reinhardt-Seminar anzutreten. Während ich noch seine braungebrannten Finger mit dem Stift die Zahlen in meinen Taschenkalender schreiben sah, ahnte ich bereits, dass ich nie davon Gebrauch machen würde.

Musterung

I.

Wolff war entschlossen, noch vor dem Medizinstudium den Militärdienst abzuleisten, und wollte mich dazu überreden, es mit ihm gemeinsam zu tun. Ich sagte ihm jedoch, vielleicht, weil mein Vater mich so eindringlich davor gewarnt hatte, ich würde auch im Kriegsfall auf keinen Menschen schießen und alles daransetzen, nicht eingezogen zu werden.

II.

Die Musterung fand in der Kaserne Wetzelsdorf statt. Wir standen nackt in einem großen Raum, und ich wies, als die Reihe an mich kam, meine Befunde aus dem Krankenhaus und ein fachärztliches Gutachten vor, das Vater für mich besorgt hatte. Der Arzt, der mich untersuchte, studierte es skeptisch und fragte mich dann über die Diät aus, die mir verordnet worden sei, maß mir den Blutdruck, hörte mich ab und prüfte meine Reflexe. Er zweifelte so lange, bis die verlangte Urinprobe ergab, dass ich noch immer Eiweiß ausgeschieden hatte, dann erst schrieb er mich, wenn auch unwillig, tauglich zum Dienst ohne Waffe. Ein Rechtsbeistand riet mir, während ich immer noch nackt war, einen Aufschub für die Dauer meines Studiums zu beantragen, und nach Ausfüllen eines Formulars erhielt ich einige Wochen später den gewünschten Bescheid.

III.

Ich kann die verwickelte Geschichte hier nicht erzählen, wie es mir mit Hilfe meines Vaters schließlich gelang, dem Militärdienst zu entkommen. Vierzehn Jahre lang schlug ich mich jedenfalls mit der Behörde herum, brachte weitere Gutachten, erhielt abwechselnd Aufschübe und Stellungsbefehle und wurde schließlich wegen zu hohen Blutdrucks infolge einer »defekt geheilten Nephritis« für untauglich erklärt.

Matura

I.

Einige Wochen vor der Matura hörte ich auf, Gedichte zu schreiben, und begann, mich auf die Prüfungen vorzubereiten. Allerdings besaß ich keine Hefte mehr, denn ich hatte mir im letzten Schuljahr angewöhnt, nur Notizbücher einzustecken, in die ich meine spärlichen Mitschriften machte.

II.

Im Frühjahr 1961 trat ich mündlich in Latein, Deutsch und Naturgeschichte an. In Geschichte waren wir übrigens nur bis zu den Jahren 1870/71, dem Deutsch-Französischen Krieg, gekommen, denn der Erste und der Zweite Weltkrieg waren damals im Lehrplan offenbar nicht vorgesehen gewesen. In Deutsch hingegen hatten wir ausführlich über Gerhart Hauptmann und Thomas Mann gesprochen, einiges von Wiechert, Borchert und Langgässer durchgenommen und sogar das Wichtigste von der französischen Existenzialphilosophie und der Literatur Jean Paul Sartres und Albert Camus' erfahren. In Latein glaubte ich mich recht gut vorbereitet, lediglich in Naturgeschichte hatte ich nicht mehr als dreißig Seiten Zoologie gelernt. Weder in Botanik noch in Mineralogie verfügte ich daher über ausreichende Kenntnisse – ich hatte einfach nicht die Kraft aufgebracht, noch länger über den Büchern zu sitzen, und darauf vertraut, dass Professor Freisling nie einen Schüler hatte durchfallen lassen.

III.

Die schriftliche Matura legte ich erfolgreich ab, in Mathematik schrieb ich zum Erstaunen des Professors sogar die klassenbeste Arbeit, Deutsch fiel mir wie immer leicht, abgesehen von den Kommata, die ich noch heute regelwidrig setze oder überhaupt auslasse, und in Englisch und Latein war ich guter Durchschnitt. Ich machte mir daher wegen der mündlichen Prüfungen bis auf Naturgeschichte keine Sorgen.

IV.

Schon um acht Uhr morgens wurde ich überraschend und als Erster aufgerufen und erhielt im Fach Latein von Professor Wöller einen Zettel mit einem Brief Plinius' des Jüngeren. Ich war durch die Aufgabe verunsichert, denn in der Vorbesprechung hatte Wöller mit mir eine Stelle aus dem Werk Ciceros ausgemacht und meinem Klassenkameraden Krifter, der über bessere Lateinkenntnisse verfügte als ich, einen Plinius-Brief vorgeschlagen. Ich konnte auch erkennen, dass der Name Krifter am rechten oberen Eck des Zettels ausradiert worden war, denn der Abdruck, den der Bleistift auf dem Papier hinterlassen hatte, war noch sichtbar. Obwohl ich bemerkte, dass etwas nicht stimmte, zwang ich mich ruhig zu bleiben. Ohnedies war mein Verhältnis zu Wöller ein schlechtes, er hatte mich wegen meiner Größe und Magerkeit zuletzt häufig »Ofenrohr« gerufen und sich über meinen Protest lustig gemacht.

V.

Der Plinius-Brief war gespickt mit ähnlich lautenden Vokabeln wie »quidem«, »quisdam«, »quoque«, »quisquis«, und ich geriet beim Übersetzen in immer größere Schwierigkeiten, denn – einmal verunsichert – begann ich an allem zu zweifeln und verwechselte schließlich auch die Bedeutung von Vokabeln, die mir sonst geläufig waren. Nach der Vorbereitungszeit versuchte ich noch einmal, mich angestrengt zu konzentrieren, aber Wöller fuhr mich schon beim ersten Fehler an. Je länger ich mich abmühte, desto mehr drehte er die Sache so, dass ich schlecht aussah. Als ich aufstand, ahnte ich, dass er mich in Latein durchfallen lassen würde, ich hoffte allerdings noch, dass meine schriftliche Arbeit die mündliche Prüfung kompensieren würde.

VI.

Nachdem ich die Aufgabenstellung in Naturgeschichte durchgelesen hatte, wollte ich die Prüfung überhaupt abbrechen, denn ich konnte keine der Fragen beantworten. Professor Freisling beruhigte mich aber, als ich ihm meine Unwissenheit gestand, steckte den Zettel unauffällig wieder ein und zog einen unbeschriebenen aus der Jackentasche.

»Sagen Sie mir, was Sie gelernt haben«, flüsterte er mir zu. Meine Lage war so aussichtslos, dass ich mich erst gar nicht bemühte, die Wahrheit zu verschleiern. Freisling runzelte die Stirn, was er immer tat, wenn es Schwierigkeiten gab, nahm die Füllfeder aus der Jackentasche und fragte mich, ob ich über die Zelle Bescheid wüsste?

In Deutsch sprach ich anschließend über Gerhart Hauptmann und die katholischen Dichter der Gegenwart.

VII.

Der Tag hatte noch nicht einmal richtig begonnen, und meine Maturaprüfung war schon vorbei. Ich erhielt nach langer Beratung der Professoren, die ich auf dem Gang abwartete, die Bestätigung, dass ich die Lateinprüfung im Herbst wiederholen müsse. Später erfuhr ich, Wöller habe während der Konferenz Freisling gedrängt, mir auch in Naturgeschichte ein Nichtgenügend zu geben, was dieser jedoch abgelehnt hatte.

VIII.

Auf dem Heimweg eröffnete mir mein Freund Wolff, der bei der Prüfung anwesend gewesen war, dass seine Mutter in der letzten Sprechstunde unserem Klassenvorstand von meinem Kind erzählt hatte. Empört machte ich kehrt und lief in die Schule zurück, ohne aber zu wissen, was ich wirklich wollte. Ich betrat das Prüfungszimmer, bevor ich mich jedoch noch setzen konnte, wurde mir übel. Ich spürte einen Krampf im Kehlkopf, verlor das Bewusstsein und stürzte.

IX.

Mein Hemd war blutig, und mein Hals schmerzte, als ich auf einer Couch im Sanitätszimmer erwachte. Professor Pickl betreute mich dort, bis mein Vater erschien, der mich in das Landeskrankenhaus brachte. Bei der Untersuchung wurden Kehlkopfvarizen festgestellt, Krampfadern, die sich infolge meiner Nierenerkrankung und zu hohen Blutdrucks gebildet hatten. Zwar wurde ich nach Hause entlassen, aber wieder auf die verhasste Diät gesetzt.

Der Entschluss

I.

Zur Erholung fuhren meine Eltern mit Großvater und uns nach Aflenz auf die Bürgeralm. Paul, der inzwischen Germanistik und Geschichte studierte, traf in der Berghütte einen Schulkameraden, Walter Bachauer. Walter war ein besonders begabter und offener Mensch. Er war groß und kräftig und hatte infolge eines missglückten chemischen Experiments eine weiße Augenbraue, die mich an Kapitän Ahab in Melvilles »Moby Dick« erinnerte. Er hatte mit Paul in der sechsten Klasse eine Reise an den Ossiacher See gemacht und ihm beim Messerwerfen mit der Klinge den Handrücken verletzt, der seitdem eine breite Narbe aufwies. Trotzdem blieben sie befreundet. Während Großvater abwechselnd mit Helmut und meinem Vater Schach spielte, redete ich mit Walter über alles Mögliche. Er kannte sich besonders bei der Avantgardemusik aus, brachte mir Mahler, Schönberg, Berg und vor allem Webern nahe und schenkte mir Bücher, die einen Einfluss auf mein Denken nehmen sollten: den »Kinsey-Report«, Sigmund Freuds »Traumdeutung« und den »Ulysses« von James Joyce, den ich von da an jahrelang mit mir herumschleppte, bis ich ihn endlich zu lesen anfing. Die endlosen Gespräche mit Walter öffneten mir ein Tor zu einer Wirklichkeit, auf die ich schon lange neugierig gewesen war. Außerdem hatte mein Vater mehrere weiße CIBA Symposium-Hefte, eine medizinische Zeitschrift, mitgenommen, in denen ich illustrierte Artikel über die Kunst der Geisteskranken fand. Zum ersten Mal erhielt ich Einblick in die Innenwelt von Schizophrenen. Die Bilder waren anders als alles, was ich bisher gesehen hatte, anders auch als die Werke Picassos. Ich spürte zudem eine Energie von ihnen ausgehen, die mich anregte, selbst schöpferisch zu arbeiten. Ich ahnte damals bereits, dass das meiste, was sogenannte Geisteskranke und besonders Schizophrene erleben und erleiden, unserem Erleben und Erleiden gleicht, und ich vermutete, dass sie gefangen waren in einer Welt aus fixen Ideen, Wiederholungszwängen und Bedrohungen, die der Kindheit ähnelt. Vor allem aber schien das Gleichgewicht ihrer Empfindungen gestört, Trauer, Angst, Verzweiflung hatten überhandgenommen und fraßen sich in jeden Gedanken und jedes Wort hinein und hinterließen ihre Spuren nicht zuletzt in den Zeichnungen. Ich hielt die Werke deshalb von Anfang an für autobiographische Malerei. Später stellte ich fest, dass der Stil jedes Patienten sich auch nach Jahrzehnten nicht änderte. Beim Betrachten der Malerei war mir, als sähe ich in die Gehirne der Betreffenden oder als studierte ich den Gefrierschnitt von Gedanken durch ein Mikroskop. Die schöpferischen Fähigkeiten der unbekannten Künstler kamen unverfälscht und schutzlos zum Vorschein. Voll Enthusiasmus las ich im Laufe der Jahre Prinzhorns »Bildnerei der Geisteskranken«, Morgenthalers Abhandlung über Wölfli, Dubuffets Schriften, Leo Navratils Auseinandersetzung mit Kunst, Dichtung und Schizophrenie und folgte Arnulf Rainers Diavortrag über L'Art Brut im Grazer Forum Stadtpark.

II.

Mein Kehlkopf und meine angeschlagene Gesundheit ließen es noch immer nicht vernünftig erscheinen, dass ich mich für eine Aufnahmsprüfung am Reinhardt-Seminar anmeldete. Auch fing ich an, einen Weg zum Schreiben zu suchen und hoffte, ihn über die Medizin zu finden, wie Benn, wie Döblin oder Céline, auf die mich Walter Bachauer hinwies, um mir etwas Hoffnung zu machen. Ich konnte, erklärte er mir, weiter reisen als bis Wien, wenn ich damit begann, mich selbst zu erforschen.

III.

In diesem Sommer las ich noch zwei Bücher, die mich besonders anregten und beeinflussten: Albert Camus' »Der Fremde« und Jean-Paul Sartres »Der Ekel«. Der lakonische Stil Camus', die Schilderung eines ohnmächtigen Lebens, die Episodenhaftigkeit schienen mir wie auf mich gemünzt. Ich las das Buch dreimal, bevor ich mich Sartres »Der Ekel« überließ und damit der Existenzphilosophie, die für mich prägend wurde. Ich verdrängte die Wiederholungsprüfung in Latein und bereitete mich inzwischen auf das »Knochencolloquium« vor, das Voraussetzung war, um am Sezierkurs teilnehmen zu können.

Das Knochencolloquium

I.

Der Hörsaal in der Anatomie der Universität war überfüllt, als Professor Thiel wie ein Schauspieler zum Prolog in der Hölle auftrat und mit dem Deklamieren der Vorlesung über den Knochenbau und den menschlichen Bewegungsapparat begann. Thiel war eine wuchtige Erscheinung. Groß, massig, mit braunen Haaren und einem Vollbart stellte er so etwas wie einen König der Leichen dar, dessen Versfüße die lateinischen Bezeichnungen der

Knochen, Knöchlein und Knochenfortsätze, der Gelenkskapseln, Bänder, Muskeln und Sehnen zelebrierten, die er bis ins winzigste Detail beschrieb: das Schulterblatt, die Scapula, das Schlüsselbein, die Clavicula, ebenso wie die acht Handwurzelknochen: das Kahnbein, Mondbein, Dreiecksbein, Erbsenbein, großes und kleines Vieleckbein, Kopfbein und Hakenbein. Es war eine merkwürdige Studienerfahrung, den Knochen eines Menschen wie einen beliebigen Gegenstand in die Hand zu nehmen und ihn zu drehen und zu wenden und seine lateinischen Bezeichnungen zu lernen. Wir studierten die Wirbel, den Schädel, die Rippen, Arme und Beine, Finger und Zehen. Zerlegt in seine letzten Bestandteile lag ein Mensch vor uns, seine verstreuten Reste, und ich dachte an Pauls Taschenuhr, den alten Uhrmacher und die Unmöglichkeit, für diesen Knochenhaufen einen Meister zu finden, der ihn wieder zusammensetzte.

II.

Die Prüfung bestand ich ohne Schwierigkeiten. Ich sah in den einzelnen Knochen jetzt die Vokabeln des menschlichen Körpers, mit deren Hilfe es mir möglich sein sollte, die Grammatik des Körpers zu erfassen. Der Formenreichtum und die Kompliziertheit seines Aufbaus beeindruckten mich, und mein Erstaunen wuchs noch, als wir ein Jahr später die gefärbten Präparate der verschiedenen Zellformen kennenlernten.

Latein

I.

Ich betrachtete die Matura-Nachprüfung nur noch als lästige Pflicht. Ohne ein Lateinbuch zur Hand genommen oder Professor Schwarz aufgesucht zu haben, trat ich zur schriftlichen Wiederholung an und fand einen Ovid-Text in Hexameterform vor. Als ich ihn durchgelesen hatte, war mir klar, dass ich keine Chance hatte. Wöller konnte mich, wenn er wollte, so lange hinhalten, wie es ihm gefiel. Ich hätte mich, um zu bestehen, in den Tacitus einlesen müssen, in den Sallust, in den Plinius, den Ovid, oder wer immer Wöller sonst noch in den Sinn kam, aber das schloss ich für mich aus.

II.

In meiner Ratlosigkeit wandte ich mich an Professor Schwarz im Knabenseminar. Wir übersetzten verschiedene Texte, und er fragte mich schließlich, weshalb ich so große Schwierigkeiten mit der Matura hätte, ich beherrschte doch die Materie, wie er sehe. Wir waren allein in seinem Zimmer. Eine Uhr tickte, und ich begann ihm von meinem Kind zu erzählen und was bei der Matura im Frühsommer vorgefallen war. Währenddessen hörte ich in einem fort das feine Ticken der Uhr. Ich kann mich nicht an meine Worte erinnern, nur an das Ticken der Uhr, denn beim Erzählen hielt ich mich an diesem Geräusch fest, ich »kletterte an ihm hoch«, wie ich mir später sagte. Es waren nur noch wenige Tage bis zur mündlichen Prüfung, aber Professor Schwarz machte mir Mut.

III.

Schwarz war nicht immer Priester gewesen. Vor seinem Theologiestudium hatte er als Mittelschulprofessor Altgriechisch und Latein unterrichtet und im Zweiten Weltkrieg in Jugoslawien die Greuel des Partisanenkriegs erlebt. Angesichts des Massakers hatte er sich geschworen, Priester zu werden, falls er überleben und nicht den Verstand verlieren würde, wie er meinem Vater erzählte, und das Gelöbnis schließlich erfüllt.

IV.

Beim nächsten Mal ließ Schwarz mich eine Stelle aus Ciceros »Der Kunsträuber Versalius« übersetzen und gab sie mir obendrein noch als schriftliche Hausübung auf. Am Abend vor der mündlichen Prüfung lasen wir den Text dann ein drittes Mal, obwohl ich ihn darauf aufmerksam machte und etwas anderes vorschlug. Tatsächlich erhielt ich den »Kunsträuber Versalius« auch von Professor Wöller zur Übersetzung vorgelegt, die ich fließend und fehlerlos herunterlas. Ich war so erleichtert darüber, das Gymnasium endlich hinter mir gelassen zu haben, dass ich mich nicht mehr länger mit der Sache befasste.

V.

Erst nach einem Jahr besuchte ich Professor Schwarz im Knabenseminar, um mich endlich zu bedanken, und fragte ihn beiläufig, weshalb er die Cicero-Stelle, die ich zur mündlichen Wiederholungsprüfung bekommen hatte, vorher dreimal mit mir geübt habe. Schwarz verschwand in das Nebenzimmer, öffnete, wie ich hörte, eine Flasche Wein, trank wie immer glucksend und schmatzend und stellte mit einem Tack-Geräusch das Glas ab. Dann schoss er heraus und verpflichtete mich ohne Umschweife zum Schweigen. Auf- und abgehend erzählte er mir, wie er nach meinem Geständnis, dass ich bereits Vater eines Kindes sei, über alles nachgedacht habe. Er sei zur Überzeugung gelangt, sagte er, dass die Geschichte mit der Lateinprüfung sich nicht von selbst erledigen würde. Daher habe er sich am nächsten Tag auf das Fahrrad gesetzt und sei nach Eggenberg zu Wöller gefahren. Er habe diesem, einem Katholiken, vorgeworfen, unchristlich zu handeln, indem er mich bestrafte, weil ich ein Kind in die Welt gesetzt hatte. Er habe weiterhin betont, dass meine Lateinkenntnisse ausreichend seien, wie er seit einem Jahr feststellen könne und die Wiederholungsprüfung nicht gerechtfertigt. Abgesehen davon würde es ihn, Schwarz, interessieren, im Namen welcher Gerechtigkeit Wöller seine Strafe ausspreche. Er erwarte sich nun von ihm, habe er seine Rede schließlich beendet, dass er den angerichteten Schaden wiedergutmache und ihm die Stelle nenne, die mir zur mündlichen Prüfung vorgelegt werden würde.

VI.

Mehr als zwanzig Jahre lang hatte ich den quälenden Traum, zur schriftlichen Maturaprüfung anzutreten und vor Dinge gestellt zu werden, von denen ich keine Ahnung hatte. Einmal waren es mathematische Gleichungen, dann eine Fremdsprache, die ich nicht beherrschte, oder geometrische Darstellungen, die ich auf unverständliche Angaben hin zeichnen sollte. Die schwarze Tafel hinter dem Katheder war stets voll beschrieben mit komplizierten Wörtern und Begriffen, die Zeit verging nicht, und ich wusste, dass ich trotz meiner inzwischen vierzig Jahre – denn ich saß auch als Erwachsener noch immer in der Schulbank – die schriftliche Prüfung ein weiteres Mal würde wiederholen müssen.

Sezieren

I.

Schon einen Tag nach der mündlichen Maturaprüfung wartete ich in einer Schar junger Medizinstudentinnen und -studenten vor dem Seziersaal. Die bevorstehende Ausgabe von Leichenteilen, die wir zu präparieren hatten, machte uns, die wir nicht wussten, was auf uns zukam, nervös und ließ uns Unsinn reden.

II.

Im Saal roch es penetrant nach Formalin. Ich trug einen weißen Arbeitsmantel und hatte mein Sezierbesteck – Skalpelle, Pinzetten und eine Sonde in dem gelben Holzkästchen, das ich von Otto geschenkt bekommen hatte – bei mir. Wie die anderen stellte ich mich um einen der mit Brettern zugedeckten Behälter auf und vernahm die Anweisung des Demonstrators, dass wir die Arme, Beine, Hände und Füße aus den Leinentüchern auswickeln und laufend mit einer Lösung befeuchten müssten. Anschließend wurden wir alphabetisch aufgerufen und erhielten das vorgesehene Leichenteil, an dem mit einem Strick eine Blechnummer befestigt war.

III.

Mir wurde ein Arm übergeben, den ich umständlich auf einem Tisch auspackte, und nachdem wir weitere Instruktionen erhalten hatten, wie das Präparat zu sezieren war, begann ich wie alle anderen mit dem vorsichtigen Ablösen der Haut. Man schärfte uns ein, wie wichtig es sei, sie richtig zu behandeln: Sie musste aufgehoben und nach Beendigung der Übungen als Schutz gegen das Austrocknen wieder über das Präparat gelegt werden. Vor allem hatten wir aber danach zu trachten, sie so sorgfältig wie möglich abzulösen und keine Löcher hineinzumachen. Da wir mehr als hundert Studenten waren, die an den verschiedenen Einzeltischen unter den hellen Blechlampen alle die gleiche Arbeit verrichteten, hielt sich mein Ekel in Grenzen. Ich gewöhnte mich im Gegenteil rasch an das Sezieren und staunte über meine eigene Geschicklichkeit, weil ich handwerklich bisher immer nur kläglich versagt hatte.

IV.

An zwei Nachmittagen in der Woche stand ich von nun an am Seziertisch. Ich legte zuerst die einzelnen Muskeln frei, studierte sie gewissenhaft und stellte sodann die Gelenke dar, bis nur noch die Knochen und die Gelenkskapseln zu sehen waren. Jedes Mal musste ich das Präparat vorher in der braunen, kalten Flüssigkeit ertasten, denn es lag, in das Leinentuch gewickelt, mit den anderen am Boden des Behälters, sodass ich zuerst immer die Leichenteile anderer Studenten in den Händen hielt, bevor ich endlich das eigene gefunden hatte und anhand der Nummer aus Blech, die am Tuch befestigt war, identifizierte.

V.

Im dritten Semester begannen wir zu sechst – zwei Studentinnen und vier Studenten – einen vollständigen männlichen Leichnam zu obduzieren. Ich fragte mich natürlich, wer dieser anonyme Tote gewesen war. Was hatte den Mann dazu bewogen, seinen Körper der Anatomie zu überlassen? Wie angewiesen, präparierten wir Nerven und Gefäße, legten Organe frei und bedeckten am Abend, wenn der Sezierkurs zu Ende war, den Körper wieder mit seinen Hautlappen und weißen Tüchern, sodass er wie eine Mumie aussah. Es kam nie vor, dass jemand die Übungen schwänzte, denn sie erschienen jedem als das Eigentliche. Wir verrichteten unsere Arbeit ohne Andacht mit wechselnden Gesprächsthemen. Zumeist unterhielten wir uns über etwas ganz anderes, wenn wir nicht gerade im aufgeschlagenen Anatomiebuch den Verlauf einer Arterie oder eines Gefäßes oder die Beschreibung eines Organs studierten. Ich erinnere mich an den Augenblick, als wir den Schädel mit einer Säge öffneten und das Gehirn herausnahmen. Wir konnten das knöcherne Dach jetzt beliebig aufsetzen und herunternehmen. Die hervorquellenden grauen Augen des Toten starrten in das trübe Winterlicht vor den Fenstern, denn einer von uns hatte seine Lider präpariert. Auch das Herz öffneten wir, und beim Sezieren des großen Muskels fiel mir mein Vater ein, wie er für mich bei der Schlachtung eines Schweins eine anatomische Lehrstunde gehalten hatte.

VI.

Der Leichnam wurde für uns allmählich zu einem Baukasten, den wir beliebig auseinandernehmen und wieder zusammensetzen konnten. Wir studierten das Ohr, sahen Hammer, Amboss und Steigbügel, und wir stellten, wie verlangt, Kehlkopf, Lunge, Magen, Nieren und die anderen Organe dar und machten die geforderten Abtesturen – mündliche Prüfungen bei den Demonstratoren, die in grünen Gummischürzen neben dem offenen Leichnam standen.

VII.

Anfangs dachte ich noch über die Seele nach. Wenn ich den Toten unter mir sah, wusste ich, dass er nur noch Fleisch war. Aber wohin war sein Leben entwichen? Wir sprachen nie darüber. Wir schreckten im Gegenteil davor zurück, auch nur irgendeine Beziehung zu dem Toten herzustellen, bis auf die durch das Studium bedingte. Er sollte für uns Materie bleiben, ohne Namen, ohne Schicksal – ein anatomisches Beispiel, das uns half, die Bilder im Atlas besser zu verstehen.

Literarische Versuche

Die ganze Zeit über spürte ich, wie wichtig für meine Entwicklung war, was ich gerade erlebte, auch wenn ich kein Arzt werden würde. Ich fing wieder an, Aufzeichnungen in ein Heft zu machen, und schrieb dazwischen weiter kleine Prosastücke und reimlose Gedichte. Vor allem versuchte ich, mich zu einer größeren Aufrichtigkeit zu zwingen, ich übte mich verbissen in die Schutzlosigkeit ein und war erstaunt, um wie viel besser dann meine Sätze wurden. Fast unmerklich begann ich meinen Stil zu entwickeln. Ich nahm mir vor, alles so einfach und klar wie möglich auszudrücken. Diesen Ansatz habe ich auch später immer wieder gesucht, wenn ich den Verdacht hatte, nicht ganz bei mir selbst zu sein. Trotzdem war ich den verschiedensten Einflüssen ausgesetzt, die sich in meinen Texten niederschlugen. Vor allem waren es die Werke der Wiener Gruppe, H. C. Artmanns, Konrad Bayers, Oswald Wieners, Friedrich Achleitners und Gerhard Rühms, die ich las und studierte, auseinandernahm und wieder zusammensetzte, bis ich gelernt hatte, in das Innere der Sprache zu schauen. Nirgendwo sonst fand ich jedoch so viel Klarheit und Komplexität wie später in den Büchern von Franz Kafka und Jorge Luis Borges, den Sprach- und Gedankenzauberern, die ich wieder und wieder von neuem aufschlug, noch als ich schon wusste, was ich wollte.

Theater – Wolfgang Bauer

I.

Den Wunsch, Schauspieler zu werden, hatte ich noch nicht endgültig aufgegeben. Insgeheim traf ich mich bei einem Freund aus der Mittelschule, Helmut Strobl, mit Studenten und Bekannten und besprach mit ihnen das Projekt, Wolfgang Borcherts »Draußen vor der Tür« aufzuführen. Wir tauschten unsere Ideen aus und überlegten uns eine Realisierung, aber es stellte sich heraus, dass es schwieriger war, als wir gedacht hatten.

II.

An einem Nachmittag im Seziersaal übermittelte mir eine Kommilitonin die Nachricht, dass der Theaterreferent des Forum Stadtpark nach mir suche, ich solle bei der Uraufführung eines Stücks von Wolfgang Bauer mitwirken. Kurz darauf lud er mich zu Proben ein. Ich erfuhr, dass es sich um zwei Einakter, »Maler und Farbe« und »Der Schweinetransport«, handelte. Ich las die ungewöhnlichen Texte mit wachsender Begeisterung und spürte, wie sie meine Leidenschaft für das Schauspiel neu entfachten.

III.

Ich traf Bauer schon bei den ersten Proben, und wir wurden rasch Freunde, da wir uns ohnehin bereits im Lichtenfelsgymnasium des Öfteren über den Weg gelaufen waren. Er war ein Philosoph und poetischer Trinker. Mich zogen seine Daseinsfreude, sein lebhafter Verstand, sein Humor, seine Neugier und sein Mut an, ich lernte aber auch seine Labilität, seine Todessehnsucht und die abwechselnd zornigen und selbstzerstörerischen Phasen kennen. Er war, als wir uns im Forum Stadtpark näher kennenlernten, schon eine fertige Persönlichkeit und wusste, was er wollte. Er liebte den Surrealismus, das Absurde Theater und vor allem Ionesco. Nach einem Probenabend machte er mich auf das französische Theater der Avantgarde aufmerksam, auf Schehadés »Sprichwörterabend«, Tardieus »Die Liebenden in der Untergrundbahn«, Adamovs »Alle gegen alle«, Audibertis »Der Glapion-Effekt«, auf Vian und Genet. Am liebsten hätte er selbst zu ihnen gehört.

IV.

Für Wolfgang war das Leben noch wichtiger als das Schreiben. Stundenlang konnte er sich über Tratsch, persönliche Erlebnisse, Freunde, Bekannte, Sportereignisse, Reiseabenteuer, Alkohol- und Frauengeschichten unterhalten. Seltener redete er hingegen über Literatur, eher über Jazz oder Malerei, und er hasste es, mit anderen zu »politisieren«.

V.

Das erste Stück, »Maler und Farbe«, war so angelegt, dass der Schauspieler A mit der Schauspielerin C und der Schauspieler B mit dem Schauspieler D textlich eine Einheit bildeten. Daher kam es auf präzises Zusammenspiel an. Bei der Uraufführung dann erlitt ich trotz exakter Textkenntnisse den befürchteten und von uns bei den Proben als Running Gag belachten Aussetzer, einen »Denksturz«. Wir gerieten in ein blindes Improvisieren und wichen schließlich so weit von der Vorlage ab, dass Bauer, der das Skript auf den Knien hielt und mitlas, vor Entsetzen den Raum verließ und im Stadtpark, wie er mir später erzählte, herumirrte. Ich bemerkte das zum Glück nicht, und dank der Kaltblütigkeit der anderen Schauspieler, Horst Zankel und Bernd Fischerauer (die später beide Regisseure wurden) und Henriette Tritthart nahmen wir den verlorenen Faden wieder auf. Im zweiten Einakter, »Der Schweinetransport«, hatte ich eine Rolle übernommen, die sich in verschiedenen Arten von Lachen erschöpfte. Wir saßen hinter dem Bühnenbild – einem auf die Leinwand skizzierten Eisenbahnwaggon – und lasen unsere Rollen vom Blatt, während das Publikum gespannt auf unseren Auftritt wartete, der jedoch im Stück nicht vorgesehen war.

Nach dem Theater

I.

Nach der Uraufführung saßen wir erleichtert im Keller des Forum Stadtpark und tranken Bier. Plötzlich tauchte mein Vater im Lodenmantel und mit Hut auf und herrschte mich an, mit ihm nach Hause zu kommen. Er verwies auf meine Kehlkopfvarizen und mein Nierenleiden und erklärte den erstaunten Umstehenden, dass ich mich schonen müsse. Ich hasste ihn in diesem Moment mehr, als ich sagen kann. Um die Situation nicht zu verschlimmern, verließ ich rasch den Keller. Im nächtlichen Stadtpark machte ich ihm dann die heftigsten Vorwürfe, und wild miteinander streitend und uns gegenseitig anschreiend, fuhren wir zum Geidorfgürtel. Ich erkannte natürlich, dass er es nicht ertragen hatte, mich als Schauspieler auf der Bühne zu wissen, da ich ja Medizin studieren sollte.

II.

Nach der Aufführung verdiente ich mir nebenbei etwas Geld als Mitarbeiter der sozialdemokratischen Tageszeitung »Neue Zeit«. Ich verfasste kürzere Reportagen über Handwerksbetriebe, eine Bäckerei, eine Seilerei und eine Dachdeckerei. Ich fand Gefallen daran, weil ich auf diese Weise verschiedene Berufe und Wirklichkeiten kennenlernte. Mein Vater – darüber ungehalten – forderte mich daraufhin auf, ihn in seine Ordination zu begleiten. Dort zeigte er mir mein Blut, das er mir zuvor abgenommen hatte, unter dem Mikroskop. Er wusste, dass ich als Kind vom Mikroskopieren fasziniert gewesen war, und regte mich an, wieder damit zu beginnen. Er erwartete einen

Begeisterungsausbruch von mir, und bevor wir uns noch in Diskussionen hätten verlieren können, packte er das Gerät ein, lieh sich bei einem Patienten, der als Biologe an der Universität arbeitete, Präparate aus – Haare von Fledermäusen, Blattfußkrebse, Kieselalgen, Zecken, Flügel von Faltern, Grün- und Blaualgen – und forderte mich zum Mikroskopieren auf. Ich fand auch Abdrücke von Schneekristallen in Eukitt, die ich im Dunkelfeld bestaunte. Erst zwei Jahrzehnte später stieß ich in einem Londoner Antiquariat auf W. A. Bentleys und W. J. Humphreys' Fotoband »Snow Crystals« mit Tausenden Schneekristallen, von denen keiner dem anderen glich. Mein Vater war jedenfalls über mein wieder aufflammendes Interesse beglückt und belästigte mich nicht weiter.

III.

Ich hatte außerdem an der Universität Allgemeine Biologie belegt und lernte nach, was ich in der Mittelschule versäumt hatte. Besonders interessierte ich mich für die Entomologie, und ich kaufte mir mehrere illustrierte Fachbücher mit Abbildungen und Beschreibungen von Insekten. Daneben hörte ich Systematische Anatomie, Physik für Mediziner und Anorganische und Organische Chemie. Den größten Eindruck machte auf mich jedoch die Anatomie – das Zerlegen des Körpers in seine Bestandteile und die logische Vorgangsweise und das genaue Beobachten, die damit verbunden sind.

IV.

Wann immer es mir möglich war, hörte ich mir die Vorlesungen von Professor Thiel an, der, wie sich bald herausstellte, gefürchtet war. Er stand mit seiner Gummischürze hinter dem Seziertisch, hielt das anatomische Präparat, das er besprach, einem kostbaren Juwel gleich in den Händen und gestaltete eine seiner kleinen unverwechselbaren Szenen, wie ein Dompteur, der einen sprechenden Papagei vorführt. Doch Thiel zeigte nichts Lebendiges, nichts Sprechendes, sondern die Wunder des menschlichen Körpers, sorgfältig und geduldig – wie ein Magier, der einen Schüler in seine Geheimnisse einweiht. Er gestattete sich keinen Unernst im Umgang mit den Präparaten, aus jedem seiner Handgriffe und Worte war Respekt zu verspüren, und so waren auch seine episch-ausufernden Rigorosumsprüfungen Lehrstücke über Tod und Wissenschaft. Häufig nahm er aber auch die Rolle des Inquisitors an, majestätisch hörte er dann den stockenden Antworten seiner Prüflinge zu, verbiss sich in deren fehlerhafte Ausführungen und schüttelte schließlich den Kopf zum Zeichen, dass eine Prüfung nicht bestanden war.

Erst ein Jahr später belegte ich Topographische Anatomie, Physiologie und Histologie, bei der ich endlich meine Leidenschaft für das Mikroskopieren ausleben konnte und die abstrakten Bilder der gefärbten Zellformen zu Gesicht bekam.

In der Freizeit

I.

Aber das Studium befriedigte mich nicht. Ich las in der Universitätsbibliothek André Gides »Falschmünzer« und Henry Millers »Wendekreis«-Bücher. Ich hatte Wolff, der den Militärdienst ableistete, inzwischen aus den Augen verloren und traf mich in meiner Freizeit des Öfteren mit zwei anderen Studenten, Olaf Jensen und Franz Schwarz, einem ehemaligen Priester. Wir sezierten damals gerade zusammen und führten lange Nachmittage und Abende hindurch Gespräche, in denen wir unsere Ansichten austauschten, die wir mit Eifer in den goldenen Rahmen des jugendlichen Idealismus spannten.

II.

Auch spielte ich weiter Basketball, bis ich in der Grazer Turnhalle so unglücklich stürzte, dass ich mir das Sprunggelenk verstauchte und in das Unfallkrankenhaus gebracht wurde, wo man mir einen Gips anlegte. Von da an wiederholten sich diese Verstauchungen, und schließlich – nach mehr als einem Dutzend Unfällen und mehr als einem Dutzend Gipsverbänden – musste ich mich einer Operation unterziehen, die erfolgreich verlief, doch eine gewisse Schwäche beim Gehen, eine Unsicherheit beim Laufen sind mir geblieben.

Aufzeichnungen eines überflüssigen Menschen

I.

Inzwischen hatte ich auch angefangen, einen längeren Prosatext zu schreiben, dem ich den Arbeitstitel »Aufzeichnungen eines überflüssigen Menschen« gab. Ich tauchte dafür im Lesesaal der Universitätsbibliothek unter, in dem ich mich sicher fühlte. Der hohe Saal, der über mehrere Stockwerke bis zur Decke mit Büchern gefüllt war, die großen Tische aus braunem, massivem Holz, die weißen Schirme der Leselampen und die fleißig exzerpierenden Studenten vermittelten mir ein Wohlgefühl. Ich befand mich, hatte ich den Eindruck, in einer anderen Zeitrechnung. Die Tage waren lang und still, und ich vergaß mitunter, wo ich war. Wie die Irrenanstalten üben auch große Bibliotheken und Lesesäle noch immer eine starke Anziehungskraft auf mich aus, und ich versäume keine Gelegenheit, sie zu besichtigen und auf Reisen neue kennenzulernen.

II.

An einem Wintertag vor Weihnachten suchte ich in meinen Sachen das Heft mit neuen Gedichten und Prosaversuchen und fand es zu meiner Erbitterung nicht mehr an seinem Platz. Ich verdächtigte meine Mutter, dass sie sich neuerlich über meine Papiere hergemacht hätte, aber sie stritt es aufgebracht ab. Es entspann sich schließlich ein Streit, der damit endete, dass ich die Wohnung verließ und, ohne ein festes Ziel zu haben, mit meinem Gipsbein an den Universitätssportplätzen vorbei zum Rosenhain humpelte. Vor der Taubstummenanstalt blieb ich stehen, kein Mensch war zu sehen. Was sollte ich tun? Ich zweifelte nicht daran, dass meine Mutter oder mein Vater auch dieses Heft in ihren Besitz gebracht hatten, und mir wurde plötzlich klar, dass das Medizinstudium und alles, was ich erlebt hatte, nur ein Zwischenstadium war.

III.

Wolff war zu meiner Überraschung allein zu Hause. Er hatte Weihnachtsurlaub erhalten und sah mit seinen militärisch kurz geschnittenen Haaren fremd aus. Er lud mich auf eine Flasche Wein ein, die er aus dem Keller holte. Das brachte mich auf die Idee, mich zu betrinken, denn je länger ich darüber nachdachte, desto erniedrigender und verletzender fand ich das Verschwinden meiner schriftstellerischen Versuche, aber ich beschloss, es für mich zu behalten, da ich nicht auf Verständnis hoffen durfte.

IV.

Nach den ersten beiden Flaschen stieß unser ehemaliger Schulkollege Peter Ingrič zu uns, wie ich schemenhaft wahrnahm. Ich konnte inzwischen schon längst nicht mehr deutlich artikulieren, denn meine Zunge und die Lippen waren gefühllos geworden. Übelkeit stieg in mir hoch, während ich noch weitere Gläser trank und spürte, wie ich langsam die Besinnung verlor.

V.

Ich erwachte auf der leeren und eiskalten Veranda von Wolffs Haus. Jemand musste mich dort auf das Sofa gelegt haben. Es war dunkel. Während ich mühsam und vergeblich versuchte, ein klares Bild zu gewinnen, kämpfte ich gegen ein Schwindelgefühl an, das alles, was ich wahrnahm, in eine rasende Kreisbewegung versetzte. Ich versank wieder in das tiefe Nichts und kam erst zu mir, als ich spürte, dass ich mich übergeben musste. Meine Freunde waren offensichtlich ausgegangen und hatten mich allein zurückgelassen. Ich fror so stark, dass ich mich umständlich und vor Übelkeit stöhnend ankleidete und ins Freie taumelte. Mehrmals übergab ich mich oder stürzte in Schneehaufen. Die Straßen waren glatt, und da mich das Gipsbein behinderte, zweifelte ich, ob ich es schaffen würde, nach Hause zu finden. Halb bewusstlos und verwirrt kam ich jedoch vor der Wohnung an. Mein Vater, der wie immer in der Küche auf mich gewartet hatte, vergaß vor Schreck, mich mit der Uhrzeit zu begrüßen. Zu meinem Erstaunen stellte er mir auch keine Fragen, er half mir lediglich beim Entkleiden, ließ Wasser in die Badewanne laufen, wusch mir das mit Erbrochenem verunreinigte Haar, trocknete mich ab und brachte mich zu Bett.

VI.

Die nächsten Tage verfiel ich in Depressionen und vergaß alles, was ich hörte und sah, was ich dachte und fühlte. Es ereignete sich und war gleich darauf wieder aus meinem Gedächtnis gelöscht. Ich lebte von einer Minute auf die andere und wusste nicht mehr, ob ich gegessen oder getrunken hatte, ob ich gerade geschlafen hatte oder schon länger wach lag. Meine Mutter weinte und machte sich wegen meines Zustands Sorgen, mein Vater aber ging darüber hinweg. Ich habe im Nachhinein nicht den Eindruck, dass ich ihm gleichgültig war, ich vermute eher, dass er sich vielleicht an ein ähnliches Erlebnis in seiner Jugend erinnerte.

VII.

Mein Heft blieb jedoch verschwunden. Ich bin davon überzeugt, dass die Gedichte und Prosastücke, die ich aufgeschrieben hatte, keinen literarischen Wert hatten und es daher nicht schade um sie ist, aber damals verkraftete ich den Verlust nur schwer. Fünfunddreißig Jahre habe ich herumgerätselt, wo meine dichterischen Versuche geblieben sein könnten. Ich hatte jedes Buch mehrmals umgedreht, mein Nachtkästchen ausgeräumt, unter dem Bett nachgesehen, das Altpapier durchstöbert, Paul und Helmut und meine Mutter befragt, ich hatte die abwegigsten Verdächtigungen ausgesprochen, die unsinnigsten Theorien und Hypothesen aufgestellt und war doch immer auf die gleiche Antwort gekommen: es musste zerstört worden sein.

Erst nach dem Tod meines Vaters gewann ich Gewissheit. Meine Mutter gestand mir in ihrem letzten Lebensjahr auf meine Fragen hin, dass Vater das Heft verbrannt hatte, damit, wie sie sagte, ich endlich nur noch mein Medizinstudium im Kopf hätte und mit dem Schreiben aufhörte.

VIII.

Als ich keine Hoffnung mehr sah, meine literarischen Versuche wiederzufinden, zog ich mich noch mehr in die Universitätsbibliothek zurück und begann mit den »Aufzeichnungen eines überflüssigen Menschen« von vorne. Ich verwendete jetzt mein Anatomie-Mitschriftenheft dafür. Den aufgeschlagenen topographischen Atlas neben mir, entwickelte ich die Geschichte eines einsamen Jugendlichen. Zunächst hatte ich etwas wie Rilkes »Malte Laurids Brigge« oder Dostojewskis »Aufzeichnungen aus einem Kellerloch« im Sinn. Der Text war mit Skizzen nach den Kreidezeichnungen, die Professor Thiel an die Tafel machte, reichhaltig illustriert. Doch auch diese Fassung wurde einige Jahre später zerstört: durch einen Rohrbruch in Erikas Wohnung am Ortweinplatz. Das Manuskript war durch das Wasser aufgeweicht worden, die Schrift über weite Teile unleserlich. Ich legte es an die Sonne zum Trocknen, und obwohl ich deprimiert war, bewunderte ich die Verwischungen und Verfließungen, die Aufwölbungen und Verknitterungen, die Flecken und Patzer, die das Wasser bewirkt hatte.

IX.

Eine Zeit lang mühte ich mich mit dem Entziffern der unleserlichen Schrift ab, aber nach mehr als zwei Jahren fing ich noch einmal von vorne an und ließ mir dabei Zeit. Zumeist schrieb ich nachts in Erikas Badezimmer auf der Wäschekiste. Ich gab dem Manuskript den neuen Titel »die autobiographie des albert einstein«, und durch den Einfluss der Wiener Gruppe wurde es im Laufe der Jahre ein sprachexperimenteller Roman. Ich machte mir keine Hoffnung, dass er jemals veröffentlicht werden würde, aber ich war dennoch entschlossen, die Arbeit – und wenn auch in ferner Zukunft – zu Ende zu bringen.

X.

Nach dem zweiten Sezierkurs begann ich, Dichterlesungen zu besuchen. Ich war neugierig auf Schriftsteller, deren Persönlichkeit und Auftreten, und wollte wissen, was sie von mir unterschied.

Heimito von Doderer

I.

Zur Lesung von Heimito von Doderer in der Technischen Hochschule in Graz hatte ich das grüne, im Arche-Verlag erschienene Bändchen mit der Erzählung »Die Posaunen von Jericho« und eine Buchgemeinschaftsausgabe der »Strudlhofstiege« mitgebracht, um sie nach der Veranstaltung von ihm signieren zu lassen, außerdem einen Band mit Fotografien von Dichtern, in dem auch er abgebildet war. Doderers kunstvolle Sprache, seine Ironie, sein schriftstellerisches Denken hatten für mich etwas von der Schönheit und der Giftigkeit einer Paradiesschlange. Ich schätzte seine im Abstieg begriffenen oder schon ins Abseits katapultierten Figuren und die Welt voll Gemeinheit und Niedertracht, die er genau darstellte, fast so, wie ein Architekt seine Pläne zeichnet.

II.

Es waren mehr Menschen gekommen, als man erwartet hatte, weshalb man den großen Hörsaal aufsperren musste. Doderer, der sicheren Schrittes eintrat, war ein mittelgroßer älterer Herr mit einer Wiener Strizzi-Nase und der porösen Haut eines Wirtshausprofis. Das Haar streng nach hinten gekämmt, der dunkle Anzug und die Krawatte tadellos, die Schuhe blitzblank. Ohne Einleitung und ohne zu zögern begann er mit dem Vortrag. Sein Manuskript lag zwar aufgeschlagen auf dem Vorlesungstisch, aber er warf kaum einen Blick darauf. Er kannte seinen Text, wie sich herausstellte, auswendig, das verlieh der Vorstellung etwas von der Aura eines Hellseher-Auftritts. Die Zuhörer hielten den Atem an, und während der lebhafte Schriftsteller begann »Die Wiederkehr des Drachen« vorzutragen – eine ironisch-wissenschaftliche Auseinandersetzung mit den Monstern im Allgemeinen und den Drachen im Speziellen –, hing ich wie alle anderen an seinen Lippen, um nur ja kein Wort zu überhören. Die Séance wurde allerdings dadurch empfindlich gestört, dass Zu-spät-Kommende fortlaufend die Tür öffneten, eintraten, sich einen Platz suchten und sich mehr oder minder geräuschvoll niederließen. Anfangs überging Doderer die Störungen und fuhr mit seiner Lesung fort, jetzt aber schon mehr wie ein Ausrufer auf einem Jahrmarkt. Langsam bröckelte seine Contenance ab, und bei der sechsten oder siebten Unterbrechung geriet er zuerst ins Stocken und dann ganz außer sich. Übergangslos begann er zu toben, sein Gesicht verfärbte sich rot und glich dem Kopf einer Languste, die Adern schwollen an, der Blick wurde stechend und das Gehabe ordinär. Alles, was Doderer in »Die Posaunen von Jericho« beschrieben hatte: die tropfende Nase, die unbeherrschte Geilheit, die sadistische Lust am Unterdrücken, erwachte in ihm zum Leben und transformierte sich in Wut, die er in »Die Merowinger oder Die totale Familie« nicht umsonst so grandios dargestellt hat. Zornig schrie er die Zu-spät-Kommenden an: »Raus! Raus! Verschwinden Sie – was fällt Ihnen ein!«

Eine Frau versuchte sich zu rechtfertigen, aber Doderer ließ sie gar nicht erst zu Wort kommen, er brüllte und keuchte und drohte zu platzen.

»Sperren Sie ab!«, befahl er dem Veranstalter, dem Sohn des österreichischen Dichters Richard von Schaukal, und als dieser schüchtern erwiderte, das sei nicht möglich, er verfüge über keinen Schlüssel, herrschte Doderer ihn wutentbrannt an: »Dann setzen Sie sich mit dem Stuhl vor die Tür und halten Sie die Schnalle fest! Ich lese sonst nicht weiter!«

III.

Doderer benötigte keine Sekunde länger, um sich zu fangen. Die Zornesfarbe wich aus seinem Gesicht, verschwand aber bis zum Ende der Lesung nicht ganz. Zwar wurde noch einige Male an der Tür gerüttelt, doch Schaukal hielt den Eindringlingen tapfer stand, und Doderer, der plötzlich wieder der ironische Vortragende war, glänzte mit seinem Gedächtnis und seiner messerscharfen Literatur.

IV.

Ich erhielt von dem bestens gelaunten Schriftsteller nach seinem Auftritt die gewünschten Signaturen und begegnete ihm an diesem Abend zufällig noch einmal in »Ferls Weinstube«, wo er in nicht mehr ganz junger Gesellschaft temperamentvoll Hof hielt und auswendig ein Gedicht von Alfred Kolleritsch vortrug, als er diesen unter den Gästen erkannte.

H. C. Artmann

H. C. Artmann trat im Grazer Heimatsaal auf, und das damals schon legendäre Buch mit Wiener Mundartgedichten: »med ana schwoazzn dintn« stand auf dem Programm. Der Dichter trug einen »englischen« Anzug, selbstsicher nahm er hinter einem Biedermeiertisch Platz, neben dem eine große Stehlampe mit Stoffschirm aufgestellt war. Nichts konnte gegensätzlicher sein als die Vorstellung, die ich mir von dem Avantgarde-Dichter gemacht hatte, und das spießbürgerliche Ambiente, das ihn hier umgab. Artmann sah aus wie ein Dandy, und er gefiel sich auch in dieser Rolle: vorne ein gut platzierter Haarschopf, die Krawatte, Manschettenknöpfe und Schuhe im britischen Stil. Wie ein Stegreifschauspieler der Tschauner Bühne trug er im tiefsten Wiener Dialekt mit geschwollenem Kehlkopf seine überwältigenden Gedichte vor. Ich dachte an einen Kriminologen, der Rotwelsch doziert, an den Besitzer einer Geisterbahn im Wiener Prater, einen Heiratsschwindler aus dem Hausmeistermilieu – und gerade diese Atmosphäre war es, die der Veranstaltung die größte Künstlichkeit verlieh. H. C. Artmann entführte uns in sein literarisches Spiegelkabinett, er fälschte die Fälschungen, er bedeckte das Loch im doppelten Boden mit einer Teppich-Attrappe, auf die jedermann hereinfiel. Hatte ich ihn nicht schon in Büchern meiner Kindheit mit eigenen Augen gesehen? Als Phileas Fogg, der in Jules Vernes Roman in achtzig Tagen um die Welt reiste, als Sherlock Holmes, der bei Arthur Conan Doyle den Hund von Baskerville jagte, als Figur in Charles Dickens' »David Copperfield« oder als Swifts »Gulliver«, der, von seinen Reisen zu den Riesen und Zwergen zurückgekehrt, bunte Vorträge über seine Abenteuer hielt? Ich habe H. C. in vielen Verkleidungen kennengelernt, er war, bin ich mir heute sicher, eine seinen Büchern entsprungene Fantasiegestalt, ein Gentleman und Schmierenkomödiant, Sir und Krakeeler, Professor und Friseurmeister – je nach Laune –, aber vor allem ein Dichter. Von der Lesung sind mir bis heute jene Zeilen im Gedächtnis geblieben, in denen er mir, ohne es zu wissen, einen Ratschlag für mein Leben erteilte:

»nua ka schmoez how e xogt!
nua ka schmoez ned …
reis s ausse dei heazz dei bluadex
und haus swowe iwa r a bruknglanda!«

Die Schriftsteller, die in das Forum Stadtpark eingeladen wurden, hatten zumeist schon in Alfred Kolleritschs »manuskripte«-Heften publiziert und waren mit den Grazer Autoren befreundet. Daher waren ihre Lesungen auch intimer, das Publikum kenntnisreicher und die Atmosphäre ungezwungener. In der ersten Veranstaltung, die ich besuchte, trat Gerhard Rühm auf und sah aus wie eine Mischung aus Stefan George und Franz Liszt. Er wirkte unangenehm arrogant auf mich, eitel und selbstherrlich. Als ich Rühm dann privat kennenlernte, war ich überrascht, wie wenig peinlich und arrogant er in Wirklichkeit war und wie verletzlich er sein konnte, wenn er – wie durch Wolfgang Bauer – unvermutet mit Spott konfrontiert wurde. Ich bewunderte seine Vielseitigkeit als Dichter, Maler und Komponist. Fand er geneigte Zuhörer, sprühte er vor witzigen und unkonventionellen Einfällen. Als ich ihn das erste Mal sah, las er seine minutiöse Erzählung »Die Frösche«, von der mir der sinnlose Satz, der den Protagonisten wie ein Ohrwurm durch den Kopf geht, im Gedächtnis geblieben ist: »i hob den klan teppich ins klawiazimma glegt.« Diese banale Feststellung wurde später für Wolfgang Bauer und mich zum Running Gag, wenn wir über das Trinken sprachen. Rühms Chansons funkeln vor Geist und Witz, und ich erinnere mich auch noch daran, wie euphorisch er im Forum Stadtpark über Stockhausens »Der Gesang der Jünglinge im Feuerofen« sprach und wie souverän er die Fragen in der anschließenden Publikumsdiskussion beantwortete.

Drogen, ein Ausblick

I.

Ernst Jüngers Auftritt in Schloss Eggenberg anlässlich des »steirischen herbstes« war für mich eine Enttäuschung. Ich sehe noch den weißhaarig gescheitelten ehrgeizigen Mann vor mir, um den sich die Menschen drängten. Er las aus »Auf den Marmorklippen« und »Der Arbeiter«, aber ich konnte mit dem Gehörten wenig anfangen. Nichts ging von dem berühmten Mann aus, das mir erwähnenswert erschiene, außer seinem Eifer. Erst die Lektüre von »Das abenteuerliche Herz« änderte meine Einstellung. Der schlanke, bilderreiche, intellektuelle Erzählstil erinnerte mich an die französischen Existenzialisten. Ich las später die Tagebücher und »Subtile Jagden«, die mein entomologisches Interesse wieder wachriefen (ebenso wie Vladimir Nabokovs Besessenheit von Schmetterlingen mich zu deren Studium anregte). Das wichtigste Buch Jüngers aber war für mich »Annäherungen. Drogen und Rausch«.

II.

Zu Haschisch, das ich in meiner Jugend hin und wieder versuchte, fallen mir zuerst der Lachzwang, den die Gespräche beim Rauchen hervorrufen, weil man ihre Lächerlichkeit zu erkennen glaubt, und das darauf folgende Hungergefühl ein, die beide mit der Droge eng verbunden sind. In Hamburg bot mir jemand 1980 zu Beginn eines Abschiedsfestes einen »schwarzen Afghanen« an. Ich wurde davon so müde, dass ich mich in das Badezimmer zurückziehen und auf den Boden vor das Waschbecken legen musste. Wie in einen unsichtbaren Betonblock eingegossen ruhte ich Stunde um Stunde. Ich hörte zwar gedämpft die Unterhaltung vor der Tür, den Lärm, den die mehr als vierzig Gäste verursachten, bemerkte auch, wenn jemand nach mir sah, aber eine Geistes- und Gliederlähmung hatte mich befallen und zu einem lebenden Toten gemacht. Ich lag bewegungsunfähig bis fünf Uhr morgens da, ein hörender Stein, ein wahrnehmender Gegenstand, bis ich allmählich wieder zu mir kam. Ich stand auf, aber alle Gäste waren schon gegangen.

III.

Erst als Dreißigjähriger sollte ich meine einzige Erfahrung mit LSD machen. Damals war ich auf Besuch bei einem Bekannten, der am Steinberg bei Graz wohnte und von dem ich wusste, dass er mit Rauschgiften experimentierte. Er überredete mich in seinem blühenden Obstgarten zu einem gemeinsamen LSD-Trip, der mich unter Umständen auch das Leben hätte kosten können. Nach anfänglicher Übelkeit und euphorischen Gefühlen, die das Fallen der Blüten von den Bäumen in mir auslöste, nach einer Phase, in der die Vögel im Garten langsam zerrinnende Farben auf meiner Netzhaut hinterließen und die Dinge im Zeitlupentempo abliefen, fiel ich in kurzen Schlaf. Als ich wieder erwacht war, machte ich mich in der Dunkelheit auf den Heimweg. Ich stand jedoch noch zu sehr unter dem Einfluss der Droge und verirrte mich. Auch achtete ich nicht auf den Verkehr, weshalb ich mehrmals beinahe unter die Räder eines Autos geraten wäre. Dieses nächtliche Suchen und Wandern habe ich in Form von Schwarz-Weiß-Fragmenten in meiner Erinnerung behalten, während ich die langen Stunden im Garten (vielleicht waren es auch nur Minuten) in intensiven tropischen Farben vor mir sehe. Während meines Gehens jedenfalls kamen sie mir strahlend schön in den Kopf, weshalb ich oft nicht wusste, ob es meine Wahrnehmungen waren, die die Wirklichkeit wiedergaben, oder die in meinem Gedächtnis gespeicherten Erinnerungsbilder. Schließlich brach die Deutung der fließend ineinander übergehenden Bilder vollends zusammen, und die Eindrücke verwandelten sich in eine Abfolge von Schreckensszenen: das Bellen eines Hundes, die dunkle Landschaft, die mir wie im Wasser gespiegelt vorkam, und die mich verfolgenden oder blendenden Scheinwerfer der Autos. Ich geriet in Panik, und es gelang mir, einen Wagen anzuhalten, dessen Fahrer mich für betrunken hielt und zu einem Taxistand brachte. Erst lange nach Mitternacht traf ich zu Hause ein.

IV.

Morphium erhielt ich fast dreißig Jahre später mehr als zwei Monate lang aus medizinischen Gründen nach einem Bandscheibenvorfall. In den Phasen, in denen ich schmerzfrei war, schrieb ich im Bett fast zweihundert Seiten meines Romans »Der Berg«, die, wie ich nach dem mühsamen Entzug feststellte, in einem anderen Stil verfasst waren als der Anfang und das Ende des Buches. Es war, als hätte ein Blitz in das Manuskript eingeschlagen und die Sprache beschädigt. Die Erzählung splitterte sich plötzlich auf und verästelte sich in ein Geflecht detailgenau beschriebener Einzelheiten, sodass ich lange brauchte, um aus ihr ein Ganzes zu machen. Dafür benötigte ich außerdem die Hilfe meines damaligen Lektors Uwe Wittstock, da ich allein nicht mehr weiterwusste.

Der Entzug von zwanzig Milligramm Vendal (in zwei

Tagesdosen) dauerte drei Wochen. Jedes Mal, wenn ich die Dosis um 0,5 Milligramm reduzierte, wurde ich von einer quälenden Unruhe übermannt. Ich sah mich im Geist als eine Art menschlicher Abkömmling von Woody Woodpecker durch das Haus rasen, hinunter in den Keller, von dort durch den Kamin zum Dach hinaus, in das Geäst eines Baums hinein und wieder zurück in das Haus. Dabei plagten mich grauenhafte Schüttelfröste. Nicht einmal zwei Decken halfen mir anfangs, ich fror und fror. (Ich friere ohnedies seit meiner Kindheit und werde noch im Grab weiterfrieren.)

V.

Immer wieder fällt mir nach einer Erfahrung mit dem Rausch Jüngers »Das abenteuerliche Herz« ein und die schöne Geschichte, in der er vom Echo der Bilder berichtet.

Peter Pongratz

Mein Freund, der Maler Peter Pongratz, wohnte ganz in der Nähe des Geidorfgürtels. Deshalb sahen wir uns auch häufig. Er entwarf Jahre später für Handkes »Der kurze Brief zum langen Abschied« den herzzerreißend schönen Umschlag, auf dem Berg, Himmel und Meer in allen Farben prangen. Peter war groß und schlank, trug eine Brille und hatte als junger Mann gelocktes Haar. Wir redeten endlos lang in seinem Atelier in der Zinzendorfgasse. Er war extrovertiert und ausladend und doch von unerwartet großer Empfindlichkeit. Zumeist liebte er es, seine raue Schale zur Schau zu stellen und anarchistische Standpunkte einzunehmen. Es kam auch vor, dass er mitten auf der Straße eine Actionfilmszene improvisierte oder den Gang von Groucho Marx annahm. Ich schätzte besonders seinen Eigensinn und seinen exklusiven Geschmack, die seine Exzentrizität ausmachten. Peter war versessen darauf, sich alles selbst auszudenken und gegen Tabus zu verstoßen. Das fing an bei seiner Kleidung, die damals – im tiefen Nichts – natürlich auffiel und schadenfrohes Gelächter auslöste (er ignorierte es gelassen), und es reichte bis zu seiner Malerei, die Peter so ungelenk wie möglich auszuführen bestrebt war, um den Effekt einer kindlichen Hand zu erzielen, für die das Zeichen- und Malgerät zu groß ist. Deshalb befestigte er seinen Pinsel auch an einem Besenstiel, bevor er ihn in Farbe tauchte. Wie ich war auch er fasziniert von der Malerei der Geisteskranken. Vor allem darüber tauschten wir damals unsere Gedanken aus. Trotz seiner Gutmütigkeit konnte Peter ein »Heißläufer« sein. Dann neigte er zu monomanischen Monologen und wurde zunehmend stur. Er konnte verschlossen sein wie eine Kirchenmauer, aber auch offen wie ein Buch, diese Ambivalenz machte einen Teil des Reizes aus, mit ihm zusammen zu sein. Ich schätzte seine Malerei von Anfang an, und die Bühnenbilder, die er für meine Stücke »Lichtenberg«, »Sehnsucht« und »Dämmerung« später entwarf, waren sehr persönliche, unkonventionelle Schöpfungen.

Herzstillstand

I.

Ich rauchte vor dem Chemie-Rigorosum mehr als zwanzig Zigaretten am Tag, trank Unmengen Espressi, lernte bis spät in die Nacht und schlief nur wenig. Trotzdem fand ich noch Zeit, mich mit Bekannten zu treffen. Christian kam aus München und wollte Maschinenbauingenieur werden. Er hatte mich von der Universität nach Hause begleitet und sprach noch immer über Camus' »Mythos des Sisyphos«, den Don Juanismus und den Selbstmord aus philosophischer Sicht. In meinem Kopf gingen jedoch noch die chemischen Formeln herum, die ich studiert hatte, und vermischten sich mit Camus' These von der absurden Logik, die nur insoweit einen Sinn hätte, als man sich mit dem Suizid nicht einverstanden erklärte. Ich rauchte gerade eine Astor-Filter-Zigarette, die mir Christian angeboten hatte, und hatte beim Zuhören plötzlich ein leises Klingeln in den Ohren, das allmählich lauter wurde. Schwindel erfasste mich, das anfänglich ferne Geräusch kam immer näher, und ich fing zu schwitzen an. Aus den Augenwinkeln registrierte ich gleichzeitig, dass mein Vater seinen Wagen vor dem Trottoir parkte und ausstieg. Er hielt seine Arzttasche in der Hand, schloss das Auto ab und richtete einige Worte an uns. Da ich inzwischen so benommen war, dass ich dem Gespräch nicht mehr folgen konnte, und befürchtete, wegen meines heftigen Schwindelgefühls das Gleichgewicht zu verlieren, ließ ich die Zigarette fallen, schüttelte beiden die Hände und verabschiedete mich wortlos.

II.

Halb ohnmächtig öffnete ich die Haustür und mein Blick fiel auf das steinerne Schachbrettmuster zu meinen Füßen. Ich fühlte mich jetzt wie eine Figur, die darauf herumgeschoben wurde. Beim nächsten Schritt kam der Boden plötzlich wie eine Zugbrücke, die eingeholt wird, auf mich zu. Die Glocke läutete jetzt so laut, dass mein

Kopf dröhnte, und ich fand mich anstatt im Hausflur in einem Tunnel wieder, an dessen Ende ich ein helles Licht erkannte. (Dieses Bild war damals noch nicht Allgemeingut.)

»Sterben ist leicht«, schoss es mir durch den Kopf, bevor es dunkel wurde.

III.

Ich spürte die Kälte des Steinbodens und einen Stich im Oberarm wie von einer Injektionsnadel. Im Lift, auf dem Boden liegend, kam ich kurz zu mir. Ich vernahm die Stimme meines Vaters, mein Hemd war aufgeknöpft, ein Ärmel hochgeschoben. Beim nächsten Erwachen in der Wohnung hörte ich ein Auto auf der Straße vorüberfahren und Menschen sprechen. Meine Finger und Zehen kribbelten, als steckten sie in einem Ameisenhaufen, und als ich anfing zu verstehen, was um mich geschah, wollte ich wie ein Schlafender, den man aus seinen Träumen reißt, nicht aufwachen. Gegen meinen Willen kehrte ich jedoch allmählich zurück. Ich empfand keine Angst bei der Erinnerung an mein Erlebnis. Ich sah es im Gegenteil als Bereicherung an, und jedes Mal, wenn ich später einen Menschen verlor, der mir nahestand, dachte ich unwillkürlich an meine eigene Erfahrung, als mein Herz aussetzte.

IV.

Drei Wochen wurde ich im Landeskrankenhaus untersucht. Man stellte schließlich eine Synkope, eine Durchblutungsstörung des Gehirns fest, und ich erfuhr, dass mir wieder nur die zufällige Anwesenheit meines Vaters das Leben gerettet hatte.

V.

Schon in den ersten Tagen nach meiner Einlieferung fing ich an, Günter Grass' »Die Blechtrommel« zu lesen. Das Buch entrückte mich den Bedrängnissen des Krankenhausaufenthalts und ließ mich die Untersuchungen leichter überstehen. Ich schwor mir, nie mehr ohne Buch irgendwohin zu fahren, und dann, nie mehr ohne Buch auch nur auf die Straße zu treten. Ich war mit dem Kopf in Oskar Matzeraths Welt, der Welt eines Zwergs unter den menschlichen Ungeheuern, einer Welt, die ich kannte, in der ich mich Tag für Tag wiederfand. Als ich den Roman zu Ende gelesen hatte, fing ich noch einmal von vorne an, und der Wunsch, Schriftsteller zu sein, wurde in mir so stark, dass ich insgeheim mit dem Medizinstudium abschloss.

VI.

Erika brachte mir ein weiteres Buch, um das ich sie bat: das weiße Bibliothek-Suhrkamp-Bändchen »Aus den Tagebüchern« von Robert Musil. Es fängt mit den »Blättern aus dem Nachtbuche des monsieur le vivisecteur« an. Ich las: »Ich wohne in der Polargegend, denn wenn ich an mein Fenster trete, so sehe ich nichts als weiße, ruhige Flächen, die der Nacht als Piedestal dienen. Es ist um mich eine organische Isolation, ich ruhe wie unter einer 100 m tiefen Decke von Eis. Eine solche Decke gibt dem Auge eines solchen Wohlig-Begrabenen jene Perspektive, die nur der kennt, der 100 m Eis über sein Auge gelegt hat.« Und weiter: »So sieht sich's von innen nach außen – und von außen nach innen? Mir fällt eine Mücke ein, die ich einmal in einem Bergkristall interniert gesehen habe …

Sie verlor durch ihre Einschließung in einem fremden Medium jenes detaillierte, gewissermaßen Mücken-persönliche und erschien mir nun als dunkle Fläche mit zarten angehängten Gebilden.«

Ich sah darin eine Beschreibung meiner Person, meines Schicksals. Und auch die Idee, die meinem Schreiben eine Richtung geben konnte, glaubte ich zeitverschoben bei Musil gefunden zu haben: »Mein Leben: – die Abenteuer und Irrfahrten eines seelischen Vivisectors zu Beginn des Zwanzigsten Jahrhunderts! Was ist monsieur le vivisecteur? Vielleicht der Typus des kommenden Gehirnmenschen – vielleicht? – Allein alle Worte haben so viel Nebensinn, Doppelsinn, Nebenempfindung, Doppelempfindung, dass man gut tut, sich von ihnen fern zu halten.«

Ich sah mich von Musil selbst beschrieben in meiner weißen Krankenhauswelt der weißen Betten, Leintücher, Kissenbezüge, Ärztemäntel und -schuhe, Badezimmer, Verbände, Nonnenschwestern und Wände, der weißen Teller, Nachttischchen, Notlichter, Tischtücher, Waschbecken und Kästen, sterilen Instrumenten, Kranken und Toten und nicht zuletzt der weißen Uhren auf den Gängen, die mir jede Sekunde anzeigten, um die sich mein Leben verkürzte.

VII.

Auf der Heimfahrt vom Krankenhaus hörte ich im Autoradio von der Ermordung des amerikanischen Präsidenten John F. Kennedy in Dallas. Es war der 22.11.1963, und ich fing an zu weinen.

Gehirnsektion

I.

Wir trafen uns mit dem Assistenten des Anatomischen Instituts in einem dämmrigen Zimmer. Draußen fiel Schnee. Das in Formol gehärtete Gehirn lag vor uns auf dem Blechtisch. Außer dem Demonstrator waren wir noch sechs Studenten, die an der Sektion teilnahmen.

II.

Zuerst legte der Assistent das Gehirn auf einen Kranz aus Tüchern und ließ uns die Basis studieren. Wir benannten mit Hilfe der farbigen Abbildungen im Lehrbuch die Windungen und Furchen und sahen zu, wie der Demonstrator die großen Gefäße durchtrennte. Es dauerte mehrere Nachmittage, in denen wir immer weiter und tiefer in das Gehirn vordrangen, und da wir es immerzu anstarrten und jedes Detail mit unserem Blick fixierten, kam es uns vor, als studierten wir eine Landschaft am Pol. Das Anatomielehrbuch war der Atlas, mit dem wir feststellen konnten, wo wir uns befanden. Wir durchwanderten Hügel und Schluchten, überquerten Brücken und Flüsse und erreichten schließlich in einem bestimmten Teil des linken Hirnlappens das Brocasche Sprachzentrum. Wir lernten, dass die Erinnerungen zwischen den Neuronen des Gehirns als physische Spuren gespeichert werden, den Gedächtnisspuren oder Engrammen. Hatte mein Vater mir als Kind nicht einmal den Sternenhimmel erklärt und mich dabei an das Gehirn erinnert?

»Würden wir den Code kennen«, sagte der Assistent, »könnten wir alle Erfahrungen und alles Wissen des Lebens aus diesen Spuren herauslesen.«

Ich dachte an die Gehirne meiner Eltern, die ich nicht entziffern konnte, an mein eigenes und nicht zuletzt auch an jenes, das vor uns auf dem Blechtisch lag. Ich blickte zum Fenster hinaus. Noch immer fiel Schnee, eine unendliche Zahl an Flocken. Der Assistent sprach über den Aufbau des Hippocampus, und ich fuhr fort, Notizen zu machen. Andächtig beugte sich der Demonstrator über das Präparat und begann, einzelne Teile mit dem Skalpell zu durchschneiden, als könnte er die Fragen unserer Existenz ein für alle Mal lösen.

Drei

Tod

1970

I.

Dass Großmutter im Altersheim sterben würde, war mir längst klar geworden, auch ihr selbst. Eine Einweisung war jedoch unvermeidlich geworden. Sie hatte im 81. Lebensjahr mehrere Adams-Stokes-Anfälle erlitten, den ersten in der Küche am Geidorfgürtel, wo sie plötzlich, auf dem Stuhl sitzend, zusammengesackt und von meinem Vater reanimiert worden war. Im Krankenhaus konnten die Herzrhythmusstörungen jedoch nicht behoben werden, sie erlitt im Gegenteil zwei weitere Anfälle, die sie nicht überlebt hätte, wenn nicht ein Arzt zur Stelle gewesen wäre. Deshalb beschloss mein Vater, sie im Geriatrischen Krankenhaus in der Albert-Schweitzer-Gasse unterzubringen, da es dort Tag und Nacht ärztliche Betreuung gab. Hier verbrachte sie die letzten drei Jahre ihres Lebens.

II.

Ich hasste die Atmosphäre in dem Altenspital, den Geruch. Es bedeutete jedes Mal eine Überwindung für mich, dorthin zu gehen. Einmal besuchte ich Großmutter mit meinen Eltern, aber meine Mutter geriet so ins Schwätzen, dass ich nur trübsinnig die Bettpfanne im Nachtkästchen betrachtete, die alten Kaffeeschalen, das vergilbte Mobiliar, die weißlackierten Stahlrohrbetten. Beim nächsten Mal war ich allein, und die Stunden an ihrem Bett fielen mir leichter, weil ich mich auf ihr Gesicht konzentrieren konnte, die feinen Äderchen auf der Nase, das schöne weiße Haar, die sanften Augen. Sie trug keine Brille und sah jünger aus als zuletzt. Ich hatte inzwischen Erika geheiratet, und wir lebten zusammen mit unseren drei Kindern Eva, Petra und Thomas in der Brucknerstraße. Nachdem ich das Medizinstudium abgebrochen hatte, arbeitete ich schon seit drei Jahren am Rechenzentrum Graz, und sie genoss es, dass ich auf Besuch gekommen war, ihr Enkel, der in ihren Augen trotz allem ein Künstler war – davon ließ sie sich nicht abbringen. Sie wollte auch bei jedem meiner Besuche hören, woran ich gerade schrieb, zog dann die Nachttischlade heraus und zeigte mir das dicke orangefarbene Heft, das sie ins Krankenhaus mitgenommen hatte. Dabei schnalzte sie aufgeregt mit den Lippen und zwinkerte mit den Augen.

»Lies! Lies es still für dich«, sagte sie.

Ich schlug die Seiten auf und überflog die Gedichte, an denen sie mehr hing als an allem anderen.

Ich ließ mir Zeit und betrachtete aus den Augenwinkeln die greisen Zimmergenossinnen, die eingesponnen in ihre Gedankenwelt vor sich hin dämmerten. Dann nickte ich, als ich das Heft wieder zuschlug und in der Nachttischlade verstaute.

»Es sind nur Gedanken einer alten Frau«, sagte Großmutter ohne Koketterie, um sodann zu einem anderen Thema zu wechseln.

»Unsere Kinderbücher sind verloren gegangen«, stellte sie plötzlich fest. »Dein Vater hat mir nicht erlaubt, sie mitzunehmen –«

»Ich weiß«, unterbrach ich sie. »Es macht nichts.«

III.

Zu meiner Überraschung schien sie sich im Altersheim – umgeben von Bewunderinnen – wohl zu fühlen. Jedenfalls klagte sie nicht, sondern lobte die Ärzte und Schwestern, denen sie bei Gelegenheit ihre Werke vortrug. Sie war inzwischen bettlägerig geworden. Ohnedies hatte sie immer ein Faible für das Bett gehabt und war am Weidweg oft den ganzen Tag nicht aufgestanden, bis mein Vater sie ermahnte. Sie fühlte sich, glaube ich, im Bett am wohlsten, und ich habe diese Veranlagung von ihr geerbt.

Wenn sie sich aufsetzte, sah ich erst, wie lang ihr Haar war, es reichte ihr bis über die Schultern. Allerdings traf ich sie selten so an, denn sie legte Wert darauf, dass es bei Besuchen zu einem Knoten zusammengebunden war.

IV.

Meine Eltern waren in diesem Jahr allein in die Berge gefahren, und ich arbeitete gerade an einem Romanmanuskript, als ich am Vormittag einen Anruf von Paul erhielt, Großmutter sei gestorben.

V.

Ich wusste im selben Augenblick, dass ich mit ihr fast alles verlor, was mich mit meiner Kindheit verbunden hatte. Ich wusste auch, dass ich traurig war und dass es mich schmerzte und dass ich nie wieder mit ihr würde sprechen können. Trotzdem fiel auch etwas von mir ab, eine Bedrückung, wie mir schien. Im Taxi bemerkte ich irritiert, dass es ein geschäftiger, verkehrsreicher Tag wie jeder andere war, der Fahrer rauchte und hatte das Radio eingeschaltet, aus dem ein Schlager zu hören war. Es störte mich jedoch nicht, vielmehr hätte tragische Musik meinem Gemütszustand nicht entsprochen.

VI.

Merkwürdigerweise hatte ich Angst, die Zimmertür zu öffnen, und wie ich es erwartet hatte, war der Platz, an dem sich das Bett befunden hatte, leer. Als ich mich umschaute, stellte ich fest, dass ich keine der Patientinnen mehr kannte, so lange war ich schon nicht hier gewesen. Die alten Frauen saßen ohne Zähne und mit schlaffen Haaren in Nachthemden auf den Stühlen und besprachen noch immer die Aufregung der letzten Stunden. Sie redeten sofort durcheinander, als ich nach meiner Großmutter fragte und sie erfuhren, wer ich war. Sie sei in der Früh nicht mehr aufgewacht, und der Arzt habe festgestellt, dass sie tot sei, klärte mich eine der Alten hastig auf, damit keine der anderen ihr zuvorkommen konnte.

»A scheena Tod«, ergänzte eine der Greisinnen verklärt, und die anderen nickten.

»Ganz ohne Schmerz …«, fuhr sie fort, »i wünsch mia des a.«

Vermutlich gab sie jetzt den Ton an. Ich bedankte mich, aber sie ließ mich nicht gehen, sondern läutete nach der Schwester, die gleich darauf erschien und mich auf den Gang führte. Jetzt erst fiel mir das Gedichtheft ein, und ich ging zurück, um es zu holen. Die Schwester rief mir jedoch nach, dass mein Bruder schon hier gewesen sei und die Sachen mitgenommen hätte. Aber ich hatte die Zimmertür bereits geöffnet: Noch einmal stand ich vor dem weißen, leeren Nachtkästchen aus Metall und der leeren Stelle, an der sich das Bett befunden hatte – »der letzten Welt«, die Großmutter bewohnt hatte.

VII.

Ich wurde von der Schwester in den ersten Stock geführt, und sie erklärte mir unterdessen, der Gang und die Zimmer würden gerade frisch gestrichen, deshalb habe man Großmutter im Gesellschaftsraum aufbahren müssen.

»Entschuldigen Sie die abgestellten Möbel«, fügte sie hinzu. Sie öffnete die Tür, ließ mich eintreten und zog sich zurück. Der Raum war so dunkel, dass sich meine Augen erst an das schwache Licht gewöhnen mussten, denn die Stores waren zugezogen und die Jalousien weit heruntergelassen. Das Bett mit meiner Großmutter stand in der Mitte des Zimmers vor dem Fenster. Sie lag auf dem weißen Leintuch in einem schwarzen Kleid mit einem gehäkelten Kragen, das ich noch nie zuvor gesehen hatte, und hielt einen Strauß Veilchen aus Papier in den Händen. Ihre Augen waren geschlossen, das Antlitz entspannt und – ich zögere, es niederzuschreiben – ein Lächeln lag auf ihren Zügen. Sie sah jünger, nein, jung aus, ich glaube, ich hatte sie noch nie so schön gesehen. Ihre Gesichtszuckungen hatten sich verflüchtigt wie auch die Schnalzlaute. Sofort fiel mir ein, dass sie immer davon gesprochen hatte, wie sehr sie sich auf ein Wiedersehen mit ihrem Mann, meinem Großvater, freute, und ich erinnerte mich an ihren Traum, den sie mir erzählt hatte, dass ein Eisenbahnzug vor ihr angehalten habe und Großvater sie aufgefordert hätte mitzufahren.

Es muss also doch etwas von Religiosität in ihr gewesen sein, dachte ich. Konnte ich mir eine von Gott erschaffene Welt ohne Jenseits vorstellen, war sie offenbar imstande gewesen, eine gottlose Welt mit einem Jenseits für möglich zu halten. Oder sie hatte Gott seit dem Tod ihres Mannes gegrollt und sich erst jetzt mit ihm ausgesöhnt. Mir fiel auch ein, dass ich niemanden in meiner Familie, bis auf meine Mutter und später Paul, jemals hatte beten sehen, und nun lag meine Großmutter mit gefalteten Händen vor mir, als sei sie in Andacht versunken.

VIII.

Noch einmal betrachtete ich das feierliche Kleid. Sie, die sich nie etwas aus Gewändern gemacht hatte, hatte zweieinhalb Jahrzehnte lang ein Kleinod verwahrt, das sie zu ihrem Begräbnis tragen wollte. Nicht einmal mein Vater, habe ich später erfahren, wusste davon. (Vielleicht hatte er es auch nur vergessen.) Jedenfalls fand sich eine schriftliche Anordnung meiner Großmutter für den Fall ihres Todes in der Direktion des Altersheims.

IX.

Ich blickte kurz auf und sah, dass sich rundherum Sessel bis zur Decke stapelten, gelbe Bürostühle auf der einen und dunkelbraune auf der anderen Seite. Sechs oder sieben Reihen waren so kunstvoll nebeneinander aufgetürmt – immer eine Reihe mit den Beinen nach unten und dann Sitz auf Sitz –, dass sie eine Kulissenwand bildeten, die, sobald jemand an einem der unteren Stühle anstreifte, über Großmutter und mir zusammenstürzen würde.

X.

Als ich mich gefasst und das surrealistische Mobiliar wieder vergessen hatte, beugte ich mich zu ihr hinunter und küsste sie auf die Wange, die zu meiner Überraschung warm war. Für einen irrwitzigen Moment glaubte ich, sie könne mich verstehen, und ich dankte ihr. Es war kein Laut im Zimmer zu hören, nicht einmal ein Husten oder das Summen einer Fliege. Der dunkle Gang draußen war leer, und zwei Maler mit Kopfbedeckungen aus Zeitungspapier strichen auf Stehleitern lautlos die Wände an. Erst im nächsten Stockwerk vernahm ich ein Lachen aus der Teeküche.

1973

I.

Nach dem Begräbnis meines Großvaters begleitete ich meine Mutter zum Südtiroler Platz, wo er die letzten sechzehn Jahre bei seiner Schwester Luise in Untermiete gewohnt hatte. Er hatte das Landeskrankenhaus aufgesucht, um seine Zuckerkrankheit behandeln zu lassen, und war überraschend im Alter von 84 Jahren an einem Darmverschluss gestorben. Bevor wir noch das Gebäude betraten, fiel mir das Geschäft ein, bei dem Herr Freidl mir die Firmungsuhr gekauft hatte, und ich bat meine Mutter, einen Augenblick zu warten, lief die Stufen zum Nachbarhaus hinunter und stand vor dem mit einem Rollgitter und einem Sicherheitsschloss versperrten Laden. Es musste schon einige Zeit her sein, dass die Uhrmacherwerkstatt zugemacht hatte, erkannte ich, und diese Tatsache erfüllte mich mit Befriedigung.

Wieder auf der Straße sprach ich meine Mutter wegen Pauls zerlegter Taschenuhr an, sie zuckte aber nur mit den Achseln und antwortete, Onkel Sepp habe die Bestandteile einem Uhrmacher gezeigt, der jedoch erklärt habe, es lohne sich nicht, sie zusammenzusetzen, da es sich um ein ganz und gar wertloses Stück handle.

II.

Das Zimmer von Großvater sah nicht anders aus, als ich es von einem früheren Besuch in Erinnerung behalten hatte. Über dem Bett hing noch immer der riesige Schutzengel mit den beiden Kindern, die ich vor fast dreißig Jahren zum ersten Mal gesehen hatte.

»Was soll ich mit dem Bild machen?«, fragte meine

Mutter, kaum, dass wir die Tür hinter uns geschlossen hatten.

Sie sah mich fragend an und begann Großvaters Papiere, die Stahluhr und die Brieftasche mit dem Geld für das Begräbnis in meinen Koffer zu packen.

Von den Kleidern legte sie die Jacken, Hosen und Krawatten zusammen sowie zwei Paar Schuhe, die er immer getragen hatte.

»Es fällt mir schwer, etwas wegzuwerfen«, sagte sie.

Ich schaute ihr weiter zu, wie sie die Krawatten zusammenrollte, die Hemden aus dem Kleiderschrank nahm und den Mantel über das Bett legte.

Als sie das Zimmer verließ, um sich mit seiner Schwester Luise wegen des Schutzengelbildes zu besprechen, blickte ich aus dem Fenster in den grauen Hinterhof. Ich verstand, weshalb Großvater nur zum Schlafen nach Hause gekommen war, denn das Zimmer machte einen armseligen und bedrückenden Eindruck: die zwei hellbraun lackierten Bettungetüme mit hohem Kopf- und Fußteil, die Nachtkästchen und die dazugehörige »Psyche« mit dem großen ovalen, gerahmten Spiegel und der kleinen Kommode, die ich, wie das Bild, schon in der Kirchengasse, als wir aus Deutschland zurückgekehrt waren, gesehen hatte. Er hatte sie bei seiner Hochzeit vor sechzig Jahren gekauft und mühselig in Raten abbezahlt, daher wollte er sie nach dem Tod von Omi nicht »weggeben«. Ich glaube aber, dass er sich damit die Illusion bewahren wollte, nicht vollständig der neuen Zeit ausgeliefert zu sein. Aus diesem Grund hatte er wohl auch das andere Bett – das von Omi – behalten und die Kuckucksuhr, die an der Wand neben dem Eingang hing. Seit seiner Einlieferung in das Krankenhaus war sie nicht mehr aufgezogen worden, und die gusseisernen Tannenzapfengewichte hingen reglos herunter.

Ein dunkelbrauner, eigentlich abstoßend hässlicher Tisch und zwei ebensolche Stühle, die nicht zu den übrigen Möbeln passten, aber aus der Wohnung in der Josef-Pock-Straße stammten, waren in Fensternähe aufgestellt, da Großvater, auch wenn er zu Hause war, Schach spielte. Die Bücher, die jetzt auf dem Tisch lagen – ein Kreuzworträtsellexikon und mehrere Schachfibeln – verstärkten noch den Eindruck von Verlassenheit. Ich blätterte in den Fachbüchern mit den Brett- und Figurensymbolen und den für Laien unverständlichen Spielprotokollen, die er ein Leben lang immer wieder nachgespielt hatte: berühmte Partien von Morphy, Capablanca, Euwe, Aljechin, Botwinnik, Smyslow, Tal.

Ich nahm die Schachbücher und ließ die Unterhaltungsromane, die er nie gelesen hatte, zurück. Dann zog ich die Tischlade heraus und fand darin einen ungeordneten Haufen Fotografien, achtlos hingeworfen. Ich kannte einige noch von meinen Besuchen in Gösting. Ein Schwarz-Weiß-Bild zeigte Großvater in einer Gruppe von Männern, braungebrannt und ernst, darunter stand in weißer Schrift: 2. Arbeiter-Olympiade Wien 1931. Die Aufnahme war in einem geschlossenen Raum gemacht worden, und auf den Tischen, um die die Spieler sich versammelt hatten, standen Schachbretter, -uhren und -figuren. Auf zwei weiteren Fotografien war Großvater in der Heilanstalt Stolzalpe bei einem Faschingsfest zu sehen. Er hatte sich in der Klinik zur Rehabilitation nach seiner lebensgefährlichen Polyarthritiserkrankung aufgehalten. Die Patienten im Krankensaal waren im damaligen Karnevalstil gekleidet und mein Großvater als der schwarze Bluessänger Al Jolson geschminkt. Ein seltsames Bild: Die verkleideten Kranken in verschiedenen Körperhaltungen, der ausgelassene Maskenball, auf dem mein Großvater Gesangseinlagen zum Besten gegeben hatte, und die auf den Betten sitzenden Pflegerinnen – natürlich dachte ich an den »Zauberberg« von Thomas Mann.

Eine verblasste Postkarte stellte das Frachtschiff »Anni« dar, auf dem er zuerst als Trimmer, dann als Heizer gefahren war, und eine weitere auf Blech aufgezogene Fotografie einen pausbäckigen jungen Mann mit breitkrempigem Hut – Großvater auf der Walz. Das Atelier des Fotografen, las ich, hatte sich in Algier befunden. Eine starke Vergrößerung zeigte ihn mit seinem Bruder Franz in jungen Jahren, beide schnauzbärtig und im Trachtenjanker, und ein anderes Bild in Lederhosen und Trachtenhut mit seiner Schwester Gisela, die ein Dirndl trug. Ich kannte diese Aufnahme nicht und schloss aus der mit Bleistift auf der Rückseite notierten Jahreszahl 1943, dass sie aus jener Zeit stammte, in der die beiden im Rahmen der von den Nazis organisierten Veranstaltungen »Kraft durch Freude« als Gesangsduo auftraten.

Ich legte die Abzüge zu den Büchern und stieß noch auf die Schachtel mit dem zusammengerollten Schachspiel aus Linoleum und den Holzfiguren. Außerdem lehnten sein Spazierstock und seine Angelrute in der Ecke. Die übrigen »persönlichen« Dinge – seine Brille und das Gebiss, die goldene Omega-Armbanduhr, die er anlässlich seiner Pensionierung von der Glasfabrik Gösting bekommen hatte, und seinen zehn Jahre alten, in schwarzes Leder gebundenen Taschenkalender, in dem er Schach-Endspiel-Varianten und Begriffe für das Lösen von Kreuzworträtseln eingetragen hatte, jedoch keinen einzigen eigenen Gedanken – hatte meine Mutter schon nach seinem Tod aus dem Krankenhaus abgeholt.

III.

Ich hörte die beiden Frauen im Nebenzimmer sprechen und zwischendurch sogar auflachen und wollte mich schon mit den Büchern und Fotografien verabschieden – das Schachspiel hatte ich in den bereitgestellten Koffer gepackt –, als mein Blick auf den gläsernen Briefbeschwerer am Nachtkästchen fiel, den »böhmischen«, den Urgroßvater geblasen hatte. Es war das Einzige, was von ihm geblieben war: ein faustgroßes Universum aus amethystfarbenem Glas, das drei Kontinente in Form von blauen und weißen Blumen umschloss und dessen Oberfläche so geschliffen war, dass er statt einer Kugelgestalt die Form eines Kristalls angenommen hatte. Ich wusste jetzt sicher, dass der Briefbeschwerer auch für meinen Großvater ein magischer Gegenstand gewesen war. Vielleicht hatte er Szenen aus seiner Kindheit in seinem Kopf gehabt, wenn er am Morgen, sobald er die Augen aufschlug, oder am Abend vor dem Einschlafen einen Blick auf ihn geworfen hatte. Vielleicht hatte er noch einmal seine Mutter und seinen Vater, von denen es nicht einmal eine Fotografie gab, vor seinem inneren Auge gesehen und sich in Gedanken nach Konstantinopel versetzt, wo er die ersten acht Jahre seiner Kindheit verbracht hatte. Ich stellte den Briefbeschwerer zu den Schachbüchern, als mir einfiel, dass es noch einen zweiten gab, den »steirischen«, den Großvater selbst geblasen hatte. Ich fand ihn zusammen mit halbvollen Medikamentenschachteln in der Lade des Nachtkästchens. Er war kleiner als der von Urgroßvater, aber ebenso geschliffen und mit roten Blüten und grünen Blättern verziert.

IV.

Ich erinnerte mich jetzt daran, wie Großvater mir erklärt hatte, dass die schweren, geheimnisvollen Gegenstände aus seinem und dem Atem seines Vaters gemacht seien. Der Atem, hatte er mir gesagt, bleibe in einem gläsernen Briefbeschwerer auf immer eingeschlossen. Die Glasbläserkunst sei eine Atemkunst, der Atem hauche dem Gebilde bei seinem Entstehen Leben ein. Ein von einem Glasbläser erzeugter Gegenstand enthalte daher immer etwas vom Glasbläser selbst.

Ich verstand es damals nicht, aber ich begriff, dass es Zauberei war, die da vor mir lag, etwas ganz und gar Kostbares, vergleichbar höchstens mit einer Schneeflocke, der silbernen Zuckerzange von Großmutter und dem Opernglas.

Dass der Atem meines Großvaters in dem gläsernen Gegenstand eingeschlossen war, machte ihn, dachte ich jetzt, zu einer beseelten Atemurne, einer Zeitkapsel, ähnlich der Samenkugel einer Mohnblume oder einem Seestern am Grund des klaren Meerwassers.

V.

Nun, zum letzten Mal im Zimmer meines Großvaters, stellte ich ihn mir als Kind vor, wie er seinem Vater bei der Arbeit zuschaute, und ich glaubte, seinen kratzenden, pfeifenden Atem zu hören und das gedämpfte Rasseln der Bronchien, wenn er im Winter aus der Kälte des Morgens unsere Wohnung betrat.

2001

I.

Nach der Verabschiedung von Paul in der Feuerhalle – er war plötzlich und unter dramatischen Umständen mit sechzig Jahren an einer Lungenembolie gestorben –, traf ich den schon fast 90-jährigen Onkel Sepp auf dem Urnenfriedhof, und, zwischen den Gräberreihen langsam zum Ausgang gehend, sprachen wir über unsere Toten.

II.

Meine Ehe war durch meine Schuld in die Brüche gegangen und ich lebte jetzt mit meiner zweiten Frau Senta schon seit mehr als fünfzehn Jahren in Wien.

Zuerst war Vater 1995 im Alter von 83 Jahren gestorben. Er hatte an Diabetes gelitten und sich beim Schneiden der Zehennägel eine Infektion mit Wundbrand zugezogen, weshalb ihm das linke Bein hatte abgenommen werden müssen. Am Tag nach der Amputation hatte er mich im Zustand geistiger Verwirrung aus dem Krankenhaus angerufen, mich mehrfach als »Agence France Press« tituliert und von mir verlangt, dass ich ihm einen Korrespondenten schickte, er habe einen Moloch im Bett. Zu seinem Tod kam ich zwei Stunden zu spät, man hatte ihn im Ärztezimmer aufgebahrt, vor einem die ganze Wand einnehmenden Regal mit hunderten, wenn nicht tausenden vergilbten Krankenakten. Sein Gesicht war von einer erschreckend bleichen Farbe, die Nase lang und spitz und sein Körper, wie man sagt, bis auf die Haut abgemagert. Stumm und traurig stand ich vor dem Vogelwesen, das mein Vater gewesen war.

III.

Drei Jahre später, 1998, erlitt meine Mutter, damals 81 Jahre alt, einen Schlaganfall, nach dem sie halbseitig gelähmt blieb und fast vollends ihre Sprache eingebüßt hatte. Bis auf ein hilfloses »We-We« brachte sie nichts mehr über die Lippen. Einer We-We-We-Lautkaskade, die minutenlang dauern konnte – manchmal verzweifelt und dann wieder in endlosen Sequenzen, als sei es die größte Selbstverständlichkeit, sie zu wiederholen – folgte (zumeist nach einer Pause) ein trauriges We-We, mit dem sie zum Ausdruck brachte, dass sie ihre missliche Lage begriff. (Wir lernten nur langsam, zu erahnen, was sie meinte.) Da sie auch die Abfolge von Handgriffen nicht mehr koordinieren konnte, aber wieder zu gehen gelernt hatte, wurde sie permanent mit ihrer Hilflosigkeit, die sie zur allergrößten Verzweiflung trieb, konfrontiert. Nach zwei Monaten erkannte sie immer mehr die Hoffnungslosigkeit ihres Zustandes, klagte und weinte in einem fort, wurde zornig und wollte abwechselnd nur noch sterben oder nach Hause überstellt werden (was ohne Pflege unmöglich war). Schließlich wurde sie, die immer die größte Furcht vor dem Feldhof gehabt hatte, in die dortige Geronto-Psychiatrie eingeliefert und, da sie in ihrem Lebensüberdruss zu toben anfing, tagelang in künstlichen Schlaf versetzt, wobei sie mit einem breiten Ledergurt an das Bett geschnallt war. Ich wusste damals nicht mehr aus noch ein, und das Grauen, das ich angesichts des langsamen Sterbens meiner Mutter empfand, ist in mir heute noch so gegenwärtig wie damals. Um ihr Zimmer freundlicher zu gestalten, schmückten wir es an der dem Bett gegenüberliegenden Wand mit gerahmten Kunstdrucken von Monet und Renoir, ihren Lieblingsmalern. Ich konnte beobachten, wie sie, wenn sie bei sich war und mit offenen Augen dalag, minutenlang die Bilder anstarrte, als erkenne sie in ihnen etwas, das sie immer schon hatte verstehen wollen. Ein halbes Jahr später starb sie, ohne ihre Sprache wiedererlangt zu haben, und ich flüchtete mich in die Vorstellung, dass ihre letzten Blicke vielleicht auf das Bild Monets, das eine Wiese mit Mohnblumen und ein kleines Mädchen zeigt, gerichtet gewesen seien und sie auf diese Weise in eine für sie auf jeden Fall bessere Welt gelangt sei.

IV.

Während ich auf der Beerdigung meines Bruders Paul mit Onkel Sepp zuerst über den Tod meines Vaters, dann über den meiner Mutter sprach, fiel mir plötzlich die Taschenuhr ein, die ich fast fünfzig Jahre zuvor mit Paul zerlegt hatte. Noch als er bereits Universitätsprofessor für Sozialgeschichte war und an der Grazer Philosophischen Fakultät Vorlesungen hielt, hatten wir darüber gerätselt, wohin »die Zeit« entschwunden sei, waren aber nicht auf die Idee verfallen, Onkel Sepp danach zu fragen, obwohl meine beiden Brüder noch immer Kontakt zu ihm hatten.

Jetzt wollte er Genaueres über Pauls Tod wissen, denn er hatte bisher nur Gerüchte darüber gehört. Ich erzählte ihm aber zunächst, da ich das Bedürfnis hatte, mich auszusprechen, Dinge aus Pauls und meinem Leben: dass Paul immer derjenige gewesen sei, der unserer Kindheit und den Vorfahren am meisten nachgeforscht habe. Schon allein deshalb habe er ein großes Vakuum in mir zurückgelassen.

V.

Paul hatte, wie sich später herausstellte, schon lange über Vaters uneheliches Kind Bescheid gewusst und auch dessen NS-Vergangenheit untersucht. Auf meine diesbezüglichen Fragen erging er sich jedoch nur in Andeutungen und raunte mir bei einer Begegnung zu: »Als unser Vater in Wien war … hatte er … ich meine, da gibt es einen dunklen Punkt.« Ich wollte Genaueres darüber wissen, doch er meinte nur: »Ein anderes Mal«, so wich er meinen Fragen aus. Man musste besonders hartnäckig sein und einen guten Augenblick erwischen, wollte man ihn dazu bringen, eines seiner Geheimnisse preiszugeben. Und selbst dann wurde alles eher zu einer Schnitzeljagd. Bei jeder weiteren Frage zog er sich noch mehr zurück, sein Rückzugsgebiet war grenzenlos, bis schließlich seine letzte Waffe, ein angeblich einzuhaltendes Schweigeversprechen, zum Einsatz kam. Meine Mutter und er misstrauten mir, da ich inzwischen Schriftsteller geworden war und sie befürchteten, eines Tages würde ich alle ihre Geheimnisse preisgeben. Vor allem meine Mutter lebte in der beständigen Furcht, ich könnte mein Wissen über die Familie in einem Buch veröffentlichen. Instinktiv ahnte sie, dass Schriftsteller Verräter sind. Ich versuchte vergeblich ihr zu erklären, dass nicht das Aufdecken von Schuld oder Unschuld mein Ziel sei, sondern das Sichtbarmachen der Tragödie menschlicher Existenz in ihren komplexen Zusammenhängen. Es gehe mir nicht darum, sagte ich, Gesetze aufzustellen, sondern die Einmaligkeit des einzelnen Lebens begreifbar zu machen.

Onkel Sepp blieb stehen, holte Luft und wischte sich

den Schweiß ab, denn es war einer der ersten Augusttage, und die Sonne schien stechend vom Himmel.

Trotz meiner Ausführungen habe meine Mutter mir nichts anvertraut, fuhr ich fort. Auch Paul habe bestimmte Geheimnisse mit in sein Grab genommen. Es gäbe da beispielsweise eine Geschichte über Großvater. Onkel Sepp setzte eine Sonnenbrille auf, und wir gingen bis zu einem schattigen Platz, an dem zwischen Hecken eine Bank aufgestellt war. Was für eine Geschichte das sei? Ich sagte, sie hänge mit Großvaters zweiter Wanderschaft zusammen. Nachdem er von der ersten Walz nach Prag, Dresden und Leipzig zurückgekehrt sei, habe er in der Kantine des Monturdepots der Eisenbahner einem Schienenleger im Zuge einer Rauferei mit einem Bierkrug so heftig auf den Kopf geschlagen, dass dieser ohnmächtig und aus Nase und Mund blutend zusammengebrochen sei. Man habe befürchtet, dass der Arbeiter den Verletzungen erliegen werde, das sei der wahre Grund gewesen, weshalb Großvater habe auswandern wollen. Erst als er zwei Jahre später in Emden erfahren habe, dass sein Kontrahent lebte, sei er zurückgekehrt. Großvater sei daraufhin sogar Abstinenzler geworden. Er selbst habe mir den Vorfall auf einem unserer Spaziergänge erzählt und mir das Versprechen abgenommen, es für mich zu behalten.

Onkel Sepp nickte, ohne eine Bemerkung darüber zu machen.

Von seinem Beruf her sei Paul es gewohnt gewesen, Nachforschungen anzustellen, setzte ich fort: Seine wahre Welt sei das Archiv gewesen. Das Dokumentenstudium, die Auslegung von Fakten hätten ihn gefesselt – es gäbe immer mehrere Interpretationsmöglichkeiten, habe er mir beigebracht, indem er auf Kurosawas Film »Rashomon« verwiesen habe. Die Position des Deuters von Unterlagen behagte ihm, sagte ich. Er habe es aus wissenschaftlichen Erwägungen getan und mit der Lust eines Entomologen, einem seltenen Exemplar nachzujagen. So habe er sich auf die Suche nach Erkenntnissen gemacht, die zumeist in den Akten übersehen worden waren. Paul sei fleißig, ordnungsliebend und genau gewesen und er habe sich gerne in seiner Arbeit verloren. Er sei auch in die Umgebung von Würzburg, wohin wir in den kalten Januartagen 1945 mit unserer Mutter aufgebrochen waren, gefahren, er habe alle Orte, an denen wir uns aufgehalten hätten, noch einmal angeschaut, habe sie identifiziert, und er sei sogar nach Siebenbürgen gereist und habe Reps und Kronstadt aufgesucht, die Städte der Großeltern und der Kindheit unseres Vaters. Vergeblich habe er sich jedoch bemüht, setzte ich nach einer Pause fort, das Grab unseres Großvaters Emil zu finden. Denn es sei noch die Zeit des Eisernen Vorhangs gewesen, als es unter den Kommunisten und Ceauşescu beschwerlich gewesen sei, Rumänien zu bereisen. Paul habe allerdings von seiner Suche nicht viel preisgegeben, und das Wenige, was ich darüber in Erfahrung gebracht hätte, hätte ich in einem Artikel, den er in der »Kleinen Zeitung« veröffentlicht habe, gelesen.

Eine Weile saßen wir schweigend da, dann erst fiel mir wieder ein, dass Onkel Sepp mich nach den näheren Umständen von Pauls Tod gefragt hatte. Am vergangenen Sonntag, begann ich von neuem zu sprechen, sei Paul gegen acht Uhr in den Keller hinuntergegangen, um eine Kiste mit Limonade zu holen, denn er habe vorgehabt, mit seiner Frau nach Wien zu fahren, um seinen Sohn zu besuchen, und für ihn wie gewohnt Lebensmittel mitzunehmen. Paul habe die schwere Last bis zum Wagen geschleppt und sei dort zusammengebrochen. Ein Nachbar habe ihn vom Balkon aus auf dem Asphalt liegen sehen und sei zu ihm hinuntergelaufen. Er habe ihm, nachdem Paul über Atemnot geklagt hätte, auf die Beine geholfen und ihn zur Haustür bringen wollen. Auf halbem Weg jedoch habe Paul vorübergehend das Bewusstsein verloren. Mittlerweile sei schon die Rettung verständigt worden, aber von diesem Augenblick an sei alles schiefgelaufen. Die erwartete Ambulanz sei ausgeblieben. Pauls Frau sei indessen herbeigeeilt, habe ihn in den Armen gehalten und ihm versprochen, dass das Rote Kreuz in Kürze eintreffen würde, jedoch habe erst ein zweiter Anruf, mehr als zehn Minuten später, den Einsatz ausgelöst. Der erste Hilferuf sei nämlich beim morgendlichen Schichtwechsel vergessen worden, habe man später eruiert. Pauls Zustand habe sich von Moment zu Moment verschlechtert, seine Atemnot sei immer größer geworden, und er habe angefangen, langsam zu ersticken. Zu allem Unglück habe sich der Rettungswagen auch noch verfahren, und als er endlich eingetroffen sei, hätte sich herausgestellt, dass kein Notarzt mitgekommen sei. Alles in allem seien durch die Vorfälle mehr als dreißig Minuten verloren gegangen. Als Paul dann den zu spät eintreffenden Doktor habe kommen sehen, habe er nur noch gestöhnt, dass er jetzt sterben würde, ehe er in aller Eile intubiert und mit einer intravenösen Injektion behandelt worden sei. Er sei auch wirklich auf der Fahrt in das Landeskrankenhaus Graz, in dem er sechzig Jahre zuvor geboren worden war, verschieden. Ich hatte, da ich Paul noch einmal hätte sehen wollen, wegen des Feiertags vergeblich versucht, jemanden auf der Pathologie telefonisch zu erreichen. Erst am Montagmorgen habe mir ein verschlafen klingender Angestellter bestätigt, dass ein Toter mit dem Namen meines Bruders »im Leichenkeller«, wie er sagte, »vorhanden« sei. Mir sei eingefallen, wie ich früher mit meinem Freund Robanser durch den kalten weißen Raum gegangen sei, und erst in diesem Moment hätte ich angefangen, die Unveränderbarkeit seines Todes zu begreifen. Paul sei noch am selben Vormittag in das Gerichtsmedizinische Institut gebracht worden, wo eine Lungenthrombose festgestellt worden sei, und in Anbetracht meines Wissens um eine solche Situation hätte ich mir, sagte ich, den Wunsch, ihn ein letztes Mal zu sehen, aus dem Kopf geschlagen.

VI.

Onkel Sepp hatte die ganze Zeit über aufmerksam zugehört. Schweigend gingen wir nach einer Weile aus dem Urnenfriedhof zu den Taxistandplätzen. Doch bevor wir uns verabschiedeten, fiel mir wieder die Taschenuhr ein, und ich erinnerte meinen Onkel daran. Zu meiner Überraschung erklärte er, dass er die Bestandteile nicht weggeworfen, sondern irgendwo in der Werkstatt seines Wochenendhauses – in einem Kasten mit verschiedenen Ersatzteilen und Kleinzeug – aufbewahrt habe. Als »Mensch aus einer anderen Zeit«, wie er sich selbst bezeichnete, habe er sich nach dem Krieg angewöhnt, nichts, was man vielleicht noch brauchen könne, wegzuwerfen. Er glaube jedoch nicht, dass es sinnvoll sei, die Taschenuhr zusammenbauen zu lassen, sofern das überhaupt möglich sei. Sie sei nach heutigen Begriffen »Ramsch« gewesen. Tatsächlich brachte er mir eine Woche später in einem gelben Nylonsäckchen mit der Aufschrift HUMANIC die Bestandteile, die ich vor mir auf dem Tisch ausbreitete: Zugfeder, Zeigermutter, Aufzugwelle, Krone, Vorsteckstifte und Befestigungsschrauben, Sekundenrad, Minutenrad und Stundenrad, Zeiger, Triebräder, Anker-, Unruhe- und Sperrradschraube, und wie die kleinen und winzigen Teilchen alle heißen – und nicht zuletzt das Gehäuse und das Ziffernblatt. Einige Tage ließ ich sie dort liegen, bis ich mich an einen Uhrmacher in Pölfing-Brunn erinnerte, der an der Hauptstraße sein Geschäft hatte, und schon am nächsten Tag fuhr ich zu ihm und brachte ihm mein zugegebenermaßen seltsames Anliegen vor. Es überraschte mich nicht, dass er zuerst nichts davon wissen wollte und die Uhr als »keinen Markenartikel, nichts wofür sich die Mühe lohne« bezeichnete, aber es gelang mir, ihn davon zu überzeugen, dass es mir nicht auf den materiellen Wert ankäme. Er ging mit mir in die Werkstatt hinter dem Geschäft, klemmte sich die Lupe vor das Auge, und während ich das Ticken der zahlreichen Wanduhren um uns herum hörte, beobachtete ich angespannt, wie er Pauls Taschenuhr aus den zerlegten Einzelteilchen wieder zusammenbaute.

Anhang

Mein Vater

I.

Am 8.4.1739 ist in den Kirchenmatrikeln der siebenbürgischen Stadt Reps (Rupea) die Geburt des Andreas Roth, Sohn des Maurermeisters Georg Roth, verzeichnet, der, wie weiter festgehalten ist, am 26.11.1760 eine Tochter des Georg Eve ehelichte. Beide starben im Jahr 1820. Bis zur Geburt meines Großvaters Emil am 20.6.1885, der Berufssoldat und später Finanzbeamter und Kaufmann war, fanden dreißig weitere Eheschließungen in der Familie statt. Emil Roth und Friederike Wagner, meine Großmutter, Tochter eines Bäckermeisters und Wagners, heirateten 1909, drei Jahre später, am 21.7.1912, kam mein Vater, der ebenfalls Emil hieß, zur Welt. Aus der Ahnentafel ist ersichtlich, dass die 64 Vorfahren mit Namen Roth, Simonis, Ambrosi, Lehni, Hager, Lang, Prediger, Köhler, Falten, Kaufmann, Barnert, Ongyert, Jakobi oder Danielis und Grohs allesamt evangelischen Glaubens »Alten Bekenntnisses« waren. Ihre Geburtstage sind auf den Seiten der Kirchenmatrikel genauso notiert wie die Tage ihrer Eheschließung, ihres Todes und die Berufe, die sie ausgeübt haben. Sie waren Schuster, Maurermeister, Schneider, Lederer, Müller, Kürschner, Kaufleute, Riemer und Landmänner. Lange habe ich vergeblich versucht, mir über ihr Leben und das der Siebenbürger Sachsen ein klares Bild zu machen, bis mir Volker Petri, ein Pfarrer aus Kronstadt (Braşov), endlich half, den Zugang zu der entschwundenen und mir ansonsten verschlossen gebliebenen Welt zu finden.

II.

Das siebenbürgisch-sächsische Elternhaus, sagte Petri, sei auf einer klaren patriarchalen Ordnung aufgebaut gewesen, mit dem Vater als Familienautorität, der sich alle ohne Kommentar zu fügen hatten. Mit Strenge und den damaligen Mitteln der »Zucht«, also der körperlichen Bestrafung, seien die Kinder zu Gehorsam, Bescheidenheit und Tüchtigkeit erzogen worden. Früh hätten sie die Mitarbeit und Mitverantwortung in der Landwirtschaft oder der Werkstatt kennengelernt. Älteren Menschen respektvoll zu begegnen und sie zu ehren, sei eine Selbstverständlichkeit gewesen. Bei Tisch hätten die Kinder schweigen müssen, und es sei ihnen auch nicht erlaubt gewesen, sich ungefragt an den Gesprächen der Erwachsenen zu beteiligen.

Volker Petri war groß, trug eine Hornbrille und hatte schwarzes, kurz geschnittenes Haar. Ich dachte eher an einen Armenier oder einen Griechen als an einen Sachsen. Eines Tages hatte ich ihn in seinem Haus am Attersee angerufen, nachdem er mir geschrieben und mich zu einer Lesung eingeladen hatte, und schließlich hatte er mir sein Buch über die Siebenbürger Sachsen in Österreich geschickt und mich besucht. Wir verstanden uns von der ersten Begegnung an, als ich den Sing-Sang seiner Sprache hörte, wie ich ihn noch aus meiner Kindheit von Großmutter im Ohr hatte.

Früh habe man die Kinder gedrillt, »keine Schande« über die Familie zu bringen, fuhr er fort. Besonders die Mädchen seien mit Strenge überwacht und umsorgt worden. Tugendhaftigkeit und Jungfräulichkeit vor der Ehe seien selbstverständlich gewesen und die Hochzeiten von den Eltern eingefädelt worden. Dabei sei besonders auf den Besitzstand geachtet worden. Die Reichen hätten Reiche geheiratet, so sei das Geld beim Geld geblieben. Es sei undenkbar gewesen, dass jemand sich dem Willen der Alten widersetzte. Seien die Jungen unglücklich über die Wahl gewesen, hätte man sie mit den Worten getröstet, dass die Liebe ohnehin nach der Hochzeit komme. Die Mädchen seien, damit sie keine »Schande« über die Familie brächten, schon im Alter von fünfzehn bis siebzehn Jahren verheiratet worden. Von den jungen Männern hätte man erwartet, dass sie tüchtig, fleißig und erfolgreich seien. In sexueller Hinsicht sei man prüde gewesen, und auch in Siebenbürgen habe die Doppelmoral gegolten, dass man von den Burschen sexuelle Erfahrungen erwartet habe, die sie in ihrer Soldatenzeit sammeln sollten, während die Mädchen unbedingt »unberührt« in die Ehe zu treten gehabt hätten. Eine Schwangerschaft vor der Ehe hätte für Monate Gesprächsstoff in den Dorfhäusern geliefert, und die »Gefallene« sei ausgestoßen worden. Ortspfarrer und Bürgermeister, ereiferte sich Petri, seien nicht zu hinterfragende Autoritäten gewesen, denen auch die Lehrer zu folgen gehabt hätten. Der Unterrichtsstoff sei im wahrsten Sinne des Wortes »eingebläut« und jeder kleine Fehler streng bestraft worden. Der Stock und die auferlegten Strafen hätten den Lehrern den nötigen Respekt verschafft, und man sei der festen Überzeugung gewesen, nur so »anständige Leute« aus den Kindern machen zu können. Habe jemand in der Schule eine Strafe erhalten – egal, ob gerechtfertigt oder nicht –, sei zu Hause eine zweite erfolgt, denn es sei klar gewesen, dass der Lehrer recht habe, das Kind aber unrecht – und dieses habe es eben »fühlen« müssen. Die allerhöchste Autorität habe der Pfarrer besessen. Schon von weitem seien er als »Wohlehrwürdiger Herr« und seine Frau als »Tugendsame Frau Mutter« begrüßt worden, wobei die Mädchen einen Knicks und die Buben einen Diener zu machen gehabt hätten. So wie sich die Kirchen mitten in den Gemeinden befunden hätten, sei der gewählte Pfarrer Mittelpunkt des Dorflebens gewesen. Auch ihm hätte man sich keine kritischen Fragen zu stellen getraut, und seine Strafmethoden hätten sich nur unwesentlich von denen der Lehrer unterschieden.

Petri lehnte sich im Sessel zurück und dachte kurz nach, bevor er fortfuhr, dass die reichsten Bauern die angesehensten gewesen und in verschiedene Ämter gewählt worden seien. Unbewusst hätten die siebenbürgischen Lutheraner anscheinend calvinistischen Ideen gehuldigt. Die doppelte Prädestinationslehre und die puritanische Moral seien in vielen Köpfen verankert gewesen. Man habe offenbar anerkannt, dass die Starken, Gesunden und Erfolgreichen von Gott auserwählt seien und deshalb auch geachtet und geschätzt werden müssten. Logischerweise sei diesen auch der erste Platz in der Gemeinde zugestanden. Das Leben im Dorf sei fest in die Nachbarschaften sowie die Schwestern- und Bruderschaften eingebunden gewesen. Die Amtswalter hätten mit strengen Augen über das Zusammenleben gewacht und seien dem Pfarrer unterstellt gewesen. Nur wer sich untergeordnet habe, sei im Dorf gut aufgehoben gewesen. Habe jemand jedoch »opponiert«, sei er aus dem bergenden und schützenden Zusammenhalt ausgeschlossen worden. Früh sei den Jungen klargemacht worden, dass nicht der Einzelne zählte. »Du bist nur ein kleiner Teil vom Ganzen«, habe es geheißen, dem es sich zu fügen gelte. Der Druck der Gemeinschaft habe dem Individualismus keinen Raum gegeben, man hätte sich im Gegenteil der Obrigkeit und der »vox populi« beugen müssen.

Der Ausbildung in der Lehre seien ebenfalls hierarchische Ordnungen zugrunde gelegen. Der Meister sei die Autorität gewesen, und die Lehrlinge hätten die niedrigsten Arbeiten zu verrichten gehabt. In fast allen Lebensbereichen hätten die Jüngsten lernen müssen, sich anzupassen und Befehle auszuführen. So seien Generationen im Geiste des Gehorsams herangewachsen und zu einem besonderen Verantwortungsbewusstsein erzogen worden, weil jeder Fehltritt eines Einzelnen allen geschadet hätte. Man sei zum Funktionieren im gesellschaftlichen Uhrwerk erzogen worden. Individualität und Originalität hätten nichts gegolten und seien früh unterdrückt oder im Keim erstickt worden. Neben Gehorsam und Verantwortungsbewusstsein habe der Treuebegriff gestanden. Seiner Familie, seiner Kirche und seinem Volk sollte man treu sein, und wer diese Treue gebrochen hätte, sei ein Ausgestoßener, ein Verworfener, ein Verräter gewesen, sagte Pfarrer Petri mir damals. Ob diese Schilderung ganz oder nur im Detail auch auf meinen Vater zutrifft, kann ich nicht mit Bestimmtheit sagen, jedoch war er mit Sicherheit von diesem Geist geprägt.

III.

Mein Vater war zwei Jahre vor Beginn des Ersten Weltkriegs geboren worden, als Siebenbürgen noch ein Teil der k. u. k. Monarchie unter ungarischer Verwaltung war.

Er wuchs deutschsprachig auf und lernte erst nach 1918 Rumänisch. Sein Vater diente als Berufssoldat beim k.u.k. Armeekommando VII unter Pflanzer-Baltin und stand im Kriegseinsatz im Osten. Eine Fotografie zeigt ihn als Korporal in Kronstadt. Nach dem Zerfall der Donaumonarchie wurde Siebenbürgen Rumänien zugesprochen, aber mein Großvater blieb im Geiste k. u. k. Monarchist und, wie er sagte, »Österreicher«. Er war jetzt Kaufmann geworden, später wurde er Finanzbeamter und zuletzt Buchhalter. Ab 1919 besuchte sein Sohn Emil die evangelisch-deutsche Volksschule und das Untergymnasium in Reps. Die Oberstufe absolvierte er am Stephan-Ludwig-Roth-Gymnasium in Mediasch (Mediaş) und maturierte dort am 30.6.1932. Es gibt mehrere Fotografien, die ihn in der Zötus-Uniform einer Verbindung für die Schüler der Oberstufe zeigen, in der sie, wie Petri ausführte, zu gehorchen und Verantwortung zu übernehmen lernen sollten. Als Neulinge hätten sie zuerst einem Älteren dienen müssen und seien von diesem mit Mensursäbeln aus Holz oder mit stumpfer Klinge am Paukboden »eingeschult« worden, sobald sie aber selbst älter geworden seien, hätten dann sie die »Verantwortung« für einen Neuling übernommen und diesen in Fechten und richtigem Benehmen unterwiesen. Das sei im Stephan-Ludwig-Roth-Gymnasium, dem besten weit und breit, wie er sagte, »Usus gewesen«. Mein Vater lernte dort auch Flügelhorn spielen, doch sah ich ihn kein einziges Mal in meinem Leben mit einem Musikinstrument. Angeblich soll er, wie ich hörte, ein »schneidiger« Jugendlicher gewesen und vom Dach des Bades in Kronstadt in das Becken gesprungen sein. 1932 inskribierte er an der veterinärmedizinischen Fakultät in Wien, wo es außer einem

Verein der Siebenbürger Sachsen auch die Burschenschaft »Saxonia« gab, die es ihm ermöglichte, mit seinen Freunden aus Reps und Mediasch zusammen zu sein. Er »sprang«, wie es in einem Auskunftsbrief der Verbindung heißt, »als Fuchs im Wintersemester 32/33 ein, wurde am 13.5.33 recipiert und somit Corpsbursch, das heißt Vollmitglied. Im Wintersemester 33/34 wurde er ... beurlaubt, am 4.12.1937 inaktiviert, das heißt, von den meisten Corpsverpflichtungen freigestellt, und im Sommersemester 1938 philistriert, das heißt Alter Herr Saxoniae. Er focht auf Farben Saxoniae (Anmerkung: innerhalb von sechs Monaten) sechs Mensuren.« Daten, »Gegenpaukanten« und deren Verbindungen sind im Archiv des Akademischen Corps Saxonia zu Wien verzeichnet. Nichts davon hatte mein Vater mir jemals erzählt. Zwar hatte er mir einmal gestanden, in Wien kurze Zeit Mitglied einer Burschenschaft gewesen zu sein und auch »eine Mensur« gefochten zu haben, doch wollte er nichts mehr damit zu tun haben und später auch nicht daran erinnert werden. Sein Gesicht wies keine Narben auf, er hatte mir allerdings damals, als er die Burschenschaft »Saxonia« erwähnt hatte, auf dem Schädeldach, verdeckt von grauen Haaren, eine Hautverdickung gezeigt, die, wie er sagte, von der Mensur stammte. Erst als ich 63 Jahre alt war, wurden mir die näheren Umstände seiner Mitgliedschaft bekannt. Vermutlich war wegen seiner frühen Einübung auf dem Paukboden im Stephan-Ludwig-Roth-Gymnasium sein Gesicht unversehrt geblieben. Die Mitgliedschaft beim Akademischen Corps hatte aber weit schlimmere Folgen als die kleine Narbe am Kopf, und darum wollte er wohl nie mehr über diesen wunden Punkt in seinem Leben sprechen. Denn im Umfeld der deutschnationalen Vereinigung kam er damals zum ersten Mal mit dem Nationalsozialismus in Berührung und – wie eine Kopie aus dem Bundesarchiv in Berlin beweist – trat am 8.4.1933 der Partei mit der Mitgliedsnummer 1 609 064 bei. Aus derselben Kopie geht aber auch hervor, dass er zwei Monate später die Mitgliedschaft, noch bevor die NSDAP in Österreich verboten wurde, wieder zurückgenommen hat, ein ganz und gar ungewöhnlicher Vorgang, wie mir erklärt wurde, der aber manches in einem anderen Licht erscheinen lässt: Großmutter erzählte nämlich immer wieder, dass Großvater seinen Sohn zur Fortsetzung seines Studiums nach Bologna geschickt habe, wo er tatsächlich, wie die Dokumente beweisen, das erste Rigorosum abgelegt hat. Damals war Italien unter Mussolini noch ein Gegner Hitlers gewesen und ab 1934 sogar Schutzmacht des inzwischen unter Kanzler Dollfuß austrofaschistisch gewordenen Österreich. Großvater hatte also, so ergibt sich aus Anspielungen, die meine Brüder und ich in der Kindheit hörten, und aus mit Tante Paula geführten Gesprächen, seinen Sohn, nachdem er erfahren hatte, dass dieser der NSDAP beigetreten sei, zur Zurücknahme der Mitgliedschaft gezwungen, da mein Vater noch nicht 21 Jahre und damit nicht volljährig gewesen war. Denn Großvater war Monarchist geblieben und hatte es seinem Sohn zum Vorwurf gemacht, auf Hitler, »einen durch und durch vulgären Menschen«, wie er gesagt haben soll, hereingefallen zu sein. Aus diesem Grund hatte Großvater seinen Sohn auch nicht zum Studium nach Tübingen geschickt, wohin der Großteil der Absolventen des Stephan-Ludwig-Roth-Gymnasiums gegangen war, sondern nach Wien, in die alte Hauptstadt der Donaumonarchie, die zwar nicht mehr existierte, für ihn aber noch immer Realität besaß. Nach der Zurücknahme der Mitgliedschaft bei der NSDAP wollte Großvater seinen Sohn jedoch nicht mehr in Wien studieren lassen, weil er den schlechten Einfluss der Burschenschaft fürchtete und weil die NSDAP in Österreich am 16.6.1933 nach zahlreichen Anschlägen und Attentaten von der Regierung Dollfuß verboten worden war, was für meinen Vater wegen seiner kurzen Mitgliedschaft von Nachteil hätte sein können. Da also Deutschland nicht in Frage kam und mein Vater sich, wie er auch später noch betonte, nicht als Rumäne fühlte und daher auch nicht an einer rumänischen Universität studieren wollte, war mein Großvater auf Bologna verfallen. Lange rätselte ich herum, weshalb mein Vater so rasch und offenbar mit großer Begeisterung in den Sog der deutschnationalen Strömungen geraten war, und wieder war es der Pfarrer Volker Petri, der eine mögliche Erklärung lieferte. Mit dem Erstarken des Nationalsozialismus in Deutschland, sagte er, sei über den deutschsprachigen Geschichtsunterricht in Siebenbürgen auch ein neues Bewusstsein gefördert worden. Sowohl unter ungarischer als auch unter rumänischer Herrschaft hätte man die Bedeutung der Siebenbürger Sachsen geleugnet oder verschwiegen. Nun aber hätten die Schüler ihre eigene Geschichte kennengelernt, und dies sei oft in verklärender Weise geschehen und auf Kosten anderer Nationen. Die Kinder seien im Gegenteil darin bestärkt worden, etwas Besonderes zu sein, man gehöre, so wurde es gelehrt, zu einem »auserwählten Volk«, was wiederum bewirkte, dass die Erziehung noch stärker auf Gehorsam, Pflicht und Opferbereitschaft ausgerichtet wurde. Der anerzogene Untertanengeist, sagte Petri, und die Autoritätsgläubigkeit in den straff organisierten

Strukturen hätten die Kinder zu willigen Werkzeugen werden lassen. Ob das auch schon in den letzten beiden Jahren im Gymnasium in Mediasch (1930–32) der Fall war und mein Vater unter diesen Einfluss geriet, ist schwer zu sagen, aber es gab, so vermute ich, zumindest die Tendenz.

In Bologna legte mein Vater nach 4 Semestern im Oktober 1935 das erste Rigorosum ab, worauf in den Unterlagen eine Lücke von einem halben Jahr bis zur Inskription an der Universität Graz im Wintersemester 1936 besteht. Aus dem ausgefüllten Inskriptionsformular geht allerdings hervor, dass er im fraglichen Sommersemester 1936 in Jassy in Rumänien inskribierte. Der Grund dafür lässt sich nur erahnen und liegt wohl wiederum in befürchteten Nachteilen durch die seinerzeitige NS-Mitgliedschaft: In Österreich war nämlich inzwischen Bundeskanzler Dollfuß, der auch »Bundesführer« der »Vaterländischen Front« war, von den Nazis ermordet worden, und sein Nachfolger, Schuschnigg, setzte den politischen Kurs des Austro-Faschismus und damit des Verbotes aller anderen Parteien fort. Schuschnigg, ein entschiedener Gegner des Nationalsozialismus, musste jedoch am 11.7.1936 ein Abkommen mit Hitler treffen, da dieser mit Hilfe der 1000-Mark-Sperre Österreich wirtschaftlich ausgehöhlt und sich inzwischen mit Mussolini politisch geeinigt hatte, der fortan nicht mehr die Funktion einer »Schutzmacht« ausübte. Das sogenannte Juliabkommen hatte eine größere Toleranz den Nationalsozialisten gegenüber zur Folge, sodass mein Vater, so vermute ich, wegen seiner ehemaligen Mitgliedschaft keine Nachteile mehr zu befürchten hatte. Möglicherweise konnte er deshalb zurückkehren. Aber Großvater, der unbedingt wollte, dass sein Sohn in Österreich studierte, wie mir immer wieder bestätigt wurde, hatte offenbar nicht die Absicht, ihn noch einmal nach Wien gehen zu lassen. Die Provinzhauptstadt der Steiermark, Graz, in der mein Vater im Wintersemester 1936 eintraf, schien ihm wahrscheinlich sicherer. Großvater verbot ihm, nehme ich an, neuerlich einer Verbindung beizutreten, und zählte vielleicht auf den Verein der Siebenbürger Sachsen in Graz, der ihn über den Studienfortgang seines Sohnes unterrichten würde. Im März 1938 marschierte Hitler in Österreich ein, und der Staat verschwand von der politischen Landkarte. Am 15.10.1938 promovierte mein Vater – nun also in Deutschland und noch immer als rumänischer Staatsbürger – und war bis 1940 an der Hals-Nasen-Ohren-Klinik der III. Chirurgischen und der I. Medizinischen Abteilung des Landeskrankenhauses als Hilfs- und Sekundararzt tätig.

In Europa hatte sich inzwischen über Deutschland, Italien und Österreich hinaus der Faschismus ausgebreitet. In Rumänien trieben die Eisernen Garden ihr Unwesen, in Ungarn Horthys Pfeilkreuzler, in Spanien war Franco an die Macht gekommen, und da mein Vater, wie er immer wieder betonte, unter keinen Umständen den rumänischen Militärdienst, zu dem er einberufen worden war, ableisten wollte, war er neuerlich in den Umkreis nationalsozialistischer Studienkollegen geraten und hatte am 21.5.1938 zum zweiten Mal um Aufnahme in die NSDAP angesucht, auch weil er sich dadurch offenbar die Erlangung der deutschen Staatsbürgerschaft versprochen und sich gleichzeitig um eine Stelle an der Universitätsklinik beworben hatte. Im Personalfragebogen der NSDAP, den er dafür ausfüllte, gab er seine Erstmitgliedschaft an und auch den Umstand, dass er diese vor dem Verbot der NSDAP in Österreich im Juni 1933 zurückgenommen hatte. Als Begründung führte er »beruflich ins Ausland gereist« an. Außerdem trug er in die Rubrik »bisherige Mitgliedsnummer« »illeg. Nr. 8627« ein, nicht aber die Nummer aus dem Jahr 1933. Entweder hatte er in der Steiermark tatsächlich engere Kontakte zu einer illegalen Gruppe gehabt oder die Nummer war fingiert. Die Frage, ob er aus der Partei ausgetreten sei, beantwortete er mit »nein« und gab an, dass er den letzten Mitgliedsbeitrag im Juni 1933 bezahlt habe. Aus dem Formular geht hervor, dass er unbedingt in die NSDAP aufgenommen werden wollte und sich über etwaige Bedenken gegenüber den Zielen der »Bewegung«, die ihm doch bekannt gewesen sein mussten, hinwegsetzte. Er führte auch eine Mitgliedschaft beim NSD-Studentenbund in Wien an und bezeichnete sich als »förderndes Mitglied der SS Graz seit 1936«. Erst Ende 1938 legte er die rumänische Staatsbürgerschaft ab und war von da an staatenlos. In einem Fragebogen für das Militär vom 25. 6. 1940 gibt er an, dass er ein uneheliches Kind habe, für das er 20 RM an Alimenten zahlen müsse (spätestens im Österreichischen Staatsarchiv, acht Jahre nach seinem Tod, hätte ich also aus den Akten erfahren, dass es einen Halbbruder gab oder gegeben hatte, wenn nicht Onkel Sepp mir früher davon erzählt hätte). Vor der neuerlichen Aufnahme in die NSDAP im Jahr 1940 (mit der Mitgliedsnummer 6 288 878 – die alte wurde ihm nicht wieder gegeben) – auf die er nach Ausfüllung des ersten Personalfragebogens also fast zwei Jahre warten musste –, suchte er im Juli 1939 als nunmehr Staatenloser um die deutsche Staatsbürgerschaft an, die ihm am 20. 2. 1940 zuerkannt wurde. Zu Weihnachten 1938 hatte er meine Mutter, Erna Druschnitz, kennengelernt und heiratete sie am 15.3.1940. Vier Monate später wurde er zur deutschen Luftwaffe als Sanitätssoldat eingezogen, hielt er selbst in einem Lebenslauf fest (und die Papiere aus dem Staatsarchiv bestätigen es). Er war ab 1941 »bei fliegenden Verbänden im Kriegs- bzw. Fronteinsatz, hierauf in Sizilien, Nordafrika und Südfrankreich und zuletzt bis Kriegsende im Raum Hannover-Braunschweig und München«. 1944 war er mit dem Kriegsverdienstkreuz 2. Klasse mit Schwertern ausgezeichnet worden, 1945 rüstete er als Stabsarzt ab. Nach seiner Rückkehr aus der amerikanischen Kriegsgefangenschaft fuhr er zuerst allein nach Graz und nahm am 12.9.1945, wie aus dem Archiv des Landeskrankenhauses Graz hervorgeht, seinen Dienst als Sekundararzt an der Universitätsklinik wieder auf.

In einem von ihm selbst ausgefüllten Fragebogen zur NS-Registrierung habe mein Vater nach dem Krieg angegeben, schrieb mir der Leiter des Universitätsarchivs Graz Alois Kernbauer, dass er seit 5.7.1938 bis zur Einberufung zur Wehrmacht am 20.7.1940 nur Parteianwärter der NSDAP gewesen sei. Bereits zuvor hätte jedoch die Ärztekammer für Steiermark am 29.9.1945 bei der Landesregierung seine Entlassung als »illegales Mitglied der NSDAP« beantragt, führte Kernbauer weiter aus. Die Entlassung sei mit Wirkung vom 31.10.1945 ausgesprochen worden. Dagegen hätte mein Vater Einspruch erhoben mit der Begründung, die Angaben der Ärztekammer seien falsch, er sei kein illegales Mitglied der NSDAP gewesen. Vielmehr habe er im Mai 1938 um Aufnahme in die NSDAP angesucht, die ihm jedoch wegen seiner damaligen Staatenlosigkeit nicht gewährt worden sei. Er sei auch kein Mitglied des NS-Ärztebundes, des NS-Dozentenbundes »oder einer ähnlichen fachlichen NS-Vereinigung« gewesen. Hingegen sei er 1939 dem Deutschen Roten Kreuz beigetreten, um sich nicht der SS anschließen zu müssen. Seine Kontakte zu illegalen Angehörigen der NSDAP 1937 in seinem Zimmer im Studentenheim Elisabethstraße seien »rein studentisch und nie politisch« gewesen. Hierauf zitierte Professor Kernbauer aus einem Schreiben meines Vaters: »Aus dem Umstand, dass ich zwei Jahre vor dem Anschluss ungewollt unter Illegalen gelebt habe, leitete ich damals die Berechtigung ab, anzugeben, ich sei auch unter Illegalen gewesen (Anmerkung: um die Mitgliedschaft bei der NSDAP zu erhalten), bis mir 1940 vom Ortsgruppenleiter ... der Ortsgruppe Leech gelegentlich einer Vorladung die Mitteilung gemacht wurde, dass ich keinesfalls die Berechtigung hätte, mich als Mitglied der NSDAP zu betrachten, da ich aufgrund meiner noch nicht vollzogenen Einbürgerung lediglich als noch nicht bestätigter Parteianwärter gelte* ... Es ist mir bekannt, dass alle Rechtfertigungen dieser Art bis zu diesem Zeitpunkt als faule Entschuldigung angesehen werden, und überall, wo man eine solche Erklärung abzugeben versuchte, erhielt man die stereotype Antwort, ›das haben mir schon alle erzählt und das, was der Nationalsozialismus in den letzten sieben Jahren verbrochen hat, sollt ihr nun abbüßen‹. Ich bin der Meinung, dass jeder das abbüßen soll, was er selbst verschuldet hat, und fühle mich in keiner Weise für Verbrechen, die ohne mein Wissen, ohne meinen Willen und ohne mein Dazutun be-

* Tatsächlich vergingen, wie erwähnt, von der Ausfüllung des ersten Personalblattes bis zur Aufnahme fast zwei Jahre.

gangen wurden, verantwortlich. Ich habe in der nationalsozialistischen Zeit weder politisch noch privat jemand geschädigt und auch nie irgendwelche Vorteile erstrebt und erhalten. Materiell gesehen bin ich auf dem gleichen Stand wie 1938, ich besitze nämlich weder Geld noch Gut … Ich kann im Bewusstsein aller Konsequenzen erklären, dass ich in der illegalen Zeit innerlich und äußerlich mit der nationalsozialistischen Bewegung nichts zu tun hatte.«

Die Entlassung träfe ihn und seine Frau besonders hart, schrieb er weiter, und in einer ergänzenden Niederschrift vom 17.12.1945 behauptete er, er stehe seit 1939 mit sozialistischen Kreisen in Verbindung und sei am 21.11.1945 in die Sozialdemokratische Partei aufgenommen worden. Auch sein Schwiegervater, Richard Druschnitz, sei ein »alter Sozialdemokrat«. Ein angeblich bei der Ärztekammer archiviertes Beweisstück seiner NSDAP-Mitgliedschaft als »Illegaler« sei ein Gefälligkeitsgutachten eines ehemaligen Corpskameraden.

Der Einspruch wurde abgelehnt und die Entlassung bestätigt, seine Stelle galt als »aufgelöst«.

Allerdings wurde die Entlassung »mit Verfügung der Steiermärkischen Landesregierung vom 16.6.1947«, wie Kernbauer weiter schrieb, aufgehoben, weil mein Vater als »Minderbelasteter« eingestuft worden war. Als nichtösterreichischer Staatsbürger wurde er jedoch nicht wieder in den Landesdienst aufgenommen.

Sobald ich alle Dokumente studiert hatte, legte ich die wichtigsten dem Historiker Stefan Karner vor, der den Lebenslauf meines in Siebenbürgen geborenen Vaters als »nicht ungewöhnlich« bezeichnete. »Stand er doch im Bezugsrahmen Siebenbürgen – Monarchie – Deutsches

Reich – deutsches Volkstum und Nationalsozialismus und hatte mit diesen Brüchen sein Studium, seinen Beruf und seine Familie aufzubauen.« Immer wieder nahm ich die Akten heraus und versuchte, die ersten fünfunddreißig Lebensjahre meines Vaters zu rekonstruieren. Mit Sicherheit war er nicht nur deutschnational, sondern auch ein Opportunist, wie der von ihm ausgefüllte Fragebogen aus dem Jahr 1945 und sein Einspruch, den er gegen seine Entlassung aus dem Landeskrankenhaus Graz formulierte, zeigen. Mit Sicherheit war er aber auch ein Getriebener. Ich weiß nicht, was er politisch wirklich dachte, vielleicht wollte er alles besonders »richtig« machen, wie er es gelernt hatte. Er verdrehte Tatsachen, er beschönigte, er verschwieg. Er versuchte seine Spuren zu verwischen, er spielte den Unschuldigen und war selbstgerecht, er hörte nie auf, mit dem Strom zu schwimmen. Das lese ich alles noch immer (unwillig und mit Scham) aus den Papieren. Doch halte ich nicht mehr in Händen als eine entzifferte Hieroglyphenschrift, denn solange mein Vater lebte, verweigerte er mir eine Antwort, und auf die zahlreichen Fragen, die ich ihm stellen wollte, geben mir die Dokumente keine erschöpfende Auskunft.

Doch vom gänzlich verloren geglaubten Halbbruder Klaus Gaschler, der nie zur Familie gehören durfte und darunter litt, wie man mir sagte, tauchen plötzlich Fotografien auf. Menschen, von deren Existenz ich vorher nichts wusste, erzählen mir nach einer zufälligen Begegnung von seinem Schicksal. Immer hatte er den Wunsch, mit meinem Vater zu sprechen, ohne dass es ihm jemals gelang. Seine Mutter war wohlhabend, besaß in Klagenfurt ein Haus und ein Grundstück am Wörthersee. Sie war als Zahnärztin erfolgreich, schickte ihren Sohn aufs

Gymnasium, musste jedoch zustimmen, dass er in der 6. Klasse die Schule abbrach, eine Ausbildung in der Tourismusbranche machte und als Steward auf Ozeandampfern »um die ganze Welt fuhr«, wie einer meiner Besucher sagte. Er war zwei Mal verheiratet und soll großen Erfolg bei Frauen gehabt haben. Als seine Mutter 1963 an Krebs starb, kehrte er nach Klagenfurt zurück und machte »ein kleines Café« auf. Dort begann er auch mit dem Trinken. Beim Begräbnis, berichtete »sein bester Freund«, habe er lange vergeblich am Friedhofstor auf meinen Vater gewartet, da er der Überzeugung gewesen sei, dass er jetzt, wo seine Mutter tot sei, kommen würde. Klaus brachte sein gesamtes Vermögen, das er geerbt hatte, durch und starb verarmt als Taxifahrer mit fünfzig Jahren an Knochenkrebs. Er hatte keine Kinder.

Meine Mutter

Die Herkunft meiner Vorfahren mütterlicherseits ist nicht weniger kompliziert als die meines Vaters. Der damals 90-jährige Göstinger Glashüttendirektor i. R. Hans Guss, den wir – da sich in der verzweigten Ahnentafel gemeinsame Ur- oder Ururverwandte finden – Onkel nannten, schickte kurz vor seinem Tod meinem Bruder Paul eine Reihe von Unterlagen.* Darunter befand sich eine hand-

* In einer schriftlichen Anmerkung ging er auf sein hohes Alter ein und dachte über sein zu Lebzeiten geschaffenes riesiges Archiv nach: »Und wohin mit meinen 21 Bänden Alt-Glashütten – Altglasmachern? In die Mülltonne durch meine Erben oder durch die Enkel, Urenkel? Das Endziel? Muss ich mich das bei meinem hohen Alter überhaupt fragen? Dann habe ich, von Alpha bis Omega gezählt, mehr als zwei Dutzend Bände Geschreibsel mit Familiengeschichtlichem und

geschriebene und mit verschiedenfarbigen Filzstiften markierte »Ablichtung mit der Darlegung des Herkommens der Ahnenväter und deren Ehefrauen«.** Aus dieser geht hervor, dass der 1842 verstorbene Blasius Druschnawitz, Glasschneider in der Glashütte Josefsthal bei Reifnigg, der erste Vorfahre ist, der von ihm in den Kirchenbüchern gefunden wurde. Schon sein Sohn gleichen Vornamens schreibt sich übrigens Druschnitz, aber auch Druschnavitsch. Da alle Druschnitz von Hütte zu Hütte wandernde Glasbläser waren und bis zu meinem Großvater Analphabeten und da sie wiederum allesamt Töchter von Glasbläsern heirateten, gibt es die verschiedensten Schreibweisen auf den Dokumenten: Von Trusnic über Druschitsch, Truschnitz, Druschowitz, Trusic bis zu Truschnit und Druschetz eint sie aber der Glasmacherberuf als Schmelzer und Kunstglasbläser, als Motzer, Gesellen und Meister. Ein Sohn des Blasius, Rudolf, ebenfalls geboren in Josefsthal und, wie aus den Dokumenten ersichtlich, »Kunstglasbläser«, heiratete 1879 eine Adelheid Guss und begründete damit auch die Verwandtschaft der beiden Familien. Adelheids Stammbaum lässt sich dank des peniblen und ausdauernden Glashüttendirektors i. R. Hans Guss bis zu einem Landmann Nikolaus Guss, der

über mein Dasein und noch die Bände 1 – 21 meiner Bildersammlung. Dazu kommen A bis Z und AA bis XX fast fünfzig Bände mit Reise-Erlebnisberichten. Mein Schwiegersohn hat mir im Keller ein trockenes und versperrbares Abteil zur Verfügung gestellt, darin hausen geordnet drei Viertel meiner Sachen, alles zusammengereiht ergäbe wohl an die fünfzehn Laufmeter. Wohin damit? ... Und ich muss weiterhin meine Notizen anbringen, weil mir dies den hellen Geist wach hält ... Was wird mit meinen Büchern? 7600!«

** »Beides gerollt in einer Hülse, daher bitte vorsichtig herausziehen und ebenso sorgfältig entfalten, um Papiereinrisse zu vermeiden.«

1638 im Böhmerwald geboren wurde, zurückverfolgen. Der 1779 in Freudental in Oberösterreich geborene Johann Guss war hingegen bereits Glasmacher, sein gleichnamiger Sohn starb als Schmelzer 1888 in Wies in der Steiermark.

Von meinem damals 78-jährigen Onkel Franz Druschnitz, der das Lesen und Schreiben erst von seiner Frau erlernte, liegt ein schriftlicher Bericht in der Glasmacherzeitung »Der Motzer« über das Leben seines Vaters und der Familie vor und damit auch über das meines Großvaters Richard. Im Vorwort tut mein Onkel seine Absicht kund, dass er »das oft bedrückend enge und wechselreiche Leben vor Augen führen« wollte, das damals, als auf den steirischen Almen noch Glashütten gestanden hätten, »mit Pfeife und Hafen« verbunden gewesen sei, bis die Glashütten allmählich aus Mangel an Holz hätten geschlossen werden müssen. Es sei üblich gewesen, führte er aus, dass man Glasmacher »von einem Lande in das andere gerufen hat, dass sie ihr Bündel schnürten und mit Weib und Kind dorthin zogen, wo man besser zahlte, und dass sie ihr Können in immer verfeinerteren neuen Erzeugungsweisen unter Beweis stellten«.

Anschließend schweift mein Onkel kurz ab und führt aus, dass nach dem Verfall des Oströmischen Reiches die Glasmacher in Scharen Byzanz verlassen hätten, von wo aus sie den Weltmarkt beherrschten, und nach Venedig gezogen seien, das sie »zur Mutter der westeuropäischen Glaserzeugung« gemacht hätten, indem sie das »tief und durch schwerste Strafen gehütete Geheimnis in den Fabriken von Murano zum Monopol erhoben« hätten. Doch seien es schließlich deutsche Glasmacher gewesen, »die der Welt die ersten Spiegel geschenkt« hätten, und böhmisches Glas hätte sodann den Weltmarkt beherrscht. Hierauf stellte mein Onkel die Frage, wie das Leben der Glasmacher gewesen sei, und beantwortete sie am Beispiel seines 1847 geborenen Vaters Rudolf, meines Urgroßvaters:

Rudolf Druschnitz, schreibt mein Onkel, habe schon frühzeitig seinen Vater verloren, keine Schule besucht und sei genötigt gewesen, im Kindesalter in den Glashütten seinen Lebensunterhalt zu verdienen. Er sei – »gern gelitten, da schon bald ein sehr guter Glasmacher« – von einer Glashütte zur anderen gewalzt. Als 11-Jähriger sei er in der Hütte Reifnigg »zuständig geworden«. Von dort sei er zu den anderen Hütten gerufen worden, nach Schneegattern, Wies, Köflach, Vordersdorf, Voitsberg, Oberdorf, Moosbrunn bei Wien und schließlich nach Hrastnigg. In Köflach habe er »seine Frau Adelheid Guss heimgeführt«. In Hrastnigg sei er dann selbst, schreibt mein Onkel, am 25. 11. 1882 zur Welt gekommen. Sein Vater sei damals nach Piran bei Triest gezogen, wo eine neue Glasfabrik erbaut worden sei, die Arbeiter gesucht hätte. Der Unternehmer Modiano habe zwei Jahre später in Pasabahce, nahe Konstantinopel, eine weitere Fabrik errichtet, in die er seinen Vater mitsamt der Familie geholt habe. »Am Anfang«, fährt mein Onkel in seinem Bericht fort, »ist auf zwei Hafenöfen gearbeitet worden. Auf dem einen wurden sehr schöne Glassachen erzeugt, auf dem zweiten hauptsächlich Lampenzylinder.« Die Familien seien in zwei großen Personalhäusern untergebracht gewesen, wovon sich eines »ganz am Meere« befunden habe. »Man konnte vom Fenster aus Fische fangen«, schreibt er weiter. »Ein Raddampfer machte, von Konstantinopel kommend, die Runde: Pasabahce, Sultanina,

Begus waren die Stationen. Nebenan lag Pijuktrie oder Büyükdere. Dort durften die Ansiedler die Toten begraben.« Einer davon war ein Bruder von Onkel Franz, Toni, der als Dreijähriger an den »Fraisen«, einer Art kindlicher Epilepsie, gestorben war. Mein Großvater erinnerte sich noch daran, wie die Familie mit dem kleinen Sarg an Bord über den Bosporus gefahren war. Auch erzählte er oft davon, wie sehr das Meer ihn in der Kindheit gefesselt habe. Der Blick auf das Wasser sei so abwechslungsreich gewesen, dass er nie müde geworden sei, das Geschehen zu betrachten. Er habe Dampfer, malerische Barken, Segelschiffe, Fischerboote, die oft voll beladen gewesen seien, und manchmal sogar Kriegsschiffe verschiedener Nationalitäten gesehen. »Das ewige Farbenspiel des Meeres machte auf mich einen tiefen Eindruck«, schloss er, und ich habe noch seine Stimme und den nachdenklichen Tonfall im Ohr, in dem er diesen Satz auch des Öfteren aussprach. In Büyükdere wurden die Kinder der Glasmacher getauft, so auch mein Großvater, von dem ich noch die gelbe, mehrfach an den Falten schief zusammengeklebte Urkunde besitze. Sie ist in lateinischer Sprache ausgestellt und bestätigt, dass der Franziskaner Wagarenus Agnosetti den am 2.4.1889 geborenen »Richardus« einen Tag später getauft und die Bescheinigung mit eigener Hand unterschrieben und mit dem Siegel des Pfarramtes versehen habe. An Pasabahce seien auch seine glücklichsten Kindheitserinnerungen geknüpft, betonte Onkel Franz. In der Station Jeunike, schrieb er, habe ein österreichisches Kriegsschiff vor Anker gelegen. Sonntags seien die Matrosen mit Booten zu ihnen herübergekommen, mit denen sie sich »prächtig« unterhalten hätten. Die Glasmacher hätten gut verdient, und bei den niedrigen

Preisen sei das »Auskommen erträglich« gewesen. Die meisten seien aus der Steiermark gekommen. Kaum einer von ihnen hätte Türkisch oder Griechisch gesprochen. Das habe die Verständigung mit der Hilfsmannschaft erschwert, und auch die Kinder habe man deshalb in die Fabrik mitgenommen. »Meine Schwester Maria und ich arbeiteten als 6-Jährige hauptsächlich in der Nacht. Man begann um 23 Uhr und musste bis 12 Uhr mittags durchhalten.« Sie hätten die »Fertigware« mit einer langen Eisenstange in den Abkühlofen schlichten müssen, fuhr er fort, dabei hätten sie auf die richtige Temperatur zu achten gehabt, »weil sonst die Gläser zersprangen oder schmolzen«. In den ersten Jahren habe es noch keine deutsche Schule gegeben, keines der Kinder habe daher lesen oder schreiben gelernt. »Schon mit 7 Jahren verfertigte ich Kölbel und Henkel«, schrieb er weiter, »als 8-Jähriger habe ich bei Johann Schmied Handlampen eingeblasen, als 11-Jähriger Lampenzylinder gemacht.« Dann erst hätten die Eltern in einem Personalhaus eine Schule und eine Kirche eingerichtet, merkte mein Onkel an, aber, »wer von uns hätte Zeit gefunden, sie zu besuchen! Wenn man nachts arbeitet, schläft man beim Unterricht ein. So konnte ich weder lesen noch schreiben.« Neben dem Bericht meines Onkels ist eine Schwarz-Weiß-Fotografie abgebildet, auf der kleine Mädchen in Dirndlkleidern mit weißen Schürzen und kurz geschorene Buben in Hemden und Jacken und langen Hosen zu sehen sind. Die Fotografie muss im Winter aufgenommen worden sein, denn der schnauzbärtige Lehrer trägt Schal und Mantel. Jedes der Kinder ist mit einer weißen Ziffer versehen, so auch mein Onkel und mein Großvater, beide sind klein, blass und dunkelhaarig. Unter den Ziffern befindet sich eine Liste mit den Namen der Betreffenden. An der Wand, vor der die Gruppe Aufstellung genommen hat, ist ein Schild angebracht mit der Aufschrift: Glasfabrikschule 1894, links und rechts davon lehnen Flaggen der k.u.k. Monarchie. Am rechten Rand des Bildes sieht man die halbe Eingangstür zur Kirche. Die Scheiben über dem Tor sind mit Schneeflocken ähnlichen Kreuzen versehen, auf der Tür steht in schöner Schrift C+M+B, für Caspar, Melchior und Balthasar, die Heiligen Drei Könige.

Er habe mit der Zeit ziemlich gut Türkisch, Griechisch und auch Italienisch gesprochen, schrieb Onkel Franz weiter. Gerne habe er an den Feiertagsvergnügen der Einheimischen teilgenommen. Jeder der Männer habe dann eine silberne Kette um den Hals getragen, an der eine »mächtige Uhr« befestigt gewesen sei, die Uhren hätten allerdings verschiedene Zeiten angezeigt, weil niemand den Stand der Zeiger hätte deuten können. Man habe im Kreis sitzend herrliches Hammelfleisch aus einer Schüssel in der Mitte gegessen. Allerdings sei nur ein einziger Holzlöffel vorhanden gewesen, der von Mann zu Mann weitergereicht worden sei.

Da sein Vater nach zehn Jahren an Heimweh gelitten habe, seien sie noch 1894 mitten im Winter von Konstantinopel bei stürmischem Wetter nach Triest ausgelaufen und von dort weiter mit der Bahn nach Reifnigg gefahren, eine Schwester seines Vaters habe dort ein Gasthaus besessen. Er, Franz, habe aber große Unruhe verspürt und sei »zum Johann Puchinger« auf die Alm »eintragen« gegangen. Er sei auch »zum Kölbel- und Henkelmachen« herangezogen worden, dafür habe er als damals 12-Jähriger vier Gulden im Monat und die Kost verdient. Auf der Almhütte habe es aber »wenig Auswahl am Speisezettel gegeben«. Jeden Mittag und Abend seien Sterz und saure Milch auf den Tisch gestellt worden. Nach einem Monat sei er daher mit seinem Vater über den Radlpass nach Wies gegangen und von dort nach Köflach, wo sie Arbeit gefunden hätten. Aber sein Vater sei schon nach kurzer Zeit erkrankt und habe bedauert, nicht in der Türkei geblieben zu sein, denn die Verhältnisse daheim, schrieb mein Onkel, seien wesentlich schlechter gewesen. Sein Vater habe es dann in Moosbrunn probiert, jedoch schon nach zwei Monaten habe es ihn »nimmer gelitten«. Daher sei er allein nach Agram (Zagreb) gefahren und habe die Familie erst nach längerer Zeit benachrichtigt, dass er in der Glashütte Osredek bei Samobor mit Gehilfen aus der Türkei zusammenarbeite. Als Franz mit seinen Geschwistern und seiner Mutter dann in Zagreb angekommen sei, hätte sie ein Eisenbahner mit einem hochbeladenen Fuhrwerk bis Samobor mitgenommen. Sie hätten sich mit aller Kraft auf dem Wagen festhalten müssen, um nicht auf die Straße hinunterzufallen, schrieb Onkel Franz. Von Samobor hätte sie ein Einspänner nach Osredek gebracht. Spät in der Nacht seien sie »in diesem traurigsten Loch der Erde« angekommen und hätten, da der Wagen gerade vor dem Hüttentor angehalten habe, das Ofenfeuer auf die Straße hinaus leuchten sehen. Die Hütte sei wirklich hinter den 99 Bergen gelegen gewesen. Das nächste Dorf sei mehrere Stunden entfernt gewesen, und es habe in Osredek kein Fahrzeug gegeben. Im einzigen Wirtshaus des Dorfes seien sie zu acht in einem Zimmer einquartiert worden, zum Schlafen hätten sie Stroh auf dem Boden ausschütten müssen. An jedem Sonntag hätten zudem Musikanten gespielt, und das Tanzen, Stampfen und Herumschreien der Gäste habe kein Ende genommen. Die ganze Familie hätte in der Glashütte arbeiten müssen, er selbst in der Einbindstube, wo die Glaswaren in Stroh eingewickelt wurden. Man habe Verschiedenes hergestellt wie schönes Pressglas, sowohl weiß als auch farbig. Das einzige Lebensmittelgeschäft sei von der Firma, der die Glashütte gehört habe, geführt worden. Dort habe man auch Schnaps bekommen und anschreiben lassen dürfen. Rasch habe man Schulden gemacht, der Betrag sei dann am Monatsende vom Lohn abgezogen worden. Habe der Verdienst nicht gereicht, um die Schulden zu bezahlen, sei der Rest auf die neue Rechnung geschrieben worden. Die meisten Glasmacher seien auf diese Weise in kürzester Zeit so verschuldet gewesen, dass sie von der Fabrik nicht mehr hätten loskommen können. Zudem sei eine Kündigungsfrist von sechs Monaten festgelegt gewesen, und die Papiere hätten bei Eintritt in die Firma hinterlegt werden müssen. Keiner hätte sie ausgehändigt bekommen, ehe nicht die Kreditschulden beglichen worden seien. Aus diesem Grund habe es die besten Glasmacher »in dieser weltverlorenen Gegend«, wie mein Onkel schreibt, gegeben. Die Zustände und die Arbeitsverhältnisse in der Hütte von Osredek seien unvorstellbar gewesen. Obwohl die gesamte Familie in der Werkstatt gearbeitet habe, habe der Erlös nicht gelangt, um sich schuldenfrei zu ernähren. Zwei Glasmachergehilfen, die es aus der Türkei nach Osredek verschlagen habe, hätten ihren Irrtum bald erkannt, und um aus der Fabrik hinausgeworfen zu werden, hätten sie aufgehört zu arbeiten und stattdessen mit dem Schnapstrinken begonnen. Als sie jedoch ihre Papiere zurückverlangt hätten, seien zwei Gendarmen aus Samobor im Fiaker angefahren gekommen, hätten die beiden aus dem Zimmer geholt und in die Betriebskanzlei geführt. Dort hätten sie diese, ohne auch nur ein Wort an sie zu richten, geohrfeigt und mit den Gewehrkolben misshandelt. Schließlich seien die beiden in die Kutsche gestoßen worden. Alle Arbeiter, Frauen und Kinder seien zusammengelaufen, und als ein Glasmacher, der in einem kroatischen Regiment Korporal gewesen war, sich für die Misshandelten habe verwenden wollen, hätten die Gendarmen die Gewehre in Anschlag gebracht und ihm gedroht zu schießen, wenn er noch ein einziges Wort sage.

Die beiden Gehilfen seien nach Zagreb gebracht, eingesperrt und zur Strafe täglich geschlagen worden. Nach drei Wochen seien sie dann wieder in die Betriebskanzlei überstellt worden.

Vergnügen habe es nur spärlich gegeben, fährt mein Onkel in seinem Bericht fort: Schnaps, Pilze suchen oder Tabak kaufen in der vier Stunden entfernten Trafik. Am Sonntagvormittag hätten die Glasmacher ihr Werkzeug herzurichten gehabt, damit die Arbeit am Montag ohne Zeitverlust in Angriff genommen werden konnte. Doch sei die Familie mit heiler Haut davongekommen, weil es seinem Vater gelungen sei, den Direktor Palmi zu erweichen, von den sechs Monaten Kündigungsfrist abzusehen, nachdem er mit dem aus der Türkei ersparten Geld seine Schulden bezahlt hätte. Hals über Kopf seien sie nach Salgo-Tarjan in Ungarn aufgebrochen. Dort sei sein Bruder Rudolf dann nach einem Hundebiss an der Tollwut gestorben. Mit 13 Jahren sei er, Franz, in Salgo-Tarjan als Motzer angelernt worden und zwei Jahre später, 1897, nach Graz weitergezogen, wo die gesamte Familie in den Betrieb eingetreten sei. Sein Vater habe wegen seines schwachen Augenlichtes nur noch Hilfsdienste leisten können und sei kurz darauf völlig erblindet, daher hätten auch die Mutter und die Geschwister in der Einbindstube gearbeitet. »Ich zählte 17 Jahre«, schloss mein Onkel seinen Bericht, »als ich als Glasmachermeister eingestellt wurde. Unsere Wanderschaft hatte damit ein Ende.«

Dafür begann jetzt die Wanderschaft seines Bruders Richard, meines Großvaters. Mit 13 Jahren war er in der Glasfabrik Gösting als Einträger beschäftigt gewesen, mit 14 als Motzer, und mit 17 ging er als Geselle auf die Walz. Auch mein Großvater hat eine Zusammenfassung seiner Wanderungen aufgeschrieben, aus der hervorgeht, dass sein erstes Ziel Siebenhirten bei Wien gewesen war. Damals, notierte er 1996, habe es noch keine Verpflegestationen für Walzbrüder gegeben, daher habe er sich bei der Niederlassung der Dresdener Glasfabrik auf Vorschuss eine Bahnfahrkarte geholt. Offenbar gefiel es ihm sehr in der, wie er festhält, »schönen Stadt«, in der er auch zu seiner Überraschung viele Bekannte traf. Die Arbeit sei wesentlich leichter gewesen als in Graz. Trotzdem sei er aus Unrast über Frankfurt a. d. Oder und Fürstenfelde nach Berlin gewalzt. Dort habe ihn ein ehemaliger Schulkamerad überredet, mit ihm zurück nach Graz zu wandern. Der Weg habe sie ins »Böhmische« hineingeführt, wo sie sich in Teplitz-Schönau getrennt hätten, denn er sei weiter nach Aussig gezogen. In der dortigen Glasfabrik habe er so lange gearbeitet, bis er sich sein Schuhwerk habe erneuern können, das unter den großen Strapazen stark gelitten gehabt hatte. Von Aussig sei er dann 1907 über Prag wieder nach Graz zurückgekehrt. Die zweite, die ominöse Walz, die mit dem Vorfall in der Kantine des Monturdepots zu tun gehabt hatte, habe ihn 1909 mit der Eisenbahn nach Bremerhaven geführt und weiter als blinden Passagier auf ein Schiff nach Cardiff, wo er auf dem norwegischen Schiff »Skagerrak« als Trimmer angeheuert habe. Im Laufe der fast zwei Jahre dauernden Reise sei es von einem deutschen Unternehmen gekauft und auf den Namen »Anni« umgetauft worden. Er sei nach Algier, La Valetta, Sizilien, Barcelona, Valencia, Cartagena, Gibraltar und Liverpool gekommen. Die nächsten Stationen seien dann Middlesbrough, Kristiansund – der ursprüngliche Heimathafen – und schließlich Emden gewesen, von wo aus er mit der Bahn wieder nach Graz zurückgekehrt sei. Als er zu Beginn des Ersten Weltkrieges die 1896 geborene Maria Pöstinger heiratete, kaufte er das bis zu seinem Tode erhalten gebliebene Schlafzimmermobiliar mit dem Schutzengelbild. Die Vorfahren von Omi stammten übrigens aus der Ober- und Weststeiermark, aus Radkersburg, Halbenrain, Göss, Niklasdorf und Vordernberg. Als Dienstmägde, Knechte, Keuschler mit Schankgewerbe, Wirte, Viehhalter und Schleifer hatten sie ihr Auskommen gefunden. Ihre Namen waren Reichenpfader, Mayeregger, Zach und Monschein, und die spärlichen Dokumente (es waren arme oder »kleine Leute«) gehen bis Anfang 1800 zurück, als ein Ignaz Pöstinger seine Frau Maria, geborene Leitgeb, ehelichte. Mein Bruder Paul notierte, dass eine Vorfahrin, die Dienstmagd Maria Reichenpfader, Tochter eines Unterschmelzers in Radwerk 13 bei Vordernberg im Jahr 1860 mit aufgestellter Sense vom Blitz erschlagen wurde. Omis Vater war – nachdem er 1860 den Militärdienst abgeleistet hatte – Eisenbahner bei der Südbahn geworden, ein schnauzbärtiger, bäuerlicher Mensch, dessen Augen mich aus der Fotografie seines erhalten gebliebenen Ausweises ernst mustern.

Meine Mutter erzählte mir von ihm allerlei Geschichten, die seine Liebe zu ihr, seinem Enkelkind, und seine Neigung zu Alkoholexzessen zum Inhalt hatten. Er hatte mit seiner Frau Maria, geborene Zach, acht Kinder, von denen hier nur noch von Franz Pöstinger, einem berufsmäßigen Gigolo, nicht die Rede war. Er ist durch die große Anzahl der Schuhe, die er besaß, in Erinnerung geblieben. Auch starb er früh und geisterte als schwereloser Tänzer durch meine Kindheit. Und Fanny beging mit 17 oder 18 Jahren Selbstmord, indem sie sich in den Mühlgang stürzte.

Mein Großvater musste im Ersten Weltkrieg infolge seiner im 15. Lebensjahr überstandenen Gelenksentzündung und der damit verbundenen Versteifung der linken Hüfte und Verkürzung des Beins nicht einrücken. Er bezeichnete sich sein Leben lang als Pazifisten und trat der sozialdemokratischen Partei und der Gewerkschaft schon in Jugendjahren bei, weil er, wie er sagte, außer seinem Körper keinen anderen Besitz habe. Am 17.8.1917 kam sein einziges Kind Erna Druschnitz, meine Mutter, zur Welt. Im Unterschied zum siebenbürgischen Großvater wünschte der steirische Großvater das Ende der Monarchie herbei. Emil und Richard haben sich nie kennengelernt, aber ich malte mir des Öfteren aus, zu welchem Ergebnis sie in einem Streitgespräch gekommen wären. Jedenfalls hungerte und fror mein Großvater, der von Gelegenheitsarbeiten lebte, da die Glasfabrik schon bald schließen musste, in den Jahren des Ersten Weltkriegs und der Zeit danach. Auch Omi war Sozialdemokratin gewesen. Als Kind fand ich in der weißen Küchenkredenz meiner Großeltern eine Lade voll roter Papiernelken von den ersten Maiaufmärschen, an denen sie teilgenommen hatten. Es versteht sich von selbst, dass ihre Tochter Erna in der Volks- und Hauptschule Nachmittage bei den Kinderfreunden, der Kinderbetreuung der Sozialdemokraten, verbrachte. Auch später noch schwärmte sie von dieser Zeit. Damals, erzählte sie, habe sie noch zu ihren Großeltern *Sie* gesagt. Der Respekt vor den Alten sei ihr anerzogen worden, sagte sie, sie sei jedoch, im Unterschied zu den meisten Kindern, nie geschlagen worden, obwohl die Lehrer in den Schulen auch vor drastischen Strafen nicht zurückgeschreckt hätten.

Erst im November 1919 wurde die Arbeit in der Glasfabrik Gösting wieder aufgenommen, und im Mai 1920 gab der Arbeitergesangsverein »Morgenrot«, den mein Großvater dirigierte und in dem auch sein Bruder Franz Tenorpartien übernahm, im Brauhaus Gösting ein Konzert. Der Gesangsverein setzte seine Veranstaltungen bis 1934 fort und trat sogar im Grazer Stephaniensaal auf. Aber in der Glasfabrik gab es Absatzschwierigkeiten wegen der billigen Flaschenimporte aus Böhmen und der fehlenden Modernisierung. »Viele Glasmacher wurden entlassen und verstreuten sich in alle Welt«, schrieb Onkel Franz in einem anderen Bericht. 1927 sei die große Krise ausgebrochen und Kurzarbeit eingeführt worden. Anfangs seien die Glasmacher im Winter »stempeln« gegangen, aber mit der Zeit seien sie »ausgesteuert worden«, das heißt ohne staatliche Unterstützung dagestanden.

Ab 1931, nach Beendigung der Hauptschule, in der sie immer zu den besten Schülerinnen gehörte, begann meine Mutter mit der Lehre im Schuhgeschäft Spitz in der Herrengasse, und Omi nahm eine Stelle als Aufräumerin in der Bleistiftfabrik Brevillier & Urban und später in der Grazer Gebietskrankenkassa an, da auch Großvater »ausgesteuert« worden war. Er las, erzählte er mir, die Schriften von Karl Marx, insbesondere »Das Kapital«, und erlernte das Schachspiel. Auch trat er immer noch mit dem Gesangsverein »Morgenrot« auf. Es sei schwer gewesen, sagte er, mit dem Gefühl, überflüssig zu sein, weiterzuleben, vor allem, weil nichts auf eine bessere Zukunft hingedeutet habe. Selbst sein Bruder Franz, ein hervorragender Glasmacher, sei »ausgesteuert« worden. Sie seien zur Mur fischen gegangen oder hätten Gelegenheitsarbeiten übernommen.

Als es schließlich 1934 zum Aufstand der Arbeiter in Österreich kam, hat mein Großvater sich – im Unterschied zu seinem Bruder – nicht daran beteiligt, da er wieder an Gelenksentzündung litt. Die freie Republik, schrieb mein Onkel, sei mit brutaler Gewalt abgeschafft worden, wobei es eine größere Zahl toter und verhafteter Arbeiter gegeben habe, einige seien sogar hingerichtet worden. Der christlich-soziale Bundeskanzler Dollfuß habe eine Diktatur errichtet, in der die Arbeiter rechtlos gewesen seien. »Alle Arbeitervereine aufgelöst, die Arbeiter- und Gemeindebibliotheken konfisziert, sogar unser Gesangsverein verboten, unsere Fahne mit dem Motto ›Wie Morgenrot, so steig' empor, des Volkes Lied der Freiheitschor‹, beschlagnahmt, ebenso drei Kästen mit Noten.« Alles sei ihnen genommen worden, was sie seit dem Jahr 1906 mit großer Mühe erworben hätten. Sie seien dagegen völlig machtlos gewesen. Nicht einmal Kritik zu üben hätten sie gewagt, denn die Regierung habe die Todesstrafe eingeführt. Er und sein Bruder seien arbeitslos geblieben.

Meine Mutter schloss damals ihre Lehrlingszeit ab,

wurde als Verkäuferin angestellt und verdiente so viel, dass sie gemeinsam mit Omi den Haushalt zusammenhielt. Mit dem Fahrrad, das sie sich erspart hatte und auf das sie besonders stolz war, ließ sie die drückende Enge hinter sich. Die Natur war der Freiraum, der Ort, an dem das Würgende des Alltags sich auflöste und die Welt sich von einer anderen Seite zeigte. Gegenüber dem Schuhgeschäft Spitz arbeitete im Kleidergeschäft Webenau ein junger Mann, H., an den sich meine Mutter anschloss. Im Verein Grazer Turnerschaft, dem H. und bald auch sie angehörten, lernte sie eine Gruppe junger Menschen kennen, die Ausflüge in die Umgebung unternahmen und Sport trieben. Meine Mutter habe sich in H. verliebt, erzählte mir Tante Paula Jahrzehnte später. Sie saß mir als gepflegte 90-Jährige gegenüber und vertraute mir die verwickelte Liebesgeschichte an, von der ich bisher nichts gewusst hatte. H. sei schließlich der Verlobte meiner Mutter gewesen, sagte sie, sie habe ihn natürlich ihren Eltern vorgestellt. Er sei aus einer kleinbürgerlichen Familie gekommen und habe etwas Besseres werden wollen. Schon früh sei er in Berührung mit dem Nationalsozialismus gekommen und habe meine Mutter gedrängt, sich der Partei anzuschließen. Damals seien die Nazis aber noch verboten gewesen, und weder Großvater noch Omi hätten etwas davon wissen wollen. Als Hitler dann in Österreich einmarschiert sei, im März 1938, habe H., der in die SS eingetreten sei, meine Mutter noch mehr unter Druck gesetzt, endlich Mitglied der NSDAP zu werden. Vermutlich ohne ihre Eltern davon zu unterrichten, beantragte sie hierauf am 31.5.1938, drei Monate vor ihrem 21. Geburtstag, die Aufnahme. Zu diesem Zeitpunkt hatte sie sich bereits entschlossen, Krankenschwester zu werden. Nachdem sie im Herbst 1938 dann mit der Ausbildung begonnen hatte, trennte H. sich überraschend von ihr, da sie ihm offenbar nicht mehr standesgemäß erschien, wie Tante Paula ausführte. Allerdings war sie bereits im zweiten oder dritten Monat von ihm schwanger. Tante Paula berichtete weiter, dass andere Schwesternschülerinnen und sie für meine Mutter eine Abtreibung durch einen unerfahrenen Sekundararzt arrangiert hätten, bei der sie beinahe wegen plötzlich aufgetretener schwerer Blutungen ums Leben gekommen sei.

Als ich über 50 Jahre später den Personalfragebogen der NSDAP, in dem meine Mutter um die Mitgliedschaft angesucht hatte, im Staatsarchiv vor mir sah, stellte ich fest, dass zahlreiche Rubriken in einer anderen Schrift ausgefüllt waren. Die Eintragungen von fremder Hand sollten aus ihr eine seit Jahren überzeugte Nationalsozialistin machen. So ist in dieser anderen Schrift zu lesen, dass sie schon im September 1937 das erste Mal der NSDAP beigetreten sei, ohne dass eine Mitgliedsnummer angegeben wäre, und als Zeitpunkt des Wiedereintritts wird der 1.3.1938, also vierzehn Tage vor dem Einmarsch Hitlers genannt. Weshalb Wiedereintritt? Weshalb Austritt? Weshalb hätte sie diese Rubriken nicht selbst ausfüllen sollen, wenn die Angaben den Tatsachen entsprachen. In mir entstand die Vermutung, dass H. diese Eintragungen später hinzugefügt haben könnte und meine Mutter von den Manipulationen keine Ahnung gehabt hatte, ja vielleicht bis an ihr Lebensende nichts davon wusste. Denn immer wieder behauptete sie, 1939 zu ihrem Missbehagen von der Stationsschwester die Nachricht ihrer Mitgliedschaft erhalten zu haben – als sie längst nicht mehr daran gedacht hätte. Mit Sicherheit hatte sich meine Mutter mehrere Jahre im Umfeld nationalsozialistischer Jugendlicher bewegt, mit Sicherheit hatte etwas davon auch auf sie abgefärbt, aber es ist ebenso gut möglich, dass sie vor einem Beitritt zur Partei zurückschreckte, weil ihre Eltern, mit denen sie auf engstem Raum zusammenlebte, ihr davon abrieten oder es ihr sogar verboten. Sie musste die Hasstiraden der Nazis gehört und gelesen haben. Weshalb hat sie das nicht abgehalten? Ihr Ansuchen, entnehme ich dem Fragebogen 6327540, stammt vom 31.5.1938, als gewiss kein Bedarf mehr bestand, eine Verkäuferin als Mitglied zu gewinnen. Es ist auch auffallend, dass meine Mutter sich mit dem Beitritt offenbar so lange Zeit gelassen hat.

Erst als Omi 1945 in die Wohnung am Geidorfgürtel kam – erfuhr ich von Tante Paula –, habe sie dort unter den Papieren die Parteimitgliedschaft ihrer Tochter entdeckt und sei in Tränen ausgebrochen. Angesichts der Katastrophe, die der Nationalsozialismus auslöste, ist diese mögliche Fälschung im Personalfragebogen meiner Mutter belanglos, selbst wenn meine Vermutungen über H.s Eingriffe stimmen sollten, denn das von meiner Mutter gestellte Ansuchen mit ihrer eigenhändigen Unterschrift lässt sich nicht leugnen. Und auch nicht, dass sie ihr Leben lang Ausreden suchte.

Wusste mein Vater etwas von dieser Geschichte? Und wusste meine Mutter etwas vom ersten, dem zurückgenommenen Beitritt meines Vaters zur NSDAP im Jahr 1933? Und weshalb, frage ich mich noch heute, brachte meine Mutter nicht den Mut auf, wenn schon nicht zu Lebzeiten meines Vaters, so wenigstens nach seinem Tod, über all ihre Verstrickungen mit mir zu sprechen? Auf diese Fragen geben die Akten keine Antwort, und wenn ich versuche, sie zu finden, ist es mir, als sei das Alphabet der Zeit wie von Geisterhand aus meinem Gedächtnis gelöscht.

Die Liebesgeschichte

Zufällig oder nicht zufällig war Tante Paula anwesend, als meine Mutter meinen Vater im Café Hilmteich kennenlernte. Bei der Weihnachtsfeier der Ärzte seien dort auch Schwesternschülerinnen eingeladen gewesen, erzählte sie, darunter meine Mutter und sie. Meine Mutter soll vom Aussehen und den Manieren meines Vaters sehr angetan gewesen sein. Sie habe ihn auch einmal mit Paula zusammen vom Fenster des Landeskrankenhauses aus dabei beobachtet, wie er im Ärztemantel über den Vorplatz eilte, und habe meiner Tante zugeflüstert, wie gut er ihr gefalle. Damals sei mein Vater Sekundararzt an der Hals-Nasen-Ohren-Klinik gewesen, und eine andere Schwesternschülerin habe meine Mutter, die eine Krankenakte aus dem Ärztezimmer hätte holen sollen, zufällig in dem Raum eingesperrt, in dem auch mein Vater sich gerade aufhielt. Eine Dreiviertelstunde lang sei sie mit ihm allein gewesen. Ihr habe seine zurückhaltende Art gefallen, und sie hätten einander versprochen, dass sie sich wiedersehen würden, so Paula.

Zu Beginn des Frühjahrs 1939 habe mein Vater sie dann zu einer Reise nach Wien eingeladen, fuhr Paula fort. Mit einem Propellerflugzeug seien sie in die Hauptstadt Österreichs geflogen, das damals auf der politischen Landkarte nicht mehr existierte. Dennoch hätten sie es unter sich gesehen, habe sie später geschwärmt, berichtete Paula, denn sie seien unterhalb der Wolkendecke geflogen. Zuerst habe sie an ihre Kindheit denken müssen, als sie sich gewünscht habe, wie ein Vogel alles von oben zu sehen, habe ihr meine Mutter weiter erzählt. Das wirkliche Erlebnis hätte jedoch ihre Vorstellungen noch übertroffen. Die Alpen, die Flüsse und Städte seien ihr wie geheimnisvolle Lebewesen vorgekommen. Meine Mutter habe daraufhin geschwiegen, sagte Paula. Nachdenklich sei sie dann fortgefahren, dass sie den ganzen Flug über auf die unter ihr liegende Landschaft hinuntergeschaut habe, abgeschieden von der Erde wie in einem anderen Leben. Dabei habe sie immerfort auch an den Tod gedacht, wenn sie den Schatten des Flugzeugs unter sich gesehen habe. An dieser Stelle habe sie damals ihre Erzählung abgebrochen.

Erst später, sagte meine Tante, habe sie erfahren, dass mein Vater meiner Mutter zuerst Schönbrunn und die Hofburg und dann die Kapuzinergruft und den Stephansdom gezeigt habe, bevor sie mit der Eisenbahn über den Semmering zurückgefahren seien. Dort wären die beiden, ohne dass sie es geplant gehabt hätten, berichtete Tante Paula, im Hotel Panhans abgestiegen, wo sie noch am selben Tag ein Liebespaar geworden seien.

Epilog

Gelb.
Ich sehe durch meine Hand.
Ich schlafe.
Ich öffne meine Augen.
Ich bin geblendet.
Ich fahre.
Der gepolsterte Rand des Kinderwagens.
Über mir die gelbe Wolke.
Ein Schatten verdeckt den Himmel.
Es ist das Gesicht meiner Mutter.

Bild-Erzählung

Der Siebenbürger Großvater Emil Roth als junger Mann in Reps (Rupea)

Als Korporal in Kronstadt (Braşov)

Einige Jahre vor seinem Tod in Kronstadt

Die Siebenbürger Großmutter
Friederike Roth, jung verheiratet

In Graz (ca. 1963)

Vor dem 2. Weltkrieg in Reps

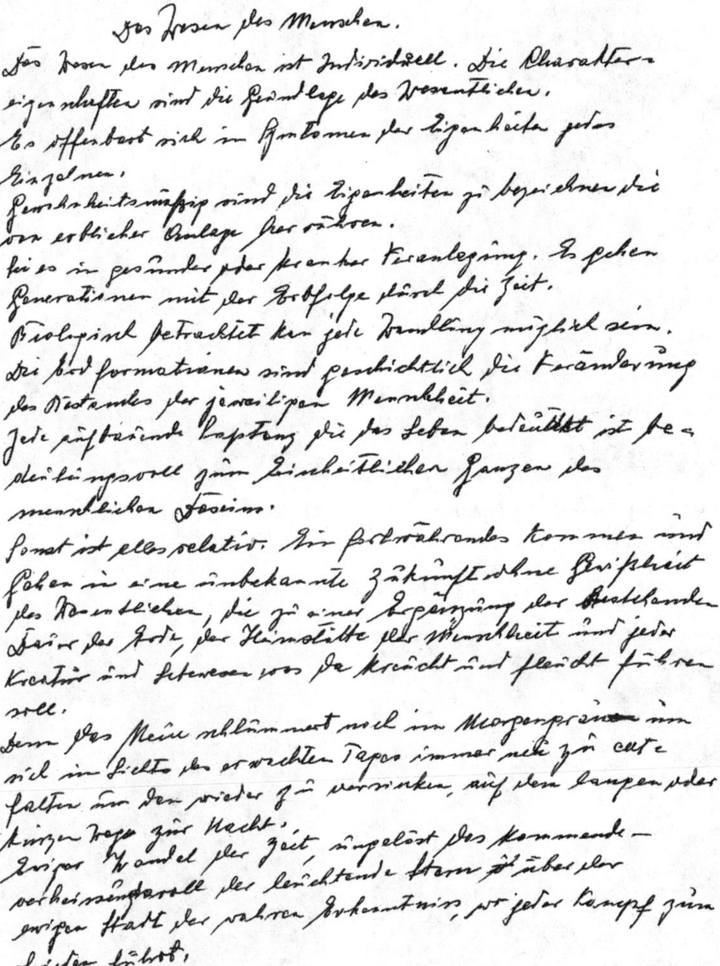
Das Wesen des Menschen.
Das Wesen des Menschen ist Individuell. Die Charakter-
eigenschaften sind die Grundlage des Wesentlichen.
Es offenbart sich in Symptomen der Eigenheiten jedes
Einzelnen.
Gewohnheitsmäßig sind die Eigenheiten zu bezeichnen die
von erblicher Anlage herrühren.
Sei es in gesunder oder kranker Veranlagung. Es gehen
Generationen mit der Erbfolge durch die Zeit.
Biologisch betrachtet kann jede Wandlung möglich sein.
Die Umformationen sind geschichtlich die Veränderung
des Zustandes der jeweiligen Menschheit.
Jede aufbauende Haltung die das Leben beleuchtet ist be-
deutungsvoll zum Einheitlichen Ganzen des
menschlichen Daseins.
Sonst ist alles relativ. Ein fortwährendes Kommen und
Gehen in eine unbekannte Zukunft ohne Gewißheit
des Wesentlichen, die zu einer Ergänzung der Bestehenden
Dauer der Erde, der Heimstätte der Menschheit und jeder
Kreatur und Lebewesen was da kreucht und fleucht führen
soll.
Denn das Neue schlummert noch im Morgengrauen um
sich im Lichte des erwachten Tages immer neu zu ent-
falten um dann wieder zu versinken, auf dem langen oder
kurzen Wege zur Nacht.
Ewiger Wandel der Zeit, ungelöst das Kommende –
verheißungsvoll der leuchtende Stern zu über der
ewigen Stadt der wahren Erkenntnis, wo jeder Kampf zum
Frieden führt.

Graz 26/XII 1955.

Großmutter schrieb dicke Hefte voll mit Gedichten, Theaterfragmenten und philosophischen Gedanken

Mein Vater Emil Roth als Kind
in Reps (ca. 1915)

Als Mittelschüler in Mediasch
ca. 1927 (Mediaş)

Bei der Burschenschaft »Saxonia«
in Wien (1932)

Als Medizinstudent vor dem
2. Weltkrieg

Bei der Luftwaffe (1942)

Als Militärarzt in Afrika (1942)

Visite, o. J.

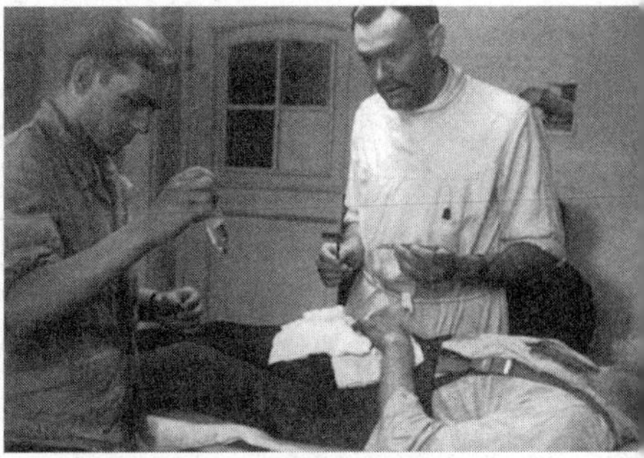

Bei Kriegsende Oberstabsarzt
in einem Lazarett nahe
Würzburg (1944)

25.XII.47.

Meine liebe Mutter!

Heute früh' ist das Telegramm angekommen. Ich bin ganz fassungslos, daß unser guter Vater uns für immer verlassen hat. So schwer ist's mir ums Herz wie noch nie in meinem Leben. Es war immer mein sehnlichster Wunsch Euch beide zu mir zu holen, damit Ihr den Lebensabend bei uns im Kreise Eurer Kinder und Enkelchen verbringt. Nun hat Vater seine Enkelchen gar nicht mehr sehen dürfen. Sein ganzes Leben war ein einziges Sorgen und Mühen um uns. Nie hat er an sich selbst gedacht. Ein edler Mensch wie ich ihn noch nicht sah'. Grausam war das Schicksal, das ihm keine Zeit gönnte nach all' der Tage Last auszuruhen und sich des jungen Lebens seiner Enkelchen zu erfreuen. Ich fühle es Mutter, Er ist trotzdem ihn die Erde aufgenommen hat in mir, in uns, – um uns. Ich will so leben wie Er gelebt.

Brief meines Vaters an seine Mutter nach dem Tod seines Vaters hat und erfülle damit sein Vermächtnis! Die liebe Mutter hat Schweres hinter Dir und übermenschliches geleistet. Sei stark und komm' zu uns, wir wollen Dein weiteres Leben beschützen und behüten. Mein Herz ist so voller Trauer, dass ich es nicht in Worten ausdrücken kann. Das Schicksal hat es nicht gewollt, dass ich meinem Vater in schwerster körperl. Not helfen kann. Ich weiss es nicht ob ich ihn hätte retten können, aber ich hätte wenigstens das Gefühl in mir, dass alles bis ins Letzte richtig geschehen wäre. Nun ist es unabänderlich -- Ich will dem lieben und einzig guten Vater meine Liebe und Treue bewahren, bis an mein Lebensende und keinen Schritt will ich tun, ohne daran zu denken wie Er es getan hätte. So soll Vater in mir weiterleben und seine gute Seele wird mir den richtigen Weg weisen.

In tiefer Trauer
umarme ich Dich und
küsse Dir die Tränen
aus Deinen Augen
Dein Bub.

In nomi[illegible] Domini Amen

Testor Ego infrasc[illegible] in libro Baptizatorum [illegible] Nativitatis B. V. M. venerabilis hujus Ecc[illegible] Missionum Ordin[illegible] Minorum S. Francisci Conventualium sequen[illegible] quam fideliter extraxi, reperiri particulam videlicet [illegible] 3a Aprilis 1889, ego infr. baptizavi [illegible] natum die 2a Aprilis ejusd. anni ex [illegible] Conj. Rudulpho Druschnitz et Adelaide [illegible] de Reiffeig in Styria cui nomen imposit[illegible] est: Richardus. Compatres [illegible]schek ejus uxor Antonia

Fr. Nazarenus Agnesotti M.C. Parochus

In Quorum fidem has dedi literas mea manu subscriptas et Parochialis officii sigillo munitas.

Datum ex eccl. Nativitatis B. V. M. Buyukdere

Constantinopoli Die 8 Junii 1891

Fr. Nazarenus Agnesotti Min. Conv. Parochus

Taufschein meines Grazer Großvaters Richard Druschnitz, ausgestellt 1891 in Istanbul

ichard, Nr. 3, als Schüler der österreichischen Glasmacher-Volksschule
Istanbul

Der Dampfer, auf dem Richard eineinhalb Jahre als Trimmer zur See fuhr

Von links: Bruder Franz, Großvater, Schwester Gisela und Freunde beim Singen

Mein Großvater (2. v. links) mit dem Grazer Männergesangsquintett »d' Jodler«, o. J.

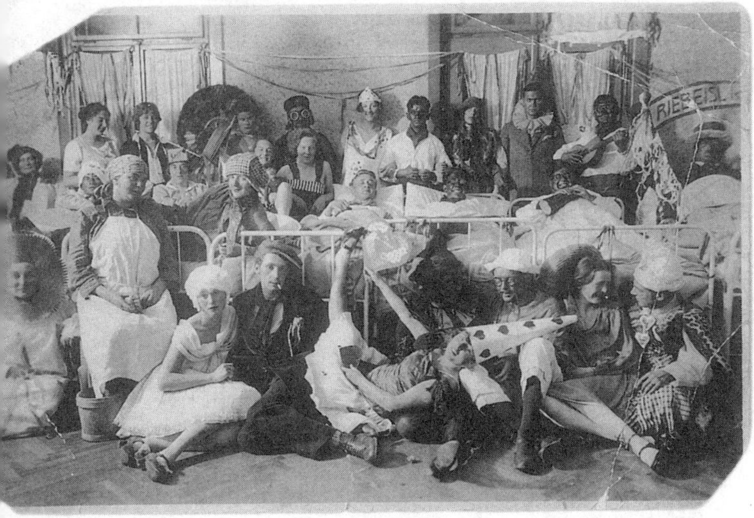

Mein Großvater mit Gitarre (rechts oben) als schwarzer Sänger geschminkt bei einem Faschingsfest im Krankenhaus auf der Stolzalpe (o. J.)

Großvater, vorne links, bei der Arbeiter-Olympiade 1921 als Schachspieler

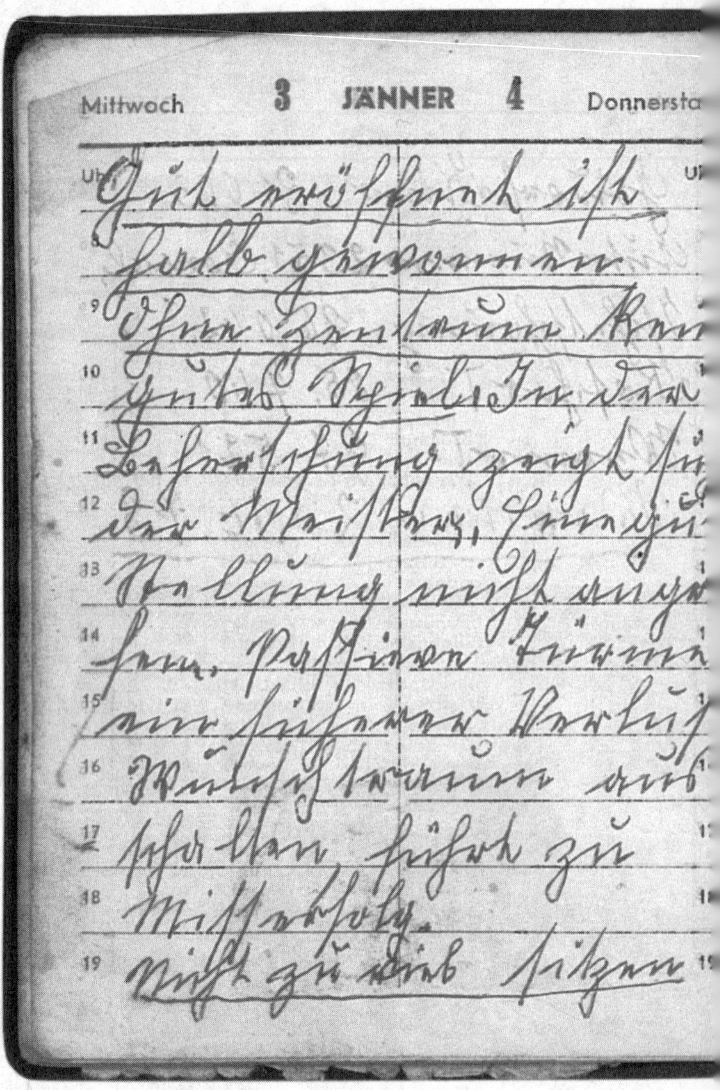

Aufzeichnungen meines Großvaters über das Schachspiel in einem Taschenkalender

Freitag **5** **JÄNNER** **6** Samstag

Zeitliche Schwächen sind Figurenschwächen, Dauernde sind [illegible]-schwächen.

Seien Sie sparsam und vorsichtig mit ihren Zuneigungen. Jede Zuneigung bringt eine unwiderrufliche Veränderung in der Haltung. Die Zuneigung ist eine Verpflichtung

Das einzige Foto von Omi, Maria Druschnitz, das ich besitze.
Sie ist darauf 21 Jahre alt

Meine Mutter Erna Roth, geb. Druschnitz als Volksschülerin

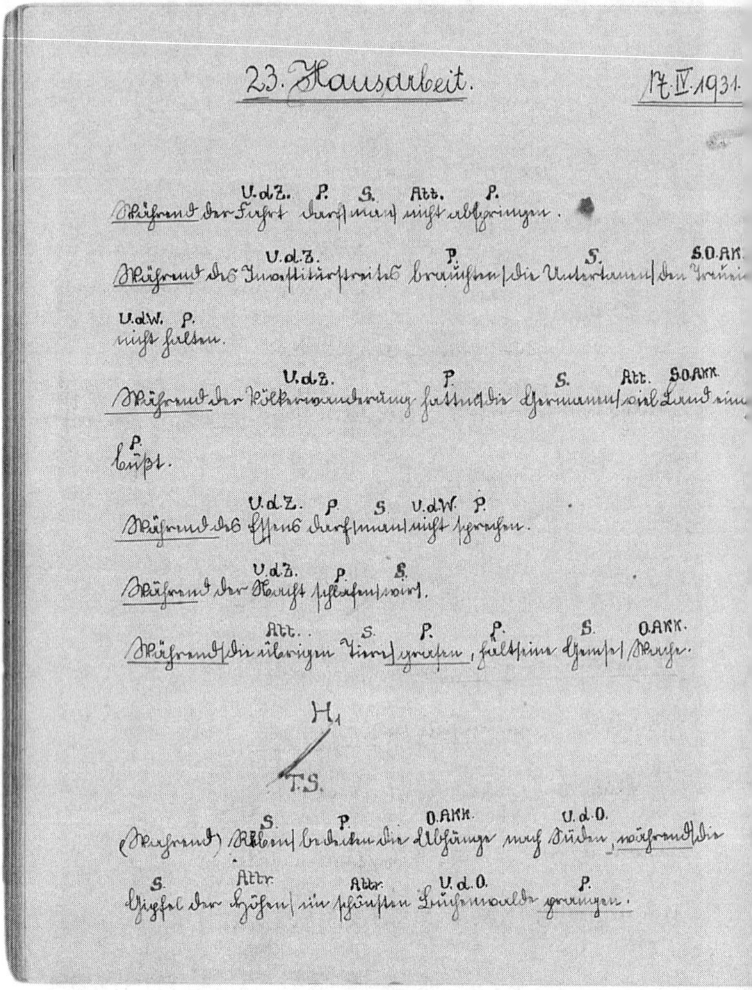

Als 14-jährige Hauptschülerin schrieb meine Mutter »wie gestochen«

H1

T.S.

P. P. S.

Während es regnete, schlief ich ein.

H1

T.S.

S. P. P. P. S. P.N.

Während die Lehrerin gesprochen hatte, warst du aufmerksam.

H1

T.S.

S. P. P. S. P.N.

Während der Redner sprach, waren die Leute ruhig.

H1

T.S.

Arbeit: 1 Form: 1

Meine Mutter liebte Ausflüge

Als Schwestern-Schülerin (links), ca. 1939

Mit ihrer Freundin Paula, o. J.

Nach der Hochzeit mit meinem Vater, 1940

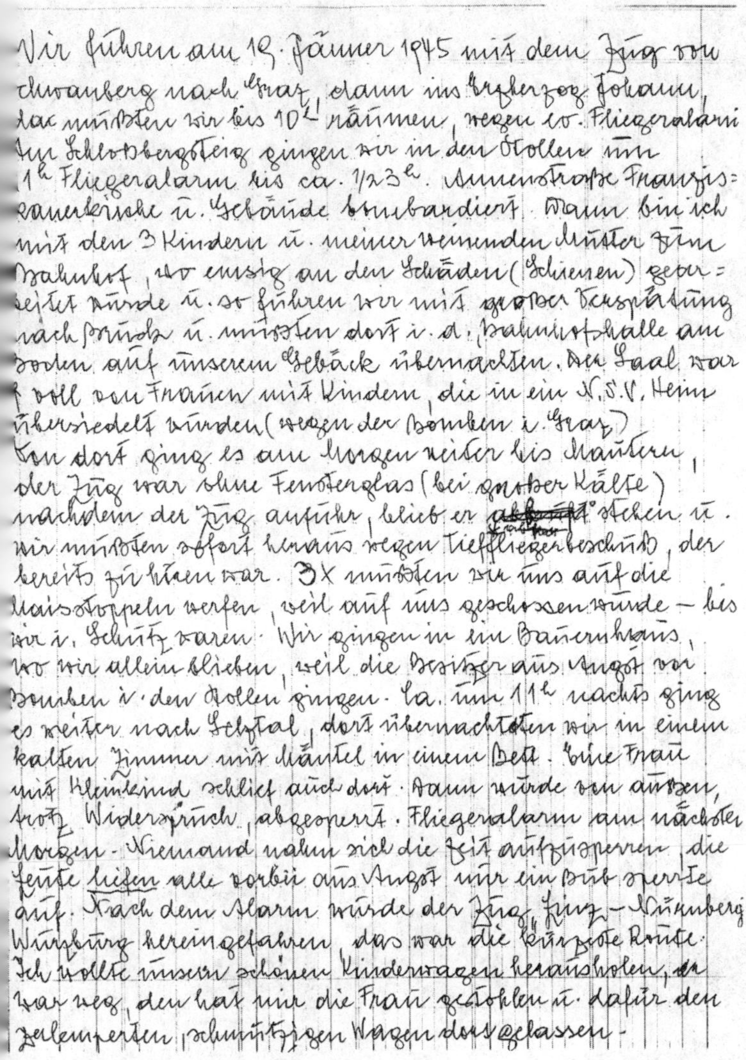
Wir fuhren am 19. Jänner 1945 mit dem Zug von
Schwanberg nach Graz, dann ins Erzherzog Johann,
das mußten wir bis 10h räumen, wegen ev. Fliegeralarm
Am Schloßbergsteig gingen wir in den Stollen um
1h Fliegeralarm bis ca. 1/2 3h. Annenstraße Franzis-
kanerkirche u. Gebäude bombardiert. Dann bin ich
mit den 3 Kindern u. meiner weinenden Mutter zum
Bahnhof, wo emsig an den Schäden (Schienen) gear-
beitet wurde u. so fuhren wir mit großer Verspätung
nach Bruck u. mußten dort i. d. Bahnhofshalle am
Boden auf unserem Gepäck übernachten. Der Saal war
voll von Frauen mit Kindern, die in ein N.S.V. Heim
übersiedelt wurden (wegen der Bomben i. Graz)
Von dort ging es am Morgen weiter bis Mautern,
der Zug war ohne Fensterglas (bei großer Kälte)
nachdem der Zug anfuhr, blieb er ~~[illegible]~~ stehen u.
wir mußten sofort heraus wegen Tieffliegerbeschuß, der
bereits zu hören war. 3X mußten wir uns auf die
Maisstoppeln werfen, weil auf uns geschossen wurde – bis
wir i. Schutz waren. Wir gingen in ein Bauernhaus,
wo wir allein blieben, weil die Besitzer aus Angst vor
Bomben i. den Stollen gingen. Ca. um 11h nachts ging
es weiter nach Selztal, dort übernachteten wir in einem
kalten Zimmer mit Mäntel in einem Bett. Eine Frau
mit Kleinkind schlief auch dort. Dann wurde von außen,
trotz Widerspruch, abgesperrt. Fliegeralarm am nächsten
Morgen. Niemand nahm sich die Zeit aufzusperren, die
Leute liefen alle vorbei aus Angst nur ein Bub sperrte
auf. Nach dem Alarm wurde der Zug Linz–Nürnberg
Würzburg hereingefahren, das war die kürzeste Route.
Ich wollte unseren schönen Kinderwagen herausholen, der
war weg, den hat mir die Frau gestohlen u. dafür den
zerlumpten, schmutzigen Wagen dortgelassen.

Erste Seite der Aufzeichnungen meiner Mutter

Familienfoto, ca. 1946 in Graz, Helmut links und Paul rechts von mir

Erste Kommunion in Gösting 1949, ich sitze in der ersten Reihe als Vierter von links, Paul steht oben rechts neben dem Buben im Matrosenanzug

ı der Volksschule Gösting mit der Lehrerin Frau Prangl, 1950.
:h bin in der zweiten Reihe der zweite von links

Familienfoto, ca. 1947 in Graz, meine Brüder Paul und Helmut (rechts von mir)

Der ausgestopfte Wal in Gösting

Begräbnis von Omi, ich stehe im Steireranzug links von meinem Vater. Großmutter mit Baskenmütze hinter Paul, Von links: Tante Gretl, Onkel Hans, Tante Rosl, Onkel Franz (mit Trauerschleife), meine Mutter

Aus dem Fenster am Geidorfgürtel.
Mein erstes Bild, ca. 1954

Mein Vater mit seinem Velox Vauxhall, 1957, das Bild habe ich in Grado aufgenommen

Aus dem Fenster am Geidorfgürtel (mein zweites Bild)

Großvater ca. 1958, ich fotografierte ihn im Hof am Geidorfgürtel

Meine Eltern, 1961 in Hannover

Mit Paul am Attersee

Halbbruder Klaus Gaschler

Bruder Helmut, ca. 1958

Meine Tochter Eva Roth mit ihrer Mutter Erika, 1962

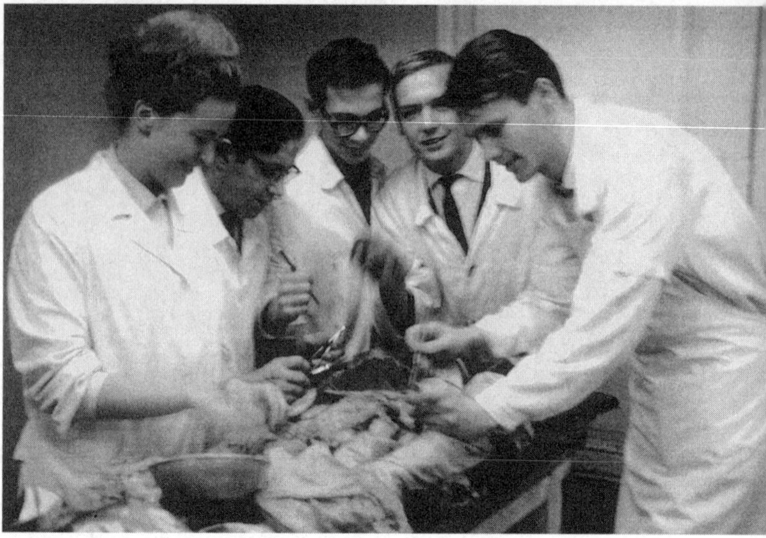

Im Seziersaal der Grazer Anatomie, 1962 / 63 (rechts)

Bei der Uraufführung des Stückes »Maler und Farbe« von Wolfgang Bauer (1962) Von links: Neben mir Bernd Fischerauer, Horst Zankl, Henriette Tritthart (an der Leiter)

1958

Inhalt

Prolog

Kindheit

Jugend